고려대학교 통일융합연구원 해란연구총서 시리즈 05

통일미래학 개론

남성욱·임재천·김신곤·정유석·정원희·김혜원·박용한·주연종
이현주·박새암·배 진·정다현·황주희·채수란·백연주·조정연·김엘렌

Introduction to
Korean Unification futurology

박영사

일러두기

본서에 사용된 북한의 기관·단체·인명, 언론 매체와 기업소의 명칭 등은 북한 표기 방식 또는 한글 맞춤법 통일안 기준을 따른 각 장 저자의 집필 원고를 그대로 따랐다. 예를 들면 저자에 따라 북한 표기 방식의 '로동신문' 또는 한글 맞춤법 통일안에 따른 '노동신문'의 표기가 혼재함을 밝혀둔다. 최고지도자의 교시, 선전 구호, 표어, 사업 명칭, 브랜드, 제품명 등은 북한 표기 방식을 따랐다. 또한, 최고지도자의 교시 등 직접 인용한 부분은 문법과 표현 등 매체 기록을 그대로 옮겨왔다.

머리말

한반도 분단 이후 80여 년이 흘러오며, '우리의 소원은' 자연스레 '통일'이라 답하는 미래세대가 급속도로 줄고 있다. 모든 사안을 분석하고 따져보는 성향이 강한 MZ세대는 '통일' 또한 당위적이기보다는 현실적으로 접근한다. 2023년 민주평화통일자문회의와 통일부가 각각 청소년 및 학교를 대상으로 진행한 조사 결과, 공히 '통일이 필요 없다'라는 답변이 역대 최고치를 기록했다. 통일이 필요 없다고 생각하는 이유도 유사했다. '사회적(정치적) 혼란 발생', '경제적 비용(부담) 발생'이 각각 1, 2위를 차지했다. 이런 걱정을 하는 세대들에게 오히려 '우리의 기회는 통일'이라고 설득해야 한다. 구체적인 통일 미래상을 함께 그려보고, 사회 혼란을 최소화하면서도 경제적 부담 이상의 이익을 확보할 해법을 모색해야 하는 것이다.

본서에서 사용하는 '미래세대'라는 단어는 주로 대한민국 청년만을 지칭하는 것처럼 보일 수 있으나, 북한의 MZ, 소위 '장마당세대'까지 포함된다는 점을 일러둔다. 북한의 장마당세대는 긴 군복무 기간을 거쳐 김정은 체제에 대한 지지 성향이 있으면서도, 시장과 외부 정보와의 접촉이 빈번할수록 급속도로 자본주의, 개인주의에 탐닉하는 특징을 가진다. 당국의 지시에도 '무조건 충성'하지 않는다. 이런 성향을 가진 장마당세대 또한 '통일미래'를 함께 만들어 나갈 주요한 한반도 구성원이다. 가능하다면 북한에도 본서의 취지가 전해지길 희망한다.

본서에서는 우리가 꿈꾸는 미래의 통일한국과 그 비전을 그려보고, 정치, 행정, 군사, 법, 사회문화, 보건, 외교, 치안, 교육, 산업, 해양, ICT, 표준 그리고 인구문제까지 분야별로 살펴본다. 구체적인 '통일미래에 관한 고민과 기회 모색'이 지금까지 출판된 유수한 북한학 개론서들과의 결정적인 차이라고 말할 수 있을 것이다. 본서를 구성하는 16개의 장에서 전개될 통일미래 논의의 대강은 다음과 같다.

제1장에서는 남성욱 고려대학교 통일융합연구원장의 '우리가 꿈꾸는 미래 통일한국'이 그려진다. 분단 과거를 돌아보고 현재 상황과 통일환경의 변화를 분석해 통일미래의 7가지 비전과 3가지 미래 통일한국 비전 실현 원칙 및 5가지 미래 통일구상 추진 전략을 서술한다. 미래의 통일한국을 현실로 만들기 위한 10대 제안도 제시한다. 제2장에서는 정유석 통일연구원 부연구위원의 '남북한 통일방안과 통일미래 비전'이 이어진다. 남북의 통일방안을 자세히 분석하고 통일의 당위성을 다양한 시각으로 살펴, 통일과정에서 고려해야 할 점에 관해 고찰한다. 역대 대한민국 정부의 대북정책과 독일의 통일과정을 살펴보고 시사점을 도출하여 통일한국의 비전에 따른 5가지 과제를 꼽아본다.

제3장은 임재천 고려대학교 통일외교안보전공 교수가 정원희 강원대학교 통일강원연구원 선임연구원과 '통일한국의 정치체제와 제도'에 관해 고찰한다. 통일과 관련된 국가체제, 정부형태, 의회 및 선거제도에 관한 주요 논의를 살피고, 북한의 현 정치체제의 특성을 살핀다. 독일통일의 정당통합 등 정치 변화 사례에 비추어 남북한의 정치통합 이후의 변화와 통일한국의 정치구조를 크게 5가지로 나누어 예측하고, 안정적인 통일한국 정치제도 형성을 위한 제언을 제시한다. 제4장에서는 김혜원 고려대학교 통일융합연구원 연구위원이 '통일 이후 남북한 행정통합' 방안을 모색한다. 남북한의 행정조직을 중앙행정 및 지방행정 조직으로 나누어 살펴본 뒤, 독일의 행정통합 사례에서 시사점을 도출한다. 대한민국의 민족공동체통일방안에 따른 점진적 통일 시나리오의 단계별 행정통합 방안을 검토하고, 행정 분야에서의 통일미래 비전을 찾는다.

제5장 '통일 이후 남북한 군사통합'에서는 박용한 한국국방연구원 선임연구원이 통일한국군(軍)을 그린다. 군사통합 여건 마련을 위해 전 세계의 군비통제 사례와 독일의 군사통합을 살펴보고, 전면적 군사통합의 5가지 과정과 내적 통합방안을 도출한다. 미래 통일한국의 안보환경과 군사력을 전망하며 통일미래의 비전을 전망한다. 제6장에서는 주연종 총신대학교 통일개발대학원 겸임교수가 '통일 이후 남북한 법제도통합'에 관해 논술한다. 북한의 법이론과 법체계 및 사법제도를 살펴보고, 독일의 법에 따른 통일과 법제도통합 사례를 분석한다. 통일국가의 법제도통합 방안을 4가지 측면에서 고민한다.

제7장 통일한국사회문화의 가능성 한류 문화콘텐츠에서는 이현주 서울평양연구원장이 북한의 사회문화를 구조주의(Structuralism) 측면에서 접근한다. 신정(神政)정치사회문화의 형성과 유지 및 재생산을 추적하고, 구조주의적 관점에서 한류 문화콘텐츠가 신정정치사회문화의 균열점으로 작동하고 있음을 확인한다. 따라서 남북한 통일한국에 기여할 수 있도록 관련된 한류 문화콘텐츠의 개발과 보급에 박차를 가할 것을 제시한다. 제8장에서는 김신곤 고려대학교 대학원 통일보건의학협동과정 교수의 '통일 전후 보건의료의 변화와 한반도 건강공동체 준비'가 이어진다. 북한의 보건의료 현황과 독일통일이 주는 시사점을 살펴보고, 통일 전후 보건의료의 미래를 전망한다. '한반도 건강공동체'라는 관점이 미래세대에 주는 가치에 대해서도 살펴본다.

제9장에서는 박새암 국민대학교 겸임교수가 '남북한의 외교현황과 통일미래의 외교전략'에 관하여 살펴본다. 미중 패권 경쟁 및 각종 전쟁이 한반도에 미치는 영향을 분석하고, 한반도 통일에 대해 우호적인 환경을 조정할 수 있는 통일외교의 필요성을 조명하여 동북아 다자주의적 협력체 구상을 주장한다. 제10장에서는 배진 고려대학교 정책학 박사가 '남북한 치안기관과 통일한국의 치안통합'에 관하여 살펴본다. 남북한 치안 기관의 기능과 역할 등을 비교하고, 통일독일에서의 치안과 경찰통합 사례를 비교·분석한다. 남북한 경찰과 통일 동서독

의 경찰통합 및 안정화 분석을 통해 '통일한국의 치안 방향 설정과 준비'를 제안한다.

제11장에서는 정다현 통일부 공공부문 통일교육 전문 강사가 '남북한의 교육제도와 통일미래의 교육통합'에 관하여 살펴본다. 남북한 교육의 현주소를 확인하여 통합이 필요한 세부 분야를 도출하고, 동서독 통일과정에서 발생한 교육통합과정과 이슈들을 분석한다. 이를 바탕으로 구체적인 통일미래의 교육통합 방안을 도출한다. 제12장에서는 황주희 통일연구원 부연구위원이 '통일 이후 남북한 경제통합'에 관하여 고찰한다. 남북한 경제, 산업, 경제주체(기업) 전반을 살펴보고 사유화 방식을 고민한다. 독일통일 이후 경제통합 사례분석으로 통일 비전을 그려 나간다.

제13장에서는 채수란 한국해양수산개발원 전문연구원이 '한반도 해양경제통합의 길: 동서독 사례에서 찾는 통일의 해법'을 주제로 통일한국이 동북아 경제중심지로 성장할 단초를 모색한다. 남북한 해양경제통합의 중요성과 동서독 해양수산업의 통합 사례 및 시사점을 살펴보고, 통일한국의 해양경제 비전과 실천방안을 제시한다. 제14장에서는 백연주 남북경제연구원 연구위원이 'ICT 강국으로의 통일한국'을 그린다. 북한의 과학기술 및 정보화 중시 경향과 ICT 현황을 통해 남북한 ICT를 비교·분석하고, 동서독 과학기술통합의 시사점을 도출한다. 이후 현재 북한 ICT 시장이 가지는 한계 그리고 미래의 기회를 조망한다.

제15장에서는 조정연 고려대학교 통일융합연구원 연구위원이 통일비용을 줄이고 사회통합 기간을 단축하여 통일 이후 사회 안정화에 기여할 '한반도 경제통합의 시작, 남북한 표준통합' 방안을 논술한다. 남북한 표준화 정책과 운용 체계를 살펴보고, 동서독 및 유럽의 표준협력과 통합 사례의 시사점 분석을 통해 통일 준비단계와 통일 추진과정에서의 남북한 표준 교류협력과 통합방안을 도출한다. 마지막으로 제16장에서는 김엘렌 이화여자대학교 통일학연구원 연구위원이 '통일 이후 인구구조 변화와 저출생 문제 그리고 통일미래 비전'을 다룬다. 남북

한의 인구 현황을 비교·분석하고 통일독일의 통합 이전과 이후의 동서독 인구 지표를 통해 동서독 인구 변화를 전망한다. 미래의 남북한 인구구조를 전망하고 인구 위기 등 위기를 기회로 만들 통일미래의 비전을 설계한다.

본서는 통일에 대한 전문성을 가지고 다양한 분야에서 연구하거나 근무하고 있는 16인이 통일미래를 조망한 '통일미래학 개론'의 교재이자, 고려대학교 통일융합연구원 해란연구총서시리즈 제5권이다. 기본적인 틀은 통일하였으나, 분야의 특성과 저자의 전문성을 발휘하기 위하여 장별 구성에는 일부 자율성을 허용하였다. 다양한 시각과 입장이 '통일미래' 아래 하나로 묶이는 통섭(統攝, Consil-ience)이다. 이는 「고려대학교 통일융합연구원 규정」 제3조에 따른 통일융합연구원의 설립 목적이기도 하다.

통일상상력을 기반으로 구체적인 통일미래를 전망하는 본서를 해란연구총서로 발행할 수 있게 큰 도움 주신 고려대학교 의과대학 김해란 선배님께 심심한 사의를 표하고자 한다. 본서가 양질의 연구서로 나올 수 있도록 기획 단계부터 교정·교열까지 애정으로 최선을 다해 지원해 준 통일융합연구원 조정연·김혜원·정다현 박사, 이나겸 연구원에게도 감사의 마음을 전한다. 마지막으로 연구총서를 발간해 주신 박영사 안종만 회장님과 양수정 대리 등 편집진께도 고마움을 전한다.

2024년 가을, 희망찬 통일미래를 준비하는 저자 모두의 마음을 담아
고려대학교 통일융합연구원에서 남성욱

차례

우리가 꿈꾸는 미래 통일한국

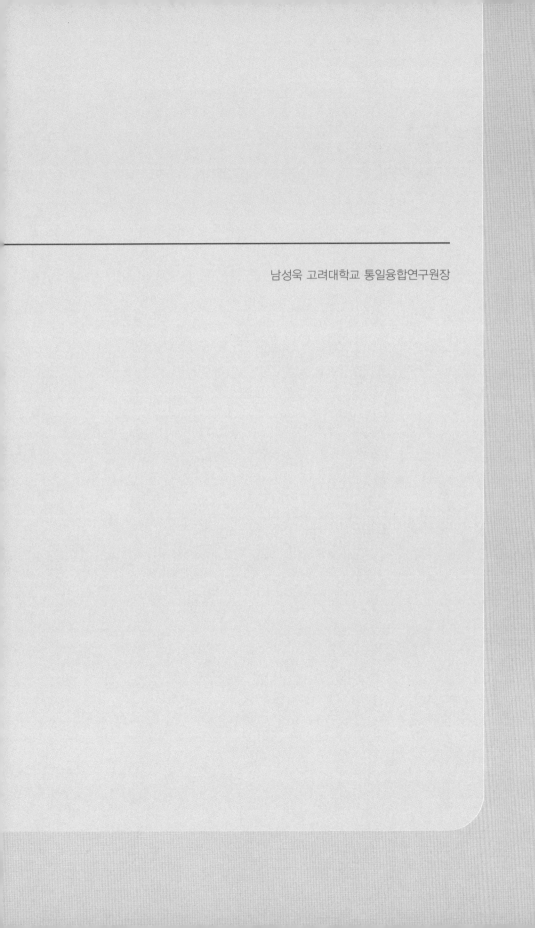

남성욱 고려대학교 통일융합연구원장

제1장

우리가 꿈꾸는 미래 통일한국

I 서론

1. 과거 역사 성찰

우리 한반도가 분단되어 남북한이 다른 체제 속에서 살아온 지도 벌써 80년이 되었고 2045년이 되면 분단은 100년이 된다. 분단 이후 한반도는 상이한 이념과 이질적인 체제로 인해서 화해와 협력보다는 대립과 갈등의 연속이었다. 남북은 동족상잔의 전쟁을 치렀고 이산의 아픔을 경험하면서 서로를 불신하고 적대시하며 살아왔다.

그동안 우리 정부는 분단을 극복하고 한반도에 평화통일을 정착시키기 위하여 다양한 통일방안을 대내외에 제시하였다. 1987년 민주화의 흐름 속에 출범한 노태우 정부는 1988년 국제사회의 냉전 해체에 부응하여 '민족자존과 통일번영을 위한 특별선언(7.7 선언)'을 발표하였다. 당시 동구권의 자유화 물결은 개혁과 개방, 교류와 협력, 국제화와 세계화의 담론으로 확장되었고 7.7 특별선언도 이러한 시대적 흐름을 반영한 결과다.

1980년대 말을 전후하여 급변하는 대내외 시대와 상황의 변화는 남북 간의 다양한 접촉과 교류를 이끌어 냈다. 마침내 1991년 역사적인 '남북 사이의 화해와 불가침 및 교류협력에 관한 합의서'(남북기본합의서)가 채택되었다. 또한 '한반도의 비핵화에 관한 공동선언'(비핵화 공동선언)을 포함한 굵직한 합의가 이뤄지는 등 남북관계는 일대 전환기를 맞는 듯했다.

하지만 이러한 합의는 남북한 상호 다른 그림을 그리면서 큰 성과를 거두지는 못했다. 냉전 해체 이후 새로운 패러다임이 필요하다는 인식하에 7.7 선언을 발표했지만, 직접적인 당사자였던 북한의 거부로 분단 해결과 평화통일이라는 핵심과제를 해결하는 데 한계를 보였다.

이후 정부에 따라 다소간의 편차는 있으나 7.7 선언은 대한민국 정부의 대북정책과 통일정책 수립의 전략적이고 이론적인 발상의 근거로 활용되었다. 7.7 선언은 급변하는 국제정세를 반영하여 남북관계와 분단체제의 기본 틀을 새롭게 바꾸었던 획기적인 정책이었다. 냉전 종식의 자유, 평화, 민주, 복지의 4원칙에 기반해 사회문화 및 정치경제의 공동체를 이룩함으로써 민족자존과 통일번영의 새 시대를 열겠다며 남북관계의 새로운 장을 펼쳤지만 분단을 극복하고 통일의 실현이라는 숙원 사안을 해결하지는 못하였다. 30년이 지난 지금 7.7 선언 체제는 기본원칙의 계승과 함께 새로운 시대적 상황에 부응하는 발전적인 변화를 모색해야 할 시기를 맞고 있다.

북한의 개혁과 개방은 교류와 협력으로, 통일정책은 대북정책으로 그리고 통일은 평화로 담론이 왜곡되고 변경됨으로써 동북아 국제정치와 한반도의 냉엄한 현실을 반영하지 못하고 있다. 통일은 과거 민족주의에 젖어있는 구시대의 전유물로 인식되고 북한의 핵미사일 능력 고도화에 따른 한반도의 강대강 대치 구도는 고착화되고 있다.

7.7 선언 이후 북한은 붕괴하지 않고 3대 세습을 유지하기 위해 핵 개발로 저항함으로써 당초 구상했던 한반도 평화정착에 어려움을 겪지 않을 수 없었다. 지난 30년간 남북관계는 교류와 협력의 긍정적인 순간도 있었지만 갈등과 불신에 따른 소모전이 적지 않았다. 화해 협력이 항상 상호 신뢰구축으로 이어지지는 않

앞다. 북한은 민족공조의 명분을 내세워 대한민국의 경제지원 등을 받았으나 자신들의 요구가 관철되지 않으면 주기적인 군사도발을 자행했다.

그동안 여러 차례의 남북정상회담이 개최되고 개성공단과 금강산관광이 진행되었지만 현재 우리 앞에 닥친 심각한 도전은 무엇보다 한반도 전체를 짓누르고 있는 핵무기의 위협이다. 북핵이라는 정치적 수단 앞에서 경제협력이라는 수단은 무력화되었으며 기능주의적 대북 접근은 좌초될 수밖에 없었다. 결과적으로 북한 비핵화를 실현하지도 못했고 평화통일도 달성하지 못하고 분단 100년을 향해 나아가고 있다.

오늘날 우리가 살고 있는 이 시기는 21세기 신냉전의 발상과 북핵 위기를 반영한 새로운 전략적 패러다임과 정책의 제시가 필요한 시점이다. 대한민국 국민 5,100만 명은 자유민주주의체제, 북한주민 2,500만 명은 전체주의 독재체제 아래에서 민족이 분단된 채 살아가고 있다. 북한주민들도 동포로서 우리 헌법 4조에 규정된 자유, 인권, 개방 및 복리 등 자유민주적 기본질서를 구체적으로 누릴 권리가 있다.

자유민주적 기본질서에 입각한 평화통일이 21세기의 화두가 되어야 한다. 통일은 동질적 정치체제를 평화적으로 만들어가는 과정이다. 독일의 철학자 칸트(I. Kant)는 그의 저서 '영구평화론'에서 세계평화가 가능하기 위해서는 모든 국가들이 전쟁을 함부로 결정할 수 없는 공화정이어야 한다고 주장했다. 미국 국제정치학자 마이클 도일(Michael Doyle)이 주장한 '자유민주주의 국가끼리는 서로 전쟁을 하지 않는다'라는 자유민주평화론(Democratic peace theory)은 지난 150년의 국제정치사에서 상당 부분 입증되었다. 정권이 바뀌고 시대가 변화해도 불변하는 원칙과 가치를 앞세운 새로운 정책 기조가 필요하다는 것이 지난 30여 년대북·통일정책의 교훈이다. 한 대통령의 임기보다 광범위하고 장기적인 안목의 시간을 갖고 담대하게 정책을 추진해야 할 시점이다. 확증편향의 양극화로 인한 국내 이념적 분열을 극복하고 통찰적이고 미래지향적인 통일방안의 수립이 시급한 상황이다.

2. 현재 상황과 통일환경의 변화

1) 새로운 세대의 등장과 통일환경 변화

2024년 한국은 새로운 통일 주체의 등장을 경험하고 있다. 새로운 미래 통일 주체는 청년세대로서 현재 한국 인구의 약 1/3을 차지하고 있다. '민족공동체통일방안'이 발표된 1994년 이후 출생한 한국인은 전체 인구 중에서 약 28%이고, 한국의 청년층이라고 볼 수 있는 15~34세의 인구 비율은 약 29%다. 또한 "밀레니얼세대(Millennials)"와 "Z세대(Generation Z)"를 합쳐서 MZ라고 불리는 한국의 새로운 통일 세대는 한국 인구의 약 34%를 차지하고 있다.

오늘날 세대 간 통일인식의 공감대가 사라지고 있다. 2022년 기준 통일이 필요하다는 20대는 39.1%에 그치고 있고 60대 이상은 66.3%를 기록하였다. 비슷하게 MZ세대 혹은 20·30대는 다른 세대보다 통일의 필요성을 현저히 낮게 느끼는 세대라고 볼 수 있다. 청년세대의 경우 20대 18.4%가 한반도 문제에 무관심하고 55.7%는 한반도의 평화적 공존을 선호한다고 밝혔다. 평화적 공존은 실제 모든 세대에 걸쳐 통일보다 선호되고 있는데, 모두가 평화적 분단 상황을 한반도의 바람직한 미래상으로 보고 있음은 주목할 만하다.

같은 민족이기 때문에 통일이 필요하다는 민족공동체적 당위성에 의한 통일인식은 지속적으로 약화하고 있다. 같은 민족이어서 통일해야 한다는 의견은 2007년 50.6%에서 2022년 42.3%로 감소했고 이에 반해 남북 간 전쟁 위협을 없애기 위해 통일을 해야 한다고 답한 비율은 2007년 19.2%에서 2022년 31.6%로 유의미한 증가세를 보였다. 이는 북한의 핵실험과 미사일 발사 도발로 인해 전쟁 위협이 증가했고, 국민들은 안보 관점에서 통일의 필요성을 인식하기 시작했다고 할 수 있다.

2) 한국의 국내정치와 통일환경 변화

7.7 선언 체제 이후 '민족공동체통일방안'이 논의되던 시기는 한국이 민주화

에 성공하고 처음으로 문민정부가 수립되어 절차적 민주주의가 뿌리내리기 시작한 시기였다. 그 이후 우리는 평화로운 여야 정권교체를 통해 실질적 민주주의를 정착시켰다. 자유로운 시장경제에 기반한 경제성장과 더불어 정치발전까지 성공한 보기 드문 사례가 되었다. 2024년 한국의 국내정치 상황은 새로운 도전에 직면해 있다. 민족공동체라는 울타리에서 공정하고 자유로운 정권교체가 정치발전을 공고히 할 것이라는 전망과 달리 최근 국내 정치는 이념적으로 그리고 정서적으로 양극화(polarization)가 심화했고 보수와 진보 진영 간 대화와 타협이 쉽지 않은 상황에 이르렀다.

국내정치 갈등의 심화는 대북정책에서 매우 두드러졌다. 보수와 진보정권이 모두 함께 동의할 수 있는 높은 차원의 비전을 제시하려는 노력을 기울이기보다 정권이 교체될 때마다 대북 강경과 온건 정책을 되풀이했다. 대북정책에 대한 이분법적 관점은 보편적 인권을 적용하는 데서도 차이를 보였다. 인권문제 해결을 위해 북한정권의 인권침해 불법성과 책임성을 강조하는 시각에서는 정치범수용소, 공개처형 등 인권침해 요인에 주목했고, 인도적 지원을 중시하는 견해에서는 북한의 식량권, 건강권 등의 사회권에 주목했다.

국내정치 갈등이 북한에 대한 태도를 대립적으로 규정짓고, 이에 영향을 받은 국민이 통일의 필요성에 대해 냉소적이고 회의적 시각을 갖게 되면서, 과거의 통일정책은 이러한 환경변화를 반영하여 재편할 필요가 제기되었다. 통일에 대한 국민적 수요를 부활시키는 노력부터 분단 상황을 정확히 인식하고 이를 타개할 방법까지 광범위한 공감대를 형성하기 위한 노력이 필요하다.

3) 한국을 둘러싼 안보환경 변화

2024년 한국이 당면한 국제정세는 큰 변화를 보이고 있다. 7.7 선언이 발표되고 36년의 세월이 흐르면서 한반도를 둘러싼 대내외 환경도 급변하고 있다. 미국은 1980년대 이후 중국의 개혁과 개방 정책을 지지하면서 경제협력을 확대했다. 하지만 중국의 패권정책이 국제정치의 레드라인을 넘어섰다고 판단하여 최근 들어 디커플링을 가속화하고 있다. 향후 군사안보는 물론 경제 분야에서 미중의 전략 경쟁은 보다 심화될 것으로 예상된다.

북한은 2006년 1차 핵무기 실험에 성공하기 시작한 후 5차례의 추가 실험을 통하여 꾸준히 핵능력을 고도화했고 이를 실전에 사용할 수 있는 각종 미사일 등 다양한 투발 수단도 함께 개발해왔다. 2017년 말을 기점으로 핵무력 완성을 선포하였으며, 2022년에는 핵무력 법제화까지 선포함으로써 비핵화의 가능성은 작아지고 있다. 2024년 북한은 핵무기의 기하급수적 증가와 함께 즉각 사용할 수 있는 수준까지 핵무기의 실전 배치 태세를 강화하고 있다.

한편 김정은 북한 국무위원회 위원장은 2024년 들어 두 국가론을 강조하며 남한을 적대국가로 선언하고 과거의 남북한 화해 협력의 상징이었던 시설물이나 각종 기념물들을 철거하고 있다. 북한은 고체연료에 의한 극초음속 중거리미사일(IRBM) 발사 등 군사적 도발과 함께 남한 제1적대국 선언, 남한 영토 점령·평정 및 수복 등의 헌법 명기 등을 거론했다. 특히 김정은 위원장은 통일, 화해, 동족, 삼천리 금수강산, 자주, 평화통일 및 민족대단결 등 과거 평양에서 '우리민족끼리'를 강조할 때 단골로 끄집어내었던 감성적 표현과 용어의 삭제를 지시했다. 북한은 2024년 외무성 홈페이지에 게재한 북한 국가 가사에서 '삼천리 아름다운 내 조국' 부분을 '이 세상 아름다운 내 조국'으로 바꾼 것으로 확인됐다. 한반도 전체를 상징하는 '삼천리'라는 표현도 삭제했다. 북한 매체는 화성지구 3단계 착공식 현장에서 국가를 제창하는 주민들의 모습을 방영하면서 최근 삭제한 '삼천리' 가사가 나오는 장면에서 화면을 전환해 보여주지 않아 눈길을 끌었다.

김정은은 '두 국가론'에 해당하는 말 폭탄을 계속해서 던지고 있다. "대한민국 것들과 그 언제 가도 통일이 성사될 수 없다", "동족이란 수사적 표현이 우리의 국격과 지위에 어울리지 않는다", "전쟁 중인 두 교전국 관계로 완전히 고착됐다", "전쟁이란 말은 우리에게 추상적 개념이 아니라 현실적인 실체로 다가오고 있다", "유사시 핵 무력을 포함, 모든 물리적 수단과 역량을 동원해 남조선 전 영토를 평정하기 위한 대사변 준비에 계속 박차를 가해 나가야 하겠다", "언제든

무력 충돌이 생길 수 있다. 불집을 일으킨다면 모든 수단을 총동원해 괴멸시켜야 한다.”

그동안 북한은 위협은 가하면서도 1민족 1국가 연방제통일과 '우리민족끼리' 정신에 입각한 통일 대원칙은 일관되게 유지해왔다. 1973년 박정희 대통령이 이른바 6.23 선언을 발표하며 남북한 동시 유엔 가입 의사를 밝히자 북한은 '두 개의 조선 책동'이라며 발끈했다. 결국 1991년 남북한이 유엔에 동시 가입함으로써 국제적으로 두 국가로 인식되자, 북한은 그해 12월 남북기본합의서 협상 때 2국 체제를 강력히 거부했다. 남북이 국가 대 국가가 아닌 "통일을 지향하는 특수 관계"라는 타협안이 채택된 것도 북한의 끈질긴 요구 때문이었다. 그랬던 북한이 2024년 들어 갑자기 통일 노선을 전환한 것은 체제유지에 위협을 느끼고 흡수통일의 가능성을 줄이려는 의도가 있다.

한편 북한이 핵무기 보유의 자신감을 바탕으로 무력 통일의 명분을 갖추기 위해 두 국가론을 채택했다는 분석도 있다. 북한이 전쟁을 운운하면서도 상대방이 먼저 도발할 경우란 단서를 달고 있다는 점에서 당장은 체제 안정과 후계체계 구축을 위한 것이란 해석도 있다. 두 국가론을 공세적으로 밀어붙이고 있는 북한은 향후 남북 간 북방한계선(NLL) 등 국경선을 침범하려고 시도할 것이다. 김정은은 남한이 국제법적 근거나 명분이 없는 NLL을 고수하고 있다며, 연평도와 백령도 북쪽에 국경선을 그어 군사적 대비를 강화하겠다고 밝혔다.

북한이 남한을 상대로 전쟁형 통일전선전술을 펼치는 이유는 ① 보수 정부로 전환된 남한과의 새로운 관계설정 정립, ② '남남 분열'을 조장하기 위한 갈라치기 전략, ③ 지속적인 경제난에 따른 내부 불만 단속의 목적 등으로 요약된다. 이 밖에 바이든보다 말이 통하는 트럼프 당선에 유리한 국제정세를 조성하거나 이스라엘·하마스 전쟁, 우크라이나 전쟁 등으로 미국의 전력이 분산된 국제안보의 공백을 활용하기 위함이라는 관측도 있다.

3. 미래 전망

1) 세계질서 대전환의 시작

21세기 세계질서를 형성하는 첫 번째 주목할 만한 변화는 구질서의 붕괴와 새로운 세력권의 판이 마련되고 있다는 점이다. 미국은 2022년 10월 발표한 국가안보전략에서 탈냉전 시대의 종식을 공식적으로 선언하였고 중국을 미래 최대의 위협으로 규정하였다. 우크라이나 침공으로 서방과의 전쟁에 돌입한 러시아는 중국과 연합하여 대미, 대서방 전선을 만들고 있다. 푸틴은 2024년 5월 선거에서 승리한 후 우선적으로 베이징을 방문하여 시진핑 주석과 회담을 개최하고 협력을 다짐하였다.

둘째, 글로벌 복합위기의 본격적인 도래가 예고되었다. 코로나 팬데믹, 기후변화 및 환경 문제와 같은 글로벌 복합위기는 어쩌면 강대국 간의 합종연횡(合從連橫)보다 인류를 더욱 큰 위험에 몰아넣을 수 있다. 치열한 경쟁을 벌이는 국가들 간에도 협력을 지속해 나갈 대표적인 분야가 이 복합위기 대응과 관련이 있다. 나아가 중견국, 약소국들도 위기 대응 체계의 공동 주체가 되면서 더욱 큰 목소리를 갖게 될 가능성이 높아지고 있다.

셋째, 우크라이나 전쟁에서 소셜 미디어(SNS)의 역할과 시민단체의 활동은 전쟁의 양상을 바꾸어놓고 있다. 다양한 활동의 플랫폼을 통하여 영향력을 높이고 있는 초국가 단위 행위자들의 역할은 탈근대적 사회로의 이행을 촉진하고 있다.

2) 세계질서 변화가 통일미래 환경에 미칠 영향

세계질서의 변화 속에서 한반도 주변 환경도 급변하고 있다. 가장 큰 변화는 미중 간의 경쟁, 북한의 계속되는 도발로 인해 악화 일로를 걷는 한반도 주변 상황, 그리고 러시아-우크라이나 전쟁으로 인해 심화되고 있는 신냉전 구도일 것이다. 미국은 강력한 대중 견제, 나아가 봉쇄 정책을 미래 상당 기간 동안 유지할 것으로 예상된다. 일본 역시 공격능력을 보강하여 군사적 대중 압박에 동참할 것이 확실시되고 있다. 반면 중국은 시진핑 국가주석 중심의 1인 체제를 장기화하면서 대만 포위 군사 훈련 등 역내 군사 활동의 빈도를 높이고 미국에 대한 맞대응의 수위를 높일 것이다. 미중 경쟁과 긴장이 고조되는 상황에서 북핵 문제의 해결, 한반도 미래를 둘러싼 미중 간의 협력, 국제사회의 일치된 대응은 요원해 보인다.

이념에 기초한 진영 간 대립보다는 전략적 목적 달성을 위하여 국가들 간 편의에 의한 정치적 결합이 수시로 나타날 가능성이 높다. 새로운 형태의 진영화 속에서 각국은 전과는 다른 역할을 부여받게 될 것이다. 지정학적 경쟁의 수위가 높아지는 한편 초국경적 위기가 동시다발적으로 발생하고 있는 점은 글로벌 협력의 필요성을 더욱 높일 것이다. 어느 한 국가나 지역 차원에서 해결할 수 없는 위기는 유사한 위기를 경험하는 집단 간의 더욱 공고한 협력을 통해 극복되기도 하고 악화되기도 할 것이다.

3) 우리의 글로벌 위상 변화와 미래상

미중 간의 전략 경쟁 속에서 한국의 전략 공간은 더욱 좁아지는 국면에 접어들었다. 한국의 글로벌 위상과 역할, 한반도 미래를 위한 노력은 예측하기 어려운 변수에 상당 부분 연동되어 있다. 하지만 예측 불가능한 환경이 한국의 통일미래구상의 근본 철학을 바꿀 수는 없을 것이다. 통일미래구상은 진영 간 또는 이익을 공유하는 국가들 간의 이합집산 속에서 흔들리지 않는 가치와 규범에 뿌리를 깊숙이 내려야 할 것이다.

4) 미래상 구현을 위한 우리의 역할

통일의 긍정적인 영향은 한반도와 동북아를 넘어 전 세계에 미칠 것이다. 통일은 당사자인 우리와 북한뿐만 아니라 주변 국가들 및 국제사회와 함께 준비해야 할 글로벌 이슈다. 통일한국을 위한 담론이 단순히 남북한 간에 머물러서는 안되는 이유다. 한 걸음 더 나아가 국제사회의 보편가치와 규범의 장에서 함께 논의될 수 있는 보편타당성과 공감대를 형성할 수 있어야 한다. 처절한 동족상잔의 전쟁에서 벗어나 다시 핵무기로 세계를 위협하던 북한을 포용하여 하나가 된 한반도는 내전과 반목으로 얼룩진 세계가 나아가야 할 방향을 제시할 수 있을 것이다.

한국의 통일미래구상은 한반도를 넘어 한국의 지역전략, 세계전략과 맥을 같이 해야 한다. 통일미래구상은 '글로벌 중추국가'로서 인류 보편적 가치를 향한 우리의 비전을 실현하는 구심점이 되어야 한다. '글로벌 중추국가'라는 대한민국의 비전은 우리의 손을 잡는 국가의 안정과 번영을 함께 이루어나가는 상호호혜적인 파트너십에 기반하고 있으므로 통일한국을 위한 구상 역시 참여하는 국가들 모두에게 이익이 될 수 있는 상생의 구도 속에서 추진해야 한다.

대한민국도 긴 호흡 속에서 미래 한반도의 모습과 이를 실현하기 위한 대외정책의 새로운 패러다임을 준비해야 한다. 북한이 우려하는 안보와 체제유지 관련사항을 적절하게 해소하고 나아가 북한이 적극적으로 동참할 수 있는 밝은 미래상을 함께 그리기 위한 노력이 필요하다. 국제사회의 자유, 평화, 번영에 기여하는 글로벌 공공재로서의 한반도 통일의 미래를 세계시민과 공유하는 노력도 함께 기울여야 한다.

Ⅱ 통일미래 비전

1. 2035년 비전: '자유 · 평화 · 번영의 통일미래 공동체'

통일은 어렵고 힘든 길이지만 결코 포기해서는 안 될 우리의 목표다. 분단 100년은 없어야 하고, 2045년은 남북한이 통일로 하나 된 통일한국의 시대여야 한다. 통일을 통해 우리가 더 큰 성장과 발전을 이룰 동력을 확보할 수 있고, 지역과 세계의 안정, 평화, 그리고 번영에도 더 많은 역할을 할 수 있기 때문이다. 우리가 꿈꾸는 통일한국은 "남북한이 하나 된 글로벌 모범국가"가 되어야 한다. '자유·평화·번영의 한반도 공동체' 비전이 실현되고, 이를 남과 북의 주민들이 모두 누리는 국가가 미래의 통일한국이다. 국제규범에 맞추어 자유화·민주화·개방화·산업화 및 시장화 등을 지향하여 2035년에는 일차적으로 북한의 변화와 발전을 모색하여야 한다.

1) 국민 모두가 자유를 구가하는 국가

"글로벌 모범국가"는 국민 모두가 자유를 구가하는 국가가 될 것이다. 남과 북을 가리지 않고 통일한국의 국민이라면 누구나 자기의 신념과 이상을 자연스럽게 펼치고 말할 수 있고, 자신이 지지하는 정당과 정치세력을 선택할 수 있어야 한다. 이러한 정치적 자유는 결코 포기할 수 없는 우리의 역사이자 정체성이기도 하다. 대한민국은 지난 수십 년간 진정한 민주주의를 실현하기 위해 인고(忍苦)의 과정을 걸어왔고, 자유민주주의는 우리의 생활에 체화(體化)된 자랑스러운 특성이기도 하다. 통일한국은 이러한 자유민주주의의 미덕이 구현되는 그런 나라가 될 것이다.

통일한국은 다양성이 존재하는 국가가 되어야 한다. 자신과 다른 의견이 있을 수 있다는 것을 누구나 인정하고 타인의 의견을 존중하는 다양성의 사회를 가진 나라, 그것이 우리가 꿈꾸는 통일한국이다. 정치·사회적 소수세력을 탄압하지 않고, 진영논리에 따라 편을 가르지 않으며, 여러 의견과 지혜가 통합될 수 있는 통일한국을 만들어가야 한다.

2) 인류보편적인 가치의 촉진자

통일한국은 자유의 가치를 한반도에서 구현하는 것을 넘어 더 많은 지역의 더 많은 이들이 누릴 수 있도록 노력해 나갈 것이다. 통일한국은 통일과정에서부터 남북한 모두의 인권이 균형되게 증진되도록 노력해 나갈 것이고, 소극적인 피해자 구제의 차원을 넘어 적극적인 감시와 책임규명을 추구해 나갈 것이다.

인권 선진국으로서의 통일한국은 세계적 인권의 보호와 증진에도 관심을 가지게 될 것이다. 기아와 빈곤으로부터의 해방이라는 최소한의 인권에서 시작하여 정치·사회·경제적 자유와 정의의 실현이라는 더 높은 수준의 인권이 보호될 수 있도록 지원하고 주시해 나갈 것이고, 인권을 중시하는 다른 국가 및 국제기구와의 협력을 통해 세계 곳곳에서 벌어지는 인권의 유린을 조사하고 감시하는 데 앞장설 것이다.

3) 전쟁의 위험이 사라지고 국민이 안심할 수 있는 한반도

통일한국은 전쟁의 위험이 사라진 평화지대가 될 것이다. 그것도 일시적으로 전쟁의 위험이 없어진 그런 곳이 아니라, 우리의 능력과 지역·국제적 차원의 제도를 통해 지속 가능한 평화를 구현한 한반도를 만들어나가야 한다. 우리는 가능한 조기에 남북한 간에 평화체제가 수립될 수 있도록 노력할 것이고, 이를 통해 안정적 공존을 이룬 후 한반도에 지속 가능한 평화를 실현해 나갈 것이다.

평화의 구현 과정에서 상대방을 겨냥한 과도한 군비경쟁을 지양하고, 남북 군비통제를 통해 신뢰를 쌓아나가는 작업을 병행해 나갈 것이다. 남북 군비통제는 지역 군비통제 더 나아가 세계적 군비통제와 연계되어야 할 것이고, 이러한 노력은 통일 이후에도 이루어져야 할 것이다. 통일한국이 주변에 대한 일방적 무장해제만을 의미한다면 그것은 결국 또 하나의 불안하고 나약한 평화를 만들어낼 것이기 때문이다.

한반도에서의 평화는 단순한 전쟁 가능성의 소멸만을 의미하는 것이 되어서는 안 된다. 오늘날 진정한 평화와 안보는 정부가 선언함으로써 실현되는 것이 아니라 국민이 체감할 수 있어야 한다. 이러한 점에서 통일한국은 '국민을 안심시킬 수 있는 국가'가 되어야 한다. 전쟁과 무력도발 그리고 재해·재난 등 다양한 안보·안전 위협으로부터 국민을 물리적으로 보호할 뿐만 아니라, 국민에게 심리적 안정감을 줄 수 있는 체제를 완비하여야 한다.

4) 한반도의 비핵화와 전 세계적 비확산 견지

완전한 북한 비핵화는 미래 통일한국을 구현하기 위해 우리가 반드시 해결해야 할 과제다. 북한의 핵포기와 비핵화의 실현은 통일한국의 성립 이전에 해결되어야 할 것이고, 이를 위해 우리는 모든 노력을 기울여 나가야 한다. 북한 비핵화가 실현된 이후 우리는 한반도에서의 비핵화가 지속될 수 있도록 각종 제도적 장치를 강화해 나갈 것이고, 통일한국은 '핵 없는 한반도'를 바탕으로 성립하게 될 것이다.

대한민국이 북한 비핵화를 지향하는 가장 큰 이유는 핵무기가 인류의 평화를 위협하는 가장 강력하고 재앙적인 무기이기 때문이다. 북한 비핵화로 인해 한반도 전체가 안전하게 되었다고 해서 우리의 과제가 끝난 것은 아니다. 통일한국은 이러한 점에서 국제 비확산체제를 수호하고, 세계적인 핵군축을 주창하고 지원해 나가는 그런 나라가 되어야 한다.

5) 성장과 경제적 정의가 실현된 국가

통일한국은 남북한 모두에게 많은 기회를 제공할 것이다. 통일편익이 분단비용을 압도하는 통일한국의 실현은 남한의 지속 가능한 경제발전과 함께 북한의 획기적 경제성장을 불러오는 중요한 계기가 될 것이다. 통일한국은 더 부유해진 한반도와 연결될 것이고, 남과 북의 모든 국민은 경제적 풍요함을 공유할 수 있게 될 것이다. 통일한국은 건실한 시장경제체제에 기초한 신(新)성장 동력이 충만한 나라, 분배와 성장이 균형된 나라, 세계시장의 개방성과 경제적 상호의존에 입각하여 지역·세계의 공동 발전을 추구하는 나라의 모습을 구현할 수 있어야 한다. 지역·계층 간 차별이나 불이익이 없이 모두가 행복할 수 있는 나라, 그곳이 미래의 통일한국이다. 2045년 통일한국은 1인당 국민소득 7만 달러의 경제부국으로 도약할 것을 확신한다.

통일한국은 통일에 따르는 각종 성과를 세계와 함께 공유하는 국가가 될 것이다. 정치적 민주주의의 달성과 융성한 경제의 경험을 세계 각국에 전파하게 될 것이며, 그 산 증거가 바로 통일한국이 될 것이다. 인류 공통의 과제인 기후변화, 감염병, 사이버 안전 등 각종 신흥안보(emerging security) 이슈들을 해결하기 위한 다양한 방법을 제시하는 국제사회의 당당한 '의제 창출자'(agenda setter)로 자리 잡을 것이고, 이를 통해 나눔과 우정을 몸소 실천하는 그런 나라가 될 것이다.

통일을 통해 융합된 남북한 문화는 세계인의 정신과 문화적 삶을 살찌게 할 것이고, 다양한 문화와 정보가 거쳐 가고 서로 교류하는 허브(hub) 역할을 담당할 것이다. 한국문화 제일주의가 아니라 상호 이해와 소통을 통해 전 세계가 함께 즐길 수 있는 다양한 문화적 자산을 만들어내는 그런 국가가 바로 통일한국의 모습이다.

6) 지속 가능한 성장에 기여하는 나라

통일한국은 국제사회의 지속 가능한 성장과 발전을 위해 능력을 나누게 될 것이다. 각종 국제적 제도와 기구가 모든 국가에게 형평성 있는 기회를 제공할 수 있도록 하는 한편, 국가 간 발전 속도의 상이함과 빈부격차의 해소라는 세계 경제의 오랜 과제를 푸는 방안 역시 적극적으로 추진해 나가야 한다.

최근 주요국 간의 전략적 경쟁과 탈동조화(decoupling) 움직임 등으로 인하여 세계화에 대한 회의적 시각이 생겨나고 있지만, 세계화의 큰 흐름은 여전히 유지될 것이며 그래야 한다는 것이 통일한국의 신념이 되어야 한다. 인류가 함께 활용할 수 있는 미래 성장동력을 발굴하는 일뿐만 아니라, 그러한 성장동력을 활용하는 기법을 세계와 함께 나눔으로써 세계 경제 전체의 활력을 더하는 그런 나라가 미래 통일한국의 모습이다.

7) 글로벌 모범국가

통일한국의 미래 모습은 통일한국이 글로벌 중추국가에서 한 걸음 더 도약해 글로벌 모범국가, 누구나 닮고 싶은 국가가 되는 것을 의미한다. 통일한국은 국가안보·군사안보 중심에서 포괄안보·인간안보가 함께 구현되는 나라를 만들어 나갈 것이고, 외적 성장에만 집착하지 않고, 내실 있는 외교 · 안보 · 경제 · 문화적 역량을 구비함으로써 모든 국가들이 신뢰하고 존경하는 모범국가 이미지를 구축해나가야 한다.

남북의 이질감과 경계심을 극복하고 하나가 된 통일한국은 다양한 이유로 인해 내부적 갈등이나 상호 분쟁 관계에 있는 국가들에게는 최선의 모범사례(best practice)가 될 것이다. 통일한국은 부유하되 거만하지 않고 강력하지만 다른 국가들을 위협하거나 압박하지 않는 그런 나라가 될 것이며, 이를 통해 세계적 평화와 번영이 성취되도록 기여해야 한다.

통일한국은 배제와 갈등을 조장하기보다는 항상 협력과 화합의 중심 역할을 할 것이고, 국경을 넘어선 인류 공통의 자유 · 평화 · 번영의 가치를 실현해 나가야 한다. 소프트파워와 하드파워의 이상적 결합을 통해 한반도의 꿈이 곧 인도-태평양과 세계의 꿈이 되도록 하는, 선망의 스마트파워 국가가 우리가 꿈꾸는 통일한국의 모습이다.

2. 미래 통일한국 비전 실현 원칙

1) 자유 · 평화 · 번영의 핵심가치 신장

미래 통일한국을 실현하기 위해서는 자유 · 평화 · 번영에 관한 분명한 신념과 가치가 필요하다. 이 세 가치는 개별적으로 존재할 수 있는 것이 아니며, 한 가치의 훼손은 다른 가치에까지 영향을 미친다. 역사는 자유가 없는 평화는 결국 취약한 것이고, 자유를 타협하거나 포기함으로써 얻어지는 평화는 결국 나약한 것에 불과하다는 점을 입증하고 있다.

진정한 평화가 실현되지 않는 상황에서의 번영 역시 허망한 신기루에 불과할 수 있다. 반대로 번영이 성취되지 않고는 자유의 침해에 대한 유혹이 발생하며, 평화를 이룰 힘 역시 보장하기 어렵다. 이와 같이 세 가지 가치는 긴밀히 상호 연관되어 있다는 점에서 어느 한쪽에 편중되기보다는 모두를 조화시켜 나가며 추구해야 한다.

진정한 자유·평화·번영의 가치는 향후의 통일을 향해 남북관계를 운영해 나가는 데 있어서도 그대로 반영될 것이다. 남북은 분명 공존하고 화합하여야 할 대상이지만, 갈등을 피하기 위해 우리의 정체성을 타협해서는 안된다. 남북의 화해·협력 이상으로 국민의 생명과 재산은 중시되어야 하고, 대화를 위해 우리의 안전이나 자유로운 의사 표현이 훼손되는 일도 없어야 할 것이다. 북한주민들의 인권문제에 대해서도 선의의 문제 제기를 계속해 나가는 것이 진정한 남북관계 발전을 위해서도 도움이 될 것이다.

2) 상호존중 및 힘에 의한 현상변경 금지

정부는 통일한국을 만들기 위해 1972년 '7.4 남북공동성명'에서 2018년 '9.19 남북 공동선언'에 이르는 기존의 남북 합의들을 존중하고, 과거 정책들의 긍정적 교훈을 계승하기 위해 노력해야 한다. 다만, 정책의 이어달리기 정신을 계승하되 시대변화에 따른 창조적 재해석 역시 소홀히 하지 말아야 한다.

자주, 평화, 민족 대단결의 정신은 오늘날에도 상당 부분이 유효하고, 현재에도 그 실현을 위해 노력해야 하겠지만, 그것이 지니는 배타적 민족주의 역시 경계할 필요가 있다. '자주'는 주권과 국가 자결권의 차원에서 분명 존중되어야 하지만, 이것이 '고립'이나 폐쇄와 동일시되는 것을 경계해야 한다. 통일한국은 외세의 간섭 없이 이룩되는 것이 타당하나, 동시에 남북 이외 국제사회의 지지와 협조가 없이는 실현되기 힘들다는 현실적인 요소 역시 고려해야 한다.

3) 국민합의와 국제연대 추진

미래의 통일은 우리 사회의 다양한 구성원이 동의가 가능한 방식으로 추진되어야 한다. 국제사회가 지지하고 국제적으로 기여하는 통일 방식으로 추진되어야 단기간에 가능할 것이다. 우리 사회 내부에 남북관계와 통일에 대한 인식 차이가 존재하는 상황에서 쉬운 과제가 아니다. 하지만 국론의 통일과 합의 없이 추진하는 것 역시 사상누각이 될 수 있다. 한반도의 평화통일이라는 대의를 위해서 세대 간 지역 간 여론을 수렴하는 공론화 작업을 지속적으로 추진해 나가야 한다.

한반도의 지정학적 위치는 우리의 통일과업을 성취하는 데 있어 주변국과 연대하지 않을 수 없다. 지난날 한반도의 분단과 전쟁은 국제사회의 충돌과 깊이 연계되어 있던 역사적 상황을 고려할 때 국제연대를 지속적으로 추진해야 한다. 신냉전 흐름 속에서 단기간에 성과를 달성하는 데 어려움이 있겠지만 국제사회를 대상으로 우리의 평화정착 노력 정책을 체계적으로 홍보하고 설득하는 데 주력해야 한다.

3. 미래 통일구상 추진 전략

1) 「유연한 상호주의」에 입각한 「4D 전략」 복합 구사

강력한 대북 억제(deterrence)를 바탕으로 북한의 핵무기 개발 포기를 유도하고(dissuade), 대화(dialogue)를 통해 남북한 간의 문제를 해결해 나간다는 '3D' 전략을 흔들림 없이 추진한다. 북한이 핵개발을 통해 손에 쥐게 될 신기루 같은 이익보다는 비핵화로 인해 얻게 될 수혜가 훨씬 더 클 것이라는 점을 강조한다. '담대한 구상'에 입각한 다양한 보상책은 북한정권과 인민들에게 희망찬 미래를 보여줄 수 있다.

3D + 「발전」(Development)을 통한 4D 전략으로 북한의 경제·사회적 「발전」 및 국제사회 참여를 촉진하고 정상국가화를 모색한다. 유연한 상호주의로 북한의 「변화」를 위한 유도적 관여에 나선다. 원칙을 견지하면서도 남북 상호 관심사와 차이도 고려하는 실용적 접근에 나선다. 북한의 선택에 따른 맞춤형 대응전략을 구사하여 잘못된 선택에는 단호히 대응하고 자유·평화·번영의 길로 나오면 적극적으로 지원하고 협력한다. 비핵화에 따른 담대한 구상의 출구 이후 미래상을 가시적으로 제시하여 올바른 선택을 견인한다.

2) 남북한 평화공존 및 실체 인정

통일한국을 이룩하기 위해서는 남북한 상대 정부나 정권을 실질적인 대화 상대로 인정하고 존중하는 조치를 수사적 차원이 아닌 실질적 차원에서 구현할 필요가 있다. 정부는 남북한 상호 인정과 존중을 실현할 준비를 해야 하며, 북한의 변화에 상응하여 남북 간의 공존을 위한 조치들을 현실화시켜 나가야 한다. 북한이 도발을 중단하고 대화에 응하면 대한민국은 이를 기꺼이 받아들이고, 우리를 존중하면 남한도 북한을 예우하는 것이 타당하다.

남북은 상대방에 대한 비방이나 체제 비판을 가능한 한 자제할 필요가 있고, 인권 등 인류보편적 가치를 제외한 부분에 있어서는 북한의 특성을 존중할 필요도 있다. 상호 존중의 단계가 성공적으로 지속되면 일정 시기에 남북한이 동시에 상대방의 극복이나 배격의 대상으로 삼는 각종 제도·법률을 수정·폐기하는 것을 검토할 수 있다. 남북한 정권의 변동이나 갑작스런 특정 사건에 관계없이 일관되게 가동될 수 있는 대화 채널을 구축해 나갈 필요도 있다.

3) 정치·군사적 긴장 완화와 경제협력의 병행

통일한국이 달성되기 위해서는 비핵화와 함께 남북 간의 군사적 긴장 완화 역시 지금부터 높은 우선순위를 설정하여 추진할 필요가 있다. 군사적 긴장의 조기 완화가 없이는 남북한 간 경제협력 역시 무망하다는 것이 과거의 교훈이었기 때문이다. '담대한 구상'의 연장선상에서 남북한 간 경제적 교류·협력을 군사적 긴장 완화와 연계하여 추진해 나가는 방안도 검토되어야 한다. 남북 간의 경제협력에 있어 북한의 선호와 계획을 반영하는 남북 공동의 협의채널 역시 적극 활성화해 나가야 한다.

4) 국민적 합의의 존중

어떤 대북정책이나 통일정책이든 지속 가능한 동력을 지니려면 국민적 숙의와 합의를 바탕으로 해야 한다. 특정 정파나 행정부의 이익이나 선호가 반영된 것이 아닌, 국민 다수가 원하는 통일방안을 마련하기 위해서는 충분한 사회적 논의가 필요하고, 다양한 의견들을 조화시키고 수렴해 나가는 과정이 필요하다. 정부는 이러한 사회적 합의를 중요한 미덕으로 추진하고, 활발한 대국민 소통 통로와 국민적 숙의 장치를 개발해 나가야 한다. 국민적 합의를 위해서는 무엇보다 대의기관인 국회와의 협력 역시 중요하다. 행정부 단독의 노력이 아닌, 국회와의 협력을 통해 발전된 통일방안을 마련해 나가고, 이를 통해 행정부 변화와 관계없이 일관되게 추진될 수 있는 통일정책의 기본 틀을 정립해 나가야 연속성과 일관성을 확보할 수 있다.

5) 국제적 공조 강화

과거 독일통일의 교훈에서 나타나는 바와 같이, 안정적 통일을 위해서는 국제사회 및 주변국의 합의 및 지원 역시 중요하다. 북한 비핵화와 남북 협력이 일정 단계에 이르면 남북이 국제사회에서 공조할 수 있는 기회를 지속적으로 확대해 나가야 한다. 남북 공동의 미래 기획 및 예측을 통해 통일이 가져올 수 있는 잠재적 이득과 도전요인을 식별하고, 이를 체계적으로 대응할 수 있는 공동방안을 발전시키는 노력 역시 병행해야 한다.

국제사회와의 협력은 북한 경제개발과 관련해서도 긴밀하게 이루어져야 한다. 정부는 '담대한 구상'의 실현 단계부터 국제기구 및 해외자본과의 협력을 모색해야 하며, 각종 국제기구와의 공동보조를 통해 북한의 대규모 개발을 위한 적시 투자가 이루어질 수 있도록 추진해야 한다. 경제협력을 남북 차원이 아닌 국제적 차원으로 확대함으로써 더 많은 기회를 북한에게 제공하게 될 것이다.

Ⅲ 미래 통일한국을 실현하기 위한 10대 제안

제안 1 남북한 자유 왕래와 문호 개방

대한민국 헌법 제14조에서 보장된 거주 이전의 자유를 남북한 국민 모두에게 적용하고자 한다. 현재 북한의 실효적 지배가 미치지 않는 상황임을 감안하여 우선 현행법 체계를 통한 시범 사업을 전개한다. 향후 남북관계 발전에 따라 남북 간 거주 이전의 자유로 확대한다. 일 단계로 비무장지대 내 소규모 「남북왕래자유구역」(Inter-Korean Comings & Goings Barrier Free Zone)의 공동운영을 제안한다. 「북한 방문 및 정착 희망 국민들의 대북이주 허용」을 선제적으로 제의한다. 이와 함께 「이산가족·실향민 수시 고향 방문」 및 「납북자·억류자 귀환」도 북측에 요청한다. 향후 여건이 되면 정착지원법 및 교류협력법 등 국내법을 개정을 검토하고 필요시 자유왕래기본법의 입법도 추진해야 한다.

이와 함께 남북한 문호 개방을 제안한다. 전면적 문호 개방 원칙을 재확인하고, 국내적으로 가능한 선제조치를 시행한다. 신문 및 방송 등 '남북 상호 정보·문화 개방'을 제안한다. 현행 국보법 등 법체계 내에서 가능한 부분에서 시작해 단계적으로 확대해 나가면서 남북 간 협의를 통한 전면적인 정보·문화 개방도 추진한다.

제안 2 남북미 비핵·안보대화

북한이 우리와 미국에 대해 전술핵과 전략핵 위협을 지속하고 있는 점을 감안하여 안보 관련 의제를 포괄하는 '남북미 비핵·안보대화'의 개최를 제안한다. 「남북미 비핵·안보대화 채널」의 설치 및 이를 위한 「남북미 정상회담」을 개최하여 비핵화, 평화체제, 군비통제 등을 논의하는 방안도 검토할 필요가 있다.

동아시아 「다자안보협의체」의 구성도 제안한다. 동아시아 정상회의를 개최하여 동아시아 역내 안보협력을 위한 정상협의체의 설치도 제안할 수 있다. 장기적으로 동아시아 정상회의를 동아시아 다자안보협력체로 확대를 모색하여 '동아시아판 유럽안보협력기구(OSCE)'로 발전시킬 수 있다. 이를 위해 역내 협력구조 제도화를 위한 '중장기 동아시아 미래 비전 공동연구'를 추진한다. 우선 민관합동으로 「한미 한반도 미래 비전 공동연구」 사업에 착수하여 북한의 '밝은 미래'를 가시화하도록 초기 조치를 검토할 필요가 있다.

제안 3 북한인권 증진을 위한 남북한 협력

남북한 주민의 인권 증진을 위해 '남북인권대화'를 시작할 것을 제안한다. 남북 간에 인권문제를 터놓고 논의하며 국제기준에 맞는 주민들의 인권 보장 실천방안을 함께 모색하도록 북한당국을 설득해야 한다. 인권은 이념과 체제를 초월하는 인류 보편의 가치다. 북한당국은 더 이상 자국의 인권 실태에 대한 국제사회의 권고를 무시해서는 안된다. '남북인권대화'는 북한이 인류 보편가치를 존중하는 정상국가로 나아가겠다는 메시지를 국제사회에 천명할 기회가 될 것이다.

정부는 세계인권선언 등 보편적 인권원칙에 기반을 둔 지속 가능한 북한인권개선정책을 입안하고 실행하기 위해 노력해야 한다. 유엔이 설립된 후 채택된 유엔헌장과 세계인권선언은 인권과 평화의 기본문서로서 글로벌 인권 보호의 준거와 기준이 되었다. 이에 북한주민들의 인권과 존엄성을 전 세계에 천명하고, 북한인권침해 조사와 보상, 북한인권 옹호와 증진의 기준과 원칙을 명시해야 한다.

유엔인권이사회 북한인권조사위원회와 유엔총회 결의안을 준수하여, 진실과 책임을 규명하는 '전환기 정의(Transitional Justice)'에 부합하는 북한인권정책을 수립하고, 북한인권범죄 청산과 책임을 묻는 수사·기소권이 있는 독립기관을 설립하여야 한다. 국제형사법원 및 국제사법기구, 국제사회와 협력하여 북한인권침해를 억제하고 실질적인 북한인권개선을 이루는 데 최선을 다해야 한다. 대한민국은 세계시민국으로 역할과 책임을 다하여야 한다. 보편적 인권과 자유와 평화에 입각한 인권과 이민정책을 수립하고 이행해야 한다. 대한민국은 보편적 인권과 국제적십자사 인도주의의 원칙을 기반으로 인도·태평양지역 재난과 재해 복구와 재건에 국제기구와 시민단체들과 협력하고 각종 사업에 적극적으로 참여하여야 한다.

통일미래세대와 글로벌 북한인권 학자, 운동가 및 문화예술인들을 지원하여 글로벌 인권문학과 평화학을 육성하며 특히 아시아·인도·태평양지역 미래세대가 21세기형 글로벌 인권문화와 자유·정의·평화 문화를 창출하고 견인하는 데 지원을 아끼지 말아야 한다.

제안 4 이산가족 상봉과 인도적 지원 확대

이산가족의 전면적 생사 확인과 정례적 상봉을 위한 협의를 제안한다. 지척에 있는 내 고향 내 가족들의 소식도 듣지 못한 채 평생을 회한 속에 살아오신 우리 어르신들의 마음속 응어리를 풀어드리는 것은 무엇보다 시급한 인권적 과제다. 2035년이 되면 이산가족이라는 단어 자체가 사라질지도 모른다. 우리에게 주어진 시간은 이제 정말 얼마 남지 않았다. 이산가족 상봉의 기회가 소멸하기 전에 하루라도 빨리 필요한 조치들을 취하기 위해 협력해야 한다. 북한이 원한다면 북한이 지정한 관광특구 등에서 상봉을 하도록 해야 한다.

동독 거주 이산가족의 서독 귀환을 위해 서독 정부가 통일과정에서 조용하게 추진했던 프라이카우프(Frei-kauf) 등도 적극 검토해야 한다. 프라이카우프는 통일 이전 서독의 동독 반체제 인사 석방사업으로, 동독에 돈을 주고 정치범을 데려온 방식을 의미한다. 독일 말로 '자유'를 의미하는 프라이하이트와 '구매'를 의미하는 카우프의 합성어로 '자유를 산다'는 뜻이다. 서독은 동독에 수감되어 있던 정치범들을 서독으로 데려올 목적으로 현금과 현물을 동독 측에 제공했다. 이 사업은 동서독 당국 간에 직접 이루어지지 않고 서독에서는 주로 교회·변호사 등이, 동독에서는 비밀경찰이 주도해 진행하였고 언론도 비보도 원칙을 준수하여 철저하게 비밀에 부쳐졌다. 프라이카우프 사업은 1963년 처음 시작된 이래로 베를린 장벽이 무너지던 1989년까지 26년간 이어졌다. 이 기간 동안 서독은

3만 3,755명을 송환한 대가로 34억 6400만 마르크(한화 1조 8000억 원)에 해당하는 현금과 현물을 동독에 지불했다.

북한주민들의 생존권에 관한 문제에는 조건 없는 지원도 검토해야 한다. 매년 봄 춘궁기가 되면 일부 지역에서 식량 수급이 어렵다는 소식이 들려온다. 주민들의 식량 접근성 악화로 사회적 약자들이 최소한의 생존조차 보장받기 어려운 상황이 전개될까 우려된다. 대한민국은 국제기구와의 협력하에 북한에 식량과 같은 인도적 물품 지원을 재개해야 한다. 영유아와 산모를 위한 필수 의약품 및 접종 지원 등 보건 분야의 지원도 적극 추진해야 한다.

제안 5 '2035 한반도 공동번영 이니셔티브'

북한이 변화의 의지를 보여준다면 한국은 남북의 공동번영을 위한 종합프로그램 추진에 착수하고 북한경제가 후발주자로서 선진국을 성공적으로 추격할 수 있도록 적극 지원한다. 한반도 공동시장을 형성하고 북한의 시장화·산업화 촉진을 위한 지원을 아끼지 말아야 한다. 우선 남북 간「한반도 종합개발 패키지 프로그램」을 제안한다. 남북공동경제발전위원회를 통해 △인프라 구축 △산업협력(특구) △그린데탕트 △첨단산업 △국제공급망 참여 등을 추진한다.

낙후된 기업과 산업시설은 물론 전력, 교통·물류 인프라 정비를 돕고 산업 핵심인력들의 국내외 연수를 추진한다. 북한지역의 인프라 정비가 완료되기 이전까지는 남한의 항만, 공항, 도로 등을 이용하여 북한의 물류 유통을 지원한다. 남북한 간의 시너지를 낼 수 있고 국제적으로 확장이 가능한 핵심 산업 분야에 대해서는 북한지역에 경제특구를 건설하여 산업클러스터의 핵심 거점으로 개발을 추진한다. 남한의 제도적 인프라를 활용하여 북한의 수출을 지원할 수 있다.

북한의 국제 경제체제 참여를 지원한다. 북한의 국제금융·무역기구(IMF·WB·ADB, WTO 등) 가입 지원 프로그램을 추진하고 세계 경제 질서 및 규범에 부합하도록 시스템 발전을 촉진하여야 한다. 국제사회 대상으로「북한개발 국제금융기구 네트워크」구축을 제안한다.「북한 국가통계 지원협력 프로그램」을 운용하여 향후 「북한 채무 문제 해결 컨설팅그룹」 등으로 사업을 확대한다. 직접적인 자본 투자와 함께 금융 시스템 구축, 무역과 투자에 관한 법제 정비 등 경제성장에 필수적인 시장 제도 마련을 위해 한국이 가지고 있는 노하우를 최대한 공유할 수 있다.

북한의 「밝은 미래」 실현을 위한 재원 마련에도 적극 나서야 한다. 북한의 발전·번영을 안정적으로 지원하겠다는 국제사회의 구체적 의지를 실현하기 위하여 「코리아 미래펀드」(The Trust Fund for Future of Korea)를 조성한다. 국제사회 공여에 의한 신탁기금 설치도 제안한다. 정부는 이를 선제적으로 「남북협력기금 적립계정」 등도 준비해야 한다.

제안 6　지속 가능한 한반도 그린데탕트 정책

국토 동질성 회복과 관리 차원에서 한반도 그린데탕트 정책도 추진해야 한다. 북한의 자연환경 개선에 대한 지원도 필요하다. 통일 이후 북한의 황폐화된 산림녹화를 위한 사업 진행보다는 우선 통일 전에 산림협력을 통한 한반도 환경 생태 개선, 기후변화 위기 대응, 지속 가능한 자연 그리고 생활환경 조성 측면에서의 선제적인 대응도 검토해야 한다.

한반도 국토 공동체의 동질성을 회복함과 동시에 동아시아 지역 그리고 전지구 차원에서의 회복력있는 지속 가능한 생활환경 조성을 위한 협력이 필요하다. 남북을 비롯하여 미국, 일본, 중국, 러시아 등이 한반도 협의체에 참여하고, 몽골, 중앙아시아 국가들을 포괄하는 동아시아 지역 차원의 협력체계를 구축하여야 한다. 이를 통하여 남북한이 협력하고, 국제사회가 함께하는 공간을 마련한다.

그린데탕트를 위한 동북아협력체는 정부와 민간이 참여하는 거버넌스 협력체다. 평화는 군사적 안보나 경제적인 빈곤으로부터 안전한 사회를 만드는 것은 물론, 새롭게 제기되고 있는 질병, 기후변화 및 환경오염으로부터 안전한 한반도를 만들어야 한다. 철저한 준비를 통해 다가올 미래를 남북 주민이 평화와 번영, 깨끗하고 청정한 환경에서 지속 가능한 삶을 누릴 수 있도록 해야 한다.

제안 7 남북 간 적대관계 종식과 비핵화를 논의할 고위급 회담 개최

정전 70년을 계기로 남북 간 불필요하고 소모적 대결 종식을 제안한다. 상호 체제를 존중하고 서로를 향해 무력 사용을 하지 않는다는 대원칙을 공유해야 한다. 한국은 결코 북한의 체제 붕괴를 추구하지 않으며 무력에 의한 통일도 원치 않는다. 남북은 이러한 원칙을 공유하는 가운데 우선 현재의 팽팽한 군사적 긴장을 완화하기 위해 노력해야 한다.

남북은 이제 종전 이후 70년간 이어온 적대적 관계를 종식하고 새로운 미래를 향해 나아가야 한다. 지금과 같이 대량살상무기 개발과 무력도발을 지속하는 한 북한의 밝은 미래는 기대할 수 없다. 그럴수록 한국과 미국의 대북 군사 억지력은 더욱 강화될 것이며, 북한은 신무기 개발과 기존 무기체계 유지에 점점 더 많은 비용을 들여야 한다. 국제사회에서의 고립도 심화될 것이다. 이제 이러한 악순환의 고리를 끊어야 한다.

아울러, 잘못된 길 고집 시 '억제(Deterrence)'가 더욱 강화될 것임을 분명히 확인해야 한다. 남북 간 적대적 대결 종식과 비핵화를 논의할 다양한 고위급 회담의 개최도 제의한다. 무력도발 중지와 지속 가능한 평화 담보 장치 마련하기 위해 「한반도 안보 가드레일」(Korean Peninsula Security Guardrail)을 구축할 것을 제안한다.

제안 8 남북한 미래세대를 위한 교류 프로그램 시행

남북한의 미래세대가 함께 통일의 미래를 그려갈 수 있도록 소통과 배움의 기회를 마련한다. 우선 한반도의 미래를 살아갈 청년들이 스스로 통일문제를 논의하고 결정할 수 있도록 온·오프라인에 소통의 플랫폼을 구축한다. 우선 남북한의 청년들이 통일문제를 포함하여 남북한 공동의 주요 현안을 두고 토론할 수 있는 포럼을 정례적으로 개최한다. 온라인상에서는 메타버스를 이용한 가상의 플랫폼 구축을 추진하고 남북한의 청년들이 함께 즐길 수 있는 콘텐츠를 개발한다. 남북의 대학 간에는 교환학생, 교환연구원 프로그램을 제안한다. 이를 통해 남북한의 청년들이 서로에 대해 알아가며 지평을 넓히고 학문 역량을 성장시킬 수 있는 기회를 제공한다. 청소년들 대상의 '메가 스포츠 이벤트'의 공동 개최도 추진한다.

북한의 청년들이 자유롭게 미래를 설계하고 꿈을 펼칠 수 있도록 교육협력 프로그램을 추진하겠다. 북한의 미래세대는 세계를 무대로 다양한 방면에서 재능을 발휘할 수 있는 무궁한 가능성을 가지고 있다고 생각한다. 이들이 이념과 사상의 제약에서 벗어나 국제적으로 통용되는 학문과 기술을 섭렵한다면 자신의 자아실현뿐 아니라 고국의 발전에도 크게 기여할 수 있을 것이다.

이러한 미래를 현실화하기 위해 북한의 우수한 인재들이 미국 및 유럽 등 세계 최고 수준의 교육기관에서 수학할 수 있도록 지원한다. 국제기구 및 교육기관과의 협력을 통해 새로운 입학제도를 마련하고 민관이 공동출자하는 장학재단을 설립하여 지원할 수 있다.

제안 9 국내 통일기반 강화

상황변화에 흔들리지 않는, 초당적 대북정책 논의기구로 「통일미래 여의도 포럼」의 출범을 제의한다. 정부와 국회가 호응하여 초당적 통일정책 협의기구를 마련하는 것이 필요하다. 범정부 차원의 통일준비 태세도 마련하여야 한다. 통일미래 준비는 국가적 과제임을 선언하고, 국내 인프라 구축에 착수하여 「통일기반조성법」의 제정도 검토되어야 한다. 법과 제도를 정비하며 재정적 뒷받침을 마련하여 통합적 문화 형성 등 제반 분야를 망라하여 준비하여야 한다. 미래세대의 통일교육 기반도 적극 구축해야 한다. 「통일미래 교육 생태계 조성 및 발전」을 위하여 △접근이 용이한 교육플랫폼 개발 △학교통일교육 시수 확대 △국가교육위원회 산하 「통일교육특위」 설치 △범정부적 「통일학진흥사업」 추진 등도 검토하여야 한다.

제안 10 국제사회의 통일기반 강화

적극적인 공공외교를 추진하여 '통일미래'가 '국제적인 기여'로 연계되도록 국제사회와 함께하고 국제사회에 기여하는 「K-Unification」 브랜드화를 적극적으로 추진해야 한다. 국제사회와 함께 북한 변화를 유도하고, 한반도 통일이 '국제 공공재의 역할'을 충실히 수행하여 국제사회의 평화와 번영에 기여하도록 해야 한다. 이를 위해 국제사회와 통일·통합 파트너십 구축에 적극적으로 나서야 한다. 미래 통일 추진과정에서 자유민주주의, 인권, 법치(Democracy, Human Rights & Rule of Law) 등의 보편적 원칙을 국제사회에 적극적으로 제시하여야 한다. 대한민국은 보편적 인권원칙에 기반하고 인도주의적 원칙을 준수하며 북한과 교류하고 주변국과 선한 관계를 맺어가야 한다. 통일한국은 이념이나 혈연 중심 단일민족공동체의 제한성을 넘어 21세기 글로벌 시대의 보편적 가치 형성과 인류사에 기여하는 가치 중심 문명공동체로 거듭날 것이다.

통일한국은 인도·태평양지역의 평화와 번영에 구체적으로 기여하여 세계시민국가의 의무와 책임을 다하여야 한다. 인도·태평양지역 평화와 번영을 위한 지역협의체(Governance)를 구축하여 유엔의 지속가능발전목표(SDG)를 달성하기 위해 노력해야 한다. 통일한국은 인간존중, 자주국방, 에너지 독립, 과학기술 중심의 지속 가능한 미래사회가 될 것이다. 지속 가능한 글로벌 통일기반 확립을 위해 인도·태평양판 헬싱키 프로세스(Helsinki Process) 모델을 적용하여, 지역안보, 인권, 경제, 평화, 과학기술, 보건·의료(팬데믹) 및 환경 협의체를 구축한다. 동북아 및 아시아·인도·태평양지역의 자유와 평화체제의 지속 가능한 데탕트(détente) 시대를 열어 나아가는 데 기여해야 한다.

제2장

남북한 통일방안과 통일미래 비전

정유석 통일연구원 부연구위원

남북한 통일방안과 통일미래 비전

I 서론: 통일문제에 대한 접근

"그냥 지금처럼 분단된 채로 살면 안 되나요? 북한도 이제 통일을 원하지 않는다고 하는데 왜 우리만 통일을 말하는 거죠? 통일이 된다고 해서 우리에게 어떤 도움이 되나요? 북한이 피해만 안 주면 서로 각자 살면 좋겠습니다." 요즘 시대를 살아가는 청년세대의 통일에 대한 솔직한 생각 중 하나이다.

한반도가 남과 북으로 나뉜지도 반세기를 지나 이제는 80년이 되어가면서, 이제 우리에게 분단은 너무나 익숙한 일상이 되고 말았다. 분단 이후 남북은 경쟁과 대립 속에 시간을 허비하였고, 우리 사회에도 통일과 북한 문제에 대한 남남갈등은 통합의 가장 큰 걸림돌이 되어버렸다. 이러한 상황에서 국민들의 통일에 대한 소극적인 생각들은 이상한 일도 아닐 것이다. 하지만 분단국가에서 통일은 국가의 명운과 생존이 달린 매우 중요한 문제이다. 통일에 대한 관심이 사라져가는 시대, 통일의 의미를 다시 한번 생각해보면서 통일을 해야하는 이유에 대하여 고민해 볼 필요가 있다.

시간은 결코 통일에 우호적이지 않다. 한반도는 여전히 정전 상태이며 이는 언제든 전쟁의 위험이 상존한다는 것을 의미한다. 국제질서는 더욱 복잡해져 대외적인 통일환경 역시 어려워져만 가고 있다. 북한의 도발과 비상식적인 행동이 거듭될수록 우리 사회의 통일 인식은 더욱 저하될 것이 분명하다. 한반도의 통일은 단순히 분단 이전으로의 회귀를 의미하지 않는다. 오랜 기간 서로 다른 두 체제를 하나의 완전한 공동체로 완성하는 것을 의미한다. 따라서 통일은 미래지향적이어야 하며 그 필요성과 비전을 명확하게 제시하여야 구성원들의 동의와 지지를 확보할 수 있다. 통일은 한반도의 자유롭고 평화로운 미래를 향한 과정이자 결과이다. 남북의 모든 구성원이 함께 통일의 비전을 고민하고 그 목표를 향해 준비하는 것이 바로 통일의 시작이다.

Ⅱ 남북한 통일방안의 특징과 차이점

1. 대한민국의 통일방안

우리나라의 공식 통일방안은 '민족공동체통일방안'이다. 이는 노태우 정부 시기 '민족 자존과 통일 번영을 위한 특별선언(7.7 선언)'의 '한민족공동체통일방안'에서 기원한다. 그 당시 국제정세는 냉전의 시기를 지나 탈냉전을 맞이하는 변화의 시기와 맞물려 있었다. 이에 따라 기존 반공주의 즉 공산권 국가와의 적대적 관계에서 벗어나 공식적인 외교 관계를 수립하게 되었다. 소련의 해체와 공산권의 몰락은 동아시아와 한반도 환경의 변화를 가져왔다. 북한도 공산권의 붕괴에 따라 대내 경제 사정이 크게 악화되면서 어려움을 겪게 되었다. 한국이 체제경쟁에서 우위를 점하고 서울올림픽 등을 성공적으로 개최하자 북한은 체제보전의 위기에 직면하게 된다. 7.7 선언은 "남과 북이 함께 번영을 이룩하는 민족공동체 관계를 발전시켜 나가는 것이 통일을 실현하는 지름길이라는 인식을 바탕으로 북한에 대한 문호개방과 주변 4국의 남북한 교차승인"을 주요 내용으로 한다. 이는 민족화합민주통일방안(1982)에 이어 한민족공동체통일방안(1989)을 거쳐 민족공동체통일방안(1994)으로 발전되어 현재까지 우리나라의 공식 통일방안으로 계승되고 있다.

이어 역대 정부는 민족공동체통일방안에 기초하여 '대북포용과 화해협력 정책'과 '비핵·개방 3000', '한반도 신뢰프로세스' 등 시대적 상황에 맞는 대북정책을 펼쳐나갔다. 남북 정상이 만나 6.15 남북공동선언, 남북관계 발전과 평화번영을 위한 선언(10.4선언), 판문점선언, 평양공동선언 등이 채택되었지만, 명확한 한계를 드러내고 말았다. 남북의 교류협력이 활발히 추진되었으나 북핵문제의 미해결, 교류협력의 비제도화, 군사적 긴장 지속, 남북관계 불안정, 북미관계 냉각 등의 문제가 나타나면서 남북관계는 오히려 경색되었다.

_____
표 2-1 **역대 정부의 통일·대북정책**

이승만 정부	실지회복차원의 '북진 통일론' 유엔 감시하의 인구 비례에 의한 남북한 총선거
장면 정부	'선 경제건설 후 통일론' 유엔 감시하의 인구 비례에 의한 남북한 총선거
박정희 정부 (1960년대)	'선 건설 후 통일론' 자유민주주의 원칙에 의한 국토통일론
박정희 정부 (1970년대)	평화통일 3대 기본원칙(평화정착과 대화교류, 신뢰조성과 동질화 촉진, 총선거) 아래 선 평화 후 통일정책
전두환 정부	'민족화합민주통일방안' 민족자결원칙 아래 민주적 절차와 평화적 방식에 의한 통일(통일헌법 제정→남북한 총선거→통일정부 구성)
노태우 정부	'민족자존과 통일번영을 위한 특별선언(7.7 선언)', '한민족공동체통일방안'
김영삼 정부	'민족공동체통일방안(한민족공동체 건설을 위한 3단계 통일방안)'
김대중 정부	'대북 화해협력 정책'
노무현 정부	'평화번영 정책'
이명박 정부	'상생·공영의 대북정책'과 '비핵·개방·3000' 구상
박근혜 정부	'한반도 신뢰프로세스'와 '한반도 평화통일을 위한 구상', '3대 통로' 제안
문재인 정부	'문재인의 한반도정책'

출처: 국립통일교육원, 『2024 통일문제의 이해』 (서울: 국립통일교육원, 2024), p. 95.

민족공동체통일방안은 '자주·평화·민주'를 기본 원칙으로 하고 있다. 이를 위한 통일의 과정을 3단계로 구성하여, '화해·협력단계', '남북연합단계', '통일국가 완성단계'를 가정하여 통일을 점진적이고 단계적으로 완성하겠다는 방안이다. 통일의 철학은 자유민주주의에 입각한 자유와 권리를 보장하면서도 남북의 다양성을 존중하는 원칙을 제시하고 있다. 또한 통일을 민족공동체 차원에서 경제·사회·문화의 단일 공동체를 구성하고 이를 공고히 하여 궁극적으로 정치적인 통합을 통해 1민족 1국가의 남북이 하나되는 통일국가를 지향하고 있다.

그림 2-1 **민족공동체통일방안의 원칙**

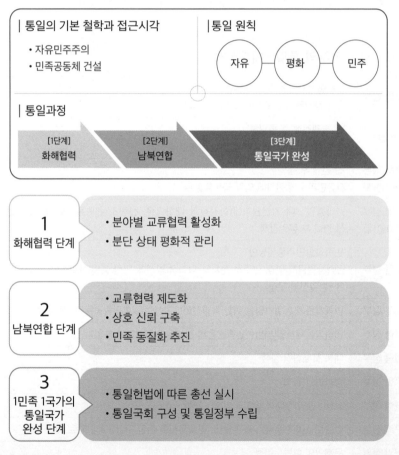

출처: 국립통일교육원, 『2023 통일문제의 이해』, (서울: 국립통일교육원, 2023), p. 169; 국립통일교육원, 『2024 통일문제의 이해』, p. 82.

민족공동체통일방안은 30년이 넘게 이어온 대한민국의 공식적인 통일방안으로 이에 기초하여 역대 정부가 남북관계 개선을 위한 노력을 지속하였으나, 북한의 핵무기 개발과 국제 질서의 변화 등에 막혀 추진에 어려움을 겪고 있다. 민족공동체통일방안이 발표되고 긴 시간 동안 한반도의 대내외 통일환경은 크게 변하였다. 장기간 분단으로 인한 남북 간 격차 및 이질화가 더욱 심화되었으며, 민족의식은 점차 약화되고 있다. 국내적으로도 당위론에 근거한 통일론에 대한 거부감이 증가하고 있어 이에 대한 새로운 통일 담론과 미래 비전이 필요한 시점이다.

2. 북한의 통일방안

북한의 통일방안은 남한의 적화통일이며, 이를 노동당 규약에 '한반도의 공산주의화'로 명시하고 있다. 북한의 통일론은 혁명주의 노선에 기초하여 '先혁명後통일'이다. 이를 위해 북한은 1960년대 '연방제'를 시작으로 1990년대 초에는 '낮은 단계의 연방제' 등 명칭을 달리하지만 그 본질은 무력에 의한 적화통일이다. 북한은 '남북연방제'를 주장하고 있으며 이를 '조국통일 5대 강령'으로 명시하고 있다. 이어 1980년대 기존의 북한의 통일방안을 재정리하여 '고려민주연방공화국 창립방안(고려민주연방제)'을 제시했다. 1990년대에는 남북의 격차가 벌어지면서 '1민족 1국가 2제도 2정부'의 연방제로 통일방안을 수정하게 된다. 2000년대 접어들어서 북한은 '낮은 단계의 연방제'로 통일방안을 다시 수정하면서 '조국통일 3대 헌장'을 내놓았다. '낮은 단계의 연방제'는 남북이 현재의 체제를 유지하면서 통일을 위한 협의기구를 구성하는 것을 골자로 한다.

표 2-2 **남북한 통일방안의 변천**

구분	남한		북한	
1948년~ 1960년	이승만 정부	유엔 감시하 남북한 자유 총선거에 의한 통일론	김일성 정권	민주기지론(민족해방론)에 의한 무력·적화통일론
1960년대	장면 정부	유엔 감시하 남북자유총선 거론		남북연방제(1960)
	박정희 정부	선 건설 후 통일론(1966)		
1970년대	박정희 정부	평화통일외교정책선언 (1973.6.23.) 선 평화 후 통일론(1974)		고려연방제(1973) 조국통일 5대 강령
1980년대	전두환 정부	민족화합민주통일방안 (1982)		고려민주연방공화국 창립 방안(1980) (고려민주연방제 통일방안)
1990년대	노태우 정부	한민족공동체통일방안 (1989)		'1민족 1국가 2제도 2정부' 에 기초한 연방제(1991)
1994년 ~2000년대	김영삼 정부	민족공동체통일방안 (1994)	김정일 정권	낮은 단계의 연방제 (2000)
	김대중 정부			
	노무현 정부			
2010년대	이명박 정부		김정은 정권	연방연합제(2014)
	박근혜 정부			
	문재인 정부			
2020년대	윤석열 정부			

출처: 국립통일교육원, 『2024 통일문제의 이해』, p. 93.

김정은에게 정권이 세습된 이후 북한은 10년간 선대와 유사한 대남전략의 기조가 유지되었다. 하지만 2023년 12월 당 전원회의에서 김정은은 남북관계를 동족 관계가 아닌 '적대적인 두 국가 관계, 전쟁 중인 두 교전국 관계'로 재규정하고 '남조선 전 영토를 평정'하겠다고 협박에 나섰다. 또한 '남조선혁명'과 '통일전선' 구축, 그리고 '협상을 통한 연방제통일'이라는 북한식의 평화통일 프로세스를 철폐하고 핵무력 등 군사력에 의존하는 '령토완정'을 대남전략의 주목표로 전면에 내세웠다. 북한은 2024년 1월 15일 최고인민회의 제14기 10차 회의 시정연설을 통해 김정은은 헌법개정으로 '북반부, 자주, 평화통일, 민족대단결, 우리민족끼리'와 같은 표현들을 삭제하는 대신 '독립적인 사회주의국가 영역'으로서 '주권행사령역', 등 영토 규정을 삽입하였고 전쟁 시에는 '대한민국을 완전히 점령, 평정, 수복하고 공화국령역에 편입'하는 문제도 반영할 것을 지시했다. 2024년 기준 김정은 정권은 남북관계를 적대적 두 국가로 규정하고 선대의 모든 '통일'과 '민족'의 용어마저 지우며 한반도의 통일을 전면 부정하고 있다.

Ⅲ 통일의 필요성과 원칙

1. 통일의 필요성

통일의 필요성 역시 시대적 상황에 따라 변화되어 왔다. '우리의 소원은 통일'과 같은 당위론적 통일 인식부터 이산가족의 고통 해소와 북한인권 증진 등 통일의 필요성은 다양하다. 통일은 우리 헌법에 명시되어 있는 국가의 의무이자, 민족적 사명임과 동시에 북한 주민의 인류보편적 권리를 보장하기 위해서도 반드시 필요하다. 한반도의 분단이 고착되고 통일환경이 변화하면서 통일 인식은 일방적이고 당위적인 논리의 접근보다는 모든 국민이 체감하고 공감하는 것이 중요하다. 통일의 궁극적인 목표는 남북의 모든 주민이 자유롭고 더욱 풍요로운 삶을 누리는 것이며 이를 위해 지금부터 함께 만들어가는 과정이라고 하겠다. 하지만 남북관계의 부침이 반복되고 경색기가 장기화되면서 국민들에게 통일문제에 대한 피로감은 누적되고 있다. 통일에 대한 무관심은 늘어나고, 심지어는 통일에 대한 거부감이 증대하여 이에 대한 경계와 우려가 커져만 가고 있다. 여기에 급격하게 변화한 국제질서도 통일에 대한 열망을 가로막는 큰 요인이 되고 있다. 이러한 상황에서 우리가 왜 통일을 지향해야 하는지에 대한 고민이 필요한 시점이다.

먼저, 통일은 남북에 흩어져 있는 이산가족의 아픔을 치유하고 북한주민의 자유로운 왕래를 통한 기본적인 권리를 충족하기 위해 반드시 이루어져야 한다. 한국전쟁으로 인한 한반도의 분단은 냉전 시대의 유물의 하나로 남아있다. 특히 인도주의적 차원에서 이산가족 문제는 남북이 해결해야 하는 최우선 과제이다. 이산가족의 대부분은 서로의 생사를 알지 못한 채 분단 이후 수십 년의 시간을 흘려보냈다. 현재 이산가족의 1세대의 대부분이 유명을 달리하면서 안타까운 시간이 흘러가고 있다. 또한 통일은 남북 주민의 기본적인 자유로운 왕래를 보장한다는 차원에서 접근하여야 한다. 분단으로 인하여 소모되는 막대한 군사비용과 심리적 차원의 분단 비용의 해소를 위해서 통일은 반드시 필요하다.

둘째, 통일은 민족동질성 회복이라는 측면에서 필요하다. 남북은 동일한 언어와 문화 속에서 공동체를 형성하며 살아왔다. 전쟁과 분단은 이러한 한민족의 역사를 강제적으로 둘로 나누어 놓고 있으며, 서로 다른 체제로 분단이 고착화되면서 남북의 이질감은 더욱 증대되고 있다. 우리 민족은 오랜 역사를 공유하면서 수많은 어려움을 함께 극복해왔다. 하지만 분단으로 인하여 오히려 서로를 향한 대립과 갈등을 반복하면서 남과 북의 민족동질성은 훼손되어 가고 있다. 통일은 이러한 국력 결집과 동질성 회복이라는 측면에서 필요하다.

셋째, 통일은 한반도의 지정학적 한계를 극복하고 글로벌 중추국가로의 도약을 위해 필요하다. 한반도는 분단으로 인하여 남북의 삶의 공간이 제약될 뿐만 아니라 대륙과 해양으로 뻗어 나갈 수 있는 지리적 기회를 막고 있다. 통일은 남북 주민의 평화롭고 자유로운 지정학적 공간을 확장시킴으로서 한반도의 밝은 미래를 보장할 수 있을 것이다. 남북이 하나의 경제권으로 통일될 경우 한반도는 물론이고 동북아시아 성장과 번영의 중심이 될 것이다. 한반도가 유라시아를 연결하는 중심지로 부상하면서 우리의 국가 위상이 높아질 것이다.

넷째, 통일은 사회적 갈등을 봉합하여 국론을 결집시키는 동력이 된다. 우리 사회에서 북한 문제와 통일에 대한 갈등은 발전을 가로막는 큰 요인으로 작용하고 있다. 전쟁의 상처는 시간이 흐르면서 다소 무감각해진 측면이 없지 않지만,

분단이 지속되면서 통일에 대한 생각의 차이는 매번 정쟁의 중심에 있다. 통일은 이러한 소모적인 논쟁을 제거함으로써 발전을 도모할 수 있게 된다. 통일은 엄청난 군사비와 심리적인 안보의 위험이 사라지면서 국가 발전을 저해하는 요소를 제거할 수 있다.

2. 통일의 원칙

통일은 우리 헌법에 명시되어 있는 자유민주적 기본질서에 입각하여 추진하여야 한다. 우리 헌법 제4조는 "대한민국은 통일을 지향하며 자유민주적 기본질서에 입각한 평화적 통일정책을 수립하고 이를 추진한다"고 명시되어 있다. 이에 우리가 추진해야 할 통일은 자유와 인권의 자유민주주의적 기본질서에 입각한 법치주의에 기초하여 추진되어야 할 것이다.

먼저 통일은 남과 북이 전쟁과 무력이 아닌 평화로운 방식과 과정으로 이뤄져야 한다. 우리 정부는 어떠한 상황에서도 일방적이고 무력을 사용한 현상 변경에 의한 통일을 추구하지 않는다. 또한 한반도 통일이 대화와 협력을 통한 평화롭고 자유로운 방식으로 추진되기 위해 노력해야 한다.[1] 남과 북이 통일을 함께 논의하고 준비하는 과정에서 우선 서로의 존재를 인정하고 지속 가능한 평화와 안정을 위한 제도적인 장치 마련이 그 시작이라고 하겠다.

또한 통일은 국민적 합의에 기초하여 국제사회와 함께 준비해 나가야 한다. 통일은 특정 정권이나 집단에 의하여 단기간에 추진될 사안이 아니다. 따라서 통일에 대한 명확한 목표와 비전을 제시하여 국민적 합의를 도출하는 것이 최우선 과제이다. 또한 통일은 남과 북 사이만의 문제가 아닌 국제사회의 동의와 지지가 필수적인 외교문제이기도 하다. 따라서 급변하는 국제 질서의 변화 속에서 한반도의 통일에 대한 의지를 적극적으로 펼쳐나갈 필요가 있다. 남북 간의 대화와

---

1   헌법 전문에는 '평화적 통일의 사명, 세계 평화와 인류공영에 이바지' 등이 규정되었고, 제5조에서는 '국제평화 유지 노력, 침략적 전쟁 부인' 등을 제시하며 평화에의 지향성을 뚜렷하게 명시하고 있다.

협력을 추진함과 동시에 한반도 통일 문제의 당위성과 정당성을 국제사회에 적극적으로 설명하고 이에 대한 동의와 지지를 확보하는 것이 중요하다. 우리의 통일이 단순히 한반도의 전쟁 종식이 아닌 평화 정착을 통한 동북아 번영의 시작점이라는 것을 주변국에게 설명하는 노력을 경주해야 한다.

Ⅳ 통일한국의 미래 비전

1. 독일통일의 시사점[2]

통일은 자유롭고 민주적인 절차와 방식에 따라 평화적으로 이루어져야 하며, 남북한 모든 주민이 자유롭고 풍요로운 삶을 영위할 수 있는 미래상을 지향하여야 한다. 이러한 측면에서 비록 한반도의 상황과는 차이가 있더라도 독일의 평화 통일과정에서 한반도의 시사점을 도출해 볼 필요가 있다.

독일의 통일은 당사자인 주민들이 일궈낸 값진 성과라고 할 수 있다. 동독과 서독은 비록 분단되어 있었으나 양국 간의 교류는 완전하게 단절되지 않았다. 독일의 통일은 서독 정부의 일관되고 꾸준한 통일 노력, 교류와 협력을 통한 동독의 변화, 집단안보체제를 통한 안보 불안 요소의 제거, 세계적 냉전체제의 붕괴 등 통일환경의 변화가 복합적으로 작용함으로써 가능하였다. 여기에 동서독 간 교류와 협력이 중요한 역할을 했다. 브란트의 동방정책이 실시되면서 동서독은 1972년에 '동서독 기본조약'을 체결했고, 동서독 간 교류협력이 활성화되었다. 서독이 적극적으로 동방정책을 추진할 수 있었던 배경으로는 경제발전, 안보환경 개선, 적극적인 외교적 노력 등을 들 수 있다.

우리가 추구하는 통일은 자유롭고 민주적인 절차와 방식에 따라 평화적으

---

2   국립통일교육원, 『2024 통일문제의 이해』, pp. 183-185에서 정리.

로 이루어져야 하며, 남북한 모든 주민이 자유롭고 풍요로운 삶을 영위할 수 있는 미래상을 지향하고 있다. 이런 점에서 독일통일이 보여 준 평화적인 통일과정과 사회통합을 위한 노력들을 오랜 시간이 지났음에도 불구하고 통일한국에 적지 않은 시사점을 준다. 한반도를 둘러싼 국제사회의 질서가 더욱 복잡하게 전개되는 작금의 상황에서 통일한국의 문제는 우리가 당사자의 역할을 충실히 감당하면서도 외교적인 노력을 통한 국제사회와의 공조가 필수적이라는 것은 아무리 강조해도 지나치지 않을 것이다.

그림 2-2 **독일의 통일**

출처: "German reunification," *WIKIPEDIA*, accessed July 3, 2024, https://en.wikipedia.org/wiki/German_reunification.

독일의 통일 경험은 한반도 통일에 많은 시사점을 준다. 먼저 독일의 통일은 예상하기 어려운 갑작스러운 통일이라는 점이다. 또한 동독의 주민들이 통일을 열망하였다는 측면에서 아래로부터의 통일이며, 미국을 비롯한 서독의 우방국들이 통일에 적극적으로 개입하였다는 점이다. 독일은 한반도와는 통일환경에 큰 차이가 있었기 때문에 단편적인 비교는 어렵다고 하더라도 통일의 과정이 평화적이고 동독주민의 보편적인 가치를 수호가 주요했다는 점에서 시사점을 찾을 수 있다. 또한 통일 이전 동서독의 광범위한 교류와 협력이 통일과정에서 큰 역할을 하였으며, 주변국의 독일통일에 대한 지지와 동의가 결정적이었다는 점을 주목하여야 한다. 특히 동독은 핵을 가지고 있지 않았지만, 북한의 핵문제는 국제사회에서 한반도 통일에 큰 걸림돌이 되고 있다. 아울러 북한과 동독으로의 정보 유입의 정도에서도 큰 차이를 보인다는 점에서 독일통일의 경험과 시사점을 광범위하게 살펴보아야 한다.

2. 통일한국의 비전과 과제

통일한국은 자유민주주의적 기본 질서에 입각한 평화로운 번영의 미래지향적 국가를 구현한다. 이를 위해 통일한국의 비전과 목표, 이를 실현하기 위한 단계적이고 실제적인 방안을 마련하여야 한다.

첫째, 통일한국은 자유롭고 정의로운 나라를 추구한다. '자유 · 평화 · 번영의 한반도 공동체'로서 진정한 민주주의가 실현되는 열린 사회를 구현하여야 한다. 분단 70여 년 동안 북한주민들이 표현의 자유, 집회결사의 자유, 종교의 자유 등 모든 시민적, 정치적 자유가 제한된 생활을 벗어나 개개인이 생명과 자유, 행복을 추구하는 문화를 증진시키는 것에 방점이 있어야 하겠다.

둘째, 통일한국의 모든 구성원의 다양성과 관용, 포용의 가치가 실현되어야 한다. 이는 통일 이전의 정치 · 사회적 소수 세력이 소외되지 않고 단순한 진영논리에 따라 편을 가르지 않으며 여러 의견과 지혜가 통합될 수 있는 문화를 구현하는 것이 중요하다. 현재 우리 사회에도 국제이주민과 북한이탈주민의 증가, 성적 지향에 대한 인권 문제, 젠더 문제와 여성인권 의식, 장애인 차별 문제, 지역 및 세대 갈등, 지역 전통문화의 위기 등 사회환경 변화에 직면해 있다. 획일적 집단정체성의 관습에서 벗어나 사회 내 다양성을 인지하고 서로를 배려하며 공존함으로써 한국사회의 새로운 미래지향적 가치가 형성될 수 있도록 지금부터 노력을 경주하여야 할 것이다.

셋째, 통일한국은 국제사회의 인류보편적 가치를 공유하는 나라를 지향하여야 한다. 남북한이 인류 보편적인 가치를 추구하여 하나 된 글로벌 중추국가를 구현하여 할 것이다. 우리는 한국 전쟁의 참혹한 상처를 딛고 자유민주주의와 시장경제를 바탕으로 눈부신 성장과 번영을 이룩하였다. 통일한국은 인류 공동의 과제를 해결하기 위하여 노력하면서 국제사회의 책임 있는 일원으로서 자유민주주의 국가들과 연대하여야 한다. 동아시아 지역뿐 아니라 전 세계의 자유, 평화, 번영을 추구하여 통일한국의 위상을 공고히 하여야 한다. 국제사회와 상호 발전 문제를 고민하며 국제규범에 맞추어 자유화·민주화·개방화·산업화·시장화 등을 지향함으로써 통일한국의 발전 방향을 모색하는 것이 중요하다.

넷째, 통일한국은 모든 구성원의 인권이 보장되고 존중되는 나라가 되어야 한다. 이를 위해 무엇보다도 현시점에서 북한주민의 인권 개선을 위한 다각적 노력이 요구된다. 통일한국으로 나아가는 단계에서 북한인권 상황을 지속적으로 감시하고 개선시키기 위하여 다면적이고 다층적인 노력을 아끼지 말아야 한다. 북한주민은 우리 국민으로 인정하는 헌법 규정상 북한인권 문제에 대한 우선적인 책임은 우리에게 있다. 또한 이들에게 가해진 광범위한 인권침해는 우리 국민의 신체, 생명 및 재산에 대한 침해이므로 당연히 우리 정부가 그 해결을 위해 적극적으로 나서야 할 의무가 있다고 하겠다. 통일한국은 모든 국민이 자유를 영위함으로써 북한이 세계 최악의 인권 탄압 국가라는 오명을 벗고 규범 기반 국제질서 강화를 주도하면서 자유·평화·번영에 기여하는 국가로 나아가는 것이 무엇보다도 중요한 이유이다.

다섯째, 통일한국에서는 핵과 전쟁의 위협이 없는 완전하고 안전한 국가를 구현하여야 한다. 북한의 완전한 비핵화를 목표로 하되 북한이 다시는 핵을 가질 이유가 없도록 북한과 통일한국의 비전과 청사진을 공유하여 견고한 안보 환경이 구축되도록 해야 한다. 통일한국은 일시적으로 전쟁의 위험이 사라지는 불안전한 안보를 넘어서 더 이상 핵이 존재하지 않는 지속 가능한 평화를 추구하는 것이 바람직하다. 이러한 남북의 영속적인 평화 구축에 대한 의지를 국제사회에 적극적으로 피력하는 노력을 경주하여야 하겠다.

V 결론

우리의 공식 통일방안인 민족공동체통일방안이 발표되고 30년이 경과하였다. 그간 급변하는 대내외의 정세 변화 속에서 한반도를 둘러싼 통일환경은 변화하였다. 하지만 우리는 헌법에서 규정한 통일에 대한 국가적 소명을 변함없이 추진해나가야 한다. 우리 정부는 어떠한 상황에서도 통일을 지향하며, 통일을 위해 자유민주적 기본질서에 입각한 평화적 통일정책을 수립하고 이를 추진하여야 하겠다. 통일은 우리의 의무이자, 북한주민의 인류보편적 가치 실현을 위한 우리의 책임이다. 우리는 변화한 시대적 환경과 도전 가운데서 대한민국이 지향해야 할 통일한국의 비전을 설정하여 희망찬 미래를 준비하여야 하겠다.

북한의 비핵화와 통일을 향한 태도변화가 점점 요원해지는 상황에서 통일에 대한 국민과 국제사회의 동의와 지지를 확보하기 위한 새로운 전략 수립과 비전 제시가 필요하다. 우리는 인고의 세월을 거쳐 획득한 자유민주주의체제를 아주 자연스럽게 누리며 살고 있지만, 북한주민들 역시 우리 헌법 제4조에 규정되어 있는 자유, 인권, 개방, 복리 등 자유민주적 기본질서를 누릴 권리가 있다.

통일한국은 자유·평화·번영의 남북이 모든 주민들이 그 가치를 누리며 비전을 실현하는 공동체의 모습이 되어야 한다. '자유·인권·법치'라는 보편적 가치에 기반한 통일을 지향하고 이를 위한 결연한 의지를 주변국에게 지속적으로 표명하여 지지와 동의를 획득하는 것이 중요하다. 통일 비전이 담긴 통일·대북 정책은 북한의 비핵화와 인권문제 개선 등을 우선적으로 추진하여 인류 보편적인 기준과 가치에 근거하는 것이 바람직하다. 상식과 원칙에 기초하여 장기적으로 지속 가능한 통일 추진을 위한 로드맵을 수립하여 일시적인 전쟁을 회피하는 평화가 아닌 자유와 번영이 실현되는 진정한 평화를 지향하여야 하겠다. 특히 북한과의 일방적이고 일시적인 교류와 협력의 양적인 성과에 집착하지 말고 견고한 원칙하에서 일관된 자세를 견지하여야 하겠다. 변화된 국제환경과 변화될 세계 질서 패러다임도 유연하게 적응할 수 있는 '글로벌 중추국가'로서의 통일미래 청사진을 제시하는 것이 중요하다. 통일한국의 비전은 자유로운 평화와 번영의 통일한국으로 다양성과 관용, 포용의 가치가 실현되며 인류보편적 가치를 추구하는 나라가 되어야 한다. 남북한이 인류 보편적 가치를 추구하며 국제사회의 책임 있는 일원으로서 자유민주주의 국가들과 연대하여 동아시아 지역뿐 아니라 전 세계의 자유·평화·번영을 선도해 나가야 한다. 통일한국이 자유로운 평화와 번영에 기초하고 다양성과 관용, 포용의 가치가 실현되며 인류보편적 가치를 추구하는 나라로 설계되길 기대한다. 무엇보다도 통일한국의 미래를 그 주역인 미래세대가 주도적으로 준비해 나갈 수 있는 환경을 마련하는 것이 중요하다.

참고문헌

국내문헌

국가안보실. 『윤석열 정부의 국가안보전략: 자유, 평화, 번영의 글로벌 중추국가』. 서울: 국가안보
　　　실, 2023.

국립통일교육원. 『2023 북한 이해』. 서울: 국립통일교육원, 2023.

＿＿＿＿＿＿＿＿. 『2023 통일문제의 이해』. 서울: 국립통일교육원, 2023.

＿＿＿＿＿＿＿＿. 『2024 통일문제의 이해』. 서울: 국립통일교육원, 2024.

대한민국 정부. 『윤석열 정부 120대 국정과제』. 서울: 대한민국 정부, 2022.

통일부. 『2023 통일백서』. 서울: 통일부, 2023.

＿＿＿＿. 『비핵·평화·번영의 한반도: 윤석열 정부의 통일·대북정책』. 서울: 통일부, 2022.

대한민국 대통령실 https://www.president.go.kr

대한민국 정책브리핑 https://korea.kr

법제처 국가법령정보센터 https://law.go.kr

외교부 https://www.mofa.go.kr

해외문헌

"German reunification." *WIKIPEDIA*. accessed July 3, 2024. https://en.wikipedia.org/wiki/Ger-
　　　man_reunification

제3장

통일한국의 정치체제와 제도

임재천 고려대학교 통일외교안보전공 교수
정원희 강원대학교 통일강원연구원 선임연구원

제3장

통일한국의 정치체제와 제도

I 서론

통일한국의 정치체제는 어떠한 모습일까? 통일이 된다면 정치제도는 어떻게 달라질까? 정치제도란 한 국가의 정치적 결정이 형성, 실행되는 것을 조정하는 체계이자 정치 행위의 규범, 기준을 제공하는 규칙이나 절차 또는 기관들의 집합체를 말한다.[1] 즉, 정치제도라 하면 정부의 구성형태부터 입법부·행정부·사법부 간 권력 분배 구조, 의회제도, 선거제도, 정당제도 등이 포함되는 것이다. 민주주의 국가에서는 정치적 결정 및 집행 과정에서 사회구성원들의 민주적인 참여를 높이기 위해 이러한 제도적 측면의 기준과 틀을 마련하는 것이 필수적이다.

1945년 8월 해방 이후 국제적 냉전 질서에 따라 한반도에는 서로 다른 체제를 지향하는 두 정부가 수립되었고, 현재까지 남한과 북한은 상이한 정치체제를 유지하고 있다. 미래 통일한국 정치제도는 통일의 방식과 형태에 따라 크게 달라질 것이다. 따라서 본 장에서는 통일이 남한의 주도로 평화롭게 이루어지며 통일된 한국은 다양한 이념이 공존하는 자유민주주의 국가라고 상정한다. 통일의 과

---

1   Robert A. Dahl, *On Democracy* (New Haven: Yale University Press, 2000).

정과 그 결과가 평화적이어야 한다는 것은 추가적인 설명이 필요치 않을 것이다. 남한이 주도한다는 것은 실질적으로 한국에 의한 흡수통일을 의미하며, 통일 이후 현재 한국의 정치제도가 북측지역에까지 영향을 미치게 될 것이라고 본다. 현재 남북한의 현저한 국력 차이를 감안할 때 남북한이 대등한 입장에서 합의에 의한 통일을 이루기는 현실적으로 불가능하다. 따라서 정치, 군사, 경제, 사회 등 거의 모든 방면에서 우위에 있는 남한이 통일한국의 주도세력이 될 것이며, 이때 정치체제는 한국의 기존 제도들이 적용될 것이다. 이러한 시나리오는 독일통일의 사례와도 유사한데, 독일통일은 한쪽의 무력이나 강제가 없는 상태에서 양측의 자발적 합의로 이루어졌으나 국력이 월등했던 서독의 주도하에 동독지역이 통일독일에 편입되는 형태로 나타났다.

통일한국이 자유민주주의를 근간으로 인권, 평등, 복지, 정의 등 인류의 보편적 가치를 구현하는 국가가 되어야 한다는 점도 중요하다. 이러한 핵심 가치들을 실현하기 위해서는 국민들이 보통, 직접, 평등, 비밀 선거 원칙에 따라 스스로 대표자를 선택하며 국가는 국민으로부터 위임받은 권력을 책임 있게 행사할 수 있어야 한다. 이를 위해서는 자유로운 정당설립이 보장되어야 하고 복수의 정당이 허용되는 다당제의 정당구조가 필수적일 것이다. 그러나 현재 북한은 조선노동당 이외 다른 정치적 의견을 지닌 정당이 출현, 발전할 수 없는 정치구조이기 때문에, 자유민주주의 국가로서 통일한국은 북한체제가 붕괴하거나 혹은 기존 권력구조의 심각한 공백이 발생했을 때 가능할 것이다.

본 장에서는 통일한국의 정치제도에 대하여 국가체제, 정부의 형태, 의회 및 선거제도에 관한 주요 논의를 살펴보고 현재 북한의 정치체제의 특성을 알아본다. 그 다음에 독일통일의 사례를 미루어 통합 이후 정치변화에 대해 살펴보고 통일한국의 정치구조가 어떻게 형성될 것인지 예측해 보고자 한다.

Ⅱ 통일한국의 정치제도

1. 국가체제

국가의 형태는 크게 단일제(unitary system), 연방제(federal system), 연합제 (confederal system)로 구분된다. 이들 간의 구별은 중앙집권화(centralization)와 지방분권화(decentralization)의 정도에 따른 차이로 볼 수 있다. 권력의 중앙집중 화와 지방분권화를 하나의 제도적 연속체로 본다면 그 수준은 단일국가, 연방국 가, 연합국가, 연맹국가, 동맹국가의 순으로 나타난다.

단일국가는 중앙정부에 권력이 집중된 국가형태다. 대표적으로 한국이나 일 본, 프랑스 등이 단일제를 채택하고 있다. 일반적으로 지방정부는 중앙정부가 부 여한 권한에 따라 존재하며 독립적인 입법권이나 행정권을 갖지 않는다. 연방국 가는 권력이 중앙과 지방에 비교적 고르게 분배되면서 국제법상 단일한 주권을 갖는 정치형태다. 미국, 독일, 오스트레일리아, 캐나다 등에서 연방제를 채택하 고 있으며 각 국가마다 지방정부의 역할과 권한은 상이하게 나타난다.[2] 연방제 국가의 경우 국방, 외교, 경제 분야를 비롯해 전국적 차원의 질서유지에 대한 책 임은 중앙정부에게 주어지며 지역적 차원의 질서와 복지, 교육, 보건 정책 등은 하위 구성단위 정부가 맡게 된다. 단일제에서 중앙정부의 효율성과 전국의 단합 이 우선시되는 반면, 연방제는 분권화의 논리에 따라 효과적인 중앙정부뿐 아니 라 그에 대한 견제의 필요성이 타협적으로 고안된 것이다. 한편 연합국가는 독 립적인 주권 국가들이 공통된 목적을 위해 결합된 형태다. 대표적으로 유럽연합 (EU)을 들 수 있다. 여기서 중앙정부는 회원국 정부로부터 제한된 권한을 위임받 으며 주요한 결정은 회원국 간 합의를 거쳐 이루어진다. 연맹국가란 이러한 연합

---

2 같은 연방제 국가라 해도 권력의 집중 정도에 따라 달라진다. 독일이나 캐나다의 경우 대부분의 입법권이 국가 차원에 집중되어있어 '단일 연방국가(unitary federal state)'로 불리지만 독일은 캐나다의 경우보다 지방분권화된 연방국가의 형태를 띠고 있다.

국가보다 더 느슨하게 결합된 형태다. 연맹국들은 주로 독자적인 중앙정부나 법체계가 없이 상호협력을 도모한다. 또한 동맹국가란 주로 군사적 협력과 같은 특정 목적에 따라 결성된 집합체로서 주권 국가들 간 협약에 따라 각 국가가 독립성을 유지한 채로 맺어진 동맹을 말한다.

통일한국의 국가형태에 대한 기존 논의에서 단일제뿐 아니라 연방제가 주목을 받아왔다.[3] 통일 이후 중앙정부뿐 아니라 하위 구성단위인 지방정부의 권한을 늘려 이들이 독자적으로 지역 문제를 해결할 수 있도록 하자는 것이다. 단일제와 달리 연방제는 정부 단계를 중앙과 비중앙으로 나누어 권력을 분산시킴으로써 책임을 다원화할 수 있고 통일성과 다양성 사이의 균형을 이룰 수 있다.[4] 한반도 전체를 아우르는 중앙정부뿐 아니라 각각의 지방정부가 일정 수준으로 독자적인 결정권을 갖고 제도나 정책을 시행할 수 있게 되는 것이다.

과거 북한측에서 통일한국의 국가형태로 연방제를 제시한 바 있다. 1980년 10월 10일 조선노동당 제6차 대회에서 김일성은 통일의 최종단계로서 남북 간 연방공화국 창설을 제의하였다. 남북 각각의 사상과 제도를 그대로 인정하면서 동등하게 참여하는 민족 통일정부를 구성하고 그 밑에 남과 북이 같은 권한과 의무를 지니는 지역 자치제를 실행하자는 것이다. 북한에서 주장하는 연방제는 사실상 법적으로 국가연합의 성격이 강한 것으로 해석된다.[5]

1980년대 민주화 이후 한국에서도 연방제가 거론되기 시작했다. 1989년 노태우 정부가 제시한 '한민족공동체통일방안'은 서로 다른 두 체제가 존재하는 현실을 바탕으로 서로를 인정하고 공존, 공영하면서 민족의 동질화와 통합을 추진

---

3   임채완 · 장윤수, "연방제와의 비교를 통해 본 남북연합의 형성조건,"『한국동북아논총』, 제28호 (2003); 우성대, "'낮은 단계의 연방제안'과 '연합제안'의 비교연구,"『한국동북아논총』, 제44집 (2007); 양승호, "남북한 민족주의와 다민족 연방제,"『사회와 철학』, 제28호(2014); 이옥연, 『통합과 분권의 연방주의 거버넌스』(서울: 오름, 2008).

4   Thomas Hueglin and Alan Fenna, *Comparative Federalism: A Systematic Inquiry* (Toronto: Broadview Press, 2006), p. 3.

5   성낙인, "통일헌법상 권력구조에 관한 연구,"『공법연구』, 제36집 제1호(2007), p. 463.

하자는 것이다. 통일과정을 제도화하기 위하여 남북 연합기구를 설치하고 점차 민족공동체로 발전해나가자는 내용을 담고 있다. 여기서는 통일의 중간 단계로서 연방제까지는 아니더라도 남북한의 주권을 인정하는 느슨한 형태의 국가연합(confederation)을 상정한다. 이러한 내용은 김영삼 정부의 '민족공동체통일방안'으로 이어진다. 남북 연합이라는 중간과정을 거쳐 궁극적으로 1민족 1국가의 통일을 완성하자는 것이다. 그 후 김대중 정부의 '3단계 통일론'[6]이 제시되면서 통일과정으로서 연방제가 적극 거론되기 시작하였다. 그러나 한국에서 제시한 연방제는 완전한 통일에 이르는 과도적 단계라는 점에서 북한이 통일의 최종목표로서 연방국가를 주장한 것과는 차이가 있다.

연방제를 주장하는 학자들은 남북한 주민들이 장기간 상이한 체제에서 단절된 채 살아왔기 때문에 삶의 양식이나 가치관, 정치·문화 등에서 큰 차이가 있다는 점에 주목한다. 서로 다른 두 체제를 하나로 묶는 과정에서 일방적인 가치나 제도를 강요하기보다 각 사회의 차이를 인정하고 하위 단위의 자율성을 확보하는 것이 더 바람직하다는 것이다. 단일제보다는 연방제 형식으로 이루어질 때 민주주의의 질이 더 높아질 수 있는데, 통일 이후 북한주민의 상대적 박탈감을 줄일 수 있고 남북 간 지역갈등이나 계급의식을 최소화하는 데 기여할 수 있기 때문이다.

그러나 연방제를 채택할 경우 오히려 남북통합이 지연되며 통일정부의 일체감과 안정성을 저해할 수 있다는 의견도 있다. 남북한이 두 자치정부를 수립해 대치하게 될 경우 이를 중화할 수 있는 완충지대가 없기 때문이다. 두 정부 간 갈등이 발생할 경우 연방에 잔류해야할 유인이 상대적으로 적을 것이다. 또한 상황 변화에 따라 연방을 이탈할 가능성이나 구성단위 간 주도권을 잡기 위해 투쟁할 가능성, 내부의 이질성과 불평등이 확대될 가능성 등이 우려된다.[7] 예멘의 통일

---

6   김대중 대통령이 주장한 3단계 통일론이란, 제1단계에서 남북의 평화적 공존, 제2단계에서 남북의 교류 확대를 거쳐 제3단계에서의 완전한 통일을 이룬다는 내용이다.

7   박세일 외, 『민주주의 3.0 구현을 위한 제언』 (서울: 한반도선진화재단, 2017), p. 112; 임혁백, "통일한국의 헌정제도 디자인," 『아세아연구』, 제42권 제1호(1999), pp. 323-324; 김용호, "통

사례에서 알 수 있듯이 거시연방제는 극단적인 대립이 발생할 때 분절적 구조가 더 강해지면서 연방이 붕괴될 우려가 높다. 즉, 분단된 두 국가의 통합과정에서 두 개의 지역정부를 형성하는 것은 국가 자체가 불안정해질 가능성이 있으며 연방제의 주된 목적인 지역 간 균형발전을 꾀하는 것까지 나아가기 어려울 수 있다는 것이다.

이러한 맥락에서 남북한을 각각 하나의 주로 하여 두 개의 지역정부를 만드는 것보다 여러 개의 하위 단위로 구성되는 중위연방제가 바람직하다는 주장도 있다. 그러나 다수의 지방정부가 구성될 경우 중앙정부의 통일성과 효율성이 낮아질 수 있다. 또한 통일 이후 사회 혼란과 무질서 상태를 악화시키거나 장기적으로도 지방정부별 격차가 더욱 벌어질 가능성도 고려할 필요가 있겠다.

2. 정부의 형태[8]

국가의 정부형태를 구상할 때 일반적으로 '효율성(efficiency)'과 '대표성(representativeness)'을 우선적인 가치로 고려한다.[9] 효율성이란 선거를 통한 대표자 선출 및 정책결정과정이 얼마나 용이하고 신뢰할만하게 이루어지는가를 말한다. 유권자들이 선거를 통해 표출한 다양한 의견들이 소수의 정책대안으로 압축될 때 정부정책에 대한 예측가능성이 높다고 할 수 있고 이는 의사결정이 효율적으

일한국 정치제도에 대한 종합적인 구상," 『의정연구』, 제18권 제2호(2012), p. 218; 이옥연, "통일한국의 중앙-지방 관계," 『통일한국의 정치제도』 (서울: 늘품플러스, 2015), pp. 127-168.

8   정부형태는 권력구조의 범위를 어디까지 고려하느냐에 따라 논의가 달라질 수 있다. 오늘날 모든 정부는 권력분립에 따라 국가권력을 입법부, 사법부, 행정부에 기능적으로 배분하고 있다. 국가권력이 견제와 균형의 원칙에 따라 분립되어있는 경우 민주주의 정부형태라 말하고 견제와 균형이 깨진 상태에서 국가권력이 집중될 경우 전제주의라고 말한다. 본 글에서는 3부 중 사법부를 제외한 입법부, 행정부 간의 권력배분과 상호관계를 고려하여 대통령제, 의원내각제, 이원정부제 등으로 구분하였다.

9   Matthew S. Shugart and John M. Carey, *Presidents and Assembles: Constitutional Design and Electoral Dynamics* (Cambridge: Cambridge University Press, 1992).

로 이루어졌다고 할 수 있다. 정책결정과정이 효율적일수록 정책의 질이 향상되고 혼란과 분열이 줄어들며 사회적 합의를 안정적으로 도출할 수 있다. 대표성이란 유권자들의 다양한 의견이나 정책 선호도가 선거 결과에 얼마나 잘 반영되는가이다. 대표성을 높이기 위해서는 사회의 각 이익집단들이 자신들의 선호를 표출할 기회가 충분히 보장되어야 하며 이러한 다양한 선호들이 실제 정책으로 반영될 수 있는 제도적인 절차가 마련되어야 한다.

효율성과 대표성은 민주주의 발전을 위한 중요한 가치다. 그러나 이 둘은 어느 하나를 희생함으로써 나머지 가치를 얻게 되는 상충적(trade-off) 관계에 놓이기도 한다. 이를테면 선거 과정에서 제시되는 정책적 의견의 수가 더 적을수록 선거 이후 정부의 정책을 예측하기가 더 용이하다. 그러나 효율성이 높아질 경우 사회 내 다양한 의견 중 상당수가 논의과정에서 배제되었을 가능성이 크다. 즉, 대표성이 저하되었다는 의미다. 반대로 각계각층의 다양한 의견들이 반영되어 대표성이 최적화될수록 정부가 이중 어떠한 정책을 선택하게 될지 예측하기 더 힘들어지고 정책과정의 효율성이 떨어지는 결과를 가져오게 된다.

통일한국의 정부형태로 대통령제를 주장하는 입장은 통일한국의 정치적 혼란과 갈등을 극복하기 위해 대통령 중심의 강력한 리더십을 강조한다. 대통령제를 채택할 경우 통일 이후 등장할 다양한 정치세력을 끌어모을 수 있고 국정운영과 정책추진의 동력 확보에 용이할 것이다.[10] 효율성과 대표성 사이 상충적인 관계를 고려할 때 대통령제는 사회 내 다양한 의견 수렴보다는 안정적이고 예측가능한 정책집행을 추구하는 효율성을 우선적으로 추구하는 제도다. 대통령제는 선거를 거쳐 행정적 수반을 선출하며, 선출된 대통령이 입법권한뿐 아니라 정부를 구성하여 대통령과 의회가 고정된 임기 동안 역할을 수행하면서 상호 신임 여부에 따라 해임되거나 해산되지 않는다.[11] 강력한 권한을 지닌 대통령직에 대한

---

10 권영설, "통일지향적 정부형태로서의 대통령제," 『공법연구』, 제27집 제3호(1996); 임혁백, 앞의 글, pp. 324-326.

11 Matthew S. Shugart and John M. Carey, 앞의 글, p. 19.

치열한 선거경쟁이 이루어지며 그 과정에서 당선 가능성이 높은 소수의 대안들이 압축된다. 대통령은 고정된 임기동안 압축된 소수 정책들을 안정적으로 추진할 수 있어 효율성이 높다고 할 수 있다. 대통령제에서 효율성은 공동체의 구성이 인종, 언어, 종교 등 사회문화적으로 동질적일수록, 구성원들 사이 확고한 공동의 목표가 존재할수록 더 성공적일 가능성이 높다. 남북한은 민족적 동질성을 공유하고 있을 뿐 아니라 분단 시기 동안 벌어진 정치·경제·사회 격차가 크다. 이때 발생할 사회적 혼란을 최소화하고 안정적인 민주주의와 경제발전을 추구하고자 한다면 효율성이 높은 대통령제가 적합할 수 있다. 그러나 대통령제가 반드시 바람직한 정부형태는 아니다. 대통령제에서 대통령과 의회가 서로 경합하게 될 경우 사회갈등이 더 심해질 수 있으며, 대통령의 고정된 임기로 인해 급변하는 상황에 따른 유연한 대처가 어려울 수 있다. 또한 남북한의 불균형한 인구분포를 고려할 때 직선제를 통해 대통령과 의회를 선출할 경우 북한지역의 정치적 선호가 반영되기 어려울 것이란 점에서 한계가 존재한다.

　의원내각제는 대통령제의 단점을 보완할 수 있다.[12] 의원내각제는 정책결정과정에서 구성원들의 다양한 선호를 반영하고 있는 의회의 역할을 높인다는 점에서 효율성보다는 대표성에 상대적으로 더 중점을 둔다. 의회가 행정권을 담당하는 수상과 내각을 구성하며 정부는 의회 내 다수의 불신임 투표에 의해 언제든지 해임될 수 있다. 의원내각제를 채택한 대표적인 국가인 영국의 경우 의회의 책임을 높임으로써 군주에 의해 보장되던 통치의 효율성이 대표성을 강화한 제도적 전환을 이룬 사례로 꼽힌다. 그러나 의원내각제의 경우 대표성을 추구하는 과정에서 수많은 정당이 난립하는 결과를 초래할 수 있다. 또한 의회 내에서 안정적인 다수파가 구성되기 쉽지 않을 뿐 아니라 내각이 야당이 주도하는 의회의 불신임으로 빈번히 해산되는 현상이 발생할 가능성도 배제할 수 없다.

12　강원택, 『통일 이후의 한국 민주주의』 (서울: 미래한국재단, 2010); 박수혁, "한국에서의 통일헌법상 통치구조에 관한 연구," 『통일과 법률』, 제2호(2010), pp. 36-37; 김유진, "통일한국의 선거제도 연구: 통일독일의 사례를 중심으로," 『통일과 법률』, 통권 제18호(2014); 김종갑, "독일 선거제도를 통해 본 통일한국의 선거제도," 『통일정책연구』, 제19권 제2호(2010).

이원정부제는 대통령제와 의원내각제의 요소를 절충한 형태다. 이원정부제는 이원집정부제, 반대통령제, 책임총리제, 준대통령제 등으로 불리기도 하는데 이들은 조금씩 다른 형태로 행정권의 배분을 고려한다. 공통적으로는 대통령과 의회가 동시에 행정권한을 갖도록 하며, 대통령제나 의원내각제의 단점을 보완하여 효율성과 대표성을 동시에 추구하고자 하는 정부형태이다. 선거에 의해 선출된 대통령은 법이 보장하는 한도 내에서 상당한 권한을 지니지만, 대통령제에 비해 대통령의 권한이 축소되어 행정부의 수반인 수상과 내각이 의회 내 신임에 의존한다.

한반도의 상황을 고려할 때 이원정부제는 남북 간 대립적 이해관계를 조율하기 위해 효과적인 정부형태가 될 수 있다.[13] 이원정부제는 전 세계적으로 비교적 최근 선택되는 빈도가 높으며, 특히 신생 민주주의 국가들에서 나타난다는 점에서 통일한국에 적용 가능성을 적극 고려해볼 수도 있다. 그러나 이원정부제는 운영이 복잡하며 대통령과 총리의 권한이 명확히 구분되지 않는다는 단점이 있다. 특히 남북한이 권력을 분점하게 되거나 여소야대 상황이 나타날 경우 등 정치적 갈등이 증폭될 가능성이 크기 때문에 신중한 검토가 필요하다.[14]

3. 의회 및 선거제도

의회는 민주주의 발전을 위한 중요한 정치기구다. 대의민주주의(representative democracy)하에서 국민의 권력을 위임받은 의회는 사회 내 각계각층의 다양한 요구를 정책으로 전환시킨다. 남북 주민들의 의견을 가능한 공정하게 반영

---

13 강장석, "통일헌법의 구성원리와 통치구조," 『한국의회학회보』, 제1권 제1호(2012), p. 25; 허문영 · 이정우, 『통일한국의 정치체제』(서울: 통일연구원, 2010), p. 131; 김철수, "통일헌법 제정의 문제," 『학술원논문집: 인문 · 사회과학편』, 제36집(1997), p. 254; 함성득, "한국 대통령제의 발전과 권력구조 개편: '4년 중임 정 · 부통령제' 도입에 관한 소고," 『서울대학교 법학』, 제50권 제3호(2009), pp. 220-222.

14 정만희, "이원정부제 정부형태의 검토: 이원정부제 개헌론에 대한 비판적 관점에서," 『동아법학』, 제52호(2011), p. 173.

하고 정치적 갈등을 최소화하기 위해서는 의회의 성공적인 통합이 필수적일 것이다.

　의회제도는 단원제와 양원제로 구분할 수 있다. 단원제는 국민주권의 원칙에 비추어 국민의 단일하고 불가분한 주권이 이원적으로 대표될 수 없다는 논리에 기반하여 받아들여지는 제도다. 단원제는 국정을 신속하고 효율적으로 관리할 수 있고 의회경비를 절감할 수 있다는 장점을 지닌다.[15] 한반도의 경우 비교적 영토가 협소하고 민족적 단일성을 보유하고 있기 때문에, 단원제를 채택할 경우 의사일정 처리에 유용하며 상하원 간 갈등이나 국정의 지연 등을 방지하는 데 합리적일 수 있다. 그러나 단원제는 남북한의 인구 차이를 고려할 때 투표의 가치가 평등하게 적용되지 않을 수 있다는 점에서 남북 간 불균형 문제를 해소하기 어려울 수 있다. 단원제의 경우 의회에서 선출된 의원 수가 표의 등가성을 나타내는 1인 1표(one person one vote) 원칙에 따라 인구수를 기준으로 결정되므로, 남북 인구의 격차가 2배 이상임을 감안할 때 남한 출신의 의원 수가 북한 출신보다 더 많아질 것이기 때문이다. 이러한 구조에서 남북한 간 지역적 이해관계가 상충되는 문제가 발생한다면 북한지역의 이익이 반영되기 어려울 수 있다.

　양원제는 남북의 인구 차이를 고려하여 의회의 구성을 두 개로 구분함으로써 이를 완화하고자 하는 제도다. 의회를 상원, 하원으로 구분하여 독단적인 결정을 견제하고 지역의 이익을 대변할 수 있도록 하는 것이다. 이를테면 상원은 남북한 동수의 지역대표나 주별로 동일한 수의 대표를 선출하여 독립적 대표성을 갖도록 하고 하원은 철저히 인구비례로 선출하는 방식이 될 수 있다.[16] 양원제를 통해 심의의 신중을 기할 수 있고 단원제에서 나타날 수 있는 독선이나 졸속과 같은 문제들을 방지할 수 있다. 다수의 횡포를 억제하고 다양한 여론 반영을 통한 입법의 질을 제고함으로써 장기적으로 공동체 전체의 이익을 고려하는데 더 적합

15　정지웅, "통일한국의 정치체제 연구: 입법, 사법, 행정을 중심으로," 『도덕윤리와 교육』, 제48호 (2015), p. 3.

16　강원택, 앞의 책, p. 94; 김종갑, "남북한 통합과 통일한국의 정치제도," 『통일과 평화』, 제10집 제2호(2018), p. 301.

할 수 있다.[17] 이러한 양원제를 지지하는 주장 중에는 하원이 우위에 있어야 한다는 견해와 상원과 하원이 동등한 권한을 가져야 한다는 견해 등이 있다.[18]

민주주의가 제대로 작동하기 위해서는 수적 다수의 의사가 반영되는 다수제 민주주의(majoritarian democracy)보다 협의제 민주주의(consociational democracy)가 필요하다고 주장할 수 있다.[19] 단원제의 경우 다수결 민주주의 원칙에 따라 통치(governing)에 더 효율적이다. 한편 연방제적 특징으로 나타나는 협의제 민주주의는 대표성(representing)을 더 반영하고 있다. 남북 정치제도 간 이질성을 고려할 때 양원제는 소수의 중요한 이해관계가 묵살되는 것을 방지하고 다양한 가치와 이익들이 조화롭게 반영되도록 하는데 도움이 될 수 있다.

의회 구성뿐 아니라 선거제도도 중요하다. 선거제도는 구성원의 대표성과 정치참여, 권력의 배분, 정당체계 등에 직접적인 영향을 미친다. 이질적인 두 지역이 결합되는 과정에서 적절한 선거제도가 도입되어야 갈등을 최소화할 수 있고 정치적 통합에도 기여할 수 있다. 통일 이후 나타날 정치균열과 이해관계를 고려하면 다수대표제와 비례대표제를 혼합하는 방식이 적합할 수 있다.

대체로 다수대표제는 대통령제와, 비례대표제는 의원내각제와 정합성이 높은 것으로 평가된다. 사실 어떤 정부형태가 특정한 선거제도와 조응성이 더 높다고 단정하기 어려우나, 다수대표제와 양당제, 비례대표제와 다당제 간 인과관계가 유효하다는 점에 근거한다.[20] 다수대표제란 각 선거구에서 최다 득표자가 당선되는 선거체계다. 소수의 당선된 후보가 모든 대표권을 획득하여 강력한 정부

---

17 최현묵, 『통일한국의 권력구조에 관한 연구』(박사학위논문, 한남대학교,2005), pp. 154-160.

18 전자의 경우 김용호, 앞의 글, pp. 215-224; 강원택, 앞의 책, pp. 119-120, 후자의 경우 박종철, 『통일한국의 정당제도와 선거제도』(서울: 민족통일연구원, 1994), p. 155; 임혁백, 앞의 글, p. 326 등이다.

19 A. Lijphart, *Democracy in Plural Societies: A Comparative Exploration* (New Haven: Yale University Press, 1977).

20 Scott Mainwaring, "Presidentialism, Multipartism, and Democracy: The Difficult Combination," *Comparative Political Studies*, Vol. 26, Issue. 2 (1993), p. 225.

를 형성하는 것이 가능하다. 단일 지역에서 단일 대표자를 선출하는 다수대표제의 경우 보통 양당제와 결합되어 두 개의 주요 정당이 경쟁하면서 국회에서 다수당과 야당이 대립하는 형태가 강화되는 것으로 나타난다.

비례대표제는 각 정당이 얻은 전체 득표율에 따라 의석을 할당하는 선거체계로 다양한 정치적 견해와 이해관계를 대표하기에 효과적인 제도다. 비례대표제는 정당의 득표율에 따라 의석을 배분하기 때문에 여러 당이 경쟁하는 다당제의 형태로 나타나면서 의회의 다양성을 높이며 다수당 이외의 정당들이 권력의 일부를 행사할 수 있다.[21] 그러나 비례대표제가 대통령제와 결합하는 것이 더 바람직하다는 의견도 있다. 존스(M. Jones)의 경우 비례대표적 성격의 선거제도와 대통령제와 결합될 때 안정성과 효율성을 갖는 이상적인 유형이 될 수 있다고 지적한다.[22] 이처럼 정부형태와 선거제도 간에는 원형(prototype)뿐 아니라 다양한 혼합형(mixed form)이 존재한다. 행정부의 권한 범위, 행정부와 의회 간 분권 수준 등에 따라 정부형태와 선거제도와의 적합성에 관한 판단이 달라질 수 있을 것이다.

III 북한 정치체제의 특성

1. 북한 정치구조

북한은 사회주의 국가의 일반적 형태인 당-국가체제(party-state system)이며 수령을 중심으로 하는 일인지배체제다. 해방 이후 한반도 북측지역을 점령한 소련의 지도와 후원 아래에서 소련식 사회주의체제가 구축되었다. 1948년 조선민

---

21 M. Gallagher, "Proportionality, Disproportionality and Electoral Systems," *Electoral Studies,* Vol. 10, Issue. 1 (1991), pp. 33–51.

22 Mark P. Jones, *Electoral laws and the Survival of Presidential Democracies* (IN: University of Notre Dame Press, 1995), pp. 80–81.

주주의인민공화국 수립 전후로 북한의 정치구조와 체제, 법, 이념 등 정치제도 대부분은 소련 지도부에 의해 형성되었다.

20세기 사회주의 국가들에 이식된 소련식 사회주의체제의 공통된 특성은 다음과 같다. 첫째, 국가권력이 하나의 정당에 집중되며 독재정당에 의해 국가 전반이 운영된다. 둘째, 국가와 사회에서 오직 하나의 정치 이데올로기만이 인정된다. 셋째, 국가의 모든 경제활동은 중앙정부에 의해 계획·관리되며, 국가의 주요 생산수단은 모두 국가가 소유한다. 넷째, 마르크스-레닌주의 정당의 권력 독점과 지도적 역할을 정당화하는 '민주주의 중앙집권제' 원칙에 기초하여 국가와 사회를 조직한다. 다섯째, 언론매체들은 당이 장악하며 그 이외에도 자율적인 정치, 사회의 하부체계가 존재하지 않는다.

북한의 장치체제는 과거 소련의 제도를 수용하면서도 북한사회의 자체적인 특성에 맞게 발전해왔다. 북한체제가 갖는 특수성은 국가의 모든 권력이 최고지도자인 수령에게 집중되어 있으며 수령의 통치가 용이하도록 모든 정책 수행기구가 제도화되어 있다는 것이다. 1950년대부터 김일성은 자신의 정적들을 제거하며 권력을 확보하기 시작했다. 1956년 '8월 종파사건', 1967년 '갑산파사건' 등을 계기로 김일성파 이외 다른 정파들이 모두 숙청되면서 김일성 중심의 일인지배체제가 구축되었다. 이후 북한체제는 수령의 지도 아래 당과 인민대중이 단결을 강조하는 전체주의적 특성을 갖게 되었다.

2. 주요 특성

1) 북한의 권력구조와 정당

사회주의 국가의 권력구조의 핵심은 공산당이다. 일당체제를 유지하는 사회주의 국가들서는 대부분 지배정당 외에 다른 정당들이 독립적으로 운영될 수 없다. 북한에서는 유일한 지배정당인 조선노동당이 핵심적인 역할을 수행한다. 명목상으로는 북한도 복수정당제도를 인정하며 조선노동당 이외 조선사회민주당(이하 민주당), 조선천도교청우당(이하 청우당)이란 우당이 있다. 그러나 이들은 '우당(友黨)'이라는 말 그대로 조선노동당과 친밀한 관계를 유지하면서 독점적인 권력을 지닌 조선노동당의 지침에 따르며 정책결정을 무조건적으로 지지, 성원하는 역할을 한다. 일찍이 김일성은 노동당이 청우당이나 민주당을 비롯한 우당들과 통일전선을 이룰 수 있는 이유는 이들이 모두 사회주의 제도를 찬동하기 때문이며, 사회주의에 반대하고 방해하는 자들과는 절대로 통일전선[23]을 이룰 수 없다고 언급한 바 있다.[24] 북한에서는 모든 인민들이 사회주의 제도를 지지하며 '통일전선'을 이루어야 한다고 강조하는데, 만일 야당이 사회주의 제도를 찬성하지 않거나 노동당의 방침을 따르지 않는다면 이들과는 정치적 연합을 이룰 수 없다는 것이다. 결국 북한에서 독립적인 야당은 존재할 수 없다는 뜻이다.

북한의 민주당은 1945년 11월 민족주의와 민주주의를 기본이념으로 삼아 '조선민주당'이라는 이름으로 창당하였다. 당시 조선민주당 당수였던 조만식은 소련으로부터 북한의 유력한 지도자 후보로 고려되기도 했으나, 1945년 12월 모스크바 3상 회의 결과인 한반도 신탁통치에 반대하면서 정치적으로 숙청되었다. 그 후 민주당은 빨치산파 최용건과 김일성의 외종조부인 강량욱 목사에 의해 장악되면서 당세가 크게 축소되었고, 6.25 전쟁 동안 당원 대다수가 월남하거나 탈당 후 노동당에 가입하면서 타격을 입게 되었다. 1956년 '8월 종파사건' 이후 당 간부들이 대거 숙청되는데 이를 기점으로 민주당은 자율성을 완전히 상실하고 노동당에 완전히 종속되었다. 1960년대까지 민주당은 주로 대남문제와 관련된 성명을 발표하며 대남 반대집회에 참석하는 등의 활동을 해왔다. 1981년 1월 조선사회민주당은 '조선사회민주당'으로 명칭을 변경하면서 당의 이념도 '민족주의적 사회민주주의'로 변경하였다. 그 후 민주당은 서구 사회주의 세력이나 제3세계 민족주의 세력들과 연대를 꾀하는 한편 한국 내 통일전선 구축 활동을 전

---

23 사회역사의 발전, 혁명 발전의 일정한 단계에서 이해관계가 일치하는 정당, 사회단체 또는 계급, 계층, 세력들이 같은 목적을 실현하기 위해 하나의 역량으로 결속된 정치적 연합을 말한다. 『조선대백과사전』 참고.

24 김일성, "우리 당 사법 정책의 관철을 위하여(전국 사법, 검찰 일군 회의에서 한 연설, 1958년 4월 29일)," 『김일선선집(5권)』 (평양: 조선로동당출판사, 1960), pp. 442-443.

개하기도 했다. 1990년대 이후 현재까지 조선사회민주당 중앙위원회 위원장에게는 최고인민회의 상임위원회 부위원장 자리가 당연직으로 부여되며, 노동당의 정책들을 무조건적으로 지지하는 역할을 하고 있다.

노동당의 또 다른 우당인 청우당은 1919년 김기전이 설립한 전위단체인 천도교청년당의 후신으로, 민족종교인 천도교에 뿌리를 두고 있다. 북한의 유일한 종교정당이라 할 수 있으나 사실상 구색정당에 불과하다. 청우당은 1946년 2월 8일 '북조선천도교청우당'이라는 이름으로 창당하고 1950년에 월북한 남조선 청우당 세력이 흡수되면서 '조선천도교청우당'으로 발족하였다. 그러나 민주당과 마찬가지로 청우당은 1950년대 중반 이후 김일성의 권력 강화와 함께 핵심 당 간부들이 정치적 이유로 숙청되면서 몰락하게 된다. 청우당의 초대 당수인 김달현은 스스로 공산주의자라고 주장하면서 김일성에게 적극 협력하였으나 6.25 전쟁 후 미국 간첩으로 몰려 출당, 제명되었다. 그 이후 1959년 말까지 시도당 이하 조직이 해체, 1960년에는 도당급 마저 해체되면서 청우당은 야당으로서의 기능을 상실하게 된다. 1970년대 남북대화 분위기가 조성되자 북한당국은 청우당의 당수였던 강장수를 남북적십자회담에 내세우는 등 필요에 따라 청우당을 남북대화에 활용하기도 했다. 그렇지만 청우당 역시 민주당과 마찬가지로 명목상 존재하는 야당에 불과하며, 청우당의 중앙위원장의 경우 최고인민회의 상임위원회 위원직이 부여되며 국정 활동에 제한적으로 참여하고 있다.

2) 조선노동당의 기능과 역할

북한에서 조선노동당은 노동계급의 당이자 유일한 집권당으로서 모든 정치기구나 조직들, 사회구성원들에 영도권을 행사한다. 북한의 헌법에 따르면 "조선민주주의인민공화국은 조선노동당의 영도 밑에 모든 활동을 진행한다"(제11조)고 규정한다. 이는 당이 국가를 지도하는 체제이며 국가의 모든 정책은 당의 지도와 통제하에 추진됨을 의미한다. 또한 조선노동당은 "근로인민대중의 모든 정치조직들 가운데 가장 높은 형태의 정치조직"으로서 "정치, 경제, 군사, 문화를 비롯한 모든 분야를 통일적으로 이끌어가는 영도적 정치조직이며 혁명의 참모부이며 조선 인민의 모든 승리의 조직자, 향도자"로 규정하고 있다. 즉, 당이 정치를 영도하며 그 외 국가기관들은 당의 영도에 따르는 집행자로서의 역할을 한다.

2021년 1월 개정된 조선노동당 규약에서는 조선노동당은 "위대한 김일성-김정일주의 당이다"라며, 조선노동당은 "위대한 수령들(김일성, 김정일, 김정은)을 중심으로 조직사상적으로 공고하게 결합된 노동계급과 근로인민대중의 핵심부대, 전위부대"라고 명시하고 있다. 이는 노동당이 집권당으로서 정치적 의미를 갖기보다는 최고지도자인 수령을 중심으로 사당화(私黨化)되어 있음을 잘 보여준다. '김일성-김정일주의'는 현재 조선노동당의 유일한 지도사상이다. 김정은 시대 새롭게 제시된 '김일성-김정일주의'는 이전에 김정일이 주체사상을 '김일성주의'로 발전시키며 자신의 시대의 새로운 이데올로기로서 선군사상을 공표한 것과 유사한 방식으로 전개되었다.[25] 북한에서는 '김일성-김정일주의'가 주체사상에 기초하여 '인민대중의 자주성을 실현하기 위한 혁명사상'이라고 설명한다.

당의 최고지도기관은 당대회이다. 당대회는 5년에 한 번씩 소집되면서 당중앙위원회 사업총화, 당강령과 규약 수정 보충, 당의 노선과 정책 천명, 전략전술의 기본문제 토의 결정, 당중앙위원회와 총비서를 선거하는 역할을 한다. 당대회와 당대회 사이에는 당대회가 선거한 당중앙위원회가 있다. 당중앙위원회 전원회의는 1년에 한 번 이상 소집되며 당이 직면하는 현안을 토의하고 결정한다. 2021년 1월에 개최된 제8차 당대회에서는 조선노동당 총비서의 대리인인 당중앙위원회 제1비서가 신설되었다. 또한 정치국은 당중앙위원회 전원회의와 전원회의 사이에 당중앙위원회의 이름으로 당 사업을 조직, 지도한다. 정치국 상무위원회는 정치, 경제, 군사적으로 시급한 문제들을 토의, 결정하며 당과 국가의 주요 간부들을 임면하는 문제를 논의한다.

25　'김일성-김정일주의'는 2012년 4월 김정은 담화에서 "주체의 사상, 리론, 방법의 전일적 체계이며 주체시대를 대표하는 위대한 혁명사상"으로 처음 소개되었다. 김정은, 『위대한 김정일동지를 우리 당의 영원한 총비서로 높이 모시고 주체혁명위업을 빛나게 완성해나가자(조선로동당 중앙위원회 책임일군들과 한 담화, 2012. 4. 6.)』 (평양: 조선로동당출판사, 2013).

노동당의 조직체계를 보면, 당의 위원장인 김정은을 정점으로 하여, 당중앙위원회 → 도·시·군 당위원회 → 초급당·분초급당·부문당 위원회 → 당세포 위원회로 이루어져 있다. 당 조직체계의 가장 핵심은 각급 당위원회인데, 이들은 해당 단위의 최고지도기관으로서 지도활동을 집체적으로 벌인다.[26] 초급당 이하는 '기층당조직'이라 칭하며 이를 기반으로 상설 당조직 체계와 비상설 집단지도 및 협의체계가 작동하고 있다.

3) 주요 권력기관

① 국무위원회

국무위원회는 국가 주권의 최고정책적 지도기관이다. 이전의 국방위원회가 최고국방지도기관으로서 당과 군사·군수 부문을 중심으로 구성되었다면 당-국가체제하에서 국무위원회는 당·정·군의 권력구조와 핵심 분야를 망라하는 국가지도기구로 개편되었다. 국무위원회는 위원장, 제1부위원장, 부위원장, 위원들로 구성되며 임기는 최고인민회의 임기와 동일하다. 헌법상 국무위원회의 주요 임무와 권한으로는, 국가의 중요정책을 토의·결정하며 국무위원장의 명령, 국무위원회 정령, 결정, 지시 집행정형을 감독하고 대책을 수립한다. 또한 이러한 것들과 어긋나는 국가기관의 결정이나 지시를 폐지할 수 있고, 부총리, 위원장, 내각 등을 임명, 해임할 수 있다.

2019년 헌법 개정을 통해 김정은 국무위원장의 위상과 권한이 강화되면서 국무위원회를 중심으로 한 국가권력 구조가 더욱 견고해졌다. 북한 헌법상 국가기구 체계에서 국무위원회 위원장은 국가를 대표하는 최고영도자이자(제100조) 무력 총사령관이 되며 국가의 일체 무력을 지휘통솔한다(제103조).

② 최고인민회의

최고인민회의는 북한의 입법기구이다. 외형상 민주주의체제의 의회와 유사한 조직으로 보이지만 실제 그 위상이나 역할을 보면 한국의 국회와는 다소 차이

---

26 조선노동당 규약 제13조, 제14조.

가 있다. 북한은 모든 정치권력이 당에 집중되어 있기 때문에 국가기구의 위상은 당에 비할 바가 되지 못한다. 국가기관(내각, 최고인민회의)이나 군대, 근로단체 등은 당과 수직적 관계를 이룬다. 당은 수령과 함께 대중을 영도하는 특별한 위치에 있으며 '혁명적 참모부'로서 정치적, 정책적 지도자 임무를 맡는다. 여기서 최고인민회의를 비롯한 국가기관은 당의 노선과 정책에 대한 집행자 역할을 한다. 북한에서는 국가기관이 당과 대중들을 유기적으로 묶어서 혁명을 수행하기 위한 조직, 동원의 역할을 한다고 하여 '당과 대중을 연결시키는 인전대(transmission belt)'라고 부른다.

북한에는 입법권 행사 기관으로서 최고인민회의와 함께 최고인민회의 상임위원회가 있다. 북한은 최고인민회의를 설치하여 스스로 민주주의적으로 운영되고 있는 것처럼 선전하면서도, 최고인민회의 상임위원회라는 소수의 핵심 엘리트로 구성된 상설 기구를 설치해 조선노동당의 노선과 정책을 입법화한다.[27]

북한의 최고인민회의 상임위원회는 한국의 국회와 달리 입법활동만 하는 것이 아니라 최고주권기관으로서 대외적으로 국가를 대표하는 역할을 맡는다. 김정은 시대 최고인민회의 상임위원장직은 조선노동당 중앙위원회 정치국에서 김정은과 같은 상무위원직을 맡고 있다. 또한 북한에서 중요한 정책이나 결정을 발표할 때 노동당과 주요 권력기관들의 공동명의 형식으로 이루어지는데 이를 통해 북한 정책결정의 핵심기관을 유추해 볼 수 있다. 여기서 공동명의에 포함되는 핵심 권력기관은 주로 당의 최고지도기관(당중앙위원회와 당중앙군사위원회)과 함께 국가의 최고지도기관(국무위원회, 최고인민회의 상임위원회, 내각)이 적시된다.

③ 내각과 사법기관

북한의 내각은 국가 주권의 최고행정적 집행기관이다. 북한 헌법상 내각은 "국가주권의 행정적 집행기관이며 전반적 국가관리기관"으로 규정한다. 내각은 총리, 부총리, 위원장, 상과 그 밖에 필요한 성원을 구성하며, 내각총리는 내각사

---

27 정성장, "김정은 시대 북한의 입법 및 국가대표기구 연구: 최고인민회의 상임위원회의 역할과 엘리트를 중심으로," 『KDI 북한경제리뷰』, 2014년 5월호(2014), p. 6.

업을 조직 지도하며 정부를 대표한다.

북한의 사법기관은 우리의 검찰과 법원에 해당하는 검찰소와 재판소가 있다. 검찰사업은 중앙검찰소, 도·시·군 검찰소와 특별검찰소에서 이루어지며, 주요 임무는 기관이나 기업소, 단체, 국민 등이 준법 여부를 감시하며 위법자를 적발하여 법적 책임을 추궁한다. 재판소는 국가의 주권, 사회주의 제도, 국가와 사회 협동단체 재산, 국민의 헌법적 권리와 생명재산을 보호하는 임무를 수행한다고 명시하고 있다.

Ⅳ   독일통일의 사례

통일한국의 정치체제는 어떠할 것인가? 남북 통합과정에서 정치질서와 제도는 어떻게 변화될 것인가? 동서독의 경우를 보면, 서독인 독일연방공화국 (Bundesrepublik Deutschland: BRD)이 주체가 되어 동독인 독일민주공화국(Deutsche Demokratische Republik: DDR)을 자신의 5개 주로서 흡수 통합하였다. 독일의 통일과정에서 발생한 사회균열과 정치제도의 변화 양상은 미래 한반도의 통일과정과 그 이후를 전망하는데 중요한 참고자료가 될 수 있다.

1. 독일의 통일과정: 동독의 변혁과 정당통합

독일의 통일은 국내적 요인과 함께 소련을 비롯한 사회주의 국가들이 변화하는 국제정치적 요인에 의해 이루어졌다. 분단 시기에도 서독은 동방정책(Ostpolitik)을 추진하며 동서독 간 교류와 화합 단계를 오랜 기간 거쳐왔다. 그럼에도 독일통일은 다방면에서 정치적 혼란을 야기하였다.

동독은 사회주의 국가로서 일당독재체제를 유지해왔다. 동독지역에서는 1946년 사회민주당과 독일공산당의 합당으로 결성된 사회주의통일당(Sozialistische Einheitspartei Deutschlands: SED, 이하 사통당)이 유일집권당으로서 그 역할을 했다. 동독체제는 형식적으로는 사통당이 지배적인 역할을 하되 여러 정당이 존재하는 다당제를 표방하였으나, 실제 모든 정당들은 민족전선(Nationale Front) 산하로 통합되어 사통당의 지배를 받는 위성정당에 불과하였다. 동독의 야당들은 사통당의 주도권을 인정하며 집권당의 지배이념을 전파하고 홍보하는 역할을 담당했다.

1980년대 중반 이후부터 동독의 상황은 급격히 변화했다. 공산주의 국가와 사통당에 불신하는 수천 명의 동독주민들이 국경을 넘어 탈주하면서 동독체제는 위기에 처했고 이러한 움직임은 1989년 11월 9일 베를린 장벽의 붕괴로 이어졌다.

1989년 10월 서기장 호네커(Erich Honecher) 사임, 1989년 12월 권력의 핵심인 정치국 해산 등 공산당 독재체제가 와해되기 시작했다. 당시 사통당과 야당 및 기타 정치세력들은 새로운 정국에 적극 대응하는 모습을 보였다. 사통당은 저항단체들과 함께 동독 개혁 및 대화를 통한 주도권 확보, 책임 분담 등을 목적으로 1989년 11월 22일 중앙원탁회의를 제안하였다. 원탁회의는 원래 통제, 감시기관으로 설립되었으나 이후 자체적 입법기관의 역할을 하면서 선거법, 매스컴법, 노조법, 사회헌장, 새헌법조항 등을 제정하였다.[28] 이러한 과정에서 사통당은 실질적으로 통제력을 상실한 권력의 공백기 동안 정부와 의회의 기능을 부분적으로 대신하기도 했다.

이때 다양한 정당과 시민단체들이 새롭게 등장하였다. 사통당이 제안한 중앙원탁회의에서는 다른 블록정당과 좌익연합, 농민협동조합, 민주주의지금(Demokraite Jetzt), 신포럼(Neues Forum) 등 17개의 신생정당과 재야단체의 39명의 대표가 참여하였다. 이 원탁회의는 베를린에 설치된 중앙원탁회의뿐 아니라 지방자치단체(Kommune)와 베치르크(Bezirk)라 불리는 동독 특유의 지역 단위

---

28 김경래 · 허준영, "통일과정에서의 동서독 정당체계의 변모와 정책적 시사점," 『독일 통일 총서6: 정당분야 통합관련 정책문서』 (서울: 통일부, 2014), p. 37.

에까지 설립되었다. 원탁회의 활동은 동서독의 언론을 통해 연일 집중적으로 보도되었고 국민들 역시 여기에 큰 관심을 보였다. 원탁회의 활동 결과 동독 정보기관이 해체되는 등 파급력 있는 개혁 조치들이 진행되었고 점차 과거 동독의 지배구조는 정당성을 상실하고 더 이상 기능을 발휘하지 못하게 되었다. 중앙원탁회의 결과 총선거를 통해 최고인민회의를 새롭게 구성하기로 결정한 후 1990년 3월 동독 최초로 자유선거가 실시되었다.

베를린 장벽 붕괴 전후로 정치권에서 동독인들의 개혁 요구는 크게 두 가지였다. 첫째, 종교계 등 반체제 인사들을 중심으로 동독의 정체성 확립에 대한 요구다. 이들은 동독이 서독에 흡수되는 통일방식에 대해 거부하며 집권당이던 사통당의 부정부패 사건들에 대한 민주개혁과 정치적 투명성을 원했다. 둘째, 동독 헌법에 보장된 동독 공산당 정권의 독점 조항의 폐지다. 1990년 2월 동독의 최고인민회의를 통해 사통당의 특수한 지위(Sonderstellung)는 폐지되었으며[29] 이러한 움직임은 동독의 기존 정당들(동독 기민당, 동독 자민당, 농민당 등)이 각자의 노선을 걷게 되는 계기로 작용하였다.

변혁과정 동안 동독 기민당, 동독 자민당, 농민당 등은 점차 사통당을 벗어나 자체의 노선을 추구하였다. 1990년 3월 18일 인민회의 선거를 계기로 동서독 정당통합이 빠르게 추진되었다. 먼저, 동독 기민당 내에서 사통당의 블록정당에서 벗어나 정치개혁에 앞장서야 한다는 요구가 분출했다. 그러나 기민당 당수를 비롯한 당 간부들이 사통당과 뚜렷하게 거리를 두지 않고 시장경제에서 사회주의적 사고를 버리지 못하면서 다수가 탈당하는 상황이 벌어졌다. 당시 서독의 집권당이던 기독교민주연합(Christlich Demokratische Union Deutschlands: CDU, 이하 기민당)은 동독 기민당의 저조한 지지율을 고려하여 다른 정치단체와 연합방식

---

29 1990년 2월 21일 동독은 서독의 정당 법령을 모델로 하여 새로운 정당법을 도입하기로 결의하였다. "국가적 기관과 기업, 기관이 지원 서비스를 한 정당에 제공하거나 허용할 경우 나머지 정당 모두는 그에 대한 동등한 권리를 갖는다"(제6조)고 규정한다. 이에 따라 '민주주의출발(Demokratischer Aufbruch)'과 같은 신생정당들이 언론사나 출판사와 접촉할 수 있는 권리를 가질 수 있게 되었다.

으로 선거에 참여할 것을 동독 기민당에 제안했고, 기사연의 동독 자매정당이던 독일사회연합(DSU)과 민주혁신(DA)을 상대로 설득하여 1990년 2월 독일연합을 창설하였다.

동독 사민당(SDP)은 사통당과 다른 노선을 걷기 위해 사회민주적 정당 건설을 위한 이니셔티브 그룹을 발족하였다. 이 이니셔티브 그룹들은 사통당 구/현 당원들을 대상으로 사통당은 더 이상 구제가 어려우니 민주사회주의자라면 동독 사민당에 입당할 것을 호소하였다. 이들은 법치국가와 삼권분립, 민주주의와 다원주의, 연방주의와 사회적 시장경제, 자유노조 등을 촉구하였고, 이러한 이념을 바탕으로 1990년 9월 26일 서독 사민당과 합당하였다. 동독 자민당(LDPD)의 경우는 베를린 장벽 붕괴 이전부터 사통당의 노선에서 벗어나려는 움직임을 보여왔고, 그 이후엔 전통적인 자유주의 노선을 추구하였다. 인민회의 선거를 계기로 서독의 자민당은 동독 내 자유주의 세력을 연계하여 서독 자민당을 중심으로 통합하고자 시도하였고, 이들은 1990년 2월 자유민주동맹(Bund Freier Demokra-tien: BFD)이라는 선거연합체를 결성하였다. 농민당(DBD)의 경우 블록정당에서 탈퇴하였으며 이후 당을 해체하고 기민당에 개별적으로 가입하였다.

2. 통일독일의 정치제도

통일독일의 정치체제는 1949년 제정된 서독의 기본법이 담고 있는 국가이념(Staatsstrukturprinzip)에 따라 형성되었다. 독일 기본법의 헌법정신은 공화국, 민주주의, 연방국가, 법치국가, 사회국가 원칙 등이다(기본법 제20조). 1990년 10월 3일 구동독이 독일연방공화국에 가입함으로써 기본법은 신설 5개주와 동베를린 지역에도 그 효력이 미치게 되었다.

독일에서는 분단 직후부터 통일방안을 둘러싸고 중립화, 국가연합, 제3체제 구성 등 다양한 형태의 제안과 논의들이 이루어졌다. 그러나 독일통일의 실제는 위와 같은 '합리적인' 과정보다는 '철저한 권력게임'에 따라 결정되었다.[30] 즉, 동

---

30 박병석, "통일한국의 정당체제와 선거제도: 사회적 균열구조 위에서의 전망," 『사회과학연구』, 제

독에서의 형성된 새로운 정치질서는 서독의 기존 정당 스펙트럼이 확산되는 형태로 전개되었다.

동서독 간 정당통합은 비교적 원활하게 진행되었다. 자유주의체제인 서독의 대중정당과 사회주의체제인 동독의 계급정당 간 통합은 엄격한 의미에서 정당통합은 아니다. 서독정당이 동독지역으로 자체의 조직 영역을 확대한 것이다. 이러한 서독정당의 통합은 통일독일이 다원적 시민사회의 토대 위에서 다양한 이해관계를 반영한 정치체제를 형성하는 기반을 마련해주었다.

통일 전 서독에는 기독교민주연합(Christlich Demokratische Union Deutschlands: CDU)과 사회민주당(Sozialdemokratische Partei Deutschlands: SPD), 자유민주당(Freie Demokraische Partie: FDP), 녹색당(Bündnis 90/Die Grünen) 등이 존재했다. 서독정당들은 사회계층 구조에 근거한 이념적 가치에 따라 나뉘어졌는데, 보수를 대표하는 기민연과 전통적으로 노동조합을 중심으로 한 사민당, 자유주의를 대변하는 자민당과 함께, 1980년대 이후 탈물질적 가치를 지향하는 녹색당을 중심으로 제도화, 조직화되었다. 서독의 정당체계는 기민/기사연과 사민당을 중심으로 이루어졌고, 자민당과 녹색당이 연정파트너로 고려되는 온건다당제(1949), 혹은 양당중심제(1953-1987)로 규정될 수 있다. 이러한 정당 구도는 통일 이후 구서독지역에 그대로 이어진다.[31]

동독의 경우 사통당이 독점하는 권력을 중심으로 다른 정당들은 대중 동원기제로 기능하는 비경쟁적 정당체제를 유지해왔다. 1980년대 중반부터 사통당과 동독정부에 대한 반대 운동이 확산되면서 사통당의 위상은 크게 떨어졌고, 동독이 서독에 흡수되면서 동독지역의 정당체제는 서독식 경쟁구도로 전환되었다.

통일 이후 독일이 비교적 안정적인 정치체제를 운영할 수 있었던 중요한 요인 중 하나는 예멘이나 베트남과 달리 정당통합이 빠르게 이루어졌기 때문이다.

6권(1995); 장을병 외, 『남북한 정치의 구조와 전망』 (서울: 한울아카데미, 1994), p. 602.

31 정병기, "통일 독일 구동독 지역 정당체제: 연방주별 특수성이 반영된 새로운 다양성," 『한국정치학회보』, 제45집 제4호(2011), p. 323.

통일 이전부터 동독지역에 서독의 자매정당들이 존재했고 통일 이후 이 정당들이 자연스럽게 통합을 추진함으로써 동독엘리트들의 제도적 유입이 비교적 순조롭게 진행될 수 있었다.

3. 구동독지역의 정치질서 변화

통일독일의 정당체제 변화의 핵심요인은 구동독 지배정당이던 사통당의 후신인 민주사회당(Partei des Demokratischen Sozialismus: PDS, 이하 민사당)의 출현이다. 초기 이 후속 정당은 사통당의 기원을 앞세워 '사회주의통일당-민주사회주의당(SED-PDS)'이었으나 과거와의 단절을 더 명확하게 하기 위해 사통당을 삭제하고 민주사회주의당(PDS)으로 개명하였다.

통일과정에서 민사당은 모든 인민에 대한 사회주의 정당으로서 당의 정체성을 확립했다. 사회주의의 승리와 진보에 대한 믿음, 계급정당의 관점을 유지하면서 스탈린주의적 독재를 거부하고 노동자들의 이해관계 대변에 중점을 두었다.[32] 민사당의 강령 초안에 의하면 동독에서 노동조합에 기반을 둔 사민당과 민사당의 차이는 다음과 같이 제시된다. 첫째, 사민당이 개혁된 자본주의를 목표로 하는 반면 민사당은 완성된 사회체제가 아닌 그 과정으로서 민주사회주의를 중시한다. 둘째, 민사당은 스탈린주의 특성을 지닌 현실사회주의에서 벗어났으나, 변증법과 유물론에 기반을 둔 마르크스, 엥겔스의 사고에 뿌리를 둔다. 셋째, 사민당이 노동자 운동의 사회민주적 전통을 토대로 하는 반면, 민사당은 민주적 전통, 반파시스트 등을 포함한 전 세계 노동자 운동을 바탕으로 한다. 넷째, 민사당은 사민당과 달리 행정적인 국가사회주의뿐 아니라 자본주의와도 거리를 둔다. 자본주의는 경제적으로 효율적이나 사회적 정의를 보장하기에 역부족하다는 판단이다. 다섯째, 민사당은 사회적 시장경제를 표방하나 사회적 재산은 지배적인

---

32 Klaus Hoepcke, "Drei Programme – eine Partei?," *Utopie kreativ*, No. 173 (2005), pp. 243–256; 정병기, "독일 민사당(PDS)/좌파당(Die Linke)의 친근로자적 국민정당화와 지역주의 딜레마," 『한국정당학회보』, 제9권 제1호(2010), p. 71.

재산 형태로 남아있다는 입장이다.

1990년 선거에서 민사당의 입지는 크지 않았다. 당시 민사당은 구동독지역에서 11.1%의 지지율을 얻었으나 자민당에 이어 제4당의 위치에 머물렀으며, 구서독지역에서 0.3%의 극미한 득표율로 연방 전체 투표에서 2.4%밖에 얻지 못했다. 당시 민사당은 민주사회주의 계급정당으로서 구동독지역의 대변에 큰 관심을 갖지 않았기에 사통당의 이미지를 벗어나는데 성공적이지 못했고 구동독주민들의 새로운 이해관계의 대변자로서의 정체성을 형성하지도 못했다. 이 시기 구동독지역의 다당제 구도 형성에 가장 중요하게 작용한 것은 오히려 동서독 화폐의 1:1 교환과 급격한 통일을 주장했던 기민연 및 자민당이었다. 이에 반대했던 사민당의 지지율은 그리 크지 않았다.

그러나 독일의 사회경제적 통합이 지연되면서 구동독주민들은 사회문제를 체감하게 되었다. 이는 민사당이 당의 정체성을 확보하고 구동독주민의 적극적인 대변자로 발전하는 주요한 배경이 되었다. 구서독지역에 대한 구동독지역의 실업률은 1993년 10.2%였으나, 이듬해부터 두 배를 넘었고 1994년에는 15.7%를 기록하며 지속적으로 상승하였다.[33] 1994년까지 완료하기로 했던 임금 동일화가 연기되면서 실제 구동독주민의 임금은 1996년까지도 구서독 수준의 85% 이하였다.[34] 이에 따라 민사당은 이념을 다원화하고 자본주의에 대해 더욱 유연한 입장을 보이며 지역적 이해를 적극적으로 대변하기에 나섰다. 민사당은 구서독지역 좌파세력을 통합적으로 지도하고 구동독주민들의 입장을 포괄적으로 대변한다고 주장하면서 통일독일의 노동자 계급정당으로서 정체성을 새롭게 규정하였다. 민사당은 노동자계급 정당에서 구동독주민의 대변자이자 친근로자적 국민정당으로 정체성을 형성해가면서 지지율이 상승하게 되었다.

---

33 정병기, "독일 민사당(PDS)/좌파당(Die Linke)의 친근로자적 국민정당화와 지역주의 딜레마," p. 80.

34 남구현 · 황기돈, 『독일통일 이후 구동독지역 사회변화와 노동조합』 (서울: 현장에서 미래를, 2000), pp. 48-49.

4. 통일 이후와 현재: 사회균열과 정치변화

통일과정에서 동독의 사회주의 일당체제가 단기간 내 민주적인 의회체제로 탈바꿈되면서 통일독일의 정치체제는 비교적 성공적으로 확립되었다. 통일 직후 다수의 동서독 정당이 무리 없이 통합된 것을 비롯하여 구동독지역에 새로운 정당들의 출현하면서 민주적 정치체제의 근간이라 할 수 있는 정당체제가 원활하게 형성될 수 있었다. 구동독지역의 정치인력 교체도 비교적 성공적이었다고 평가된다.[35] 동독 인민의회 출신의 엘리트들 대부분이 교체되었으며 신진 엘리트들의 활동이 원활하게 이루어졌다. 일부 국한되기는 하나 동독 정치인들은 정당 내에 보직을 맡으면서 정당 내 인적 통합이 이루어지기도 하였다.

그러나 서독의 정당체계가 동독에 확장되는 과정에서 여러 문제점도 나타났다. 동독정당이 서독정당에 흡수되는 '동독의 서독정치화' 과정은 결국 "동독 땅에서 치러진 서독의 선거"로 시작했다. 당시 서독의 기민/기사연과 사민당, 자민당 등 주요 정당들은 각각 동독정당의 선거캠페인에 참여하고 물적, 인적 자원을 적극 지원하면서 인민회의 선거가 진행되었다.[36] 이 과정에서 구동독인들의 의사보다는 정치권의 논의 속에서 정당 간 물리적 통합이 선행되었다.[37] 변혁시기에 분출하였던 구동독주민들의 민주화 열기가 정당에 의해 온전히 표현되지는 못했던 것이다. 서독지역과 달리 구동독주민들이 갖는 특수한 이해관계를 대변할 수 있는 정당조직이 등장하지 못했다. 이는 통일 이후 구동독주민들이 소외감을 느끼며 스스로 '2등 국민'이라고 여기는 집단의식을 형성하는 데 원인이 되었다.

통일독일 정치체제는 동독인들의 기대를 충족시키지 못했고 이들의 소외감과 불만족은 동서독 간의 균열로 나타났다. 현재까지도 독일은 경제 영역에서 비

---

35 헬무트 바그너, "특수사례로서 동독의 체제전환: 특별한 조건과 예외적 결과," 이봉기 역, 『현대북한연구』, 제10권 제3호(2007).

36 송태수, "독일통일에서 정당의 역할,"『사회과학연구』, 제14집 제1호(2006), p. 273.

37 김영태 "독일통일과정에서 정당체계의 변화와 역할,"『통일경제』, 제57권(1999), p. 75; 손기웅 · 강구섭 · 양대종, 『베를린 장벽 붕괴 20주년 동서독 통합과정 종합 평가』(서울: 통일부, 2009).

교적 괄목할 만한 성과를 거둔 것과 달리 정치영역에서는 동서독 지역 간 분리
현상은 지속되고 있는 것도 그 이유다. 2012년에 메르켈(Angela Merkel) 총리와
가우크(Joachim Gauck) 대통령 등 동독 출신 2명이 독일의 최고지도자가 되었으
나, 이는 권력 엘리트 수준에서 일어난 현상일 뿐 여전히 구동독주민들이 느끼는
정치적 불만은 상당히 높은 것으로 알려져 있다.

통일 이후에도 구동독주민들의 사회주의 가치에 대한 애착은 지속적으로 나
타난다.[38] 동독주민들은 경제 재분배 문제에 더 많은 관심을 보이며[39] 국가에 납
부하는 세금에 대해서 더 긍정적인 태도를 보인다는 연구결과도 있다.[40] 사회 공
동체가 지향하는 이상적인 정치 관념은 개인에게 한번 내면화되고 나면 오랜 기
간 유지되면서 정치적 선호에 근본적으로 영향을 미친다. 통일 이후 동독주민들
에게 사회주의적 가치가 잔존하는 이유는 이처럼 과거 사회주의 경험을 통해 내
면화된 정치적 가치가 오랜 기간 남아있기 때문이다. 한편으로는 급격한 체제전
환 시기를 겪으며 과거 사회주의와 다른 제도들에 대한 불안함과 불만이 가중되
었기 때문인 것으로 보인다.

구동독주민들의 정치적 불만은 극단적인 정당의 부상을 통해서도 잘 드러난
다. 구서독지역과 비교하여 구동독지역의 주민들이 좌파정당(Die Linke)과 극우
성향의 독일대안당(Alternative for Germany: AfD)을 더 적극적으로 지지하는 것
으로 나타났다. 이러한 구동독주민의 이념적 양극화 현상은, 기존의 주류정당들
이 중도화됨으로써 정치적으로 대변되지 못하게 되면서 소외된 동독 유권자들이

38 Ross Campbell, "Values, Trust and Democracy in Germany: Still in Search of 'Inner
    Unity'?," *European Journal of Political Research,* Vol. 51. No. 5 (2012).

39 Alberto Alesina and Nicola Fuchs-Schündeln, "Good-bye Lenin (or not?): The Effect
    of Communism on People's Preferences," *The American Economic Review*, Vol. 97.
    No. 4 (2007).

40 Benno Torgler, "Does Culture Matter? Tax Morale in an East-West Comparison,"
    FinanzArchiv, Vol. 59. No. 4 (2003).

극단적인 정당을 더 선호하게 된 것으로 해석할 수 있다.[41]

특히 독일에서 대안당(AfD)의 급격한 성장을 주목할 필요가 있다. 2017년 9월 제19대 독일 총선 결과 대안당이 연방하원에 진입하면서 이전 총선의 4.7%에 비해 무려 두 배 이상의 높은 12.6%의 지지율을 확보하며 원내 제3당의 자리를 차지하게 되었다. 2024년 초 대안당 반대 시위가 독일 전역에서 일어나기도 하였으나 현재로서 대안당의 약진은 꺾일 기세를 보이지 않고 있다. 그런데 여기서 눈여겨볼 점은 이러한 현상이 동독지역에 더 두드러지게 나타난다는 점이다. 2017년 총선의 경우 좌파정당 지지율이 구서독에서 7.4%인 반면 구동독은 17.8%로 2.5배에 달하며, 대안당 지지율은 서독지역이 10.7%인데 반해 동독지역은 21.9%로 2배 높다. 2019년 유럽선거에서도 비슷한 양상을 보이는데, 좌파정당의 경우 동서독 지지율이 각각 13.4%, 3.8%이며 대안당은 21.1%와 8.8%로 나타났다.[42] 이러한 대안당의 성장은 이민문제나 경제 양극화 등을 둘러싼 사회적 불만을 반영하고 있으며, 동서독 간의 지지율의 차이는 두 지역 사이 경제적, 사회적, 문화적 격차로 인해 나타나는 균열구조를 보여준다. 이러한 균열의 양상은 한반도 통일 이후 남북한 간 이념적, 경제적, 문화적 격차 속에서 유사한 형태로 전개될 수 있을 것이라 예상해볼 수 있다.

41 고상두, "통일 이후 정치적 소외와 지역정당의 부상: 독일의 경험과 한반도의 시사점,"『정치 · 정보연구』, 제23권 3호(2010), p. 103.

42 "Bundestagswahl 2017," *Die Bundeswahlleiterin*, accessed May 3, 2024, https://www.bundeswahlleiterin.de/bundestagswahlen/2017/ergebnisse.html; "Europawahl 2019," *Die Bundeswahlleiterin*, accessed May 3, 2024, https://www.bundeswahlleiterin.de/europawahlen/2019/ergebnisse/bund-99.html

V 통일한국의 정치구조

1. 통일 이후의 한반도: 균열의 형성

통일의 시점과 속도, 방법 등에 대한 정치적 이슈가 일단락 마무리되고 나면, 체제개편 시 정치, 경제, 사회적 가치의 배분을 둘러싼 균열과 갈등이 나타날 것으로 보인다.

정치학, 사회학에서는 오래전부터 '균열(cleavage)'이라는 개념을 통하여 다양한 형태의 갈등구조와 정치적 연대에 관해 다루어왔다. 정당(party)이라는 단어는 어원적으로 부분(party)에서 유래하여 서구 역사를 통틀어 정치체 내에서 생겨나는 구분(division)과 갈등(conflict), 반대(opposition) 등의 개념을 포함한다. 정당은 종교, 문화, 인종, 지역, 계급, 세대 등 각종 이익집단이 추구하는 가치를 중심으로 형성, 발전된다. 사회 내 각종 이익을 둘러싼 균열이 발생하는데 이것이 정당을 통해 나타나는 것이다. 이러한 이익들이 정당을 통해 조정, 여과 과정을 거쳐서 실제 정책에 반영된다는 점에서 정당은 국가와 사회를 매개하는 역할을 한다고 할 수 있다. 이렇게 볼 때 각 사회의 균열구조의 형태와 그 표출양상은 정당구도의 형성과 밀접하게 관련된다.

립셋과 로칸(Lipset and Rokkan)은 서유럽을 대상으로 하여 정치사회적 변화 및 균열구조와 연결지어 정당체제의 생성과 발전에 대하여 분석하였다.[43] 이에 따르면 서유럽에서 나타난 균열구조는 1) 중심과 주변부(center-periphery), 2) 국가와 교회(state-church), 3) 자본가와 노동자(owner-worker), 4) 농업과 산업(land-industry)이라는 네 가지의 갈등을 중심으로 형성된다. 균열구조는 민족혁명과 종교개혁, 산업혁명 등 유럽의 중요한 역사적 계기와 관련되는데, 이러한

---

43 Seymour M. Lipset and Stein Rokkan, "Cleavage Structures, Party Systems, and Voter Alignment: An Introduction," *Party System and Voter Alignments: Cross-National Perspectives,* eds., S. M. Lipset and S. Rokkan (New York: Free Press, 1967).

요인들이 특정 중요한 시점들(정치적 대변혁)과 결합되어 정당 지지세력의 변화를 이끌거나 정당 간 역학구도를 만들어내면서 안정적인 정당체제가 유지되도록 한다. 한편, 라이파트(Arend Lijphart)는 갈등구조에 대해 1) 사회경제, 2) 종교, 3) 문화인종 문제, 4) 도시와 농촌, 5) 체제지지, 6) 외교정책, 7) 후기유물론 등으로 세분화하여 정당체계와의 관련성에 대한 이론화를 시도하기도 했다.[44] 균열이론의 핵심은 각 사회의 특수한 역사적 사건들이 누적되면서 그에 상응하는 사회적 균열이 구조적으로 형성되며, 이러한 토대 위에서 세워진 정당들이 대중들을 조직화하면서 유권자 배열이 형성되고 정당체계가 제도화된다는 것이다.

통일한국에 나타날 여러 가지 균열구조 가운데 지역별, 계층별, 이념별, 세대별 갈등이 두드러질 것으로 예상된다.

2. 지역균열

통일한국의 균열은 남북 간 지역갈등을 중심으로 나타날 수 있다. 현재 한국 사회의 영남 대 호남의 갈등 양상은, 통일 이후 남과 북의 지역균열이 기존의 균열구조와 중첩적으로 작용할 가능성이 크다. 여기에 더해 평안, 함경, 황해, 강원 등 북한의 지역적 균열구조 역시 영향을 미칠 수 있다.

지역균열은 사회적 자본(social capital)의 형성 정도에 따라 달라질 수 있다. 사회적 자본이란 집단 구성원들의 공통된 이익을 위한 조정과 협력을 촉진하는 연결망, 규범, 사회적 신뢰와 같은 것을 말한다.[45] 사회적 자본은 사회구성원들의

---

44 A. Lijphart, *Democracies: Patterns of Majoritarian and Consensus Government in Twenty-One Countries* (New Haven and London: Yale University Press, 1984), pp. 127-149.

45 사회적 자본이란 현대적 의미에서 부르디외(P. Bourdieu, 1986)과 콜만(J. Coleman, 1988)에 의해 사회학적으로 체계화되었고 이후 로버트 퍼트남의 연구(1993, 2000)에 의해 대중화된 개념이다. 사회적 자본은 신뢰(trust), 수평적 네트워크(horizontal network), 규범(norm)으로 이루어진 공공재로서 구성원들의 협력적인 행동을 촉진하며 전체 사회의 효율성을 향상시키는 역할을 한다. R. D. Putnam, *Bowling Alone: The Collapse and Revival of American*

정치참여와 수평적 관계 속에서 협력을 이끌어 내며 다양한 갈등을 치유하고 정치사회적 안정을 유지하도록 함으로써 민주주의를 구성하는 중요한 요소가 된다. 그러나 현재 북한에서는 독립적인 정치사회적 조직이 존재할 수 없으며 주민들은 모두 당이 지배하는 대중단체에 가입되기 때문에 시민사회와 민주주의 발전에 필요한 정치문화를 스스로 형성할 수 없다. 통일 이후 북한주민들의 사회적 자본의 형성 수준은 남한주민들과 비교하여 현저히 낮을 것으로 예상되며 이는 지역 간 균열을 야기하는 대표적인 요인이 될 것으로 보인다.

동독의 경우에도 통일 이전까지 국가에 의해 지도되는 수직적인 위계구조에 익숙한 주민들은 수평적인 연계 경험을 거의 갖지 못했다.[46] 1980년대 중반부터 동독에서 시민운동이 활발히 전개되었으나 이들은 주로 일당 독재에 대한 저항을 목적으로 했기 때문에 사실상 공산정권이 붕괴된 이후 정치무대에서 거의 사라졌다.[47] 통일 이후 동독의 정치적 공간은 서독의 제도권 세력이 진입하면서 동독지역의 시민세력은 거의 흡수되었다. 노동조합 내 동독인들은 지도부에서 밀려났고 동독지역에서 자생적인 정당조직이 형성되지도 못했다. 동독의 정치지도자들은 독자적인 노선을 갖기보다는 서독의 정치와 이념을 모방하였고 서독의 민주주의를 이식하는 것으로 나타났다.[48] 또한 동독의 일반주민들은 현실적으로 생계에 매달리게 되면서 사회적 자본이라 불리는 비공식적 사회관계망 차원에서도 퇴보하게 된다.[49]

Community (New York: Simon Schuster, 2000).

46 특히 동독은 다른 동유럽 사회주의 국가들에 비해 비판적 지식인의 수도 많지 않았으며 폴란드의 솔라디리티나 체코의 77헌장 그룹과 같은 개혁세력이 존재하지 않았다.

47 Jonathan Grix, "Recasting Civil Society in East Germany," *The New Germany in the East: Policy Agendas and Social Developments since Unification,* eds., C. Flockton, E. Kolinsky and R. Pritchard (London: Frank Cass, 2000).

48 Helmut Wiesenthal, *Interesenrepräsentation im Transformationsprozess. in Die real-existierende postsozialistische Gesellschaft* (Berlin: Landeszentrale für politische Bildung, 1994). p. 182.

49 당시 동독지역의 클럽, 협회, 교회, 정당 등 가입률만 보아도 통일 직후 42%에서 1997년에

이러한 현상이 통일 이후 북한주민들에게 나타날 수 있다. 통일 이후 북한 출신의 엘리트들은 집권세력으로부터 배제될 수 있고 구공산당 지도부 잔재세력에 대한 처리 과정에서 상당한 정치적 갈등이 발생할 수 있다.[50] 또한 북한주민들은 수평적인 관계 형성이나 민주주의 제도 경험이 부족하기 때문에 자생적으로 정당이나 시민단체를 조직하여 기존 한국의 정치제도에 적응하기 쉽지 않을 것으로 보인다.

남한지역의 영호남 간 갈등이나 북한지역 내 평양과 비평양 간 갈등이 통일 이후 지속될 수 있다. 기존 남한의 엘리트들이 통일한국의 지배세력이 된다면 현재 영호남 갈등구조가 북측지역까지 영향을 미칠 것이다. 더욱이 남북한 정당 간 순조로운 흡수, 통합이 어렵다면 영호남 간 지역균열을 바탕으로 기존 한국사회의 갈등 양상이 더 증폭되어 나타날 수 있다.[51] 남한 내 지역성에 기반을 둔 기존 정치세력이 통일한국의 중심세력이 된다면 북한지역의 이익을 대변할 엘리트가 배출되기까지는 더 많은 시간이 소요될 수 있다.

북한의 경우 수도인 평양을 비롯하여 특수관리 지역이 있고, 인구밀집지역(황남, 평남 등 농업지대), 군수공업지역(평북, 자강도 등), 중화학공업지역(함흥, 흥남 일대) 등으로 특화되어 있어 지역 간 상당한 격차가 있다. 특히 수도 평양과 비평양 간 격차가 크다. 평양주민들은 체제유지와 직결된 구성원들이 수십 년간 배급제를 비롯해 각종 특혜를 누리는 반면 수도에서 멀리 떨어진 지방일 경우 주민들의 생활 수준이 현저히 낮다.[52] 또한 평안도와 황해도 지역으로 대표되는 내륙지역과 함경도, 양강도로 대표되는 국경지역 간의 차이도 크다.

는 30%로 하락하였다. Andreas Staab, *National Identity in Eastern Germany. Inner Unification or Continued Separation?* (London: Praeger Press, 1998). p. 70.

50 이내영, "통일한국의 정치통합과 정치제도," 『아태연구』, 제6권 제2호(1999), p. 78.

51 김욱, "통일 이후의 정치문제: 미시적, 경험적 시각에서의 분석," 『통일이후의 사회와 생활』 (서울: 미래인력연구센터, 1996), pp. 22-23.

52 박영자, "체제변동기 북한의 계층 · 세대 · 지역균열: 행위자 모형에 기반한 상황과 구조," 『한국정치학회보』, 제46집 제5호(2012), pp. 197-199.

통일 이후 남북 간 지역 불균형 현상은 심화될 것으로 보인다. 남한지역의 한정된 재원의 부분적인 북측 이전이 불균형을 지속시킬 것이다. 북한지역 내 산업화에 따른 지역 간 불균형이 심화될 수 있으며, 남과 북 모두 더 소외되는 지역과 신흥 개발지역이 생겨날 것으로 보인다. 한국의 산업자본에 의한 북한의 경제개발이 제한된 집단과 지역에 이루어지게 될 때 지역격차가 심화되는 한편 남한 경제의 과부하를 초래할 수 있다. 중국의 개혁개방 과정에서 남부 해안도시를 중심으로 한 우선적 발전 정책이나 독일의 동서독 간의 격차 및 동독 내 발전지역과 미발전지역 간 격차를 미루어 보아 경제발전 정도에 따른 지역균열이 두드러질 수 있다.[53] 이러한 사회경제적 차원의 지역갈등은 남북한 주민 간 사회적 일체감을 저하시키고 통일한국 국민으로서의 정체성의 위기를 초래할 것으로 보인다. 통일 이후 국민들이 느끼는 심리적인 불만과 정치·경제적 혼란, 정체성 상실 등이 가중될 수 있다. 이를테면 남한의 경우 통일 후 세금부담의 가중과 복지상의 불이익 등으로 인해 통일의 대가를 점차 강하게 인식하며 불만이 커질 수 있다. 대규모 인구이동에 따른 주택난, 취업난, 범죄의 증가 등 각종 사회문제를 접하게 된다면 북한주민에 대한 반감도 커질 것이다. 북한주민들의 경우 시장경제에 적응하는 과정에서의 어려움, 개인주의와 성과주의 원칙에 따른 이질감, 북한지역 주민의 2등 국민화에 따른 상대적 박탈감 등으로 정부정책에 대한 반감과 함께 정체성의 위기에 시달릴 수 있다.

'낙후된 북한'과 '발전된 남한'이라는 이분법적 도식은 다소 진부하다고 느껴질 수 있지만 이는 엄연한 현실의 논리이기도 하다. 두 지역 간 생활양식, 가치체계 등 여러 간극이 존재하지만 가장 결정적인 요인은 경제적인 격차이며 정치적 문제와 결합되어 남북 간 갈등의 폭을 더욱 벌어질 것이다. 독일에서 통일 후 서쪽인을 지칭하는 졸부라는 의미의 베시스(Wessis)라는 용어와, 동쪽인을 지칭하는 시골뜨기라는 의미의 오시스(Ossis)라는 용어가 동서독 주민 간 서로 경멸적인 언어로 사용되는 것은 동서 주민 간의 정치경제적 격차에서 오는 심리적 갈등

---

53 우평균, "통일 한국의 헌정체제 구상: 이념과 제도," 『평화연구』, 제26권 제1호(2018), p. 336.

을 상징적으로 보여준다.

3. 계층균열

남북한 주민들은 통일과정 초기부터 계층 간 서로 다른 위치에 놓일 것이다. 독일통일의 경우 통일방안을 둘러싸고 서독에서는 계층별 다른 입장을 보였다. 서독의 자본가와 중산계층은 임금감축과 사회비용 절감, 동독시장의 확보 등을 고려해 조기통일을 주장했고, 노동계층의 경우 통일로 인한 저임금 노동력의 발생, 실업 발생, 주택료 인상 등을 우려하여 동독의 체제전환과 경제회복이 진행되는 점진적인 통일을 원했다.

남한에서도 계층별로 통일에 대한 반응이 다르게 나타날 것이라는 추론이 가능하다. 남한의 기업가들은 통일로 인한 양질의 노동력과 자원의 확보, 새로운 시장의 등장, 북한지역 경제건설 등을 새로운 기회로 여길 것이다. 한편 남한의 노동계층은 북한의 저임금 노동자들과 경쟁해야 하기에 자본가들과의 임금 협상에서 통일 이전에 비해 불리해질 수 있으며, 이밖에 주택난이나 실업, 물가인상 등으로 인한 경제적 부담을 직접 느끼게 될 것이다. 남한의 중산계층의 경우 통일의 실질적인 추진세력으로서 통일비용에 대한 부담을 느낄 수 있다. 통일비용에는 사회간접자본 투자, 경제구조 개편, 기업경영활성화 지원 등 투자성 비용과 실업보조금, 물가보조금 등 사회복지성 비용이 있을 것인데, 여기서 중앙정부의 재정부담이 핵심적인 문제가 될 것이다. 독일의 경우 통일의 이득은 서독 대기업들이 차지한 반면 통일비용은 근로자와 봉급 생활자들의 보험료에서 이전됨으로써 사회적 불만이 나타난 바 있다.[54] 통일한국에서도 통일비용의 부담이 간접세 위주로 책정되거나 근로자들이 부담하게 되고 그 이후 기대만큼 혜택을 받지 못할 경우 적극적으로 불만이 표출될 수 있다.

한편 북한지역의 노동자, 농민들은 통일로 인한 사회, 경제적 생활 수준의 급격한 상승을 기대하고 조기통일을 환영할 가능성이 있다. 1990년 3월 통일을

---

54 박종철 외, 『통일 이후 갈등해소를 위한 국민통합 방안』, (서울: 통일연구원, 2004), p. 97–99.

결정하는 동독의 총선에서 동독의 노동자들은 이념적으로 지지하는 사민당보다 조기통일의 청사진을 제시한 우파정당인 기민당 등 독일 동맹을 지지했다. 그러나 통일의 결과가 기대에 못 미치게 되자 구공산당의 후신인 민사당의 지지율이 증가하는 것으로 나타났다. 북한의 노동자, 농민들 역시 통일에 대한 환상에서 깨어나게 된다면 부정적 파급효과에 더 민감하게 반응할 수 있다. 북한지역의 저소득층은 소비제품의 대량공급과 경제적 수준의 향상 기회와 함께 실업과 인플레이션, 주택난 등 문제를 체감하게 될 것이며 이는 통일의 결과가 동등하게 분배되지 않는 현실에 직면하게 될 것이다. 특히 북한의 국영기업 노동자들은 다수가 실업 상태에 놓이게 될 수 있다. 더욱이 2000년대 이후 북한에서 시장화가 진전됨에 따라 주민들의 생활 수준과 소득에 따른 계층균열 현상도 나타나고 있다. 현재 북한에서 공산주의 체제에 대한 불만도와 시장경제 수용도, 외부정보 접촉도 등에 따라 계층별 의식구조가 변화하고 있다.[55] 이러한 북한사회의 구조적 변화는 통일 이후 계층균열을 형성하는데 상당한 영향을 미칠 것으로 보인다.

통일한국의 계층균열은 남북한 지역갈등과 중첩되는 형태로 나타날 것으로 예상된다. 북한의 노동자 계급은 남한 노동자들과 비교할 때 상대적 박탈감을 경험하게 될 것이며 관리자 및 전문직에 종사해왔던 집단은 사회적 지위를 상실하거나 실업상태가 될 수도 있다. 원하는 수준의 생활이 불가능해졌을 때 북한주민들은 통일에 대한 환멸을 체험하게 될 것이고 새로운 변화에 부정적으로 반응하게 될 것이다.

4. 이념균열

사회 각 분야 간 나타나는 변화의 정도와 속도의 불균형성은 주민의 가치체계에 혼란을 초래할 것이다. 가치통합의 기반이 될 정치이념의 적용과 주민들의 자율적 문화구조는 변화 속도의 차이로 인해 통일사회의 안정을 저해하고 정치

---

55 박영자, 앞의 글, pp. 190-191.

체제의 정당성 확보에 장애요인이 될 것이다.[56]

북한의 경우 사회주의체제를 몇 세대 동안 경험했기 때문에 주민들의 가치관에는 사회주의적 사고가 남아있을 수밖에 없다. 이들 중 일부는 새로운 체제에 적응하기보다는 구질서를 동경하는 불만세력화 내지는 반체제 세력화될 가능성이 있다. 이 과정에서 복지체계의 개선과 분배를 강조하는 사회주의정당이 북한 지역을 중심으로 결성되거나 한반도 전반에 활성화될 가능성도 있다. 또한 유럽 지역에 나타나는바 같이 초민족주의(ultra-nationalism)와 국가주의를 강조하는 극우파정당이 태동할 수 있다.

앞서 설명한 독일에서의 대안당(AfD) 지지율 증가와 같은 현상이 한반도에 나타날 수 있다. 서독에 비해 동독지역에서 민족주의와 반이슬람 정서가 더 강하며 정치적 난민을 수용하는 것에도 더 많은 반감을 보이고 있다.[57] 통일 이후 2등 시민으로 전락하는 차별감을 느낀 동독주민들의 피해의식은 이주민과 난민, 유대인 등 사회적 타자에 대한 혐오감으로 바뀌는 결과를 가져왔다. 서독지역에 비해 외국인 거주 비율이 현저히 낮음에도 불구하고 동독지역에서는 외국인 혐오 범죄행위가 빈번하게 발생하기도 한다.[58]

통일한국을 예상해볼 때 이념적으로 남한사회에서 협소하게만 수용되었던 좌파적 이념이 확대되면서 전체적인 이념적 스펙트럼이 더 넓어질 수 있다. 정치적 양극단화 형태가 더 두드러지게 나타날 수 있다는 것이다. 동유럽의 구공산주의 국가들의 민주화 과정은 이와 같은 사회 내 이념적 스펙트럼의 확대가 궁극적으로 이념적 갈등을 다변화했다. 민주화 초기 대다수의 동유럽 국가에서 일시

---

56 김도태, 『통일과정에서의 정당역할 연구』 (서울: 통일연구원, 1996), p. 64. □

57 고상두, "통일 이후 정치적 소외와 지역정당의 부상: 독일의 경험과 한반도의 시사점,"『정치 · 정보연구』 제23권 제3호(2020), pp. 112-113.

58 동독에서 발생한 난민수용시설에 대한 방화가 서독지역의 10배에 달한다. Jan-Eric Lindner, "Die mörderische Spur durch ganz Deutschland," *Hamburger Abendblatt*, November 12, 2011 accessed may 3, 2024 https://www.abendblatt.de/vermischtes/article108168757/Die-moerderische-Spur-durch-ganz-Deutschland.html

적 또는 완전히 배척되었던 공산주의 이념은 민주화 과정 초기에 지지세력을 재규합하였을 뿐 아니라 체코공화국의 경우 의회 내 의석을 확보하기도 했다. 통일 한국 역시 초기 북한주민들의 민주화에 대한 열망과 경제발전에 대한 기대에 비하여 그 성과가 체감되지 않을 경우 장기간에 걸쳐 공산주의 이념 교육을 체득한 북한주민들은 언제든지 공산주의 이념으로 회귀할 가능성이 있다.[59] 이에 따라 기존 남한사회 내부의 이념적 갈등이 더 확대된 수준에서 이념적 갈등 구조로 고착될 수 있다.

5. 세대균열

통일은 세대 간에도 차별적인 영향을 미칠 것이다. 일반적으로 세대란 비슷한 시기에 출생한 사람들이 역사적 경험과 사회화를 공유하며, 동시에 비슷한 연령층이 갖는 연령에 대한 인식의 시간적 변화를 공유하는 집단을 말한다.[60] 비슷한 시대에 출생한 사람들은 출생 코호트(cohort) 효과를 갖는다고 말한다. 출생 코호트 효과는 특정 연령의 집단이 공유하는 정치적 경험과 정치사회화 정도에 따라 나타나며 이로 인해 세대별 정체성이 드러나면서 정치적 변동에 영향을 미칠 수 있다.[61] 세대 차이는 어느 사회든 정치사회 구조와 균열을 만들어내는 중요한 요인이다. 특히 급격한 체제변화를 경험한 사회에서 나타나는 세대별 의식과 문화의 차이는 한 사회의 과거와 현재를 이해하고 미래를 예측하는 주요 키워드가 될 것이다.

통일 이후 세대균열은 적어도 단기적으로 현재보다 심각해질 것임은 분명하다. 현재 남한사회에서 통일에 대한 인식을 보아도 세대에 따라 다르게 나타난다. 특히 통일비용의 부담이 세대별로 통일에 대해 확연히 다른 인식을 갖도록

---

59 한정훈, "통일한국의 정부형태와 준대통령제," 『전략연구』, 제21권 제3호(2014), p. 220.

60 박재흥, "세대 개념에 관한 연구: 코호트적 시각에서," 『한국사회학』, 제37권 제3호(2003).

61 윤상철, "세대정치와 정치균열," 『경제와 사회』, 통권81호(2009), p. 65.

하는 요인이 되고 있다.[62] 통일 이후 지속적으로 막대한 비용이 요구된다면, 이 과정에서 적절한 투자와 일자리 창출과 같은 긍정적 효과가 크게 나타나지 않은 한 청년실업 등에 따라 세대갈등은 오히려 심화될 수 있을 것으로 보인다. 북한 주민들도 마찬가지로 세대에 따라 다른 인식과 태도를 보일 것이다. 독일의 경우에도 통일 후 세대갈등이 두드러지게 나타났고 이는 출신지역에 따른 상대적 박탈감 등 심각한 사회문제로 나타났다.[63]

세대별 이해관계를 대변하기 위해서는 세대집단이 정치적 영향력을 가질 수 있도록 해야한다. 이를 위해서는 세대를 정치적으로 동원할 수 있는 정당이 필요하며, 세대균열을 정치균열로 구분할 수 있는 정치체제가 존재해야 한다.[64] 세대집단별 이해관계가 표출되기 위해서는 세대집단이 사회정치적 위치를 점해야 하며 이를 정치체제가 수용할 수 있도록 제도적 환경이 마련되어야 할 것이다.

Ⅵ 통일한국 정치제도 제언 및 전망

1. 통일한국 정치제도 형성을 위한 제언

통일한국의 정치제도가 안정적으로 운영되기 위해서는 정당통합이 관건이다. 현재 북한은 조선노동당 독재체제이며 명목상으로 있는 야당들은 한국의 정당과 이념적 동질성을 갖기 어렵다. 즉, 독일통일의 과정처럼 남북 정당 간 자연스럽게 통합을 추진하기 어렵다는 의미다. 따라서 성공적인 정치통합은 현재 한

---

62 조진만 · 한정택, "남북한 젊은 세대의 통일의식 비교 분석: 민족적 당위와 현실적 이익의 문제를 중심으로," 『동서연구』, 제26권 제1호(2014).

63 Mary Fulbrook, "Aspect of Society and Identity in the New Germany," *Daedalus*, Vol. 123, No. 1 (1994), pp. 221-222.

64 이갑윤 · 이현우, 『한국의 정치균열 구조: 지역, 계층, 세대 및 이념』 (서울: 오름, 2014), p. 180

국의 민주주의 제도하에 구축된 정치적 인프라(political infrastructure)가 북한지역에 얼마나 효과적으로 이전되는가에 달려있을 것이다. 북한지역에 민주적 정당의 형성을 촉진해야 하며, 기존의 남한정당을 비롯해 통일한국에 생겨날 정당들이 남북 구성원들의 다양한 이해관계를 대변할 수 있어야 할 것이다.

통일한국의 바람직한 정치제도 형성을 위해 다음과 같은 노력이 요구된다. 첫째, 통일 후유증을 최소화하기 위해 북한지역의 경제재건에 힘써야 한다. 북한의 사회주의 경제체제를 시장경제체제로 전환시키고 북측지역이 고르게 자생력을 갖출 수 있다면 남북 지역갈등이 다소 완화될 수 있을 것이다. 남북 격차의 주된 요인이 경제 수준의 차이에서 기인한다고 볼 때 최선의 해결책은 북한지역의 경제를 살리는 일이다. 따라서 통일 이후 북한의 지역별 개발전략과 이와 관련된 구체적인 방안들이 고안되어야 할 것이다.

둘째, 극단적인 국론 분열이 야기되지 않도록 해야 한다. 이념적 스펙트럼이 양극단에 치닫지 않기 위해서는 온건다당제(moderate pluralism)의 형태가 바람직할 수 있다. 다당제를 가정할 때 보수정당과 중도우파정당 및 중도좌파정당이 중간 영역을 점유하고 극좌나 극우정당이 세력을 확장하는 것을 저지할 필요가 있다. 온건다당제는 3~5개의 정당이 공존하며 반체제정당이나 양극단의 야당이 존재하지 않는다. 따라서 정치적 경쟁은 합의된 틀 내에서 구심성을 유지할 수 있으며 정치체제는 비교적 안정성과 효율성을 발휘할 수 있다. 나아가 정당체제의 양극단을 막기 위해 극좌 및 극우정당이 등장할 경우 이들을 해산판결하는 방법도 검토될 수 있다. 독일통일 이전 서독에서는 공산당과 신나치정당이 민주적 질서를 준수하는 정당이 아니라는 이유로 해산판결을 받은 바 있다. 통일한국에서도 극좌 또는 극우정당이 등장할 경우 이들의 강령이나 활동이 민주적 기본질서에 위배된다면 이들에 대한 법적 해산판결조치가 마련되어야 할 것이다.

셋째, 북한지역의 민주화를 위하여 노동당 이외 기존 위성정당이나 새로운 정당 출현을 위한 안정된 정치기반이 마련되어야 한다. 독일통일의 사례를 참고하여 한반도 통일 이후 북측에 생겨날 각종 정치사회단체와 신생정당에 대한 지원방안이 필요하다. 통일준비 과정에서부터 북한지역에 나타날 신생정당에 대한 동원자원을 확보하는 데 관심을 기울여야 할 것이다.

넷째, 통일 이후 신생정당을 지원할 필요는 있으나 지나친 소수정당의 난립을 방지하기 위한 대책을 강구해야 한다. 통일한국은 지역, 계층, 이념, 세대 간 균열구조 속에서 여러 다양한 형태의 군소정당이 등장한다면 원자화된 다당제(atomized pluralism)가 형성될 가능성이 있다. 이는 정치적 불안과 사회적 혼란을 초래할 것이며 자칫 정치적 무정부상태에 빠지게 될 위험도 있다. 동독정당의 경우 민주주의에 대한 경험 부족으로 이념과 목표가 비슷한 집단 간 연합을 이루지 못하고 오히려 수많은 정당의 난립을 초래하였고 이로 인해 일관되고 강력한 정치적 의사 형성이 더 어렵게 되었다.[65] 이를 방지하기 위해 통일 이후 정당설립 조건을 강화하는 방안을 고려할 필요가 있다. 정당법의 내용 중 정당의 등록조건으로 법정지구당 수, 지구당의 분산, 지구당의 적정당원 수 등 과거 지구당 제도의 부분적 부활을 검토해 볼 수 있다. 또한 극단의 정당을 배제하기 위해 일정비율 이상의 득표를 한 정당에 한하여 국고보조금을 지급하는 방안이 적용될 수 있겠다.

다섯째, 다수의 전제(tyranny of the majority)를 예방하고 숙의민주주의를 실천할 수 있는 장치가 필요하다. 민주주의는 의사를 결집할 때 현실적으로 가능한 최선책으로서 다수결 투표(plurality voting) 또는 최다득표수(first-past-the-post) 원칙에 따라 결정된다. 다수결 원칙에 입각하여 투표제도를 운영할 때 그 결과는 정당한 민주주의의 결과물로 인정된다. 그러나 절대적인 수를 기준으로 하여 다수가 항상 옳고 소수가 항상 그르다는 것을 보장할 수 없다. 다수결이 반드시 과반수를 의미하는 것도 아니다. 따라서 법적으로 정당하더라도 민주주의는 다수에 의한 민주주의 훼손을 초래할 가능성이 있다. 만장일치의 원칙이 일견 바람직해 보일 수 있으나 이 역시 향후 사정변경에 따른 건전하고 비판적인 숙의(delib-

---

65 박광기, "남·북한 통일과정에서 나타날 정당통합문제와 바람직한 정당의 구조 및 체제 연구: 통일독일의 정당통합과정에서 나타난 문제점과 시사점을 중심으로," 『사회과학논문집』, 제18권 제1호(1999), p. 170.

eration) 또는 토론과정을 원천적으로 차단할 수 있다는 점에서 한계가 있다. 다수결 원칙이 민주적인 의사결정 방법으로 인정받기 위해서는 언론의 자유 또는 소수자의 권리 보호가 뒷받침되어야 한다. 수적으로 소수에 속하더라도 언론의 자유가 보장되어야 소수의 목소리를 낼 수 있고 이것이 다수의 목소리가 될 가능성이 열려있어야만 다수결 원칙이 민주주의의 근간이라 할 수 있을 것이다.[66]

여섯째, 민주주의가 중우정치화되고 독재를 초래하지 않도록 포퓰리즘(populism)을 경계할 필요가 있다. 근본적으로 대통령제 및 대의민주주의 체제는 선거에 의해 선출된 공직자가 정해진 임기를 채우면 선거를 통해 재신임받거나 교체되기 때문에 포퓰리즘을 제도적으로 막기에 어려움이 있다. 결국 공익을 사익과 조화시키려는 시민의식이 전제될 때 포퓰리즘의 효과는 반감될 것이다.

일곱째, 남북 주민들 모두에 대한 시민성 양성에 힘을 기울여야 한다. 사적이익과 공익을 조화시킬 수 있는 시민의 존재가 필수적이며, 이는 교육과 제도에 의해 가능할 것이다.

2. 통일한국 정치제도 전망

통일한국의 정치제도는 어떠한 형태로 나타날 것인가? 통일한국에 생겨날 새로운 정당들은 어떠한 이념과 가치에 중점을 두게 될 것인가? 다음의 세 가지의 시나리오를 예시로 하여 통일한국의 정치제도 방향을 전망해볼 수 있다.

1) 기존의 양당 우위 다당제 지속

기존 한국 정치의 양당 우위의 다당제가 통일 이후 북측지역에 확장되어 영향을 미치는 경우다. 1987년 민주화 이후 한국의 정당체계는 실질적으로 양당제의 경향을 보여왔다. 선거 과정에서는 지역을 기반으로 한 다당제적 형태를 띠지만 선거가 끝난 후 의회 내에서는 양당 중심으로 이루어져 왔다. 이는 한국 정

---

66 구민교, "자유주의, 민주주의, 공화주의의 변증법," (한국행정학회 하계학술발표논문집, 2015), pp. 2538-2555.

치가 대통령제임에도 불구하고 내각제적 요소를 겸비한 권력구조를 이루고 있기 때문이다. 집권당은 의회 내 다수의석을 확보하지 못할 경우 통치기능이 제약을 받게 되므로 정당 개편을 추진하게 되며 여기에 반대하는 세력이 결집하면서 의회 내 정당정치는 자연스럽게 양극적 형태로 나타났다.[67]

한국은 민주화 이후 각종 개혁조치가 있었음에도 여전히 전체 의석수의 2/3 이상은 두 개의 거대정당이 차지하고 있다. 두 정당이 반복적으로 재창당 및 분당, 합당의 과정을 거치기도 했으나 영남과 호남이라는 지지기반과 함께 보수와 진보라 불리는 상대적인 이념을 각기 지니면서 집권여당과 제1야당의 지위를 번갈아 가며 차지한다. 한국 정치는 선거 때마다 4~5개의 정당이 의회에 진입하는 현상이 반복되며 이들 정당의 이념적 거리가 멀지 않다는 점에서 온건 다당제라고 할 수 있지만 두 개의 거대정당이 의회 운영을 독과점하고 있는 현실이나 집권 가능성 등에 비춰본다면 양당제로 볼 수 있다.[68]

통일 이후 한국의 기존 양당 우위의 다당제 형태가 지속될 가능성이 있다. 그러나 한국의 정당과 사회단체들은 종전의 논리를 북한사회에 그대로 적용할 수만은 없을 것이며 지역적 문제를 고려하는 새로운 이익대표 방식을 강구하게 될 것이다. 여기서 남한사회를 미리 경험한 탈북민의 역할이 두드러질 수 있다. 통일한국의 새로운 사회균열구조는 남북의 지역갈등으로 인하여 전통적인 보수와 진보, 좌와 우의 대립구도를 보다 복잡하게 만들 것으로 예측된다.

2) 북한지역의 새로운 정당 출현

통일 이후 급격한 변화와 함께 북측지역의 이익을 대변할 새로운 정당이 출현하는 경우다. 통일독일 이후 구동독지역을 중심으로 정치세력화한 좌파당(Die Linke)의 성장과 유사하게 전개될 수 있다. 사통당의 후신인 민사당은 1990년

---

67 백영철 외, 『한국의회정치론』 (서울: 건국대학교출판부, 1999), p. 272.

68 진영재, 『정당정치의 진화(제2판)』 (서울: 연세대학교 대학출판문화원, 2021), p. 244.

통일 이후 치러진 연방하원 선거에서 괄목할 만한 성장세를 보였다.[69] 독일뿐 아니라 비셰그라드 4국(체코, 슬로바키아, 헝가리, 폴란드)의 경우에도 민주화와 함께 시장경제가 도입되면서 시장에 대한 정부의 개입을 둘러싼 쟁점들이 정당정치의 핵심 균열로 등장했고 이러한 균열 위에서 계승정당들이 사회민주주의 노선에 기반한 좌파정당으로 변신하여 유권자들에게 상당한 영향력을 끼쳤다. 여기엔 시장경제체제에 적응하지 못하고 경제적 어려움을 겪는 유권자들을 중심으로 과거 상대적으로 경제적 안정과 질서를 제공했던 공산주의체제에 대한 향수가 계승정당에 대한 지지로 이어졌을 가능성도 있다.[70]

통일 후 북한지역의 정당체제는 조선노동당 또는 그의 후계정당의 지지기반과 조직 능력에 따라 달라질 것이다. 후계정당 이외에 새롭게 등장하는 정치세력은 초기 정치포럼과 같은 느슨한 민주화 세력의 연대체 형식을 취하다가 점차 정당으로 전환하여 북한지역 유권자들의 정치적 이해를 대변하려고 할 수도 있다.[71] 이들에 대한 지지세력은 북한지역에 제한될 가능성이 높으나 독일 민사당의 사례에서 나타나듯이 통일과정에서 소외계층의 지지를 받아 성장할 가능성도 있다.

한편, 북한지역을 중심으로 형성되는 정당들은 이념적 양극단 형태를 띨 수 있다. 남북한 간의 경제적 격차가 해소되지 않을 경우 북한지역 주민들은 극우 또는 극좌적 폭력이나 선동, 외부인에 대한 적대적 행위로 사회적 반감이나 열등감을 표현하게 될 수 있다. 동독지역에 극우정당이나 극단적인 성향의 좌파정당

---

69 민사당은 통일 후 첫 선거에서 2.4% 득표율과 구동독지역에서 11.1%에 머물렀으나, 좌파당으로 통합 창당하여 참여한 2009년 선거에서 전국적으로 11.9%의 득표율을 보였고 구동독지역에서는 28.5%를 획득하여 강력한 정치세력으로 성장하였다. 김면회, "통일 독일의 정치지형 변화 연구: 정당체제를 중심으로,"『한독사회과학논총』, 제20권 2호(2010), p. 43.

70 장승진, "체제전환 이후 공산당 계승정당에 대한지지: 동유럽 비셰그라드(Visegrad) 4국 사례를 중심으로,"『현대정치연구』, 제9권 제1호(2016), pp. 124-125.

71 이현출 외, "북한 체제전환기 민주화 유도 및 정당의 역할 연구," (통일부 용역보고서, 2012), pp. 73-75.

이 지지를 받는 것과 같은 형태로 재현될 수 있을 것이다. 통일 이후 사회통합이 원활하게 진행되지 못한다면 통일정부에 반감을 갖는 유권자들이 늘어나면서 극단적인 정치이념에 대한 선호가 더 늘어날 수 있다.

통일한국에 온건다당제가 가능하기 위해서는 통일 이후 조선노동당의 잔존세력이 어떠하느냐가 관건이 될 것이다. 북한의 기존 노동당원은 출신성분면에서 응집력을 지니고 있기 때문에 통일 이후에도 상당 기간 노동당에 대한 충성심을 가질 수 있다.[72] 이들은 노동당의 다른 잔존세력이나 후속정당과 연계하여 극좌세력으로 성장하게 될 가능성도 있다.

3) 신정치(new politics) 정당의 성장

지역적 차원을 넘어 한반도 내 새로운 가치를 표방하는 정당이 세력을 형성하는 경우다. 통일 이후 정치지형의 변화와 함께 한반도 지역 차원을 넘어서는 새로운 가치들이 주요 이슈로 부각될 수 있다. 이때 기존의 양당 우위나 북한지역의 극단적 성향의 정당들이 탄생이 아닌 새로운 정치세력이 부상할 가능성이 있다. 통일한국의 정치제도가 안착되고 나면 새로운 요구들이 나타날 것이며 이에 기존 정당이 적절히 대처하지 못거나 영향력 있는 정치엘리트가 창당을 주도할 경우 신정치 세력이 급격히 성장할 수 있다. 여기서 신당에 대한 지지도는 새로운 가치의 출현뿐 아니라 기존 정당에 대한 실망의 강도나 불만을 가진 사람들의 수에 의해 좌우될 수 있다.

신정치(new politics)란 탈물질주의(post-materialism) 시대에 이르러 중요하게 부상한 환경보호, 사회적평등, 생활 방식과 같은 의제들을 다루는 정치를 포함한다.[73] 대표적으로 전 세계에 걸쳐 부상하는 신정치정당으로 녹색당을 들 수 있다.

---

72 박종철, "통일한국의 정치적 갈등구조와 온건다당제," 『한국과 국제정치』, 제11권 제2호(1995), pp. 43-44.

73 Russell J. Dalton, *Citizen Politics: Public Opinion and Political Parties in Advanced Industrial Democracies* (Washington D.C.: CQ press, 2006).

이들은 탈원전이나 에너지 정책 전환, 평화주의 등을 주요 의제로 한다. 현재 한국의 녹색당의 경우 전 세계적으로 녹색 이슈가 중요한 의제로 등장한 것과는 대조적으로 여전히 주변부 군소정당에 머물러 있다. 그러나 미래 통일한국이 성공적인 통합과정을 거치며 중견국으로서 성장하게 될 경우 국제사회의 공통된 이슈나 미래지향적 가치들에 더 관심을 갖게 되면서 국내적으로도 이러한 가치를 선호하는 유권자들이 더 늘어날 수 있다. 즉, 남북 지역적 차원을 넘어서는 새로운 정치집단이 주도 세력으로 성장하게 되는 것이다. 이는 국민들의 관심과 공감대가 확산되는 것뿐만 아니라 신당이 지지기반을 확보할 수 있도록 국내 제도적 요인이 뒷받침될 경우에 가능할 것이다.

참고문헌

국내문헌

강원택. 『통일 이후의 한국 민주주의』. 서울: 미래한국재단, 2010.

강장석. "통일헌법의 구성원리와 통치구조." 『한국의회학회보』, 제1권 제1호(2012): 7-32.

고상두. "통일 이후 정치적 소외와 지역정당의 부상: 독일의 경험과 한반도의 시사점." 『정치 · 정보연구』, 제23권 3호(2010): 101-123.

구민교. "자유주의, 민주주의, 공화주의의 변증법." 『한국행정학회 하계학술발표논문집』. 2015년.

권영설. "통일지향적 정부형태로서의 대통령제." 『공법연구』, 제27집 제3호(1996): 27-47.

김경래 · 허준영. "통일과정에서의 동서독 정당체계의 변모와 정책적 시사점." 『독일통일 총서6: 정당분야 통합관련 정책문서』. 서울: 통일부, 2014.

김도태. 『통일과정에서의 정당역할 연구』. 서울: 통일연구원, 1996.

김면회. "통일 독일의 정치지형 변화 연구: 정당체제를 중심으로." 『한독사회과학논총』, 제20권 제2호(2010): 35-60.

김영태 "독일통일과정에서 정당체계의 변화와 역할." 『통일경제』, 제57권(1999): 60-75.

김용호. "통일한국 정치제도에 대한 종합적인 구상." 『의정연구』, 제18권 제2호(2012): 215-224.

김욱. "통일 이후의 정치문제: 미시적, 경험적 시각에서의 분석." 『통일이후의 사회와 생활』. 서울: 미래인력연구센터, 1996.

김유진. "통일한국의 선거제도 연구: 통일독일의 사례를 중심으로." 『통일과 법률』, 통권 제18호(2014): 68-118.

김종갑. "남북한 통합과 통일한국의 정치제도." 『통일과 평화』, 제10집 제2호(2018): 289-325.

_____. "독일 선거제도를 통해 본 통일한국의 선거제도." 『통일정책연구』, 제19권 제2호(2010): 27-52.

김철수. "통일헌법 제정의 문제." 『學術院論文集: 人文 · 社會科學篇』, 제36집(1997): 223-261.

남구현 · 황기돈. 『독일통일 이후 구동독지역 사회변화와 노동조합』. 서울: 현장에서 미래를, 2000.

박광기. "남 · 북한 통일과정에서 나타날 정당통합문제와 바람직한 정당의 구조 및 체제 연구: 통일독일의 정당통합과정에서 나타난 문제점과 시사점을 중심으로." 『사회과학논문집』, 제18권 제1호(1999): 157-188.

박병석. "통일한국의 정당체제와 선거제도: 사회적 균열구조 위에서의 전망." 『사회과학연구』, 제6

권(1995): 149-172.

장을병 외. 『남북한 정치의 구조와 전망』. 서울: 한울아카데미, 1994.

박세일 외. 『민주주의 3.0 구현을 위한 제언』. 서울: 한반도선진화재단, 2017.

박수혁. "한국에서의 통일헌법상 통치구조에 관한 연구." 『통일과 법률』, 제2호(2010): 27-49.

박영자. "체제변동기 북한의 계층·세대·지역균열: 행위자 모형에 기반한 상황과 구조." 『한국정
　　치학회보』, 제46집 제5호(2012): 169-205.

박재홍. "세대 개념에 관한 연구: 코호트적 시각에서." 『한국사회학』, 제37권 제3호(2003): 1-23.

박종철. 『통일한국의 정당제도와 선거제도』. 서울: 민족통일연구원, 1994.

_____. "통일한국의 정치적 갈등구조와 온건다당제." 『한국과 국제정치』, 제11권 제2호(1995):
　　35-60.

박종철 외. 『통일 이후 갈등해소를 위한 국민통합 방안』. 서울: 통일연구원, 2004.

백영철 외. 『한국의회정치론』. 서울: 건국대학교출판부, 1999.

성낙인. "통일헌법상 권력구조에 관한 연구." 『공법연구』, 제36집 제1호(2007): 453-490.

손기웅 외. 『베를린 장벽 붕괴 20주년 동서독 통합과정 종합 평가』. 서울: 통일부, 2009.

송태수. "독일통일에서 정당의 역할." 『사회과학연구』, 제14집 제1호(2006): 246-283.

양승호. "남북한 민족주의와 다민족 연방제." 『사회와 철학』, 제28호(2014): 155-174.

우성대. "'낮은 단계의 연방제안'과 '연합제안'의 비교연구." 『한국동북아논총』, 제12권 제3호(2007):
　　109-132.

우평균. "통일 한국의 헌정체제 구상: 이념과 제도." 『평화연구』, 제26권 제1호(2018): 321-360.

윤상철. "세대정치와 정치균열." 『경제와 사회』, 통권81호(2009): 61-88.

이갑윤·이현우. 『한국의 정치균열 구조: 지역, 계층, 세대 및 이념』. 서울: 오름, 2014.

이내영. "통일한국의 정치통합과 정치제도." 『아태연구』, 제6권 제2호(1999): 73-89.

이옥연. "통일한국의 중앙-지방 관계." 『통일한국의 정치제도』. 서울: 늘품플러스, 2015.

_____. 『통합과 분권의 연방주의 거버넌스』. 서울: 오름, 2008.

이현출 외. "북한 체제전환기 민주화 유도 및 정당의 역할 연구." 통일부 용역보고서, 2012.

임채완·장윤수. "연방제와의 비교를 통해 본 남북연합의 형성조건." 『한국동북아논총』, 제28호
　　(2003): 79-104.

임혁백. "통일한국의 헌정제도 디자인." 『아세아연구』, 제42권 제1호(1999): 301-335.

장승진. "체제전환 이후 공산당 계승정당에 대한 지지: 동유럽 비셰그라드(Visegrad) 4국 사례를
　　중심으로." 『현대정치연구』, 제9권 제1호(2016): 115-144.

정만희. "이원정부제 정부형태의 검토: 이원정부제 개헌론에 대한 비판적 관점에서." 『동아법학』,
　　제52호(2011): 143-187.

정병기. "독일 민사당(PDS)/좌파당(Die Linke)의 친근로자적 국민정당화와 지역주의 딜레마." 『한

국정당학회보』, 제9권 제1호(2010): 67-93.

_____. "통일 독일 구동독 지역 정당체제: 연방주별 특수성이 반영된 새로운 다양성." 『한국정치학회보』, 제45집 제4호(2011): 319-344.

정성장. "김정은 시대 북한의 입법 및 국가대표기구 연구: 최고인민회의 상임위원회의 역할과 엘리트를 중심으로." 『KDI 북한경제리뷰』, 2014년 5월호(2014): 3-26.

정지웅. "통일한국의 정치체제 연구: 입법·사법·행정을 중심으로." 『도덕윤리와 교육』, 제48호(2015): 1-20.

조진만·한정택. "남북한 젊은 세대의 통일의식 비교 분석: 민족적 당위와 현실적 이익의 문제를 중심으로." 『동서연구』, 제26권 제1호(2014): 149-177.

진영재. 『정당정치의 진화(제2판)』. 서울: 연세대학교 대학출판문화원, 2021.

최현묵. 『통일한국의 권력구조에 관한 연구』. 박사학위 논문, 한남대학교, 2005.

한정훈. "통일한국의 정부형태와 준대통령제." 『전략연구』, 제21권 제3호(2014): 205-235.

함성득. "한국 대통령제의 발전과 권력구조 개편: '4년 중임 정·부통령제' 도입에 관한 소고." 『서울대학교 법학』, 제50권 제3호(2009): 203-234.

허문영·이정우. 『통일한국의 정치체제』. 서울: 통일연구원, 2010.

헬무트 바그너. "특수사례로서 동독의 체제전환: 특별한 조건과 예외적 결과." 이봉기 역. 『현대북한연구』, 제10권 제3호(2007): 91-137.

북한문헌

김일성. "우리 당 사법 정책의 관철을 위하여(전국 사법, 검찰 일군 회의에서 한 연설, 1958년 4월 29일)." 『김일선선집(5권)』. 평양: 조선로동당출판사, 1960.

김정은. 『위대한 김정일동지를 우리 당의 영원한 총비서로 높이 모시고 주체혁명위업을 빛나게 완성해나가자(조선로동당 중앙위원회 책임일군들과 한 담화, 2012. 4. 6.)』. 평양: 조선로동당출판사, 2013.

조선노동당 규약 제13조, 제14조.

해외문헌

Alesina, Alberto and Nicola Fuchs-Schündeln. "Good-bye Lenin (or not?): The Effect of Communism on People's Preferences." *The American Economic Review,* Vol. 97, No. 4 (2007): 1507-1528.

Campbell, Ross. "Values, Trust and Democracy in Germany: Still in Search of 'Inner Unity'?." *European Journal of Political Research,* Vol. 51, No. 5 (2012): 646-670.

Dahl, Robert A. *On Democracy*. New Haven: Yale University Press, 2000.

Dalton, Russell J. *Citizen Politics: Public Opinion and Political Parties in Advanced Industrial Democracies.* Washington D.C.: CQ press, 2006.

Fulbrook. Mary. "Aspect of Society and Identity in the New Germany." *Daedalus,* Vol. 123, No. 1 (1994): 211-234.

Gallagher, M. "Proportionality. Disproportionality and Electoral Systems." *Electoral Studies,* Vol. 10, Issue. 1 (1991): 33-51.

Grix, Jonathan. "Recasting Civil Society in East Germany." *The New Germany in the East: Policy Agendas and Social Developments since Unification.* Eds., C. Flockton, E Kolinsky and R. Pritchard. London: Frank Cass, 2000.

Hoepcke, Klaus. "Drei Programme - eine Partei?" *Utopie kreativ,* No. 173 (2005): 243-256.

Hueglin, Thomas and Alan Fenna. *Comparative Federalism: A Systematic Inquiry* Toronto: Broadview Press, 2006.

Jones, Mark P. *Electoral laws and the Survival of Presidential Democracies.* IN: University of Notre Dame Press, 1995

Lijphart, A. *Democracies: Patterns of Majoritarian and Consensus Governmnet in Twenty-One Countries.* New Haven and London: Yale University Press, 1984.

_____. *Democracy in Plural Societies: A Comparative Exploration. New Haven: Yale University* Press, 1977.

Lindner, Jan-Eric. "Die mörderische Spur durch ganz Deutschland." *Hamburger Abendblatt,* November 12, 2011. Accessed May 3, 2024. https://www.abendblatt.de/vermischtes/article108168757/Die-moerderische-Spur-durch-ganz-Deutschland.html

Lipset, Seymour M. and Stein Rokkan. "Cleavage Structures, Party Systems, and Voter Alignment: An Introduction." Eds., M. Lipset and S. Rokkan. *Party System and Voter Alignments: Cross-National Perspectives.* New York: Free Press, 1967.

Mainwaring, Scott. "Presidentialism, Multipartism, and Democracy: The Difficult Combination." *Comparative Political Studies,* Vol. 26, Issue. 2 (1993): 198–228.

Putnam, R. D. *Bowling Alone: The Collapse and Revival of American Community.* New York: Simon Schuster, 2000.

Shugart, Matthew S. and John M. Carey. *Presidents and Assembles: Constitutional Design and Electoral Dynamics.* Cambridge: Cambridge University Press, 1992.

Staab, Andreas. *National Identity in Eastern Germany: Inner Unification or Continued Separation?.* London: Praeger Press. 1998.

Torgler, Benno. "Does Culture Matter? Tax Morale in an East-West Comparison." *Finan-zArchiv,* Vol. 59, No. 4 (2003): 504-528.

Wiesenthal, Helmut. "Interesenrepräsentation im Transformationsprozess," *Die real-existier-ende postsozialistische Gesellschaft.* Berlin: Landeszentrale für politische Bildung, 1994.

"Bundestagswahl 2017." *Die Bundeswahlleiterin,* accessed May 3, 2024. https://www.bundeswahlleiterin.de/bundestagswahlen/2017/ergebnisse.html

"Europawahl 2019." *Die Bundeswahlleiterin,* accessed May 3, 2024. https://www.bundeswahlleiterin.de/europawahlen/2019/ergebnisse/bund-99.html

제4장

통일 이후 남북한 행정통합

김혜원 고려대학교 통일융합연구원 연구위원

제4장

통일 이후 남북한 행정통합

I 서론

청년세대가 통일에 무관심하다는 설문조사 결과가 연일 이어지고 있다. 서울대학교 통일평화연구원이 실시한 통일의식조사에 따르면 통일의 필요성에 대한 질문에서 "현재대로가 좋다", "통일에 대한 관심이 별로 없다"고 응답한 비중이 56.8%에 달하는 것으로 나타났다. 이는 현재 소위 MZ세대라고 불리는 청년층이 현재 남북한의 분단체제가 유지되는 것을 선호하거나 통일에 대해 관심이 없다는 것을 의미한다.[1] 사실 이러한 설문조사 결과는 비단 어제오늘의 것은 아니다. 분단의 시간이 길어질수록 청년세대의 통일 무관심은 더욱 증가할 것이다. 현재의 청년세대는 전쟁을 경험하지 않은 세대이다. 이전 세대까지만 해도 부모 또는 조부모 세대가 분단의 비극을 경험했으며 이에 따라 이산의 아픔을 안고 살아왔다. 그러나 점점 분단의 기간이 길어지면서 점차 한민족이라는 인식도 희미해지고 있다.

앞서 언급한 통일의식조사에서 MZ세대 응답자의 절반이 통일이 국가적인 이익에 도움이 될 것이라고 답변했다. 그럼에도 불구하고 MZ세대에서는 통일이

---

1   김범수 외, 『2023 통일의식조사』 (서울: 서울대학교 평화통일연구원, 2023), p. 38

필요하다는 응답자보다 필요하지 않다는 응답자가 더 많은 것으로 드러났다. 이제는 국가적인 이익 또는 한민족이라는 당위성에 관한 이유로 통일미래세대에게 통일에 대한 지지와 공감을 이끌어 내는 것이 쉽지 않다는 것을 의미한다.

이러한 의미에서 통일 이후 남북한의 행정통합을 논의하는 것은 매우 흥미로운 일이다. 행정은 우리 삶과 밀접하게 연결되어 있기 때문이다. 우리가 매일 접하는 삶에서 행정은 다양한 방식으로 기능하며 우리의 삶과 맞닿아 있다. 통일과정과 그 이후의 모습을 상상해 본다면 우리의 삶과 직접적으로 연관이 있는 행정 분야의 통합과 미래상을 그려보는 일도 자연스러운 것이다. 현재 남북한의 체제가 매우 상이하므로 그 하위 체계인 행정체계도 매우 다른 형태를 가지고 있다. 그러므로 통일과정에서 남북한 행정통합을 위해 상당한 비용과 시간이 소요되리라는 것도 쉽게 예측할 수 있다. 이러한 관점에서 남북한 행정통합과 미래의 비전에 대해 생각해보는 것은 유용한 일이 될 수 있다. 경색된 남북관계에도 불구하고 남북한의 행정체계를 이야기하는 것은 우리가 짊어지게 될 통합 비용과 사회적 소요를 감소시키는 실리적 방안이 될 수 있기 때문이다.

Ⅱ 남북한의 행정체계

우리는 날마다 행정을 경험하고 있다. 그러나 행정의 의미에 관해서 정확히 생각해보는 경우는 드물다. 미국의 행정학자인 Dwight Waldo에 따르면 행정은 "정부 조직의 활동과 이에 참여하는 개인 및 그룹의 행동으로서, 정부의 정책을 실행하는 것에 관한 학문과 전문 분야"를 의미한다.[2] 행정의 개념은 "넓은 의미의 행정"과 "좁은 의미의 행정"으로 나누어 볼 수 있다. 넓은 의미의 행정은 정

---

2   D. Waldo, "The Study of Public Administration," *The American Political Science Review*, Vol. 42, No. 1 (1948), pp. 5-15.

부나 공공기관뿐만 아니라, 비정부조직 및 민간기업 등 모든 조직의 관리와 운영을 포함한다. 이는 일반적으로 조직의 리더십, 정책 실행, 자원 관리, 서비스 제공 등을 포괄하는 개념이다. 반면 좁은 의미의 행정은 정부나 공공기관에서의 행정 활동에 한정된다. 이는 정부의 정책을 실행하고 조직을 운영하는 데 관련된 활동이라고 볼 수 있으며 일반적으로 법률 준수, 예산 편성, 공공 서비스 제공 등을 지칭한다.[3]

남북한행정에 관한 연구는 행정환경, 북한조직론, 인사행정, 재무행정, 지방행정 등으로 이루어져 왔다. 그러나 행정은 매우 광범위한 내용을 포괄하고 있으므로 본 장에서는 남북한의 행정조직을 중심으로 분석하며 행정조직을 다시 중앙행정조직, 지방행정조직으로 나누어 살펴보고자 한다.

1. 북한의 행정체계

행정은 정치과정와 밀접한 관련이 있다. 그러므로 북한의 정치체제는 북한의 행정체계에 영향을 미친다. 북한의 정치체제는 노동당, 입법부·행정부·사법부의 국가기구, 그리고 군대의 3개의 조직으로 구성되어 있다. 그러나 북한의 정치체제를 면밀히 들여다보면 사실상 일당 지배체제로서 "조선로동당"에 국가의 모든 권한이 집중되어 있다. 모든 정책은 당의 지도와 통제하에 추진되고 최고인민회의, 국무위원회, 내각 등이 수행을 담당하게 된다. 당이 정책에 관련된 결정을 내리고 이를 하달하면 최고인민회의는 입법부의 기능을 수행하고 국무위원회와 내각은 이를 수행하는 행정부의 역할을 수행한다. 더불어 중앙재판소, 중앙검찰소와 같은 사법검찰기관은 법 제정과 집행 및 해석의 기능을 수행한다. 그러나 결국 국가의 모든 정책은 당의 지도와 통제하에 추진되므로 일반적인 민주주의 국가에서 나타나는 권력분립과 이에 따른 견제와 감시 및 균형의 역할은 찾아보기 힘들다.

북한정권은 당의 지도와 통제를 노동당 규약, 헌법 등에 명시하고 있다. 노동당 규약 53조는 "인민정권은 당의 령도밑에 활동한다."라고 규정하여 정권은 당

---

3   성영태, 『행정학개론』(서울: 박영사, 2018), p. 3.

의 영도를 받아야 한다고 밝히고 있다. 또한 헌법 제11조는 "조선민주주의인민 공화국은 조선로동당의 령도 밑에 모든 활동을 진행한다"를 규정하고 있다. 군 역시 "당의 군대"로 규정되어 있는데 노동당 규약 47조에 따르면 "조선인민군은 국가방위의 기본력량, 혁명의 주력군으로서 사회주의조국과 당과 혁명을 무장으로 옹호보위하고 당의 령도를 앞장에서 받들어나가는 조선로동당의 혁명적 무장 력이다. 조선인민군은 모든 군사정치활동을 당의 령도밑에 진행한다."라고 밝히고 있다. 결국 행정체계는 정치체제의 영향을 받으므로 북한의 행정체계 또한 중앙집권적인 성격을 띠게 된다.

1) 중앙행정조직

북한의 내각은 남한의 행정부에 해당하는 행정 집행기관이며, 전반적인 국가 관리를 담당하는 기관이다. 내각은 국방 부문을 제외하고 대부분의 행정 및 경제 관련 사업을 관리한다. 내각은 위원회와 성 등으로 구성되어 있으며, 이들은 부문별 집행기관이자 관리기관이다. 내각은 내각 총리를 중심으로 부총리, 위원장, 상(長官)과 그 밖의 필요한 성원들로 구성된다. 내각의 장(長)인 총리는 최고인민회의에서 선출되어 내각 사업을 조직·지도하며 정부를 대표한다. 내각은 1972년 "사회주의 헌법" 개정으로 인해 "정무원"으로 변경되었다가, 1998년 헌법 개정 시 "내각"으로 그 명칭이 변경되었다. 사회주의 헌법 개정 당시 내각은 폐지된 국가주석과 중앙인민위원회의 일부 임무와 권한을 이양받게 되었다. 이후 내각은 정무원의 "행정적 집행기관" 기능과 함께 "전반적 국가관리 기관"으로 기능하게 되었다.

북한의 모든 국가기관은 민주주의 중앙집권제의 원칙에 따라 운영되고 있다. 이에 따라 모든 국가기관이 대표기관에 종속되는 것뿐 아니라 지방은 중앙에 복종해야만 한다. 민주주의적 중앙집권제는 대의제·권력분립의 원리와 대립되는 개념이라고 볼 수 있다.[4]

---

4 최진욱, 『현대북한행정론』(서울: 명인문화사, 2008), pp. 35-36.

그림 4-1 북한 중앙행정조직

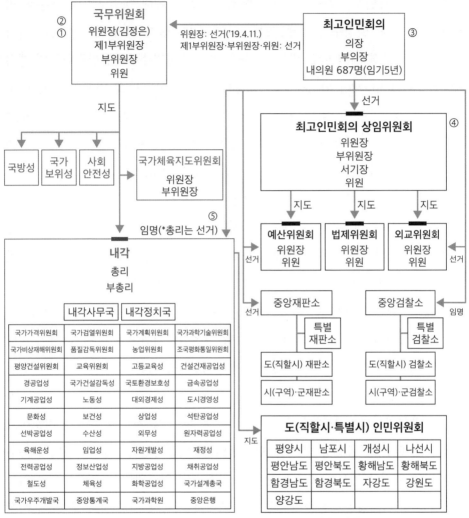

① 국무위원장: 국가전반사업지도, 국가의 주요간부 임명·소환, 조약비준·폐기, 비상·전시 동원령 선포,
   전시에 국가방위위원회 조직·지도
② 국무위원회: 최고정책적지도기관, 국가의 중요정책을 토의·결정
③ 최고인민회의: 헌법 및 각종 법률을 제정·수정·보충, 국가의 대내외 정책의 기본원칙 수립
④ 최고인민회의 상임위원회: 부문별 법안을 수정·보충, 각 기관들의 법 준수 여부에 대해 감독
   (최고인민회의가 휴회 중일 때는 상임위원회가 내각을 조직·임명)
⑤ 내각: 국가정책 시행, 예산편성 등 釜행정 업무 수행

출처: 국립통일교육원, 『2023 북한 이해』 (서울: 국립통일교육원, 2023), p. 80.

2) 지방행정조직

북한은 조선민주주의인민공화국 행정구역법을 통해 행정구역의 구분을 명확히 하고 있다. 행정구역법 제2조는 "행정구역은 국가 관리 체계에 따라 나라의 영토를 구분한 지역 단위 또는 그 구획이다. 조선민주주의인민공화국의 행정구역은 도(직할시), 시(구역), 군, 리(읍, 노동자구, 동)로 나뉜다."고 명시하고 있다. 또한 제3조 "각 기관은 노동자, 농민, 지식인을 포함한 근로 인민의 대표들로 구성된다."고 하여 지방행정기관의 구성을 설명하고 있다. 통계청에 따르면, 북한의 행정구역은 25개의 시, 146개의 군, 42개의 구역, 146개의 읍, 1,179개의 동, 2,955개의 리, 314개의 노동자구로 구성되어 있다.[5]

북한의 행정집행기관은 국가주권기관으로부터 권한을 위임받아 국가사업을 조직하고 집행한다. 지방주권기관은 최고주권기관 및 상급주권기관의 감독을 받으며, 각 지방의 사안과 문제를 논의하고 결정한다. 지방주권기관의 결정은 해당 지역 내의 기관, 기업체, 단체가 반드시 이행해야 한다. 북한의 행정집행기관은 중앙 행정집행기관, 부문별 관리기관, 지방 행정집행기관으로 나뉘며, 상위 지방 주권기관인 도급의 지방 행정집행기관에는 "도 인민위원회", "도 농촌경리위원회" 등이 있다.[6]

지방인민위원회는 하위의 동사무소 조직을 통해 동 지역의 행정을 지도하고 감독한다. 반면, 협동농장경영위원회는 하위의 협동농장(리) 관리위원회를 통해 리 지역의 행정을 지도하고 감독한다. 따라서 지방인민위원회-동사무소와 협동농장경영위원회-협동농장관리위원회의 조직과 기능에 관한 연구를 통해 북한 도시 · 농촌 지역 특징과 지방행정을 이해할 수 있다.

북한의 지방인민회의는 ① 지방의 인민경제발전계획과 그 실행정형에 대한 보고를 심의 및 승인, ② 지방예산과 그 집행정형에 대한 보고를 심의 및 승인,

---

5   "행정구역 수," 『통계청 북한통계포털』, https://lrl.kr/gB9S (검색일: 2024년 4월 11일).

6   한국행정연구소, "북한 지방행정 구조에 관한 연구: 시와 군의 비교를 중심으로," (통일평화연구원 2019 통일기반구축사업 보고서, 2019), p. 5.

③ 해당 지역에서 국가의 법을 집행하기 위한 대책 수립, ④ 해당 인민위원회 위원장, 부위원장, 사무장, 위원들을 선거 또는 소환, ⑤ 해당 재판소의 판사, 인민참심원을 선거 또는 소환, ⑥ 해당 인민위원회와 하급 인민회의의 그릇된 결정, 지시를 폐지하는 등의 임무와 권한을 가지는 것으로 사회주의 헌법 제134조에 명시되어 있다. 헌법에서 지방인민회의의 광범위한 권한을 보장하고 있으나 북한의 지방행정체계에서 지방인민의회가 차지하는 역할은 매우 미미하며 중앙에서 내려온 노동당의 결정을 형식적으로 추인하는 기구에 불과하다고 볼 수 있다.[7]

2. 남한의 행정체계

1) 중앙행정조직

대한민국 정부조직관리정보 시스템에 따르면, 정부조직 또는 행정조직(administrative organization)은 '국가 또는 행정부의 행정업무를 수행하기 위해 설립된 행정기관의 체계적인 기구'로 정의된다. 정부조직은 넓은 의미로 해석할 때 입법 및 사법기관의 조직도 포함될 수 있으나, 일반적으로는 행정부의 조직을 의미한다. 또한, 법령상으로는 지방자치단체를 제외한 중앙정부의 조직을 지칭한다. 정부조직법에 따르면 정부조직은 "국가행정기관"이라는 용어로 사용된다. 정부조직은 공익 실현을 목표로 한다는 점에서, 경영 효율화를 통해 이윤 극대화를 추구하는 민간 경영조직과 구별된다. 정부조직법정주의 원칙에 따라 정부의 행정조직은 법령에 근거해 설립되어야 한다.

대한민국은 국가 권력을 입법, 사법, 행정의 영역으로 나누어 상호 감시와 견제를 통해 권력의 균형을 추구하는 3권분립 원칙을 헌법에서 명시하고 있다. 또한, 헌법을 통해 행정부 조직 설치의 기본 원칙을 설정하며, 국회, 대통령, 국무총리, 행정부, 감사원, 법원, 헌법재판소, 선거관리위원회 설치 근거 및 행정부의 기본 사항을 규정하고 있다. 헌법의 하위에 있는 정부조직법은 국가행정기관의

---

7   최진욱, 앞의 책, pp. 116-117.

설치 및 조직과 직무 범위를 규정한다. 중앙행정기관은 정부조직법 제2조에 의하지 않고는 설립될 수 없다.

중앙행정기관은 정부조직법에 의해 설립된 부, 처, 청을 지칭하며, 국가 행정 업무를 담당하기 위해 설립된 행정기관으로서 그 관할권이 전국에 미치는 기관을 의미한다. 그러나, 관할권이 전국에 미치더라도 다른 행정기관에 부속되어 이를 지원하는 행정기관은 제외된다. 각 부는 대통령 및 국무총리 하에서 국가 행정업무를 수행하기 위해 기능별 또는 대상별로 설치된 기관이다. 행정 각 부의 장은 장관이며, 국무위원 중에서 국무총리의 제청으로 대통령이 임명한다. 각 부 장관은 소관 사무 통할권, 소속 공무원에 대한 지휘 · 감독권, 부령 제정권, 법률안 또는 대통령령안 국무회의 제출권 등의 권한을 가진다. 또한, 정부조직법에 따르면 각부 장관은 소속 청에 대해 중요 정책 수립과 관련하여 그 청의 장을 직접 지휘할 수 있으나, 구체적인 지휘 · 감독 범위는 부처별 훈령 등을 통해 구체화되어 있다.

처는 국무총리 소속의 중앙행정기관으로, 여러 부의 기능을 통합하고 조언하는 역할을 한다. 처의 장은 소관 사무와 소속 공무원을 지휘 · 감독할 권한이 있다. 처는 국무위원이 아니기 때문에 직접 의안을 제출할 수 없으며, 국무총리에게 의안 제출을 건의할 수 있다. 또한, 국무회의에 출석하여 발언할 권리를 가지고 있다. 처는 소관 사무에 대해 직접 법규 명령을 제정할 수 없으며, 국무총리를 통해 총리령을 제정할 수 있다.

청은 행정 각 부의 독립성이 높은 집행적 사무를 관리하기 위해 설치된 중앙행정기관이다. 청의 장은 소관 사무와 소속 공무원을 지휘 · 감독할 권한이 있다. 청은 국무회의에 직접 의안을 제출할 수 없기 때문에 소속 장관에게 의안 제출을 건의해야 한다. 또한, 청은 국무회의에 출석하여 발언할 권리를 가지고 있다. 청은 소관 사무에 대해 직접 법규 명령을 제정할 수 없으며, 소속 장관을 통해 부령을 제정할 수 있다.

그림 4-2 남한의 정부기구도

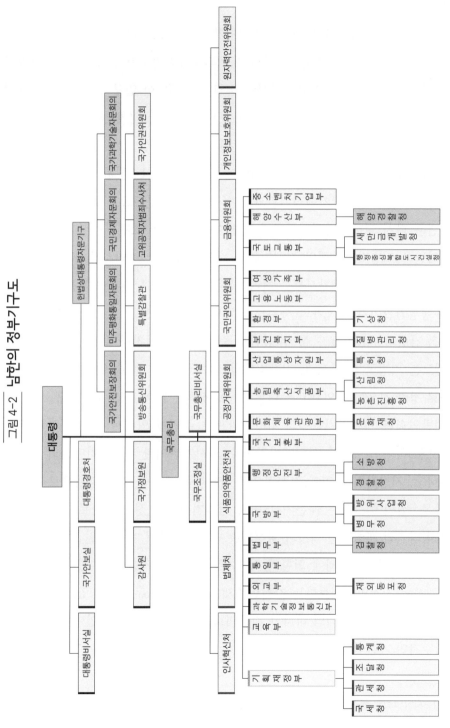

출처: "정부기구도 조회," 『정부조직관리 정보시스템』, https://org.go.kr/oam/gvrnOrgChartView.ifrm (검색일: 2024년 4월 17일).

2) 지방행정조직

　대한민국의 행정구역은 3단계 행정체계로 도/특별시/광역시 〉 시/군/구 〉 읍/면/동으로 구분되며 현재 1특별시, 6광역시, 1특별자치시, 6도, 3특별자치도로 편제되어 있다. 또한, 서울특별시와 광역시를 제외한 인구 50만 이상 대도시에는 시 아래에 행정구를 둘 수 있다. 이들 중 도와 동급의 행정구역은 광역시이며, 특별시, 특별자치시, 특별자치도도 존재한다.

　지방행정기관은 그 권한이 일부지역에 국한되어 있는 행정기관을 지칭한다. 지방행정기관은 지방국가행정기관과 지방자치행정기관으로 나뉘며 지방국가행정기관은 다시 보통지방행정기관과 특별지방행정기관으로 구별된다. 보통지방행정기관은 지방자치단체의 집행기관인 서울특별시장, 광역시장, 도지사 및 시장, 군수와 구청장이 국가사무를 처리하는 경우를 들 수 있다. 이들은 원래 지방자치 행정기관이지만 국가의 사무를 위임받아 처리하므로 보통지방행정기관의 역할을 감당하는 것으로도 볼 수 있어 이중적 지위를 가진다. 특별지방행정 기관의 예로는 지방국세청, 세관, 지방병무청, 우체국 등을 들 수 있다. 이들은 특히 법률로 정한 경우를 제외하고는 대통령령이 정하는 바에 따라 설치된다.

　지방의회란 지방자치단체의 의사기관으로 주민에 의해서 선출된 의원을 구성원으로 하여 성립하는 합의제기관이다. 의사기관이란 지방자치단체의 의사를 결정하고, 지방자치 운영에 결정적으로 참여하는 권능을 가진 기관으로서 단순히 자문·심의에 그치는 자문기관 내지 심의기관과는 성격이 다르다. 의사기관이면서 의원의 개별적인 의사가 형성되는 단임제기관이 아닌 의원전체로서 의사를 결정하는 다수결원리에 의한 협의제기관으로서 성격을 갖고 있다. 오늘날의 정치체제는 직접민주제보다는 간접민주제가 기본으로 운영되고 있으며, 이러한 간접민주제의 표현 형태의 하나가 지방의회로서 간접민주제에 있어서 지방의회는 필수적인 기관이다.[8]

8　"1. 지방의회의 본질", 『대한민국시도의회의장협의회』, https://mpccak.or.kr/local/council.php (검색일: 2024년 6월 3일).

이처럼 남한의 지방행정조직은 지방자치제도의 근간 위에 실행되고 있다고 볼 수 있다. 대한민국 정부 수립 후 1948년 7월에 대한민국은 첫 제헌헌법을 공포하였다, 이 헌법에는 지방자치에 관한 근거 규정이 담겨있다. 같은 해 11월에는 지방행정기관 직제를 제정하였으며 1949년 7월에 지방자치법이 제정되어 공포된 바 있다. 그 후 지방자치제도는 정권에 따라 그 양상이 변화하다가, 1995년 6월 전국 동시 지방의원선거 및 지방자치단체장 선거를 실시하여 지방자치의 발전을 이루게 되었다. 이는 광역단체장과 서울 25개 구청장 등을 민선으로 선출하여 지방자치제도를 전면적으로 실시하는 계기가 되었다.

Ⅲ 독일 행정통합의 사례

동서독 간의 행정통합은 독일분단 이후 동독과 서독 간에 있었던 행정적인 분할을 해소하고 통합하는 과정이었다. 이는 서독과 동독의 상이한 행정체계와 제도를 조화시키고, 통일된 독일의 행정 시스템을 구축하는 것이었다. 이 과정은 법률 및 행정제도의 통합, 지방자치제도의 조정, 행정 인프라의 통합, 인력 및 교육에 집중되었다. 분단 당시 서독과 동독은 헌법과 이에 기초한 행정체계가 매우 다른 형태를 띠고 있었다. 서독은 권력을 분산하고 지방자치를 중시하는 분권주의를 채택하여 주정부와 지방자치단체가 행정에 함께 참여했다. 그러나 동독은 공산당 중심의 중앙집권체제였고, 이에 따라 행정체계도 중앙에서 지시된 일을 수행하는 위임행정의 형태를 띠었다. 통일 후에는 두 체제를 통합하고 중앙 및 지방 조직을 변경하며 단일 공무원 제도를 도입하고, 행정을 통합하면서 새로운 행정체계를 만드는 것이 주요 과제가 되었다.[9]

---

9   박정배, "통일독일의 행정통합 법제화에 관한 고찰,"『법학논총』, 제34권 제3호(2014), pp. 167-168.

독일의 행정체계 통합은 동독의 행정구조 개편에서부터 시작되었다. 동독은 민주적 집중제의 원칙을 따라 중앙에 권력이 집중되어 연방주의 또는 지방자치 행정이 존재하지 않았다. 그러므로 독일통일 후에는 동독 행정조직 개혁의 필요성이 강조되었다. 먼저 독일의 행정지역을 통합하는 것이 행정체계를 결정하는 데 있어 선결과제였기 때문에 통일 후에는 연방제를 부활시키자는 의견이 대두되었다. 동독 내에서 연방제가 1952년 사회주의통일당에 의해 폐지된 바 있었다. 이와 관련하여 통일 이후 동독지역에서는 주의 개수를 2개 또는 3개로 제한하려는 논의가 있었지만, 결국 1952년 이전의 5개 주를 유지하기로 결정됐다. 1990년 7월 22일에는 작센(Sachsen) 주, 작센-안할트(Sachsen-Anhalt) 주, 튀링엔(Türingen) 주, 브란덴부르크(Brandenburg) 주, 멕클렌부르크-포어폼머른(Mecklenburg-Vorpommern) 주 등 5개 주와 관련된 '주설치법'이 제정됐다. 동독의 행정조직은 연방정부행정, 주정부행정, 지자체행정 단계로 구성하는 것으로 결정하였다.[10] 행정체계를 구축하는 과정에서 각 주는 서독의 행정조직 형태를 채택했으며, 신연방주마다 약간의 차이는 있었지만 주정부 내에 8개에서 11개의 부가 만들어졌다. 그러나 전문가의 부족이 큰 문제로 대두되었고, 특히 법무부와 재무부에서는 서독 출신 고위직 관료들이 독점하는 현상이 두드러졌다.

통일을 앞두고 동독지역 재건을 위한 특별부서를 만들자는 논의가 있었지만, 업무가 중첩되는 것을 고려해 연방내독관계부를 없애고 각 부처에 통일 전담 기구를 설치하기로 했다. 연방내독관계부가 해체된 정확한 이유는 알 수 없지만, 연방정부가 주정부 사업에 간섭할 우려와 각 부처의 이기주의 때문에 새로운 부서를 만들기 어려웠던 것으로 보인다. 통일 후에는 각 부처가 동독지역에 지소를 설치하고, 부처 장관이 동독 중앙부처를 청산하는 작업을 진행했다. 동서독 통합과 동독지역 재건 임무는 각 부처가 나누어 맡아 수행했다.[11]

---

10 양현모, "독일통일의 경험이 남북한 체제통합에 주는 교훈 – 행정통합을 중심으로," 『KIPA 연구보고서 97-12』 (서울: 한국행정연구원, 1997), pp. 71-72.

11 김병기, "통일 후 남북한 행정통합을 위한 법제정비 방안 再論," 『행정법연구』, 제54호(2018), pp. 99-100.

통일 후 독일의 정치 지도자들은 동서독 통합과 구동독지역 재건이 어려운 문제임을 알고 여러 가지 대안을 제시했으나 채택되지 않았다. 이에 연방총리 헬무트 콜(Hermut Kohl)은 요하네스 루테비히(Johannes Ludewig)를 구동독지역 재건을 위한 조정관으로 임명했다. 조정관은 각 부처 간 업무를 조정하는 역할을 맡았으며, 1998년부터 신연방주 특임관이라는 공식 직함을 사용했다. 이 특임관은 구동독지역 재건과 관련된 부처 간 업무조정, 동부 재건 프로젝트의 우선순위 결정, 그리고 독일통일 현황에 대한 보고서 작성 등을 담당했다. 이를 통해 여러 부서에 걸친 중복 업무를 조정하고, 연방정부의 공식 기구로서 필요에 따라 다른 부처로 이동할 수 있었다. 현재까지도 구동독지역 재건 담당 특임관 제도는 유지되고 있으며, 현재는 연방경제에너지부에 속해 있다.[12]

중앙행정기관의 개편도 이루어졌다. 연방총리실의 통일 관련 업무는 외교, 안보, 통일문제 담당국에서 국내, 법률 문제 담당국으로 옮겨졌고, 그 아래 5개 주를 담당하는 새로운 부서가 생겼다. 동독지역의 5개 주 문제를 해결하기 위해 내각소위원회를 구성하고, 연방총리실 장관이 주관하여 회의를 열었다. 필요할 때는 각 주지사와 공동 회의도 개최되었다. 통일 후 구동독지역의 재건을 위해 여러 행정 수요가 발생했다. 이를 위해 여러 연방행정기관이 신설되었다. 경제 관련으로는 신탁청, 통일특수과제청, 연방재산관리행정청, 연방관세행정청이 설립되었고, 재산 문제 처리를 위해 연방 중앙행정미해결재산문제처리청, 동독 당대중조직 재산검증위원회가 설치되었다. 과거청산을 위해 동독정부통일범죄 중앙수사처, 동독 국가안전부 문서관리청, 연방하원 앙케이트위원회, 동독사회주의통일당 독재청산재단이 신설되었다.[13]

통일독일의 지방행정체계를 통합하기 위해서 특히 연방내무성은 행정인력처리, 행정체계 구축 등 전체 행정통합과정을 지원하였다. 1990년 8월 통일 후

---

12 양현모·이준호, "통일한국의 정부조직체계 구축방안," 『KIPA 연구보고서 2014-16』 (서울: 한국행정연구원, 2014), p. 70.

13 김병기, 앞의 글, p. 103.

진행된 인력지원 업무를 주관한 연방정부, 신·구 연방주 및 지방자치단체 대표를 중심으로 연방-주 조직정비처(Bund-Lander Clearingsstelle)가 조직되었다. 연방-주 조직정비처는 신 연방의 첫 지방선거 개최 전까지 지방행정 업무에 대한 자문과 공공기관 폐쇄, 새로운 기관 설립·이관작업에 직·간접적으로 관여하는 등 신 연방주가 재건될 수 있도록 다양한 지원을 제공했다.[14] 동독지역 주 정부와 행정기관의 설치는 완료되었으나 주정부와 지방자치단체 간의 업무분담 및 인력확보 문제가 수면 위로 떠올랐다. 이는 동독지역의 행정체계가 중앙집권적 성격을 지니고 있어 자치행정의 경험이 부족했으며 지방자치단체의 규모가 작았기 때문이다.[15] 동독지역의 지방자치제도 실시에 있어 어려움을 극복할 수 있었던 방안 중 한 가지는 동서독 지방자치단체 간 맺었던 자매결연이다. 1989년 11월 9일 베를린 장벽의 붕괴 후 동서독 지방 간 자매결연에 대한 통제가 사라지면서 실질적인 동서독 사이의 자매결연이 시작되었다. 동서독 지방자치단체 간 맺은 자매결연의 사례는 그 수가 증가했을 뿐 아니라 성격에 있어서도 이전보다 실질적이었으며 체계적이었다. 서독의 지방자치단체는 통일 후를 상정한 인력지원, 행정지원, 재정지원 등의 실질적인 지원을 제공했다. 통일과정에서의 지방자치단체 간 자매결연은 동독지역의 새로운 지방행정체계구축에 기여한 측면이 있다.[16]

결론적으로 행정 분야의 동서독 통일 사례를 살펴보면, 통일 이후 동독에서는 주 행정체계와 지방자치제도가 도입됐다. 동독의 지방행정조직은 중앙행정조직과 사회주의 당 기구와 중앙행정조직의 이중 통제를 받는 국가의 지역 기구였다. 이로 인해 기존의 지방자치단체는 상부의 결정을 일방적으로 전달하는 기관으로 작용했다. 그래서 지방자치단체는 새로운 구조로 변화할 필요가 있었고 서독의 행정체계를 중심으로 전환되기에 이르렀다.

---

14 손기웅, 『독일통일 20년: 현황과 교훈』(서울: 통일부 통일교육원, 2010), p. 46.

15 박정배, 앞의 글, p. 172.

16 양현모·최진욱·이준호, 『남북한 실질적 통합단계에서의 행정통합의 과제』(서울: 통일연구원, 2002), p. 52.

Ⅳ 남북한 행정통합의 과정과 통일미래 비전

통일은 분단체제가 법과 제도적으로 일원화되는 것을 의미하며, 정치적으로 하나의 국가, 정부, 제도를 갖는 상태를 뜻한다. 반면에 통합은 여러 분야의 제도나 기능들이 유기적으로 연결되는 상태를 말한다. 내적 통합이 형식적이고 외형적인 통일보다 중요하며, 지속적이고 동적인 과정이다. 결국 행정통합은 둘 이상의 행정체계가 하나의 행정체계로 통합되는 과정 및 결과를 의미한다. 이는 중앙 및 지방자치단체 조직의 변화, 행정구역 및 계층구조의 개편이나 조정, 공무원제도의 단일화 등을 포함하게 된다.

통일한국의 정치체제와 이념, 통일의 방법과 시기, 통일 당시의 남북한 행정체계, 통일한국의 행정 수요 등은 통일과정에서 새롭게 구축될 행정체계에 영향을 미칠 수 있는 요소이다. 그러므로 이와 같이 다양한 요소를 고려하며 통일한국의 행정통합을 위해 그 과정을 그려보고자 한다. 통일 후 미래의 모습은 현 시점에서 정확히 알 수 없는 것이지만 통일의 과정을 가정하여 행정 분야 통합에서의 필요점을 도출하고 이에 미리 대처해보고자 하는 것이다. 이러한 일련의 과정은 통일한국의 미래에 긍정적인 영향을 끼칠 것이다.

1994년 8월 15일 김영삼 대통령은 광복절 경축사를 통해 '한민족공동체 건설을 위한 3단계 통일방안'(이하 '민족공동체통일방안')을 제시했다. '민족공동체통일방안'은 전쟁과 장기간의 분단이 지속되어 온 남북관계 현실을 고려해 통일의 접근방법을 제시하고 있다. 우선 남북 간 화해협력을 통해 상호 신뢰를 쌓고 평화를 정착시킨 후 통일을 추구하는 점진적·단계적 통일방안이다. 화해협력 단계를 통해 남과 북의 이질화된 사회를 하나의 공동체로 회복·발전시켜 궁극적으로는 '1민족 1국가'의 통일국가 실현을 목표로 하고 있다. '민족공동체통일방안'은 현재까지 대한민국 정부의 공식 통일방안으로 지속되고 있다. 그러므로 남북한 통일 상황을 민족공동체통일방안에 따른 점진적 통일 시나리오로 상정하고 이에 따른 남북한 행정통합 상황을 예측해 보고자 한다.

1. 남북한 행정통합과정

1) 화해 · 협력 단계

민족공동체통일방안의 첫 번째 단계인 '화해 · 협력단계'는 남북이 적대와 불신 · 대립관계를 청산하고, 상호 신뢰 속에 긴장을 완화하고 화해를 정착시켜 나가면서 실질적인 교류협력을 실시함으로써 평화공존을 추구해 나가는 단계로 정의할 수 있다. 즉 남북이 상호 체제를 인정하고 존중하는 가운데 분단상태를 평화적으로 관리하면서 경제 · 사회 · 문화 등 각 분야의 교류협력을 통해 상호 적대감과 불신을 해소해 나가는 단계이다. 이러한 과정을 거치며 남북은 상호 신뢰를 바탕으로 민족동질성을 회복하게 되고 본격적으로 통일을 준비하는 방향으로 나가게 된다.

① 화해 · 협력 단계 남북한 중앙행정조직 통합방안

화해 · 협력 단계는 남북한이 서로의 실체를 인정하고 적대 · 대립관계를 공존 · 공영의 관계로 전환하고자 다각적인 교류협력을 준비하는 단계이다. 그러므로 중앙행정조직의 통합에 있어서도 남북한 각자의 제도와 행정조직 형태를 인정하고 상호 간에 이해가 선행되어야 한다. 특히 이 단계에서 중요한 것은 중앙행정조직이 노동당의 통제에서 벗어날 수 있게 하는 조치와 역할 수립이 필요하다. 북한의 내각은 당의 통제를 받으며 정무원의 '행정적 집행기관' 기능과 함께 '전반적 국가관리 기관'의 역할을 담당하고 있다. 그러므로 북한의 내각이 행정부의 기능을 수행하도록 내각의 역할과 임무를 새롭게 정의할 필요가 있다. 또한 3권분립의 원칙을 수립해야 한다.

이 단계에서는 상이한 행정체계의 실태를 파악하고 행정조직 통합을 위한 계획을 수립할 필요가 있다. 북한의 행정현황, 행정능력의 실태를 파악하는 단계로 남북한 행정통합을 위한 기구를 신설할 필요가 있다.[17] 남북통일 시 통일부의 역할과 구성은 중요한 과제다. 독일의 사례를 참고하면, 통일 업무를 담당하는 부

---

17 최진욱, 『남북한 행정통합방안』 (서울: 통일연구원, 2000), pp. 68-69.

처가 연방내독관계부에서 시작되었기 때문이다. 각 부처의 조직 구조는 해당 부처의 기존 업무와 어떻게 연계할지, 일시적인 조직인지 영구적인 조직인지에 따라 다르게 설계될 수 있으므로 이 단계에서 통일 부처의 구체적인 역할을 설정하고 계획을 수립해야 한다. 통일 이후에는 수도와 중앙부처 및 공공기관의 지역 배치도 고려해야 한다. 평양을 서울과 동등한 수준의 수도로 만들고, 세종시는 행정 수도로 기능할 수 있도록 하는 것도 새로운 방안일 수 있다.

② 화해·협력 단계 남북한 지방행정조직 통합방안

남북한은 표면적으로 모두 지방자치제도를 실시하고 있다. 그러나 지방의 자율성이 높은 남한과는 달리 북한은 지방행정조직도 당의 통제하에 있다. 그러므로 통일 후 남북한 지방행정조직은 지방자치제도를 실시하여야 한다는 원칙을 세울 필요가 있다. 그러므로 이 단계에서는 북한과 남한 간 지방자치제도에 대한 정의와 원칙 합의가 이루어져야 하며 지방인민위원회와 협동농장경영위원회 등을 당의 통제에서 분리하여 민주적인 방법으로 운영할 방안을 강구해야 한다.

또한, 북한의 재건과 행정에서 발생하는 다양한 문제를 해결하기 위해 특별 지방행정기관을 신설해야 한다. 남한의 특별행정기관인 노동, 세무, 정보통신, 농림, 수자원 등이 북한지역에 설치되어야 한다. 또한 통일 이후 북한의 지역적 행정수요를 신속히 대응하기 위해 각 지역에 행정기구를 설치해야 한다. 처음에는 북한의 기존 지방행정조직을 활용하되, 그에 추가로 남한의 통일부 관료 등을 파견하여 정책을 실행하는 것이 필요하다.

그러나 지방자치제도의 원칙을 수립하는 것과 북한 재건을 위한 특별 지방행정기관의 설립이 북한주민들의 반대로 인해 원활하게 이루어지지 않을 수도 있다. 이러한 경우, 독일의 사례를 참고하여 남북한 주요 도시 간 자매결연을 맺고, 행정체계의 통합을 위한 지원을 실시하는 것이 좀 더 현실적인 방안일 수 있다.

2) 남북연합 단계

민족공동체통일방안은 남북 간의 공존을 제도화하는 중간과정으로서 과도적 통일체제인 '남북연합'을 2단계로 설정하였다. 이 단계에서는 남북 간의 합의에 따라 법적·제도적 장치가 체계화되어 남북연합 기구들이 창설·운영된다. 남북 연합에는 남북정상회의, 남북각료회의, 남북평의회 그리고 공동사무처 등이 운 영될 것이다.

① 남북연합 단계 남북한 중앙행정조직 통합방안

남북연합 단계에서는 남북 간 체제의 차이와 이질성을 고려하여 경제·사회 공동체를 형성·발전시키는 남북연합을 과도체제로 설정하는 2체제 2정부의 형 태로 국가를 운영하게 된다. 그러므로 아직 이 단계에서 남북한은 2정부 형태로 각 행정조직을 운영하게 된다. 통일에 이르기 위한 과도기적 단계로 남북한 중앙 행정조직의 통합을 위해 첫걸음을 뗄 필요가 있다. 이러한 노력의 일환으로 중앙 행정조직을 전체적으로 개편하기보다 남한의 행정부처 안에 북한 담당 부서를 신설하고 북한의 행정부처 안에는 남한 담당 부서를 신설해 행정조직과 체계를 일원화시켜 나갈 필요가 있다. 통일한국의 중앙행정조직 개편은 독일통일 사례 에서도 관찰할 수 있듯이 남한의 주도로 개편이 이루어질 가능성이 높다. 그러므 로 중앙행정부처로 북한지역의 행정을 통합 및 관리하는 부처를 신설하는 것이 효율적인 통합방안이 될 수 있다. 이를 통해 재정세제, 건설교통, 농수산, 교육문 화관광 등 분야별로 북한 행정에 대한 정책을 결정할 수 있을 것으로 보인다.

② 남북연합 단계 남북한 지방행정조직 통합방안

화해·협력 단계에서 지방자치제도와 지방행정조직에 대한 원칙과 정의가 수 립되었다면 남북연합 단계에서는 북한의 지방인민위원회를 지방자치단체로 조 직하는 조치가 필요하다. 협동농장경영위원회의 경우, 남한과는 이질적인 체제 로 경제통합 방안에 따라 해체하거나 새로운 형태의 지방행정조직으로 다시 조 직하여야 한다. 이는 북한의 지방행정조직이 당의 통제만을 수행하는 조직에서 벗어나 자율성이 부여되었다는 것을 의미한다.

지방자치제도의 경우, 북한주민들은 지방자치의 개념이 확립되어 있지 않고 민주적인 선거 절차를 경험해보지 않았으므로 점차적으로 지방자치제도를 도입할 필요가 있다. 그러므로 전면적인 지방자치제도의 시행을 유보하고 지방자치단체장협의회 등을 통해 지방행정 기능을 활성화할 수 있다.

이후 초기 지방행정조직의 권한 부여 정도를 설정하는 것이 필요하다. 중앙정부와 지방정부의 업무조정과 단계적 확대방안을 확정하여야 한다. 북한주민들의 정치 및 행정 참여는 통일한국의 합법성과 정당성을 담보할 수 있게 되며 국민 주권에 의해 실질적인 역할을 할 수 있는 기회가 부여되는 것이다. 또한, 통일로 인해 생기는 신설 지방자치단체의 권한 배분 결정, 남한 중앙 및 지방공무원 파견, 특별해직 대상 선별 등이 중요한 과제로 남게 된다.[18]

3) 통일국가 완성 단계

통일국가 완성 단계는 남북연합 단계에서 구축된 민족공동의 생활권을 바탕으로 정치공동체를 실현하여 남북 두 체제를 완전히 통합하는 것이다. 최종 목표는 1민족 1국가의 단일국가를 완성하는 단계로 통일국가의 미래상은 자유·복지·인간존엄성이 구현되는 민주국가이다. 즉, 남북 의회 대표들이 마련한 통일헌법에 따른 민주적 선거에 의해 통일정부, 통일국회를 구성하고 두 체제의 기구와 제도를 통합함으로써 통일을 완성하게 된다.

① 통일국가 완성 단계 남북한 중앙행정조직 통합방안

통일국가 완성단계에서는 먼저 남북평의회에서 통일헌법 초안이 마련된다. 이 과정에서 남북한의 행정조직과 관련된 법령을 수립하고 이를 헌법에 명기할 필요가 있다. 행정조직과 관련된 각종 법령을 수정 및 개정하여 통일한국의 중앙행정조직에 대한 청사진을 제시해야 한다. 또한 이전 단계에서 각 부처에 북한 담당 부서, 남한 담당 부서를 설치하여 관리해왔던 행정조직을 통일국가의 일원

---

18 송인호·조혜신, "통일 이후 지방행정 관련 법제 통합방안 연구 – 중앙정부와의 업무조정을 중심으로 –," (통일부 연구용역보고서, 2015), p. 86.

화된 중앙행정조직으로 재조직하여야 한다. 이는 통일 이후 일어날 행정적 혼란을 최소화할 수 있을 것으로 기대된다.

북한지역의 새로운 행정 구조와 재편은 중요한 과제이지만, 그 외에도 국가적으로 중요한 과제는 4차 산업혁명과 같은 지능정보사회의 도래에 대비하여 통일한국의 국제경쟁력을 향상시키는 것이다. 독일의 연방정부는 이러한 도전에 대응하기 위해 행정의 현대화에 관심을 기울이고 부처 간의 협력을 강화하는 프로그램을 만들었다. 통일한국도 독일의 사례를 참고하여 행정에 대한 연구 개발을 장려하고, 창의적인 아이디어를 실현할 수 있는 유연한 구조를 만들어 나갈 필요가 있다.

② 통일국가 완성단계 남북한 지방행정조직 통합방안

통일국가 완성단계에서는 일원화된 중앙행정조직을 바탕으로 각 지방의 지방자치제도가 시행될 것이다. 북한의 당의 통제 아래 하에 있던 협동농장경영위원회와 지방인민위원회는 진정한 지방자치제도를 실시하는 지방자치단체와 지방행정조직으로 변화하게 된다. 이 과정에서 지방선거를 실시하여 지방의회를 구성하고 지방자치단체장을 선출해야 한다. 지방선거가 실시된다는 것은 북한주민들이 민주적 선거 절차에 참여하게 된다는 것을 의미하기도 하므로 이는 정치분야의 통합과도 깊은 관련이 있게 된다.

또한, 본 장에서 자세히 다루지 않았지만 남북한의 행정구역 역시 통합의 과정을 거쳐야 한다. 남북한의 행정구역체계가 상이하기 때문에 신중한 접근이 필요하다. 현재 북한은 3단계 행정구역체계를 가지고 있는데 북한의 특성상 산이 많고 인구도 남한의 절반 정도이기 때문에, 4단계 행정구역 개편이 적절한지 검토가 필요하다. 이와 같은 문제는 농업에서도 나타날 수 있으므로 중요한 문제이다. 북한의 농업 생산은 3,000개의 협동농장이 기초가 된다. 그러나 통일과정에서 이를 남한의 작은 농장 체계로 바꾸면 경쟁력 확보에 문제가 생길 수 있다. 그러므로 북한지역의 경제적, 지리적, 인구적 특수성도 고려해야 한다.[19]

---

19 남성욱 · 황주희, "북한 행정구역 개편의 함의와 행정통합에 관한 연구," 『통일정책연구』, 제27권

2. 행정에서의 통일미래 비전

남북한의 통일은 행정체계의 통합이 수반되는 과정이다. 이러한 과정 가운데 사회적 갈등을 최소화하고 효과적인 행정수요를 충족시킬 수 있는 체계를 구축해야 한다. 통일 이후 대한민국의 자유민주주의를 기반으로 하여 북한지역에 행정체계를 확대·적용한다면 행정체계의 발전이 이루어질 것이다. 남북한 행정체계의 통합은 주민 간의 갈등을 최소화하며, 단순한 행정조직의 통합뿐 아니라 내적 통합을 추구해야 한다. 이를 위해서는 제도개혁, 인사정책 개선, 공직자와 주민의 재교육이 필요하다. 또한 통일의 과정이 점진적으로 이루어질 것을 상정하여 남북한의 행정통합도 점진적 과정으로 진행하게 될 것이다.

남북한 통일 후 중앙행정체계 개편에서의 주요 과제는 북한지역의 노동당 지배구조를 종식시키는 것이다. 이는 중앙당 조직 및 관련 기관의 해체와 함께 진행될 것이다. 북한의 주민들의 반발과 행정업무의 혼란을 고려할 때, 통일과정 초기에는 북한의 지방행정을 대한민국의 지방행정체계로 전면적인 재편을 실시하는 것은 한계가 있다. 대신, 주민들의 의견을 수용하여 점진적인 개편이 이루어져야 할 필요가 있다.

지방행정체계에서 북한의 민주주의적 중앙집권제의 형태에서 벗어나 지방자치제도의 도입이 필요하다. 지방인민회의는 대한민국의 지방의회로, 지방인민위원회는 지방자치단체 내의 조직으로 편입되어야 한다. 그러므로 통일 이후에는 기존 공산당과 관련된 제도나 지명 등을 개정할 필요가 있다. 공산체계와 관련된 지명은 대한민국의 지명이나 과거의 지명으로 대체되어야 한다.

한 가지 중요한 사항은 통일 이후 국가와 사회의 역할을 재분배하여 경쟁력 있는 국가를 창출하기 위해 행정체계의 현대화가 필요하다. 특히 북한의 행정체계는 당적 지배를 받고 있으므로 이를 개선하여 보다 민주적인 행정체계가 수립될 수 있다. 이는 시민사회의 참여를 촉진하고 규제를 줄이는 방식으로 이루어질 것이다. 북한의 행정 시스템에 있어 남한의 시스템보다 체계화되어 있지 않을 것

제1호(2018), p. 137.

이라는 사실을 추측해 볼 수 있다. 남북한 행정통합과정에서 뒤쳐진 북한의 행정시스템을 현대화할 필요가 있다. 이러한 과정은 예산과 시간이 소요되겠지만 향후 통일한국이 행정 선진화를 이룩하는 데 큰 밑거름이 될 것이다.

기존의 북한체제에서 공공 행정의 모든 과정과 결정이 투명하게 공개되지 않아 북한사회에 부패가 만연했다면, 통일한국에서의 새로운 행정체계는 투명성을 담보하여 공무원과 정부에 대한 신뢰를 증진할 수 있을 것이다. 이는 정보 공개 제도와 공공 데이터의 접근성 향상 등으로 인해 가능해진다. 북한의 행정체계가 그동안 노동당의 지침만을 수행하여 비효율적인 조직으로 기능해왔다면, 통일한국에서의 새로운 행정체계는 행정 절차를 간소화하고 업무 프로세스를 개선하는 등의 노력을 거쳐 자원의 최적화를 기반으로 공공 서비스를 제공하게 될 것이다. 기존 북한의 행정체계가 북한 내부의 계급에 따라 차별적으로 공공 서비스를 제공했다면, 통일한국의 행정체계는 공정성을 보장하여 법과 정책이 공정하게 적용되고, 평등한 기회 보장을 위한 제도적 장치가 마련될 것이다.

더불어 북한주민들은 민주적인 선거 절차를 경험해보지 못했으므로 통일한국은 국민의 의견을 반영하고 정책결정과정에 참여할 수 있는 기회를 제공하게 된다. 이는 행정의 정당성과 수용성을 높이는 데 기여한다. 다양한 정부 부처와 기관 간의 협력 및 민간 부문 및 시민사회와의 협력을 통해 복잡한 사회 문제를 효과적으로 해결할 수 있게 된다. 북한의 모든 행정기관은 당적통제를 받기 때문에 행정체계에서의 혁신을 추구하지 않았다. 그러나 통일한국에서의 행정체계는 변화하는 사회와 기술 환경에 적응하고, 혁신적인 방법을 통해 문제를 해결하려는 노력을 추구하는 방향으로 나아갈 수 있다.

결국 통일과정에서 남북한 행정체계의 통합을 이루게 된다면 시민사회와 정부가 동등한 지위로 서로 협력하여 효율적인 행정체계를 구축하게 될 것이다. 이는 북한이 채택했던 민주주의적 중앙집권제의 행정체계가 아니라 투명한 정책결정과 쌍방향 정보소통을 통해 시민들의 참여와 권한을 분산하여 책임을 공유하는 행정체계로 거듭날 것이다.

V 결론

통일미래세대에게 통일은 아주 먼 미래의 일처럼 보인다. 그러나 미래의 일은 아무도 알 수 없다. 어느 날 갑자기 통일의 미래가 현실이 될 수도 있다. 통일이 우리에게 갑자기 찾아온다면 대비하지 않은 채로는 다양한 혼란과 마주하게 될 수밖에 없다. 이는 행정 분야의 경우에도 마찬가지다. 남북한 행정체계의 통합에 관해 미리 공부하고 그림을 그려보지 않는다면 후에 찾아올 통일의 과정에서 혼란이 야기될 것이다. 이러한 혼란은 미시적으로는 우리가 직접 겪게 될 행정 서비스의 불편으로부터 거시적으로는 사회 전체 공공 서비스의 마비와 막대한 비용 발생을 초래할 수 있다.

서두에 언급했듯 '행정'은 우리의 삶과 맞닿아 있다. 우리가 매일 살아가면서 경험하는 삶의 곳곳에서 행정을 발견할 수 있기 때문이다. 그러므로 남북한의 행정통합을 이야기하는 것이 매우 실리적인 일이 될 수 있다는 것이다. 통일한국에서의 새로운 행정체계는 기존 북한의 민주주의 중앙집권제적인 행정체계에서 진정한 민주주의를 추구하는 행정체계로 개편될 것이다. 이러한 과정에서 비용과 시간이 소모되겠지만 반대로 이러한 경험을 토대로 세계의 다양한 국가들에 혁신적인 행정체계와 프로그램을 소개할 수 있는 역량을 가진 국가로 거듭날 수도 있다.

이처럼 우리의 통일미래와 행정통합에 있어 긍정적인 시나리오와 부정적인 시나리오가 있다면 어떤 것이든 일어날 수 있다. 그렇다면 미래의 통일에 대비하는 것이 좀 더 우리에게 실리적인 이익을 가져다 줄 수 있지 않을까? 이러한 관점에서 남북한 행정통합과 통일미래의 비전을 함께 그려보기를 제안한다.

참고문헌

국내문헌

국립통일교육원. 『2023 북한 이해』. 서울: 국립통일교육원, 2023.

김범수 외. 『2023 통일의식조사』. 서울: 서울대학교 평화통일연구원, 2023.

김병기. "통일 후 남북한 행정통합을 위한 법제정비 방안 再論." 『행정법연구』, 제54호(2018): 95-141.

남성욱 · 황주희. "북한 행정구역 개편의 함의와 행정통합에 관한 연구." 『통일정책연구』, 제27권 제1호(2018): 113-142.

박정배. "통일독일의 행정통합 법제화에 관한 고찰." 『법학논총』, 제34권 제3호(2014): 203-225.

성영태. 『행정학개론』. (서울: 박영사, 2018).

손기웅. 『독일통일 20년: 현황과 교훈』. 서울: 통일부 통일교육원, 2010.

송인호 · 조혜신. "통일 이후 지방행정 관련 법제 통합방안 연구 - 중앙정부와의 업무조정을 중심으로 -." 통일부 연구용역보고서, 2015.

양현모. "독일통일의 경험이 남북한 체제통합에 주는 교훈 - 행정통합을 중심으로." 『KIPA 연구보고서 97-12』. 서울: 한국행정연구원, 1998.

양현모 · 최진욱 · 이준호. 『남북한 실질적 통합단계에서의 행정통합의 과제』. 서울: 통일연구원, 2002.

양현모 · 이준호. "통일한국의 정부조직체계 구축방안." 『KIPA 연구보고서 2014-16』. 서울: 한국행정연구원, 2014.

임도빈 · 안지호 · 현 주. "북한 지방행정기관에 대한 연구: 지방인민위원회와 협동농장경영위원회를 중심으로." 『행정논총』, 제53권 제4호(2015): 133-158.

최진욱. 『남북한 행정통합 방안』. 서울: 통일연구원, 2000.

최진욱. 『현대북한행정론』. 서울: 명인문화사, 2008.

한국행정연구소. "북한 지방행정 구조에 관한 연구: 시와 군의 비교를 중심으로." 통일평화연구원 2019 통일기반구축사업 보고서, 2019.

"1. 지방의회의 본질." 『대한민국시도의회의장협의회』. https://mpccak.or.kr/local/council.php (검색일: 2024년 6월 3일).

"정부기구도 조회." 『정부조직관리 정보시스템』. https://org.go.kr/oam/gvrnOrgChartView.ifrm (검색일: 2024년 4월 17일).

"행정구역 수." 『통계청 북한통계포털』. https://lrl.kr/gB9S (검색일: 2024년 4월 11일).

해외문헌

Waldo, D. "The Study of Public Administration." *The American Political Science Review*, Vol. 42, No. 1 (1948): 1-198.

제5장

통일 이후 남북한 군사통합

박용한 한국국방연구원 선임연구원

제5장

통일 이후 남북한 군사통합

I 서론

남북한 통합은 전쟁으로 발생한 내적 갈등이 완전히 종식된 상황에서 가능하다고 전망할 수 있다. 필연적으로 군사적 긴장이 완화되어야 하며 이는 통일한국의 군사통합이 종결되는 상황에서 가능하다는 전망으로 귀결된다. 또한, 다양한 통합 대상 분야에서 군사통합이 가장 많은 인원(병력)에 따른 장기간 시간이 소요된다고 예상할 수 있다. 국가 정체성 차원에서도 기존 체제에 가장 동조화된 군사 분야를 통일한국에 통합할 때 진정한 통일한국이 완성단계에 진입했다고 판단도 가능하다.

군사통합은 한반도 통합을 체감하는 가장 직접적인 사례가 될 것이다. 1945년 분단과 1950년 이후 정전체제가 파생한 군사적 위협을 완전히 종식하고, 내적 대립을 종식한 결과이기 때문이다. 더 이상 민족 내부 간 전쟁에 대한 공포를 감내할 필요가 없는 상태가 군사통합의 결과다. 또한, 군사통합이 완료된 상황에서는 젊은 청년이 군대에 징집돼 수년 간 군 복무를 강요받지 않는 상황이 된다.

이러한 군사통합과정은 다양한 경로를 통해 도달할 수 있다. 점진적인 방식의 통합과 단기적 통합을 고려할 수 있다. 우선 점진적 방식은 남북한이 대화를 통해 단계적인 통일을 진행할 경우이며 이때 군비통제 이행이 예상된다. 따라서 남북한의 군비통제 경험에서 교훈을 도출하고자 했다. 이를 바탕으로 향후 단계적인 과정 및 군비통제를 경과하는 통합을 진행할 경우 요구되는 과업을 도출했다. 다른 과정은 동서독군 통합과 같은 비교적 빠른 진행이다. 흡수통일의 경로를 진행했다. 남북한도 급변사태와 같은 여건에서 통합을 빠르게 진행하는 경우를 예상해 볼 수 있다. 독일 통합은 통합 자체에서 얻는 교훈뿐 아니라 빠른 진행 특성에 따른 함의도 도출 가능하다.

이처럼 본 장에서는 남북한 군대의 현재 상황과 차이점을 확인하고 향후 예상되는 통합의 목표와 과정을 살펴봤다. 궁극적으로 통일한국의 적정 군사력에 대한 추계로 미래 비전을 제시했다. 미래 전망을 위해서는 현재와 다른 미래시기 통일한국군의 청사진을 살펴야 한다. 이는 필연적으로 미래 시기 한반도 안보환경을 바탕으로 전망할 수 있다. 따라서 현재 안보 평가뿐 아니라 미래 시기 안보환경 전망을 살폈다.

Ⅱ 남북한 군사통합의 여건

1. 북한군 특성 평가

1) 북한의 군사 목표

북한 군대의 존립 목적은 조선노동당의 혁명을 지원하는 '혁명 무력수단'으로 역할 하는 데 있다. 자본계급에 대항하는 사회주의 계급(노동자)의 권력 획득과 공고화를 최우선 가치로 한다. 1946년 만들어진 노동당 규약에서 "조선근로대중의 이익을 대표"한다며 계급 혁명을 강조했다.

한국전쟁을 치른 뒤에도 이런 속성은 더욱 공고히 굳어졌다. 1956년 노동당 제3차 대회에서도 '전국적 범위 반제반봉건민주주의혁명'을 당면목표, '공산주의 사회건설'을 최종목표로 명확하게 밝혀뒀다. 북한체제가 추구하는 핵심 목표는 김정은 정권 생존이다. 북한은 이러한 목표 달성을 위한 필수 불가결 요소로 핵무기를 선택하고 국제사회 압박 속에서도 핵능력 고도화를 지속하고 있다.

북한군 군사목표는 궁극적으로 한반도 전역의 공산화 통일을 지향한다. 이는 1950년 6월 북한군 기습남침으로 나타났다. 북한군은 한국전쟁에서 공세전략 개념을 바탕으로 압도적 물량공세와 기습공격, 단기섬멸전, 적부대격멸을 전략의 기초를 두고 있었다. 소련군 교범에 따라 "전 무력을 다하여 적의 군대에 반격, 적국영토에 침습, 섬멸전의 수행을 원칙으로 완전히 적국을 복멸"하는 개념을 세우고 "보병, 포병, 전차 등을 삼위일체로 조합한 전형적인 기동작전"을 수행하는 전략이다.

탈냉전 이후 북한의 군사목표는 변화가 없었던 것으로 보인다. 1996년 김정일은 김일성대학에서 연설하면서 "(김일성)주석께서 돌아가신 후 (…중략) 나는 조선반도의 판세를 단번에 뒤집을 군사전략 수립에 매진하고 있다"고 말했다. 여전히 한반도 공산화를 목표를 둔 전략에 변함이 없다는 뜻이다. 김정일은 집권 이후 위기대응에 나서면서 선군사상을 강조하고 군대의 역할을 정치, 사회, 경제적 분야로 확대했다.

2) 북한군 능력 평가와 특성

1962년 10월 노동당 제4기 5차 전원회의에서 채택된 주체사상은 '사대주의 배격', '자력갱생 혁명정신 발양' 등 핵심 가치를 제시했다. 북한당국은 주체사상의 기본원리 중 자주적 입장을 군사전략에도 반영했다. 주체사상은 '국방에서의 자위'를 강조했고, 북한당국은 군 건설과 군사활동에서 북한 자체의 힘과 내부 원천으로 해결하겠다는 의지를 과시했다. 이에 따른 군사력 강화 기본방향과 방침은 '4대 군사노선'으로 구체화됐다.

북한은 달라진 전장조건에도 대응했다. 재래식 전력의 우위를 상실하면서 기습효과 달성이 어려워지자 전방군단을 보다 전진 배치했다. 전방군단 전투력 증강과 함께 보병부대 장비 및 편성을 보강하고 경보병을 증편했다. 결정적 시기에 기습전을 통해 보다 빨리 점령전을 수행하기 위한 능력 강화에 목적이 있었다. 북한군은 전력 균형을 위해 비대칭 전력도 강화했다. 북한군도 NCW 개념을 지향하면서 및 현대전 능력을 보강했다. 광케이블을 매설하고 DATA 통신망을 구축하며 지휘통제체계 현대화에 나섰다.

북한 총병력은 128만여 명을 넘어선다. 예비군은 60만여 명 수준이다.[1] 다만 양적인 규모와 달리 질적인 수준은 한국보다 낮은 수준이다. 다만, 최근에는 현대적 기술을 보완하고 있다. 북한의 주요 군사력 증감을 보면 양적인 규모를 기준으로 판단할 때 대체적으로 1993년 수준을 유지한다. 군사비 투자가 이뤄지지 않았다고 판단할 수 있다. 그러나 일반적으로 군사무기체계는 운용상 한계에 도달하면 전력공백을 막기 위해서 해당 체계를 도태시키고 새로운 무기체계를 도입한다. 북한은 구형 체계를 도태시키고 새로운 전력을 도입하여 군사력 수준을 유지하는 것으로 판단된다.[2]

2. 군사통합과 군비통제

군사통합을 이행하는 과정에 군비통제를 논의하게 된다. 이는 통합 전 군축을 위한 단계적인 접근법이다. 본격적인 군축을 논의하지 않더라도 군사적 위협을 감소하기 위한 수단으로 논의되기도 했다. 따라서 남북한이 통일을 논의할 경우 군비통제는 반드시 거쳐야 하는 필수적 과정이기도 하다. 점진적인 통일을 진행할 경우 군비통제를 경과하게 된다.

---

1   본 장에서 인용하는 북한의 전력은 다음을 참조. IISS, *Military Balance 2023* (London: Taylor & Francis Ltd, 2023).

2   박용한, 『북한의 급변사태와 한국의 안정화 전략에 관한 연구: 남북한 통합의 함의』 (박사학위 논문, 고려대학교, 2016), p. 108.

군비통제가 포함하는 범주는 매우 포괄적이다. 따라서 쓰이는 용어도 다양하고 세분화된 경향도 있다. 군비통제를 간단하게 정의한다면 "다른 국가들과 협력을 통해 안보를 증진하려는 국가의 구체적이고 표면적 조치들을 포함하는 과정"이다. 따라서 군비통제는 ① 특정 무기의 동결·제한·감축 및 폐기, ② 특정 군사활동 방지, ③ 군대 배치 규제, ④ 중요 무기 이전 제한, ⑤ 특정 무기나 전쟁 방법을 규제하거나 금지, ⑥ 군사문제에 있어서 보다 개방적으로 국가들 사이 신뢰를 구축하는 조치로 분류된다.

군비통제의 초기적 논의는 재래식 군비통제와 함께 핵무기 위협에서 본격적인 논의가 이뤄졌다. 1950년대 고전적 군비통제는 핵전쟁에 따른 재난을 막아 보려는 목적으로 군비통제 연구에서 시작됐다.[3] 당시 미·소가 치열한 핵무기 경쟁을 키워가면서 핵전쟁으로 이어질 가능성이 크다는 판단에서다. 핵무기를 사용하는 전쟁은 곧 인류가 공멸하는 재난으로 간주될 수 있었다. 따라서 1960년에 이르러 "적과 협력하는 방안을 심각하게 생각해야 한다"는 문제의식이 나왔다.[4] 이런 배경에서 군비통제 연구가 시작됐다. 이후 이론적 논의가 이뤄졌기 때문에 냉전시대 군비통제는 핵 군비통제가 주류를 이뤘고 미국과 소련을 주체로 문제를 논의했다.

재래식 군비통제 관련 논의는 1967년 12월 하멜보고서(the Harmel Report)로 알려진 나토 장관 보고서에서 비롯됐다. 그다음 해 나토는 군비감축회담을 정식으로 제안했고 추후 발전돼 유럽안보협력회의(CSCE)가 됐다.[5] 하지만, 본격적인 논의는 냉전이 종식되던 무렵에 시작됐다. 이렇게 유럽에서 시작한 재래식 군비통제는 성공 가능성이 보이기 시작했고 냉전 해체 분위기에 맞춰 군비통제 사례

---

3   Thomas Schelling, "The Thirtieth Year," *The International Practice of Arms Control*, ed., Emanuel Adler (Baltimore: Johns Hopkins University Press, 1992), p. 21.

4   Thomas Schelling, "Reciprocal Measures for Arms Stabilization," *Daedalus,* Vol. 89, No. 4 (1960), p. 892.

5   Ralph Hallenbeck and David Shaver, eds., *On Disarmament: The Role of Conventional Arms Control in National Security Strategy* (New York: Praeger, 1991), p. 1.

도 다양해졌다.

군비통제의 근본적인 목적은 전쟁 발생 위험을 낮추는 데 있다. 따라서 군비통제는 병력의 이동·훈련·배치 등 군사태세를 상호 통보·조정·참관해 기습공격 가능성을 낮추는 데 목적을 둔 '운용적 군비통제'를 우선 추진한다. 기습 침공의 성공 가능성을 줄이면 전쟁 목적을 달성하기 어렵기 때문이다. 또한, 상호군사력을 제한·축소·폐기해 전쟁 원인을 낮추는 '구조적 군비통제'로 협력을 확대할 수 있다. 전쟁 의도를 갖더라도 수단 보유를 제한해 충돌 가능성 자체를 낮출 수 있다.

군비통제의 배경과 정책의 변천을 살펴 지향하는 전략적 목표, 성과, 한계를 평가한 뒤 향후 추진 방향을 구축 또는 전망할 수 있다. 탈냉전 이후 남북한 군비통제는 본격적으로 논의됐고 다양한 변화를 보였다. 역대 정부에서 추진했던 정책의 경과를 확인하고 변화의 경향성과 특성을 확인하고자 한다. 이를 바탕으로 국내 정세변화가 미치는 군비통제 정책 변화를 가늠해 볼 수 있다.[6]

3. 남북한 군비통제 이행 사례

1) 1990년대

구체적인 논의 내용을 보면 유럽 군축에서 합의된 내용을 준용하기도 했다. 군사훈련은 45일 이전까지 사전 통보하고 참관단을 허용하는 방안도 논의했다. 상비전력 감축도 논의했는데 당시 북한은 질적으로 우세한 무기를 다수 보유하고 있어 무기 감축에는 소극적으로 나오면서 병력 감축에 우호적인 양상도 보였다.

이후에도 군비통제 논의가 단절되진 않았다. 1980년대 말 논의했던 상호불가침협정은 1992년 합의에 성공했다. 1990년대 초 탈냉전 분위기는 한반도에도 영향을 줬다. 평화적 통일을 동일한 목표로 두고 근접하는 양상이었다. 고위급회담을 개최하고 전반적으로 교류가 증가하던 시기였다. 군사력 통제와 안정

---

6   조은일·이미숙, "한국 군비통제정책의 시대적 변화 연구," 『국방정책연구』, 통권 128호(2020), pp. 53-80.

을 논의할 여건이 마련됐다. 남북한이 기본합의서와 부족합의서, 비핵화공동선언을 합의했던 이유다. 여기에 군비통제 조치도 일부 포함했다.[7]

기본합의서는 군비통제와 관련해 총 6개항을 포함했다. 남북기본합의서 제2장 남북불가침 조항 제12조를 통해 "대규모 부대 이동과 군사연습의 통보 및 통제 문제, 비무장지대의 평화적 이용 문제" 및 "단계적 군축 실현 문제, 검증 문제 등 군사적 신뢰조성과 군축을 실현하기 위한 문제를 협의·추진한다"고 합의했다. 이후 남북군사분과위원회는 총 8차례 회의를 개회했다. 1991년 이후 2007년까지 남북 군사 당국 간 신뢰구축 논의는 '이행기구 구성·운영', '적대행위 중지', '우발적 무력 충돌 방지', '평화 상태로의 전환', '불가침 경계, 의무', '남북교류 보장 국제차원 협력' 등을 논의했으며 시기별로 논의 대상이 달라졌다.

1992년 남북기본합의서 채택에도 불구하고 재래식 군비통제는 실질적인 진척을 중단했다. 중단 배경은 첫째, 한미 양국 모두 북한 핵 문제를 중요한 현안으로 다루면서 북한 핵문제의 진전 없는 군비통제를 지속하지 못했기 때문이다. 남북한의 정치·경제적 관계를 북핵과 분리해 속도를 낼 수 없었기 때문이다. 둘째, 북한은 한미 양국이 유예했던 팀스피릿 훈련을 재개하겠다고 발표하자 국제원자력기구(IAEA) 핵사찰을 거부하고 핵비확산금지(NPT) 조약을 탈퇴하면서 남북관계 모든 대화 채널도 단절됐다.[8]

2) 2000년대

2000년 '6.15 정상회담'을 계기로 군비통제 논의는 다시 나왔다. 본격적인 논의는 그해 9월 제주도에서 열린 남북 국방장관 회담에서 가능성이 언급되며

---

7 남북한 군비통제 논의 전개 과정과 주요 내용은 다음을 참조. 박종철, 『남북한 군비통제의 포괄적 이행방안』(서울: 민족통일연구원, 1995), pp. 12-23.

8 홍규덕, "북한의 비핵화와 남북군비통제: 병행접근 가능한가?," (제3회 북한군사포럼, 서울, 한국국방연구원, 2009년 12월 14일), p. 44.

시작됐다.[9] 이후 장성급 회담을 개최해 서행상에서 충돌을 방지하고 선전활동을 중지하는데 합의했다.[10] 이에 따라 군사분계선 지역에서의 선전활동을 중지하고 선전수단 제거와 남북 서해 함정 간 공용주파수 설정 및 운영, 기류 및 발광신호 제정 및 활용을 시작했다. 그러나 군사적 긴장 완화와 공고한 평화를 위한 노력에서는 별다른 진전을 보이지 못했다.[11]

특히 군사공동위원회를 출점시키지 못해 구체적인 협력 방안을 마련하지 못했다. 이에 대결구도를 완화하고 군사적 신뢰구축 조치 이행을 본격적으로 논의하지 못했다. 북한은 일방적으로 남북한 합의사항을 위배했고 핵문제 논의에서 한국을 당사자로 인정하지 않는 한국 배제전략을 고수했다. 결국 기초적인 신뢰구축 문제에 있어서 상당한 견해 차이를 보였다. 이런 경과를 볼 때 합의사항을 구체적으로 논의할 남북군사공동위원회를 가동하기 어려운 여건으로 평가됐다.[12]

남북한 군비통제 논의가 진척하지 못한 배경은 앞서 살펴본 것처럼 한반도 신뢰구축에 대한 남북 간 복잡한 이해관계와 안보환경 변수가 맞물린 결과다. 또한, 남북 간 관심 사항이 다른 영향도 있다.[13] 2000년대 남북정상회담 이후 회담을 보면 남북한 군 당국은 관심 사항이 매우 달랐다. 그동안 한국은 신뢰구축과

---

9 '6.15 공동선언'의 4항을 위한 적절한 군사적 문제해결을 위해 상호 협력하며 적절한 조치를 취하기로 합의했다. 따라서 "쌍방은 군사적 긴장을 완화하며, 한반도에서 항구적이고 공고한 평화를 이룩하여 전쟁의 위협을 제거하는 것이 긴요한 문제라는데 이해를 같이하고 공동으로 노력해 나간다"는 내용이 공동보도문에 담겼다. '6.15 공동선언' 참조.

10 「서해해상에서 우발적 충돌방지와 군사분계선지역에서의 선전활동 중지 및 선전수단 제거에 관한 합의서」(2004.6.4.), 「서해해상에서 우발적 충돌방지와 군사분계선지역에서의 선전활동 중지 및 선전수단 제거에 관한 합의서의 부속합의서」(2004.6.12.).

11 2000년대 남북한 군사분야 대화는 다음을 참조. 이호령, "한반도 안보환경 변화와 군비통제정책 발전방향," 『국방정책연구』, 제23권 제4호(2008), pp. 81-83.

12 홍규덕, 앞의 글, p. 45.

13 김진아, "한반도에서의 군사적 신뢰구축과 육군에 주는 함의," 『전략환경 변화에 따른 한국 국방과 미래 육군의 역할』, 이근욱 엮음 (서울: 한울 아카데미, 2019), pp. 143-144.

관련해 의제별·단계별로 신뢰구축 체계를 강조했다. 반면, 북한은 NLL·제주해협·외부 무력 증강 등 특정 의제에 집중했다. 수세적인 정치적 상화과 군사력 비대칭 심화에 따른 대응이며 전통적인 주한미군 철수 등 정치적 의제를 군비통제 분야로 끌어들인 결과다.

북한이 북핵 개발 등 비대칭 위협을 키워가면서 군사적 위협의 범주를 확장했다. 이 때문에 비핵화를 포괄하는 위협 관리가 요구됐다. 결과적으로 이후 진행하는 남북대화는 비핵화를 병행하면서 남북관계를 넘어 북미 관계와 주변국 개입 요인도 포괄했다.

3) 2010년대

2018년 남북정회담 계기로 군비통제 논의가 다시 시작됐다. 당시 다른 분야 남북 협력과 달리 군사 분야 협력이 두각을 나타냈다. 비핵화 회담이 정체되는 상황에서 군비통제는 현실적으로 당분간 군사적 긴장 완화와 신뢰구축이 남북관계에서 가장 큰 성과를 낼 수 있는 분야였다. 협력의 우선순위에 군사 분야 협력과 군비통제 논의를 올릴 수 있었던 배경이다. 미국이 직접적으로 개입하는 비핵화 문제와 달리 군사적 문제는 남북 정상의 결단으로 즉각 이행이 가능하다. 행동 대 행동 원칙에 부합하기 때문에 상대에게 선조치를 요구하는 비핵화 문제보다 상대적으로 합의가 쉽다. 군사협력이 강한 추진력을 얻는 이유다. 판문점선언과 9.19 군사합의 전후 군사회담 현황을 보더라도 남북은 군사 분야에서 성과를 도출할 수 있는 의제를 다뤘다. 남북은 장성급 군사회담을 열고 판문점 공동경비구역(JSA) 비무장화, DMZ 안 감시초소(GP) 시범 철수, DMZ 지역 6.25 전사자 공동 유해발굴, 서해 북방한계선(NLL) 일대의 긴장 완화 등의 의제를 논의했다.

남북한은 '9.19 군사합의'에서 지상·해상·공중 모든 공간에서 상호 적대행위를 실질적으로 중지한다는 원칙에 합의했다. 합의에 포함된 군사적 신뢰구축과 운용적 군비통제는 과거 남북한 군비통제 협상에서도 검토했거나 합의했던 내용이다. 대체로 세부 합의사항을 보면 1992년 합의했던 불가침 조약을 공고히 할 수 있는 연속성을 갖는다. 다만, 북한은 지속해서 합의사항을 위반했다. 그리고 2023년 전면적인 파기를 선언했다.

Ⅲ 　남북한 군사통합의 과정

1. 점진적 통합과 군비통제 이행

1) 군비통제의 교훈과 추진방향

남북 군비통제는 한반도의 항구적인 평화정착을 위해 한반도 비핵화 및 평화체제 구축과 연계해 추진하며, 이를 위해 군사적 신뢰구축, 운용적 군비통제, 구조적 군비통제 등 3개 분야로 구분해 추진과제를 선정할 수 있다.

결론적으로 남북한 군비통제 논의 지속 여부는 합의사항에 대한 검증기능 여부에 따라 결정될 수 있다는 분석이다. 이미 9.19 군사합의 착수단계부터 상호 비례적인 조치가 이뤄졌는지를 검증할 수 있는가에 대한 가능성을 두고선 논란이 나왔다. 게다가 9.19 군사합의 이행과 남북관계 변화를 보면 신뢰구축, 운용적·구조적 군비통제가 다소 혼재된 형식으로 동시에 시작됐다. 통상의 군비통제와 달리 빠르게 진행하면서 검증 이행 가능성에 대한 우려가 나왔다.

이처럼 9.19 군사합의 이행 가능성을 두고선 합의 당시부터 여러 의문이 제기됐다. 단기적인 성과에 그칠 수 있다는 우려였다. 생각보다 쉽다고 생각했던 고위급 접촉도 더디게 이어졌다. 2018년 9월에 열린 평양 정상회담을 앞두고 두 차례 장성급 회담을 열었을 뿐이다. 당초 약속했던 남북 국방장관 회담은 개최하지 못해 성과가 더디다는 평가를 받았다.

또한, 남북한은 군사공동위원회(공동위) 위원장으로 차관급 위원장을 지명하기로 합의했으나, 이 또한 실제 이행하지 못했다. 한국과 달리 북한은 공동위 구성에 미온적인 입장을 보였다. 공동위가 수행할 가장 중요한 역할에는 남북한 간 합의사항이 제대로 이행되고 있는지 확인하는 검증기능이 포함된다. 별다른 신뢰구축 조치가 없는 가운데 군비통제를 시작하면서 신뢰구축 미비에 따른 지속가능성에 대한 불신이 제기됐다.

압축적 신뢰구축 과정을 다른 기준으로 평가해야 한다는 주장도 있었다. 남북한이 단기간 내 정상회담을 세 번이나 개최했고, 정상 간 신뢰구축과 함께 군사 분야 논의도 병행해서 진행됐다는 설명이다.

그러나 이처럼 남북한 특색적 군비통제가 신뢰구축 과정을 일정 부분 생략하거나 병행적으로 이뤄진다 해도 최소 수준에서 요구하는 검증을 이행하지 않고서는 근본적인 신뢰 지속이 어렵다. 군사력이 대립하는 군사분계선 현장에서 상호 신뢰는 생존과 직결한다. 따라서 군사합의라는 제도가 보장하는 신뢰성은 이를 이행하는 당사자 입장에서 기대할 수 있는 최소 수준의 신뢰를 충족해야 지속 가능하다.

따라서 군사 분야 합의사항 이행 여부와 함께 이를 검증할 구체적인 제도적 기반인 군사공동위 출범이 중요하다. 검증을 통한 신뢰 축적은 군사 분야 신뢰구축 조치를 넘어 포괄적인 남북대화와 교류 동시 증진에 기여할 수 있다. 군사 분야 협력이 다른 분야 협력에도 긍정적인 기여를 하려면 검증을 통한 신뢰 공고화는 반드시 필요하다.

신뢰구축 과정에 가장 큰 걸림돌은 비핵화 논의에 있다. 결론적으로 비핵화 진척이 있어야 남북한 군사적 긴장 완화라는 군비통제의 근본적 목표와 효과를 달성할 수 있다. 비핵화 협상에서 성과를 거두지 못하면 적대적 안보환경은 지속하고 실질적 평화를 지속하기 어렵다. 남북한의 군사적 긴장은 포괄적인 안보환경의 총체적인 결과로 해석돼야 하기 때문이다. 미중관계와 국제체제, 적대적 공존관계 등 대립적 상호작용에 기반한다.[14]

---

14 남북한 군사적 긴장 여건은 다음을 참조. 김재철, "남북한의 군사적 긴장완화 방안: 근본요인과 촉발요인을 중심으로," 『한국동북아논총』, 제77호(2015), pp. 121-140.

군비통제 차원에서 여기엔 두 가지 중요한 요소를 살펴야 한다. 첫째는 상호 군사력의 대강의 평형을 이루고, 둘째는 위기의 안정성을 확보해야 한다.[15] 특히 군비통제는 군축을 통해 힘의 평형을 조율하는 역할을 하게 된다. 군비통제는 그 자체가 목적이 아니고 목적을 이루기 위한 수단이다.[16] 군비경쟁과 전쟁 발생 가능성 상관관계를 보면 비례하는 측면이 있다. 남북한 군비경쟁과 마찰 요인을 줄인다면 전쟁 가능성도 줄어든다고 예측할 수 있다.[17] 그러나 북한이 핵무기로 무장하면 힘의 균형이 깨진다고 인식될 수 있다.

군비통제 효과를 입증하려면 전쟁 위험 감소 및 상호 침략 의지 감소라는 가시적인 성과를 근거로 제시해야 한다. 그러나 핵 위기 상황과 군사적 긴장이 지속하면, 군비경쟁은 더욱 심화하고 전쟁 가능성을 올라간다. 한반도 통일 자체가 평화공존 기반에서 추진될 수 있다.

따라서 실질적 평화를 만들기 위해 재래식 무기나 대량살상무기 중 어느 하나만 군비통제에서 다루지 않도록 균형적이고 포괄적인 접근이 필요하다. 군비통제는 전쟁 위험을 감소시켜 실질적인 평화 상태를 만드는 본질적인 역할을 해야 한다.[18]

---

15 Paul Nitze, "The 1985 Alastair Buchan Memorial Lecture," *Survival,* Vol. 27, Issue 3 (1985), pp. 98-107.

16 군비통제(arms control)와 군비철폐(disarmament)는 구별된다. 군축 자체가 목적이 아니라 이를 통해 가져올 안정이 중요하기 때문이다. 군비철폐는 극도의 자유주의적 사고의 소산이다. 관련한 구체적인 내용은 다음을 참조. 현인택, "한반도 냉전구조 해체과정에서의 남북한 군비통제방안,"『한반도 군비통제』제26집(1999), pp. 99-100.

17 군비경쟁 자체가 전쟁으로 이어진다고 보기는 어렵다. 과도한 군사비 증가율에 관한 정의를 10%에서 8%로 낮추면 26건의 전쟁 발생 사례가 15건으로 줄어든다. Michael Wallace, "Arms Race and Escalation: Some New Evidence," *Journal of Conflict Resolution*, Vol. 23, No. 1 (1979), pp. 3-16.; Michael Altfeld, "Arms Races?-And Escalation? A Comment On Wallace," *International studies Quarterly*, Vol. 27, No. 2 (1983), pp. 225-231.

18 김재홍, "한국의 통일·대북정책 전개와 남북군비통제 모색,"『한반도 군비통제』, 제55집(2014), p. 3.

2) 남북한 통합을 고려한 군비통제 과정

앞서 살펴본 남북한 군비통제 경험에서 확인한 교훈에 따르면 검증기능을 수반한 통합을 추진해야 한다. 검증기능을 구체적으로 구현하기 위해서는 현장조사를 비롯한 검증 제도 방안도 합의해야 하며 민감한 군사 정보 교환원칙에도 합의해야 하는 어려움이 있다. 이처럼 검증 가능한 군비통제는 구체적인 병력 배비 및 무기체계 규모 정보 교환이 불가피하다. 이런 수준의 협력은 초기 군비통제가 아닌 운용적 군비 통제를 어느 정도 진척한 뒤에 논의될 수 있다. 그러나 초기 군비통제 단계에서도 제한된 운용적 통제에 필요한 최소한의 관련 정보 요구는 불가피하다.

북한과의 협상은 안보 위협에 대비해야 하며 협상은 모든 문제를 한꺼번에 해결하는 방식으로 추진해야 한다는 견해도 있다.[19] 시행은 단계적으로 할 수 있겠지만 단계적인 협상은 지양하거나 최소화해야 군비통제를 지속할 여건을 마련할 수 있어서다. 군비통제 진행 수준에 따라 2단계로 구분해 접근할 경우를 예를 들면 다음과 같다. 1단계를 협상한 뒤 이를 시행하고, 2단계를 협상한 뒤 이를 시행하는 방식은 위험성을 내포한다. 협상과 이행 과정에 배타적 이점을 다시 계산한 뒤 협상 원칙을 주관적으로 해석하거나 궁극적으로 지속가능성을 감소시킬 수 있다. 결과적으로 2단계는 시행되지 않을 여지가 있다.

따라서 최초의 조약은 모든 단계를 포괄해 완성해야 한다는 주장이다. 높은 수준의 운용적 군비통제와 구조적인 군비통제를 논의할 때 이러한 어려움이 더욱 예상된다. 물론 경직된 협상 이행도 군비통제의 제도적 안정성을 잠식할 가능성이 있다. 이런 경우 최초에 합의한 군비통제 원칙을 구현할 수 있는 방안에 초점을 두고 효과적으로 발전할 수 있는 범주에서 조정 기능을 적용할 수 있다.

물론 전면적인 군비통제를 시작하는 단계에서 세부적인 수량이나 무기체계 종류를 완전하게 대칭적으로 맞출 필요는 없다. 구체성이 실현 가능성을 의미하지 않는다. 상호 합의안을 마련하더라도 유연한 운용 가능성을 고려해야 한다.

---

19 검증기능 강화는 다음 연구를 참고해 최근 시기 쟁점까지 논의 범주를 확장했다. 현인택, 앞의 글.

이는 합의안을 검증할 때 융통성을 보장해 이행 가능성을 낮춘다는 의미가 아니다. 위협 감소라는 군비통제의 근본적인 목적을 달성하는 데 있어 어떤 효과를 달성할 수 있는지 실질적인 이행 가능성과 효과에 논의를 집중해야 한다.

따라서 포괄적 수준에서 상호 억지를 보장할 수 있는 전력을 평가하는 데 중점을 둬야 한다. 무기체계 수량보다 목적과 효과에 초점을 둬야 한다. 특히 기습효과를 줄인다는 군비통제 원칙을 구현하는 합목적 달성이 핵심이다. 군비통제 초기에는 상호 대규모 훈련 통보를 초기 협력 방안으로 고려할 수 있다. 장기적으로 남북한 특성을 고려할 때 휴전선 일대에 배치된 공격용 무기(전차, 장갑차, 야포 등)을 통제하는 데 중점을 두고 배치 수량과 지역을 제한하는 방안도 다룰 수 있다.

다만, 남북한의 지리적 특성 등 특수한 사정을 고려한 조정은 필요하다. 예를 들면 휴전선을 기준으로 서울과 평양에 도달하는 거리는 다르다. 따라서 한쪽에만 전략적으로 유리한 완충구역 설치는 불합리하다. 이번 9.19 군사합의에도 지역 간 차이를 일부 반영했지만 충분하다는 공감대를 얻지 못했다. 군비통제 조치로 일방의 군사 대비태세가 약화한다면 본래의 군비통제 목적 달성에 의문이 생긴다. 군사력 균형에 어떤 영향을 줬는지, 군사 위협에 어떤 변화가 있는지 살펴봐야 한다.

무엇보다 군비통제 합의는 구속력을 가져야 한다. 일방에서 합의사항을 준수하지 못했을 경우 상당한 이익 감소나 피해를 감당해야 할 조건도 합의해야 한다. 물론 극단적인 경우에는 합의 자체가 무효화될 경우 양측 모두 손해를 피할 수 없다. 따라서 불이익 조치는 합의 파기를 제외한 수준에서 마련될 수 있다. 그런 점에서 북한의 이번 군사합의 파기 조치는 극단적이며, 한반도 안정을 외면한 무책임한 도발이라는 평가를 피할 수 없다.

유럽에서도 군비통제를 추진함에 있어 핵과 미사일을 포괄하는 협상을 병행했다. 냉전 종식 시기까지 전략무기제한협정(SALT1), 탄도미사일요격미사일(ABM)제한조약, 중거리핵전략(INF)조약, 전략무기감축협정(START) 등이 병행적으로 맞물려 이행됐다.[20] 미국은 '넌-루가 계획'으로 러시아 핵 및 화학무기 등 대량살상무기(WMD) 확산을 방지하는 협력적위협감소(CTR)를 추진했다. 미국은 1991년 12월 입법화 이후 소련 핵무기를 승계한 러시아·우크라이나·카자흐스탄·벨라루스가 보유한 WMD를 폐기했다.[21]

이처럼 재래식 무기 군비통제와 WMD 군비통제를 완전히 분절적으로 이행하기 어렵고, 동조화 및 상호 상승 작용이 가능해야 궁극적인 군비통제 목적 달성이 가능하다는 결론이다. 따라서 북한 재래식 군비통제를 안정적으로 지속 이행하기 위해서는 북한 비핵화 진척은 반드시 필요하다. 합의 도출이 어렵더라도 재래식 군비통제 논의와 더불어 논의해야 하는 배경이다.

2. 단기적 통합과 독일 사례 교훈

1) 군사통합의 배경과 목적

남북한 통합을 한국 주도로 진행할 경우 북한에는 '구권력'과 '과도기권력'이 존재할 수 있다. 독일군 통합을 추진하던 1990년대 초기 서독 국방장관 쉬톨텐베르크는 동서독군 통합의 기본 목표와 방향을 제시하면서 통일된 독일에는 하나의 군대만 존재한다고 제시했다.[22] 현재 남북한 관계는 특수 관계이며 이는 국가 간 관계와 다르다. 따라서 북한체제에서 존재했던 엘리트는 '구권력'으로, 급변사태 이후 예상되는 '과도기'의 엘리트로 역할 한다고 예상된다. 따라서 '구권력'에 대한 처리와 '과도기'의 관리가 중요하며, 통합에 대한 논의가 필요하다.

사회주의 국가의 간부에는 당, 정, 군, 보안, 외교 분야뿐 아니라 기술전문 분

---

20 황일도, 『냉전기 군비통제체제의 한반도·동북아 적용 가능성』(서울: 국립외교원, 2019), pp. 36-37.

21 Joseph P. Harahan, *With Courage and Persistence: Eliminating and Securing Weapons of Mass Destruction with the Nunn-Lugar Cooperative Threat Reduction Programs*(Virginia: Defense Threat Reduction Agency, 2014).

22 곽은경, "군정체성 형성을 통한 군사통합 방안 연구," 『국방연구』, 제61권 제2호(2018), p. 121.

야도 포함한다. 간부충원의 원칙은 정치성을 강조한다. 따라서 남북한 통합과정에서 정치적 문제와 무관한 간부는 존재하기 어렵다.[23] 델파이 분석에 따르면 간부(한국의 사무관 또는 경감 이상)에 대한 해고는 적용해야 한다.[24] 결국 전환기 정의에 따른 구체제 청산과 통합의 접점을 찾는 것이 관건이 될 것으로 보인다.

독일통일의 사례를 보면 다음의 표처럼 해고유형이 구분된다. 정상적 · 예외적 해고를 구분하며 전환기 정의에 해당하는 사례는 예외적 사례에 해당된다. 반인도주의적인 행위에 가담한 경우 해고대상이다. 따라서 통합 초기에 여기에 해당하는 관료를 식별하는 조사활동이 필요하다. 통합 이전부터 관련 논의를 시작할 경우 북한의 인권을 개선하는 데 어느 정도 효과를 기대할 수 있다. 현재 기득에 가담한 관료들의 불법 행위를 억지할 수 있다.

처벌을 고려해야 할 대표적인 불법적 행위는 공개처형, 강제수용, 탈북자 납치, 재산 몰수, 기타 인권침해와 관련된 경우다. 인민보안성, 국가안전보위부 기타 보안기관에 종사한 간부 및 하급직원이 해당한다.[25] 다만, 그러한 체제의 불법성을 처벌하는 것은 북한체제의 법적 지위, 가해자 처벌의 법리적 해석 등 다양한 고려사항을 검토해야 한다. 또한, 다수의 북한주민이 동의하는지 여부, 정책적 효과 등도 고려해야 한다.[26]

---

23 북한의 간부정책과 충원 원칙 등에 관한 구체적인 내용은 다음을 참조. 현성일, 『북한의 국가전략과 파워 엘리트』(서울: 선인, 2007), pp. 81-104.

24 박용한, 앞의 글. pp. 186-210.

25 북한의 정치범수용소에 존재하는 정보원 활용에 구체적인 내용은 다음을 참조, 윤여상 외, 『북한 정치범수용소 운영체계와 인권실태』(서울: 북한인권정보센터, 2011), pp. 251-254; 동독인민군의 경우 15%에 해당하는 군인들은 상호 감시 및 밀고에 가담했다. 통합과정에 이들은 배제됐다. 법적 처벌 등에 관한 구체적인 내용은 다음을 참조. 손기웅, 『독일통일 쟁점과 과제 1』(서울: 늘품플러스, 2009), p. 159.

26 체제의 불법성을 처리하는 방안은 다음을 참조. 김하중, 『체제불법 청산방안에 관한 헌법적 고찰: 구 동독과 북한의 체제불법을 중심으로』(박사학위논문, 고려대학교, 2008), pp. 1-471.

| 표 5-1 | **구동독 관료의 해고규정** |
해고유형	해고규정
정상적	• 전문적 지식이 부족하거나 주어진 업무에 필요한 자질을 갖추지 못하여 업무수행에 부적합한 자 • 소속기관에서 더 이상 행정 수요가 존재하지 않거나 필요하지 않는 자 • 속해있던 조직이 해체되었거나 다른 조직과 통폐합되어 이후 업무를 배당받지 못한 자
예외적	• 동독 시절 인도주의나 법치국가적 질서에 어긋난 행위를 한 자 • 인권탄압에 가담한 자 • 동독 국가보위부 활동에 가담한 자

출처: 임도빈, "첫 단추를 잘 채우자: 행정체제의 정비," 『통일한국정부론: 급변사태를 대비하며』, 김병섭·임도빈 편 (경기: 나남, 2012), p. 185 재구성.

따라서 북한 노동당에 소속된 간부와 하급직원 모두 해고하며, 일반 행정기관의 경우는 간부만 해고하는 것을 원칙으로 할 수 있다. 시기별로 본다면 초기에는 고위급 간부만 해고하고 중견 간부들은 통합과정을 보면서 협조하는 수준을 살펴봐야 한다. 물론 과거 활동에 대한 조사결과도 반영할 필요가 있다. 일반 관료들의 경우는 동독의 사례를 준용할 수 있다. 독일 사례를 적용하면 보안기관에 소속된 경우 해고를 원칙으로 한다. 해외업무 분야에 종사한 경우만 선별적, 전략적으로 고려하여 활용 할 수 있다. 경찰업무의 경우 고용 승계를 원칙으로 할 수 있다. 다만 과도하게 인권탄압에 가담한 직원과 간부는 해고할 수 있다.

구체제 관료를 중심으로 행정력을 구축하면 일반 주민들의 반발이 예상된다. 따라서 인권탄압에 대한 조사와 처벌을 철저하게 진행해야 한다. 관료가 아니었던 일반 주민들이 행정기관에 진출하도록 지원해야 한다. 또한 한국 출신의 관료를 보내 대체하는 사례는 최소화가 필요하다. 전환기 환경을 조성하고 북한주민들도 참여해 통합을 촉진해야 한다.

2) 남북한 군사통합 방안

① 통합의 개념과 구조 통합

동서독 통일 또는 급변사태와 같은 단기적으로 진행하는 통합과정에 북한군을 조기에 제대시키거나 통제된 영역에서 이탈시킬 경우 위협세력으로 점증하거나 남한지역으로 이동할 가능성이 높다. 물론 북한의 군대를 효율적으로 통제하는 것은 어려운 과제가 될 것이다.[27] 군사통합과정에서 상당수의 북한 출신 군인들은 고용이 유지되기 어렵다. 통일한국군에 통합되지 못하는 인원들을 대상으로 직업 전환 교육을 전개해야 한다.[28] 편입에서 제외된 군인은 가장 큰 불만세력으로 점증할 것으로 우려되기 때문에 이들 계층에 대한 적절한 사회화 교육이 필요하다. 북한체제에서 보장받던 상대적인 위상이 높았기 때문에 통일한국에서 제기된 불만을 상대적으로 크게 체감하고 소요를 제기할 우려가 있다. 군사통합을 정치적 통합의 부산물로 간주할 경우 예멘의 경우처럼 형식적인 통합에 그치고 궁극적으로 내전으로 악화될 수 있음을 주지해야 한다.[29]

따라서 이원적 구조를 유지할 수 없기 때문에 전면적인 통합을 진행해야 하며 다음의 통합과정을 예상할 수 있다.

첫째, 국군의 판단자료, 북측의 계획 및 실태조사 자료를 기초로 북한군의 편성, 인원, 장비, 물자 관련 현황을 파악한다. 이러한 실태 파악은 급진적인 통합과정 이전부터 준비되어야 할 필요가 있다.

둘째, 지휘권을 인수한 이후 심층적인 평가 및 인수 절차 진행하고 선발대는 지휘권을 인수하기 위한 기초조사와 함께 북한군이 보유한 장비평가에 주력 및 성능평가시험을 통해 장비활용 가능성을 판단한다.

---

27 대부분의 현역군인은 회색(위해 가능), 군 고위급 간부는 흑색(위해 요인)으로 성분이 분류되어 효율적인 관리가 요구된다.

28 동서독의 군사통합을 고려한 전략적인 접근이 필요하다. 다음을 참조. 박영환, 『남북 군사통합시 독일모델 적용 가능성 연구』(서울: 한국군문제연구소, 2004), p. 62.

29 독일의 군사통합에 관한 경과과정을 비롯한 구체적인 내용은 다음을 참조. 백종천, 『한반도 평화안보론』(성남: 세종연구소, 2006), pp. 273-356.

셋째, '지역사령부'를 창설하고 북한군의 지휘통제권을 인수한 이후 심층적인 실태조사를 진행한다. 실태조사는 국방부에서 기획하고 지역사령부는 실질적인 실태조사의 실무를 총괄 및 집행한다. 동독의 사례를 보면 실태 파악에 상당한 시간이 소요되었으며 누락 및 은닉된 장비와 탄약은 조속히 통제해야 한다.

넷째, 연대급 부대의 참모 이상, 대대급 이상 부대의 지휘관은 한국군 출신으로 대체하며 심층적인 실태를 파악하기 위해서는 해당부대 출신의 북한군 지휘관을 고문으로 활용할 수 있다.[30] 독일의 사례를 보면 동독의 부대는 통합이전에 해체, 이후에 해체, 기타 해체, 존속부대, 추가 창설부대로 분류되었다.[31] 북한에서도 이러한 기준을 준용하여 진행될 수 있다.

다섯째, 통합 대상으로 선발된 인원은 통일된 국가에서도 직업의 연속성을 보장하며 고위급 간부 및 병사는 제외하고 특수 무기체계 운용 요원을 편입한다.[32] 편입에서 제외된 군인은 가장 큰 불만세력으로 점증할 것이 우려되기 때문에 이들 계층에 대한 적절한 사회화 교육이 필요하다.

종합한다면 급변사태 직후 안정화 초기에는 대부분의 군인들을 숙영지에서 이탈하지 못하도록 하고 실태조사, 무장해제 및 군사통합을 시작해야 한다. 다만 이러한 과정의 군사통합에서 불안정성을 완전히 해소하기 위해서는 통합과정에서 배제되는 간부와 병사들에 대한 전환교육과 절차가 필요하다. 대부분의 일반병사와 상당수의 간부들은 고용승계가 어려울 것이다. 간부들은 통합과정에서 상당기간 통합과정에 협조한 후 선별적으로 고용이 유지될 것이며 대부분의 일반병사들은 통합 초기에 소집해제 및 전환이 요구된다.

소집해제 된 일반병사는 군사통합과정에서 소요되는 탄약처리 및 지뢰제거 등 다양한 군사관련 업무에 종사할 수 있도록 군무원, 군속으로 고용을 전환할 수 있고 직접적인 관리의 필요성이 낮은 업무의 경우 기업에 위탁할 수 있으며

---

30 사회주의 국가는 폐쇄적인 군대 운용으로 고급장교라 하더라도 타부대에 대한 이해가 부족하다.

31 하정렬, 『한반도 통일후 군사통합방안』(서울: 팔복원, 1996), p. 150.

32 김광열, "남북한 군사통합-갈등요인과 대책," 『한국정치외교사논총』, 제32집 2호(2002), pp. 309-310.

기업에서 고용을 승계할 수도 있다.[33] 비록 기술적 수준이 낮게 평가된다 하더라도 집단적 이주와 해산을 지연하기 위해서는 직업의 부여와 통제가 필요하다.

② 내적 통합을 고려한 재사회화

동서독은 장기간 이어진 분단에 따라 서로 다른 군사문화를 가졌다. 정치적 환경에 따라 형성된 정체성 차이가 발생했고 이를 바탕으로 군사문화도 달라졌다. 서독은 동독군을 통합하면서 단순한 흡수대상이 아닌 새로운 구성원으로 이해하기 위한 노력을 기울였다. 서독은 1990년 7월부터 '서독내적지휘센터'에 동독군 초급장교를 입교시켜 정신교육을 진행했다. 같은 해 10월 군대통합 이후에는 부대단위 교육도 실시했다. 여기서 동독군의 조직 적응력을 높이기 위해 민주주의 가치와 시장경제체제 및 다원주의 가치관을 교육했다. 기존 동독체제와 동독군에 관한 객관적인 정보를 제공하고 민주주의 가치관을 내재화했다.[34]

따라서 남북한 통합 시기에 본격적인 북한군 통합과정에서도 재사회화 교육이 필요하다. 특히 단기적 통합과정에는 군대에서 수행하는 정훈교육을 활용할 수 있다. 이때 긴급히 적용할 교육은 최소화해야 하며, 통합 대상으로 선발된 인원은 직업의 연속성을 보장한다는 취지에 맞게 재사회화를 강화한다. 이처럼 정훈교육에 재사회화 교육을 포함해 진행한다. 기본적으로 일반주민을 대상으로 하는 교육과 정훈교육이 크게 다르지 않다. 통합 초기에는 재사회화를 통해 기본적 소양을 배양할 필요가 있다. 일반 한국군의 정훈교육을 적용하기 전에 토대를 다진다는 의미가 있다. 일반적인 기본정훈교육, 시사안보교육, 간부윤리교육을 비롯한 인격지도교육, 군법교육을 적용하기에는 한계가 있다. 따라서 차후 진행될 정훈교육의 여건을 마련한다는 접근이 중요하다. 따라서 재사회화를 1차적

---

33 동독의 국경부대와 민방위 소속 직업군인들은 통일과정에서 군무원으로 신분이 전환되었으며 동서독 국경철거, 지뢰제거 등의 임무를 부여받았다. 로켓연료 관련 기술자와 같은 기술 분야의 종사자는 무기 해체 업무에 동원되었다. 군사통합과정에서의 신분 전환 및 업무에 관한 구체적인 내용은 다음을 참조. 김동영, 『독일 통일, 그리고 한반도의 선택』 (파주: 한울아카데미, 2010), pp. 304-309.; 손기웅, 앞의 책, pp. 169-172.

34 곽은경, 앞의 글. pp. 121-122.

인 정훈교육의 목표로 둬야 한다. 독일에서 '군복입은 시민'의 가치를 강조한 것을 참고해야 한다. 다만, 통일과정에서 기존 군대의 적성화를 고려해 일부 교육 내용은 특화될 필요가 있다.

정훈교육의 핵심 내용에 주변정세 및 통일환경의 교육을 포함한다. 이를 통해 적에 대한 개념을 전환한다. 기존 체제와 다른 개념을 주입하는 것이 가장 중요하다.[35] 궁극적으로 통일에 적극적으로 협력하도록 유도한다. 민족적 단결을 이루어야 한다는 인식을 배양할 필요가 있다. 따라서 기존에 지배하던 북한군의 역할을 부정하고 국군의 역할을 제시해야 한다. 북한군의 역할은 혁명의 주력으로 정치적 역할이 강조됐다.[36] 반면, 한국군은 정치성을 배제하고 국가 수호 본연의 목적을 강조한다.[37] 전문성을 강화해 낙후된 북한군 보다 발전된 한국군에 조속히 편입되도록 유도한다. 통일한국군에 편입 후 능력을 발휘하도록 기술적인 보완이 필요하다.

통합 초기에는 군사적 위협요인이 잔존 할 것으로 예상된다. 특히 급변적인 통일의 경우 안정화 과정이 필요하다. 북한체제에 대한 충성심으로 초국가적인 작전을 수행할 수 있는 무장조직이 우려된다. 잔존하는 적 군사력, 저항하는 무장 준군사집단, 조직범죄자, 테러세력 등을 생각할 수 있다. 공포심 확산 또는 사회불안이 증가될 수 있으며 다양한 위협요인도 예상된다. 공공 기반시설의 붕괴, 사법제도 부제로 인한 혼란, 기아와 질병의 확산, 민주화 여건 부재로 인한 갈등 등을 거론할 수 있다.

---

35 우희철, "남·북한 군사통합에 대비한 군(軍) 정신전력 강화교육 연구," 『북한학보』, 제37집 1호 (2012), pp. 101-102.

36 "46. 조선인민군은 위대한 수령 김일성동지께서 항일혁명투쟁의 불길속에서 몸소 창건하신 혁명적 무장력이다. 조선인민군은 당의 위업, 주체혁명위업을 무장으로 옹호 보위하는 수령의 군대, 당의 선군혁명령도를 맨 앞장에서 받들어나가는 혁명의 핵심부대, 주력군이다. 조선인민군은 모든 정치활동을 당의 령도밑에 진행한다." 『조선로동당 규약』 (제3차 당대표자회의 개정, 2010. 9. 28.).

37 국군의 역할은 "첫째, 외부의 군사적 위협으로부터 국가를 보위, 평화통일 뒷받침" 등으로 제시된다. 국방부, 『2020 국방백서』 (서울: 국방부, 2020), pp. 39-40.

따라서 북한당국의 지속했던 선전과 선동을 바로잡고 주민과 통합되는 북한의 군인들이 북한당국을 타파해야 할 대상으로 인식하도록 유도해야 한다. 북한당국에 대한 종속적인 관계가 소멸되도록 교육하는 것을 중점을 둔다. 전반적으로 북한체제에 대한 거부적 의식을 형성, 한국 주도의 자유민주주의 및 시장경제체제에 대한 우월성과 민주적 정치질서에 대한 기본적인 교육이 필요하다. 이런 배경을 볼 때 통일 및 전환기 정훈교육은 선무활동을 준용할 수 있다. 기본적으로 군사작전 지원을 위한 심리작전을 중심으로 전개하며, 초기에는 공격시 '점령지역 군, 민에 대한 이해 및 협조 요구'를 최우선의 가치로 둬야 한다.

본격적으로 인수 및 개편과정을 시작하면 북한체제의 실상을 설명하고 한국의 정보를 제공하는데 중정을 둘 수 있다. 북한의 실상은 인권문제를 주요한 내용으로 하고, 지도체계에 대한 불법성과 비도적성을 부각하면 자연스럽게 자유민주주의에 제도와 질서에 편입될 수 있다.

통일 시기를 촉진하기 위해 통일 지지 기반 확대를 고려해야 한다. 따라서 통일교육을 중점적으로 진행하며 기존 통일교육의 내용을 대부분 활용하면 쉽게 접근할 수 있다. 여기에는 북한체제의 역사와 김일성 세습 체계에 대한 올바른 인식을 제고하는 내용을 포함하고, 기존 통일교육 내용 중 한반도 주변 정세와 통일 편익 부분을 강조하면 효과적인 교육 효과를 기대할 수 있다. 다음으로는 통일국가 발전의 주체로서 부여된 역할을 강조해 통합을 촉진한다. 남한출신과 동일한 존재라는 인식을 제고해 자발적으로 통일지지 기반 형성에 참여하도록 유도한다.

북한 출신 군인들의 경우 통일된 국가에서도 직업의 연속성을 유지할 수 있다. 또한 가장 큰 불만세력으로 점증할 수 있다. 기존에 북한체제에서 보장받던 상대적인 위상이 높았기 때문에 통합된 군과 통일 사회에서 제기된 불만을 표출할 수 있다. 따라서 군인이라는 직업이 부여하는 기본적인 역할을 강조하고 참여를 유도하기 위해서 안보의식을 교육을 통해 전환할 필요 있다. 주변정세에 대한 인식을 제고하고 한국군의 역할과 위상을 홍보함으로 인해 통일국가에서도 안보에 기여할 수 있는 역할을 강조해야 한다.

1. 미래 통일한국의 안보환경 전망

1) 한반도 안보환경 전망

통일시기를 특정할 수 없지만 대략 2040년경을 기준으로 전망하고자 한다. 현재 이후 한반도 주변 정세는 세력변화를 노리는 중국과 현상을 유지하려는 미국 사이에 군사적 충돌 가능성이 높다는 전망이 나온다. 따라서 역내 경쟁과 긴장관계 지속이 불가피하다는 판단이다.[38] 이러한 주변국 갈등 요인은 영토문제와 해양 주권문제를 두고 민감하게 대립할 것으로 전망된다. 국가 간 긴장은 무력 충돌로 점증하는 원인이 될 수 있어 효과적인 군사적 대응이 요구된다. 따라서 북한이 군사적 최대 위협으로 상존(분단 지속)과 현재와 미래(통일)시가 군사적 위협은 비슷하다고 전망할 수 있다.

동북아시아에서 제도화된 다자간안보협력체제 구성은 과거사 문제, 지역 강대국 관계의 범지구적인 대립, 국가 권력의 과도한 영향력, 각국의 경제 침체와 민족주의 발현, 지역안보에서 책임분담의 강제력 한계, 공동의 정책 도출 한계 등으로 현실적인 어려움이 예상된다.[39]

---

38 중견국과 약소국은 패권변화 시기에 역할 분담을 강요받고 봉쇄 정책에 가담할 수 있다는 전망이다. 따라서 중국이 부상하고 미국 패권이 약화되면 한국도 갈등 구조에 들어갈 수 있다는 진단이다. 동아시아 세력변화와 한국 여건에 대한 내용은 다음을 참조. 전재성, 『동아시아 국제정치 역사에서 이론으로』(서울: 동아시아연구원, 2014), pp. 198-206.

39 동북아 다자안보협력체제 형성의 가능성과 평가에 대한 구체적인 내용은 다음을 참조. 박영호, "동북아 다자안보협력체 형성 가능성과 군비통제 문제에 대한 함의," 『한반도 군비통제』, 제55집 (2014), pp. 151-153.; 또한 북한과 관련된 다자적 협력의 대표적인 사례는 비확산체제에 대한 경험을 고려할 수 있다. 비확산체제의 한계에 대한 내용은 다음을 참조. Hyo-Jin Kim, "The Political Dynamics of U. S. Non-Proliferation Policy: the Case of North Korea," (PhD diss., University of Korea, 2011), pp. 265-310.

국가별 전략을 보면 중국은 전략경쟁 심화에 따른 군사 역량 강화가 예상되며, 군사력을 사용하는 영향력 행사가 전망된다. 전방위 차원 '미중 전략경쟁' 심화가 예상되며, 주변국에 강압 및 무력 행사가 우려된다. '중국몽' 실현을 위해 국력을 집중하며 총체적 역량을 지속해 집중한다고 전망된다. 경제와 군사 등 모든 영역에서 경쟁이 심화하며 상호 갈등은 총체적인 안보 사안으로 민감하게 악화할 가능성이 있다. 미중 세력 대립은 점증하며 공중 영역에서 가시적 충돌이 증가할 가능성이 있다. 대만 해협 및 남동중국해에서의 군사적 긴장과 분쟁 가능성이 높고 이에 따른 동북아 전체에 위기를 파급할 가능성있다. 중국은 동북아 내 영향력 확대 및 전략 경쟁과 연계한 안보 및 경제적 위기를 강요할 가능성이 있다. 이에 주변국 마찰 요인 증가가 우려된다. 영토 및 해양경계획정 · 해상민병 활동방공식별구역 선포 등이 예상된다. 미중 갈등과 연계한 동북아 내 군사적 긴장이 증가하며, 가시적인 무력 충돌 가능성 점증할 수 있다. 국력 증가에 따라 인태 지역 내 미국 주도 질서에 도전하며 영향력 확대를 추진하다고 전망된다.

국가별 전략을 보면 러시아는 세계적인 영향력 행사를 추구하며, 핵무기를 포함한 무력으로 강압하는 전략이 전망된다. '강한 러시아' 부활을 목표로 군사력 증강, 중국과 연대하며 영향력 극대화를 전망할 수 있다. 세계강국 지위를 재확보 하기 위해 지속 가능한 발전을 추구하며, 강화된 국력을 바탕으로 크림 침공 및 우크라이나 침공 등과 같은 핵심 이익 확보 및 영향력 확대 추구를 예상할 수 있다. 미국과 전략적 힘의 균형을 유지하기 위해 '핵 억지력' 강화 및 군 현대화 등 전력 증강 정책을 지속한다고 예상된다. 범세계적인 관여정책을 추구하고 이를 달성하기 위한 역량 및 중국 등 우호국 연대를 동시에 강화할 수 있다. 동북아(극동지역) 역내에서 경제발전 여건을 강화하며 영향력 극대화를 추구한다고 전망된다. 특히 군사적 영향력을 지속 확대하며 여건이 조성될 경우 공세적으로 무력을 동원해 '전략적 목표' 달성을 추구할 가능성도 있다. 동북아에서 항공기 및 함정 활동을 증대, 중국과 공조와 연대를 강화해 미국 영향력을 견제를 지속한다고 전망된다. '회색전략' 활용 등으로 국지전 분쟁에서 기습적으로 승리하며 전략적 목표를 달성, 핵무기 위협 및 사용 가능성도 있다. 핵심 이익 확보를 위한 국력 강화를 지속 추구하며, 우크라이나 전쟁 종전 후 빠른 회복 추진이 전망된다.

국가별 전략을 보면 일본은 '공세적 행보'가 예상되며, 한일 간 잠재한 분쟁 요인의 현실화를 우려할 수 있다. 지역 패권구도에서 영향력 확대를 경주하며, 미래 위협에 적극 대처하는 공세적 방위 정책 추진 강화를 전망할 수 있다. 미일 양자 및 다자 협력으로 중국 영향력 확장을 견제한다고 전망된다. 방위비 증가 및 '반격능력 확보' 등 재무장 가속화도 예상된다. 센카쿠 열도 및 북방도서에 대한 실효적 지배 노력 지속을 전망할 수 있다. '한일' 및 '한미일' 안보 협력을 추구하나, '독도' 분쟁지역화 지속 시도 및 무력 행사 가능성도 배재할 수 없다. 한미일 다자협력 강화를 통해 중국 영향력 확대에 대응한다고 전망할 수 있다. 7광구 개발과 EEZ 획정 등에서 갈등이 심화할 수 있다. 대내외 정세변화에 따라 갈등 증폭이 우려되며, 유사시 한국 관할권 내 전력 투사를 시도할 수 있다.

통일 시기 한국의 인구를 추계하면 현재 북한인구 2,400만을 편입할 때 단순하게 8천만 규모를 추정할 수 있다. 그러나 급격한 인구 감소 추세에 따라 8천만 보다 상당히 못 미치는 인구를 예상함이 타당하다.[40] 따라서 주변 국가들과 비교하면 상당한 격차가 예상된다. 이러한 격차는 인구뿐 아니라 영토의 크기, 총체적인 국력에도 공통적으로 나타날 수 있다. 긍정적 요인은 통일한국은 남북한 대립 위협을 탈피하면서 안보 수요를 축소할 수 있다. 다만, 종합적으로 정리한다면 동북아 역내 불안정이 지속되면서 여전히 상당한 안보 위협, 즉 안보 수요가 존재한다고 전망된다.

2) 안보 소요 증감 요인 고려

통일은 한국 주도로 완성될 것으로 보이며 남북한 경쟁 과정에서 급변사태가 발생하더라도 한국 주도로 종결된다는 전망이다. 특히, 핵무기 등 대량살상무기

---

40 북한 영유아 사망률이 줄고, 경제성장에 따른 일시적인 출산율 증가 및 접경지역 주민 유입이 고려 된다. 다만 보다 적극적인 출산 장려 및 인구 유입 정책을 도입해야 인구 절벽 위기를 극복할 수 있다. 미래 통일시기에는 지금보다 크게 개방된 이주 정책도 대안으로 고려된다.

는 미국이 개입해 관리할 가능성이 크다. 북한 비핵화 여부와 관계없이 결과적으로 한국은 북한 핵무기를 승계 및 보유할 가능성이 작다.

통일 시기 초기에 경제적 혼란은 불가피하겠지만 정부 예산을 제약할 만큼 경제적 빈곤을 초래하지 않을 것으로 전망된다. 통일 이후 통일편익이 통일비용을 상당히 초과함을 확인할 수 있다.[41] 통일한국의 경제력은 여건에 따라 다르지만 5~7조 달러 사이에 형성될 것으로 전망되며 일본 GDP 66~85% 수준에 해당한다.[42] 또한 국방비 지출이 경제성장을 저해한다는 지적도 있지만, 적정 수준 국방비 투자는 오히려 경제성장을 견인하기 때문에 재정부담을 이유로 정부지출을 축소해야 한다고 주장하기 어렵다.[43] 통일한국 경제성장은 확대된 재정규모로 국방비 비율은 감소할 것이나 모병제로 전환되면서 인건비 상승 및 지상군 위주 군 구조를 탈피, 해군 및 공군 첨단 무기체계 소요 증가로 국방비 증가 요인도 존재한다.

2. 미래 통일한국의 군사력 전망

1) 통일한국의 요구 능력

주변국 경제와 군사력 규모를 기준으로 두면 비대칭적인 현상을 타파하기 위해 상당 수준 군사력 보유와 국방비 지출이 요구된다. 그러나 적정 수준을 넘어서는 국방비 지출은 총체적인 국력 능력을 초월하는 것으로 일반적으로 선호되는 정책은 아니다. 따라서 현실적인 군사력 보유 능력과 안보 위협을 고려했을

---

41 통일 이후 예상되는 20년간의 경제 혜택은 명목금액 기준으로 1경 원 이상, 2013년 불변가격 기준의 실질금액으로는 6천조 원을 초과하는 것으로 추정됐음. 반면 경제분야의 통일비용은 명목금액 기준으로 약 1천조 원, 실질금액으로는 약 580조 원 수준으로 예상됨. 조한범 외, 『정치·사회·경제 분야 통일 비용·편익 연구』(서울: 통일연구원, 2013), pp. 367-370.

42 현대경제연구원, "통일 한국의 경제적 잠재력 추정," 『경제주평』, 통권587호(2014), p. 11.

43 국방 부분에 대한 정부 투자비의 경제적 효과를 여타 산업과 비교하더라도 비슷한 것을 확인할 수 있음. 구체적인 내용은 다음을 참조, 김욱기, "경제성장과 사회적 효용을 고려한 적정 국방비에 대한 연구," 『국방정책연구』, 제27권 제3호(2011), pp. 135-155.

때 한국은 주변국을 공세적으로 압도하기보다는 영토침략을 거부하고 확장된 영역에서 전력을 투사를 할 수 있는 수준이 요구된다.[44] 물론 이러한 '거부적 억지력'에 해당하는 능력 스펙트럼(Spectrum)은 현재도 적용되고 있으며, 통일한국 시기에도 유효할 것으로 판단된다.[45]

물론 이러한 세력균형을 추구하면서 독자적인 능력만으로 구현하는 것은 아니다. 동맹을 활용하는 외적 균형을 바탕으로 자위를 달성할 수 있다.[46] 국방정책 목표는 국익위협을 전방위적으로 예방하는 것에 두며, 목표 달성을 위한 전략은 유연하게 대체해야 하기 때문이다.[47] 한미동맹에 기반을 둔 군사력 건설을 고려한다는 판단이며 다만 그 목적과 역할은 분단시기와 달라질 수 있다.

현재 한국군 상비군 인구 대비 비율은 이스라엘 다음으로 높다. 또한, 각 군 구성 중 지상군 비율이 상대적으로 높다. 전반적으로 GDP 대비 국방비 비율은 비슷한 수준인데 통일 이후에도 주변국가 갈등요인으로 안보위협이 지속된다면 병력 감축은 다소 가능하겠지만 국방비 대폭감소를 판단하기는 어렵다.[48] 오히려 최근 국방비 예산 증가 추세를 보면 다양한 위협에 대비하기 위한 차원에서 군사비 소요는 더욱 늘어날 전망이다.[49] 향후 미래시기 한국 안보위협과 적정 군

---

44 김윤태 · 박휘락, "한국군 전력수준의 진단체계와 중기 발전정책: 균형적 전력구성의 관점으로,"『국방정책연구』, 제99권 제1호(2013), p. 60.

45 국방부는 '억지'와 '억제'를 구분하지 않으며, 억지력을 억제력으로 통칭하고 있다.

46 제정관, "남북한 군사통합 · 통일한국군 건설 및 쟁점들,"『한국과 국제정치』, 제19권 제1호(2003), pp. 136-137.

47 미래 국방비전으로 제시된 예방국방은 통일한국의 국방비전으로 국가위상을 고려할 때 통일한국이 추구해야 할 국방정책으로 판단된다. 노훈 외,『국방정책 2030』(서울: 한국국방연구원, 2010), p. 251.

48 조홍용이 제시한 구조방정식의 모형을 참고하였으며 해당 연구는 안보위협에 따른 수요가 결정적인 역할을 한다고 평가했다. 위협이 감소할 경우 병력 감축이 국방비 축소보다 더 크게 나타나는 것을 확인할 수 있다. 조홍용, "적정 병력규모/국방비 결정 모형에 관한 연구,"『국방정책연구』, 제47권(2000), pp. 1-32.

49 국방부가 제출한 2019년 국방비 예산 자료를 보면 ▲잠재적 위협 등 전방위 위협 대응능력과 전

사력 수준을 안보 및 국력 유사 국가를 통해 전망해 볼 수 있다.

_표 5-2_ **군사력 상대적 지표**

구분	중국	일본	이탈리아	이스라엘	터키	한국
인구(억,명)	13.79	1.26	0.62	0.08	0.81	0.51
GDP(조,$(순위))	23.12(1)	5.41(4)	2.31(13)	0.32(55)	2.13(14)	2.03(15)
국방비 비율	1.9%	0.93%	1.12%	5.62%	2.31%	2.7%
상비군 규모(명)	2,035,000	247,150	174,500	176,500	355,200	625,000
지상군 비율	48%	61%	59%	75%	73%	78%
해 군 비율	12%	18%	18%	5%	13%	11%
공 군 비율	19%	19%	24%	19%	14%	10%
예비군 규모(명)	510,000	56,000	18,300	465,000	378,700	3,100,000
핵무기 보유	보유	미보유	미보유	보유	미보유	미보유

출처: _CIA World Factbook 2020-2021_ 및 _Military Balance 2020_ 재구성.

통일 시기를 현재(2020년대, 2020년 기준) 이후로 설정하고 군사력을 평가하면 병력 규모는 터키, 병력 구조는 해군과 공군을 중심으로 편성된 일본 또는 이탈리아 사례와 비교해야 적절하다고 판단된다.[50] GDP 대비 국방비 비율은 절대적 참고가 어렵다. 해당 국가별 경제력 규모에 따라 결정되는 영향이 있다. 독일과 일본은 통상 GDP 대비 1% 내외 수준에서 국방비를 지출하는데 400억 달러를 상회한다. 한국은 2% 이상 지출하지만 국방비 총액은 300억 달러 수준으로 이들 국가에 미치지 못했다.

시작전통제권(전작권) 전환을 위한 우리 군의 핵심적 방어능력 구비 ▲부대 · 병력감축, 복무 기간 단축 등에 대응한 강군 육성 ▲4차 산업혁명 기술발전 견인 ▲장병 복무여건 개선 등에 역점을 두고 연간 8% 증가된 수준에서 편성했다.

50 조기경보 및 정보능력을 확충하고 현대화 및 기동화를 달성하며 해군과 공군을 증강하는 방향으로 군사력을 건설해야 함. 전력 구조 개편과 군사력 배치와 관련된 내용은 다음을 참조. 제정관, 앞의 글. pp. 142-146.

표 5-3 미래(통일) 한국의 전력발전 방향

구분	한국	미래(통일) 시기	주요 무기체계 도입
지상군	대규모 병력, 화력전	무인화, 신속 기동전	대형공격헬기, 무인 장갑차, 드론
해 군	연안 방어 지상군 지원	원양 작전, 수송로 보호	이지스함, 항공모함, 무인함정
공 군	한반도 작전 중심	장거리 작전, 전략 임무	공중급유기, 대형수송기, 무인기
정 보	제한적 능력, 미군 의존	독자적 감시 · 정찰	첩보위성, 고고도정찰기

출처: 박용한, "통일한국 적정 군사력 추계와 남북한 군비통제 함의," 『북한연구학회보』 제22권 2호(2018), p. 104.

무기체계 구성은 주변국이 추구하는 전력 투사 능력 및 전략적 억제 능력 강화에 대응하는 능력을 갖춰야 한다. 기술적 발전이 이뤄지는 스텔스 전투기, 극초음속 미사일 등 첨단 무기 개발 추세를 맞춰가야 한다. 또한 이지스함, 잠수함, 상륙지원함, 항공모함 등 해양 전력 투사 능력 강화도 반영해야 한다. 정보자산 독자 운용과 고도화 노력도 필요하다. 이러한 군사력 건설 발향은 국방비 지출 규모가 줄어들기 어려운 여건을 보여 준다.

2) 병력 규모 변화 및 모병제 도입 가능성

한국군은 국방개혁 추세를 보면 상비군 병력 보유 수준 목표는 위협에 기반해 판단할 수 있다. 단 · 중기적으로 북한 위협에 대비한 능력을 우선 확보하고, 장기적으로 통일시대를 준비하면서 잠재적 위협에 대비한 방위역량을 강화를 목표를 둔다.

지난 2005년 국방부는 2020년 안보상황과 전략 환경하에서 한반도 전쟁 억지 및 방위충분성 전력을 유지하는 데 요구되는 부대구조와 수를 면밀하게 분석한 결과 50만 명의 병력규모가 필요하다고 판단했다. 한반도 주변 안보환경과 북한 위협을 고려해 전쟁 억지 능력 확보에 필요한 수준으로 제시됐다.[51]

---

51 국방개혁 기본계획(06~20)에서는 '정보, 지식 중심의 기술집약형 군 구조 개편', '실용적 선진 국방운영체제로의 개선'이라는 국방개혁의 중점을 두고 계획을 만들었다. 국방부, 『국방개혁 2020

2009년 국방개혁에서는 50만 명 수준으로 유지한다는 목표를 제시하면서 2022년까지 50만 명 수준으로 병력을 감축했다. 전략 환경 변화는 미래전 양상은 대량소모전 개념에서 네트워크중심 환경하 효과중심작전으로 변화하는 추세를 고려했다. 이에 따라 국방개혁 기본방향은 병력규모는 조정되더라도 간부비율을 높여 군을 정예화하고, 전투부대 편성의 완전성을 보장해 즉각 전투수행능력을 제고한다는 계획을 내세웠다.[52]

통일 이후 초기에는 비슷한 규모를 유지한다고 전망되며 이후 추가 감축도 예상된다. 국방부는 통일 후 완전한 안정기 안보상황을 염두에 두고 40~50만 명 수준에서 병력을 유지할 수 있다고 판단하기도 했다.[53] 다만, 국방부는 "30~35만 명은 통일 이후에나 생각할 수 있는 수준"이라며 통일 이후 50만 명보다 더 적은 병력을 보유할 가능성도 언급한 사례도 있다.[54]

또한, 인구 감소가 지속될 경우 현재 기준에서 30만 명 수준까지 병력이 줄어드는 상황을 맞이할 수도 있다. 지속하는 인구 감소에 따른 한국군은 30~40만 명 수준으로 줄이는 추가 병력 감축을 논의하는 상황이다. 통일시기에는 이러한 추가 감축이 진행되고 있거나 완료된 상황으로 전망된다.

앞서 살펴본 미래전 특성과 인구 감소 및 안보 소요 등의 추세를 고려할 때 미래 통일한국의 징병제도는 달라질 여지가 있다. 특히 남북한 전체 병력은 현재 대략 200여만 명 수준이다. 증가한 인구에 비해 안보 소요가 줄어들면서 감축의 여지가 크다. 따라서 통일한국은 모병제로 전환할 가능성이 크다. 만약 현재와 같이 징병제도를 유지할 경우 병역 기간을 대폭 줄여야 한다. 이러한 여건에서는 숙련도는 높이고 전문성을 갖추기 어렵다. 따라서 최소 기간의 복무기간이 필요

이렇게 추진합니다」(서울: 국방부, 2005), p. 13.

52 국방개혁 기본계획(09~20)에서는 '정보, 지식 중심의 기술집약형 군 구조 개편', '실용적 선진 국방운영체제로의 개선'이라는 국방개혁 중점에 따라 계획됐다. 국방부, 『'정예화된 선진강군' 육성을 위한 국방개혁, 국민과 함께합니다』(서울: 국방부, 2009), p. 14.

53 국방부, 『국방개혁 2020: 50문 50답』(서울: 국방부, 2005), p. 16.

54 국방부, 『국방개혁 2020 이렇게 추진합니다』, p. 13.

하다. 이 또한 병력 규모 감축의 요인이 된다.

물론 병력 감축은 북한 위협대비 또는 주변국 위협을 고려한 가운데 과도했을 때 안보에 위협이 된다는 우려가 종종 제기됐다. 그러나 군사력 양적 크기로 국방력을 판단할 수 없다는 분석도 있다. 미군이 목표 달성을 위해 방법과 수단은 융합하는 사례처럼 국가는 접근 방식을 다양하게 마련한다. "병력규모가 적으면 적은 상황에 맞는 창의적인 전략 개념을 수립해 대응하고 병력규모가 많으면 많은 상황에 부합되는 전략을 수립해 대응"하면 된다.[55] 따라서 적정 군사력을 판단할 때 단순히 양적인 기준이 아닌 다양한 변수를 고려할 필요성이 확인된다.

예비군 규모는 대폭 축소되지만 상비군 수준 전투력을 보유한 정예화로 질적 발전이 이뤄질 수 있다. 지속하는 국방개혁에 따라 현역 병력을 감축하고 예비군 정예화를 고려해 창설한 육군 동원전력사령부 역할이 더욱 커진다. 일본은 즉응예비자위관, 예비자위관으로 예비군을 운용하며 사실상 상비군 수준과 같은 예비전력을 갖추고 있다. 여기에는 상당한 인건비 부담이 예상된다.

V 결론

통일과정에 군사통합을 정치적 통합의 부산물로 간주하면 예멘의 경우처럼 형식적인 통합에 그치고 궁극적으로 내전으로 악화될 수 있다. 따라서 군대를 이원적 구조로 유지할 수 없으며, 전면적인 통합을 진행해야 한다.

군사통합은 군비통제를 경과할 수 있으며, 급진적인 진행의 경우도 군축과 군비통제를 압축적으로 경과하게 된다. 통합과정은 북한군의 편성을 비롯한 현황을 파악하고, 지휘권 인수 및 평가 과정을 진행하며, 통제권 이양 및 실태조사

---

55 박휘락, "통일한국군의 적정 군사력에 대한 연구: 점증모형에 따른 접근," 『한반도 군비통제』, 제55권(2014), p .136.

를 이어가며, 지휘권을 한국군 중심으로 전환한 뒤, 일부 북한군을 통합된 군대로 재배치하는 과정을 이어가는 과정을 제시할 수 있다.

또한, 남북한 통합시기에 본격적인 북한군 통합과정에서도 재사회화 교육이 필요하다. 통합 초기에는 군사적 위협요인이 잔존할 것으로 예상된다. 특히 급변적인 통일의 경우 안정화 과정이 필요하다. 북한체제에 대한 충성심으로 초국가적인 작전을 수행할 수 있는 무장조직이 우려된다. 따라서 북한당국이 지속했던 선전과 선동을 바로잡고, 주민과 통합되는 북한의 군인들이 북한당국을 타파해야 할 대상으로 인식하도록 유도해야 한다.

통일 시기 한국의 인구를 추계하는 데 어려움이 있다. 그럼에도 현재 북한인구 규모 2,400만 명을 단순하게 편입하는 가정을 고려해 볼 수 있다. 인구 감소 추세에 따라 8천만 명 보다 상당히 못 미치는 인구를 예상함이 타당하다. 인구 감소는 북한에서도 나타나는 특성으로 특기할 변화가 없다면 미래 시기에 도래하는 예측 가능한 도전 요인이다.

통일시기를 특정할 수 없지만 대략 2040년경을 기준으로 전망하고자 한다. 현재 이후 한반도 주변 정세는 세력 변화를 노리는 중국과 현상을 유지하려는 미국 사이에 군사적 충돌 가성이 높다는 전망이 나온다. 따라서 역내 경쟁과 긴장관계 지속이 불가피하다는 판단이다. 이런 배경에서 분단 위협이 소멸해도 통일한국은 미래시기에도 주변국 경제와 군사력 규모에 따른 비대칭적인 현상을 타파할 필요성이 있다.

따라서 통일한국은 미래에도 상당 수준 군사력 보유와 국방비 지출이 요구된다. 통일 이후 초기에는 비슷한 규모를 유지한다고 전망되며 이후 추가 감축도 예상된다. 다만, 통일한국은 모병제로 전환할 가능성이 크다. 미래전 특성과 인구 감소 및 안보 소요 등의 추세를 고려할 때 미래 통일한국의 징병제도는 달라질 여지가 있다.

참고문헌

국내문헌

곽은경. "군정체성 형성을 통한 군사통합 방안 연구: 서독연방군의 민주정체성을 중심으로." 『국방연구』 제61권 제2호(2018): 107-134.

국방부. 『2020 국방백서』. 서울: 국방부, 2020.

＿＿＿. 『'정예화된 선진강군'육성을 위한 국방개혁, 국민과 함께합니다』. 서울: 국방부, 2009.

＿＿＿. 『국방개혁 2020 이렇게 추진합니다』. 서울: 국방부, 2005.

＿＿＿. 『국방개혁 2020: 50문 50답』. 서울: 국방부, 2005.

김광열. "남북한 군사통합-갈등요인과 대책." 『한국정치외교사논총』, 제23집 2호(2002): 287-320.

김동영. 『독일 통일, 그리고 한반도의 선택』. 파주: 한울아카데미, 2010.

김욱기. "경제성장과 사회적 효용을 고려한 적정 국방비에 대한 연구." 『국방정책연구』, 제27권 3호(2011): 135-155.

김윤태 · 박휘락. "한국군 전력수준의 진단체계와 중기 발전정책: 균형적 전력구성의 관점으로." 『국방정책연구』, 제29권 제1호(2013): 52-85.

김재철. "남북한의 군사적 긴장완화 방안: 근본요인과 촉발요인을 중심으로." 『한국동북아논총』, 제77호(2015): 121-140.

김재홍. "한국의 통일 · 대북정책 전개와 남북군비통제 모색." 『한반도 군비통제』, 제55집(2014): 7-25.

김진아. "한반도에서의 군사적 신뢰구축과 육군에 주는 함의." 『전략환경 변화에 따른 한국 국방과 미래 육군의 역할』. 이근욱 엮. 서울: 한울 아카데미, 2019.

김하중. 『체제불법 청산방안에 관한 헌법적 고찰: 구 동독과 북한의 체제불법을 중심으로』. 박사학위 논문, 고려대학교, 2008.

노훈 외. 『국방정책 2030』. 서울: 한국국방연구원, 2010.

박영호. "동북아 다자안보협력체 형성 가능성과 군비통제 문제에 대한 함의." 『한반도 군비통제』, 제55집(2014).

박영환. 『남북 군사통합시 독일모델 적용 가능성 연구』. 서울: 한국군문제연구소, 2004.

박용한. 『북한의 급변사태와 한국의 안정화 전략에 관한 연구: 남북한 통합의 함의』. 박사학위 논문, 고려대학교, 2016.

_____. "통일한국 적정 군사력 추계와 남북한 군비통제 함의." 『북한연구학회보』. 제22권 2호
    (2018): 87-116.

박종철. 『남북한 군비통제의 포괄적 이행방안』. 서울: 민족통일연구원, 1995.

박휘락. "통일한국군의 적정 군사력에 대한 연구: 점증모형에 따른 접근." 『한반도 군비통제』. 제55
    집(2014).

백종천. 『한반도 평화안보론』. 성남: 세종연구소, 2006.

손기웅. 『독일통일 쟁점과 과제 1』. 서울: 늘품플러스, 2009.

우희철. "남·북한 군사통합에 대비한 군(軍) 정신전력 강화교육 연구." 『북한학보』, 37집 제1호
    (2012): 88-116.

윤여상 외. 『북한 정치범수용소 운영체계와 인권실태』. 서울: 북한인권정보센터, 2011.

이호령. "한반도 안보환경 변화와 군비통제정책 발전방향." 『국방정책연구』, 제23권 제4호
    (2008): 69-106.

임도빈. "첫 단추를 잘 채우자: 행정체제의 정비." 『통일한국정부론: 급변사태를 대비하며』. 김병
    섭·임도빈 편. 경기: 나남, 2012.

전재성. 『동아시아 국제정치 역사에서 이론으로』. 서울: 동아시아연구원, 2014.

제정관. "남북한 군사통합·통일한국군 건설 및 쟁점들." 『한국과 국제정치』, 제19권 제1호(2003):
    127-155.

조은일·이미숙. "한국 군비통제정책의 시대적 변화 연구." 『국방정책연구』, 통권 128호(2020):
    53-80.

조한범 외. 『정치·사회·경제 분야 통일 비용·편익 연구』. 서울: 통일연구원, 2013.

조홍용. "적정 병력규모/국방비 결정 모형에 관한 연구." 『국방정책연구』, 47권(2000): 1-32.

하정렬. 『한반도 통일후 군사통합방안』. 서울: 팔복원, 1996.

현대경제연구원. "통일 한국의 경제적 잠재력 추정." 『경제주평』, 통권 587호(2014): 1-19.

현성일. 『북한의 국가전략과 파워 엘리트』. 서울: 선인, 2007.

현인택. "한반도 냉전구조 해체과정에서의 남북한 군비통제방안." 『한반도 군비통제』, 제26집
    (1999).

홍규덕. "북한의 비핵화와 남북군비통제: 병행접근 가능한가?." 『제3회 북한 군사 포럼』. 서울, 한
    국국방연구원, 2009년 12월 14일.

황일도. 『냉전기 군비통제체제의 한반도·동북아 적용 가능성』. 서울: 국립외교원, 2019.

Kim, Hyo-Jin. "The Political Dynamics of U. S. Non-Proliferation Policy: the Case of North
    Korea." PhD diss., University of Korea, 2011.

해외문헌

Altfeld, Michael. "Arms Races?- And Escalation? A Comment On Wallace." *International Studies Quarterly*, Vol. 27, No. 2 (1983): 225-231.

CIA. *CIA World Factbook 2020-2021*. Newyork: Skyhorse, 2020.

Hallenbeck, Ralph., and David Shaver, eds. *On Disarmament: The Role of Conventional Arms Control in National Security Strategy*. New York: Praeger, 1991.

Harahan, Joseph P. *With Courage and Persistence: Eliminating and Securing Weapons of Mass Destruction with the Nunn-Lugar Cooperative Threat Reduction Programs*. Virginia: Defense Threat Reduction Agency, 2014.

IISS. *Military Balance 2020*. London: Taylor & Francis Ltd, 2020.

___. *Military Balance 2023*. London: Taylor & Francis Ltd, 2023.

Nitze, Paul. "The 1985 Alastair Buchan Memorial Lecture," *Survival*, Vol. 27, Issue 3 (1985): 98-107.

Schelling, Thomas. "Reciprocal Measures for Arms Stabilization." *Daedalus*, Vol. 89, No. 4 (1960): 892-914.

_____. "The Thirtieth Year." *The International Practice of Arms Control*. Ed., Emanuel Adler. Baltimore: Johns Hopkins University Press, 1992.

Wallace, Michael. "Arms Race and Escalation: Some New Evidence." *Journal of Conflict Resolution*, Vol. 23, No. 1 (1979): 3-16.

통일 이후 남북한 법제도통합

주연종 총신대학교 통일개발대학원 겸임교수

통일 이후 남북한 법제도통합

I 서론

북한은 법률의 제정과정뿐만 아니라 사법제도 또한 당의 정책관철과 유일지배체제의 유지라는 목적에 부합되도록 운영하고 있다. 검찰이 재판소의 판결을 감시할 수 있고 판사가 아닌 검사가 구속영장을 발부할 권한을 가지고 있다. 재판소 구성도 '인민참심원'이라고 하는 당이 파견한 인사가 포함되도록 제도화되어 있다. 우리와 같이 입법, 사법, 행정의 3권이 분립되어 있지 않고 형해화(形骸化)되어 있다. 따라서 통일 이후 통합의 과정에서 가장 시급히 해결해야 할 부분이 북한주민들의 법의식 개선이다. 통일된 미래의 법환경과 법과 사법제도의 통합을 위해서는 먼저 북한의 법과 사법제도에 대한 이해가 필요하고 이에 기반한 통일 이후의 법제도통합에 대한 논의가 수반되어야 할 것이다.

현재 북한의 법률은 약 400개 정도로 알려져 있는데 김일성 시기보다는 김정일 시기에, 김정일 시기보다는 김정은 시기에 법 제정활동이 점점 활발해진 것으로 파악되고 있다. 한편 북한은 법 제정과 달리 법을 인민에게 본격적으로 공포한 것은 2004년부터이다. 이로 보아 북한은 법에 의해 움직이는 법치국가로 보기는 어렵고 최고지도자의 뜻이 곧 법인 유일지배체제 국가로 보아야 할 것이다.

Ⅱ 북한의 법이론과 법체계

1. 북한의 법이론

북한은 법을 모든 공민들이 의무적으로 지켜야 할 공통적인 행동준칙으로 정의하고 있고 주체의 법이론에 기초하여 구성되고 있다.[1] 주체의 법이론은 혁명적 수령론과 결합되어 중앙집권적인 유일적 독재체제를 정당화하는 역할을 하고 있다. 따라서 주체의 법이론에서는 수령의 유일적 영도가 법의 원칙이 된다.[2] 수령의 영도적 역할을 사회주의 법건설의 근본요인이고 가장 중요한 원리로 보는 것이다. 주체의 법이론에 의하면 법은 국가관리의 기본수단으로서 프롤레타리아독재의 무기이자 사회주의의 완전한 승리를 쟁취하기 위한 유력한 도구인 것이다.[3]

북한에서는 사회주의 법치가 준법교양의 강화, 사회주의 법체계의 완비, 온 사회의 혁명적 준법 기풍 수립, 법적 통제 강화와 법질서 수립 등으로 구체화되었다. 뿐만 아니라 사회주의 법치를 통해 적대분자들과 불순분자들로부터 당을 지키고 사회주의 제도를 지킬 수 있다고 보았다.[4] 최근에는 비사회주의행위에 대한 법적 통제를 강화함으로써 이를 강력히 추진하고 있다.[5] 북한은 '사회주의법

---

1 사회과학출판사 편, 『조선말대사전』 (평양: 사회과학출판사. 2017), p. 170. 사전적 의미로 법은 국가가 제정공포하고 국가권력에 의하여 그 준수가 담보되는 공통적인 행동준칙이자 의무성을 띠는 행위규범으로서 사회경제제도의 반영이자 정치의 한 표현형식이다. 더 나아가 법은 국가의 중요한 통치 수단이다. 북한도 우리와 같이 법령과 법률를 같은 의미로 사용하고 있는데 우리의 법률과 같은 위계의 법을 통칭해서 '부문법'이라고 한다.

2 이효원, "북한의 입법조직과 작용에 관한 법체계," 『통일과 법률』, 제46호(2021), p. 9.

3 손철남, "인민정권의 법적통제기능을 강화하는 것은 사회주의국가관리의 필수적요구," 『정치법률연구』, 제1호(2011), pp. 31–33.

4 한명섭, "북한 '반동사상문화배격법'에 관한 고찰," 『북한법 연구』, 제27호(2022), p. 97.

5 황의정, 『북한의 비사회주의적 행위에 대한 법적 통제: 범죄규정화를 중심으로』 (박사학위논문, 이화여자대학교, 2016), p. 187.

치국가건설론'을 제기하면서 사회주의법치국가에 도달하기 위해 법제사업을 강화하고 법체계를 완비하기 위한 노력을 계속하고 있다. 이를 위해 사회관계의 모든 분야를 법으로 세밀히 규정하고 사회관계를 전면적으로 법제화함으로써 사회주의법치국가를 이룩할 수 있다고 주장한다.[6] 북한에서의 사회주의법치는 당의 영도와 노선과 정책을 정확히 구현한 것으로 이는 법제정사업에도 동일하게 적용되고 있다.[7]

2. 북한의 법체계

북한의 법체계는 법의 위계와 서열을 의미하는데 법제정법에 명확히 규정되어 있다. 우선 헌법의 경우 법제정법에서 최고의 법적 효력을 가진다고 명시했다(제45조). 그리고 우리의 법률에 해당하는 부문법은 규정이나 세칙보다 높다(제46조). 아울러 제정 및 개정 기관에 따른 체계를 보면 최고인민회의 상임위원회 규정의 효력은 내각이 낸 규정보다 높고 내각이 낸 규정의 효력은 내각 위원회나 성과 도(직할시) 인민회의 및 인민위원회가 낸 세칙보다 높다(제48조). 내각 위원회, 성이 낸 세칙은 동등한 효력을 가지며 각기 자기 권한 범위 안에서 시행한다. 그리고 내각 위원회, 성이 낸 세칙의 효력은 도(직할시)인민위원회가 낸 세칙보다 높다(제49조). 도(직할시)인민회의가 낸 세칙의 효력은 해당 인민위원회가 낸 세칙보다 높고(제50조) 한 기관이 낸 법 문건에서 같은 사항에 대하여 특별법 규범과 일반법 규범이 서로 다를 경우에는 특별법 규범을 적용하며 후에 나온 법규범과 먼저 나온 법규범이 서로 다를 경우에는 후에 나온 법규범을 적용한다.

이것은 대한민국의 법체계로 말하면, 특별법 우선법칙, 신법 우선법칙에 해당된다고 할 수 있다. 다만, 후에 나온 부문법 또는 최고인민회의 상임위원회가 낸 규정에서 같은 사항에 대하여 후에 나온 일반법규범과 먼저 나온 특별법규범이 서로 다를 경우에는 최고인민회의 상임위원회가 어느 것을 적용할 것인가에 대

---

6   박정원, "북한의 입법이론과 체계 분석," 『법학논총』, 제26권 제2호(2013), p. 225.

7   조선민주주의인민공화국 법제정법(2012)

한 결정을 한다. 내각이 낸 규정에서 같은 사항에 대하여 후에 나온 일반법규범과 먼저 나온 특별법규범이 서로 다를 경우에는 내각이 어느 것을 적용할 것인가에 대한 결정을 한다(법제정법 제54조). 그리고 최고인민회의의 상임위원회는 "헌법, 조선민주주의인민공화국 국무위원회 위원장 명령, 최고인민회의 법령, 결정, 국무위원회 정령, 결정, 지시, 최고인민회의 상임위원회 정령, 결정, 지시에 어긋나는 국가기관의 결정, 지시를 폐지하며 지방인민회의의 그릇된 결정집행을 정지"할 수 있는 권한을 가진 것으로 되어 있다(헌법 제116조 제6항). 이는 북한의 법체계가 엄격히 성립되어 있고 최고인민회의 상임위원회가 이를 교정하고 지도하고 결정한 권한을 가지고 있음을 보여주고 있다.

표 6-1　**북한법의 체계와 공포형식**

북한의 규범체계(명칭)	제정기관(공포형식)
헌법	최고인민회의(법령)
부문법 (조선민주주의인민공화국법)	최고인민회의(법령), 최고인민회의 상임위원회(정령)
규정 (법시행규정 또는 규정)	최고인민회의 상임위원회(결정) 내각(결정)
세칙 (법시행세칙 또는 규정시행세칙 또는 세칙)	내각 위원회, 성(지시) 도(직할시)인민회의(결정) 인민위원회(결정)

출처: 이은영, 『북한의 법이론 및 법체계 고찰』(세종: 한국법제연구원, 2018), p. 39.

1) 당규약과 헌법

(1) 당규약의 규범적 의미

북한의 당규약은 당의 성격과 당의 조직, 당원들이 지켜야 할 규범 및 활동원칙을 규정하고 있다. 당국가인 북한에서 당은 국가에 우선하므로, 법체계상으로나 실질적으로나 당규약이 헌법보다 우위에 있다. 북한은 1945년 10월 10일, 제1차 당대회에서 당규약 초안을 마련했고 1946년 8월 28일 북조선노동당 창립대회에서 당규약을 제정한 바 있다. 그 후 1948년 3월에 열린 제2차 당대회부터 2021년 1월의 제8차 당대회까지 7차례, 제3차(2010), 4차(2012) 당대표자대회에서 각각 1차례씩 총 9차에 걸쳐 개정되었다.[8] 당규약은 1946년 8월 28일 최초로 채택된 이래 당대회와 당대표자회를 통해 북한체제의 요구와 체제의 합리화를 위해 계속해 수정·보완되어오고 있다. 당규약 전문에 나오는 당의 성격규정에 대한 내용을 개정 시기별로 보면, "노동계급과 전체 근로대중의 선봉적·조직적 부대"(1956, 1961)에서 "노동계급과 노동대중의 선봉적 조직부대이며 우리나라 노동대중의 모든 조직 중에서 최고형태의 혁명조직"(1970)으로 바뀌었다. 김일성과 당의 관계에 대해서는 "위대한 수령 김일성동지에 의해 창건된 주체형의 혁명적 맑스-레닌주의당"(1980)에서 "조선노동당은 위대한 수령 김일성동지의 당"(2010), "조선노동당은 위대한 김일성-김정일주의당"(2016, 2021)으로 개정되어 왔다.[9] 당규약 서문의 변천과정에 반영된 주요 내용을 종합하면 현재의 조선노동당은 북한 내에서 선봉적이며 최고의 혁명조직이고 김일성과 김정일의 당이다.

북한은 2016년에 당규약을 개정하면서 노동당 위원장 직위와 정무국을 신설하고 제1비서직과 비서국은 폐지하였다. 그러나 5년 뒤인 2021년 1월 제8차 당대회에서 총비서직 직위와 비서국을 복원하고 당중앙위원회를 강화하는 등 조직 개편을 단행했다. 그리고 종전의 '경제건설과 핵무력건설 병진노선'과 '선군정치'를 삭제하고 '자력갱생'과 '인민대중제일주의정치'를 강조한 국가발전 노선을 명시했는데,[10] 이는 김일성-김정일 체제와 차별을 둔 김정은 체제의 성격을 담은 것으로 보인다. 특히 제8차 당대회에서 개정한 당규약은 사회주의 보편성과 제도화를 통해 사회주의 정상국가화를 도모하여 김일성, 김정일, 김정은에 대한 개

---

8   이승열, "조선노동당 규약 개정의 주요 내용과 시사점,"『이슈와 논점』, 제1852호(2021), p.1; 당규약은 당대회에서 개정 하도록 되어 있었으나 김정은의 후계자 지명이 확정된 이후인 2010년의 제3차 당대표자대회부터 대표자대회에서도 당규약 개정이 가능하도록 관련 규정을 수정하였다.

9   "노동당규약,"『통일부 북한정보포털』, https://url.kr/Gie5oT (검색일: 2024년 6월 10일).

10   위의 인터넷 자료.

인 우상화보다는 당의 유일적 영도체제를 제도적으로 강화하는 김정은의 독립적 지도자상을 부각한 것으로 평가되고 있다.

(2) 헌법

① 북한 헌법의 특징

북한의 헌법은 1948년 9월 8일 북조선 최고인민회의에서 제정되었고 이를 기반으로 9월 9일 정권이 출범하면서 법적 토대를 갖추려 하였다. 북한에서 헌법은 국가사회제도의 기본원칙, 국가기관의 조직과 활동원칙, 공민의 기본권리와 의무를 규제한 법으로 정의되고 있다. 따라서 헌법은 모든 법규범과 규정작성의 방향과 기준이 되는 국가의 기본법이다.[11]

북한의 법제정법(제45조)에 따르면 "헌법은 최고의 법적 효력을 가지며 모든 법문건은 헌법과 저촉되지 말아야 한다"라고 명시하고 있다. 따라서 모든 법령들은 헌법에 기초하여야 하며 헌법상의 요구와 원칙을 벗어나서는 안 된다.[12] 하지만 북한의 헌법은 이데올로기와의 결합이 불가피하고 사회주의 법계(法系)를 충실히 따른다는 측면에서 특성과 한계가 분명하다.[13] 따라서 북한의 헌법에는 계급성, 집단성, 교육성이 충실히 반영되어 있다.[14] 더 나아가 당규약, 당 결정, 당 중앙으로서의 김일성, 김정일, 김정은의 이른바 교시와 말씀 등에 비하면 하위 개념에 속한다는 법체계상의 한계도 있다. 그러나 이러한 장식적 혹은 형식적 체계라 하더라도 북한의 헌법은 사실적 권력관계를 규정하고 있는 국가 내 최고 규범이고,[15] 북한의 정치 사회 경제 문화의 변화를 반영하는 가장 중요한 문서임은 간과할 수 없다.[16]

---

11 김희성 · 허성근 외, 『법개론』 (평양: 김일성종합대학 출판사, 2006), p. 22.

12 박정원, "북한의 법제정(입법) 체계의 분석 및 전망", 『법제연구』, 제53호(2017), p. 22.

13 민경배, "북한 인권법제 개혁을 위한 글로벌 거버넌스의 역할," 『글로벌 거버넌스와 북한의 법 체제전환 전망』 (서울: 한울, 2016), p. 38.

14 김학성, "남북한 헌법 비교," 『남북한 법제비교』 (춘천: 강원대학교 출판부, 2003), pp. 15-16.

15 심형일, 『주체의 사회주의 헌법리론』 (평양: 사회과학출판사, 1991), p. 13.

16 조재현, "북한헌법 개정의 배경과 특징에 관한 헌법사 연구" 『미국헌법연구』, 제29권 제3호

② 헌법의 주요 개정과정

북한은 국민투표가 아닌 최고인민회의에서 헌법을 개정할 수 있다. 그리고 헌법개정에는 당의 의도, 특별히 최고지도자의 통치 철학이 반영되는 구조를 가지고 있다. 북한 헌법의 개정과정에서 김일성, 김정일, 김정은 각 시기별로 주요한 수정사항을 살펴본다.

북한은 1948년의 제정헌법을 폐기하고 1972년에 '사회주의헌법'의 제정을 통해 국가 정체성을 분명히 하고자 했다. 북한 헌법은 1948년 9월 8일에 제정된 이후 1954년에 1차, 2차 개정, 이듬해인 1955년에 3차 개정, 1956년에 4차 개정, 1962년에 5차 개정을 하였다. 그 이후 10년간 개정이 없다가 1972년 12월 27일, 최고인민회의 제5기 1차 회의에서 '조선민주주의인민공화국 사회주의헌법'을 제정공포 하였다. 이는 북한법의 변천과정 중에서 가장 중요한 시점으로서 북한식 사회주의 주체사상에 기초한 자체적인 법체계가 성립된 시기였다. 이는 과거의 헌법을 인민민주주의시대의 헌법으로 단정하고 1946년의 민주개혁과 1950년대 후반의 강력한 사회주의적 개혁을 통해 사회주의체제가 확립되었다고 본 결과였다. 동시에 이 시기부터 함께 진행된 주체화와 유일사상 강화를 통해 수령인 김일성이 영도하는 주체사회주의체제를 알리는 의미를 갖게 되었다.[17]

이렇듯 북한은 1972년에 비로소 본격적인 사회주의 국가건설과 사회주의 혁명이념을 담은 헌법을 제정 공포함으로써 1948년의 제정헌법과 달리 북한 스스로를 "자주적인 사회주의 국가"(제1조)로 규정하게 되었다.[18] 1972년 헌법은 이외에도 국가 주석제를 신설하여 1인 지배체제의 규범화를 통해 신격화된 수령체제의 기틀을 마련했다.[19] 게다가 "모든 국가기관들을 민주주의 중앙집권제 원칙

(2018), p. 275.

17 체제통합연구회 편, 『북한의 체제와 정책』 (서울: 명인출판사, 2018), p. 5.

18 조재현, 앞의 글, pp. 285-286. 제정헌법에는 사회주의, 민주집중제, 프롤레타리아 독재 등의 표현이 나오지 않으나 1972년 헌법에는 이러한 내용들이 등장하기 시작했다. 공민의 기본권과 권력의 형태가 유일지배체제로 진행해 가는 과도적 성격의 내용들이 삽입되기 시작했다.

19 이효원, 앞의 글, p. 71.

에 의하여 조직되며 운영된다"(제9조)고 명시한 것이나 신앙 및 종교의식의 거행에 대한 자유(제14조)와 언론, 출판, 결사, 집회, 군중대회 및 시위의 자유(제13조)가 제정헌법에는 존재했으나 1972년 헌법에는 삭제되었다. 그 밖에도 프롤레타리아 독재(제10조), 사회주의 분배원칙 적용(제27조) 등의 지배체제와 경제체제에 대한 규정도 이때 처음 등장하게 된다.

1972년의 사회주의 헌법 제정 이후 의미있는 개정은 1992년의 개정이다. 1990년, 동구권의 몰락과 소비에트체제가 무너지지자 북한은 헌법 개정을 통해 맑스-레닌주의와 프롤레타리아 국제주의라는 사회주의 헌법의 원칙을 삭제하게 되었다. 대신에 주체사상과 우리식사회주의를 내세움으로써 사실상 맑스-레닌주의를 더 이상 국가 최고 이념으로 내세우지 않기 시작했다.

당시는 소비에트체제가 붕괴되고 동구권 국가들이 속속 체제전환을 위해 정국이 긴박하게 돌아가던 때였다. 더 이상 맑스-레닌주의에 기댈 경우 소비에트의 해체와 동구 사회주의 국가들의 체제전환을 설명하고 비판할 길이 없는 상태에서 맑스-레닌주의의 한계를 인정하고 그보다 완벽한 이데올로기인 주체사상을 내세울 필요가 있었던 것이다.

이런 역사적 배경 속에서 북한은 1992년 개정 헌법 제3조에 "국가는 사람중심의 세계관이며 인민대중의 자주성을 실현하기 위한 혁명사상인 주체사상을 자기활동의 지도적 지침으로 삼는다"고 규정했다. 이 조항은 이때 신설되어 현재까지 수령 중심의 당국가체제의 핵심 근거가 되고 있다. 북한은 1992년의 헌법 개정을 통해 김정일로의 권력 승계를 구체화하였는데 그 대표적인 경우가 주석제와 정무원을 존치하고 국방위원회와 국방위원장의 권한을 강화한 것이었다.[20]

김일성 사후인 1998년에는 '김일성헌법'으로의 개정을 단행하고 김일성-김정일로 이어지는 권력 세습체제를 확고히 하고자 하는 의도를 분명히 담았다. 1998년 헌법의 가장 특이한 것은 서문(序文)이 처음 등장했다는 것이다. 이 헌법 서문을 통해 사망한 김일성을 찬양하고 김정일 권력의 정당성을 김일성으로부

---

20 안희창, 『북한의 통치체제, 지배구조와 사회통제』 (서울: 명인문화사, 2016), p. 144.

터 연결시키려 하였다.[21] 북한은 개정 헌법 서문에서 김일성을 조선민주주의인민공화국의 창건자이자 사회주의조국의 사상과 영도를 구현한 인물로 찬양했고 더 나아가 사회주의 조선의 시조라고 명시했다.[22] 1998년 헌법개정은 제정 수준의 폭넓은 개정이 이루어졌는데 그 대표적인 것이 권력구조에 관한 것이었다. 국가주석제를 폐지하고 국가주석의 권한을 이미 1992년 헌법부터 그 권한이 막강해진 국방위원회와 내각, 최고인민회의 상임위원회로 분산하였다.[23] 국가기구 항목의 제2절은 '국방위원회'에 관한 것이었는데 '국방위원회'를 "국가주권의 최고 군사지도기관이며 전반적 국방관리기관"[24]이라고 명시했을 뿐 아니라 '국방위원장'을 "일체 무력을 지휘통솔하여 국방사업 전반을 지도"하는 자[25]로 규정했다. 헌법의 개정을 통해 새로운 권력구조를 탄생시킨 최고인민회의는 이어서 그다음 날 김정일을 국방위원회 위원장으로 추대하여 국방위원장이 주석직을 대체하였고 국방위원회가 중앙인민위원회를 대체한 것과 같았다.[26]

'국방위원장'은 2009년의 헌법개정을 기해 '조선민주주의인민공화국의 최고령도자'로 규정되었고 조선민주주의인민공화국이 자기 활동의 지침으로 삼는 지도사상에 주체사상과 함께 '선군사상'이 추가 되었으며(제3조) 주권의 소유 주체에 군인을 포함시켰다(제4조).[27] 한편, 1972년에 폐지된 내각이 부활하여 행정적 집행기관으로서, 전반적 국가관리기관으로서 위상을 되찾았고 그동안 최고 주권

---

21 권재열 외, 『북한의 법체계』(서울: 집문당, 2004), p. 32.

22 조선민주주의인민공화국헌법 서문.

23 안희창, 앞의 책, p. 145.

24 1998년 개정 헌법 제100조.

25 1998년 개정 헌법 제102조.

26 와다 하루끼, 『북한 현대사』(서울: 창비, 2021), pp. 258-259. 중앙인민위원회는 1972년의 헌법과 1992년의 개정헌법에 "국가주권의 최고지도기관"으로 존속했으나 1998년 헌법에서 삭제되었다. 그러나 지방주권기관으로서의 지방인민위원회는 지방주권기관이며 해당 지방주권의 행정적집행기관으로 유지되고 있다.

27 안희창, 앞의 책, p. 145.

의 행정적 집행기관역할을 했던 정무원은 폐지되었다.[28]

북한은 김정일 사후인 2012년에 '김일성-김정일헌법'으로의 개정을 단행하였다. 이번 개정에서는 2011년에 사망한 김정일의 업적을 높이고 북한이 핵보유국이 되었음을 선언하는 내용을 헌법 서문에 추가했다. 북한은 이번에도 1998년 헌법 개정의 경우처럼 김정일 사후 김정은의 후계체제를 확고히 하고자 하는 의도로 개정 작업을 단행했다.[29] 김정은은 집권 이후 그의 집권을 법적으로 정당화하는 작업도 병행했다.[30] 새로운 헌법에는 국방위원장을 국방위원회 제1위원장으로 수정하고 기존에 있던 국방위원회 제1부위원장 직제를 폐지했다.[31]

아울러 국방위원회 제1위원장을 "조선민주주의인민공화국의 최고령도자"로 명시하여 김정은 국방위원장이 김일성 수령과 김정일 국방위원장에 이어 북한의 최고지도자임을 확고히 했다(제100조). 이어서 국방위원회 제1위원장의 명령, 국방위원회 결정, 지시에 어긋나는 국가기관의 결정, 지시를 폐지한다고 수정하여(제109조 제4항) 2010년의 헌법에서 국가 최고지도자인 국방위원회 위원장의 위상과 권한을 제1위원장인 김정은이 이어받았음을 반영했다.

북한은 2016년의 헌법개정을 통해서는 김정은이 김정일의 그늘에서 완전히 벗어나고자 하였다.[32] 국방위원회의 기능에 변화를 주어 헌법에서 국방위원회 제1위원장 직제를 폐지하고 국무위원장이 국가를 통치하도록 함으로써 김정일의 선군정치의 후신이어서라기보다는 정상국가로 발돋움하는 새로운 시대의 지도자로서의 김정은을 부각하려 하였다. 이러한 개정은 김정일 시대 '군 중심의 비상관리체제'가 공식적으로 종료되고 사회주의 당국가체제가 정상화 국면에 돌입했다는 평가를 받고 있다.[33] 2016년의 개정을 통해 국무위원장이 된 김정은은

---

28 권재열 외, 앞의 책, p. 36.

29 한명섭, "북한 '반동사상문화배격법'에 관한 고찰," 『북한법 연구』, 제27호(2022), p. 138.

30 Blaine Harden, *The Great Leader and The Fighter Pilot* (London: Mantle, 2015), p. 235.

31 안희창, 앞의 책, p. 146.

32 한명섭, 앞의 글, pp. 138-139.

33 "북한 헌법," 『통일부 북한정보포털』, https://nkinfo.unikorea.go.kr/nkp/knwldg/knwldg.do

기존의 국방위원회의 위원장이나 국방위원회 제1위원장보다 강화된 권력을 가지게 되었다. 국무위원회의 성격도 최고국방지도기관이었던 국방위원회와는 달리 '최고정책적지도기관'으로 변경하고 권한도 강화하였다.

한편 북한은 2023년 9월에 헌법을 개정하여 그동안에는 헌법 서문에만 표시되었던 핵 보유국에 대한 조항을 명문화함으로써 사회주의 강성대국의 면모를 조문화하였다. 김정은 위원장은 2024년 1월 15일 최고인민회의 제14기 제10차회의에서 행한 시정연설에서 소위 한반도 두 국가론을 헌법에 포함시키라고 지시한 것으로 보아 헌법개정을 단행될 것으로 예상된다.

___표 6-2 __ **북한의 헌법제정 · 개정 과정**

구분	연도	주요사항
헌법 제정	1948. 9. 8 제1기 1차	총 10장 104조 스탈린헌법 모방한 사회주의 법계(法系)의 인민민주주의헌법
1차 개정	1954. 4. 23 제1기 제7차	제37조 제8항 '도 · 시 · 군 · 면 · 리 · 구역의 신설 및 변경'을 '도 · 시 · 군 · 리(읍 및 로동자)구역의 신설 및 변경'으로 개정, 면을 폐지 제58조 내각구성조항의 일부를 개정
2차 개정	1954. 10. 30 제1기 제8차	제5장과 관련된 전 조항을 수정 제36조에서 최고인민회의 대의원의 임기를 3년에서 4년으로 개정
3차 개정	1955. 3. 11 제1기 제9차	제2차 헌법개정에 따른 각급 지방정권기관의 권한변경 등
4차 개정	1956. 11. 7 제1기 제12차	제12조 제1항의 선거권 · 피선거권의 연령을 만 20세에서 만 18세로 변경
5차 개정	1962. 10. 18 제3기 제1차	제35조 수정, 대의원의 선출을 인구 5만에 1명 비율에서 인구 3만에 1명으로 개정 제58조 내각 구성원 수정 보완
'사회주의 헌법' 제정	1972. 12. 17 제5기 제1차	11장 149조, 국방위원회 신설, **내각→정무원**으로, **주석직** 신설, 수상제 폐지 김일성의 유일적 영도 합법화 국가최고기관으로 **'중앙인민위원회'**를 신설하여 권력구조 수직화 주체사상을 헌법상의 규범으로 명문 제도화 국가수반, 국가 주권대표로 주석직 신설, 당총비서 국가주석직의 보장

(검색일: 2024.6.15.)

1차 개정	1992. 4. 9 제9기 제3차	7장 171조, 국방위원회가 주석과 분리, "맑스-레닌 주의" 삭제 주체사상 강조 1993. 4. 김정일이 국방위원장에 취임함으로써 위상이 달라짐 **"자주, 평화, 친선"**을 대외정책의 기본이념으로 명시
2차 개정	1998. 9. 5 제10기 제1차	서문신설 대폭개정, 서문에 **김일성헌법** 명시. 김정일 시대 반영, 헌법상 **국방위** 위상 강화 "국가주권의 최고군사지도기관이며 전반적 국방관리 기관"(100조), ☞ 군부중심의 독재체제 강화 **정무원 → 내각**으로 부활(내각 총리는 정부 대표 권한) **"주체사상만을 지도이념으로!"** 80년대 후반부터 시작된 경제개혁조치들의 추인 내용 반영 (독립채산제, 원가, 가격, 수익성 같은 용서 신설) ※ 12월에 신 농업법 제정
3차 개정	2009. 4. 9 제12기 제1차	김정은으로의 세습체계 구축 **주체사상과 선군사상**을 지도적 이념으로 명시 **"공산주의"** 단어 삭제, **국방위**를 '국가주권의 **최고국방지도기관**'(106조) 으로 규정
4차 개정	2010. 4. 9 제12기 제2차	'중앙검찰소', '중앙재판소'를 '최고검찰소', '최고재판소'로 명칭 변경 (2016년 개정시에 다시 중앙재판소, 중앙검찰소로 변경)
5차 개정	2012. 4. 13 제12기 제5차	**"김일성-김정일 헌법"**(서문에 명시) "김일성 - 영원한 수령, 김정일 - 영원한 국방위원장, 김정은 - **제1국방위원장**" 핵보유국 명시
6차 개정	2013. 4. 1 제12기 제7차	서문에 금수산태양궁전관련 내용 삽입(금수산태양궁전법 제정/수령영생의 대 기념비) 11년제→12년제 의무교육반영. **제1국방위원장**을 **국방위원회 제1위원장** 으로 수정
7차 개정	2016. 6. 29 제13기 4차	서문 "김일성 김정일은 주체조선의 영원한 수령" **국방위 폐지, 국방위제1위원장 폐지→ 국무위원회 신설** (위원장 김정은 - 최고영도자) 국방위에 비해 외교 경제 등 전분야 인재 망라, 비서국을 정무원으로 개편
8차 개정	2019. 4. 11 제14기 1차	국무위원장은 국가를 대표한다
9차 개정	2019. 8. 29 제14기 2차	다른 나라 주재 외국대표 임명 또는 소환권도 국무위원장에게로 이관
10차 개정	2023. 9. 27	북한의 핵무력에 대한 명시

▲제정헌법의 개정 포함 총 15차 개정, 17개의 헌법,
▲현재의 헌법은 **김일성-김정일헌법**으로 정식화한 서문과 △정치 △경제 △문화 △국방 △공민의
기본권리와 의무 △국가기구 △국장 · 국기 · 국가 · 수도에 대한 **7개 장 172개** 조로 구성

출처: 저자 작성.

Ⅲ 북한의 사법제도

북한의 사법조직은 북한 법이론의 특징과 북한 헌법상 권력구조의 특징적인 면이 반영되어 있다. 북한의 사법조직은 조선노동당이 법에 우선한다는 북한의 법체계의 특징이 담겨있고 권력분립이 안되어 있으며 법치주의가 국가작용에 대한 통제가 아닌 국가정책을 실현하는 도구로 기능한다는 점이 구체화되어 있다. 이는 조선노동당이 국가를 영도한다는 원칙과 민주적 중앙 집권제가 사법제도화 된 것이다.[34]

1. 재판소

1) 재판소의 구성

북한은 재판소구성법(1976년 채택)에 명시된 대로 '제도와 질서를 엄격히 세워 민사, 형사 사건을 정확히 심리하는 데 이바지하기 위해 재판소 구성을 한다'[35] 고 되어 있다. 이 법에 따르면 재판소는 우리의 대법원격인 중앙재판소,[36] 고등법 원격인 도(직할시)재판소, 지방법원격인 시(구역) 군(郡)인민재판소를 두도록 하고 있고,[37] 특별재판소로는 군사재판소와 철도재판소가 있었는데 2011년에 개정된 재판소구성법에 따라 군수재판소가 신설되었다(재판소구성법 제3조). 헌법 제167 조는 중앙재판소를 조선민주주의인민공화국의 최고재판기관으로 명시하고 있

---

34 한동훈, "북한의 사법조직 및 작용에 대한 법체계," *Dankook Law Review*, 제45권 제1호 (2021), pp. 164-165.

35 재판소구성법 제1조.

36 기존의 최고재판소를 2016년 헌법개정과 함께 중앙재판소로 명칭을 변경하였다.

37 북한의 재판은 우리와 달리 2심제이기 때문에 3심제 하에서의 지방법원-고등법원-대법원처럼 정확한 심급을 나눌 수 없다. 그럼에도 불구하고 북한의 재판소는 3등급으로 분류되어 사건에 따라 1심 재판소가 달라지기도 한다. 정치 재판의 경우에는 단심제로 빠르게 진행되는 특징도 있다.

고, 제93조 제12항에 의하면 중앙재판소 판사는 최고인민회의 상임위원회에서 선거하거나 소환할 수 있다(헌법 제116조 제12항).

중앙재판소는 2심판결이자 최종심의 역할을 하고 있고 판사 3명으로 구성된다(재판소구성법 제14조, 제15조). 형사소송법에 따르면 중앙재판소는 도(직할시)재판소, 특별재판소의 제1심 재판에 대한 상소, 항의사건을 제2심으로 재판한다.[38] 따라서 북한의 통상적인 재판은 3급 2심제라 할 수 있는데 재판소의 급은 인민재판소와 도(직할시)재판소, 그리고 중앙재판소 등 3급으로 나눌 수 있지만, 재판은 1심과 2심으로 진행되어 2심제를 채택하고 있다.[39]

북한의 1심 재판을 둘로 나누면 도(직할시)재판소와 군, 구 인민재판소가 있는데 도(직할시)재판소의 경우에는 반국가 및 반민족범죄사건, 사형, 무기로동교화형을 규제하는 법조항으로 기소된 일반범죄사건을 다루게 되며 군, 구 인민재판소의 경우에는 도(직할시)재판소와 특별재판소 및 중앙재판소의 관할에 속하지 않는 일반범죄사건을 재판한다(형사소송법 제50조, 제51조). 1심과 2심의 재판부 구성에는 차이가 있다. 1심의 경우 재판장인 판사 외에 2명의 인민참심원으로 재판부를 구성한다. 그러나 특별한 경우 3명의 재판부 구성원 전부를 판사로 할 때도 있다. 두 경우 다 재판장은 판사가 맡는다(헌법 제163조, 재판소구성법 제9조).

2) 판사임용제도

판사는 남한이 사법고시(변호사시험)와도 같은 별도의 자격시험을 통해 선발한 후 소정의 교육 혹은 경력을 마친 후 대법관 회의의 동의를 얻어 대법원장이 임명하도록 되어 있지만 북한은 인민회의에서 선거를 통해 선발하도록 되어 있다.[40] 단, 군사재판소와 철도재판소, 군수재판소의 경우는 중앙재판소에서 임명

---

38 조선민주주의인민공화국 형사소송법(1992 제정, 2016 개정), 제53조.

39 박영자 외, 『김정은 시대 북한의 국가기구와 국가성』(서울: 통일연구원, 2018), p. 60.

40 권영태, 『북한의 법교육』(서울: 한국학술정보, 2009), p. 73.

하여 배치한다.[41]

특이한 것은 판사를 임용하는 절차인데 우리와 같이 사법시험이나 변호사시험과 같은 자격시험을 거쳐 선발하는 것이 아니고 법률교육을 이수한 사람 중에서 노동당의 추천을 받아 일정한 강습을 받은 뒤 자격을 취득한다. 보통은 김일성종합대학 법학부를 졸업하고 재판소 서기나 집행원 등의 업무를 수행하던 사람 중에서 판사로 선출되는 것이 일반적이다. 그 외에도 법학을 전공하지 않았다 할지라도 출신성분이 좋은 사람 중에서 임명하는 경우도 있는데 이럴 경우 판사직을 수행하면서 법학을 공부하기도 한다.[42] 현재 북한에서 실무에 임하는 판사는 약 300명 정도로 알려져 있는데 이는 남한의 약 10분의 1 규모이다.

3) 인민참심원

북한은 일반사회성원이지만 재판소의 정식 구성원이 되는 인민참심원이 판사와 함께 재판소를 구성하는 참심제를 채택, 운영하고 있다.[43] 인민참심원은 판사가 아닌 일반인으로서 재판에 참석하는 일종의 배심원과 유사한 역할을 하는 직책이다. 원래의 배심원 혹은 참심원은 시민 혹은 전문가의 지식과 경험을 재판에 활용하고자 하는 취지로 도입이 되었는데 북한은 재판을 통해 정치교육적 효과를 달성하기 위한 목적으로 쓰이고 있다. 인민참심원은 인민회의에서 선출되

---

41 권영태, 위의 책, pp. 72-73.

42 안정식, 『빗나간 기대』 (서울: 늘품플러스, 2020), pp. 239-240.

43 김혁철, "공화국형사재판소 구성의 특징," 『김일성종합대학 학보 - 법률학 제67권』 (평양: 김일성종합대학출판사, 2021), p. 13. 북한 재판소 구성의 특징 중의 하나가 합의제만을 운영한다는 것이다. 이는 보통의 국가에서 채택하고 있는 단독제, 즉 판사 1인이 단독으로 재판하고 결심하는 제도는 채택하고 있지 않다. 이는 판결의 객관성과 공정성을 저해하기 위함이라는 주장도 있지만, 단독제의 경우 실질적으로는 민주집중제에 의한 사법부의 통제가 불가능 할 수 있기 때문으로 보이고 합의제라고 하는 틀 속에서 참심제를 통한 사법통제를 목적으로 하기 있기 때문이다. 형사소송에 있어서 자본주의 체제에서의 재판부 구성은 착취계급, 통치계급의 의사와 이익을 대변하는 심복들이 구성하고 재판을 실행한다고 주장한다.

면 1년에 14일간 재판에 참여할 수 있다(재판소구성법 제12조).[44] 인민참심원에 대한 언급은 헌법 제160조~제163조에 나와 있다. 인민참심원의 임기는 해당 인민회의 임기와 동일하게 되어 있고 인민참심원은 해당 근무자회의 혹은 종업원회의에서 선거하도록 되어 있다. 그리고 재판부 구성에 있어서 판사와 더불어 인민참심원이 참여하도록 명시하고 있다.[45]

재판소구성법에 의하면 재판소 구성원인 인민참심원과 판사를 거의 같은 수준의 인사로 여기고 있음을 알 수 있다. 판사와 인민참심원의 자격도 동일하다. 선거권을 가진 공화국공민만이 판사와 인민참심원이 되어 재판부 구성원으로 참여할 수 있다(재판소구성법 제6조). 그리고 판사와 동일하게 인민참심원도 선거 또는 임명한 기관의 소환에 의해서만 해임된다(재판소구성법 제8조, 형사소송법 제9조). 2심재판부와 비상상소사건, 재심사건 등에는 인민참심원이 참여하지 않는다(재판소구성법 제11조, 제14조, 제15조). 그러나 인민참심원이 참여하는 판결에는 인민참심원이 판사와 동일한 자격으로 참여하여 판결 및 판정이 다수가결로 채택된다(재판소구성법 제17조).

2. 검찰

1) 검찰소의 구성과 기능

북한의 검찰조직은 재판소와 비슷한 층위로 구성되어 있다. 중앙검찰소는 중앙재판소와 같은 층위로, 도(직할시)검찰소는 도(직할시)재판소와, 시 · 군 · 구역 검찰소는 지방의 인민재판소와 같은 층위로 배열되어있다. 재판소도 그렇듯이 이와는 별도로 군사검찰소와 철도검찰소, 그리고 군수검찰소와 같은 특별검찰소도 존재한다. 북한 헌법은 사법기구에 대한 규정에서 재판소보다 검찰소에 관한 조항이 앞에 나온다.[46] 검찰의 위상이나 역할이 재판소보다 높다고 볼 수 있는데

---

44 안정식, 앞의 책, p. 239.

45 조선민주주의인민공화국 재판소구성법(2011) 제4조, 제5조, 제9조.

46 대한민국 헌법은 검찰 기능에 대한 구체적인 언급이 없이 행정각부의 관할과 임무에 포함시킨 것

이는 검찰이 법 집행 기능과 더불어 체제수호 기능을 하고 있기 때문으로 보인다. 중앙검찰소장은 최고인민회의에서, 각급 검사는 중앙검찰소에 의해 임명 또는 해임된다.[47]

북한의 검사도 남한처럼 수사권과 공소제기 즉 기소권을 가지고 있다(형사소송법 제12조). 형사사건의 처리에 있어서는 수사기관 및 예심기관의 활동을 지휘감독하고 경우에 따라 직접 수사나 예심 업무를 하기도 한다(형사소송법 제14조). 더구나 재판소와 달리 검찰소와 검사에 대해서는 별도의 법률이 없고 검사 임명의 자격에 대해서도 아무런 규정이 없다.[48] 다만 1985년에 제정된 검찰감시법이라고 하는 것이 있는데, 이 법은 검찰을 감시하는 법이 아니라 검찰의 감시활동을 규율한 법이다.[49] 사회 전반에 걸친 감시와 수사와 처벌권한을 가지고 있는 것으로 보아 당성이 강하고 충성심이 강한 사람이 검사로 임명될 것으로 보인다. 모든 검사는 노동당원이고 그 숫자는 1천 명을 상회하는 것으로 보이는데 이는 판사보다 숫자가 3배가량 많아 북한체제에 있어서 검찰의 역할과 위상과 권한을 짐작하게 한다.[50]

2) 검찰의 특징

북한 검찰제도의 첫 번째 특징은 엄격한 중앙집권체 원칙이다. 민주집중제의 사회주의 정치이념에 따라 검찰도 엄격한 법집행 기능과 더불어 체제유지의 임

에 반해 법원은 제4장 정부에 이어 제5장을 '법원' 관련한 규정으로 구성되어 있다. 그러나 북한 헌법은 전체 172조 가운데 제6장 국가기구에서 제1절 최고인민회의 제2절 조선민주주의인민공화국 국무위원회 위원장, 제3절 국무위원회, 제4절 최고인민회의상임위원회, 제5절 내각, 제6절 지방인민회의, 제7절 지방인민위원회, 제8절 검찰소와 재판소로 구성되어 있다. 제8절의 내용도 검찰에 관한 사무가 먼저 언급된 후 재판소 관련 내용이 뒤 따라 나온다.

47 통일부 국립통일교육원, 『2022 북한이해』 (서울: 국립통일교육원 연구개발과, 2022), p. 72.

48 안정식, 앞의 책, p. 240.

49 권영태, 앞의 책, p. 74.

50 안정식, 앞의 책, pp. 240-241.

무도 함께 수행하고 있다. 따라서 검찰 지휘부는 물론, 검사의 임명을 최고주권 기관인 최고인민회의에서 엄격히 통제하고 있다.[51]

두 번째 특징은 검찰권이 법원의 사법권의 일부를 행사하고 있으므로 3권분립이 형해화되어 있다는 것이다. 북한에서 검찰은 체포 및 구금의 영장을 발부할 권한을 가지고 있다. 북한은 형사소송법에 수사단계에서 피심자(피의자)에게 구인, 구금, 구류, 압수, 수색 등 강제처분을 할 경우에 재판소의 영장발부 절차가 없다. 필요시에 검사의 승인만으로 가능하도록 되어 있다.[52] 예비 심판에 해당하는 예심원을 지휘할 권한도 검찰이 갖고 있다. 이는 검찰의 사회통제 및 체제유지에 필요한 권한 행사를 위한 조치인 것으로 보이고 법으로 규정하여 이를 보장하고 있다. 이때 예심원과 수사원은 직접 피의자를 체포, 구금 할 수도 있는데(형사소송법 제142조) 이 경우 구금결정서를 통해 검사의 승인을 받고 체포한 날로부터 10일 안으로 조사하여 예심에 넘기도록 되어있다(형사소송법 제143조). 구류나 구속의 처분권은 검사에게 있다(형사소송법 제177조~제185조).

세 번째 특징은 검사가 민사 사건에도 관여한다는 것이다. 민사소송법에 의하면 검사는 민사소송에 소송담당자로 참여하도록 되어 있다.[53] 민사소송법에는 검사가 민사재판에 참여하는 소송 관계자임을 나타낸 여러 조항이 있다(제167조, 제168조, 제171조, 제172조, 제180조, 제210조, 제212조). 이는 사회주의체제국가의 법체계상 민법의 영역이 미미하고 대부분이 공법의 영역인 것에 대한 반영으로 보인다.

3. 변호사

북한은 민사소송법에 법정대리인을 정할 수 있고 선임할 수 있다고 규정하고

---

51 헌법 제91조 제11항, 제155조.

52 김윤영, "북한의 수사제도 운용에 관한 연구," 『2009-08 책임연구보고서』 (경기: 치안정책연구소, 2009), p. 131.

53 조선민주주의인민공화국 민사소송법(1976년 제정, 2017년 개정), 제38조.

있다(제50조, 제51조 제6항, 제62조). 뿐만 아니라 공민은 이 소송대리인을 통해 소송행위를 할 수 있도록 했다(제63조). 형사소송법에도 피심자, 피소자의 변호권을 보장하여 변호인을 선임하여 방조 받을 권리 즉 법적인 도움을 받을 권리를 보장하고 있다(제58조, 제60조). 그러나 법은 주체사상 원리의 실현을 위한 한 수단이며 특히 주체사상의 실현을 전반적으로 수행할 수령과 당의 정책을 관철하는 데 기여해야 하는 것을 목적으로 한다고 보았을 때 변호사의 역할 또한 제한됨을 알 수 있다.[54] 변호사법이 1993년 12월 23일에 최고인민회의 상설회의 결정으로 채택된 이후 30년간 어떤 수정이나 보완이 없었고 관련된 규정이나 세칙도 만들어진 바가 없다는 것은 변호사 제도, 변호사 활동에 대한 변화가 크지 않았음을 의미한다.

북한의 변호사는 피고인의 권익을 보호하는 남한의 변호사와는 역할이 다르다. 변호사는 당 정책의 선전자로서 당 사법정책의 정당성을 인민들에게 바르게 인식시키기 위해 노력하는 기능도 수행하고 있다. 변호사는 피고인의 대리자도 아니고 피고를 변호하는 입장에 서는 것도 아니다. 오히려 법체계를 지키고 교양하기 위한 목적도 함께 갖고 있다. 심지어 북한의 형사소송법에는 피고인이 변호인의 조력을 받을 수 있는 권리를 포기할 수 있다고 규정함으로써 변호인 없는 재판도 가능하도록 되어 있다.[55]

북한의 변호사는 그 직무에 있어서 독립성을 보장받지 못하고 있다. 조선변호사회를 비롯한 각급 변호사회의 일상적인 지도와 통제를 받고(변호사법 제30조), 보수도 조선변호사회 중앙위원회가 정한 기준에 따라 받게 되며(변호사법 제26조), 나아가 변호사 자격심사도 국가가 하도록 규정하여 국가의 통제하에 두고 있다. 결국 북한의 변호사제도는 변호사 자격 심사로부터 업무수행, 보수에 이르기까지 국가와 당의 통제하에 두고 있다는 것을 의미한다.[56]

---

54 김도균, "북한 법체계에서의 법개념론과 법치론에 관한 고찰," 『서울대학교 법학』, 제46권, 제1호(2005), p. 465.

55 안정식, 앞의 책, p. 242.

56 치안정책연구소, 앞의 책, p. 142.

4. 사회주의 법무생활 지도위원회

북한에서는 판사, 검사, 변호사외에 준사법기구에 해당하는 사회주의법무생활지도위원회라는 협의체가 일반 주민들의 생활을 규제하고 있다.[57] 사회주의법무생활지도위원회가 활성화되기 시작한 것은 1982년 12월 15일, 사회주의헌법 공포 10주년을 맞이하면서부터이다. 10년 뒤인 1992년에는 헌법 제18조에 "국가는 사회주의법률제도를 완비하고 사회주의법무생활을 강화한다"라는 조항을 신설했는데 그 후 현재까지 이 조항이 유지되고 있다.[58] 이 같이 관련 근거를 헌법에 명문화하여 헌법상의 기구로 정착되었다. 이로써 법에 대한 단순한 도구주의적 관점에서 사회기능주의적 관점을 거쳐서 법이 가지는 적극적인 도덕적 가치를 구현하는 관점으로 사회주의법무생활이 강조된 것으로 보인다.[59]

표 6-3   **사회주의법무생활지도위원회 구성 단위**

구분	중앙	도(직할시)	시 · 군
명칭	중앙 사회주의법무생활지도위원회	도(직할시) 사회주의법무생활지도위원회	시 · 군 사회주의법무생활지도위원회
구성	당조직지도부장, 사회안전성장, 최고검찰소장 등 5-6명	각급 인민위원회 위원장, 부위원장, 서기장, 검찰소장, 사회안전책임자, 검열위원회 위원장, 당책임비서	
근거	최고인민위원회 법무생활지도위원회 규정	도(직할시) 인민위원회 법무생활지도위원회 규정	시 · 군 인민위원회 법무생활지도위원회 규정
비고	-	각급 인민위원회 위원장이 법무생활지도위원회 위원장을 겸함. 인민위원회 서기장이 법무생활위원회 서기장 겸직. 각 인민위원회별로 법무과가 있어 실제적인 업무 처리 담당	

출처: 이규창 · 정광진, "북한형사재판제도: 특징과 실태," 『KINU 연구총서 11-05』(서울: 통일연구원, 2011), p. 117 참조하여 저자 작성.

---

57 김태석, "북한의 유사형사법제에 관한 고찰," 『형사법연구』, 제26호(2006). p. 467.

58 박정원, "북한의 '사회주의 법치국가 건설론'과 법제정비 동향," 『동북아법연구』, 제5권 제1호 (2011). p. 4.

59 이해정, 앞의 글, pp. 37-38.

사회주의법무생활지도위원회는 각 급 단계의 인민위원회가 법무생활의 기본
단위로 되어 있는 것과 연계하여 그 위상과 기능에 맞추어 기존의 재판소와 검
찰조직과 동일한 층위로 구성되어 있다.[60] 즉, 각 도, 시, 군, 구역의 지방인민위
원회 산하에 협의체 형식으로 구성되어 있다. 북한사회에서 사회주의법무생활에
대한 이론과 그 활동은 북한사회 전체성원들의 생활 전 분야를 포괄하는 권력적
성격을 띤 규범적 통제 형태로 발전하게 되었다.[61]

북한의 행정처벌법[62]에 의하면 내각과 검찰 · 재판 · 중재 · 보안기관, 검열감
독기관과 함께 사회주의법무생활지도위원회를 행정처벌 기관으로 규정하고 있
다(행정처벌법 제175조). 동 위원회가 내릴 수 있는 처분으로는 경고, 엄중경고, 무
보수노동, 강직, 해임, 철직이 있고(제176조) 신소를 처리할 권한도 주어져 있다
(제198조).

Ⅳ 남북한 법제도통합

우리의 통일정책은 자유민주적 기본질서에 입각한 통일이라고 하는 틀을 견
지해 오고 있다.[63] 이미 사회주의체제가 실패했다는 역사의 경험에 비추어볼 때
통일한국은 자유민주주의와 시장경제체제로 방향이 잡힐 것으로 보인다. 그렇게
되면 북한의 법제와 사법제도는 폐지되어야 하고 남한의 법과 사법제도의 보완
을 통한 통합법제가 마련되어야 할 것이다.[64] 우리보다 먼저 통일을 경험하고 법

---

60 권영태, 앞의 책, p. 85.

61 김태석, 앞의 글, p. 467.

62 조선민주주의인민공화국 행정처벌법(2004년 제정, 2011년 개정)

63 통일부, 『통일백서』(서울: 통일부, 2024), p. 16, p. 19.

64 한명섭, 『통일법제 특강』(서울: 한울, 2016), pp. 631-632.

제도의 통합과정을 거친 독일의 예를 살펴보도록 한다.

1. 독일의 법에 의한 통일과 법제도통합

독일의 법제도통합은 1990년 5월 18일에 체결되고 7월 1일에 발효된 「통화·경제 및 사회통합에 관한 조약」과 같은 해 8월 3일에 체결된 「통일독일 연방의회의원선거에 관한 조약」으로 상당부분 이루어 진 것으로 볼 수 있다. 이후에 「통일조약」을 통해 종합적인 통합을 향해 나가게 되었다.

1) 법에 근거한 통일과정

독일통일은 동독주민들의 대거 이탈사태와 동구권과 소비에트 체제의 붕괴, 그리고 2차대전 전승국들인 미국, 영국, 프랑스, 소련의 지원하에 이루어진 측면 외에도 양독 정부와 주민들의 통일에 대한 간절한 염원과 실질적인 조치들이 조화를 이루어 완성된 통일이다. 그 중에서도 양독 정부가 합의한 조약들은 통일과정에서 기준과 방향을 잡아주는 근거가 되었다.

양독이 마련한 조약은 크게 '국가조약'과 '통일조약'이다. 1, 2차 국가조약으로 불리우기도 하는데 1차 국가조약은 1990년 5월 18일에 체결하고 7월 1일자로 효력을 발행했다. 통화(通貨), 경제, 사회 통합을 위한 조약으로서 동독을 사회주의통제경제체제에서 서독과 같은 자유시장경제체제로 전환하기 위한 내용인데 통상 '국가조약'이라고 한다. 이 조약의 발효와 동시에 동독지역에서 시장경제에 저촉되는 것은 효력을 상실하게 되었다.[65] 2차 국가조약은 '독일의 단일성 회복에 관한 조약'인데 이를 보통 '통일조약'이라고 한다.

독일의 통일은 이 '국가조약'과 '통일조약'이 이끄는 조약, 즉 협정과 법에 의한 통일이었다고 볼 수 있다.[66] 국가조약은 전문(前文)에 이어 6장 38조 외에 '지

---

65 김철수, 『한국통일의 정치와 헌법』 (서울: 시와 진실, 2017), p. 348.

66 정용길, 『독일, 1990년 10월 3일』 (서울: 동국대학교출판부, 2009), p. 10.

도원칙에 관한 공동의정서' 및 부속서로 이루어져 있다. 이 국가조약에는 통일을 위한 기본원칙과 지도원칙이 명시되어 있어서 기존의 동독법령에 대한 해석과 적용을 이 두 원칙에 의해 하도록 되어 있다. 국가조약의 부속서에는 연방은행법, 신용업법, 저당은행법, 경쟁제한법, 원자력법, 상법과 민법의 일부, 주식법, 회사조직법 영업기본법, 임금계약법, 해고방지법 등 동독에 적용되는 서독의 법규가 명시되었다. 뿐만 아니라 동독이 폐지하거나 개정해야 하는 법률도 명시되었는데 동독국가은행에 관한 법, 외환관리법, 대외무역법, 농업생산협동조합법, 동독민법, 어음법, 수표법, 동독형법, 민사 및 형사 소송법, 동독노동조합권리에 관한 법, 노동법 등이 있다. 반면에 동독이 새로 제정해야 할 법률로는 경제통합과 관련한 법률, 영업활동 및 자유직업활동에 관한 법, 가격형성과 가격감시에 관한 법, 고용촉진법, 사회보험에 관한 법, 국가예산법, 관세법, 소유 및 거래세법 등이 있다. 또한 서독이 제정해야 할 법률도 있었는데 연방은행법, 금융업에 관한 법, 보험감독법 등이다.[67]

1990년 8월 31일에 체결된 '통일조약'은 1990년 10월 3일, 동독의 5개 주가 서독기본법 제23조에 의해 독일연방에 가입하는 근거가 되었다. 동독은 분단이전의 5개 주를 15개 지구로 재편한 행정조직을 유지하고 있었는데 통일조약에 의해 이를 다시 5개 주로 환원한 후 독일연방에 가입함으로 16개 주로 구성된 연방공화국의 틀을 새롭게 갖추게 되었다.

독일의 통일은 동독주민들이 통일을 공약으로 내세운 정당을 선택하고 동독의회가 서독으로의 편입을 승인함으로 완성되었다. 통일 직전인 1990년 8월 13일에 독일 전역에서 12월 2일에 총선을 실시하기로 결정했다. 9월 2일에 선거조약의 효력이 발생했고 12월 2일에 독일전역에서 하원의원 선거가 실시되었다. 이 과정에서 선거에 적용된 법은 서독 선거법과 서독 정당법이었다. 양독은 선거조약을 통해 서독 선거법과 서독 정당법을 동독지역 선거에도 적용하기로

---

67 한명섭, 앞의 책, pp. 634-637.

한 결과였다.[68] 독일통일은 국가조약을 통해 경제와 체제의 통합을 통일조약을 근거로 법제와 사회적 통합을 선거조약을 통해 통독 이후 통합의회 구성을 위한 정치적 통합을 이루었다고 볼 수 있다. 독일의 통일과 통합은 법과 조약에 의한 통일이었다.

2) 독일의 법제도통합

독일통일은 동독의 체제와 법과 행정이 서독의 체제와 법과 행정으로 편입되는 과정이다. 따라서 동독의 법제도와 법규의 상당 부분은 통일과 동시에 효력이 상실되었다. 독일의 통일방식은 서독 기본법 제23조에 기반하여 동독의회가 동독 5개 주의 서독으로의 편입을 결의함으로 완결되었다. 이후 동독의회는 해산하였고 서독의 기본법이 동독으로 확대 적용되었다. 선거제도와 정당제도에 대한 부분도 서독의 관련법령으로 흡수되었다.[69] 1990년 10월 3일, 통일과 동시에 동독의 국제법적 주체성도 상실되었다. 국제법적 주체성을 가진 곳은 서독이었고 서독의 모든 국가권력이 미치는 영역이 동독지역으로 전면적인 확대가 현실화되었다. 따라서 서독의 법과 행정과 사법제도가 동독을 포함한 전 독일 영역에 적용되기에 이르렀다.

9장 45조로 구성된 통일조약은 통일된 뒤 2년 안에 통일 관련한 문제를 해결하기 위해 기본법을 보완 개정하기로 권고하는 내용을 담고 있었다.[70] 그리고 서독의 기본법이 동독지역에도 적용되는 것으로 명시함으로 이 법이 통일헌법의 역할을 하도록 하였다. 그리고 동독의 법률의 일부는 지방법률로 인정하되 효력을 유지하는 법률에 관한 것도 별도로 규정하였다.[71] 이를 '법의 동화'의 원칙

---

68 김철수, 앞의 책, p. 348.

69 김계동, 『남북한 체제 통합론』 (서울: 명인문화사, 2020), p. 384.

70 통일독일 의회는 기본법을 전면개정하지 않고 소폭개정을 했고 통일 후 25차례 이상의 개정을 통해 통일 이후 통합을 위한 헌법적 역할을 하도록 했다.

71 김철수, 앞의 책, p. 350.

이라고 하는데 이 원칙에 따르면 서독법을 동독지역까지 전면적으로 통합 적용하되 기본법에 명시된 권한배분질서에 따른 입법관할권 귀속 조항에 의해 동독법도 일정한 요건을 갖추었을 경우 연방법으로 유효하도록 하였다.[72] 여기에는 EC(European Community, 현재 EU의 전신)와 관련된 법령도 포함되었다. 즉 기존의 서독 기본법과 법률이 동독지역에도 적용되는데 기본법과 법률에 저촉되지 않는 동독의 일부 법률들은 연방법의 일부로 존치하도록 하는 조항을 둠으로 법과 제도의 통합과 동시에 지방의 특성을 유지하도록 한 것이다.

독일은 법관선출위원회를 두어 동독출신 법관에 대한 자유민주주의와 연방주의, 사회주의 및 법치주의에 대한 신념을 확인하고, 과거 전력과 관련된 도덕적 정치적 완전성, 법률가로서의 전문지식 구비 및 재교육의사 등을 고려하여 재임용 여부를 결정하였다. 재임용이 결정된 법관의 경우에도 임기를 제한하여 한시법관 내지는 수습법관의 형태로 임용하여 활용하였다. 물론 재교육을 이수한 후 한시법관의 시기를 지나 심사를 통해 종신법관이 되는 길을 열어 놓아 법관으로서 임무를 다하도록 했다.[73]

2. 통일국가의 형태와 정체

대한민국이 유지하고 있는 통일방안은 민족공동체통일방안이다. 이 방안은 연방제가 아닌 단방제이고 자유민주주의 시장경제체제의 형태를 담고 있다. 따라서 한반도에서 통일국가는 지금의 대한민국의 체제가 한반도 전체로 확대된 형태를 가질 것으로 보인다. 독일의 사례에서 보듯이 체제를 선택하면 그 체제를 규정하고 그 체제에서 생성된 법과 제도가 뒤따를 수밖에 없다. 따라서 우리가 지향하는 통일방안에 의하면 북한의 법과 제도는 남한의 법과 제도의 틀 안으로 흡수되고 남한의 법과 제도가 북한지역으로 확대되는 형태를 가지는 방식이 선택되어야 할 것이다.

---

72 한명섭, 앞의 책, p. 636.

73 이효원, "남북통일 이후 사법조직의 통합방안," 『서울대학교 법학』, 제51권 제1호(2010), p. 87.

3. 통일 법제도통합 방안

1) 법률적 측면

북한의 헌법은 북한이 당의 국가임을 명시하고 있다. 헌법 제11조에 의하면 국가를 조선노동당이 영도하도록 되었고, 당규약에 의하면 당의 총비서가 당을 지배하게 되어있다. 즉 북한의 헌법과 당규약에 따르면 노동당의 총비서가 국가의 최고 지도자가 되는 구조이다. 북한의 모든 법률은 헌법에 규정한 사유재산제도에 대한 제한의 적용을 받는다. 북한은 시장경제가 아님으로 세금제도가 없고 세법도 없다. 현재 시행되고 있는 세금 관련 법제는 모두 개성공단이나 외국기업에 적용되는 것이지 내국인에게 적용되는 것은 아니다. 재정법, 인민경제계획법, 중앙은행법 등은 국가의 예산수입법제와 관련된 것이지 세금 관련 법제는 아니다. 국가의 모든 은행과 생산수단, 철도, 항만, 항공운수, 기업소, 자연부원은 개인이 소유할 수 없고 국가만이 소유할 수 있다(헌법 제20~22조). 더 나아가 사회주의적 생산관계와 자립적 민족경제를 표방하고 있는데 이는 국영경제, 계획경제체제(헌법 제34조)임을 명시한 것이다. 따라서 통일이 되면 북한의 헌법과 당규약 등 상위법의 위치에 있는 법령은 사실상 모두 폐기되는 것이 불가피하다. 최근에 제정된 청년교양보장법, 반동문화배격법, 평양문화어보호법 등은 김정은의 유일지배체제유지를 위한 강력한 사회통제를 목적으로 한 법이다. 유일지배체제유지와 사회통제를 목적으로 한 법령은 모두 폐기되어야 할 것이다. 국가와 사회의 정체성을 규정한 부문법들도 마찬가지이다.

북한의 에너지 관련한 전력법이나 에네르기 관리법 등에 의하면 에너지의 생산과 분배도 국가가 통제하게 되어있고 강력한 형사 처벌조항이 포함되어 있다. 따라서 남북한이 통일 이후에 법제의 통합에 대한 실효성은 거의 없을 것으로 보인다. 우선 북한의 법령 수가 남한에 비해 10분의 1정도 밖에 되지 않아 분화되지 않은 사회, 혹은 법치국가의 면모가 부족한 사회 현실을 그대로 반영하고 있다. 그러나 형사, 치안, 체제유지, 경제활동에 관한 것이나 정치나 군사에 관련한 법 외에 민사분야나 보건 등에 관련한 법령의 통합이나 권한배분질서, 입법관할권 등 독일의 법제통합에 적용된 부분을 차용할 부분도 있을 것으로 보인다. 예를 들면 행정구역법이나 주민행정법은 내용의 많은 부분을 북한의 지역적 특성을 살려 통합법제로 반영할 부분이 있을 것으로 보인다. 이 외에도 농림·해양·수산 부문에 관한 법령으로서 농업법·과수법·농약법·항만법·갑문법, 보건 의료에 관한 법으로서는 적십자회법·인민보건법·공중위생법·마약관리법·국경동식물검역법·화장법·약초법, 환경부문은 환경보호법·바다오염방지법, 노동과 복지, 인권 관련해서는 아동권리보장법·여성권리보장법·장애자보호법·연로자보호법 등은 남한의 관련 법률과 통합방안 혹은 지역 특성에 맞도록 한시적으로나마 존치 적용하는 방안도 검토해 볼 필요가 있다.

2) 사법제도

앞에서 살펴본 바와 같이 북한은 우리와 같이 3권분립이 명확한 민주공화제가 아니다. 따라서 북한의 재판소와 그 기능을 우리의 법원과 비교하기도 어렵고 통합도 어렵다. 기본적으로 판사의 역할과 자격에 있어서도 차이가 크다. 판사의 임용도 자격시험을 거쳐서 사법부의 행정 시스템에 의해서 이루어지는 남한과 달리, 북한의 판사와 검사는 모두 최고 인민회의 통제를 받는다. 적용하는 법률체계도 다르고 심급도 다르고 판단의 기준도 다르다. 따라서 법체계 뿐만 아니라 법의 적용과 판단의 전 과정을 보았을 때 사법제도의 통합이 순조롭게 진행되기는 어려워 보인다. 북한의 재판은 2심제이다. 정치범의 경우는 단심으로 종결된다. 기본적으로 재판에서의 방어권이 남한보다 제한된다.

독일의 경우도 동독의 법률이라 할지라도 서독 기본법의 법치국가적 원칙에 배치되지 않을때만 그것도 1992년 12월 31일까지로 한정하여 인정되었다.[74] 그럼에도 불구하고 서독의 법원 조직을 동독지역으로 확대하여 재편하는 것은 불가피했다. 동독의 최고법원도 통일 즉시 해체되었고 서독의 연방최고법원이 그

---

74 이효원, "남북통일 이후 사법조직의 통합방안," p. 77.

기능을 대신했다.[75] 자유민주적 기본질서와 법치주의를 표방할 통일국가에서는 북한의 사법제도를 전면적으로 폐지하고 우리의 법률체계와 사법제도를 안정적으로 재구축하는 것이 대안으로 제기되고 있다. 법원의 구성과 사법행정체계도 대한민국의 시스템으로 적용하는 것이 합당하다고 본다. 다만 북한에서 이미 형성된 법률관계의 효력을 전면 부정하기는 어렵지만 대한민국의 헌법질서에 현저히 어긋나는 경우에는 그 효력을 부인할 수 있도록 제도화함으로 통일 이후 법률관계나 사회생활에서 혼란을 줄일 수 있을 것이다.[76]

독일의 경우는 법관의 임용을 한시법관 수습법관의 과정을 거쳐서 재교육 등을 이수한 자들에 대해 법관으로 활동할 수 있는 길을 보장했음을 살펴보았다. 그러나 북한의 경우는 동독과 달리 훨씬 비민주적이고 비법치주의적인 면이 있음을 감안하면 독일의 사례를 남북한 통일의 경우에 적용하기에는 많은 간극이 있음은 인정하지 않을 수 없는 것이 사실이다.

북한에는 보통의 국가에는 없는 준사법기관이 존재한다. 사회주의법무생활지도위원회는 검찰과 경찰(인민보안성)의 역할을 수행하면서 사회통제와 사회주의 준법시스템 유지에 기여하고 있다. 재판소 구성에 있어서는 인민참심원 제도가 있는데 이는 인민민주주의체제에서나 가능한 경우이다. 정식 법조인이 아닌 인민참심원은 재판과정에서 당의 정책관철을 목적으로 배치된 당 요원인데 이와 같은 제도를 통일국가에서 수용하기는 불가능하다.

3) 법치사회 교육 필요

북한주민들은 사실상 법이 크게 의미가 없는 생활에 익숙해져 있다. 당과 지도자의 지시가 언제나 가장 우선이고 법의 제정과 공포에 주민들이 민주적 절차에 의해 간여할 환경도 만들어져 있지 않다. 따라서 통일이 되면 사회통합의 필요 요건인 법치에 대한 교육이 필요할 것이다. 법령에 대한 교육뿐 아니라 사법

---

75 위의 글, p. 83.

76 위의 글. p. 80.

제도에 대한 교육, 즉 치안과 국가안보, 그리고 사인(私人) 간의 거래나 활동에서 발생하는 민사적인 문제들에 대한 법과 해결책 등도 교육이 필요하다. 소송의 절차, 법률가의 조력을 받는 과정, 이 모든 과정에서 국가의 지원을 어떻게 받을 수 있는지에 대한 상세한 교육이 시행되면 법치국가에서의 안전하고 행복한 삶을 추구하는 바탕이 마련될 것이다. 학교교육과정은 물론 통일 후 대대적으로 전개될 재사회화과정에서도 법치 관련 교육이 필요하고 방송이나 언론 SNS 등을 통한 다양한 기법을 활용한 교육이 시행되어야 할 것이다.

4) 과도적 적용

통일이 되면 남북한이 곧바로 완전한 통일국가를 형성하기보다는 인구이동을 적절히 통제하고 보건, 의료, 주거, 의식주 등에 대한 점검과 지원이 우선되어야 할 것이다. 국경지역에 대한 경계와 기본적인 치안유지를 위한 병력과 치안인력의 배치가 필수적이지만 일반인의 이동은 처음에는 통제 위주로 가면서 서서히 동화와 재사회화과정을 거쳐 완전 교류로 가야 할 것이다. 여기에는 상당한 시간이 소요될 것으로 예상되고 이 과정에서 실패하면 예멘의 경우처럼 혼란을 겪을 수도 있다.

독일의 경우는 1973년 6월 21일에 발표된 기본조약을 토대로 활발한 경제문화 교류가 이루어졌다. 통일 직전인 1989년도의 양국 교역액은 150억 마르크에 달했다. 조약 체결 해인 1973년 양국의 전화 통화 수가 580만 회를 기록했는데 조약 체결 전인 1970년에 비하면 8배나 증가한 수치이다. 이 통화 수는 통일 직전인 1988년에는 약 3천9백만 회에 달했다. 기본조약 체결 후 통일까지 약 3천만 명 이상의 서독인이 동독을 방문했다. 양독의 민간인 통행을 위한 통행협정을 체결하였고(1971년 12월 17일) 이를 통해 1988년에는 동독주민의 서독 여행이 675만 명에 달하기도 했는데 1986년까지 매년 150만 명 내외가, 1987년부터는 대폭 증가하여 500만 명 이상의 동독주민이 서독을 찾았다.[77]

---

77 정용길, 『독일, 1990년 10월 3일』 (서울: 동국대학교출판부, 2009), pp 77-87.

그러나 우리는 70년 이상을 완전히 차단된 별개의 공간에서 각각의 문화를 유지하며 살아왔다. 이질적인 생활환경, 생경해진 어휘의 뜻, 보건, 교육, 문화의 격차가 현존하는 상황에서 갑작스러운 교류는 상상하기 어려운 혼란을 가져올 것이다. 따라서 치안과 기본적인 사법행위에 대해서는 과도적인 절차를 만들어서 적용하는 것도 과도체제에서 합리적인 방안이 될 것이다. 통일 직후 북한의 법령을 모두 폐기하고 모든 사법 및 치안 시스템을 폐지하게 되면 그 공백을 메울 새로운 수단이 필요한데 가급적 북한의 문화와 정서를 존중하는 차원에서 현지주민 친화적인 계획을 수립해야 할 것이다.

Ⅴ 결론

북한의 사법제도의 기반은 법치나 법을 통한 정의의 구현이 아니라 당의 정책관철, 더 나아가 유일지배체제유지의 핵심도구로서의 기능이 크다. 법률의 체계도 헌법보다는 당규약이 상위에 있고 당규약보다는 '당의 유일적령도체계확립의 10대원칙'이 더 위에 있으며 모든 법보다 지도자의 지시, 심지어는 김일성, 김정일의 유훈도 통치의 위력으로 작동되고 있다. 북한은 유일지배체제의 강화를 위해, 그리고 김정일과 김정은으로의 세습을 위해 헌법을 개정해 왔고 최근에는 핵무력을 명시한 개정이 이루어졌다. 북한의 모든 법령은 최고인민회의와 내각에서 제정 및 개정, 폐기가 가능하고 최고인민회의 대의원의 선출은 당이 추천한 인사가 선출되도록 대의원 선거법에 명시되어 있다. 따라서 북한은 법제정에 있어서 당의 정책과 지도자의 방침과 상이한 결과를 도출하는 것은 불가능하다. 따라서 최고인민회의에서 산출해 내는 법령은 북한 인민의 의지나 민의가 반영될 수 없다.

사법제도 또한 북한의 독재체제유지를 위한 효과적인 수단으로 존재하고 있다. 법치나 사법정의나 민심 등이 반영된 판결은 기대하기 어렵다. 재판소의 구성 자체가 전문법조인이 아닌 인민참심원이 개입되는 구조만 봐도 알 수 있다. 검찰은 사실상의 최고의 통제 기구로서 재판과정과 그 결과까지도 검찰의 감시와 수사의 대상이 된다. 검찰이 가진 예심제도는 기소 이전에 검사가 예비심판 성격으로 수사와 재판과정에 사실상 개입하는 제도로서 검찰권이 막강함을 보여주고 있다.

따라서 통일 이후에 남북한의 법제도통합은 상당히 제한적으로만 가능할 것으로 보인다. 우리보다 분단의 기간이 짧고 민주화의 정도도 양호한 동서독의 경우도 사실상의 법제도의 통합은 거의 불가능했다. 독일 특유의 권한배분질서에 따른 입법관할권 귀속 조치에 의해서 동독의 일부 법률이 제한적으로나마 동독 지역에 적용된 예가 있었지만 기본적으로는 서독의 법률체계가 동독에 전면적으로 확대 시행되었다고 보아야 한다. 사법제도도 대동소이하다. 동독의 최고법원도 해체되었고 의회도 해산하였다. 입법, 사법, 행정의 모든 기능이 사실상 소멸되었고 국제법적 주체권도 상실한 상태였다. 법제의 통합, 사법제도의 통합은 극히 일부에서 제한적으로만 가능했다.

통일 이후에 남북한의 법제도통합은 매우 협소한 영역에서 제한적으로 가능함과 동시에 남한의 법률체계와 사법제도가 북한 전역에 확대 실시되는 것으로 흡수될 가능성이 높다. 오히려 어설픈 법제의 통합은 서로 간의 혼란을 가중시키고 통합과정을 지연시킬 뿐 아니라 재분단의 위험요소로도 작용될 가능성도 있다.

참고문헌

국내문헌

권재열 외.『북한의 법체계』. 서울: 집문당, 2004.

김계동.『남북한 체제 통합론』. 서울: 명인문화사, 2020.

김철수.『한국통일의 정치와 헌법』. 서울: 시와 진실, 2017.

김도균. "북한법체계에서의 법개념론과 법치론에 관한 고찰."『서울대학교 법학』, 제46권 제1호
(2005): 446-513.

김윤영. "북한의 수사제도 운용에 관한 연구."『2009-08 책임연구보고서』. 경기: 치안정책연구소,
2009.

김태석. "북한의 유사형사법제에 관한 고찰."『형사법 연구』, 제26호(2006): 451-476

김학성. "남북한 헌법 비교."『남북한 법제비교』. 춘천: 강원대학교 출판부, 2003.

박영자 외.『김정은 시대 북한의 국가기구와 국가성』. 서울: 통일연구원, 2018.

박정원. "북한의 법제정(입법) 체계의 분석 및 전망."『법제연구』, 제53호(2017): 9-59.

_____. "북한의 입법이론과 체계 분석."『법학논총』, 제26권 제2호(2013): 211-257.

_____. "북한의 '사회주의 법치국가 건설론'과 법제정비 동향."『동북아법연구』, 제5권 제1호
(2011): 1-29.

서울대학교 법학연구소 편.『법학통론』. 서울: 서울대학교 출판부, 2005.

서정미. "북한의 변호사제도에 대한 소고."『인문사회 21』, 제10권 제5호(2019): 1403-1412.

신광휴.『사회주의 국가의 헌법이론에 관한 연구』. 박사학위 논문, 단국대학교, 1988.

안정식.『빗나간 기대』. 서울: 늘품플러스, 2020.

안희창.『북한의 통치체제, 지배구조와 사회통제』. 서울: 명인문화사, 2016.

와다 하루끼.『북한 현대사』. 서울: 창비, 2021.

이규창·정광진. "북한형사재판제도: 특징과 실태,"『KINU 연구총서 11-05』. 서울: 통일연구원,
2011.

이승열. "조선노동당 규약 개정의 주요 내용과 시사점."『이슈와 논점』, 제1852호(2021): 1-4.

이은영. "북한의 법이론 및 법체계 고찰."『통일법제 Issue Paper 18-19-⑤』. 세종: 한국법제연구
원, 2018.

이효원. "북한의 입법조직과 작용에 관한 법체계."『통일과 법률』, 제46호(2021): 3-35.

_____. "남북통일 이후 사법조직의 통합방안."『서울대학교 법학』, 제51권 제1호(2010): 67-104.

정용길. 『독일, 1990년 10월 3일』. 서울: 동국대학교출판부, 2009.

조재현. "북한헌법 개정의 배경과 특징에 관한 헌법사 연구." 『미국헌법연구』, 제29권 제3호 (2018): 273-304.

최규환. "사회주의 이론을 통해 본 북한 헌법." 『통일헌법연구 2017-D-2』. 서울: 헌법재판소 헌법재판연구원, 2017.

체제통합연구회 편. 『북한의 체제와 정책』. 서울: 명인출판사, 2018.

한동훈. "북한의 사법조직 및 작용에 대한 법체계." *Dankook Law Review*, 제45권 제1호(2021): 161-191.

한명섭. 『통일법제 특강』. 서울: 한울, 2016.

_____. "북한 '반동사상문화배격법'에 관한 고찰." 『북한법 연구』, 제27호(2022): 115-156.

헌법재판연구원. 『사회주의 이론을 통해 본 북한 헌법』. 통일헌법연구, 2017.

황의정. "북한의 비사회주의적 행위에 대한 법적 통제: 범죄규정화를 중심으로." 박사학위논문, 이화여자대학교, 2016.

통일부 국립통일교육원. 『2022 북한이해』. 서울: 국립통일교육원 연구개발과, 2022.

통일부. 『통일백서』. 서울: 통일부, 2024.

북한문헌

김희성 · 허성근 외. 『법개론』. 평양: 김일성종합대학 출판사, 2006.

김혁철. "공화국형사재판소 구성의 특징." 『김일성종합대학 학보 - 법률학 제67권』. 평양: 김일성종합대학출판사, 2021.

박영철 외. 『력사 고급중학교』. 평양: 교육도서출판사, 2015.

사회과학원 법학연구소. 『법학사전』. 평양: 사회과학출판사, 1971.

심형일. 『주체의 법리론』. 평양: 사회과학출판사, 1987.

_____. 『주체의 사회주의 헌법리론』. 평양: 사회과학출판사, 1991.

손철남. "인민정권의 법적통제기능을 강화하는 것은 사회주의국가관리의 필수적요구." 『정치법률연구』, 제1호, 평양: 과학백과사전출판사, 2011.

조선노동당규약

조선대백과사전

조선말대사전

조선민주주의인민공화국 검찰감시법

조선민주주의인민공화국 금수산태양궁전법

조선민주주의인민공화국 기업소법

조선민주주의인민공화국 민사소송법

조선민주주의인민공화국 법제정법

조선민주주의인민공화국 사회보장법

조선민주주의인민공화국 사회주의노동법

조선민주주의인민공화국 사회주의헌법

조선민주주의인민공화국 아동권리보장법

조선민주주의인민공화국 여성권리보장법

조선민주주의인민공화국 연로자보호법

조선민주주의인민공화국 인민보안단속법

조선민주주의인민공화국 장애자보호법

조선민주주의인민공화국 적십자회법

조선민주주의인민공화국 재판소구성법

조선민주주의인민공화국 형법

조선민주주의인민공화국 형사소송법

조선민주주의인민공화국 행정처벌법

철학사전

해외문헌

Harden, Blaine. *The Great Leader and The Fighter Pilot*. London: Mantle, 2015.

통일한국사회문화의 가능성 한류 문화콘텐츠

이현주 서울평양연구원장

통일한국사회문화의
가능성 한류 문화콘텐츠

I 서론: 구조주의로 보는 북한 사회문화와 그 균열점 한류 문화콘텐츠

　북한 사회문화를 연구하는 방법은 다양하다. 무엇에 중심을 두느냐에 따라서 미시적인 접근과 거시적인 접근으로 나뉜다. 예컨대, 나무를 볼 것이냐 숲을 볼 것이냐의 문제이다. 최근에는 미시적인 접근과 거시적인 접근을 통합하는 통합적 또는 정합적 접근이 일반적인 방법론이다. 본 연구는 기존의 방법론과는 다른 새로운 접근을 시도하려 한다. 한반도에 적대적 2국가체제가 본격적으로 도래하고 있다고 보기 때문이다[1]. 따라서 이제는 북한의 실재에 직면할 준비를 할 때이다. 통합적 접근을 넘어 심층적으로 접근해야 할 시기인 것이다. 심층적인 접근이란 나무와 숲을 함께 보는 통합적 접근을 심화시켜서 나무와 숲을 이루는 근원인 토양을 분석하고자 하는 것이다. 이를 위해서 본 연구는 구조주의(Structural-

---

1　다니엘 벨이 '이데올로기의 종언'을 펴낸 1960년 이후 60년이 지났다. 후쿠야마는 소련의 붕괴를 목도하며 '냉전시대의 종말과 함께 이념 전개로서의 역사는 자유민주주의 승리로 끝났다'고 하였다. 그러나 한반도는 이데올로기 논쟁이 끝나지 않은 가운데 적대적 2국가체제 시대가 도래하고 있다. 따라서 30년 전 수립된 민족공동체통일방안에 대한 재검토가 요구되는 시점이다.

ism, 構造主義)적 접근을 시도하려 한다.

구조주의는 다양한 사회문화적 현상들의 근저에서 그것들을 반복적으로 만들어 내는 보편적이고 무의식적인 구조(사회적 무의식)를 찾아내려는 사유 경향이다. 구조주의 사상적 전통은 부분적으로 뒤르캠(E. Durkheim)의 특징을 통해서 조건화되어 졌고, 1930년대에는 헤겔(G. W. F. Hegel), 마르크스(K. H. Marx), 프로이드(S. Freud) 그리고 후설(E. Husserl)과 하이데거(M. Heidegger)와 관계에 있는 독일 사상가들에게 강력하게 수용되어 졌다. 1940년대에는 쟝 폴 샤르트르(Jean-Paul Sartre)의 '존재와 무'(Das Sein und das Nichts, 1943)와 같은 실존주의의 출현이 있었다. 실존주의는 구조주의가 강력한 대항 사조로서 등장했을 때까지 1940년에서 1950년대에 프랑스인의 정신적 삶을 지배했다[2].

구조주의적 인식론과 방법론은 1940년대와 1950년대의 실존주의와 역사주의, 미국의 실증주의적 경험주의가 인간의 이성적 기획과 인식 내용을 역사적 실천으로 구체화할 수 있다는 사조에 대한 비판으로 1960년대에 본격화되었다. 마단 시럽에 따르면, 구조주의의 특징은 주체에 대한 구조의 우위(자율적 인간 주체에 대한 비판), 역사적 변화에 대한 구조의 보편성의 우위(역사주의에 대한 비판)이다. 구조주의는 어떤 사물의 의미는 개별로서가 아니라 전체 체계 안에서 다른 사물과의 관계에 따라 규정된다는 인식을 전제로, 개인의 행위나 인식 등을 궁극적으로 규정하는 총체적인 구조와 체계에 대한 탐구를 지향한다[3]. 구조주의는 매우 다양한 분야를 포괄하는 이론으로 인류학, 언어학, 정신분석학, 사회학을 포섭하고 있다. 사물의 참된 의미가 사물 자체의 속성과 기능이 아닌 사물들 간의 관계에 따라 결정된다는 인식을 전제하는 구조주의는 언어학에서 출발하여 1960년대에 이르러 문학, 인류학, 철학, 정신분석학 등 모든 인문 사회학 분야에 폭넓게 확산되며 큰 영향을 끼쳤다. 구조주의의 중심적인 개념의 대부분은 언어학과의 연관 속에서 발전해 왔으며, 구조주의자들은 언어와 기호에 대한 탐구로

---

2   이규인, "구조주의 담론에 관한 소고," 『유럽헌법연구』, 제7호(2010), p. 232.

3   질 들뢰즈저, 『들뢰즈가 만든 철학사』, 박정태 역 (서울: 이학사, 2007), p. 363.

부터 인간의 사회문화적 행위를 규정하는 구조적 체계와 법칙을 밝히려 했다. 언어는 인간 정신의 구조적 측면을 가장 잘 나타내줄 뿐 아니라, 문화의 산물이면서 동시에 그 문화권에 사는 사람들의 사고방식을 규정하기 때문이다.[4]

외부사회와 문화교류를 차단하고 지도자 중심으로 체제를 결속·유지하고 있는 북한은 어느 사회보다 지도자 언어의 영향력이 큰 사회이다. 이는 '당의 유일적령도체계확립의 10대원칙'이 헌법보다 상위에 있는 결과이다. 지도자가 절대적인 힘과 능력을 행사할 수 있기 때문에 지도자의 말이 곧 법이다. 따라서 북한의 지식과 언어체계를 운용하는 권력 틀은 김일성유일사상체계라 할 수 있다. 경제난에도 흔들림이 없는 북한체제의 견고함은 외부의 언어를 차단하고 대타자인 지도자 중심의 사회구조를 유지한 결과라고 볼 수 있다.

한편, 김정일이 1994년에 '김일성 민족'을 공식화한 것은 언어가 문화의 산물임과 동시에 그 문화권에 사는 사람들의 생각하는 방식을 강제하는 측면을 보여주는 사건이다.[5] 김일성을 대적하는 정치세력을 모두 제거하고 온 사회를 김일성혁명집단화 한 이후 북한의 언어는 지도자의 교시로 일치화되어 있다. 북한의 사회문화적 현상들의 근저에서 그것들을 반복적으로 만들어내는 보편적이고 무의식적인 구조(사회적 무의식)는 무엇인가. 본 연구에서는 김일성 일가와 주체사상이라고 보았다. 따라서 북한의 사회문화는 다음의 특성을 보여준다. 첫째, 대타자인 지도자를 신격으로 추앙하는 지도자 유일사상[6], 둘째, 사적인 영역인 이데올로기국가기구(AIE)의 공적인 억압적 국가기구화, 셋째, 선전선동 문화예술의 정치문화, 넷째, '주체형의 새 인간'[7]을 통한 사회의 재생산이라 볼 수 있다. 이러한

---

4   이현주, "북한의 사회구조와 라캉의 '대타자'" (2021 북한연구학회하계학술회의, 온라인, 북한연구학회, 2021년 7월 9일).

5   이현주, "북한정치의 종교적 특성과 '인간중심' 개념," *Journal of North Korea Studies*, 제6권 제2호(2020b), p. 93.

6   이현주·채인택, 앞의 글.

7   2009년 개정된 「사회주의 헌법」에서 '공산주의적 새 인간형'이 삭제되고 '주체형의 새 인간'이 북한 교육의 목표로 등장하였다.

특성을 보이는 북한 사회문화를 신정정치사회문화라 할 수 있다.

북한 사회문화를 이해하기 위해서는 첫째, 인문학의 학습이 필요하고, 둘째, 역사에 대한 지식이 필요하고, 셋째, 객관적인 학문의 자세가 필요하다. 이러한 둘레길을 돌아서 북한의 사회문화를 이해해야 하는 이유는 한때 남한과 사회문화를 공유했던 민족이었기 때문만이 아니다. 통일 이후에 펼쳐질 장밋빛 기대감 때문도 아니다. 북한을 이해하기 위해 필요한 인문학과 한반도 근현대사는 오늘날 우리가 올바른 가치관을 가지고 타자를 이해하고 주체의 이해에 이르는 지름길이기 때문이다. 또한, 북한의 사회문화를 이해하는 것은 통일에 대한 부담감과 거부감을 줄일 수 있는 방법이기도 하다.

한편, 최근 북한에서 한류 문화콘텐츠와 관련된 두 가지 법안이 통과되었다. 한류 문화콘텐츠가 신정정치사회문화의 균열점으로 작동하고 있음을 확인할 수 있는 대목이다. 따라서 남북한 통일한국에 긍정적으로 기여할 수 있도록 관련된 한류 문화콘텐츠 개발과 보급에 더욱 박차를 가해야 할 것이다.

Ⅱ 신정정치사회문화의 형성과 특징

1. 김일성 일가와 주체사상의 신정정치사회문화 형성

북한은 인민이 지도자의 국가-당-군대를 떠받들고 있는 구조이다.[8] 인민대중이 최저의 삶을 살며 지도자의 국가-당-군대를 떠받들고 있는 이유는 패권국가 미국과 휴전 중인 '공포' 때문이라고 볼 수 있다. '희망'을 원하는 인민에게 이성적이고 합리적인 지도자보다는 강력한 욕망과 정열의 '신적' 지도자가 필요하기

---

8   이기동, 『김정은 정권의 정치체제: 수령제, 당ㆍ정ㆍ군 관계, 권력엘리트의 지속성과 변화』 (서울: 통일연구원, 2015).

때문이다.[9] 북한은 지도자 1인 유일지도체제이다.[10] 김일성은 1946년 3월 5일 토지개혁에 대한 법령을 공포했다. '무상몰수, 무상분배'의 토지개혁을 통해 인민의 전폭적인 신뢰와 지지를 얻게 되었다. 지도자는 '어버이'로 섬김을 받게까지 이르렀다. 사회주의 국가에서 이러한 지도자상이 드문 일은 아니다. 그러나 종교를 부정하는 사회주의에서 신적인 추앙을 받으며 삼대세습을 이룬 경우는 북한이 유일하다. 그러므로 북한은 마르크스-레닌의 사회주의를 버리고 새로운 신정정치사회문화를 형성했다고 볼 수 있다.

이러한 신정정치사회문화의 형성은 전쟁 이후 진행된 김일성유일지도체계 형성과정을 통해 서서히 진행되었다고 볼 수 있다. 김일성유일지도체계 형성의 외부 요인을 6.25 전쟁과 미국이라고 볼 수 있다면 내부 요인은 김일성 반대 정치세력의 숙청이었다. 1958년 '8월 종파사건'과 1967년 '갑산파사건'이 바로 그것이다. 1967년 이후 북한 사회주의는 김일성을 중심으로 하는 유일지배체제로 변형되어 삼대의 세습에 이르게 되었다. 마르크스의 사회주의사상은 정치이데올로기로써 적합성을 잃게 되고 만다. 새로운 정치이데올로기인 주체사상이 등장하였다. 주체사상은 김일성 가계 세습을 위하여 형성되었다고 볼 수 있다.[11] 초기에 마르크스의 사회주의 이념을 실현하고자 했던 북한은 계층화·계급화되었다. 최상층 지도자를 위해 인민들의 희생으로 지탱하는 체제이다. 인민은 핵심계층, 동요계층, 적대계층으로 분류되며 계층에 따라서 거주지, 진학, 진료에 제한이 있다. 외부인과의 소통은 원칙적으로 금지되어 있다.

김정일은 『김정일 전집』 제7권에서 "백두산은 우리 나라의 유구한 력사와 더

---

9   흄(D. Hume, 1711-1776)에 의하면 인간은 본래 추상적인 이성에 복종하는 것이 아니라 열정과 욕망에 복종한다. 열정과 욕망이야말로 최초의 종교적 관념들의 원천이기도하다. 인간을 맨 먼저 신앙에로 이끌고 가고 꾸준하게 붙들어 매어두는 것은 '희망'과 '공포'의 정서이다. 흄(D. Hume), 『종교의 자연사』, 이태하 역 (서울: 아카넷, 2004), p. 27.

10   이현주, "북한정치의 종교적 특성과 '인간중심' 개념," pp. 93-115.

11   이현주, "북한의 집단정체성," 『통일·북한의 문화적 이해』 (서울: 카오스북, 2020a). pp. 309-311.

불어 민족의 슬기와 넋이 깃든 조종의 산이며 조선혁명의 시원이 열리고 뿌리가 내린 혁명의 성산입니다."라고 백두산에 대하여 언급하며 단군과 김씨 일가의 공통적인 기원지가 백두산임을 주장한다. 북한은 평양시 인근 강동군에서 단군 릉을 발견 및 복원 후 단군을 '조선민족의 시조왕'이라 칭한 1995년 2월 25일 단 군릉 기념우표도 발행한 바 있다. 민족의 시조인 단군과 김씨 일가가 같은 기원 지를 갖는다는 주장은 북한의 '백두혈통'의 대를 잇는 김일성-김정일-김정은에 정권의 정통성이 주어지며 이러한 권력의 승계를 정당화하는 지식의 생성을 위 한 것으로 볼 수 있다. 김정일이 '김일성 민족'이라는 용어를 처음 사용한 후 평 양방송이 1995년 1월 18일 '우리 민족은 수령을 시조로 하는 김일성 민족'이라 하 고, '우리나라는 수령 김일성이 세운 김일성 조선'이라고 주장했다. 이를 1995년 3월 27일 『로동신문』에서 기사화했다. 1995년 4월 14일 조선중앙방송에서는 '김일성 민족'을 강조하여 언급했다. 또한, 김일성 2주기인 1996년 7월 8일에 북 한은 당중앙위원회·당중앙군사위원회·국방위원회·중앙인민위원회·정무원 결정서를 제출했다. '주체연호'를 김일성의 출생연도(1912)를 원년으로 하여 공 식 제정했다. 또한, 김일성의 생일(4월15일)을 '태양절'로 한다고 선포하였다. 북 한은 2개월 후인 9·9절(건국기념일)에는 처음으로 '주체연호(主體年號)'를 사용하 였다. 그리하여 김일성의 생일인 1912년을 1년으로 삼는 주체연호를 사용하는 '김일성 민족'이라 공표하기에 이르렀다.[12]

지도자는 삶의 의미를 부여하는 유일한 존재자이다. 따라서 인간 존재의 가 치와 의미는 지도자를 위해 충성할 때 비로소 완성된다. 그러므로 인민은 지도자 의 지시와 명령에 따라서 사회에 헌신하는 사회정치적생명체로 살아가야 하는 의무를 가지게 된다. 또한 이를 위하여 주체사상 학습 모임에 참여해야 한다. 이 러한 총화는 매주 토요일 오전 또는 오후와 월요일, 수요일에 이루어진다.

한편, '사회주의헌법'이 제시하고 있는 인민의 의무는 다음과 같다. 사회주의 헌법 5장 제81조는 공민은 인민의 정치사상적통일과 단결을 견결히 수호하여야

---

12 오일환, "북한의 신앙 변화와 통일 한국," 『통일·북한의 문화적 이해』 (서울: 카오스북, 2020).

하며 조직과 집단을 귀중히 여기며 사회와 인민을 위하여 몸 바쳐 일하는 기풍을 높이 발휘하여야 한다. 제82조는 공민은 국가의 법과 사회주의적 생활규범을 지키며 조선민주주의인민공화국의 공민된 영예와 존엄을 고수하여야 한다. 제85조는 공민은 언제나 혁명적 경각성을 높이며 국가의 안전을 위하여 몸 바쳐 투쟁하여야 한다. 제86조는 조국보위는 공민의 최대의 의무이며 영예이다. 공민은 조국을 보위하여야 하며 법이 정한데 따라 군대에 복무하여야 한다.

헌법에서 부여한 의무보다 더 중요한 임무는 사회정치적생명체로 살아가야 할 임무이다. 지도자는 사회정치적생명체의 '뇌수'라는 점에서 결국 영원성을 가진 존재로 둔갑하게 된다. 즉, 유한한 육체적 생명에 반해 사회정치적생명은 영원하다는 논리로 비약시킨다. 북한은 금수산기념궁전에 김일성의 시신을 안치하여 '북한을 통치하는 영원히 살아있는 시조'로 만들었다.[13]

외부사회와 차단 된 채 모든 인민은 '뇌수'인 지도자를 위해 '사회정치적 생명'으로 살아가야 한다. 지도자는 죽어서도 영원성을 갖는 신적인 존재이다.[14] 김일성유일지도체계 확립 이후 지도자의 언어는 사회의 기표가 되었다. 기표인 지도자의 언어에 의해 사회문화가 끊임없이 검열되고 있다.[15]

2. 이데올로기국가기구(AIE)의 억압적 국가기구화를 통해 유지되는 신정정치사회문화

알튀세르(Louis Pierre Althusser)는 국가기구를 억압적 국가기구와 이데올로기국가기구(AIE)로 나누었다. 고전적 마르크스주의에서 국가기구는 억압적인 장치와 동일시되었다. 그러나 국가가 수행하는 계급 지배의 메커니즘을 설명하기 위해서는 새로운 개념이 필요했다. 국가는 계급 지배를 재생산하기 위해서 강제와 폭력만이 아니라 이데올로기적인 헤게모니를 동원하기 때문이다. 이데올로기국

---

13   안찬일, 『주체사상의 종언』 (서울:을유문화사, 1997), p. 304. 이현주(2019)에서 재인용.

14   이현주, "북한정치의 종교적 특성과 '인간중심' 개념," p. 107.

15   이현주 · 채인택, 앞의 글, p. 10.

가기구가 그것이다. 억압적 국가기구와 구분되는 이데올로기국가기구(AIE)는 교육, 가족, 종교, 언론, 조합 등이 포함된다.[16] 그러나 북한의 이데올로기국가기구(AIE)는 고전적 마르크스주의에서와 같이 억압적인 장치와 동일시 될 뿐아니라 더욱 강력하게 작동된다. 그러므로 북한의 공식단체와 국가기구는 인민대중을 대표하는 지도자를 위해 존재한다고 볼 수 있다. 따라서 억압적 국가기구와 이데올로기국가기구(AIE)에 의해서 신정정치사회문화가 유지 재생산되고 있다고 볼 수 있다.

북한의 대표적인 이데올로기는 주체사상이다. 주체사상의 수령론과 인간중심론은 마르크스-레닌주의를 대체하여 북한체제유지의 사상적 토대를 제공하고 있다. 가정에서 교육은 '당의 유일적령도체계확립의 10대원칙 제3조6항에 따라 시행된다.[17]

각 가정에서 지도자의 초상화 관리는 매우 정성스럽고 엄숙하게 이루어진다. 이를 통해 지도자에 대한 무의식적인 경외감을 만들고 신적인 존재감을 부여하는 것이다. 북한에서는 초상화의 관리 및 정성작업이 매우 중요한 교육과정에 포함되며, 각 가정에서도 정성함을 관리하도록 하고 있다. 또한 북한이 2004년 4월 7일 자로 전국에 배포한 〈전시세칙〉에 따르면 전쟁이 일어날 경우 북한주민이 1차적으로 해야 할 대피 요령으로 김정일 국방위원장과 그 부모의 초상화, 동상 보전 등을 규정하고 있다. "혁명의 수뇌부를 사수하기 위해서라면 청춘도 생명도 서슴없이 바쳐야 하는 것"이 초상화에 대한 북한의 원칙이다. 실제로 북한에

---

16 Louis Althusser, *Lenin and Philosophy and Other Essays* (New York: Monthly Review Press, 1971), p. 37.

17 10대원칙 제3조 위대한 수령 김일성동지의 권위를 절대화하여야 한다. 위대한 수령 김일성동지의 권위를 절대화하는 것은 우리 혁명의 지상의 요구이며 우리 당과 인민의 혁명적 의지이다. 10대원칙 제3조 6항 경애하는 수령 김일성 동지의 초상화, 석고상, 동상, 초상, 휘장, 수령의 초상화를 게재한 출판물, 수령을 형상화한 미술작품, 수령의 현지 교시판, 당의 기본구호 등을 정중히 취급하고 또 철저히 보호하여야 한다. 유일사상 10대원칙에 따라, 북한의 최고지도자의 권위를 절대화한다. 수령의 권위를 절대화하는 것이 혁명의 요구이며 당과 인민의 혁명적의지이기 때문이다. 따라서 인민들에 대한 관리, 감시, 처벌 등으로 엄격한 통제가 이루어지고 있다.

서는 화재나 재난 시에도 불길에 뛰어들어 초상화를 구출하느라 목숨을 잃기도 한다는 사례가 미담으로 소개되고 영웅으로 칭해진다.[18]

알튀세르는 자본가 계급인 지배계급의 피지배계급에 대한 이데올로기적 지배를 지적하면서 그 주요 국가구조를 교육적인 이데올로기적 기관 즉 학교라는 측면을 강조한 바 있다.[19] 김형찬은 1980년대는 김정일 세습체계 구축을 위한 교육 내용으로 혁명적 혈통성, 김일성과 김정일의 동일시 등이 각급 학교의 교육과정에 등장하며, 주체사상의 지도적 원칙에 의해 주민대중의 주체적 역사발전을 이끌어 가는 구심점인 수령을 충실히 따르는 신민 양성을 위한 인간개조과정이 곧 북한의 교육이론이며 실천이 되었다고 주장한다.[20] 북한 학교에서는 지식의 전수를 위한 교육 외에 사람들을 혁명화하고 노동 계급화하여 전면적으로 발전된 공산주의적 인간으로 키우기 위한 사상교양을 강력하게 실시하고 있다. 이러한 사상교육에서 중요한 초점은 수령과 그 가계에 대한 충성심 형성이다. 혁명전통교양은 김일성과 그 가계에 대한 날조된 초현실적이고 허무맹랑한 전설같은 내용으로 구성된다. 그러나 어린시절부터 지속적으로 주입받게 되면 각인[21]이 이루어져 상식적으로는 발생할 수 없는 초현실적인 우상화에 대해 의심 없이 받아들이게 된다. 이러한 우상화와 각인을 통하여서 지도자에 대한 절대적인 신뢰심과 경외심이 형성된다고 볼 수 있다.[22]

김일성 시기 북한 교육은 '사회주의 교육에 관한 테제(1977년)'에 따라 '공산주의적 새 인간형' 육성을 목표로 했다. 그러나 김정일 시기에는 2009년 개정된

---

18 박상희, "얼굴의 권력론: 북한 김일성 초상화의 시각정치적 언어," 『한국정치학회보』, 제53권 제2호(2019), pp. 105-127.

19 Louis Althusser, 앞의 책.

20 Hyung-chan Kim with Dong-kyu Kim, *Human Remolding In North Korea* (Lanham: University Press of America, 2005). 이현주(2013)에서 재인용.

21 애착이론과 각인에 대한 세부내용은 콘라트 로렌츠, 『공격성에 관하여(이화문고 42)』 (서울: 이화여자대학교 출판부, 1989).

22 이현주, "북한주민의 정치적 분리와 불안," 『북한연구학회보』, 제17권 제1호(2013), p. 163.

「사회주의 헌법」을 통해 기존의 교육목표였던 '공산주의적 새 인간형'을 '주체형의 새 인간'으로 변경하였다. 또한 교육법(1999년), 보통교육법(2011년), 고등교육법(2011년) 등 교육 관계 법령을 정비했다. 특이한 점은 이러한 교육목표의 변화에도 교과과정과 교육내용에는 커다란 변화가 없다는 것이다. 교과과정에서 이미 최고지도자인 수령을 우상화하고 주체사상 원리와 당 정책을 교양하는 정치사상 교과목이 큰 비중을 차지하고 있었다. 김정은 시기에 신설된 교과목은 『경애하는 김정은원수님 혁명활동』, 『경애하는 김정은원수님 혁명역사』이다.

북한에는 다양한 언론기관이 있으며 북한 헌법 제67조는 "공민은 언론·출판·집회·시위와 결사의 자유를 가진다"고 언론자유에 대해 명시하고 있다. 그러나 북한에서 언론의 자유는 "인민대중을 사회주의 건설에 더욱 힘차게 다그치는 데 이바지"할 때만이 보장받을 수 있다고 못 박고 있다. 그러므로 대타자의 "호명"이 교육기관에서는 물론 이와 유사한 기능을 수행하는 언론기관에서도 이루어지고 있음을 알 수 있다. 특히 김정일은 1995년 11월 언론매체에 보낸 친필 서한을 통해 언론매체가 사상 교양 및 통제기능을 강화해 체제결속에 앞장서 줄 것을 촉구함으로써 다시 한번 이러한 언론의 역할을 분명히 하고 있다. 북한의 언론은 이러한 언론의 자유에 대하여 대중의 지도자 및 안내자 또는 교사로서만이 그 존재가치가 인정된다. 따라서 북한의 모든 언론매체에 부과된 제일의 임무는 당 정책 및 혁명사업을 선전·옹호하는 데 있다. 북한 최고의 방송 기관으로, '조선중앙방송위원회'가 있다. 남한의 방송 미디어 그룹과 유사하다. 북한 안과 밖으로 송신되는 텔레비전, 라디오 방송국 모두를 관장하고 있다. 특히 김정일 국방위원장이 "나의 방송이다."라고 표현할 정도로 특별히 관심을 쏟았는데 북한의 모든 주민을 대상으로 하는 대표적인 선전·선동 기관이다.

북한의 신문은 주체 언론의 관점에서 지켜야 할 원칙으로 '노동계급성과 당성의 원칙, 인민성과 대중성의 원칙, 진실성과 전투성'을 제시하는데, 이 원칙에 따라 발행한다. 북한의 신문은 노동당·정권기관·사회단체들이 발행하는 기관지일 뿐이다. '노동신문'은 당의 견해와 입장을 공식적으로 대변하는 당중앙위 기관지로서 각 계층 주민들에게도 읽히고 있다. '노동신문'에서 가장 중요하게 여겨지는 기사는 사설과 논평으로 사설은 당의 지령이고 논평은 정세에 관한 당의 입장으로 모든 신문과 방송은 노동신문을 기준으로 편집 방향이 결정된다. 북한 언론은 최고 지도자의 활동과 사상을 전파하는 데 주력하고 있는데 노동신문의 1면은 거의 매일 김정은 위원장의 공개 활동 소식으로 채워지고, 조선중앙TV나 조선중앙방송 역시 김정은 위원장의 공개 활동을 최우선으로 내보내고 있다. 최고지도자의 활동 모습을 통해 주민들의 체제수호 의지를 북돋우려는 의도로 해석할 수 있다. 결국 북한 언론의 활동은 체제유지라는 강력한 목표의식 아래 그 역할을 수행한다.

언론매체와 교육기관의 언어가 국가에 의해서 엄격하게 검열·통제되고 있다. 따라서 북한의 교육기관과 언론기관이 '지도자의 언어'를 통해 인민을 '주체형의 새 인간'으로 형성하고 있다고 볼 수 있다. 언론은 지도자의 지시를 전달하기 위해서만 사용될 수 있다. 북한주민들은 오랜 기간 신문, 방송, 강연 등에서 남한의 왜곡된 정보를 일방적, 반복적으로 주입받아 오면서, 자연스럽게 남한에 대한 부정적이고 적대적인 인식을 갖게 되는데 사회전반에 '의식화'라는 형태로 작용하고 있다. 북한주민들은 상대적으로 자신들의 체제에 대한 우월성을 가질 수밖에 없으며, 여기에 수령의 영도라는 절대적 신념체계가 형성되는 것이다. 이러한 가정교육과 학교교육과 언론매체는 하나의 목표를 지향하고 있다. 인민의 정치사상적 통일을 목표로 사상혁명을 강화하고 사회의 전체 성원들을 혁명화, 로동계급화하고, 온 사회를 동지적으로 하나로 결합된 혁명집단화하는 것이다. 억압적 국가기구와 이데올로기국가기구(AIE)가 일치화되어 온 사회를 혁명집단화하고 있다. 모든 단체와 국가기구는 지도자의 말을 이행하기 위해 존재한다. 이데올로기국가기구(AIE)인 교육, 가족, 종교, 언론, 조합도 예외는 아니다. 교육목표인 '주체형의 새 인간'을 통해 신정정치사회문화를 재생산하는 것이다.

3. 선전선동의 문화예술로 유지되는 신정정치사회문화

전체주의자들은 자유롭고 도덕적인 개인이 있을 수 없다고 주장한다. 프랑스 문필가 바레스(Auguste Maurice Barres)는 "도덕적인 것은 자신의 민족으로부터 자유롭기를 바라지 않는 것이다"라며 이런 태도를 잘 보여준다. 그들에게 개인은 자신의 도덕을 가진 자유로운 존재가 아니다. 개인들의 도덕은 전체주의 국가가 그들에게 내리는 지시를 따르는 것이다. 그러므로 전체주의는 인류보편의 도덕의 우위를 인정하지 않는다고 볼 수 있다. 마키아벨리가 군주에게 마키아벨리안 행동 계획을 수행하라고 조언할 때, 그는 그 행동들에 어떤 종류의 도덕성이나 아름다움을 부여하지 않는다. 그에게 도덕성은 다른 모든 사람들에게 뜻하는 것이며, 그것이 정치와 양립하지 않는다는 것을 그가(안타까움이 없지 않게) 지적한다고 달라지지 않는다. '군주는 늘 선을 실천한 마음이 있어야 하지만, 그는 어쩔 수 없는 경우에는 악 속으로 들어갈 수 있어야 한다'고 마키아벨리는 말한다. 그렇게 함으로써 그는, 비록 정치를 돕는 경우에라도, 악은 그대로 악으로 남는다는 것을 보여준다. 현대의 현실주의자들은 현실주의의 도덕론자들이다. 그들에게, 국가를 강하게 만드는 행위는 그렇게 한다는 사실에 의해 도덕적 성격이 부여되고, 그 행위가 무엇이든 그렇다. 정치에 봉사하는 악은 악이기를 그치고 선이 된다. 전체주의의 특질은 예술에서의 표현의 자유에 대한 억압으로 나타났다.[23] 전체주의 국가는 필연적으로 권력을 지닌 소수의 전제적 정치가 되고, 이어 개인숭배가 나오므로, 작가는 궁극적으로 권력을 찬양하는 일에 전력하게 된다. 월북한 작가들의 운명은 이 점을 선명하게 보여준다. 그들은 모두 숙청되었고, 동료들의 숙청을 도운 자들만이 살아남아서 뒤에 '위대한 지도자'를 계속 찬양하였다. 전체주의 사회에선 진정한 예술가가 존재할 수 없다. 예술가로 불리는 사람들은 모두 실제로는 선전선동 일꾼들이며 그들의 노력들은 근본적으로 개인

---

23 쥘리앙 방다(Julien Benda), 리처드 올딩튼 영역, 『지식인들의 배반』; 복거일 외 지음, 『자유주의. 전체주의 그리고예술』(서울: 경덕출판사, 2008). 이현주, 『북한의 집단주의 특성요인과 심리적분석에 관한 연구』(박사학위논문, 고려대학교, 2011)에서 재인용.

의 자유를 억누르는 데 활용되었다.[24]

예술이 선전선동의 수단이 되고 예술가들이 노동의 지도를 통해서 작업을 배정받으므로, 전체주의 사회들에서 예술 작품들은 필연적으로 엄격한 검열(censorship)을 받게 된다. 검열은 모든 사회들에서 있었지만, 전체주의 사회들에선 그것은 예술을 근본적으로 규정하는 요소가 된다. 검열은 독일의 민족사회주의자들과 러시아의 공산주의자들의 두 전제정치 아래서 치명적 심각성을 지닌 문제가 되었다. '진정한 독일 예술'을 옹호하면서, 독일 민족사회주의자들은 1937년에 뮌헨에서 '퇴폐적 예술' 전람회를 열어 '퇴폐적 볼세비키와 유대인 예술'을 비웃었다. 스탈린의 검열관들도 똑같이 야만적이었다. 그들이 선호한 스타일은 '사회주의 리얼리즘' 근로자들이 접근할 수 있는 조형적 작품들이었고 소련 예술가들은 자신을 '검열과 자아비판'에 맡기도록, '그 자신의 국가 검열관'이 되도록 요구되었다. 선동적 문학은, 특히 성경과 다른 종교적 저작들은, 소련 공산주의자들에겐 저주받는 것들이었다. 천안문 광장 사태 이후 중국의 예술적 표현에 대한 탄압은 스탈린주의의 가장 나쁜 관행들을 떠올리게 한다. 중국의 가장 뛰어난 영화감독들은 존재하지 않는 사람들이 되었다[25].

북한에서 영화는 당의 선전선동 사업에서 가장 중요시되는 예술 장르이다. 영화의 카타르시스와 감동의 예술적 기능보다는 당의 선전선동 도구로써 주민에게 당의 정책과 방향을 제시하고 혁명화, 로동계급화하여 공산주의 교양을 위해 활용하고 있다. 영화 창작의 원칙과 방향의 지침이 되는 것은 최고지도자의 문건이다. 북한정권 수립 이후부터 영화를 비롯한 예술 창작과 관련한 최고지도자의 문건이 나왔고, 이 문건이 곧 창작의 원칙이 되었다. 북한 영화와 관련한 문건으로는 김일성이 1968년 11월 1일에 영화예술인들을 대상으로 한 연설 「혁명적 영화창작에서 나서는 몇 가지 문제에 대하여」가 있다. 영화와 관련해서는 특히 김정일의 영향력이 절대적으로 작동하였다. 영화에 대한 김정일의 관심도

---

24 이현주, 위의 글, p. 49.

25 "역사에서의 검열,"(The Economist, 1993.12.26.) 이현주(2013)에서 재인용.

남다른 것으로 알려져 있으며, 권력의 핵심부에 등장할 때, 가장 먼저 장악한 분야도 영화이다. 김정일은 영화와 관련한 여러 가지 문건을 남겼다. 김정일의 주요 문건으로는 1969년 2월 17일 노동당 중앙위원회 선전선동부 일군들과 한 담화「영화혁명수행에서 나서는 중심적 문제에 대하여」를 비롯하여,「혁명적 영화창작에서 생활을 진실하게 그릴 데 대하여」,「예술영화촬영소사업을 개선할 데 대하여」,「우리의 사회주의현실이 요구하는 혁명적 문학작품을 더 많이 창작하자」,「영화음악을 우리 식으로 발전시켜야 한다」 등이 있다.

김정일의 영화에 대한 깊은 관심은 유별나다. 직접 쓴 영화와 관련한 이론서로『영화예술론』이 있다.『영화예술론』은 1973년 4월 김정일이 북한의 통치 이념이자 유일한 사상인 주체사상에 입각하여 쓴 이론서로서 영화문학의 이론으로부터 창작 지도에 이르기까지 영화 관련 내용이 기술되어 있다.『영화예술론』의 목차는 ① 생활과 문학(영화문학론), ② 영화와 연출(연출론), ③ 성격과 배우(배우론), ④ 영상과 촬영(촬영론), ⑤ 화면과 미술(영화미술론), ⑥ 장면과 음악(영화음악론), ⑦ 예술과 창작(창작방법론), ⑧ 창작과 지도(창작지도론)이다. 지금도 북한에서 영화창작은『영화예술론』을 기준으로 이루어진다. 영화가 차지하는 비중이 높기 때문에 영화에 대한 관리는 국가적인 차원에서 이루어진다. 북한에서 영화의 내용을 심의하고 관리하는 최종 부서는 조선로동당 선전선동부로 선전선동부의 영화과에서 영화를 관리해 왔었다. 그러나 영화에 대한 총괄적인 지도를 위하여 2009년 2월 11일에 최고인민회의 상임위원회 정령 제3059호로 국가영화위원회를 신설하였다. 2009년 초대 국가영화위원회 위원장으로 12기 최고인민회의 대의원이자 조선로동당 선전선동부 부부장인 최익규를 선임하였다. 국가영화위원회는 산하에 국제영화합작사를 두고 국제영화합작 사업도 관장한다. 영화와 관련한 실무를 담당하는 주무 부처는 문화성 영화총국이다. 영화 창작과 관련한 실질적인 행정업무를 관장한다. 각각의 영화는 관련 영화 창작소에서 제작한다.[26]

---

26 전영선, "선동의 기수, 선전의 첨병으로서 영화,"『통일 · 북한의 문화적 이해』(서울: 카오스북,

북한 영화에서 가장 중요한 것은 종자와 속도이다. 종자는 씨앗이다. 씨앗을 심으면 싹이 트고 잎이 나고 열매가 맺듯이 종자는 영화에서 궁극적으로 이야기하고 싶은 핵심이다. 따라서 종자는 영화의 주제이자 소재라고 할 수 있다. 종자가 중요한 것은 영화의 제작이 국가에 의해 이루어지기 때문이다. 영화를 만들기 위해서는 '왜 이 영화를 만들어야 하는 지'를 설명해야 한다. 즉 사회적으로 어떤 의미를 담고 있고, 그 의미를 표현하기 위해서 어떤 연출을 했는지 보여주어야 하기 때문이다. 종자를 파악하기 위해서는 먼저 영화가 제작된 배경에 대한 이해가 필요하다. 북한에서 영화는 사회적 필요에 의해 만들어지기 때문이다. 감독이나 관객의 요구와 상관없이 당에서 필요할 때, 필요한 내용으로 만들어서 공급한다. 국가에서 기획하고 관리한다. 창작에서부터 제작, 상영, 사후관리까지 국가(당)의 의도에서 벗어날 수는 없다. '속도'는 빨리 만드는 것이다. 전투처럼 빠르게 만들어야 하기 때문에 '속도전'이라고 한다. 속도전은 단순하게 빠른 시일 내에 작품을 창작한다는 것만을 의미하지 않는다. 내용적으로도 작가, 예술인들의 정치적 자각과 창조적 열의를 최대한으로 동원하여 가장 짧은 기간에 사상적으로도 훌륭한 작품을 만들어 내는 것이다. 문학예술인들에게 속도전이 매우 중요한 창작 원칙이며, 지침으로 제기되는 이유는 속도전이 사회주의 사회의 현실적인 요구를 시기적절하게 충족시키며 문학예술의 역할을 높이는 수단이 되기 때문이다. 속도전의 논리에 의하면 문학예술 창작에서 좋은 작품을 창작하느냐 하지 못하느냐 하는 것은 시간에 있는 것이 아니라 창작가의 높은 사상과 열정에 있기 때문에 사상과 열정이 충만하다면 어떤 어려운 창작의 난제도 짧은 시일 안에 해결할 수 있다고 파악하고 이를 실천에 옮길 것을 강조한다. 짧은 시간에 훌륭한 영화를 만들기 위해서는 평소에 시대적 상황에 맞는 주제를 잘 잡아야 한다. 즉 종자를 잘 잡는 것이 핵심이다.[27]

　　김정은 체제에서도 영화의 역할과 중요성은 여전하다. 김정은 역시 영화 분

　　2020), p. 174.

27　전영선, 위의 글, p. 177.

야에서 새로운 혁명을 일으켜 인민들의 마음에 혁명적 열정을 안겨줄 수 있는 명작을 창작할 것을 요구하고 있다. 북한에서 영화의 역할이 무엇인지를 확인할 수 있는 부분이다.

4. '주체형의 새 인간'을 통해 재생산되는 신정정치사회문화

북한의 교육목표는 '주체형의 새 인간'이다. 김정일 시기인 2009년 개정된 「사회주의 헌법」에서 기존의 교육목표였던 '공산주의적 새 인간형'을 '주체형의 새 인간'으로 변경하였다. 또한 교육법(1999년), 보통교육법(2011년), 고등교육법(2011년) 등 교육 관계 법령을 정비했다. 북한의 교육목표 변경에도 교과목이나 교육내용의 큰 변화는 보이지 않고 있다. 이러한 교육목표와 교육법의 정비 목적은 '공산주의적 새 인간형'에게는 부과하기 어려운 국가적 위기 상황 극복을 '주체형의 새 인간'에게 부과하여 사회 재생산에 기여하기 위한 것이라고 볼 수 있다. 북한은 사회주의이념을 버리고 김일성 일가와 주체사상의 신정정치사회문화를 이루었으며 이를 재생산하는 사명을 종교화된 인적자원인 '주체형의 새 인간'에게 부여한 것이다.

주체사상이 주목을 받는 이유는 종교로서 기능하고 있기 때문이다. 북한이 주체사상을 사회주의체제의 공식이념으로 발전시켜 왔으며, 1974년부터는 주체사상 학습을 위한 조직적인 활동을 전개해왔다. 그 결과 북한의 주체사상은 단순한 사상이나 이념을 넘어서 종교적 차원으로 발전하였으며, 북한사회는 주체사상을 국교화한 종교사회로 변화되었다.[28] 미국의 종교관련 통계사이트인 '어드

---

28 김병로, 『북한 사회의 종교성: 주체사상과 기독교의 종교양식 비교』 (서울: 통일연구원, 2000).
한편, 북한정치의 종교화는 기존 종교에 대한 소멸로부터 시작되었다는 주장이 있다. 그러나 종교가 소멸된 북한에서 종교를 대체한 것은 마르크스-레닌의 사회주의 사상이었다고 보는 것이 타당하다. 주체사상이 등장하기 전까지 마르크스-레닌의 사회주의는 북한에서 기존 종교를 대체하여 인민들에게 삶의 의미와 가치를 부여하는 새로운 종교로서 기능을 하였다 볼 수 있기 때문이다. 이후, 김일성은 대내외적인 여건과 후계구도를 위하여 마르크스-레닌주의보다 북한의 현실에 더욱 적극적으로 활용할 수 있는 새로운 정치이데올로기가 필요하게 되었다고 볼 수 있다. 주체사상

히런츠닷컴(adherents. com)'은 2007년 5월 7일 북한의 '주체사상'이 세계 10대 종교에 해당되는 추종자 규모라고 발표했다.[29] 전체주의가 정치를 신성화하는 것에 대해 '정치종교(political religion)'라 규정한 많은 학자들이 역사적인 사례로 이탈리아의 파시즘, 독일의 나치즘, 소련의 스탈린이즘 등을 제시하며 북한의 주체사상을 정치종교로 규정하고 있다.[30]

에밀리오 젠틸레는 근대의 정치운동이 세속종교가 되는 조건을 세 가지 지적했다. 첫째, 그와 같은 정치운동이 삶의 의미와 인간 존재의 궁극적인 목적을 규정할 때, 둘째, 이러한 운동에 가담한 모든 구성원들이 반드시 준수해야할 공공의 도덕적 계율을 만들 때, 셋째, 이러한 운동이 역사와 현실을 해석하는데 있어서 신화적이고 상징적 극화(劇化)에 근본적인 중요성을 부여하고, 그리하여 민족, 국가, 혹은 정당으로 구현되고 모든 인류의 재생적 힘으로 찬양되는 '선민'과 긴밀히 결합된 그들만의 '신성한 역사(sacred history)'를 만들 때다.[31] 북한은 '신성한 역사(sacred history)'를 만들었고, 그 결과 종교화된 정치가 실현되고 있다. 첫째, 주체사상의 사회정치적생명체론을 통하여 사회를 위해 사는 영생하는 인간의 가치 있는 삶을 제시하고 있고, 둘째, 초법적 상위규범인 '당의 유일

의 시작이 김일성의 정치적 동기였다고 볼 수 있는 근거는 주체사상이 시기별로 다르게 나타나고 있기 때문이다. 초기에는 정치적인 의미를 부여하지 않고 외부의 간섭으로부터의 독립을 의미하는 주체로 쓰이다가 점차 체계화되어 가고 새로운 의미를 더하여 부여하고 있다. 박요한·이현주, "김일성 주체사상의 한반도 핵무력체제 구현과정: 통치이념의 철학적 기초와 집단정체성 변화를 중심으로," 『아태연구』 24권 4호(2017).

29 당시 '어드히런츠닷컴(adherents.com)'은 세계인구(65억 명) 가운데 1위 기독교(21억 명), 2위 이슬람교(13억 명), 3위는 아무런 종교를 갖고 있지 않는 무교(11억 명), 4위 힌두교(9억 명), 5위 유교 등 중국전통종교(3억 9천 400만 명), 불교(3억 7천 600만 명), 원시토착종교(3억 명), 아프리카 전통종교(1억 명), 시크교(2천 300만 명), '주체교'(1천 900만 명)으로 집계·발표했다. 이현주, "북한정치의 종교적 특성과 '인간중심' 개념," p. 97.

30 찰스 암스트롱, 『대중독재2: 가족주의, 사회주의, 북한의 정치종교』, 김지혜 역 (서울: 책세상, 2005), pp. 168-169.

31 에밀리오 젠틸레, 『대중독재-정치 종교와 헤게모니』, 김용우 역 (서울: 책세상, 2005). 이현주 (2020)에서 재인용.

적령도체계확립의 10대원칙'이 있으며, 셋째, 김일성의 백두혈통 가계를 신화화하고와 상징조형물을 설치하여 김일성 민족의 우월성과 불패성을 주장하고 있기 때문이다.[32]

한편, 알튀세르는 이데올로기로서의 문화는 토대와 상부구조가 중복되어 중층적으로 규정하는 관계라 보았다. 사회문화는 다양한 요인에 의해서 중증적으로 결정된다고 보는데 사회를 지배하는 지배요소는 상황에 따라 달라지는 반면 결정요소는 지배요소를 결정하는 요소인데 경제제도가 결정요소로 기능한다고 하였다. 예를 들면, 중세의 봉건제도는 농노제라는 경제제도가 결정요소이며, 사회주의는 배급경제가 결정요소이며, 자본주의는 시장경제가 결정요소라는 것이다.[33] 북한은 배급경제가 무너져서 북한주민의 생계를 해결하지 못하는데도 장마당 확산을 저지하고 있다. 장마당 확산을 저지하는 것은 결정요소인 경제제도가 바뀌는 것을 저지하려는 것으로 볼 수 있다. 이러한 회생 불능의 사회주의경제[34]

---

32 이현주, "북한정치의 종교적 특성과 '인간중심' 개념," pp. 93-115.

33 Louis Althusser, 앞의 책.

34 사회주의 경제는 당의 독점적 권력구조, 계획경제, 연성예산, 정보의 소통불능, 소유의 문제 등 많은 문제들로 인하여 실패된 시스템이라고 평가된다. 사회주의의 성장전략은 소련의 중공업우선 불균형 발전전략에서 그 시작을 찾을 수 있다. 사회주의 국가들의 중공업 우선의 외연적 성장방식은 한계에 직면하게 되었으나 북한의 경우는 자력갱생 및 남한의 존재로 인한 경제-군사병진노선의 실시로 인하여 문제 더욱 심각하게 되었다. 외연적 성장방식은 효율성, 기술혁신 등의 질적 발전을 중시하는 내포적 성장방식을 어느 정도까지는 빠르게 따라잡지만 일정 한계를 넘어서는 따라잡을 수 없기 때문이다. 체제가 붕괴한 직후 체제는 개혁할 수 있는 것이 아니라는 것을 깨달았다. 그것은 계획을 비 집중화하는 문제도 아니었고 정치 당국으로 보고해야 했기 때문도 아니었다. 문제는 계획의 방법을 바꾸는 것이었다. 왜냐하면 효과가 안 좋아도 계획은 정치적 우선순위에 기반해서 묶여있기 때문이다. 당은 자기 합리화를 통해 권력자 스스로가 자신이 주민들의 이익을 잘 대변하고 있으며 공공의 선을 지켜나갈 것이라는 거짓을 믿게 하도록 했다. 당의 자기합리화의 온정주의적 성격을 낳게 하여 사회의 모든 계층, 집단, 개인들을 모두 어린아이로 여기고 자신들이 돌봐주어야 한다고 여겼으며 이러한 생각은 최고 권력자가 모든 국민의 아버지들보다도 위에 있다는 우상화로 이어졌다. 문제는 이러한 온정주의는 경제에서의 자립과 경쟁을 제한시켜 경쟁력을 약화시켰을 뿐 아니라 경성예산으로 방만한 국가재정 위기를 오게 하였다. 이영훈, "북한경제 발전전략의 지속과 변화," 『북한의 경제』 (서울: 경인문화사, 2006), p. 122.

에서 북한을 지탱할 수 있는 방법은 이제 유일하게 남아 있는 종교화된 인적자원이다. 따라서 북한을 지탱하고 재생산하고 있는 것은 종교화된 인적자원인 '주체형의 새 인간'이라 볼 수 있다.

Ⅲ 남한 현황 및 동서독 사례 비교분석

2005년 통일독일은 사회문화통합에 회의적인 결과를 보였다. 그 이유는 통일과 관련된 경제정책의 실패, 천문학적 숫자의 통일비용과 이로 인한 재정적자 및 국가채무의 증가, 동서독 간의 경제적 격차의 심화, 구동독지역의 높은 실업률과 이러한 경제적 문제에 기인하는 동서독 주민 간의 사회문화적 갈등의 심화라는 문제점들 때문이다[35]. 1995년에 〈슈피겔 Der Spiegel〉은 동독주민의 67%가 "장벽은 사라졌으나 머리 속의 장벽은 오히려 더 높아가고 있다"고 대답했다는 충격적인 여론조사 결과를 발표한 바 있다(Der Spiegel, 27/95). 베를린 장벽이 무너졌으나 동서독 사람들의 머릿속 장벽은 여전히 건재하다. "분단은 장벽시절보다 더 심각하다"(그라스), "독일인 다섯 명 중 하나는 장벽이 다시 세워지길 바란다"(슈테른), "지금처럼 많은 동독인들이 자신을 패배자로 느낀 적은 없었다"(슈피겔).

이러한 문화적 분열은 구동독 시절의 삶을 동경하는 이른바 '오스탈지아 Os-talgie' 현상을 초래하였다. 그 이후의 조사에 따르면 이러한 문화적 분열 현상은 기대와는 달리 시간의 흐름에 따라 완화되기는커녕 오히려 심화되어 가고 있다. 1999년의 사회조사 보고에 따르면 동독주민의 74%가 여전히 구동독에 대해 '강한(27%)' 또는 '상당한(47%)' 결속감을 느끼고 있는 반면에 통일독일에 대해 결

---

35 황준성, "독일통일 15년의 사회경제적 평가와 시사점," 『경상논총』, 제25권 4호(2007), pp. 71-87.

속감을 느끼는 동독주민은 그보다 훨씬 낮은 47%에 불과한 것으로 나타나고 있다. 이는 1992년의 조사에서 65%의 동독주민이 통일독일에 대해 결속감을 느낀다고 대답하였던 것에 비교할 때 18%나 하락한 것이다. 반면에 통일독일에 대해 결속감을 느끼지 않는다고 대답한 동독지역주민은 1992년의 35%에서 1999년에는 51%로 16%나 증가한 것으로 나타나고 있다.[36]

오늘날 동독지역 주민들 대부분은 스스로를 "근대화의 희생자", "통일과정의 패배자"이며 통일독일의 "이등국민"이라고 여기고 있다. 이러한 자조적 자기이해는 결국 한때 환호로서 받아들였던 통일을 "부드러운 점령"에 뒤이은 "내부식민화"의 과정으로 간주하는 결과에까지 이르렀다. 통일과 통합과정에서 있었던 여러 가지 문제점들로 인해 동독지역 주민들이 실제로 경험했고 지금도 겪고 있는 고통에 상당 부분 기인한다. 통일조약, 급격한 서독 주도의 통일과정에서 발생하였던 동서독 1:1 화폐연합, 신탁청의 국가자산매각, 동독토지재산권 반환, 동독 공직자 숙청, 슈타지 전력 규명 등 독일의 통일과 통합과정에서 있었던 가장 중요한 정책들에 나타난 문제점들이 통일독일 사회문화 갈등의 원인을 제공하였다고 볼 수 있다.[37]

오랜 정치사회화로 자본주의에 대한 부정적 견해를 벗는 것이 어렵다는 것을 동서독의 통일 이후 정치 성향 조사가 보여주고 있다. 1990년 동서독의 제도적 통합 이후 정치사회적으로 지속된 논쟁 가운데 하나는 동서독의 내적 갈등, 즉 소위 '내적 장벽(innere Mauer)'의 원인을 둘러싼 논의이다. 동서독의 내적 갈등의 원인을 둘러싼 논의와 관련하여 가치변동은 의미 있는 분석틀을 제공해 준다. 가치는 규범적 가치와 합리적 가치로 구분할 수 있는데 규범적 가치는 사회화를 통해 개인에게 내면화되어 있으며 장기적인 역사적 과정을 거쳐 변화하는 가치를 의미한다. 반면, 합리적 가치는 개인의 이해관계에 따르는 외적인 사회적

---

36 안성찬, "통일 이후 동서독 사회 · 문화 갈등의 원인," 『외국어로서의 독일어』, 제14집(2004), p. 204에서 재인용.

37 안성찬, 위의 글, p. 205에서 재인용.

조건에 대한 반응으로 상황에 따라서 변화하는 가치를 의미한다. 다시 말하면 규범적 가치가 역사적이고 전통적인, 즉 문화적 요인에 기초한다면, 합리적 가치는 사회구조적 조건에 의존한다. 이는 결국 동서독 내적 갈등 문제를 가치라는 측면에서 접근할 경우 동서독에서 발견되는 가치의 차이가 사회구조에서 기인하는 합리적 가치인지 혹은 사회화와 연관된 규범적 가치의 차이인지를 분석해 보아야 한다는 것을 의미한다. 이 문제는 방법론으로 먼저 동서독에서 통일 이후 단기적인 가치변동이 있었는가를 분석해 봄으로서 해결 가능하다. 즉 사회화된 규범적 가치는 단기적이기보다 장기적으로 변화하기 때문에 단기적인 가치변동이 나타나는 경우 이는 사회구조적 요인에 기초한 합리적 가치의 변동으로 볼 수 있다. 이러한 단기적인 가치변동은 세 가지 유형이 가능하다. 먼저 동서독의 가치변동 방향이 동일하게 나타날 수 있는데, 이는 동서독이 공통적으로 직면한 사회구조적 상황에서 가치변동이 발생한 것으로 해석할 수 있다. 다음으로 동서독 간의 가치가 균일화되어 가는 방향으로 가치변동이 일어나는 경우 동서독의 제도적 혹은 사회구조적 통합이 동서독의 내적 통합을 견인하고 있는 것으로 볼 수 있다. 끝으로 통일 이후 동서독의 가치가 상이성을 더해 가는 경우 사회구조적 상황이 내적 갈등을 심화시키는 것으로 볼 수 있다. 한편 동일한 상황에서도 지역적인 가치의 차이는 발견될 수 있다. 즉 개인이 처한 사회구조적 지위에 따라 개인의 이해관계는 상이하기 때문에 지역적 가치의 차이가 곧바로 규범적 가치의 차이를 의미하지 않는다. 이는 개인의 사회구조적 특성을 통제한 후에도 동서독 간의 가치 차이가 발견되어야만 사회화를 통한 규범적 가치의 차이를 확인할 수 있다는 것을 의미한다.[38] 동서독 사람들은 각자 자신들이 살아왔던 삶의 방식과 세계관 등의 인식의 차이로 인해 통일 이후 독일 사회에 대해 상이한 평가를 내리고 있다. 정치문화를 정치체제 또는 정치제도에 대해 사람들이 갖는 가치, 신념 등이라 할 때 이러한 인식의 차이는 결국 정치문화적 측면에서 동서독 사람

---

38 김영태, "통일독일의 가치정향과 사회화, 정당지지,"『국제정치논총』, 제43집 2호(2013), p. 415.

들이 서로 상이한 입장을 갖게 된다는 것을 의미한다.[39] 동서독의 사례보다 남북한의 경우는 더욱 심각하다. 북한주민들은 오랜 기간 신문, 방송, 강연 등에서 남한의 왜곡된 정보를 일방적, 반복적으로 주입받아 오면서, 자연스럽게 남한에 대한 부정적이고 적대적인 인식을 갖게 되었다. 또한 상대적으로 자신들의 체제에 대한 우월성을 갖게 되었다.

2000년 조사에 의하면 동서독의 내적 갈등 문제는 구동독의 사회화를 통해 정립된 가치체계가 통일 이후에도 지속적으로 유지되고 있으며, 경제문제를 포함한 통일과정에서 나타난 제반 문제가 이러한 가치를 온존·강화시키고 있는 것으로 나타난다. 동서독의 내적 갈등은 적어도 가치 정향의 측면에서 통일 이후의 사회구조적 요인보다 역사적으로 상이한 사회화에 더 큰 영향을 받았음을 보여준다. 즉, 통일독일에서 나타난 동서독의 상이한 정당체계는 통일이전 정치사회화 등의 상이한 균열구조에 크게 영향을 받고 있다고 볼 수 있을 것이다.[40] 동독은 서독의 행위 주체들에 의하여 정치적으로는 속국이 되었고, 경제적으로는 식민지가 되었으며, 사회문화적으로는 정체성이 말살되어버렸다는 것이 독일의 통일과 통합과정을 식민지화의 관점에서 바라보는 이론적 견해이다.[41] 남북한은 사회구조적인 요인과 역사적으로 상이한 사회화라는 두 가지 측면 모두 동서독을 훨씬 능가한다고 볼 수 있다. 따라서 한반도에서 급격한 단일국가 통일이 이루어질 경우 독일통일과 통합과정에 나타났던 식민지화 현상이 더욱 현격하게 나타날 수 있다.

동서독 간의 경제적 격차가 예상보다 빠른 속도로 해소되고, 정치제도도 안정적으로 정착되는 상황에서 동서독 사람들 간의 사회문화적 갈등은 오히려 심화되는 이유는 무엇인가. 사회문화적 갈등의 조짐은 통일 초기부터 상존하고 있

---

39 문태운, "정치문화 측면에서 본 동서독 통합," 『인문사회과학연구』, 제34집(2012), p. 38.

40 김영태, 앞의 글, p. 414.

41 이러한 입장을 대표하는 연구로는 Wolfgang Dümcke and Fritz Vilmar, *Kolonialisierung der DDR: kritische Analysen und Alternativen des Einigungsprozesses* (Münster: Agenda, 1995)를 들 수 있다. 안성찬, 앞의 글에서 재인용.

었다. 동서독 사람들 간에 이질감이 심화되고, 이미 역사에서 사라진 동독의 정체성이 부활하는가 하면, 오스탈지아라는 이름의 동독에 대한 향수병이 확산되어 왔던 것이다. 수많은 지표가 이를 증명한다. 그럼 성공적인 체제통합에도 불구하고 이처럼 머릿속 장벽이 높아만 가는 이유는 무엇인가. 이러한 현상을 설명하기 위해 현재 여러 가지 가설들이 경쟁하고 있는데, 그 가운데 가장 대표적인 것은 '기형테제', '전환테제', '식민화테제'이다. 기형테제란 동독인들이 통일 이후 서독의 '민주제도'에 대해 보이는 불만과 적개심은 동독의 독재정권하에서 기형적으로 왜곡된 '권위주의적 성격'에 기인한다고 보는 입장이다. 이 테제에 따르면 동독인들이 평등의 가치와 사회보장의 중요성을 강조하는 것도 과거 권위주의 시대에 습성화된 기형적 심리구조의 탓이다. 전환테제는 동서독인 간의 사회문화 갈등은 전환기에 겪게 되는 자연스런 현상이라고 보는 입장이다. 사회주의체제가 자본주의체제로 전환하는 과정에서 일정한 갈등은 불가피하다는 것이다. 전환테제는 전환기에 동독인들이 겪은 일상의 체험이 불만의 원인이라고 보는 체험가설과 서독이 주도한 체제전환 과정에서 동독인들이 느낀 박탈감과 열등감을 보상받으려는 심리가 동독인의 저항적 정체성의 핵심이라고 보는 보상가설로 나뉜다. 식민화테제는 독일통일의 본질을 서독에 의한 동독의 식민화로 보는 입장이다. 신탁청에 의한 인민 소유 재산의 민영화 과정에서 동독 소유 재산의 95%가 서방 자본의 손에 넘어간 역사적 사실이 식민화테제의 결정적인 근거를 제공한다. 경제적 식민화 이외에도 문화적, 사회적 식민화 현상에 대한 연구와 분석이 여전히 활발히 진행되고 있다. 이상 세 개의 테제는 통일 후 독일의 사회문화 갈등을 설명하는 데 가장 자주 동원되는 논리기제이다. 어떤 테제가 가장 유효한지는 현재로선 속단하기 어렵다. 보다 포괄적인 견지에서 세 테제를 상호보완적으로 적용할 때 통일독일의 사회문화 갈등에 대한 설득력 있는 해명이 가능할 것이다. 여기서 한 가지 주목할 점은 이 세 테제가 특정한 정치 분파의 시각과 상응한다는 점이다. 기형테제는 보수주의자와 극우파들이, 전환테제는 자유주의자들이, 식민화테제는 좌파들이 즐겨 사용하는 논리다. 현재까지의 연구결과를 놓고 볼 때 통일독일 문화갈등의 원인을 단순히 권위주의체제에서 기형화된 심리구조에서 찾는 기형테제나 통일과정에서 경험된 경제적 불평등에서 찾는 식민화테제는 무리가 있어 보인다. 1989년 동독혁명을 성공시킨 자들은 다름 아닌 '기형화되었다는' 동독시민들 자신이었고, 현재 동독인들의 대다수가 개인적 경제상황에 만족을 표시하고 있기 때문이다. 따라서 현재의 동서독 갈등은 통일독일의 미래를 독점할 뿐 아니라 동독인들의 과거까지도 멋대로 재단하는 서독인들의 오만과 독주에 맞서 자신의 존재가치를 높이려고 애쓰는 동독인들의 '인정투쟁' 과정에서 심화되고 있는 것처럼 보인다.[42] 문화는 사회의 전체 맥락 내에서 중요한 요소일 뿐만아니라 정치적인 구조 그리고 정치문화와 함께 나타나고 그에 조응하는 것이다. 이는 동독의 통합과 변화는 단지 민주적인 제도의 창출이 아니라 민주적인 정치 문화가 정착되었을 때 유의미하다는 것을 보여준다.[43] 이러한 통일독일의 문제는 향후 한반도 통일시 그대로 재현될 가능성이 높다. 급작스러운 남북통일은 사회 전체를 커다란 혼란에 빠지게 할 수 있으므로 지양해야 한다. 따라서 독일통일을 교훈삼아 한반도에서의 통일은 사회경제적으로 효율적인 통일이 될 수 있도록 준비해야 할 것이다.

IV	통일과정과 미래 비전: 신정정치사회문화의 균열점 한류 문화콘텐츠

북한은 극히 폐쇄적인 사회이다. 따라서 외부 문화의 영향력이 상당히 제한었다. 앞장에서 논하였던 것과 같이 지도자 언어 이외의 언어가 사라진 사회였다. 구조주의적 관점에서는 언어가 사고체계를 지배하므로 지도자 중심의 사고체계 이외의 사고체계가 사라진 사회였다. 일탈은 체제에 대한 중대범죄이므로

42　김누리, "통일독일의 사회문화 갈등," 『카프카 연구』, 12권(2004), pp. 1-20.

43　문태운, 앞의 글, p. 40.

236　통일미래학 개론

이에 대한 엄한 처벌이 가능했다. 70년간 체제를 유지 할 수 있었던 핵심은 지도자 중심의 단일한 언어와 문화였다고 볼 수 있다. 그러나 한류드라마를 보고 북한을 탈북한 북한이탈주민이 다수이며 그들의 증언에 의하면 한류드라마의 영향력이 상당하다는 것을 알 수 있다. 본 장에서는 신정정치사회문화의 균열점이 되고 있는 한류 문화콘텐츠에 대해 고찰하고자 한다.

한류 열풍은 단순한 유행을 넘어 사회문화, 경제 전반에 광범위한 영향을 미치고 있다. 한류의 문화적 영향력은 다양한 요소를 융합하여 새로운 트렌드를 창출하고 전 세계적으로 다양성을 확산시키는 데 있다. 실제로 세계적인 K-팝, K-푸드, K-컬쳐, K-드라마, K-무비의 확산세는 놀랍다. 최근 조사 결과에 의하면 탈북자들은 북한에서 한류 문화콘텐츠를 접한 이후에 형성된 한국에 대한 '상상된 동경'이 탈북을 결심하는 데 있어서 하나의 이유가 될 수 있다는 점이다. 과연 한류 문화콘텐츠는 70여 년간 유지되어온 북한체제의 균열점으로 작용할 수 있을까. 실제로 북한에서 한류 문화콘텐츠를 접했다는 이유만으로 청소년들에게 사형까지 집행했다는 보도가 잇따르고 있다. 이처럼 청소년들에게 강력한 처벌을 하는 이유는 한류 문화콘텐츠가 북한체제에 크고 심각한 위협이라는 방증이라 볼 수 있다. 따라서 한류 문화콘텐츠가 한국에 대한 북한주민의 의식 변화와 한국에 대한 국가 이미지 제고에 실질적인 영향력으로 작용하고 있음을 알 수 있다.

일부 북한주민은 한류 문화콘텐츠를 불법적으로 유통하거나 판매하여 경제적 이득을 얻기도 한다. 이를 통해 북한주민의 생활 수준 향상에 기여할 수 있다. 한류 문화콘텐츠를 통해 북한주민들은 남한사회에 대한 호기심을 가지게 된다. 같은 언어를 사용하는 민족인 남한이 북한과는 완전히 다른 사회문화로 살고 있다는 것은 강력한 호기심을 일으키기에 충분하다. 남한에 대한 호기심에서 시작된 불법적인 드라마 시청과 라디오 청취가 작은 불씨가 되어서 탈북에까지 이르게 한다는 것이다. 외부 언어가 차단된 상태에서 살던 북한주민에게 새로운 언어와 문화의 유입이 새로운 사고체계 형성으로 이어지고 있는 것이다. 한류 문화콘텐츠가 굳게 닫혀있던 북한사회 변화의 문화적 촉매로 작용되고 있다고 볼 수 있다.

한류 문화콘텐츠를 받아들이는 정도는 연령대에 따라 다를 수 있다. 배급을 경험하지 못한 장마당 세대인 젊은 세대를 중심으로 그 영향력이 나타나고 있다. 젊은 세대의 남한 옷 따라입기, 헤어스타일 따라하기, 언어 따라하기 등으로 나타나고 있다. 이들은 90년대 배급 체계가 무너지면서 제대로 된 사회주의를 한 번도 경험하지 못했고 당시 부모 세대가 장마당 활동 등 비공식 경제활동을 통해 부를 축적하는 것을 보면서 자본주의를 경험했다. 이들에게 사회주의 체제 유지 및 수호보다는 개인의 이익과 행복 추구에 더 관심이 많은 것으로 알려졌다.

그 결과 북한은 젊은 세대의 사상 이완을 극도로 경계하며 2020년 12월 '반동사상문화배격법'[44]을 채택한 것이다. 북한은 밀수와 장마당을 통하여 거래되는 USB, DVD의 거래가 체제의 위협과 외세의 문화침투로 간주하여 엄격한 처벌을 하고 있어 한류 문화콘텐츠의 확산에 한계가 있다는 점이다. 북한은 한류가 북

---

44 **제1장 반동사상문화배격법의 기본** 제1조(반동사상문화배격법의 사명), 제2조(정의), 제3조(반동사상문화배격의 기본원칙), 제4조(혁명적 사업기풍, 혁명적 생활기풍 확립 원칙), 제5조(교양사업강화의 원칙), 제6조(전군중적 투쟁원칙), 제7조(반동사상문화배격 질서 위반자에 대한 처벌원칙), **제2장 반동사상 문화의 류입 차단** 제8조(반동사상문화류입차단의 기본요구), 제9조(국경을 통한 류입의 차단), 제10조(출판선전물을 통한 류입의 차단), 제11조(대외사업공간을 통한 류입의 차단), 제12조(전파, 인터네트를 통한 류입의 차단), 제13조(적지물을 통한 류입의 차단), 제14조(공민의 의무), **제3장 반동사상문화의 시청, 류포 금지** 제15조(반동사상문화의 시청, 류포 금지의 기본요구), 제16조(컴퓨터, 기억 매체를 통한 시청, 류포금지), 제17조(TV, 라디오를 통한 시청, 류포 금지), 제18조(복사기, 인쇄기를 통한 류포금지), 제19조(손전화기를 통한 시청, 류포 금지), 제20조(적지물과 습득물을 통한 시청, 류포금지), 제21조(각종 봉사활동을 통한 류포금지), 제22조(압물수품을 통한 시청, 류포금지), 제23조(성록화물시청, 재현, 미신전파 금지), 제24조(괴뢰말과 글, 창법사용 금지), 제25조(출판 선전물의 비법적인 시청, 류포금지), 제26조(가정교양과 통제), **제4장 반동사상문화배격질서 위반 행위에 대한 법적 책임** 제27조(괴뢰사상문화전파죄), 제28조(적대국 사상문화전파죄), 제29조(성록화물, 색정, 및 미신전파죄), 제30조(이색적인 사상문화전파죄), 제31조(불순문화전파죄), 제32조(괴뢰문화재현죄), 제33조(전자, 전파설비리용질서 위반죄), 제34조(불신고죄), 제35조(위법행위를 저지른 공민에 대한 로동교양처벌), 제36조(위법행위를 저지른 일군에 대한 무보수 로동, 강직, 해임, 철직처벌), 제37조(위법 행위를 저지른 공민에 대한 벌금 처벌), 제38조(위법 행위를 저지른 기관, 기업소, 단체에 대한 벌금 처벌), 제39조(중지 또는 폐업처벌), 제40조(범죄 및 위법행위에 리용된 돈과 물건의 처리), 제41조(이 법과 다른 법규와의 관계) 출처: SPN 서울평양뉴스(https://www.spnews.co.kr).

한주민들의 사상과 정치적 신념에 부정적인 영향을 미칠 수 있다고 본다. 특히, 남한사회의 자유주의적 가치관이 북한체제에 대한 불만을 야기할 수 있다고 판단하고 있다. 이에 따라서 '반동사상문화배격법'을 제정하여 남한 문화, 특히 한류 문화콘텐츠의 유입과 소비를 엄격하게 금지했다. '반동사상문화배격법'은 기존의 '사회주의제도옹호법'과 '반동사상문화배격투쟁법'을 통합하여 만들어졌다. 이 법은 북한 사회주의체제를 위협하는 남한 문화의 영향력을 차단하고자 하는 의도가 담겨 있다. 주요 내용은 남한 문화 콘텐츠 제작, 소유, 소비, 보급 금지; 영화, 드라마, 음악, 서적 등 모든 형태의 남한 문화 콘텐츠를 제작, 소유, 소비, 보급하는 행위를 금지하고 한류 관련 용품 압수 및 처벌; 컴퓨터, 휴대폰, USB 메모리 등에 저장된 한류 콘텐츠는 물론, 한류 관련 사진, 포스터, 의상 등 모든 용품을 압수하고 소유자는 처벌한다. 단속이 강화되어서 '반동사상문화배격단속대'를 구성하여 시장, 학교, 가정 등을 대대적으로 단속하고, 밀고자 제도를 강화하여 한류 관련 범죄를 적발하고 한류 콘텐츠를 소비한 경우 1년 이하의 노동교육, 반복 범죄자는 5년 이하의 형량에 처해질 수 있으며 심각한 경우 사형까지 선고될 수 있다.

또한, 북한은 2023년 1월 18일에는 '평양문화어[45]보호법'[46]을 최고인민회의

---

45 김일성 주석에 의해 명명된 평양문화어는 북한에서 쓰이는 한국어(조선어)의 표준 규범으로, 1948년 시작해서 1966년 5월 독자적인 표준 규범을 확립했다.

46 **제1장 평양문화어보호법의 기본** 제1조(평양문화어보호법의 사명), 제2조(정의), 제3조(평양문화어보호의 기본원칙), 제4조(준법교양강화의 원칙), 제5조(괴뢰말찌꺼기를 쓸어버리기 위한 전사회적인 투쟁원칙), 제6조(괴뢰말투를 퍼뜨리는자들에 대한 법적처벌원칙), 제7조(괴뢰말류포원점차단의 기본요구), 제8조(국경에서의 검사, 경비근무강화), 제9조(적지물에 대한 공중감시 및 수색강화), 제10조(강하천, 바다에 대한 감시 및 오물처리), 제11조(대외사업, 대외경제활동에서 지켜야할 요구), 제12조(해외출장, 사사려행자에 대한 장악통제), 제13조(출판선전물에 대한 통제강화), 제14조(전자, 전파설비에 대한 감독통제강화), 제15조(인터네트리용자에 대한 감독통제강화), 제16조(괴뢰출판선전물, 괴뢰방송의 시청, 류포금지), 제17조(괴뢰록화물, 괴뢰방송의 시청행위에 대한 추적, 적발), **제2장 괴뢰말찌꺼기의 박멸** 제18조(괴뢰말찌꺼기박멸의 기본요구), 제19조(괴뢰식부름말을 본따는 행위금지), 제20조(괴뢰식어휘표현을 본따는 행위금지), 제21조(괴뢰서체, 괴뢰철자법을 사용하는 행위금지), 제22조(괴뢰식억양을 본따는 행위금지), 제23조

에서 채택하였다. 법의 주요내용은 남한의 언어인 '괴뢰말투'를 사용하는 것을 금지하고 북한의 표준어인 문화어의 사용을 강조한다. 또한, 비규범적인 언어인 사투리, 은어, 외래어 등 비표준적인 언어 사용을 금지한다. 이는 사회주의적 언어생활 기풍을 확립하고 사회주의 이념에 맞는 언어생활을 정착시키고 자본주의적 언어요소를 배척하며 외부 문화 유입을 차단하기 위한 것으로 결국 주민의 사상을 통제하기 위한 목적이라고 볼 수 있다. 평양문화어보호법 원문을 세부적으로 살펴보면 '제30조 괴뢰말투제거용프로그람의 설치의무'에 "기관, 기업소, 단체와 공민은 손전화기, 콤퓨터, 봉사기에 국가적으로 지정된 괴뢰말투제거용프로그람을 의무적으로 설치하여야 한다"고 명시했다. 또한 "괴뢰말투를 따라하면 전사회적으로 멸시 당하고 손가락질 당하면서 얼굴을 못 들고 다니게 해야 한다", "군중투쟁모임과 공개체포, 공개재판, 공개처형 등을 통해 썩어빠진 괴뢰문

(괴뢰식이름짓기의 금지), 제24조(괴뢰말 또는 괴뢰서체로 표기된 편집물, 그림, 족자의 제작, 류포금지), 제25조(손전화기, 콤퓨터망을 통한 괴뢰말투 류포금지), 제26조(괴뢰말 또는 괴뢰서체로 표기된 물건짝 밀매, 사용금지), 제27조(괴뢰말 또는 괴뢰서체로 표기된 출판물, 인쇄물의 류포금지), 제28조(문건작성에서 괴뢰말투 사용금지), 제29조(봉사활동을 통한 괴뢰말투 류포금지), 제30조(괴뢰말투제거용프로그람의 설치의무), 제31조(괴뢰말투를 박멸하기 위한 교양과 통제), 제32조(전과자, 요소자들에 대한 장악통제), 제33조(자녀 교양을 바로하지 않은 부모에 대한 통보, 비판), 제34조(출판보도물을 통한 폭로, 비판), 제35조(공개투쟁을 통한 교양), 제36조(신고), 제37조(조사처리), 제38조(묵인조장, 사건약화행위금지), **제3장 비규범적인 언어요소의 사용금지** 제39조(비규범적인 언어요소사용금지의 기본요구), 제40조(국가적으로 승인되지 않은 외래어의 사용금지), 제41조(일본말찌꺼기의 사용금지), 제42조(힘든 한자말의 사용금지), 제43조(비규범적인 준말의 사용금지), 제44조(비규범적인 억양의 사용금지), 제45조(기타 비규범적인 언어요소의 사용금지), 제46조(새용어의 등록사용), **제4장 사회주의적언어생활기풍의 확립**, 제47조(사회주의적언어생활기풍확립의 기본요구), 제48조(혁명적이며 인민적인 문풍의 확립), 제49조(언어생활에서 주체성, 민족성 고수), 제50조(언어생활에서 문화성보장), 제51조(언어생활에서 문화어규범의 준수), 제52조(언어연구기관의 임무), 제53조(언어사정기관의 임무), 제54조(기관, 기업소, 단체의 임무), 제55조(교육기관의 임무), 제56조(출판보도기관의 임무), 제57조(공민의 의무), **제5장 법적 책임**, 제58조(괴뢰말투사용죄), 제59조(괴뢰말투류포죄), 제60조(벌금제처벌), 제61조(로동교양처벌), 제62조(무보수로동, 강직, 해임, 철직처벌), 제63조(페업처벌), 제64조(몰수처벌), 제65조(다른 법과의 관계) 출처: SPN서울평양뉴스(https://www.spnews.co.kr).

화 오염자들의 기를 꺾어놔야 한다"는 등 남한 언어에 대한 혐오감 및 경계심을 드러내고 있다. 이러한 혐오감과 경계심은 호칭에 대한 세부적인 지침과 제재로 이어진다. 제19조 괴뢰식부름말을 본따는 행위금지에는 "공민은 혈육관계가 아닌 청춘남녀들사이에《오빠》라고 부르거나 직무 뒤에《님》을 붙여 부르는 것과 같이 괴뢰식부름말을 본따는 행위를 하지 말아야 한다. 소년단시절까지는《오빠》라는 부름말을 쓸 수 있으나 청년동맹원이 된 다음부터는《동지》,《동무》라는 부름말만을 써야 한다. 공민은 말을 하거나 글을 쓸 때 평양문화어를 사용하며 사회와 집단 앞에 지닌 도덕적의무, 공민적의무를 깊이 자각하고 언어생활을 고상하고 례절있게, 문화적으로 하여야 한다. 부모는 자녀들이 우리말을 적극 살려쓰도록 교양하며 손전화기, 콤퓨터 사용에 항상 깊은 관심을돌려 자녀들의 머리속에 자그마한 잡사상도 들어가지 못하게 하여야 한다"하였다.

2023년 1월 19일 조선중앙통신의 보도에 따르면 북한은 "평양문화어를 보호하며 적극 살려 나가는 것은 사회주의 민족문화 발전의 합법칙적 요구"라며 "언어생활에서 주체를 철저히 세우는 사업의 중요성"을 강조했다. 표준어인 평양말 외에 남한말 등 외래어를 사용하지 말라는 경고인 셈인데, 만약 이를 어길 경우 강력한 단속과 처벌을 담은 법령을 제정하고 최고인민회의에서 공식 채택한 것이다. 실제 최근 북한 내 남한 드라마와 영화 등 한류 문화콘텐츠가 확산되면서 젊은 층을 중심으로 암암리에 서울 말씨와 영어식 표현이 널리 사용하는 것으로 전해졌다. '반동사상문화배격법'에 이어서 '평양문화어보호법'을 제정하였다는 것은 북한주민들의 욕구가 그만큼 크기 때문이라 볼 수 있다. 또한, 한류 문화콘텐츠가 체제에 위협적이라는 방증이기도 하다. 법률제정으로 남한 문화에 노출되는 것을 더욱 엄격하게 규제하고 있다. 하지만 북한주민들의 한류에 대한 관심과 욕구는 여전히 높은 것으로 알려져 있다. 한류 문화콘텐츠 처벌법은 지도자 언어로 통일된 사회구조를 어떻게든 유지하고자 하는 북한의 강력한 의지를 확인하게 한다. 세계문화를 흔들고 있는 한류 문화콘텐츠가 70년간 철옹성같이 유지되어 온 북한 사화문화체제를 얼마나 흔들 수 있는지 지켜볼 일이다.

한류 문화콘텐츠 영향의 정도는 지역, 계층, 개인마다 다를 수 있다. 한류 문화콘텐츠가 기여하는 측면을 보면 한류 문화콘텐츠를 통해 북한주민들은 남한 사회, 문화, 경제 등에 대한 정보를 접할 수 있다. 이는 북한의 폐쇄적인 정보 환경에서 벗어나 다양한 관점을 얻는 데 도움이 된다. 따라서 사고방식 변화를 통해서 북한주민에게 새로운 가치관과 생활 방식을 보고 들을 기회를 제공받게 된다. 이는 개인주의, 자유주의, 평등주의 등 남한사회의 가치관을 접하게 되는 계기가 될 수 있다. 한반도 통일 이후 문화적 통합과정에서 정치적·사회적 시스템의 차이에서 오는 갈등과 정보 격차, 경제적 격차, 문화적 차이에서 다양한 문제가 예상된다. 따라서 한류 문화콘텐츠가 남한사회의 정보를 북한에 제공한다는 측면에서 한반도 사회문화통합에 기여할 것이라고 예측된다.

V 결론

북한의 사회문화적 현상들의 근저에서 그것들을 반복적으로 만들어내는 보편적이고 무의식적인 구조(사회적 무의식)는 무엇인가. 본 장에서는 김일성 일가와 주체사상이라고 보았다. 따라서 북한의 사회문화는 다음의 특성을 보여준다. 첫째, 대타자인 지도자를 신격으로 추앙하는 지도자 유일사상, 둘째, 사적인 영역인 이데올로기국가기구(AIE)의 공적인 억압적 국가기구화, 셋째, 선전선동 문화예술의 정치문화, 넷째, '주체형의 새 인간'을 통한 사회의 재생산이라 볼 수 있다. 이러한 특성을 보이는 북한 사회문화를 신정정치사회문화라 할 수 있다. 북한은 사회주의이념을 버리고 김일성 일가와 주체사상의 신정정치사회문화를 이루었으며 이를 재생산하는 사명을 종교화된 인적자원인 '주체형의 새 인간'에게 부여한 것이다. 북한이 교육목표인 '주체형의 새 인간', 즉 사회정치적생명체에 주목해야 한다. 그 이유는 북한 사회구조의 작용으로 형성된 '주체형의 새 인간'

은 극심한 경제난에도 흔들리지 않고 체제를 지탱하고 있는 인적요인이기 때문이다. 따라서 '주체형의 새 인간'에 대한 연구가 진행되어야 할 것이다.

기든스는 사회통합의 개념구조를 사회적 통합과 체제통합으로 양분하여 설명하고 있다. 사회적 통합이란 미시적 차원에서 개인과 집단들 간의 상호작용이 상대적 자율성과 의존의 관계를 구성하는 것을 말한다. 이는 사회통합에 있어서 사회적 행위자들의 다양성과 평등성 및 자발성을 전제로 하는 것이다. 그리고 체제통합이란 거시적 차원에서 체제의 지배정당성이 사회구성원들에 의해 인정되고 수용되는 것을 뜻한다. 이는 사회통합에 있어서 민주주의 원칙을 말한다.[47] 독일통일의 사례에서 사회통합을 무시하고 체계통합만을 추진하는 것은 북한사회를 남한의 식민지로 전락시키는 결과를 초래할 수 있다는 점을 경고해 준다.[48]

그럼에도 한반도의 통일미래 비전은 민주적인 정치문화 정착을 상정할 때에 유의미하다. 따라서 남북한의 분단선을 제거하기 전에 선결해야 할 몇 가지 과제가 있다. 한반도 전쟁과 지난 70년 분단의 실질적인 책임자인 북한 지도자의 문제이다. 먼저 북한의 신정정치사회문화의 초법률적 규범을 제시하였던 '당의 유일적령도체계확립의 10대원칙'이 폐기되어야 것이다. 지도자를 우상시하는 초법률적 규범에 동의하는 자유민주주의 시민은 상상할 수 없기 때문이다. 남한주민에게 당연한 이 조치에 북한주민들은 상당한 혼란을 경험할 것이다. 70여 년간 강요되었던 유일한 언어체계이며 사회구조에서 해방 즉, 체제의 붕괴를 경험하는 것은 혼란스러울 수 밖에 없을 것이다. 그러나 이와 관련된 연구는 아직까지 진행되지 않고 있다.

북한의 신정정치사회문화와 관련되어 연구되어야 할 과제는 다양하다. 첫째, 지도자 우상화에 대한 실증적 연구가 필요하다. 외부언어의 단절에 의해 강력한 지도자를 추앙하면서 자연적으로 생겨난 믿음과 충성인지 또는 외형적으로 보

---

47 전숙자, "북한교육에 나타난 인간관: 사회통합의 관점," 『통일연구원 학술회의 총서』 (서울: 통일연구원, 1997), p. 83.

48 전태국, "사회통합의 전망과 과제" (춘계심포지엄, 서울, 한국심리학회, 2000년 5월), p. 118.

이는 충성과 다르게 실제 믿음과 충성은 사라지고 없는지 규명되어야 할 것이다. 이와 관련하여 2011년 북한의 집단주의 특성요인과 심리적 분석에 관한 연구[49]가 진행된 바 있으나 후속 연구가 진행되지 못하고 있다. 둘째, 신정정치사회에서 지도자에 대한 종교성이 형성되었다면 어느 단계의 종교성인지에 대한 조사가 필요하다. 외형적인 집단체험 단계인지 또는 토테미즘적 성격에 머물러 있는지, 집단적인 심리상태에서 카타르시스를 포함한 개인적인 영적인 체험이 일어나고 있는지 조사되어야 한다.[50] 셋째, 남한에서도 발생되고 있는 정치의 종교화와 관련하여 유사점과 차이점이 고찰되어야 할 것이다. 남한의 종교적 성향이 높으므로 북한도 이와 유사한 성향을 보이고 있다고 볼 수 있다.[51]

한편, 북한의 신정정치사회구조는 강력한 구심점인 지도자가 제거됨으로써 쉽게 와해 될 수 있다는 특성을 갖는다. 이러한 특성을 인지하고 있는 북한은 지도자 결사옹위 태세로 대응하고 있다. 반면 전쟁 종료시 지도자의 존재가치가 약화 될 수 있다. 분단과 전시상태에 필요했던 강력한 지도자가 전시상태의 종료에 의해서 존재가치가 약화되기 때문이다. 분단의 종료에 따라서 절대적인 지도자로부터 해방을 맞이하게 되는 것이다. 그러나 이를 위해서는 북한에 자신을 우상

---

49 이현주, 『북한의 집단주의 특성요인과 심리적분석에 관한 연구』(박사학위논문, 고려대학교, 2011).

50 종교가 가진 여러 가지 기능 중에 지적인 측면(지혜), 선정(명상수련)의 종교체험, 윤리적 수행의 계, 정, 혜에 해당되는 차원으로 승화되었는지 종교체험의 진선미의 차원으로 승화되었는지에 대해 아직까지 조사된 것이 없다.

51 여론 조사 기관 한국 갤럽이 2021년 5월 20일 발표한 '한국인의 종교'에 의하면, 개신교 17%, 불교 16%, 가톨릭 6%, 무종교 60%로 조사되었다. 무종교 인구가 늘어나면서 비종교인들의 종교 호감도도 크게 줄었다. 가장 호감 가는 종교로는 불교가 20%, 가톨릭 13%, 개신교는 6%에 그쳤다. 종교의 사회적 영향력도 감소하고 있는 것으로 나타났다. 한국 사회에서 종교의 영향력이 증가하고 있다는 응답은 1차(1984년), 2차(1989년) 조사 당시 각각 68%, 70%에 달했지만, 2021년 조사에는 18%까지 감소하였다. 이러한 이유는 무종교인 절대다수가 '종교는 사회에 도움을 주지 않는다'라고 인식했기 때문인 것으로 보인다. 또한 한국갤럽은 종교 인구가 감소하는 원인을 청년층에서 찾고 있는데, 20대와 30대의 종교 인구는 각각 22%, 30%로 꾸준히 감소했다. www.gallup.co.kr

화하려는 정치인이 등장하지 않는다는 전제가 필요하다. 현혹하고 이성적인 판단을 흐리게 하고 자신을 우상화 및 절대화하려는 정치에서의 우상화는 어느 사회에서나 나타나고 있는 현상이기 때문이다.

북한이 최근 2국가체제를 공표하였고 북한이 자멸로 가게 될 확률이 높아짐에 따라서 이에 대한 대비가 절실한 시점이다. 특히 북한의 '주체형의 새 인간' 즉, 사회정치적생명체에 주목해야 한다. 그 이유는 북한 사회구조의 작용으로 형성된 '주체형의 새 인간'은 극심한 경제난에도 흔들리지 않고 체제를 지탱하고 있는 종교화 된 인적요인이기 때문이다. 북한은 사회주의이념을 버리고 김일성 일가와 주체사상의 신정정치사회문화를 이루었으며 이를 재생산하는 임무를 마지막 남은 자원인 인적자원 '주체형의 새 인간'에게 부여한 것이다.

스톨로로 외(R. D. Stolorow, B. Brandschaft, and G. E. Atwood)의 연구에 따르면 우리는 우리가 살고 있는 복잡한 세상을 이해하기 위해 어릴 때부터 사물을 구분하는 체계적인 원칙을 발달시키는데 한번 세워진 원칙은 잘 변하지 않는 성질이 있다. 극심한 경제난에도 체제가 유지되고 있다는 것은 체제를 위해 헌신·봉사·충성하는 '주체형의 새 인간'이 존재한다는 증거이다. 그러나 '주체형의 새 인간'에 대한 연구는 아직 시작도 되지 못하고 있다. 기존 연구에서 경제난은 장마당을 확장시켰다. 그 결과 체제에 대한 의존도가 약화 되고 있는 것으로 나타났다.[52] 배급이 중단되고 체제 의존도가 약화되어도 북한주민이 체제에 남아 있다는 것은 스톨롤로외의 주장을 일부 증명하는 것이다.

한편, 지도자의 염원대로 '주체형의 새 인간'이 주체사상에 의해 확고하게 지배되었다고 가정하여 보자. 한번 세운 원칙에 따라서 '주체형의 새 인간'으로 죽기를 바라게 된다면 어떻게 될까. 그 숫자가 극히 적다 하더라도 상상할 수 없는 개인적, 사회적, 국가적 비극이 초래될 것이다.[53] 그러나 '주체형의 새 인간'을 주

---

52 이현주, "경제난 이후 북한주민 충성도의 유지와 변화에 대한 연구,"『북한연구학회보』, 제16권 제2호(2012), p. 156.

53 지젝이 '끔찍한 체제이다'라고 하였듯이 북한은 그 선례를 찾아볼 수 없는 전체주의 독재국가였기 때문에 북한 체제가 남긴 사회심리적 결과에 대해 연구해야 한다. 독일통일 이후 사회심리적 갈등

제로 한 연구는 아직까지 없다. 그 이유는 첫째, 전체주의 독재국가에서 지도자가 차지하는 비중은 절대적이다. 둘째, 한반도 무력충돌 상황을 대비하여 북한의 군사력에 대한 연구가 중요하다. 셋째, 통일 이후 북한에 대한 관심은 경제적인 개발에 집중되어 있다.

북한주민들의 심리적 특성에 대한 연구가 필요하다는 주장은 끊임없이 제기되어 왔다.[54] 통일을 대비하고 많은 분야에서 다양하게 연구가 진행 중이다. 그러나 체제의 붕괴시 주민이 겪게 될 사회심리적 문제에 대한 연구는 아직까지 체계적으로 진행되지 못하고 있다.

지젝은 『이데올로기의 숭고한대상』에서 '진정한 주체의 출현은 이데올로기라는 대타자가 존재하지 않는다는 사실을 발견하는 순간이다'라고 하였다. 지젝은 마르크스가 허위의식이라 한 이데올로기를 상징과 기표의 체계로 질서화된 이상적 유토피아로 위장하는 시도들의 허구성을 폭로한 것이다. 주체화는 대타자의 빈 곳을 발견하고 이데올로기가 환상임을 깨달은 상태이다. 신경증 주체는 기표에 의해 소외되지만 대타자 속의 빈 곳을 발견하면서 자신을 결여의 상관물로 구성한다. 욕동을 통해 증상을 드러내고 의미를 부여할 때 주체가 개입할 수밖에 없으며 이 과정이 증상이자 주체화다.[55] 허위인 북한의 이데올로기도 사라질 것이다. 북한주민들이 믿고 의지했던 이상적인 유토피아가 위장된 허위임을 발견하는 순간 자신을 결여의 상관물로 구성하는데 그 과정이 주체화다.

독일통일의 사례에서 사회통합을 무시하고 체계통합만을 추진하는 것은 북한사회를 남한의 식민지로 전락시키는 결과를 초래할 수 있다는 점을 경고해 준다. 그럼에도 한반도의 통일미래 비전은 민주적인 정치문화 정착을 상정할 때에 유의미하다. 따라서 남북한의 분단선을 제거하기 전에 선결해야 할 몇 가지 과제가 있다. 한반도 전쟁과 지난 70여 년 분단의 실질적인 책임자인 북한 지도자의

해소에 최소한 30년 이상이 소요되었음을 고려하여야 한다.

54 민성길 · 전우택 1996, 35-73; 전우택 1997a, 1997b, 민성길 1998, 전우택 2000, 조정아 외 2010; 이현주, 2011a, 2011b, 2012, 2013, 2015a, 2015b.

55 김석, "주체화와 정신분석의 윤리," 『문학치료 연구』, 42권(2017), p. 78.

문제이다. 독일통일을 교훈 삼아 한반도에서의 통일은 사회경제적으로 효율적인 통일이 될 수 있도록 준비해야 할 것이다. 북한의 사례는 통일을 이룬 국가의 사회문화통합에서 발생하는 문제들보다 복잡할 수 있다. 북한주민들의 자유화 이후 비전 주체화에 대한 강한 욕망을 가지고 자신의 삶을 개척해 나가고자 하는 경우 강한 동인으로 작용하고 성공적인 자유민주주의 시민으로 새로운 삶을 개척해 나갈 수 있을 것이다. 한반도 통일 이후 문화적 통합과정에서 정치적·사회적 시스템의 차이에서 오는 갈등과 정보 격차, 경제적 격차, 문화적 차이에서 발생하는 문제가 예상된다. 한편, 북한을 구조주의로 보는 데 한계가 있다. 첫째, 정적인 구조의 문제에만 치중함으로써 그 동적인 측면, 다시 말해 역사성이라든가 연속성(속에서의 변화)이라는 문제를 놓치곤 한다. 둘째, 구조가 모든 것을 결정한다고 보기 때문에 주체의 주체화를 다루지 못하는 것이다. 최근 북한에서 한류 문화콘텐츠와 관련된 법안의 통과는 구조주의로 설명하지 못하는 북한의 변화를 보여준다. 한류 문화콘텐츠가 신정정치사회문화의 균열점으로 작동하고 있음을 확인할 수 있기 때문이다. 따라서 남북한 통일한국에 긍정적으로 기여할 수 있도록 관련된 한류 문화콘텐츠 개발과 보급에 힘써야 할 것이다.

참고문헌

국내문헌

김누리. "통일독일의 사회문화 갈등." 『카프카 연구』, 제12권(2004): 1-20.

김병로. 『북한 사회의 종교성: 주체사상과 기독교의 종교양식 비교』. 서울: 통일연구원, 2000.

김석. "주체화와 정신분석의 윤리." 『문학치료 연구』, 제42권(2017): 77-105.

김영태. "통일독일의 가치정향과 사회화, 정당지지." 『국제정치논총』, 제43집 2호(2013): 411-430.

문태운. "정치문화 측면에서 본 동서독 통합." 『인문사회과학연구』, 제34집(2012): 37-67.

박상희. "얼굴의 권력론: 북한 김일성 초상화의 시각정치적 언어." 『한국정치학회보』, 제53권 제2호(2019): 105-127.

박요한. 『북한 핵 무력의 세계정체성』. 서울: 행복에너지, 2016.

박요한·이현주. "김일성 주체사상의 한반도 핵무력체제 구현과정: 통치이념의 철학적 기초와 집단정체성 변화를 중심으로." 『아태연구』, 제24권 제4호(2017): 5-39.

복거일 외. 『자유주의. 전체주의 그리고 예술』. 서울: 경덕출판사, 2008.

안성찬. "통일 이후 동서독 사회·문화 갈등의 원인." 『외국어로서의 독일어』, 제14집(2004): 203-222.

에밀리오 젠틸레. 『대중독재-정치 종교와 헤게모니』. 김용우 역. 서울: 책세상, 2005.

오일환. "북한의 신앙 변화와 통일 한국." 『통일·북한의 문화적 이해』. 서울: 카오스북, 2020.

이규인. "구조주의 담론에 관한 소고." 『유럽헌법연구』, 제7호(2010): 229-262.

이기동. 『김정은 정권의 정치체제: 수령제, 당·정·군 관계, 권력엘리트의 지속성과 변화』. 서울: 통일연구원, 2015.

이영훈. "북한경제 발전전략의 지속과 변화." 『북한의 경제』. 서울: 경인문화사, 2006.

이현주. 『북한의 집단주의 특성요인과 심리적 분석에 관한 연구』. 박사학위논문, 고려대학교, 2011.

_____. "북한집단주의 정치사회화의 심리적요인에 관한 연구," 『북한연구학회보』, 제15권 제2호(2011). p. 292.

_____. "경제난 이후 북한주민 충성도의 유지와 변화에 대한 연구." 『북한연구학회보』, 제16권 제2호(2012): 135-171.

_____. "북한 주민의 정치적 분리와 불안." 『북한연구학회보』, 제17권 제1호(2013): 147-177.

_____. "북한의 사회구조와 라캉의 '대타자'." 『2021 북한연구학회하계학술회의』. 온라인, 북한연구학회, 2021년 7월 9일.

_____. "북한의 집단정체성." 『통일·북한의 문화적 이해』. 서울: 카오스북, 2020a.

_____. "북한정치의 종교적 특성과 '인간중심'개념." *Journal of North Korea Studies*, 제6권 제2호(2020b): 93-115.

이현주·채인택. "라캉의 '무의식은 타자의 담론이다'를 중심으로 본 북한의 사회구조와 주체," 『아태연구』, 29권 1호(2022): 5-28.

이혜진. 『'한류'문화콘텐츠가 북한 주민의 정치의식에 미치는 영향』. 서울: 통일부, 2018.

전숙자. "북한교육에 나타난 인간관: 사회통합의 관점." 『통일연구원 학술회의 총서』. 서울: 통일연구원, 1997.

전영선. "선동의 기수, 선전의 첨병으로서 영화." 『통일·북한의 문화적 이해』. 서울: 카오스북, 2020.

전태국. "사회통합의 전망과 과제." 『춘계심포지엄』. 서울, 한국심리학회, 2000년 5월.

질 들뢰즈. 『들뢰즈가 만든 철학사』. 박정태 역. 서울: 이학사, 2007.

찰스 암스트롱. 『대중독재2: 가족주의, 사회주의, 북한의 정치종교』. 김지혜 역. 서울: 책세상, 2005.

콘라트 로렌츠. 『공격성에 관하여(이화문고 42)』. 서울: 이화여자대학교 출판부, 1989.

황준성. "독일통일 15년의 사회경제적 평가와 시사점." 『경상논총』, 제25권 제4호(2007): 71-87.

흄(D. Hume). 『종교의 자연사』. 이태하 역. 서울: 아카넷, 2004.

해외문헌

Althusser, Louis. *Lenin and Philosophy and Other Essays*. New York: Monthly Review Press, 1971.

Kim, Hyung-chan with Dong-kyu Kim. *Human Remolding In North Korea*. Lanham: University Press of America, 2005.

통일 전후 보건의료의 변화와 한반도 건강공동체 준비

김신곤 고려대학교 대학원 통일보건의학협동과정 교수

통일 전후 보건의료의 변화와
한반도 건강공동체 준비

I   서론: 생명의 무게는 다른가?

2023년 10월 하마스의 이스라엘 폭격으로 시작된 전쟁은 수많은 민간인의 사망이라는 안타까운 사연들을 만들어냈다. 하마스의 이스라엘 민간인들에 대한 무자비한 학살과 성폭력, 납치가 벌어졌고, 이에 맞선 이스라엘군은 시가전에서 민간인의 피해는 불가피하다며 하마스 민간인들의 살상을 부수적 피해(collateral damage)라고 정당화했다. 이에 미국의 로이드 오스틴 국방장관이 나서서, 이스라엘이 하마스와 전쟁에서 민간인 피해를 줄이지 않으면 "전술적 승리"에도 불구하고 "전략적 패배"를 당할 수 있다고 경고했다.[1] 부수적 생명(collateral life)은 없기에 이 말은 정당하다. 필자에게는 특별히 한 장의 사진이 더 안타깝게 다가왔다. 가자지구 알시파 병원에서 인큐베이터 치료를 받던 미숙아 28명이 이집트로 피신하기 위해 대기하고 있던 장면이었다. 필자가 이스라엘 의사였어도 가자지구 미숙아들에 대한 마음은 같았을 것이다. 설혹 적군 지역에 살고 있다고 해도 전

---

[1] 박재하, "美국방 "이스라엘, 민간인 피해 줄이지 않으면 전략적 패배 당할 것"," 『뉴스1』, 2023년 12월 3일, https://www.news1.kr/articles/?5249689 (검색일: 2024년 5월 10일).

쟁과 무관한 취약한 생명의 무게는 여전히 우리의 그것과 다르지 않기 때문이다.

한 사람의 죽음은 비극이지만 수많은 사람의 죽음은 통계일 뿐이라는 말이 있다. 어느덧 무덤덤해진 죽음의 숫자는 내 삶에 미동도 일으키지 않을 수 있다. 초반에는 무고한 죽음에 안타까워하다가도 시간이 흘러가면 그 정도는 희석되기 마련이다. 이스라엘-하마스 전쟁의 피해자에게 보였던 민감성은 한 달, 두 달이 흐르면서 무뎌지고 이내 사건 자체가 잊혀지고 있다. 그러니 70년 이상의 분단 과 한국전쟁의 비극을 무감하게 바라보는 것은 당연할 수 있다. 그러나 그 비극 의 당사자가 내 가족이나 친척, 친한 동료라면 어떨까? 그때는 공감이라는 심리 기전이 작용하기 마련이다. 공감은 타인의 고통과 아픔에 반응하는 능력이다. 이 능력은 타인에 대한 시선과 시야의 확대에서 시작한다. 그리고 입장을 바꾸어 상 상하는 능력, 이해하고 배려하는 기술을 통해 확장된다. 특별히 이 공감 능력은 좋은 의료인이 되기 위해 가장 중요한 자질이다.

혹자는 이렇게 말할 수 있을 것이다. 적군 지역에 사는 무고한 생명이 안타까 워도 그들에게 식품이나 의약품 등 인도적 지원을 하는 것은 중단해야 한다고 말 이다. 이들 지원이 취약계층에 돌아갈 수 있을지 분배의 투명성 문제도 있거니와 그렇게 지원한 쌀과 의약품이 우리에게는 핵 위협으로 돌아왔으니, 이제는 무도 한 북한정권을 규탄하며 북한주민들의 인권 유린에 주목해야 한다고 주장한다. 인권은 모든 인간이 천부로부터 받은 기본적 권리다. 사람으로서 당연히 누려야 할 기본적 권리들이 북한주민들에게도 보편적으로 적용될 수 있도록 국제사회와 우리 역시 노력해야 한다. 그런데 인권 중 가장 중요한 것이 생명권이자 건강권 이지 않을까? 생명은 한번 잃어버리면 되돌릴 수 없는 비가역적 가치이기에 그 어떤 권리보다도 중요하다. 정치적 탄압으로 죽어가는 생명이든, 먹지 못하거나 치료받지 못해 죽어가는 생명이든 그 권리의 중요성은 다르지 않다. 아플 때 치 료받지 못하고 배려받지 못하는 만큼 서러운 게 없다는 점은 경험해본 사람이라 면 쉽게 이해할 수 있다. 그렇기에 정치적, 군사적 적대감이 커진다고 할지라도 모두가 보편적으로 누려야 할 생명권, 건강권에 관한 관심과 이를 보장하기 위한 노력은 멈출 수 없다. 남북한의 단절 상황에서도 생명의 끈을 이어내야 하는 이유이다.

너무 감성적인 접근이라고 비판할 수 있다. 그래서 본 장에서는 북한의 보건의료 현황과 독일통일이 주는 시사점을 먼저 살펴보고, 통일 전후 보건의료의 미래를 전망해볼 것이다. 이후, [한반도 건강공동체]라는 관점에서 생명과 건강에 주목하고 노력하는 것이 오늘을 사는 우리에게 어떤 실리가 있고, 미래세대에게는 어떤 가치를 제공할 것인지를 살펴볼 것이다.

Ⅱ 북한의 보건의료 현황과 독일통일이 주는 시사점[2]

1. 북한의 보건의료의 특징과 현황

북한의 보건의료를 아우르는 몇 가지 특징이 있다. 첫 번째는 사회주의 의료체제라는 점이다. 사회주의형 의료체제는 사회주의 국가 이외에도 영국연방이나 스칸디나비아 국가 등에서 채택하고 있는 국영의료시스템이다. 경비 대부분을 국고로 조달하며 전국민 무료 서비스, 소위 무상의료를 특징으로 한다. 유럽의 복지국가들처럼 국가가 경제적으로 윤택하면 국민들에게 매력적인 제도이다. 그러나 국가경제가 어려운 경우 사회주의형 의료는 유명무실해질 수밖에 없다.

사회주의 의료체제의 또 하나의 특징은 예방의학의 강조이다. 질병을 미리 예방한다는 관점은 보건의료의 총비용을 감소시킬 수 있다는 장점이 있으나 자본주의 의료에서 보이는 것과 같은 첨단의학의 발전에는 더디다는 단점이 있다.

특히 북한은 호(戶)담당제라고 해서 의사들이 일정한 구역을 담당하며 주민들

---

2 본 장은 필자의 원고, 김신곤, "보건의료 분야의 제도와 실천,"『통일과 사회복지』(서울: 나남, 2017)와 김신곤, "한반도와 K-medicine의 도전,"『한반도 보건의료, 생명을 살리는 담대한 도전』(서울: 박영사, 2024)의 내용을 일부 보완한 것이다.

의 건강을 책임지는 제도를 운영하고 있다. 의사가 외래로 찾아오는 환자를 진료할 뿐만 아니라 직접 담당구역에 나가 위생보건, 예방접종, 건강검진 등을 지속적으로 수행하는 제도이다. 2011년 세계보건기구(WHO)의 발표에 따르면 4만 4760명의 호담당 의사들이 있으며, 한 명이 평균 130개 가구를 책임지고 있는 것으로 알려졌다.

두 번째는 정성의학과 동의학(고려의학)의 강조이다. "의사가 환자를 자기의 육친처럼 아끼고 사랑하며 치료사업에 끝없는 정성을 쏟아부을 때 고치지 못할 병이란 없다"는 김일성 주석의 교시로부터 시작된 정성운동은 북한 보건의료인들의 자세와 태도를 보여주는 긍정적 사례로 강조되어 왔다.

또한 북한의 의료는 고려의학을 강조하여 신의학(서양의학)과의 협조와 결합을 강조하고 있다. 우리와는 달리 의학대학 내에서 고려의학을 선택하여 전공할 수 있도록 하고 있어, 양한방 일원화와 같은 모습으로 운영되고 있다. 고려의학의 강조는 북한이 강조하는 주체성의 측면을 반영한 측면도 있고, 서구로부터 고립된 상황에서 나름대로의 의학적 해법을 찾기 위한 노력의 일환으로도 보인다.

북한의 보건의료체제는 90년대 초반까지는 정상적으로 작동되어 보건의료 지표가 우리와 비교해서도 나쁘지 않았고, 북한 의료의 장점인 정성의학과 무상의료가 연계되어 북한주민들의 만족도 역시 높았다고 한다. 그러나 사회주의권 붕괴 이후, 특히 고난의 행군 이후 북한의 경제가 무너지면서 상황은 급속히 악화되었다. 고난의 행군 당시 적어도 수십만 명이 사망한 것으로 알려졌는데, 가장 큰 피해를 본 것은 영유아들이다. 기본적인 영양 공급과 위생, 보건방역 등이 무너지면서 생긴 결과이다.

현재까지 북한의 의료 실태는 매우 좋지 않은 상태이다. 핵 실험과 미사일 도발로 유발된 대북 제재의 강도가 심해질수록, 그에 맞서 북한이 ICBM 실험 등 전략무기 고도화에 국가 예산을 투입할수록 힘없는 일반 주민, 특히 평양의 권력으로부터 먼 주민들은 더욱 길고 어두운 터널에 갇혀 의료의 혜택으로부터 소외된다. 영유아, 산모, 병을 앓고 있는 환자들은 지금 어느 때보다도 힘든 시간을 보내고 있다. 최근 북한의 코로나19 창궐 역시 북한주민, 특히 취약계층의 건강과 영양 상태에 심각한 위협을 주었을 것이다. 무상의료를 자랑해왔으나 실제론 의료물품과 약을 의료기관이 아닌 장마당에서 구하고 있고 큰 병원에서의 환자 치료도 장마당에서 구입해 온 약과 주사제, 의료기구에 의존하는 경우가 많은 실정으로 알려지고 있다.

남북한 보건의료 격차에 대해선 정확한 통계를 구하기가 쉽지 않다. 그런데 마침 참고할 만한 자료가 공개되었다. 북한이 2021년 7월 1일 지속가능발전목표(SDGs)에 대한 자발적국가보고서(VNR)를 유엔에 제출했기 때문이다.[3] 몇 가지 결과를 우리나라 통계와 비교해보자. 산모 사망률은 10만 명 출생당 2014년 67명에서 2019년 49명으로 감소한 것으로 보고했다. 한국은 11명이니 아직도 우리의 5배 수준이다. 신생아 사망률은 2019년 1,000명당 7.7명으로 한국 1.5명의 5배 수준으로 산모 사망률과 격차가 비슷했다. 5세 미만 어린이 사망률도 2019년 1,000명당 16.8명으로 역시 우리나라 3명보다 5배 높았다. 결핵 발병률은 100,000명당 2015년에 451명에서 2018년에 354명으로 줄었지만 2019년 376명으로 늘었고, 2020년엔 다시 351명으로 하락했다. OECD 국가에서 가장 높은 우리나라(10만명당 59명)의 6배 수준이다. 또한 5세 미만 아동의 저신장 비율은 2012년 28%에서 2020년 18%로 꾸준히 개선된 것으로 보고하였으나 만성적인 영양부족 비율은 40% 내외로 지난 기간 큰 변화가 없는 것으로 나타났다.

최근 북한의 노동신문 보도를 통해 본 김정은 정권 보건의료 발전전략을 보면,[4] 새로운 시도와 변화의 흐름도 감지되나 유엔 대북제재와 팬데믹으로 인한 국경봉쇄, 핵무장 등 군사체제 유지를 위한 우선적인 재정투입 등, 그 한계도 분

---

3   Government of DPRK, "Democratic People's Republic of Korea Voluntary National Review on the Implementation of the 2030 Agenda," (2021), pp. 1-66.

4   엄주현, 『북조선 보건의료 체계 구축사 II (2012 ~ 2023): 김정은 정권의 보건의료 발전 전략』(서울: 선인, 2024); 엄주현, "김정은 정권의 보건의료 자원 확보 방안 연구," 『국가전략』, 제29권 2호(2023), pp. 125-154.

명해 보인다. 김정은 정권은 초기부터 평양에 전문병원을 건설하여 새로운 지도자의 집권을 알리고 이를 모범으로 전국의 보건의료 시설을 현대화하고자 했다. 특히 팬데믹 와중에 건립한 평양종합병원이 그 사례이나, 아직까지 개원은 미루어지고 있다. 병원은 건물만으로 유지되지 못하며 수많은 의료장비와 시설 등이 구비되어야 하니 김정은 정권의 인민사랑의 상징으로 기획되었을 법한 평양종합병원이 이제는 유엔 대북제재 하에서 북한 보건의료 발전의 한계를 보여주는 사례로 인식되고 있다.

또한 사회주의기업책임관리제가 도입되면서 제약공장에서 의약품을 생산하고 약국을 통해 판매되는 것도 큰 변화이다. 장마당을 통한 약제 구입이 약품의 오남용 측면에서 심각한 문제가 되었을 것이기에 이는 진일보한 변화로 보인다. 특히 2022년에는 의약품법을 수정하여 약품 판매를 법적으로 보장하였다.[5] 이는 고난의 행군 이후 보편화된 의약품 구매를 수용한 것으로, 무상의료가 작동하지 않고 있는 현실을 인정하며 인민들의 요구를 반영한 사례로 보인다.

이외에도 의료인들에게 선진 의학기술로 무장할 것을 독려하는 한편, 의료진 자신의 피부이식과 헌혈, 심지어 결막까지 이식해 환자를 완치시키는 '붉은 보건전사'로 재무장할 것을 강조하는 등 보건의료 서비스 운영에 소요되는 재원의 부족을 여전히 의료인의 열정으로 상쇄하고 있다.[6] 정성의료의 관점이 탈색되고 치료를 위해 뇌물이 거래되는 현실이라는 탈북의사들의 증언에 비추어볼 때, 의료진을 제대로 대우하지 않은 채 사회주의 의료인의 사명감과 책임감만 강조하는 게 성공하리라고 보기는 어렵다.

정책의 우선순위는 국가에서 투입되는 재정을 통해 확인할 수 있는데, 최근 북한의 보건의료 재정투입을 보면 심각성을 엿볼 수 있다. 북한 보건의료비의 예산 증가율은 통상 2-5%대를 유지했다. 김정은 정권은 첫해에 8.9%의 증가율로 시작해서 2017년에는 13.3%까지 높아졌고 2020년까지는 통상의 비율보

---

5   위의 글.

6   위의 글.

다 높은 증가율을 지속했다. 그러나 코로나 팬데믹 시기에는 큰 폭으로 낮아져서 2021년도에는 2.5%, 2022년에는 0.7%를 기록했고 2023년도에는 이보다 더 낮은 0.4%였다.[7] 코로나 상황에서 비상방역사업 예산이 포함되지 않은 것이기는 하지만, 보건의료의 발전전략이 북한당국의 우선순위에서 밀려있음을 보여주는 사례이다.

2. 독일통일이 주는 시사점

독일통일의 경험은 우리에게 시사하는 바가 크다. 서독은 통일 십수 년 전부터 동독의 보건의료 개선을 위해 대규모 지원을 지속해 왔다. 이념적으로 민주주의와 공산주의가 치열하게 대립해 오던 냉전의 시절에도 이런 지원은 계속되었다. 동서독은 1974년도에 보건의료협정을 맺고 지속적인 교류협력을 통해 양국의 보건의료 격차를 줄이기 위해 노력해왔다. 이러한 보건의료의 지원과 교류가 독일의 통일을 이루어 내는 데 가장 중요한 시작과 통합의 기반이 되었다. 통일 전부터 지속된 지원에도 불구하고 통일 이후 20여 년 동안 천문학적인 재정을 투입하고서야 동독과 서독주민의 건강 격차가 어느 정도 해소되고 있다. 이와 같이 서독의 경우 통독을 위해 꾸준히 투자하고, 지속적으로 교류하며 동서독 간 보건의료의 이질성이 상당히 극복된 상태에서 통일을 맞이했다. 그런데도 통일 이후 여러 난맥상을 경험했다는 점은 우리에게 다가올 통일이 낙관적일 수만은 없음을 시사한다. 동서독의 경우, 통일 전 인구는 4배, 경제수준 격차는 약 3배였으나, 현재 남북한의 경우, 인구는 2배, 경제 수준은 50배 이상의 차이가 있다. 동서독보다 훨씬 큰 남북한의 격차를 고려할 때, 사람의 생명과 직결된 가장 중요한 영역인 보건의료의 교류, 협력을 위한 노력은 재개되어야 한다. 이는 단기적으로는 차갑게 얼어버린 남북관계에 균열을 내는 창의적 협력의 마중물이 될 수 있고, 장기적으로 천문학적 통일 비용을 줄이는 결과를 낳을 것이다.

---

7   위의 글.

Ⅲ 통일 전후 예상 가능한 보건의료 전망

1. 부정적 전망

준비되지 않은 통일은 한반도에 심각한 부정적 여파를 가져올 수 있다. 첫 번째로, 남북한의 질병의 양상은 분단에 따른 환경의 변화를 통해 상당히 달라졌는데, 통일과정에서 이게 섞이게 되면 서로에게 부정적인 여파를 초래할 수 있다. 북한 같은 경우에는 아직도 세균성 질환들이 많고 결핵 유병률도 전 세계에서 최고 순위권에 해당한다. 반면에 우리는 세균성 질환보다는 바이러스성 질환들이 더 많은 편이다. 사회경제적 수준, 보건의료 환경, 의료시스템 등이 상이했던 만큼 남북의 감염성 질환의 양상이 다른 것이다. 이게 만약에 섞이게 되면 어떻게 될까? 북한에 많은, 특히 결핵 중에 다제내성 결핵이 우리나라에 유입되면 어떻게 될까? 통일 이후 북한 사람들이 대거 남하하는 일이 발생한다면 매우 심각한 문제를 초래할 수 있을 것이다. 국가과학기술위원회의 '통일 대비 보건 분야 대처 방안' 보고서에 따르면, 통일 시 북한 인구 8%가 남한으로 내려올 것으로 예상하고, 남쪽으로 내려오는 북한 인구 200만 명 가운데 보균자 비율이 5%라고 가정했을 때, 결핵 환자 10만 명이 남하하는 것이다. 이때 치료 및 예방이 제대로 이루어지지 않으면 2년 후 100만 명이 결핵에 전염될 수 있다. 반대로 신종 바이러스에 별로 노출된 적이 없었던 북한주민들이 남한 쪽에서 시작된 바이러스의 유입을 경험하게 된다면, 예상 못한 파국적인 결과를 초래할 수도 있을 것이다. 반면에 남북 질병 양상의 차이는 오히려 기회의 창이 될 수 있다. 의학적 필요가 높은 곳에서 그 해법을 찾다 보면 수준 높은 연구가 수행되게 된다. 북한의 다제내성결핵의 심각성과 남한의 수준 높은 결핵 연구가 만나면 다제내성결핵의 세계적 해결책을 만들어내는 곳이 한반도가 될 수도 있기 때문이다.

두 번째, 보건의료 제도와 재정의 측면에서 상당한 어려움이 초래될 수 있다. 우리나라의 경우 국민건강보험을 통해 거의 모든 국민들이 이 혜택을 받고 있고,

경제적으로 어려운 취약계층들에게는 급여 1, 2종을 통해 본인부담금을 내지 않아도 되는 시스템을 유지하고 있다. 반면에 북한은 원칙적으로는 무상의료로 국가가 보건의료를 책임진다고 선전하고 있으나 현실은 유상의료로 변모하였으며, 이에 따라 지불 능력이 없는 경우 취약할 수밖에 없다. 통일 전후 남북한의 상이한 보건의료 제도들이 어떻게 조율되고 바뀌어 나가야 할까? 통일이 되면 북한도 우리처럼 국민건강보험으로 가게 될 가능성이 높고, 이 경우 경제적으로 어려운 사람들에게는 급여 1, 2종 혜택을 주어 본인부담을 줄여주어야 한다. 그런데 우리 기준의 사회경제적 능력에 비추어 볼 때 북한주민들의 상당수는 급여 1, 2종에 해당한다. 이렇게 되면 의료비 규모는 천정부지로 커질 수 있다. 실제로 통일 이후 전체 의료비 규모가 150조 원 이상이 될 가능성이 있으며, 회복지원단계 초기의 5년간 총 적게는 2조, 많게는 5조 원이 필요할 것으로 예상되었다.[8]

세 번째로, 남북 보건의료 인력 간의 갈등과 충돌이 있을 수 있다. 통일 전후 북한 의사들이 남한에 와서 진료하는 것을 수용해야 할까? 이것도 굉장히 논란이 될 수 있는 이슈인데 동서독 통일과정에서도 그랬다. 당시 동독의 의사들이 시위 등을 통해 강력히 요구한 결과, 통독 정부에서는 동독 의사들에게도 서독주민들을 진료할 수 있는 면허를 인정해주었다. 그래서 동독 의사들이 서독지역에 와서 진료할 수 있었지만, 동독 출신이라는 점 때문에 성공적으로 정착하지 못했다. 우리의 경우 남북 간에 상당한 의료 수준의 격차가 있기 때문에 북한 의사들에게 남한 면허를 바로 인정해 줄 수는 없을 것이다. 상당한 과도기를 통해 남북 지역 내에서만 각기 의료 행위를 인정하되 이후 일정한 자격을 갖추었을 때 한정해, 상대 지역에서의 진료가 가능하도록 하는 방법이 모색되어야 할 것이다.

또 한 가지는 양한방의 충돌 가능성이다. 우리의 경우 의과대학과 한의과대학이 각각 있다. 그런데 북한 같은 경우는 통합이 되어있어 의학대학에서 양방과 고려의학이라고 하는 한방도 같이 배우고 있다. 그래서 양의사가 한방요법도 사

---

8   정형선 · 신현웅 · 김소윤, "남북 건강보장공동체 형성을 위한 초기단계의 과제와 전략," 『보건행정학회지』, 제28권 3호(2018), pp. 315-319.

용하고 반대로 고려의사가 양방을 활용한 진료도 할 수 있다. 지금 북한은 그런 동서 의학이 한 시스템 내에서 구현되고 있는데 나중에 통일 즈음이 되면 이것을 어떻게 해야 할까? 양한방 간의 충돌을 야기할 수 있는 이슈이지만, 이런 과정을 통해 더욱 발전적인 해법을 만들 수 있다면 오히려 발전적인 기회가 될 수도 있다.

2. 긍정적 전망[9]

K-pop, K-movie, K-food, K-culture는 대한민국을 살아가는 사람들의 자부심이다. 원조를 받던 나라에서 원조하는 나라로 탈바꿈하고, 유엔이 인정하는 선진국 반열에 올라선 것도 우리를 뿌듯하게 한다. 대한민국의 발전 사례, 다양한 한류의 성공 스토리는 세계인들의 주목을 이끌었다. 팝의 본고장이 아닌 곳에서 만들어진 팝이 서양인의 가슴을 울리고, 한국의 영화가 세대와 지역을 넘어 사람들의 마음을 사로잡는다. 우리 음식이 세계인의 입맛을 유혹하며 한국은 많은 외국인이 방문하고 싶은 나라가 되었다, 한류가 전 세계적 영향력을 갖게 된 것은 각 영역의 기본에 충실하되 우리만의 독특함을 담은 K-message를 창조했기 때문이다. 통일은 K-medicine으로 더 아름다운 서사를 이어가는 기회가 될 수 있다.

한반도 건강공동체를 향한 노력들은 K-medicine으로 세상에 도전하기 위한 기본바탕이다. 신종 감염병으로 인한 팬데믹이 다시 온다고 상상해보자. 이때 남북이 힘을 모아 백신/치료제를 공동 생산하는 협력이 가능할 수 있다면 어떨까? DMZ 근처에 접경지역 바이오-메디컬 클러스터를 만들 수 있으면 어떨까? 국가 간 접경지역에서 성공적으로 운영되고 있는 스웨덴-덴마크 접경지역의 Medicon Valley나 스위스-프랑스-독일 접경지역의 BioValley 사례를 보면 남북한 협력을 통한 바이오-메디컬 클러스터도 엄청난 부가가치의 진원지가 될

---

9 본 장은 김신곤, "한반도와 K-medicine의 도전," 『한반도 보건의료, 생명을 살리는 담대한 도전』(서울: 박영사, 2024)의 내용을 일부 인용한 것이다.

수 있다. 성공한다면 통일비용의 대부분이 이곳 클러스터에서 만들어지는 이익을 통해서 상쇄되는 일도 가능하다. 우리는 지난 코로나 팬데믹 때 여러 종류의 백신을 경험했다. 만약 DMZ 부근의 바이오-메디컬 클러스터에서 백신이 생산될 수 있다면 그것은 어느 나라 백신에서도 찾아볼 수 없는 새로운 가치를 제시할 수 있다. 반(反)생명의 상징인 전쟁의 유산이 지속되던 한반도에서 남북이 협력하여 백신을 만드는 장면을 상상해보라. K-백신으로 인류의 생명을 구하는데 기여할 수 있다면, 한반도는 갈등이 첨예한 지역이 인류 상생의 전초기지가 되는 역설의 상징이 될 것이다.

북한의 기술력이 우리에 비해 매우 뒤처져있지만, U헬스와 같은 원격진료에 대한 관심은 매우 많다. 우리의 기술력을 기반으로 북한 전역을 테스트베드로 해서 개발도상국가들에 활용할 수 있는 한반도형 원격진료모델을 개발할 수 있다면 이것 역시 엄청난 부가가치를 만들 수 있을 것이다. 중국이 인공지능 굴기라고 할 만큼 매우 빠른 속도로 기술의 진보를 만들고 있는 것은 엄청난 빅데이터와 일당을 중심으로 조직화된 사회이기 때문이다. 이런 면에서는 북한도 4차산업혁명의 신기술들이 빠르게 실험될 수 있는 나라라고 할 수 있다.

한반도는 전 세계적 차원에서 매우 독특한 코호트이다. 유전적으로는 동일하나 70년 이상의 분단을 통해 상당히 다른 환경에 노출되어 왔기 때문이다. 그런 의미에서 유전적 동일성을 전제한 환경의 변화가 세대를 넘어 질병에 미치는 영향을 추적할 수 있는 전 세계적으로 유일한 코호트가 한반도다. 갈라파고스라는 고립된 섬이 현대 과학에 엄청난 영감을 주었던 것처럼, 고립되어 있던 북한주민들과 개방되어 있던 남한주민들의 건강 비교 연구를 남북한의 학자들이 함께 진행할 수 있다면 어떻게 될까? 우리나라에서 시행하는 국민건강영양조사를 남북이 동시에 진행하는 미래를 상상해보자. 이를 통해 한반도 건강 지도를 그려 내고, 환경이 질병의 양상에 미친 영향, 후생유전학 등 관련된 병인, 치료에 있어서의 공통점과 차이점 등, 다양한 연구 주제에 대해서 남북한 학자들이 공동 연구를 진행하게 된다면 전 세계에 울림을 줄 수 있는 기념비적 결과들이 도출될 수 있을 것이다. 우리나라 최초의 노벨생리의학상이 여기에서 나올 수도 있을 만큼 경쟁력과 가치를 갖춘 연구 영역이다.

정신건강의학, 사회의학 분야도 중요한 연구 영역이다. 내전으로 수백만 명의 사상자를 내고, 70년 이상을 상호 간 증오로 대립해 왔던 집단이, 그 갈등 구조를 극복하고 화해와 협력으로 나아갈 수 있다면 사회 치유, 정신 건강의 역동과 관련된 수많은 학문적 해법들이 도출될 수 있을 것이다. 이렇게 된다면 전 세계적 차원의 사회치유학, 화해학, 평화학의 교과서는 우리가 써야 한다. 해양 세력과 대륙 세력이 갈등하고 충돌하던 격전지였던 한반도가 화해와 상생의 진원지로 변모한다면 인류 역사에 한 획을 긋는 K-story가 될 것이다.

60년대 흑인차별에 맞선 인권운동에 앞장선 마틴 루터 킹과 말콤 엑스가 있다. 우리가 잘 아는 킹은 비폭력 방식의 저항운동을 주도한 반면, 말콤은 폭력적 방식의 무장혁명을 추구했다. 두 사람 모두 백인우월주의에 반대했으나 킹은 흑인도 미국인이라는 점을 강조하며 '흑백통합'을 추구했고, 말콤은 백인에 대한 증오와 흑인의 정체성을 강조하며 '흑백분리'를 강조했다. 당시 킹의 주장과 운동방식은 지나치게 나이브하다는 비판을 받았다. 그러나 역사는 말콤보다는 킹에게 호의적이다. 현실적이지 않아 보였던 평화운동이 결국은 사람들의 마음을 움직이고 역사를 전진시켰기 때문이다. 보건의료를 통한 한반도 건강공동체라는 꿈이 언젠가 그런 문명사적 가치로 인정될 수 있기를 기대해 본다.

1. 왜 한반도 건강공동체인가?

북한을 우리의 공동체라고 볼 수 있을까? 공동체의 사전적 정의가 '특정한 사회적 공간에서 공통의 가치와 유사한 정체성을 가진 사람들의 집단을 가리키는 사회학 용어'임을 고려할 때 지리적 공통성과 유사한 민족적 정체성은 공유하지만, 가치의 측면에서는 공동체라 할 수 없을 만큼 남과 북은 멀어져 왔다. 특히 북핵 개발과 최근 연이은 미사일 발사로 인한 남북 위기 국면을 고려할 때 '한반도공동체'라는 용어는 시대착오적으로 보일 수도 있다.

그러나 통일이라는 용어보다는 더 현실적이고 수용 가능성이 높지 않을까? 통일은 우리의 소원이며 미래 한반도의 궁극적 비전이다. 그러나 통일은 한편에서는 적화통일로, 또 한편에서는 흡수통일로 적잖은 오해를 불러왔다. 또한 준비되지 않은 급격한 통일은 남북 모두에 상당한 문제를 초래할 수 있다. 따라서 최근에는 한반도 건강공동체라는 표현을 많이 사용하고 있다. 『한반도 건강공동체 준비』의 대표 저자인 전우택 교수는 이렇게 설명한다.

> "통일이라는 단어가 분단의 궁극적 극복 방법으로서 매우 중요한 단어인 것은 사실이다. 그러나 동시에 둘을 억지로라도 하나로 만든다는 무언가 공격적이고 강압적인 느낌을 주는 측면도 있다. 그러나 '한반도공동체'라는 용어는 다르다. 굳이 두 개를 하나로 만들지 않아도, 서로를 인정하고 협력하여 각자가 더 나은 사회를 만들 수 있도록 공동 노력한다는 의미가 더 크기 때문이다. 그런 일들이 꾸준히 이루어져, 정말 서로가 기쁜 마음으로 최종적 '통일'에 합의하면 그것도 좋고, 설사 그런 일이 바로 이루어지지 않는다 할지라도 얼마든지 괜찮은 그런 여유 있고 평화적인 관계를 상정하도록 한다."[11]

---

10 본 장은 필자의 "팬데믹 시대에 공동체를 생각한다," 『Diversitas』, 31호(2022)를 바탕으로 보완하였다.

11 전우택 편, 『한반도 건강공동체 준비 2판』(서울: 박영사, 2021).

그런데 왜 건강공동체인가? 전 교수의 설명을 계속 들어 보자.

> "민족의 분단은 이 땅 대부분의 지역에서 엄청난 양의 총알들이 날아다니게 하였고, 엄청난 양의 폭탄이 떨어지게 했다. 그리고 그에 의하여 그야말로 강처럼 피가 산하에 흐르면서, 민족의 가슴속에 엄청난 상처와 트라우마를 남겼다. 한반도공동체의 형성, 그리고 궁극적으로 이루어지기를 바라는 통일은 바로 그런 상처, 그런 트라우마를 치유하는 일이다. 개인적이고, 집단적이고, 그리고 공간적인 이 상처를 치유하는 일이 바로 보건의료의 가장 직접적이고 일차적인 역할이다."[12]

통일 이전에 공동체가 선행되어야 하며, 진정한 통일로 나아가기 위해서도 공동체 단계가 꼭 필요하다는 말이다. 건강공동체는 경제·사회·문화, 더 나아가 최종적인 통일의 단계라고 할 수 있는 정치·군사 공동체에 우선해서 형성되어야 하고, 그럴 때 다른 공동체의 형성에 긍정적인 기여를 할 수 있다. 경제공동체를 예로 들어 보자. 경제공동체를 위해선 북한 사람들의 노동력이 필수적이다. 건강공동체는 건강한 사람을 준비하는 것이며, 이들이 제공하는 노동력이 한반도 경제공동체의 소중한 자산이 될 것이다. 따라서 경협을 할 때도 북한지역의 보건의료와 복지 수준을 높이고 건강한 사람을 준비한다는 관점이 겸비되어야 한다. 즉 건강공동체가 먼저 혹은 동시에 형성되어야 경제공동체도 성공할 수 있는 것이다. 한편 남북한의 경제협력은 '돈'을 기반으로 움직이는 것이다. 상호신뢰가 없는 상태에서 돈을 매개로 하여 이어지는 소통과 협력은 위험할 수 있다. 반면에 보건의료 협력은 '사람'을 향한 움직임이다. 분단 이후 서로에게 너무도 큰 상처를 주고 긴 세월을 지내 온 남북의 사람들에게 보건의료는 각별할 수 있다. 치유는 크고 넓고 따뜻한 마음이 출발점이기 때문이다. 그래서 보건의료는 서로를 이해하고 어루만지는 치유의 도구이자 따뜻한 화해의 단초이며, 이후 전개될 경제협력, 정치협력 등에 마중물이 될 수 있다.

이상의 내용에 동의하지 않는다고 할지라도, 적어도 지리적 측면에서는 한반

---

12 위의 글.

도 건강공동체라는 말에 수긍하리라 본다. 한반도의 면적은 22만km²에 불과하다. 이 작은 땅덩어리에서 전염성 세균이나 바이러스는, 또한 미세먼지나 오염원, 지진 등 재해들은 남북을 가리지 않는다. 한반도는 환경과 기후, 감염병 등이 쉽게 공유될 수 있는 지정학적 구조라는 얘기다. 영화에서 다루어졌던 것처럼 만약 백두산이 폭발한다면 그 재난의 무게는 우리에게도 고스란히 전해질 것이다. 반대로 남북의 협력으로 말라리아를 퇴치해 낸 경험도 있다. 개성공단이 열려 있을 때, 남북한이 공동방역을 하면서 북한의 말라리아 퇴치를 위해 노력한 결과, 우리 쪽에서도 말라리아가 없어진 것이다. 인도적 지원을 넘어 건강 이슈에 대한 공동 대처가 남북한의 상호 이익에 기여한 경험은 시사하는 바가 크다. 도발을 반복하는 북한당국이 미워도 건강안보(health security)의 측면에서라도 남북한 주민의 건강과 생명이 잇닿아 있음을 기억해야 하는 이유가 여기에 있다.

우리가 살고 있는 한반도는 아직도 전쟁이라는 반생명의 유산이 어슬렁거리고 있는 곳이다. 이제 우리는 또 다른 전쟁을 힘들게 치러냈다. 남북 모두를 압도한 바이러스와의 전쟁이다. 아직도 전쟁이 끝나지 않은 정전 상태의 한반도에서 또 다른 팬데믹, 신종 전염병과의 전쟁은 언제든 다시 시작될 수 있다. 그런 전쟁의 기운이 지배하는 한반도에서 생명을 논하는 게 역설처럼 보일 수 있다. 그러나 남북이 직면한 상황이 어두울수록 생명의 끈을 놓지 말아야 한다. 그래야 생명이 반생명을 넘어설 수 있다.

집요한 바이러스는 인류의 가장 취약한 곳을 공격하고, 그곳이 또 다른 아웃브레이크의 진원지가 되어 결국은 건강해 보이는 생명도 무너지게 한다. 팬데믹시대, 공동체를 생각해야 할 이유이다. 내 이익, 우리 집단의 이익을 넘어 대학공동체, 지역공동체, 한반도공동체, 지구공동체를 함께 살아가는 생명에게로 시야와 지평을 넓혀 보자. 그리고 이들 공동체의 구성원들, 삶을 잇대고 있는 존재들과 어울리고 소통하며 상생할 수 있도록 나만의 경계를 조금씩이라도 허물어 보자.

2. 남북 보건의료협력 추진방향

1) 거시적 로드맵 속에서 단기적 대책 마련

남북 보건의료 교류협력은 정치, 경제, 사회, 문화를 모두 아우르는 거시적 맥락에서 조망되어야 한다. 현재와 같은 위기 국면에서 보건의료협력이 선도적 역할을 점할 수 있지만, 궁극적으로는 타 영역과의 협력과 연계를 고려한 포괄적인 지속가능발전목표(SDG)의 관점이 견지되어야 지속성이 담보될 수 있다. 정치·군사 분야와는 달리, 보건의료에 있어서는 통일 전후를 대비하는 포괄적 로드맵이 마련되어 있지 않다. 교류협력이 일시적 이벤트가 되지 않게 하려면 단기적 추진방향도 중장기적 전망과 로드맵 속에서 마련되어야 한다. 특히 유엔제재 상황과 제재가 완화되는 정도에 따른 대북 협력 계획들이 세밀하게 준비되어야 한다.[13]

2) 인도적 지원을 넘어 개발협력 추진

북한은 긴급구호적인 일회성 인도지원을 받는 것으로부터 지속 가능한 개발협력 추진으로 자신들의 정책 기조를 바꾸겠다는 것을 2005년 공식적으로 천명한 바 있다. 그리고 그에 따라 다수의 기관으로부터 다양한 소규모의 직접적 지원을 받는 것으로부터, 대규모의 체계적 개발협력사업을 추진하기를 원한다고 하였다. 이제는 단기적, 인도적 지원을 넘어 지속 가능한 협력 모델을 준비해야 한다. 이를 위해서는 북한당국의 요구를 넘어 북한의 실질적인 의료적 필요를 채우는 방식으로 접근해야 하며, 문제가 발생하면 대응하는 방식을 넘어 미래에 다가올 상황을 예측하고 선제적으로 준비해야 한다. 또한 민간기관이 참여할 때 기부나 사회공헌과 같은 기업의 사회적 책임(CSR) 모델을 넘어, 북한의 보건의료에 대한 협력과 참여가 기업의 비즈니스 경쟁력에 도움이 되는 공유가치 창출(CSV)

---

13 Yun Seop Kim, Jin-won Noh, Yo Han Lee, Sin Gon Kim, "Mid-Term Strategic Plan for the Public Health and Medical Care Cooperation in the Korean Peninsula," *Journal of Korean Medical Science*, Vol. 39, No. 4 (2024), pp. 1-11.

모델로의 전환이 필요하다. 지금처럼 남북관계가 단절된 상황에서는 국제사회를 우회한 전략을 통해서라도 보건의료를 매개로 접점을 만들어야 한다(그림 1).

그림 8-1 남북한 보건의료 협력의 패러다임 전환

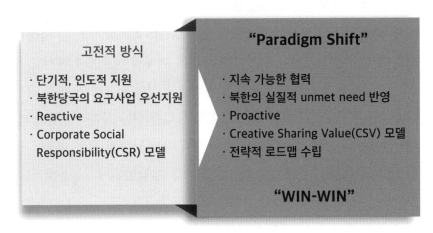

고전적 방식

· 단기적, 인도적 지원
· 북한당국의 요구사업 우선지원
· Reactive
· Corporate Social
  Responsibility(CSR) 모델

"Paradigm Shift"

· 지속 가능한 협력
· 북한의 실질적 unmet need 반영
· Proactive
· Creative Sharing Value(CSV) 모델
· 전략적 로드맵 수립

"WIN-WIN"

출처: 저자 작성.

3) 새로운 거버넌스의 구축

대북 보건의료 활동에는 매우 다양한 주체들이 참여하게 된다. 정부의 관련 부처와 공공기관들, 다양한 경험과 자원, 열정을 가진 국내외 NGO, 대학 등의 교육기관, 대형병원 등의 의료기관, 종교기관, 지방자치단체, 국제기구들과 기업들이 있다. 이 기관들은 모두 고유의 큰 장점과 경험들, 자원들을 가지고 있으며, 따라서 이들 기관들이 어떻게 '한반도 건강공동체'라는 최종적 목표에 함께 기여할지를 고민하며, 협력·조율·지원하는 거버넌스가 필요하다. 범부처와 민·산·학·병을 아우르는 가칭 [한반도 건강공동체 준비위원회]를 기대한다. 주요 질환, 전문 영역, 주요 이슈별로 한반도 건강공동체의 미래상과 로드맵을 만들어내고, 다양한 남북한 보건의료 교류협력을 조율하고 지원하는 역할을 해낼 수 있을 것이다.

4) 보건안보의 측면에서 위기 공동대응

지금처럼 남한-미국-일본과 북한-중국-러시아 사이에 이념에 기반한 진영 논리가 강화되고 있는 상황에서 남북 간의 직접 교류의 접촉점을 찾기 쉽지 않다. 그러나 그럴수록 보건의료 영역의 협력을 통해 소통의 끈을 연결하기 위한 노력이 중요하다. 팬데믹의 특성상 인접 국가의 각자도생이 아닌 협력과 공동대응이 매우 중요하다. 감염병 위기상황을 매개로 남·북·중·러·일 공동대응을 위한 협력체계 마련도 계기가 될 수 있다. 미래 팬데믹 대응을 위해서도 동북아 감염병 정보 공유체계 구축과 방역보건 협력체 구성이 필요하다. 남북 군사당국 핫라인이 중단된 상태에서 남북 상호 감염병 관리를 위한 직접적인 협력 라인 구축도 매우 중요하다. 감염병은 DMZ를 가리지 않는 남북의 협력 대응이 필요한 공동의 적이기 때문이다. 남북한의 감염병 대응 핫라인 구축, 공동방역을 위한 협의 시작 등은 지금 바로 가능한 협력이다.

앞서 살펴본 대로 통일 전후 보건의료 영역의 전망은 부정적, 긍정적 시나리오가 모두 가능하다. 부정성을 최소화하고 긍정성을 극대화할 때 건강한 통일이 가능하다. 미래를 예측하는 방법 중 가장 좋은 것은 우리가 미래를 창조하는 것이다. 그래서 한반도 건강공동체, 그 비전을 꿈꾸면서 지금까지의 비극적 유산을 긍정적인 자산으로 변모시키기 위해 준비한다면, 한반도 건강공동체라고 하는 그런 멋진 미래가 언젠가 우리 앞에 다가올 것이라 믿는다.

남북한 보건의료 교류협력, 건강격차의 극복, 의료문화 이질성의 극복, 정확한 소통을 위한 보건의료 용어의 이해 및 통합 등 통일 이전이라도 한반도 건강공동체로 나아가기 위해 주목하며 준비해야 할 내용이 많다. 거시적인 담론에 기반한 로드맵도 마련해야 하지만, 지금 북녘땅에서 건강의 문제로 고통받고 있는 사람들을 생각하면 당장 할 수 있는 작은 실천이라도 바로 시작해야 한다.

V | 결론

한반도는 70년 된 중증 환자로 비유될 수 있다. 우리는 전쟁의 참화로 인해 관계가 단절되고 지금도 적대적 상황에서 또 다른 전쟁의 위험이 도사리고 있는 한반도를 살아가고 있다. 남한의 보건의료 성적은 기대수명, 영유아 사망률, 의료의 접근성, 비용 효율성 등 여러 측면에서 OECD 국가의 수위권에 해당한다. 반면에 앞에서 살펴본 대로 북한의 보건의료 현실은 매우 좋지 않다. 한반도의 반쪽인 남한이 상황이 좋다고 한반도 전체가 건강하다고 말할 수는 없다. 통즉불통(通則不痛), 불통즉통(不通則痛)이라는 말이 있다. 통하면 아프지 않고, 통하지 않으면 아프다는 뜻이다. 남북의 보건의료가 직면한 현실이 이러하다. 소통과 협력을 통해 더불어 한반도 건강공동체를 이루어간다면 아프지 않겠지만, 초연결사회(hyper-connetcted society)에 반하여 각자도생(各自圖生)만을 추구한다면 결국은 남북 모두 뼈아픈 상처로 신음할 수 있다. 김민기 곡에 양희은이 불러 70-80년도 애창되던 '작은 연못'이라는 노래는 한반도 건강공동체의 필요성이 절실히 녹아있다.

> 깊은 산 오솔길 옆 자그마한 연못엔
> 지금은 더러운 물만 고이고 아무것도 살지 않지만
> 먼 옛날 이 연못엔 예쁜 붕어 두 마리
> 살고 있었다고 전해지지요 깊은 산 작은 연못
> 어느 맑은 여름날 연못 속에 붕어 두 마리
> 서로 싸워 한 마리가 물 위에 떠오르고
> 여린 살이 썩어들어가 물도 따라 썩어들어가
> 연못 속에선 아무것도 살 수 없게 되었죠
> 깊은 산 오솔길 옆 자그마한 연못엔
> 지금은 더러운 물만 고이고 아무것도 살지 않죠

주역에 나오는 궁즉변(窮則變), 변즉통(變則通)이라는 말은 요즘 남북관계에 시사하는 바가 크다[14]. 궁(窮)은 길이 완전히 닫혀 있어 한치도 움직일 수 없는 상태를 의미한다. 이 비유는 현재 남북관계와 같은 파국의 상황을 뜻한다. 파국은 한반도를 살아가는 인간의 삶에 대한 심각한 위협이지만 이를 극복하려는 내외의 도전을 유발한다. 파국은 도전을, 이를 극복하려는 인간의 실천을 촉발하게 된다. 이렇게 닫힌 문이 열리면 다음 단계, 즉 변즉통(變則通)이 시작된다. 이 단계의 핵심은 혁신인데, 이 혁신은 과거를 뛰어넘는 상상력과 담대한 시도를 통해 가능하다. 한반도를 둘러싼 많은 이해관계자들 속에서 우리가 중심에 서서 한반도 건강공동체에 대한 합의를 도출하고, 변즉통의 새 미래를 열어갔으면 하는 마음이 간절하다.

이 불통의 시대에 균열을 내는 것이 가능할까? 극단적 남북 대립의 상황을 인도적 교류로 타개한 사례가 있다. 1983년 북한이 저지른 아웅산 테러로 21명의 민관 희생자와 46명의 부상자가 발생했다. 그로부터 1년 후 우리나라에 발생한 홍수에 북한의 조선적십자사는 통지문을 보내 쌀과 의약품 등의 지원을 제안했다. 당시 전두환 대통령은 아웅산에서 발생한 암살 시도의 당사자였음에도 불구하고 북한의 제안을 전격적으로 수용했다. 86년 아시안게임과 88년도 서울올림픽을 염두에 둔 정치적인 결정이었지만, 테러에 대한 분노에 머물지 않은 인도적 지원의 수용이 남북관계 개선의 물꼬를 열게 된다. 북한의 식량지원은 이후 적십자회담과 이산가족 고향방문 및 예술공연단의 교환방문, 남북 간 최초의 경제회담으로 이어졌다. 보수든 진보든 정부의 이념적 스펙트럼과 상관없이 인도적인 영역, 보건의료의 문제에서는 이런 통 큰 결단이 가능할 수 있다. 전쟁이라는 극단적 상황에서도 생명을 구하는 것이 보건의료의 역설이기 때문이다.

---

14 이하의 글은 한상진, 『탈바꿈: 한반도와 제2의 광복』(서울: 중민출판사, 2019)의 내용을 기반으로 정리한 것이다.

참고문헌

국내문헌

김신곤. "한반도와 K-medicine의 도전." 『한반도 보건의료, 생명을 살리는 담대한 도전』. 서울: 박
　　영사, 2024.

김신곤. "보건의료 분야의 제도와 실천." 『통일과 사회복지』. 서울: 나남, 2017.

김신곤. "팬데믹 시대에 공동체를 생각한다." 『Diversitas』, 31호(2022).

박재하. "美국방 "이스라엘, 민간인 피해 줄이지 않으면 전략적 패배 당할 것"." 『뉴스1』, 2023년 12
　　월 3일. https://www.news1.kr/articles/?5249689 (검색일: 2024년 5월 10일).

엄주현. 『북조선 보건의료 체계 구축사 II (2012 ~ 2023): 김정은 정권의 보건의료 발전 전략』. 서
　　울: 선인, 2024.

엄주현. "김정은 정권의 보건의료 자원 확보 방안 연구." 『국가전략』, 제29권 2호(2023): 125-154.

전우택 편. 『한반도 건강공동체 준비 2판』. 서울: 박영사, 2021.

정형선·신현웅·김소윤. "남북 건강보장공동체 형성을 위한 초기단계의 과제와 전략." 『보건행정
　　학회지』, 제28권 3호(2018): 315-319.

한상진. 『탈바꿈: 한반도와 제2의 광복』. 서울: 중민출판사, 2019.

Yun Seop Kim, Jin-won Noh, Yo Han Lee, Sin Gon Kim, "Mid-Term Strategic Plan for the
　　Public Health and Medical Care Cooperation in the Korean Peninsula," *Journal of Korean
　　Medical Science*, Vol. 39, No. 4 (2024): 1-11.

북한문헌

Government of DPRK, "Democratic People's Republic of Korea Voluntary National Review on
　　the Implementation of the 2030 Agenda," (2021): 1-66.

남북한의 외교현황과 통일미래의 외교전략

박새암 국민대학교 겸임교수

제9장

남북한의 외교현황과 통일미래의 외교전략

I **서론: 미래세대의 통일외교 과제와 전략**

통일외교는 구체적으로 무엇을 의미할까? 통일은 일차적으로 분단 극복을 의미하지만 단순히 분단 이전의 상태로 돌아가는 것만을 의미하지 않는다. 서로 다른 두 체제를 자유민주주의와 시장경제로 통합해 새로운 민족공동체를 건설하는 것이다. 이러한 통일은 미래를 향한 새로운 역사를 위한 작업이 될 수 있다.

1990년대 전 세계의 냉전분위기가 와해되면서 국제질서는 근본적인 재편과정을 거쳤다. 냉전의 종식으로 미국과 소련의 양극체제는 붕괴되고 자본주의와 사회주의의 진영 간 대립 구도도 끝났다. 소련의 붕괴로 인한 동유럽 국가들의 자유민주주의 혁명은 상당수의 공산권 국가들의 체제전환으로 이어졌으며 국제질서의 보편적인 축은 자유민주주의와 시장경제가 차지하게 되었다.

냉전의 종식과 함께 21세기 국제질서는 지속적으로 변화하고 있다. 미국과 소련 중심의 강대국 간의 대결 구도의 자리에 미국 중심의 국제질서 구도로 조정돼 왔다. 미국과 러시아의 전략 관계가 재정립되었으며 상대적으로 국제정치의 중심축이 아시아 태평양으로 이전하게 되었다. 이에 따라 미국의 외교전략 구도에서 아시아의 중요성이 커졌으며 중국의 부상과 러시아 및 북한과의 협력 구도를 경계하고 일본의 안보역할이 증대되었다. 또한 냉전 시기 국제안보의 문제가 국가 단위를 중심으로 형성되었다면 21세기에는 다양한 비국가 행위자와 집단들이 국제문제 행위자로 등장해 국가 간의 문제뿐 아니라 경제적 이슈와 종교, 사회와 민족, 문화 및 자원을 둘러싼 다양한 이슈로 등장하였다. 정치 · 군사적 측면에서는 여전히 미국의 영향력이 절대적이지만 여타의 분야에서는 다양한 국가와 집단으로 분산되는 경향이 나타나고 있다.

이렇게 복잡한 국제환경의 변화 속에서 한반도의 통일 방법도 우리의 의지를 이끌어 내는 방법은 더욱 어렵다. 북한문제가 가지고 있는 특수성을 고려할 때 국제사회에서 우리의 정책적 의지와 자율성을 보장받기 힘들기 때문이다. 이러한 어려움에는 북한이 생존의 핵심수단으로 삼고 있는 "핵전략"을 포함하여, 한반도의 지정학적인 환경과 미국과 중국 등 국제관계의 정립 등과 같은 요인들이 복합적으로 작용하고 있기 때문이다. 이러한 맥락에서 국제사회의 주요 행위자를 대상으로 한 통일외교의 중요성이 있다.

한반도의 분단은 국제정치적 환경으로 인해 발생한 요인이 있기 때문에 분단 과정을 해소하고 한반도 통일을 이루는 것 또한 국제정치적 접근이 필요하다. 특히 국제정치 질서가 미국과 중국 간의 경쟁과 견제로 구조화된 상황에서, 국제사회의 이해관계와 외교적 역량은 한반도 통일환경에 가장 중요한 영향을 미치는 변수 중 하나이다.

특히 최근 들어 북한의 잇따른 핵개발로 인해, 한반도 상황은 더욱 악화하고 있다. 이에 대한 우리정부의 대응은 적극적인 '대북제재정책'이며 대북 압박을 위한 국제사회의 공조 필요성이 높아지고 있다. 이에 따라 통일외교의 필요성이 더욱 강조되고 있다. 국제사회의 다양한 행위자들을 대상으로 우리의 대북정책을 알리고, 중장기적으로는 북한의 변화를 이끌어 내기 위한 국제사회의 공조가 필요한 시점이다.

북한외교의 특징은 최고지도자의 집권과 통치 유형에 따라 나눌 수 있다. 냉전기 김일성의 '확장외교'와 김일성 사망 이후 냉전이 종식된 뒤 김정일이 택하였던 '실리외교', 김정은의 핵도발로 대표되는 '독자생존외교'이다. 본 장에서는 김일성 이후 북한이 전개하였던 외교정책을 살펴본 후, 김정은 체제하에서 북한이 당면하고 있는 대내외 정세와 추진하고 있는 외교정책을 분석하고 전망하고자 한다. 이를 통해 북한의 외교정책을 한반도 평화와 통일에 도움이 되는 방향으로 이끌기 위한 우리의 정책적 방안을 찾아보도록 한다.

1. 김일성 시대 북한외교의 특징: 체제확장외교

1) 기능적 특징: 이데올로기 중시적 명분 및 동맹외교

김일성의 북한은 '반제 · 자주'의 대외관과 '자주 · 친선 · 평화'의 외교이념 하에서 사회주의체제유지와 공산주의체제를 한반도 전역에 확장하려는 외교정책을 전개하였다고 특징지을 수 있다. 이를 위해 정치적 정통성 · 경제적 번영 · 군사적 안보 · 통일을 4대 외교목표로 추구하였다.[1] 북한은 국가목적과 외교목표를 달성하기 위하여 사회주의 국가들과의 연대성을 강조하는 프롤레타리아 국제주의와 자주성을 강조하는 자주노선을 외교원칙으로 내세웠다. 협상과정에서는 강경한 공격전술인 벼랑끝 전술[2]을 구사하였다.

---

1   허문영 『북한외교의 특징과 변화 가능성』 (서울: 통일연구원, 2001).

2   벼랑끝 전술 (Brinkmanship): 북미 협상과정에서 북한이 취한 협상전술로, 협상을 막다른 상황으로 몰고 가 초강수를 두는 일종의 배수진. pmg 지식엔진연구소, "벼랑끝전술," 『네이버 지식백과』, https://terms.naver.com/entry.naver?docId=928870&cid=43667&categoryId=43667 (검색일: 2024년 5월 3일).

2) 지역적 특징: 자주(진영)외교

지역적으로 볼 때, 북한은 중국 및 소련과의 협력적 동맹 및 보호적 동맹관계를 실시하면서 진영외교를 펼쳤다. 이는 공산주의체제를 한반도 전역으로 확장하려는 북한의 공세적 외교정책을 전개하기 위함인 것으로 풀이된다. 북한은 중국과의 협력적 동맹과 소련과의 외교정책을 대중 협력적 동맹과 소련과의 보호적 동맹관계를 토대로 미국과의 관계에서 균형을 찾고자 하였으며 핵무기 개발을 통해 일본에 접근하고 적대 병행전략을 동시에 실시하면서 명분과 실리를 확보하기 위하여 노력하였다.

이같이 냉전기 김일성 시기의 외교정책은 다양한 외교전을 통해 위장전략을 공세적으로 구사하였다고 특징지을 수 있다. 궁극적인 목적은 한반도공산화 통일이었으며 이는 소련의 후원하에 '조선민주주의인민공화국'으로 출범(1948.9.9.)한 북한이기에 냉전시기에 김일성 중심의 사회주의 국가를 건설하기 위하여 노력한 것으로 볼 수 있다.

2. 김정일 시대 북한외교의 특징: 체제수호외교

1) 기능적 특징: 이데올로기 중시적 명분 및 동맹외교

1991년 소련이 붕괴되고 1992년에는 한국과 중국이 수교를 하였다. 당시 노태우 대통령의 북방외교로 인하여 북한의 내부는 심각한 동요를 보였다. 전통적인 북한의 우방국가인 중국이 한국과 수교를 맺은데 대해 맹렬히 비난하였다. 1994년 김일성이 사망하자 북한은 엄청난 식량난을 겪게 되고 '고난의 행군' 시기를 맞이하였다. 권력을 이어받은 김정일은 군사중시정책을 펼쳤으며, 내부결속을 다졌다. 이같은 과도기의 북한은 외교정책에 있어서도 체제수호를 위한 전방위적 수단을 동원하였다.

김정일의 외교정책도 선대의 '반제 · 자주'의 대외관과 '자주 · 친선 · 평화'의 외교이념을 이어갔다. 김정일의 외교정책이 김일성 시기와 달라진 것은, 체제유지에 중점을 두었다는 것이다. 확장정책을 펼쳤던 김일성 때와 달리 김정일은 대내결속이 시급한 북한의 내부사정을 의식하고 김정일 정권의 안정성과 지속성을 제고하는 데 초점을 맞춘 외교수립 방향을 제시하였다. 이러한 맥락에서 북한은 국가목적의 중심을 체제유지에 두고, 프롤레타리아 국제주의보다 자주노선과 '3대 진지강화론'[3]과 같은 자력갱생 노선을 강조하였다.

2) 지역적 특징: 유인외교와 전방위외교

북한은 1994년 10월 북·미 기본합의문을 채택한 이후 대미관계개선을 실시하였다. 김일성 시대의 북한은 '반제·자주'의 대외관과 '자주·친선·평화'의 외교이념하에서 공산주의체제를 한반도 전역에 확장하는 외교정책을 전개하였다. 그러나 김정일 시대에 들어와 소련 붕괴 및 김일성의 사망 등 잇따른 체제위기적 사건 사고를 직면하면서 생존을 위한 새로운 정책 방향을 제시하였다. 특히 전통적으로 적대관계로 인식하였던 미국과의 관계 개선을 통해 체제생존을 위한 실리주의 노선을 선택하였다는 게 가장 큰 특징이다. 김정일 식의 실리주의 즉, '대미 편승전략'이다. 김정일의 실리주의 외교노선은 주변국으로부터 원조를 받는 일도 서슴지 않았다. 고난의 행군으로 인한 경제난 극복을 위해 모든 국가로부터 지원을 서슴없이 받아들였다. 동시에 대중 군사동맹 및 대미 군사접촉을 통한 안보외교를 통해 최대한 북한의 이익을 확보하기 위한 협상적 전술을 구사하는 모습을 보였다. 김일성 사망 이후 김정일의 외교전술은 과도기의 북한 외교정책으로서 체제수호를 위하여 소극적이고 공격적인 상반된 모습을 동시에 보여주었다.

그러나 이는 북한의 외교정책 목표 자체의 본질적 변화가 있었던 것은 아니다. 단지 수단적 차원에서 전술적 변화에 불과한 것 또한 아니다. 북한은 외교정

---

3 혁명의 붉은 기를 들고 전진하는 당과 인민의 투쟁을 떨치자는 의미로 우리식 사회주의 3대진지, 즉 1) 사회주의 정치 및 사상진지, 2) 경제적 진지, 3) 군사적 진지 등을 불패의 보루로 다지기 위한 투쟁이라고 하면서 투장목표로 이 세 가지를 제시하였다. 박헌옥, "96신년공동사설 분석: 수세에 몰린 3대진지 강화론," 『북한』, 제290호(1996), p.117-118. (114-119)

책에 있어서 국가목적과 외교목표 내 비중상의 변화에 기초한 전략적 변화를 모색하였던 것으로 평가할 수 있다. 북한의 외교정책을 결정하는 요소는 다음과 같다. 체제수호를 위하여 이익을 챙기는 '실리'의 목적이 있거나, 대내결속을 위하여 '명분'을 확보하는 게 더 중요한 경우다. 각각 '실리'와 '명분'의 중요도에 따라 외교정책 집행 여부가 결정되는 구조다.[4] 이처럼 북한은 1998년 9월 김정일 체제를 공식 출범시킨 이후 강성대국건설 기치하에 대외관계 개선에도 적극적으로 나섰으며 외부적으로는 평화적인 대외관계를 지향하고 국가적 고난을 극복하기 위한 철저한 자국실리확대정책을 펼쳤다.

3. 김정은 시대 북한외교의 특징: 독자생존외교

1) 기능적 특징: 독자생존외교

북한의 김정은이 절대적 권력을 승계한 지 10여 년이 지났다. 국제사회의 경고에도 김정은은 집권 이후 수차례의 핵실험과 150회 이상의 미사일 발사를 강행하면서 핵미사일 능력을 고도화시키고 있다. 북한은 핵무력 완성을 주장하였으며 이를 위해 김정은은 국가의 모든 자원과 역량을 핵과 미사일 개발에 집중하며 국제적 고립과 경제적 파탄을 자초하고 있다.

특히 2019년 2월 하노이 북미정상회담이 실패로 돌아간 이후 북한을 둘러싼 대외관계는 더욱 악화하고 있다. 2018년 평창 동계올림픽 참가에 이어 북한은 핵미사일 실험을 중단하며 3차례의 남북정상회담과 미국과의 만남을 통해 비핵화 프로세스에 나선 바 있다. 그러나 2019년 하노이 협상의 결렬 이후 다시 남한과 미국에 대하여 적대적인 모습을 보이고 있다. 2020년에는 남북관계 개선의 상징인 '남북공동연락사무소'를 일방적으로 폭파하고 대남사업을 '대적사업'으로 전환하였다. 2021년 8차 당대회에서 핵보유국 지위와 핵능력 고도화를 강

---

4 박새암, 『북한의 외교정책 변화에 관한 연구: 월간국제정세개관과 북한 외교엘리트 심층인터뷰를 중심으로』 (박사학위 논문, 고려대학교, 2024).

조하며 지속적인 핵개발 의지를 드러냈다.[5] 이어 2022년 9월 14기 7차 최고인민회의에서 핵보유국지위법을 '조선민주주의인민공화국 핵무력 정책에 대하여'로 개정하고 핵무력 사용을 법제화하였다.[6] 이에 대해 미국은 북한의 핵무기를 세계 안보의 심각한 위협으로 규정하며 강경한 대응 방침을 밝혔다.

2023년 7월에는 김여정이 담화문을 통해 우리나라를 최초로 '대한민국'으로 호칭하여 많은 해석이 나왔다. 우리나라를 '남조선' 대신 독립된 주권국가로 언급한 것은 사실상 통일을 포기하고 '적대적 공존'으로 대남정책에 변화가 발생한 것이 아니냐는 지적이 나왔다.[7] 2024년 1월에는 남한을 '주적'으로 규정하며 '남한과의 전쟁을 피할 생각이 없다'고 말해 긴장감을 높였다.

2) 지역적 특징: 친북연대외교

김정은 시대에 들어와 국제사회의 제재가 심해지면서 북한은 독자생존에 대한 목표를 더욱 공고히 하였다. 그러면서도 미국과 국제사회의 제재를 피해서 제3세계와의 협력관계를 더욱 긴밀하게 형성하며 비밀거래를 이어나가고 있다. 대북제재로 북한은 국제사회에서 고립되었지만 북한으로부터 꾸준히 지원받아 온 아프리카 국가들은 북한과의 관계를 단절하지 않았기 때문이다.[8]

---

5   김정은은 제8차 당대회 폐막식에서 "국가방위력을 질량적으로 더욱 강화하는 것을 중요한 과업"이라고 언급하면서 "핵전쟁 억제력을 보다 강화하면서 최강의 군사력"을 강조하였다. "〈이민위천〉, 〈일심단결〉, 〈자력갱생〉의 숭고한 리념을 깊이 새기고 우리식 사회주의의 새 승리를 쟁취하자," 『조선중앙TV』, 2020년 1월 13일.

6   "조선민주주의인민공화국 최고인민회의 법령 조선민주주의인민공화국 핵무력정책에 대하여," 『로동신문』, 2022년 9월 9일.

7   남성욱, "[남성욱의 동북아 포커스] 캠프 험프리스에서 바라본 한반도 안보," 『한국일보』, 2023년 7월 18일, https://www.hankookilbo.com/News/Read/A2023071409450002538 (검색일: 2024년 5월 5일); 이상현, "김여정 입에서 나온 '대한민국'…'투 코리아' 본격화하나," 『연합뉴스』, 2023년 7월 11일, https://www.yna.co.kr/view/AKR20230711030900504 (검색일: 2024년 5월 5일).

8   이수석, 『김정은 시대 북한의 대외 군사협력의 현황과 특징: 중동, 아프리카 등 제3세계를 중심으

북한은 이처럼 대북제재를 주도하는 미국 등 서방국가와의 관계는 악화하였고 김일성 때부터 이어져 온 전통적 우방국가인 제3세계 및 중동과의 관계는 상대적으로 부각되고 있다. 김정은은 김일성의 '중동정책'을 이어받아 이란과 이라크 시리아 등과 연대해 비동맹운동인 블럭 불가담을 계승하고 강화 발전시키는 전략을 펼치고 있는 것으로 보인다.[9] 북한에 대한 우방국가들이 전멸하고 있는 대외정세 속에서 김정은은 중동을 지렛대 삼아 북한을 향한 미국 등 국제사회의 감시를 다른 곳으로 돌리려는 포석을 깔고 있는 것으로 풀이된다.[10] 김정은은 향후에도 이란을 비롯한 중동국가와의 연대를 강화하며 러시아 등과 군사협력을 강화하며 핵과 미사일 커넥션을 지속적으로 이어갈 것으로 예상된다. 중동지역과의 무기 거래를 통한 비밀외교를 한층 강화하고 동남아 및 아프리카 국가들과의 외교활동을 확대해 공식 비공식 외화벌이 사업을 강화할 것으로 보인다. 반면 미국 등에는 적대적 전략을 이어갈 것으로 예상한다.

4. 북한의 외교정책과 핵문제

1) 북한의 외교정책 기본 목표

북한의 외교정책 기본 방향은 북한정권을 수립한 이후 3대에 걸친 지도자 세습에도 불구하고 놀라울 정도로 일관된 모습을 보여주고 있다. 따라서 북한의 외교정책의 기본방향을 단기간의 전술적 선택이나 결정으로 판단하면 오류를 범할수 있다. 역사적으로 축적된 체제의 특성 등으로 미루어 봤을 때 구조적 결정요인들의 기능과 역할을 반영하여 이해해야 한다. 그렇다면 북한 외교정책 상 일관되게 드러나는 특성은 무엇일까.

첫 번째로 북한외교의 가장 중요한 특징은 체제유지를 위한 정치적 현실주의

로』(서울: 국가안보전략연구원, 2020), p. 65.

9   박새암, 앞의 글.

10 K. J. Holsti, *International Politics: A Framework for Analysis* (New Jersey: Prentice Hall, 1972), p. 226.

이다. 시기에 따라서 전략상의 변화는 있었다. 냉전기 북한은 국가의 목적으로 사회주의체제유지 및 한반도 공산화통일과 전 세계 공산화의 목표를 수립하였다. 그 결과 김일성시대 북한은 공산화통일에 비중을 두고, 대내외 정세에 따라 외교전략을 추구하는 모습을 보였다. 그러나 북한이 일관되게 유지해온 당의 근본노선이나 실제 정책결정과정에서 드러나는 특징은 무엇보다 국가의 생존이 최우선이었으며, 이는 김일성 사후 김정일과 김정은 시대에 더욱 두드러지게 나타나고 있다. 김정은은 이와 관련해 자력갱생을 추구하며 배타적 민족주의 특성까지 보이며 이는 강렬한 공세적 현실주의 형태로 발현되고 있다.[11]

특히 북한이 핵무력 완성을 선언한 2017년 이후의 외교적 자주노선은 "오늘날의 자주는 적대세력들의 2중, 3중의 압박 속에서 죽느냐 사느냐 하는 운명적인 문제, 강군건설 위업을 중도반단하는가, 끝까지 완성하는가 하는 심각한 문제"라고 주장하고 있다. 핵보유국을 헌법에 명시하면서 김정은의 북한이 내세우는 외교정책의 특징을 선명하게 드러내고 있는 키워드라 볼 수 있다.

냉전기 시대의 북한은 체제유지의 보편적 목표에 민족적 통일이라는 특수한 목표를 포함해 공산화통일에 비중을 두었지만 90년대에 들어 냉전이 와해되고 김일성이 사망하면서 공산화통일보다 사회주의체제유지에 주력하는 모습을 보였다. 이는 김정일정권의 수호와 안정성을 제고하는 데 초점을 맞춘 것이기도 하다.

지금까지 살펴본 것처럼 북한이 대외관계에서 선택할 수 있는 외교전략은 당대의 국제 현실에 따라 지속적으로 변화하였지만, 체제유지라는 외교의 궁극목표에는 변함이 없다.

2) 북한의 외교 주요 특징 변천과정

1950년대 북한은 주체사상을 확립하고 자주성에 근거하여 인민경제의 복구와 공산주의 건설을 위하여 노력하였다. 당시 북한은 6.25 전쟁을 배경을 미국 중심의 '제국주의 진영'과 소련 중심의 '국제민주 진영'으로 구분하는 진

---

11   김진하 외, 『북한 외교 정책: 정책 패턴과 북핵 외교 사례 분석』 (서울: 통일연구원, 2019).

영론적 관점을 가졌다. 소련 중심의 외교관계를 가져가며 한반도 공산화에 주력하였던 김일성은 1960년대에는 비동맹외교를 강화하였다.

1970년대에는 급진적인 국제정세 변화에 대응하여 서방과의 관계개선 및 다변화 외교를 추구하였다. 1980년대에는 '자주·평화·친선'의 확대를 시도하였지만 1990년대 탈냉전과 사회주의권의 붕괴, 남한과의 경제적 격차 확대는 북한 외교정책의 수정 및 변화를 불가피하게 하였다. 당시 김정일의 북한은 기존의 사회주의권 중심의 외교정책을 수정하여 제한적 대외개방을 추진하였으며 새로운 국제관계를 설정하기 시작하였다. 북한은 '반제국주의' 기치 아래 전통적으로 미국에 적대적인 입장을 취하였지만, 전략적으로 미국과의 대화를 통해 교류를 확대한 것이다. 역시 적대적이었던 일본과도 고위급 회담을 실시하며 '전방위외교'를 펼쳤다.

2000년대에 들어서 김정일은 북한의 강성대국 건설을 목표로 선군정치를 본격화하였다. 특히 핵능력 보유를 통한 국방력의 증진은 선군정치의 핵심 전략이 되었다. 북한의 핵능력 고도화는 김정은 체제에서도 지속되고 있으며 한반도를 포함한 국제사회의 안보에 가장 큰 위협이 되고 있다. 김정은은 이에 핵개발과 경제발전을 병진적으로 발전시키겠다는 노선을 채택하였다. 한때 비핵화를 전제로 대미협상과 대남대화에 나섰지만 다시 미사일 도발을 감행함으로써 북핵문제로 인한 국제사회와의 갈등은 더욱 심화되고 있다.

Ⅲ   동서독 통일 이후 외교 사례 비교 분석

독일은 우리나라와 마찬가지로 제2차 세계대전 이후 서독과 동독으로 분단되었다. 이후 통일독일에 이르기까지 독일의 분단과정과 통일 이후의 상황은 우리에게 많은 시사점들을 제공한다. 독일은 2001년 3월 1일 북한과 대사급 수교를 하였다. 이런 상황에서 남북한 관계와 한반도 상황에 일정한 영향력을 행사하였다. III.에서는 독일이 통일 이후 자국의 이익을 위해 수행하고 있는 외교정책의 내용을 살펴보고 우리가 고려해야 할 시사점과 독일의 통일 경험이 한반도에 주는 시사점을 도출해 내고자 한다.

1. 독일통일의 신외교정책

1) 국제정세 인식과 외교정책 목표

독일통일에 관한 연구는 이미 국제적으로 방대하게 이루어져 왔다. 독일통일에 관한 연구들은 상당수가 당시 상황에 대한 서술적 묘사나 국제적 요인의 분석에 초점이 맞추어져 있다. 1989년부터 1990년까지 직접적인 통일과정에 집중하면서 전후 아데나우어 시기부터 브란트 총리의 '신동방정책' 그리고 콜 총리의 독일통일 정책에 이르는 부분을 살펴보도록 하겠다.

1989년 11월 9일 베를린 장벽이 붕괴되면서 "우리가 바로 국민이다!(Wir sind das Volk!)"라고 외치던 동독인들의 민주화 요구가 "우리는 하나의 국민이다!(Wir sind ein Volk!)"라는 새로운 구호로 바뀌었다. 전승 4국을 비롯한 주변국들은 통일을 향한 독일인들의 열망과 노력을 일제히 환영했지만 불과 1년이 채 안 돼 독일이 급속히 통일될 것이라고는 아무도 예상하지 못했다. 오히려 서독과 미국을 제외한 주변국들은 독일의 통일 속도가 지나치게 빠르다는 점에 심각한 우려를 표명하였다.

통일을 준비하는 시점에서 가장 중요한 외교적 쟁점은 독일에 대한 전승국인 미국, 영국, 프랑스, 소련의 법적 권리를 어떻게 처리할 것인가 하는 것이었다. 얄타 회담의 결정에 따라 전승 4국에 의해 분할 점령된 독일은 국제사회에서 완전한 주권을 행사하지 못하는 반주권국의 지위에 머물러 있었다.[12] 서독정부는

---

12 "1955년 NATO 가입 이후 서독은 국방, 외교 분야에서 주권을 사실상 회복하였다. 그러나 베를린 문제를 중심으로 한 전승 4개국의 권한이 여전히 유효하게 남아 있었다는 점에서 서독은 반(半)주권국이었다고 할 수 있다." 정용길, "통일 독일의 사유화 정책과 그 후유증,"『사회과학연

완전한 민족 자결권을 확보하고 싶었으나 이를 위해서는 전승 4국의 승인이 필요했다. 이에 따라 통일을 위한 서독정부의 외교전략은 다양한 조치를 통해 독일의 완전한 민족 자결권에 대한 전승 4국의 승인을 얻는 데 집중하였다.

독일통일이 정치현안으로 등장하면서 주변국들과의 관계를 둘러싼 외교안보적 쟁점이 뚜렷해지기 시작하였다. 독일통일에 대한 주변국들의 반응은 이중적이었는데, 먼저 전승 4국 모두 통일을 향한 독일인들의 노력과 열망을 지지하고 존중한다는 입장을 나타냈다. 그러나 통일이 어떠한 형태와 방식으로 진행되어야 하고 통일된 독일이 어떠한 국가의 형태를 띠어야 하는지에 대해서 서독 등과의 심각한 견해차가 있었다.

통일과 정상국가로서의 지위회복이라는 서독의 외교전략 목표는 1989년에서 1990년대 독일통일을 위한 가장 중요한 과제로 자리매김하였다. 이를 위해 서독은 다자주의적 지역협력 강화라는 정책 수단을 실시하였다. 서독정부는 1950년대 이후 지속적으로 서방 국가들의 동맹체제에 긴밀히 결합하고 그 속에서 주도적인 역할을 수행하는 정책을 추진하였을 뿐 아니라, 유럽공동체와 유럽연합으로 이어지는 서유럽 통합 운동을 적극적으로 주도하는 정책을 유지해왔다. 대서양 양안의 안보동맹체제와 유럽통합이라는 두 가지 큰 축을 중심으로 다자주의적인 지역협력 정책을 추진함으로써 서독정부는 독일 문제를 국제적인 문제로 전환시킴과 동시에 통일을 향한 기초를 마련할 수 있었다.[13]

이러한 정책 기조는 통일문제가 당면 과제로 제시된 시점에 독일통일을 현실화시키는 데 기초가 되었다. 서독은 독일통일에 대한 전폭적인 지지를 선언한 미국과의 긴밀한 협조 속에서 통일을 향한 외교전략을 수립하는 한편, 독일의 통일

구』, 제15권 제2호(2009).

13 통일 이전과 이후 독일 외교 정책의 기조에 대해서는 Thomas U. Berger, "The Past in the Present:Historical memory and German National Security Policy," *German Politics*, Vol. 6, No. 1 (1997), pp. 39-59와 Philippe de Schoutheete, "Germany, Quo Vadis? a view from the diplomatic world," *German Politics*, Vol. 10, No. 1 (2001), pp. 135-140 참조.

을 독일만의 문제가 아니라 유럽지역 전체의 문제로 전환시키는 일련의 조치들을 단행하였다. 특히 서독의 NATO 가입으로 동맹국인 미국의 전폭적인 지지를 이끌어 낼 수 있었으며 동시에 이 문제에 대한 소련의 우려를 불식시키기 위한 일련의 조치들을 단행하였다.

2. 독일통일의 국제적 역할

서독정부의 통일외교전략은 "서방 세계와의 연대, 동구 국가들과의 대화"(solidarity with the West, dialogue with the East)로 요약된다. 서독은 서방 세계와의 연대가 독일 문제를 동맹국 모두의 문제로 전환시키고 통일에 대한 지지를 확보하는 목표를 세웠다. 이에 따라 동구권과의 대화는 통일의 또 다른 당사자인 동독과의 대화와 협력을 통해 통일에 대한 합의를 이끌어 내고자 하였다. 이러한 두 측면에서의 노력이 동시적으로 진행되지 않았다면 독일의 통일은 불가능했을 것이다. 동맹국들과의 다자주의적인 틀 속에서 통일 문제를 논의하는 시도와 동시에 동독과의 교류협력을 통해 통일의 기반을 조성하는 노력이 병행됨으로써 요원한 것처럼 보였던 통일을 현실화시킬 수 있었던 것으로 판단한다.

서독은 전승국의 점령체제를 사실상 종결하고 북대서양 조약기구 가입을 통해 대외적 주권을 회복할 수 있었던 냉전의 심화 속에서 서독의 재무장을 모색한 미국의 입장이 기인한 바가 크다. 그러나 국제체제의 합법적인 행위자로 성장하기 위한 초석이 마련된 이후 서독은 미국의 입장에 의해 좌우되는 피동적인 국가가 아니라 자신의 목표에 따라 미국 정책 변화를 이끌어 낼 수 있는 능력을 가진 국가로 발돋움하게 된다. 빌리 브란트의 '동방정책'이 동서독 간의 화합을 넘어 평화와 군축이라는 미국의 정책 기조를 견인하였던 것이 대표적인 사례이다. 초강대국인 미국이 서독의 정책과 운명을 결정하는 것이 아니라 서독이 미국의 정책을 유도하였던 것이다.

이처럼 독일의 주도적인 역할이 가능했던 것은 서독이 미국을 비롯한 서유럽 국가들과 정치, 경제, 안보 등의 차원에서 다양한 다자주의적 협력체제를 구축하였기 때문이다. 북대서양 조약기구 등 미국이 주도하는 안보동맹체제에 적극적으로 편입되었을 뿐 아니라 유럽공동체로부터 이어지는 일련의 유럽통합과정에 참여함으로써 독일 문제에 대한 미국 등 강대국의 영향력을 조정하고 주도적인 역할을 할 수 있는 기초를 마련한 것이다. 이 속에서 서독정부는 미국이라는 초강대국이 주도하는 국제질서에 순응하고, 미국도 독일이 만든 새로운 국제질서에 적응하는 과정을 거쳤다.

강대국의 패권이 사회화되는 과정은 양방향적으로 진행된다는 국제정치이론의 주장처럼 다자주의적 틀을 통해 서독이 초강대국 미국의 사회화과정을 창출해냄으로써 독일 문제에 대한 주도권을 확보할 수 있었던 것으로 판단된다.

3. 독일통일의 시사점

냉전 종식 이후 국제정치의 환경변화 속에서 독일의 통일은 국내 문제만이 아니었다. 독일통일의 여건이 성숙하기 위해서는 브란트 총리 이후 독일에서 추진되었던 공산권 외교정책인 '동방정책' 및 서독에 의한 동독의 노력만큼 독일을 둘러싼 국제환경의 변화가 중요했다.

가장 결정적인 것은 냉전의 종주국이었던 미국과 소련의 화해 분위기였다. 이로 인한 냉전의 와해와 미국과의 군비경쟁에서 실패한 소련에서 고르바초프가 등장해 개혁개방 정책이 실시되면서 소련의 외교정책에 변화가 생긴 것이다. 경제적으로 어려웠던 소련은 서방진영의 협력이 절실히 필요하였기 때문이다. 뿐만 아니라 소련은 초반에 통일독일이 서독을 중심으로 진행되는 것에 거부감을 드러냈지만 서독과 미국의 경제원조를 받아내야만 했던 상황에서 동독의 흡수통일을 받아들일 수밖에 없었다. 당시 동구권에서 소련뿐 아니라 다른 이웃 국가들도 이미 공산당이 주도권을 상실하였으며, 동독 공산당이 더 이상 지지세력이 없게 된 환경 또한 독일통일에 유리하게 작용하였다.

미국과 소련이 독일의 통일에 우호적인 입장을 견지하게 된 만큼, 독일은 독일통일이 유럽통합의 틀 안에서 이루어질 것을 강조하였다. 콜 총리는 "독일의 미래는 유럽의 미래에 융합되어야 한다"며 "독일이라는 집은 유럽의 지붕 아래 지어질 것이다"라고 역설하면서 독일통일 이후 독일이 유럽통합에서 멀어질 것이라 우려하였던 주변국을 안심시켰다. 또한 프랑스 역시 대표적인 무역 상대국인 독일과 통일 문제를 놓고 대립각을 세울 수가 없었다.

유럽통합 속에서 독일통일이 이루어질 것이라며 주변국을 안심시키는 전략 외에도 독일은 현재의 국경선을 인정할 것을 확약하는 것을 통해 주변국을 안심시키는 데 성공하였다. 서독정부는 미국정부의 강한 압력 속에 폴란드와 1990년 7월 15일 '오데르-나이세'를 경계로 한 폴란드와의 현재 국경선을 존중하는 데 합의하였다. 같은 해 9월 12일에는 '2 + 4조약'을 통해서 현재 국경선 인정을 명시하였다. 이로 인하여 주변국의 국경문제에 대한 우려를 불식시켰으며 주변국들의 독일통일에 대한 반발을 약화시킬 수 있었다.

독일통일에서 또 다른 주목할 점은 통일 이전에 안보의 측면에서 서독은 '나토'에, 동독은 '바르샤바 조약기구'에 가입되어 있었고 소련이 독일통일과정에서 통일독일의 중립화를 강력하게 주장하였지만 통일독일은 '나토'에 잔류하였다는 것이다. 이 과정에서 미국과 서독의 재정지원이 경제사정이 어려운 소련을 설득하는 데 큰 힘을 발휘하였던 것으로 보인다.

1989년 11월 9일 베를린 장벽이 붕괴된 지 1년도 안 된 1990년 11월 3일 독일통일이 급속하게 이루어질 수 있었던 동서독 내적 배경에는 서독정부의 "대동독 강경책"이 큰 역할을 한 것으로 보인다. 베를린 장벽 붕괴 이후 동독정부의 수반으로 선출된 모드로우가 서독에 원조를 요청하였지만 서독정부는 거절하였다. 동독의 점진적인 개혁을 추진하려는 정치세력을 완전히 고립시키고자 한 것이다. 결국 동독시민은 더 이상 동독체제를 유지하는 것이 아니라 서독과의 통일에만 관심을 가지게 되었고 1990년 3월 18일에는 동독 최초의 자유총선에서 우파 연합 기독교민주당이 압승을 거두게 되어 동서독 통일협상이 가속화되었다. 독일은 브란트의 동방정책 이후 서독이 동독에 꾸준히 원조를 제공하였지만 결정적인 순간에 이를 차단하면서 동독의 붕괴를 가속화시켜 통일을 일구어낼 수 있었던 것으로 풀이된다.

이처럼 독일통일이 한반도 통일에 있어 시사하는 바는 다음과 같다. 첫째, 독일통일이 냉전이 해체되는 과정에서 이루어진 것처럼, 한반도를 둘러싼 양대 강국인 미국과 중국이 한반도 통일에 가장 중요한 국제적 여건일 수 있다. 유럽에서 냉전이 지속되었다면 소련은 동독이 해체되어 서독에 흡수되는 상황을 받아들일 수 없었을 것이다. 현재 국제사회는 '신냉전구도'라고 할 정도로 미국과 중국의 패권다툼이 한반도를 둘러싸고 진행되고 있다. 이는 한반도를 둘러싸고 두 국가가 충돌하는 상황이 발생할 수 있음을 의미한다. 결국 우리는 다양한 루트를 통하여 미국과 중국에 대한 균형잡힌 외교전략을 펼쳐야 한다.

둘째, 동서독 통일과정에서 냉전질서가 붕괴되면서 미국과 소련의 화해뿐만 아니라 소련의 영향력도 급속하게 약화되었다. 동독을 지탱하는 세력이었던 소련이 더 이상 동독을 뒷받침할 수 없게 되자 서독에 유리한 상황으로 전개되었다. 소련은 냉전시기 미국과의 군비경쟁에서 패배하고, 경제가 피폐해지자 서방진영의 도움이 불가피하게 되었고, 이를 서독과 미국이 활용하였다.

셋째, 국제정치 환경에서 독일통일이 주는 또 다른 시사점은 미국과의 관계이다. 우리는 통일 이전까지 미국과 우호적인 관계를 유지하는 게 좋다. 통일 이전까지 서독은 미국의 입장을 존중하며 서독이 유럽에서 미국의 이해를 대변할 수 있는 존재라는 점을 항상 강조하였다. 이를 통해 미국정부로부터 독일통일과정에서 확고한 지지를 얻을 수 있었던 것으로 보인다. 이는 주권국가로서의 자주적인 목소리를 내는 것만큼, 전략적인 판단을 통하여 통일 이전까지 미국의 이해를 존중하는 것이 한반도 통일에 긍정적으로 작용할 수 있음을 보여주는 사례라고 할 수 있다.

넷째, 서독정부는 브란트 총리 이후 동서독 화해에 입각하여 동독에 대한 지원을 하였지만, 동독의 상황이 급변할 때 동독에 대한 지원을 거절하여 동독을 더 빨리 붕괴시켜 통일을 달성할 수 있었다. 서독정부는 베를린 장벽이 무너지고 동독경제가 혼란스러운 상황에서 동독정부의 경제지원 요청을 거절하여 동독

경제를 붕괴시켰고, 이를 통해 동독 지도층이 서독과의 통일 협상에 나올 수밖에 없게끔 만들었다. 이를 한반도에 적용하면, 남북화해에 입각한 인도적 지원에 관한 탄력적 적용을 늘 염두해야 한다는 시사점을 제공한다. 대북지원은 국제정세의 변화에 따른 북한 내 상황을 고려하여 탄력적으로 이루어져야 한다. 특히 독일의 사례처럼, 북한이 붕괴하는 상황에 이르러서는 북한에 대한 지원을 중단하여 정권의 붕괴를 가속화시켜야 한다는 논리를 적용할 수도 있겠다.

다섯째, 서독정부는 유럽통합의 과정에 적극적으로 참여하여 서유럽 국가 간의 반목과 긴장을 해소하는 데 기여하였다. 독일통일로 인해 독일의 힘이 압도적으로 강해질 것이라는 주변국의 우려를 불식시키는 데 기여하였던 것이다. 또한 독일을 비롯한 유럽공동체 국가 간의 경제적 상호의존성의 증가는 독일 주변국들이 독일통일을 반대하는 데 제약을 가하게 되었다. 이런 점에서 볼 때, 동아시아 공동체의 완성을 통해 동아시아 국가 간의 긴장이 완화되어 상호의존도를 증가시켜야 한다는 시사점을 얻을 수 있다. 실제로, 우리는 미국과 중국뿐 아니라 일본과도 주요 교역 대상국이다. 결국 각국 정부가 자국의 경제적 이익을 위하여 장기적으로 경제적 피해를 최소화할 수 있는 합의를 도출해낼 것이기 때문에 주요 동북아 국가들과의 상호교류를 게을리해서는 안 된다.

Ⅳ 한반도 통일외교와 미래 비전

1. 한반도 통일외교의 과제

이처럼 독일의 통일이 가능했던 것은 통일을 향한 동서독의 꾸준한 교류협력과 적극적인 통일정책, 우호적인 국제환경이 복합적으로 작용하였기 때문이다. 이에 앞서 독일도 통일을 지역협력의 문제로 인식하여 관련국가들의 외교적 동의와 지지를 얻어낸 서독의 통일외교전략도 통일에 기여한 바가 크다. 독일통일을 독일만의 문제가 아니라 유럽 지역 전체의 문제로 전환시킨 서독정부의 외교적인 노력이 통일을 달성하는 데 중요한 기초가 되었다고 평가한다. '동서화합'과 '냉전종식'으로 특징지어지는 당시의 국제환경이 독일통일에 우호적인 조건을 제공한 측면도 있지만 이러한 상황변화에도 불구하고 주변국들의 통일에 대한 지지를 얻어낸 것은 서독의 일관된 통일외교전략이 주효했다.

한국도 독일처럼 2차 세계대전 이후 냉전체제의 등장과 함께 분단된 국가라는 공통점이 있다. 냉전에 따른 분단은 독일과 마찬가지로 우리나라의 통일 또한 분단 당사자국들의 협력 없이는 불가능한 것이다. 이러한 점에서 독일이 통일 문제를 유럽지역의 문제로 접근했던 점은 주목할 필요가 있다. 독일의 통일외교전략은 전통적인 동맹관계에 바탕을 두면서도 관련국들을 포함한 지역질서의 변화를 동시에 추구하는 것이다. 동서독이 주도권을 상실하지 않으면서도 관련국들과의 공동 논의가 가능한 구조를 만들어내고, 미국과 긴밀한 협조 아래 NATO의 개혁과 유럽안보질서의 변화를 이끌어 낸 것이 그 단적인 예이다.

한반도의 통일은 미국과 중국, 러시아, 일본을 비롯한 주변 강대국들의 이해관계와 복잡하게 얽혀 있다. 이때 한국의 상황은 독일과 많은 유사점을 갖는다. 한국도 통일을 남북한만의 문제가 아니라 동북아지역에서의 새로운 안보질서를 구축하는 차원으로 접근할 필요가 있다.

즉, 한반도의 통일 문제를 남북한만의 문제가 아니라 동북아 전체의 문제로 인식하고 동북아지역의 협력체제를 공고히 할 수 있는 다자주의적 공동체를 구성하는 데 주력해야 한다. 한국은 미국과 중국 일본 러시아 등 강대국권의 영향력 아래 있는 것이 현실이다. 이로 인해 한반도 통일은 강대국의 이해관계와 입장에 의해 좌우될 수밖에 없다.

현재 조성되고 있는 동북아지역의 국제질서는 남북통일의 전망을 어둡게 하고 있다. 중국과 미국의 패권전쟁이 심화되고 있으며, 러시아는 우크라이나 전쟁을 통해서 북한과의 공조를 강화하고 있다. 중국 및 러시아 문제를 중심으로 한 동북아지역에서의 갈등은 중국과 러시아가 북한의 후견인 역할을 하고 있다는 점에서 남북통일의 전망을 어둡게 하는 요인이 되고 있는 것이다. 이러한 점에서 현재 상태에서는 남북통일에 우호적인 국제환경을 기대하기란 쉽지 않다.

그러나 독일통일의 경험 등으로 미루어 볼 때 지속적이고 일관된 통일외교전략은 비우호적인 국제환경을 전환시키고, 우호적인 환경이 조성되었을 때 통일을 현실화할 수 있는 기초가 될 수 있음을 배울 수 있다. 빌리 브란트 수상의 동방정책이 동서 데탕트를 유도하고, 콜 수상의 통일정책이 짧은 시간 안에 신속히 추진될 수 있었던 것이 그 예이다. 서독이 서유럽 지역에서 정치, 안보, 경제 공동체에 미국을 비롯한 주변국들과 결속되어 있었기 때문이다. 이러한 다양한 협력체를 통해 주변국들을 독일통일 문제에 대해 사회화시킴으로써 통일을 달성할 수 있었던 것이다. 다자주의적 지역협력체제가 통일에 우호적인 국제환경을 조성하고 현실화시키는 매개가 되었던 것이다.

여기서 주목할 것은 서독이 활동한 다자주의적 지역협력체가 다양한 수준에서 때로는 상이한 국가들로 구성되어 있었다는 것이다. 미국이 주도하는 북대서양 조약기구와 같은 안보동맹체제와 서유럽 국가들만으로 구성된 유럽공동체, 동구권 국가들을 포괄하는 유럽안보협력회의 등 다양한 차원의 지역협력체를 통해 서독의 통일 노력이 현실화될 수 있었던 것이다. 한반도 통일문제와 관련하여 이러한 사정은 한국이 동북아 협력체제를 다양한 수준에서 다양한 국가들과 추진할 수 있어야 한다는 것을 시사한다. 전통적인 우방인 미국과의 동맹관계를 유지하고 심화하는 것뿐만 아니라 일본과 중국 등 주변 강대국들과의 협력체제를 동시에 진행함으로써 통일을 향한 국제환경을 조성해야 할 것이다. 특히 미국과 중국과의 패권경쟁이 더욱 심화된 상황에서 한국은 동북아협력체에 대해 다층적 접근을 하는 것이 필요하다.

패권경쟁이 심화된 상황에서 한국은 동북아협력체에 대해 다층적 접근을 하는 것이 필요하다. 당장 현실적인 접근은 미국, 중국, 러시아, 일본 등과 경제, 사회, 문화 등의 영역에서 개별적이고 다양한 형태로 네트워크를 구축해 나가는 것이다. 예컨대 미국 및 유럽과 FTA를 체결한 것처럼, 동북아 협력체의 구성의 관점에서 동북아 전체를 일련의 경제 협력체로 연결하는 구조를 구상하는 것이 필요하다. 오래전부터 추진되어 온 시베리아 횡단철도 및 시베리아 공동개발 문제 등의 사업에 한국이 주도적인 역할을 함으로써 동북아시아 관련국들을 경제적 정치적으로 연결하는 협력적 네트워크를 구축하는 방법이다.

앞서 3장에서 살펴봤듯이, 독일의 경험은 이러한 협력체제 구축이 통일을 위한 환경조성에 필수적임을 보여준다. 독일이 주변국들의 우려에도 불구하고 통일을 달성할 수 있었던 것은 유럽통합을 비롯한 주변국들과의 다양한 협력체제를 통해 독일 문제를 유럽의 문제로 전환시켰기 때문에 가능하였다. 즉, 통일된 독일이 '독일'로서가 아니라 '유럽의 독일'로 남아 있을 것이라는 확신을 주변국들에게 심어주었고, 주변국들 또한 유럽의 독일을 경제적 정치적으로 필요한 조건을 만들어 놓았기 때문에 가능한 것이었다.

2. 한반도 통일외교의 비전

한반도 통일은 주변국들의 동의와 협력체제 구축이 필수다. 이를 위해 우리나라는 주변국들과 정치, 경제, 사회적인 측면에서 상당히 높은 수준의 교류와 협력을 달성하여 주변국들이 통일이라는 급격한 정치적 변동에도 불구하고 한국과 관계를 지속할 수밖에 없는 객관적 조건을 창출하는 것이 필요하다. 동북아협력체 구상은 이러한 조건을 창출하기 위한 노력의 일환이며, 그것을 네트워크적인 방식으로 접근해야 한다는 것은 동북아의 현재 상황 속에 포괄적인 공동체 구상이 현실적으로 불가능하기 때문에 도출된 아이디어이다.

이러한 노력에서 관건이 되는 것은 독일의 통일과정에서처럼 한국이 동북아 주요국가와의 네트워크에서 중심적 역할을 해야 한다는 것이다. 독일은 미국과의 전통적인 우호적 관계 이외에도 유럽통합을 통해 서유럽 국가들과 긴밀한 협조관계를 유지하는 한편 동방정책과 경제협력을 통해 소련을 비롯한 동구권 국가들과의 협력관계도 유지해왔다. 이러한 사정은 독일과 3대 세력인 미국, 서유럽, 동유럽의 이해관계가 상이하고 상충하는 조건 속에서도 독일이 자신의 입지를 확대하고 관철시킬 수 있는 토대가 되었다. 독일의 입장에서는 주변국들과의 동의를 얻기 위한 기초를 마련한 셈이었고, 주변국의 입장에서는 독일과 유럽 지역에 대한 이해관계를 관철시키기 위해서라도 독일이라는 변수를 끌어안고 갈 수밖에 없었던 것이다. 독일의 경험을 통해 한국의 통일 문제를 동북아의 문제로 전환하고, 현실화하기 위한 구상으로 동북아협력체를 모색해야 한다는 것은 한국의 통일 또한 이러한 대외 여건이 구축되지 않고서는 불가능하다는 인식에 바탕을 둔 것이다. 이에 따라 한반도 통일에 있어 외교적 역할은 어느 분야보다 중요하다.

독일통일의 경험은 두 가지 요인이 중요하게 작동했음을 시사하며 이것은 한반도 통일에 두 가지 비전을 제시한다. 첫째, 당사국의 의지이다. 둘째, 주변국들의 상이한 이해관계를 조정할 수 있는 현실적 능력이다. 독일의 경험에서 통일의 속도와 NATO 잔류 문제 등은 주변국들의 시각차와 우려가 컸던 문제이지만, 서독정부의 강력한 의지를 바탕으로 해소되었던 문제임을 알 수 있다. 서독정부는 초기부터 급속한 통일과 통일독일의 NATO 잔류를 천명하였고 주변국을 설득함으로써 이를 관철시킬 수 있었다.

서독정부의 이러한 의지가 관철될 수 있었던 것은 여타 국가들을 설득할 수 있는 능력을 갖추고 있었기 때문이다. 우리의 현실과 관련하여 주목되는 것은 서독의 입장이 관철될 수 있었던 주요 무기가 외교적인 수단에 바탕을 둔 것이라는 점이다. 소련에 대한 서독과 서방세계의 경제원조는 서독의 경제적 능력이 바탕을 이루기도 하였지만 근본적으로는 미국과의 협력과 지원을 통해 가능한 것이었고, 유럽통합이라는 대가는 서유럽 국가들과의 오랜 협력체제가 있었기에 가능한 것이었다. 이처럼 주변국들과의 협력체제를 구축한 서독의 통일외교 성과에 주목하고 당장 한국의 통일이 현실화될 경우 제기될 군사동맹문제, 주한미군 문제 등을 해결하기 위하여 전통적인 우방국인 미국과의 관계를 긍정적으로 형성해나가면서 중국과 러시아와의 셈법을 어떻게 풀어가야 할지 답을 풀어가야 할 것이다.

이러한 해결책이 가능하기 위해서는 미국과의 협력뿐 아니라 중국 및 러시아와의 우호와 협력관계를 형성해야 하며 통일외교의 관점에서 동북아의 다자주의적 협력체라는 구상 속에서 접근해야 한다. 결국 다자주의적 지역협력 전략을 핵심으로 한반도의 통일 문제를 동북아 지역의 문제로 전환시키고 미국의 협력을 이끌어 내면서 통일의 기초를 다질 수 있도록 해야 할 것이다.

V 결론

미래세대의 통일이란 단순히 분단 이전의 상태로 돌아가는 것을 뜻하지 않는다. 서로 다른 두 체제를 자유민주주의와 시장경제로 통합해 새로운 민족공동체를 건설하는 것이다. 미래를 향한 새로운 역사를 그리는 작업이 될 것이며 이러한 과정에서 통일외교는 중요한 역할을 할 것이다.

냉전이 종식된 이후 국제질서는 지속적으로 변화하고 있다. 미국과 소련 중심의 강대국 간의 대결 구도의 자리에 미국 중심의 국제질서 구도로 조정되어 왔다. 중국의 부상 속에 러시아 및 북한과의 협력관계가 재정립되었다. 2022년 2월 러시아군이 우크라이나를 공격하면서 30년간 지속된 탈냉전의 국제질서를 근본적으로 뒤바꾸는 '신탈냉전 구도'가 형성되었다. 2023년 팔레스타인의 무장 정파 하마스가 이스라엘을 기습 공격하며 시작된 중동 분쟁 또한 블록(block) 간의 갈등을 부추기고 있다. 두 개의 전쟁은 지역 분쟁 차원을 넘어서 미국과 서방이 연대하고 러시아와 대결하는 구도로 확산하였으며, 중동에서도 이스라엘을 지지하는 미국과 팔레스타인에 연대를 표명하는 북한과 중동·이슬람 국가들 사이의 갈등이 첨예해지고 있다.

이 같은 두 개의 전쟁은 한반도에도 영향을 미치고 있다. 러시아와 북한과의 관계가 급속하게 진전되면서 양국 간의 군사협력 가능성이 높아지고 있으며 러시아는 북한에 고급 군사기술과 첨단기술을 제공하고, 북한은 러시아에 재래식 무기를 판매하고 있다는 분석이 주를 이루고 있다. 그뿐만 아니라 팔레스타인의 무장 정파 하마스가 사용하는 무기의 일부가 북한산이라는 주장이 나오면서 북한의 대중동 무기 수출과 군사협력이 주목받고 있다. 세계 각지에서 발생하고 있는 전쟁은 한반도에도 예상하지 못한 영향을 미칠 수 있다. 미국 중심의 국제질서 체제에 도발하고 있는 러시아 및 북한과의 연계성에 주목하며 통일외교에 주목해야 하는 이유다.

이처럼 복잡한 국제환경의 변화 속에서 한반도 통일방안에 대한 우리의 통일된 의지를 이끌어 내는 건 쉽지 않다. 북한문제가 가지고 있는 특수성을 고려할 때 국제사회에서 우리의 정책적 의지와 자율성을 보장받기 힘들다. 한반도의 지정학적인 환경과 미국과 러시아, 중국 등 국제관계의 복잡한 요인이 작용하고 있기 때문이다. 국제사회의 주요 행위자를 대상으로 한 통일외교의 중요성이 강조되는 이유다.

한반도 평화통일로 나아가는 데 있어서 독일의 분단과정과 이후의 상황은 우리에게 시사점을 제공한다. 통일을 준비하는 시점에서 독일의 가장 중요한 쟁점은 전승국인 미국과 영국, 프랑스 및 소련의 법적 권리를 어떻게 처리할 것인가 하는 것이었다. 얄타 회담의 결정에 따라 전승 4국에 의해 분할 점령된 독일은 국제사회에서 완전한 주권을 행사하지 못하는 반주권국의 지위에 머물러 있었기 때문이다. 통일을 위한 서독정부의 외교전략은 전승 4국의 승인을 받는 데 집중하였다. 이를 위해 서독은 다자주의적 지역협력 강화라는 정책 수단을 실시하였으며 지속적으로 서방 국가들의 동맹체제에 긴밀히 결합하고 그 속에서 주도적인 역할을 수행하는 정책을 추진하였다. 유럽공동체와 유럽연합으로 이어지는 서유럽 통합 운동을 적극적으로 주도한 결과, 독일 문제를 국제적인 문제로 전환시키고 통일을 향한 기초를 마련할 수 있었다.

서독정부의 통일외교전략은 "서방과의 연대, 동구 국가들과의 대화"로 요약할 수 있다. 서방세계와의 연대를 독일과 동맹국 모두의 문제로 전환시키고 통일

지지를 확산하는 데 목표를 세웠다. 동구권과의 대화는 통일의 또 다른 당사자인 동독과의 대화와 협력을 통해 통일 합의를 이끌어 내고자 하였다. 이러한 다자주의적 노력이 진행되지 않았다면 독일의 통일은 쉽지 않았을 것이다.

독일통일이 한반도 통일에 있어 시사하는 바는 다음과 같다. 첫째, 한반도를 둘러싼 강국인 미국과 중국 및 러시아 등과 균형잡힌 외교전략을 펼쳐야 한다. 둘째, 독일통일에 있어 소련의 경제적 궁핍 상황을 적절하게 이용한 만큼 우리도 북한의 경제난과 러시아의 외교적 고립을 활용해야 한다. 셋째, 통일과정에 있어 확고한 지지를 얻을 수 있는 미국과의 관계를 지속적으로 우호적으로 가져갈 필요가 있다. 통일 전까지 미국의 이해를 적절히 존중하는 입장을 견지하여야 한다. 마지막으로 서독정부가 유럽통합의 과정에 적극적으로 참여하여 서유럽 국가 간의 반목과 긴장을 해소하는 데 기여했던 것은, 독일통일로 인해 독일의 힘이 압도적으로 세질 것이라는 주변국의 우려를 불식시키는 데 기여하기 위함이었다. 동시에 유럽공동체 국가 간의 경제적 상호의존성을 증진시켜 독일 주변국들이 독일의 통일을 반대하는 데 제약을 가하게 하였다. 우리도 동아시아 공동체의 연대를 강화해 동아시아 국가 간의 상호의존성을 증가시켜야 한다. 가령 미국과 중국 및 일본과의 상호교류를 증진시키는 게 좋다.

이처럼 한국도 동아시아 국가들과의 꾸준한 협력과 적극적인 통일정책을 펼쳐 나갈 필요가 있다. 즉, 한반도 통일은 남북한만의 문제가 아니라 동북아 전체의 문제로 인식하고 협력체제를 공고히 할 수 있다는 다자주의적 공동체를 구성하는 데 주력해야 한다.

미국과 중국의 패권전쟁과 러시아와 우크라이나의 끊임없는 전쟁 속에서 북한과 러시아와의 관계가 돈독해지는 구도는 남북통일의 전망을 어둡게 하는 요인이다. 그러나 독일통일의 경험으로 볼 때 지속적이고 일관된 통일외교전략은 비우호적인 국제환경을 전환하고 우호적인 환경이 조성되었을 때 통일이 현실화될 수 있는 기초가 될 수 있음을 배울 수 있다. 따라서 미국과 중국 일본 등 동아시아 국가들과 정치, 안보, 경제 공동체에서 결속되어 있을 필요가 있다. 다양한 협력체를 통해 주변국들이 통일한국에 우호적인 입장을 가질 수 있도록 노력할 필요가 있다.

여기서 주목할 것은 서독이 활동한 다자주의적 지역협력체가 다양한 수준에서 때로는 상이한 국가들로 구성되어 있었다는 사실이다. 미국이 주도하는 북대서양 조약기구와 같은 안보 동맹체제와 서유럽 국가들만으로 구성된 유럽공동체, 또는 동구권 국가들을 포괄하는 유럽안보협력회의 등 다양한 차원의 협력체를 이끌어 나갔다는 것이다. 우리나라도 동북아 국가들과의 협력체제를 다양한 수준에서 논의할 수 있어야 한다는 점을 시사하며 일본과 중국 등과의 협력관계를 이어가면서도 동북아 국가들과 다층적 접근을 하는 것이 필요하다.

한반도 통일은 주변국들의 동의와 협력체제 구축이 필수다. 통일외교가 한반도 평화에 있어 핵심적인 역할을 할 수밖에 없는 이유다. 이러한 노력 속에서 한국은 동북아 주요 국가와의 네트워크에서 중심적인 역할을 해야 할 것이다. 미국과의 협력뿐 아니라 중국 및 러시아, 일본과도 협력관계를 형성해야 하며 통일외교의 관점에서 동북아의 다자주의적 협력체라는 구상을 가져야 할 것이다.

참고문헌

국내문헌

김진하 외. 『북한 외교 정책: 정책 패턴과 북핵 외교 사례 분석』. 서울: 통일연구원, 2019.

남성욱. "[남성욱의 동북아 포커스] 캠프 험프리스에서 바라본 한반도 안보." 『한국일보』, 2023년 7월 18일. https://www.hankookilbo.com/News/Read/A2023071409450002538 (검색일: 2024년 5월 5일).

박새암. 『북한의 외교정책 변화에 관한 연구: 월간국제정세개관과 북한 외교엘리트 심층인터뷰를 중심으로』. 박사학위 논문, 고려대학교, 2024.

박헌옥. "96신년공동사설 분석: 수세에 몰린 3대진지 강화론." 『북한』, 제290호(1996): 114-119.

이상현. "김여정 입에서 나온 '대한민국'···'투 코리아' 본격화하나." 『연합뉴스』, 2023년 7월 11일. https://www.yna.co.kr/view/AKR20230711030900504 (검색일: 2024년 5월 5일).

이수석. 『김정은 시대 북한의 대외 군사협력의 현황과 특징: 중동, 아프리카 등 제3세계를 중심으로』. 서울: 국가안보전략연구원, 2020.

정용길. "통일 독일의 사유화 정책과 후유증." 『사회과학연구』, 제15권 제2호(2008): 103-127.

pmg 지식엔진연구소. "벼랑끝전술." 『네이버 지식백과』, https://terms.naver.com/entry.naver?docId=928870&cid=43667&categoryId=43667 (검색일: 2024년 5월 3일).

허문영. 『북한외교의 특징과 변화 가능성』. 서울: 통일연구원, 2001.

해외문헌

Berger, Thomas U. "The Past in the Present:Historical memory and German National Security Policy." *German Politics*, Vol. 6, No. 1 (1997): 39-59.

De Schoutheete, Philippe. "Germany, Quo Vadis? a view from the diplomatic world." *German Politics*, Vol. 10, No. 1 (2001): 135-140.

Holsti, K. J. *International Politics: A Framework for Analysis.* New Jersey: Prentice-Hall, 1972.

남북한 치안기관과 통일한국의 치안통합

배진 고려대학교 정책학 박사

제10장

남북한 치안기관과 통일한국의 치안통합

I 서론

통일은 기회이다. 통일이 이뤄진다면, 한국의 모든 분야가 개발이 필요한 북한 지역에서 기회를 얻게 된다. 통일은 경제적 측면에서 한국기업에게는 확장할 수 있는 블루오션 시장의 개척이 될 것이며, 청년층에게는 창업과 취업의 기회가 될 것이다. 정치외교적 측면에서 통일한국은 분단국가로서 위험성을 제거함으로서 동북아에서 더 큰 영향력을 행사하게 될 것이다. 민족적 측면에서 70여 년을 분단되어 살아온 가족과 친척들이 자유롭게 만날 수 있게 되는 것이다. 인도적 측면에서는 북한체제로 인해 상시적으로 인권을 침해받던 북한주민들에게 생명권, 자유권, 표현권 등을 찾아줄 수 있는 기회가 될 것이다.

그러나 통일과 함께 오는 기회를 잡기 위해서는 변화를 안정적으로 정착시키는 '안정화'가 필요하다. 통일은 단계적으로 이뤄질 수도, 갑자기 올 수도 있다. 한 가지 분명한 것은 통일은 한국과 북한 모두에게 '변화'라는 것이고, 불안정한 환경이 조성될 수밖에 없다는 것이다. 분단 이후 남과 북은 각기 다른 체제를 유지해왔고, 주민들 역시 다른 체제하에서 사고와 문화를 달리하며 살아왔다. 통일의 초기 통합과정 중에는 새로운 종류의 범죄가 등장하는 등 사회적 불안을 동반할 것으로 예상된다. 통일은 각기 다른 체제의 통합이지만, 기본적으로 한국의 자유민주주의 체제를 바탕으로 한다는 방향은 반드시 고수되어야 한다. 따라서 국민들의 자유와 권리를 보장하고, 법과 질서를 정립하는 것이 통일 치안의 기본 원칙이 될 것이다.

한반도에서 단계적 통일이나 전쟁, 군사적 충돌 등 급변사태로 인해 남북한 통일이 이뤄진다면, 국내 치안의 문제는 1차적으로 경찰이 담당할 것이다. 따라서 통일한국의 치안은 경찰의 통일 후 치안환경 예측과 대비, 통일 후 남북한 경찰통합 방법 모색을 통해 준비되어야 할 것이다.[1]

본 장에서는 먼저, 한국의 치안기관 '경찰'과 동급기관인 북한의 '사회안전성'에 대해 살펴보고, '경찰'과 '사회안전성'의 기능과 역할 등을 비교하고자 한다. 또한 통일독일에서의 치안과 경찰통합 사례를 비교 분석하고자 한다. 마지막으로 남북한 경찰과 통일독일의 경찰통합 및 안정화 분석을 통한 '통일한국의 치안 방향 설정과 준비를 제안하고자 한다. 통일은 기회이며, 치안은 기회가 성장, 발전, 성공이 될 수 있는 환경을 조성한다는 점에서 중요하며, 통일치안에 대한 준비와 대비가 필수적이다.

---

1 김종명, "남북한 통일대비 치안수요의 대처방안 연구,"『한국유럽행정학회보』제6권 제2호 (2009), p. 60.

Ⅱ 남북한 치안기관 현황

1. 북한 사회안전성의 역할과 임무

1) 북한 사회안전성의 역할

북한에는 한국의 경찰의 기능을 하는 '사회안전성'이 있다. 대표적인 치안담당기구라는 점에서 남북한의 두 기관은 유사점이 있다. 그러나, 북한의 사회안전성에는 치안질서 유지 등 다른 임무와 책임을 상회하는 최우선 임무가 있다. 바로 '수령결사옹위'이다. 안전원(보안원)들은 수령을 결사적으로 보위하는 최선의 과제를 갖고 있으며, 수령을 지키기 위해서는 체제유지가 지속되어야 하므로 정권의 지시에 따라 '주민 감시 및 통제' 역할을 하고, '치안질서 유지'등의 임무를 수행한다.

① 수령결사옹위

북한경찰의 1차적 임무는 수령을 결사옹위하는 것이다. 이는 북한의 핵심이론인 '혁명적 수령관'에 기초한다. 사회주의 국가는 이상적인 사회를 위한 단계로 3단계를 구성하고, 인민들은 마지막 단계인 공산주의 국가건설 '강성대국건설'을 위해 혁명적 투쟁을 한다. 혁명적 수령관은 공산주의 목표단계로 가는 혁명투쟁에서 수령이 차지하는 지위와 역할을 제시하는 관점이다. 혁명으로 향하는 주체는 인민대중이지만 수령 없이는 무의식적인 군중에 지나지 않으며, 수령의 영도 없는 혁명운동은 산만성과 자연 발생성을 면하지 못한다는 것이다. 따라서 대중들이 혁명투쟁에서 승리하기 위해서는 수령의 영도가 필수적이다.[2] 즉, 수령은 인민대중의 최고 뇌수이며,[3] 혁명투쟁의 최고의 영도자이기 때문에 사회

---

2   이종석, 『새로 쓴 현대북한의 이해』(서울: 역사비평사, 2000), pp. 212-213.

3   '인민대중의 뇌수'라는 표현은 인민대중이 행동을 하는 유기체라면, 수령은 유기체의 모든 활동을 조절하는 통제, 조절, 판단 기관인 뇌와 같다는 표현에서 비유되었다. 마치 모든 유기체가 스스로는 움직일 수 없고, 유기체의 여러 부분에서 일어나는 생리적 요구가 뇌수에 반영되고, 뇌수가 그

안전성의 최우선적 과제는 인민대중을 혁명투쟁으로 이끌어주는 최고의 뇌수를 지켜내는 것으로 귀결된다.

2005년 11월 18일 인민보안기관창립 60돌 기념보고회에서 주상성 인민보안상은 기념보고를 하였고, 보고에서도 수령결사옹위가 사회안전성의 가장 기본적이면서도 중요한 역할로 나타난다. 다음은 기념보고 해당 내용이다.

> "일찍이 인민군대와 함께, 인민보안기관을 백방으로 강화하는데 커다란 의의를 부여하신 경애하는 최고사령관 동지께서 주체적인 인민보안기관 건설사상과 로선을 심화발전시키고, 인민보안기관이 혁명의 수뇌부를 결사옹위하는 혁명적수령관이 철저히 선 대오로 자라나도록 현명하게 이끌어주셨다."[4]

② 주민동향 감시 및 통제

수령을 결사옹위하기 위해서는 체제유지가 필수적이다. 북한의 체제는 1인 지도자가 절대적 권력을 행사하며, 주민들은 사회주의체제하에서 비사회주의 경향, 특이사항, 사상의 해이 등을 감시받는다. 사회안전성은 전국 보안국, 보안서, 분주소를 설치하여 중앙집권적 지휘체계를 유지하고, 분주소 산하에 각 마을별로 주재원이 근무한다. 각 마을은 20~30세대당 1명의 인민반장을 임명하여 감시하게 하고, 인민반장은 불시에 가정을 방문하여 각 가정의 위생과 초상화, 김일성 가계 관련 도서 검열을 실시하여 각 개인의 사상 동향이나 가정 내 사정 등까지 감시한다.[5] 인민반장은 소속 주민들의 추천을 받아 시, 군 인민위원회에서 지명한다. 대체로 충성심이 높고 직장을 다니지 않는 전업주부들이 맡아, 인민

요구를 실현하도록 유기체의 각 부분에 지령을 주는 것처럼, 수령은 인민대중의 의사와 요구를 집대성하고 그것을 정확히 반영하여, 인민대중이 자기의 의사와 요구를 실현할 수 있도록 방향과 방도를 제시하는 것이 수령이라는 것이다. 이러한 논리에 따르면, 수령의 지시는 인민대중의 의사와 요구를 정확히 오류없이 반영한다는 '수령의 무오류성'이 도출된다.

4   "인민보안기관창립 60돐 기념보고회 진행," 『로동신문』, 2005년 11월 19일.

5   통일연구원, 『북한 인권백서 2016』 (서울: 통일연구원, 2016), pp. 133-134.

반 전체 주민의 동태를 감시한다. 인민반장은 주재관에게 자신이 담당한 세대들의 특이사항을 보고하여 기록하고, 주재관은 인민보안소장에게 보고하여 특이사항은 즉시 인민보안국, 인민보안부, 중앙당까지 보고된다.[6] 안전소조원과 통보원 그리고 사회안전성과 국가보위성의 지시를 받고 활동하는 정보원은 탈북민 가족과 노력동원에 참여율이 낮거나 당에 대한 충성심이 낮은 가정, 수입대비 지출이 과도한 가정, 한국 영상과 노래를 보는 가정, 몰래 이사를 준비하는 듯한 가정의 동향을 살핀다. 또한, 사회에 불만이 많은 주민, 교화소를 출소한 주민, 밀수업을 하는 주민들의 장사품목, 마약 매매, 외래자의 숙박현황, 미거주자와 무직자 현황, 주민들 간의 유언비어 등 주민생활 모든 부분의 동향을 파악하여, 주 1회 정도 보위부 또는 안전부 지도원에게 보고한다.[7]

③ 치안질서 유지

사회안전성은 경찰의 기본적 업무인 치안질서 유지를 한다. 다만 한국의 경찰에게 치안은 국민의 재산과 생명에 대한 보호와 국민의 안전한 삶을 보장하는 것이다. 그러나 북한에서의 치안은 범죄로부터 주민의 생명과 재산을 보호하는 개념을 상위하여, 북한사회가 정하는 집단주의적 공식규범을 지키지 않는 주민들을 완벽하게 규제하고 감시하여, 통제 가능한 사회주의 질서를 유지시키는 것이다.

북한 헌법 제63조에서 규정하듯, 북한은 사회주의체제하에 '하나는 전체를 위하여, 전체는 하나를 위하여'를 모티브로 삼는 집단주의 사회이다. 북한에는 수령의 영도하에 조선로동당이 중심이 되는 사회주의체제와 계획경제제도, 사회주의 이론을 기반으로 사회전체에 적용되는 공식적 규범과 가치관인 '사회주의 생활양식'이 존재한다.

1990년대 이후 북한은 극심한 경제난으로 사회주의 계획경제의 핵심인 '배

---

6   최응렬 · 이규하, "북한 인민보안부의 사회통제에 대한 연구," 『사회과학연구』, 제19권 제1호 (2012), p. 201.

7   통일연구원, 『북한 인권백서 2023』 (서울: 통일연구원, 2023), p. 163.

급제도'의 운용이 어려워졌고, 사회가 정해놓은 규범 및 가치관과 어긋난 비사회주의적 일탈행위가 증가하기 시작했다. 공식적 규범과 가치관인 사회주의적 규범과 가치관을 거스르는 비사회주의적 행위는 사회적 질서를 어지럽히고, 공중도덕을 문란하게 만드는 행동으로 간주된다.[8] 사회안전성은 '비사회주의적 행위'를 단속 및 적발하여, 모든 주민이 사회주의 생활양식 등 공식적 규범을 지키도록 통제함으로써 사회주의에서의 치안질서를 유지한다.

사회안전성은 교통경찰의 일반적 업무인 교통질서 유지, 단속, 교통사고 처리, 운전면허 자격 심사, 면허증 발급, 차량번호 등록, 차량 번호판 제작 및 관리의 업무도 수행한다. 더불어 화약, 전기, 기계분야의 폭발사고 등을 예방하기 위한 화약류 취급 자격증 및 관리설비 승인 등 폭발물 검열과 단속, 조사하는 업무도 수행한다.[9]

2) 북한 사회안전성의 조직과 기능

사회안전성은 중앙인민보안지도기관 '중앙조직'과 지방인민보안기관 '지방조직'으로 나눌 수 있다.[10] 사회안전성 본부는 평양시에 위치하고, 지방조직은 각 13개 도에 위치한다. 사회안전성에는 독립적 기관으로 노동당 조직인 정치국과 국가보위성 파견조직인 보위부가 편성되어 있어, 항상 상호 감시 및 견제하는 체계이다.

---

8   북한의 공식적 규범과 가치관은 착취제도 반대, 집단주의 정신, 노동의무, 공동노동참여, 조국사랑, 사회주의체제 수호, 항일혁명의 절대화, 각급 근로단체 생활 강조, 집단주의, 공동재산 애호, 가정과 이웃의 학교화이며, 이에 반하는 비사회주의적 가치관은 사적소유, 개인주의, 이기주의, 노력동원 불성실 참여, 정권, 제도 및 정책 비판, 수령 및 지도부 비판, 조직생활 불성실 참여, 자본주의 생활양식, 사적 소유의식, 불성실한 인민반 활동 등이다. 황의정, "북한의 주민 일상에 대한 법적 통제: 비사회주의적 행위와 범죄규정화를 중심으로," 『북한연구학회보』, 제21권 제1호 (2017), p. 119.

9   전현준, 『북한의 사회통제 기구 고찰: 인민보안성을 중심으로』 (서울: 통일연구원, 2003), p. 26.

10   북한 「인민보안법」 제2장 제8조

① 중앙조직

중앙조직에는 크게 행정부서(참모부서)와 기관인 정치국과 보위부가 있다. 참모부서에는 제1국(감찰국), 제2국(수사국), 제3국(작전국), 제4국(예심국), 제5국(교화국), 제6국(호안국), 제7국(경비훈련), 제8국(주민등록국), 제9국(통신국), 제10국(병기국), 제11국(재정국), 제12국(후방국), 제13국(건설국), 제14국(자재관리국), 제15국(금강관리국), 종합지휘실(상황실), 총무국, 산업감찰국, 대외사업국 등이 있다.

행정부서의 독립처로는 제1처(외사처), 제2처(교육처), 제3처(운수처), 제4처(군의처), 제5처(반항공처), 제11처(상표인쇄처)등이 있으며, 사회안전성 본부 산하의 독립부서로는 철도안전국, 지하철도관리국, 7총국(공병총국), 8총국(도로총국), 국토총국이 있다.

사회안전성 본부산하 직할부서로 정치대학, 공병대학, 압록강 체육단, 사격단, 화폐공장, 권총공장, 심사소, 검차소, 자동차 수리소, 병원, 116기동대, 답사관리소, 기요연락소, 전자계산기연구소, 지진연구소, 경비대 등이 있다. 본부는 중앙인민보안지도기관으로서, 인민보안원을 계획적으로 양성해야한다. 본부는 보안원의 선발과 교육훈련 등 양성, 배치, 승진, 감독, 해임 등 총괄적인 권한을 가진다.[11] 이에 지방인민보안기관에 대한 절대적인 지휘와 명령을 행사한다.[12] 사회안전성 중앙조직 주요부서의 종류와 업무는 다음과 같다.

---

11 북한 「인민보안법」 제2장 제3장 제18조에는 인민보안원의 선발의 기본요구, 제19조에서는 인민보안원의 자격에 대해 언급한다.

12 박창석, "북한의 경찰작용법에 대한 일반적 고찰," 『한양법학』, 제23권 제4집(2012), p. 140.

표 10-1 **사회안전성 중앙조직 주요 참모부서**

분류	주요부서	관할 업무
범죄와 위법 행위, 사회 공중질서 침해행위 단속·수사	감찰국	산하 지방 지도, 감독 및 관리, 기관업소의 부패와 낭비 예방, 보안원 비리 적발 및 조사, 각종 포고령 지시내용 전파 및 이행상태 감독, 각종 그루빠 지도 감독, 범죄자 사건조사 기록 작성 후 예심국 인계
	수사국	수사 및 범죄자 체포, 현장검증, 지문대조, 혈액 감정, 필적 감정, 부검 실시, 산하 도 안전국 수사업무 지도 감독
	예심국	강간, 살인 등 중범죄 심문, 감찰 수사단계에서 체포된 용의자 수사 보강, 여죄 추궁 및 범죄 확정, 사건조서 검찰소 인계 송치 등 예심업무 관장, 교화소에 대한 지도와 감독, 재판에 의한 형 확정시까지 사면이나 감형에도 관여
경제관련, 사회주의 원칙 준수여부 감독통제	산업감찰국	직속 공장과 기업소, 협동농장 등의 업무수행 감독, 경제 현행범 사건 조사 후 예심국에 인계
교통안전 질서유지	철도안전국	철도수송 및 안전업무 총괄, 여객열차 내 안전원 운영 및 여행질서 단속
	지하철도 관리국	평양시 지하철 관리 및 운영, 지하철 안전관리 업무
경비사업 및 감독	경비훈련국	국가 주요시설 및 주요 간부사택 경비업무 수행, 사회안전성 산하 공장, 기업체의 제반 경비업무(무장보위대 운영), 보안원에 대한 군사훈련 지도
총기류 등 감독통제	병기국	무기와 탄약 및 장구류, 예비 물자 등에 대한 보관·관리·검열
소방사업 조직, 사고방지	호안국	화재, 화약, 전기, 가스, 기계, 익사, 교통 등 각종의 안전사고에 대한 예방 활동과 관련된 업무
공민등록	주민등록국	주민등록, 신원조사, 평양거주 승인번호 부여 등 일체의 주민등록 업무
자연재해 예방사업	국토총국	고속도로 및 국가도로 관리 및 강, 하천 관리 단속, 산림 수자원 보호
민간반항공 사업	작전국	일반 작전업무 통제·조정, 반항공 업무의 지도 감독
정보계통 안전보호 감독통제	통신국	통신업무 지도 및 감독, 사회안전성 내 유·무선 통신보장, 정체불명의 전파 탐지

판결, 판정의 집행	교화국	범죄자 수용관리, 북한 전역 교화소 업무 지도, 통제 감독, 사면, 감형, 기한 전 출소 등 행형업무
그밖에 국가의 사업동원	자재관리국	건설과 후방에 필요한 일체의 자재관리
	건설국	국가적인 주요시설(도로, 건물) 시공 및 수리, 사회안전성 내 건물관리
	공병총국	주요 국가시설 건설, 탄광, 광산 개발
	도로총국	주요 고속도로 및 교량건설, 특각, 초대소 건설
본부 필요부서	재정국	사회안전성의 예산 수립과 집행, 사회안전성 요원들의 월급 지급, 필요한 기술 자재등을 구입
	후방국	사회안전성 요원들에 대한 식량, 피복 등 일체의 자재 공급 지원 사업
	총무국	사회안전성 요원들에 대한 일체의 신상관리, 각종 기밀문서 보관 및 취급, 각종 증명서 발급 등과 같은 행정업무 처리, 문서 수발

출처: 유동열, "북한 정보기구의 변천과 현황", pp. 168-169과 북한 「인민보안법」 제11조 '인민보안기관의 의무'를 참고하여 저자가 분류 및 작성.

② 지방조직

사회안전성의 지방조직은 북한 행정구역과 연계되어 있다. 북한의 도는 평안남도, 평안북도, 황해남도, 황해북도, 강원도, 함경남도, 함경북도, 자강도, 양강도 총 9개가 존재하고, 개성직할시, 라선직할시, 남포직할시 총 3개의 직할시와 평양특별시 1개가 존재한다. 사회안전성의 안전국은 1개의 특별시와 3개의 직할시, 9개도에 안전국으로 구성되어 있다. 13개의 안전국하에는 시·군·구역에 한국의 경찰서에 해당하는 안전서(보안서)가 존재한다. 안전서 산하에는 한국의 지구대와 파출소 급에 해당하는 안전소(분주소)가 있다.[13]

시·군·구역에 200-300여 개의 안전서가 있으며, 안전서에는 안전서장과 정치부장(상좌-대좌), 부서장(상좌-중좌), 과장(중좌-소좌), 부과장, 담당 지도원 3~5명이 존재한다. 안전서의 부서로 수사과, 감찰과, 예심과, 교통과, 주민등록과, 2부, 후방과, 호안과, 작전과(반항공과), 통신과, 경리과, 총무과, 반탐과(일부 지역)가 편성되어 있다.

수사부서는 수사과, 감찰과, 예심과로 구성된다. 수사과는 주로 강력범죄 사

---

13   북한 「인민보안법」 제2장 제9조, 제10조.

건이 발생시 수사를 담당하고 구류장을 관리한다. 감찰과는 일반감찰과 경제감찰과로 구분되며, 일반감찰은 폭력, 간통 등의 일반사건을 담당하고, 경제감찰은 경제범죄에 대한 수사를 담당한다. 예심과는 수사과와 감찰과에서 수사한 내용을 바탕으로 해당 범죄 사건에 대한 정확한 진상을 규명하고 파악한다. 교통과는 해당 지역의 교통질서 유지와 면허증 발급, 교통 단속을 통한 벌금부여 업무를 담당한다. 교통순찰대는 오토바이를 타고 다니면서 단속하고, 벌금 지도원은 단속된 차량 및 인원에 대한 벌금을 부과한다. 주민등록과는 공민증을 발급하고 주민등록 관련 업무를 담당한다. 2부는 여행증명서 발급 업무를 담당한다. 호안과는 화재 진압 등 사고 예방 업무를 한다.

안전소(분주소)는 북한 경찰의 최하위 기관으로, 리·동·노동자구 단위에 설치되어 있다. 북한 전역에 약 4,000여 개의 안전소가 설치되어 있다. 통상적으로 3~4개의 농장, 시·군·구역의 1~3개 동에 1개소씩 설치되어 있다. 안전소의 소장은 소좌~중좌, 부소장은 대위~소좌, 담당 지도원 등 안전소 크기에 따라 10~20명으로 구성된다. 안전소의 담당지도원은 책임지역 별로 1명씩 배치되어 주민들의 생활을 관리하고 범죄예방을 위한 순찰, 강연회 주최, 사건 발생 시 수사, 외부인 출입여부 확인 및 숙박시설 확인 업무를 수행한다. 이외 공민등록 지도원, 2부 지도원 등이 있다.

2. 한국경찰의 역할과 기능

1) 한국경찰의 역할

한국경찰은 개인의 자유와 권리를 보호하며 사회의 안녕과 질서를 유지하고, 안전하게 생활할 수 있는 치안환경을 조성하는 역할을 한다. 경찰은 모든 사람의 인격을 존중하고, 진실을 추구하며 불의나 불법과 타협하지 않으며, 오직 양심에 따라 법을 집행하는 방향성을 가진다.[14]

---

14 대한민국 경찰헌장을 참고하였다.

2) 한국경찰의 조직과 기능

① 중앙조직

한국경찰은 경찰청장을 수장으로 하며, 경찰청장하에 차장과 본부장을 둔다. 경찰청장하에는 8개의 국과 12개의 관이 존재한다. 국가수사본부에는 수사국, 형사국, 안보수사국이 있으며, 수사업무를 총괄한다. 차장하에 치안정보국, 경비국, 생활안전교통국, 범죄예방대응국, 미래치안정책국이 존재한다. 구체적으로 생활안전교통국이 민생치안을 담당하며, 경비국, 치안정보국, 범죄예방대응국 등이 사회질서 유지를 담당하고, 그 외 미래치안정책국 등은 행정지원을 담당한다. 부속기관으로 경찰대학, 인재개발원, 중앙경찰학교, 경찰수사연수원, 경찰병원이 있다.

② 지방조직

치안질서를 효율적으로 유지하기 위해 전국 특별시와 광역시도 18개에 시·도청을 두고 있으며, 시·도청 산하에 259개의 경찰서와 626개의 지구대 1,417개의 파출소를 운영하고 있다.

표 10-2 **전국 경찰 관할구역 총괄(2023년 9월 기준)**

번호	시·도청 경찰청	관할시도	경찰서	지구대	파출소
1	서울특별시경찰청	서울특별시	31	99	144
2	부산광역시경찰청	부산광역시	15	48	46
3	대구광역시경찰청	대구광역시	11	31	35
4	인천광역시경찰청	인천광역시	10	41	37
5	광주광역시경찰청	광주광역시	5	19	21
6	대전광역시경찰청	대전광역시	6	23	8
7	울산광역시경찰청	울산광역시	5	11	20
8	세종특별시자치시경찰청	세종특별시자치시	2	4	5
9	경기도남부경찰청	경기도남부	31	98	156

10	경기도북부경찰청	경기도북부	13	34	68
11	강원특별자치도경찰청	강원특별자치도	17	32	74
12	충청북도경찰청	충청북도	12	29	51
13	충청남도경찰청	충청남도	15	35	81
14	전라북도경찰청	전라북도	15	29	133
15	전라남도경찰청	전라남도	22	16	190
16	경상북도경찰청	경상북도	23	30	194
17	경상남도경찰청	경상남도	23	40	135
18	제주특별시자치도경찰청	제주특별시자치도	3	7	19
총계			259	626	1,417

출처: 경찰청(2022).

Ⅲ   동서독 통합 사례와 시사점

1. 통일 이전 동독 경찰제도

1949년 10월 7일 정부가 수립된 동독은 사회주의 통일당을 기반으로 하는 공산주의체제였다. 동독의 경찰은 소련군정에 의해 설립되었고, 치안유지 등 일반경찰의 업무 외에도 사회주의 혁명과 공산당체제를 확립하고 유지하는 수단으로 활용되었다. 내무부 산하에 경찰본부를 두었고, 내무부 장관이 경찰의 총수를 겸직함으로 경찰권력은 강력히 중앙집권화되어 있었다. 경찰본부는 지방경찰에 대한 강한 지휘권, 명령권, 감독권을 행사하였다.

동독경찰은 인민경찰과 비밀경찰로 분류할 수 있고, 인민경찰은 보안, 교통, 수사, 여권 및 주민등록, 수송, 형사소추, 소방, 기동대 등의 업무를 담당하였고, 비밀경찰은 체제유지를 위한 주민통제 등의 업무를 수행하였다. 일반경찰은 치안, 수사, 주요시설 경비 및 시위 진압, 재해경비, 교통사고 처리 및 위반 단속을 한다. 일반적 경찰의 업무뿐 아니라, 철도, 고속도로상 경찰업무, 주민등록, 소방, 구치소 업무도 수행한다. 1946년 동독 초기에는 국경경비 업무도 경찰의 소관이었지만, 1961년부터 인민군 국경경비대에 이관되어, 국방부의 지휘를 받게 되었다. 국경경비대는 48,000여 명의 병력을 가졌으며, 구동독시민들이 국경탈출을 막는 것을 가장 중요한 임무로 수행하였다. 임무수행을 위해 지뢰 설치, 자동소총 및 자동발사장치를 이용하여 구동독시민들의 이동을 제지하였고, 탈주자에 대한 총격도 이뤄졌다.

표 10-3 **동독 일반경찰의 임무와 특징**

일반경찰의 종류	임무	특징
치안(보안)경찰	치안질서, 범죄예방	
수사경찰	수사	
기동경찰	주요시설 경비 및 시위 진압, 재해경비	병영생활하는 군대식 조직 200,000명의 병력 군사적 장비와 조직 갖춤
수송경찰	철도, 고속도로상 경찰 업무	
여권 및 주민등록경찰	통관, 주민통제 업무	
교통경찰	교통위반 단속과 사고처리	

출처: 신현기 외, 『비교경찰제도론』, pp. 419-432. 참고하여 저자 작성.

2. 서독의 경찰제도

독일은 1949년 제정된 기본법을 기반으로 경찰권이 연방정부가 아닌 '주'의 관할사항에 속하도록 규정하였다. 따라서 각 주는 고유한 경찰법과 조직을 보유하게 되었다. 다만, 전국적 사안, 긴급사태 등에 대비하여 연방정부가 개입을 하기도 한다. 연방경찰기관에는 연방범죄수사청(연방범죄수사국), 연방국경수비대(연방경찰청), 연방헌법보호청이 있다.[15]

---

15 신현기 외, 『비교경찰제도론』(서울: 법무사, 2021), pp. 419-432.

1) 연방경찰기관

① 연방범죄수사청

연방범죄수사청은 연방 내무부 산하에서 연방법과 관련된 범죄와 국제범죄를 수사한다. 국제적 범죄, 국가적 법익침해사건, 조직범죄, 마약, 폭발물 관련, 화폐위조사건, 무기 밀매, 요인 암살기도 등에 대한 관할권을 가지며, 수집된 범죄기록을 관리하고, 범죄정보를 분석한다. 그 외에도 외국과의 수사협조와 같은 인터폴 사무국 기능과 전과자 정보관리와 같은 전산업무, 주 경찰 수사활동에 대한 인력지원 등의 임무를 수행한다.

② 연방경찰청(구 연방국경경비국)[16]

연방경찰청은 1951년 3월 16일 동독과 서독간의 국경수비를 목적으로 설립되었다. 해상경비, 여권통제, 난민법 집행, 재해경비, 철도경비, 국제공항 경비, 대테러업무, 국제행사장 경비 및 각종 지원 역할을 하고 있다. 또한, 연방경찰은 해상에서의 국경수비와 통제, 해양영역상의 질서위반과 형사범에 대한 수사, 해양 환경보호와 관련 범죄 수사, 선박 교통 관리 및 감시, 해상 구조, 사고 수사등 해양경찰의 역할을 한다.

③ 연방헌법보호청

연방헌법보호청은 서독의 정보수집기관으로, 방첩임무와 반국가단체 인물에 대한 감시와 정보수집을 담당한다. 좌익테러, 군대 내 극좌 테러분자, 연방헌법의 질서를 파괴할 위험성이 있는 단체나 정당, 연계된 조직, 극우세력, 신나치 추종세력 등에 대한 정보수집을 한다. 또한 해외 첩보기관의 침투에 대한 방첩업무도 수행한다.[17]

---

16 2001년 9월 11일 9.11테러사건을 계기로 연방경찰관련 법령이 개정되었고, 조직과 임무에 부합하도록 국경수비대에서 '연방경찰청'으로 개칭하였다. 신현기 외, 위의 글, p. 426.

17 한국의 국가정보원과 같은 역할을 하고있지만, 반국가사범에 대한 수사권은 없다. 현재 국정원은 국내외 정보수집 업무와 해외 반국가사범 수사권을 가지고 있다.

2) 주 경찰

독일은 11개의 주로 구성된 연방국가로서, 각 주에는 행정조직에 따라 각 주 정부 내무부에는 경찰 담당국이 설치되어 있다. 주 경찰은 각 주에 따라 조금씩 상이하지만, 4가지 형태의 기능을 기본적으로 수행한다.

① 치안경찰

일반예방경찰이라고 불리우며, 범죄예방, 교통위반단속, 사고처리 등을 담당한다. 수사와 정보, 보안 등 전문 경찰 분야를 제외한 일반적 경찰 임무를 수행한다.

② 수사경찰

각종 범죄의 수사 및 예방, 형사소추 임무를 수행한다.

③ 기동경찰

대규모 시위나 각종 행사의 경비 임무를 수행한다. 대형사고, 자연재해 처리 업무를 지원한다.

④ 해양경찰

항만, 하천, 호수를 중심으로 해상의 안전유지, 해난 사고 조사 및 예방, 해상 환경오염 방지 및 단속한다.

한국과 비교해볼 때, 한국은 시·도 단위 지방경찰청, 구 단위 경찰서, 읍·면·도 단위 행정구역에 해당하는 지구대, 파출소가 설치되어 있다. 독일은 최근 경찰조직 개편에 따라 중간단위의 경찰서를 폐지한 경우가 있다. 이 경우에는 경찰청-지구대-파출소 순으로 된다. 파출소가 지구대 소속이라는 특징을 가진다.

3. 동서독 치안기관 비교

과거 동독과 서독의 치안기관은 현재 한국과 북한의 치안기관과 같이 매우 다른 특징을 가진다. 다르다. 사회주의 정권하에서 치안기관은 정권의 체제유지를 위한 수단으로서 역할하며, 정권과 체제유지를 위해 주민을 통제하는 역할을 한다. 또한, 과거 사회주의와 민주주의의 이념과 체제의 경쟁구도하에서 '정보기관'은 국가유지를 위한 중요한 수단이었다. 동독에는 비밀경찰 '슈타지(Stasi)[18]'가 존재하였고, 슈타지는 반체제 인사 감시 및 탄압, 해외정보 수집, 대외 공작 등을 주 임무로 하였다. 동독의 경찰은 중앙 내무부에 설치된 경찰본부의 강력한 지휘 감독을 받는 '중앙통제적 경찰'이었다.

표 10-4 **동서독 경찰조직 비교**

구분	서독	동독
주요 경찰 조직	연방국경수비대 연방범죄수사청 연방헌법보호청 각 주의 경찰조직	경찰 본부 슈타지(비밀경찰)
주요 업무	치안 및 질서유지	주민 통제 치안 및 질서유지
운영 원리	분권적	중앙집권적
관련 법률	국경수비법 연방범죄수사청법	독일인민경찰의 과제와 권한에 관한 법률

출처: 추영빈, 『북한지역 경찰조직설계에 관한 연구』(박사학위 논문, 관동대학교, 2011), pp. 74-75.

4. 통일독일 경찰통합

동독과 서독은 상호 문화적, 물적, 인적 교류를 하고 있었지만, 치안기관인 경찰간 교류는 이뤄지지 않았다. 베를린 장벽 개방으로 동독주민의 이동에 따른 질서유지, 교통문제에 대한 협의를 통해 베를린 경찰청장과 동독 국경경비대장 간 첫 접촉 이후에서야 양 기관 간 직통전화 등 무선 통신망이 개설되면서 협의와 교류가 시작되었다.

---

18 슈타지(Ministerium fur Staatssicherheit, 약자 MFS)는 1950년에 창설되어 1990년에 해체된 동독의 정보기관이다.

통독 과도기에는 장벽의 개방으로 인한 동서독 주민들의 자유왕래에 따른 치안 문제가 발생하기 시작했다. 국경개방을 통해 신종 범죄들이 발생하였고, 이에 대해 동서독 경찰은 공동 대응했다.[19] 베를린의 경우, 동베를린과 서베를린이 밀접하여, 치안기관 간 접촉과 대처가 다른 주보다 빠르게 이뤄졌다. 1990년에는 베를린 국경 부근에서 개최된 베를린 수상경기팀의 경비를 동서독 경찰이 공동으로 경비하기로 합의하여 합동근무를 실시하였다.[20]

통일 직후 변화된 환경에서는 기존에 발생하던 범죄뿐 아니라 새로운 범죄가 등장하기 시작했다. 베를린에서는 러시아와 체첸 출신 범죄조직들이 활동하였고, 동독에는 베트남 노동자들이 범죄조직을 결성하여 밀수 등 범죄를 행하였다.[21] 동서독 경찰은 범죄자 신원파악을 요청 및 협조하면서 동독거주 외국인 신병보호 문제는 공통적 관심사가 되었다.

기본적인 통일독일의 통합방안은 동독경찰이 서독의 치안조직의 역할과 방향으로 변경되면서 진행되었다. 즉 중앙집권적인 동독경찰을 분권화된 '주' 중심의 국가 경찰제도로 변화시키는 것이었다.[22] 독일 기본법 제23조에 의해 동독지역의 5개 주는 독일연방에 편입되는 형식에 맞춰 이뤄졌으며, 통일과 동시에 동독 중앙정부는 해체되고, 서독의 기본법이 동독의 5개 주에 적용되었다.

구동독하에서 국경수비 업무는 군에서 담당하였지만, 통일 이후 국경경비 업무는 경찰이 담당하게 되었고, 연방국경수비대로 이양되었다. 또한, 구동독에서는 중앙경찰본부에 의해 전체 경찰이 통제되었지만, 통일 이후에는 새롭게 신설된 주 지방 범죄수사국으로 재조직되었다. 중앙경찰본부에 집중된 권력을 분권

---

19 1990. 7. 1. 양독 내무장관은 국경전면개방 및 국경이용범죄에 대한 공동대처 등 경찰협정 체결하였다. 신현기 외, 앞의 책, p. 480.

20 위의 글, p. 479.

21 이윤호 외, "독일의 경찰통합 사례에 따른 남북한 경찰조직의 통합방안," 『한독사회과학논총』, 제16권 제2호(2006), p. 310; 김응수, "한반도 안정화 작전시 효율적인 치안질서," 『한국군사』, 제1권(2017), p. 153.

22 이윤근, 『비교경찰제도론』 (서울: 법문사, 2001), p. 321.

화시키는 과정으로, 1990년 2월 5일 동독 내무부 장관 명령을 통해 동독 경찰 본부가 '동독 중앙범죄청'으로, 1990년 9월 13일 구동독지역에서 1991년 12월 31일까지 한시적 효력을 가지는 '과도기적 경찰 업무법'을 제정하여 동독 중앙범죄청을 '구동독 공동범죄청'으로 개편하였다. 이후 공동범죄청은 독일연방공화국에 새로 가입한 5개 주에 민주적인 범죄수사국이 정비되면서 그 임무를 이양하게 되었다. [23]

독일통일 이후, 통독정부는 경찰제도를 단일형과 분리형 제도로 채택하였다. 동독과 서독에 걸쳐있던 베를린의 경우, 동서독 경찰조직을 단일화하여 동서독 경찰들을 반반씩 구성하였다. 그 외 동독지역은 5개의 新연방주가 되었고, 서독 경찰의 주도하에 운영되었다.

표 10-5 **통일독일 경찰통합의 운영방안**

구분	단일형	분리형
적용지역	베를린 (동서독 혼성형태)	그 외 지역
인력구성 및 운영방안	동서독 출신 경찰을 반반씩 형성	서독경찰의 주도하에 구서독 출신의 지휘관과 간부가 임명, 구동독 경찰요원은 선별하여 재교육, 훈련시켜 활용

출처: 저자 작성.

1) 연방국경수비대 조직의 구축

동독은 국경경비 업무를 국방부 소속 국경경비대가 수행하였고, 서독은 경찰인 '국경수비대'가 수행하였다. 동독은 독일통일 직전 1990년 4월 국경경비대를 서독식 국경수비대로 개편하였다. 국경수비대의 인력은 동독 국가안전부 소속 여권통제요원을 흡수하여 활용하였다. 서독 국경수비대에서는 동독 국경수비대의 성공적인 운영과 정착을 지원하기위해 국경수비대 전문가들을 파견하였다. 1990년 10월 3일 이후 동독 국경수비대는 '연방국경수비대'로 편입되었다.

---

23 위의 글, p. 321.

동독 국경수비대는 연방국경수비대 편입당시 인력을 재심사받고, 소속원에 대한 재교육이 실시되었고, 조사를 통해 부적격자를 배제하였다. 동독지역대의 지휘부의 5%는 서독 연방국경수비대에서 파견된 경찰들로 배치하였다.[24] 국경수비대는 통일 초기 주민들의 이동과 국경개방에 따른 치안과 질서 및 교통문제가 야기됨에 따라 철도경비, 항공교통 안전업무를 담당하였다.

2) 신연방주의 주범죄수사국 창설

통일독일의 경찰 방향이 중앙집권적 구조에서 분권화된 주 중심 경찰로 정해짐에 따라, 동독은 1990년 2월 5일 동독 경찰본부를 중앙범죄수사국으로 개편하였다. 중앙범죄수사국하에는 도 및 군 차원의 수사부서들이 구성되었고, 권력도 이양되었다. 1990년 7월 27일 동독지역에 '주' 제도를 도입하는 '주 설치법'이 통과되었다. 서독에서는 각 주를 중심으로 경찰권이 행사되지만, 통일 직후 새롭게 생성된 동독의 주별로 개별적 경찰권을 부여하기는 어려웠다. 따라서 1990년 10월 3일 동독의 새로운 5개의 주가 공동으로 사용하는 공동범죄수사국이 설치되어 운영되었다. 주로 연방수사국과 범죄정보 교환, 신연방주의 범죄수사, 범죄예방, 수사지원, 경찰 전산망 운영, 범죄통계작성하는 업무를 하였다.[25]

동독의 신연방주는 1991년 12월 초 개별적 주범죄수사국을 구축하였고, 1991년 12월 31일 공동범죄수사국은 해체되었다. 이에 따라 1992년 1월 1일부터 신연방주는 각주에 범죄수사국을 설치하여 운영하게 되었다.

---

24 신현기 외, 앞의 책, pp. 480-481; 동독 국경경비대의 재임용 심사기준은 슈타지 관련성, 인간성 혹은 법치국가원칙 위배, 세계인권선언 등의 원칙 위배, 인권침해여부가 고려되었다. 이관희, 『독일통일과 독일경찰조직의 정비』 (용인: 치안연구소, 1996), p.61.

25 신현기 외, 앞의 책, pp. 481-482.

3) 신연방주의 경찰법 제정

1990년 9월 13일 통일과도기를 위한 동독지역 경찰의 임무와 권한에 관한 '경찰의 임무와 권한에 관한 법'(경찰업무법)을 제정하였다. 이로 인해 과거 동독의 경찰법 '인민경찰법'은 효력을 상실하게 되었다. 경찰업무법은 베를린의 경우 1990년 10월 2일까지, 신연방주의 경우 각 주에서 새로운 주 경찰법이 제정될 때까지 유효한 법이었다. 신연방주는 각 주에 특성에 따라 경찰법을 제정하였고, 그 과정에서 과거 동독경찰의 업무에 해당하였던 소방, 여권 및 주민등록, 수송 등은 타 행정기관으로 이동하여 분리하였다. [26]

4) 신연방주 경찰조직 재건 지원

동독의 경찰을 서독식 민주화된 분권 경찰조직으로 변경하기 위해, 각종 인적 물적 지원이 진행되었다. 1990년 6월 29일 신연방주 민주경찰제도 수립의 지원을 위해 서독주와 신연방주 간 자매결연 방식의 지원을 합의하였다. 지원은 경찰공무원의 파견, 물적지원, 교육 지원 등이 이뤄졌다. 서독 자매주에서 신연방주에 50~90명의 경찰관이 3개월에서 1년 이상 파견, 전보, 각급 경찰관서 지휘부 및 핵심부서에 배치 민주주의 입각한 경찰제도의 확립에 기여하였다. 그러나 파견된 경찰관은 고압적인 자세로 동독 출신 주민들의 불만을 사기도 했고, 파견된 경찰관이 자발적 의사와 관계없이 파견된 경우, 파견의 기간이 짧아 여행성 근무형태가 되는 경우, 파견된 부서와 연관성 없이 파견되어 전문성이 없는 경우 등 문제점이 발생했다.

5) 베를린경찰청 통합

독일 내 다른 주와는 다르게, 베를린은 동독경찰청이 서독으로 흡수되는 방식으로 이뤄졌다. 따라서 1990년 10월 1일 서베를린경찰청은 관할구역이 80%,

---

26 위의 글, p.483.

인구 60%가 더 증가하였다. 1990년 7월 실무자 그룹이 구성되었고, 인원은 절반씩 구성하였다. 운영 방법은 추가적 경찰관서를 설치하지 않고, 기존 서베를린 경찰서의 관할구역을 동쪽으로 확대하는 방식으로 진행되었다. 동베를린지역의 경찰서, 파출소, 기동대, 교통순찰대, 수사경찰대 각 급 경찰관서장과 주요 직책은 서베를린 경찰관으로 교체 및 배치하였다. 서베를린 경찰관 2,300여 명을 동베를린지역으로, 동베를린 경찰관 2,700여 명을 서베를린으로 이동하여 혼합배치하였다.[27]

Ⅳ 통일과정과 미래 비전

1. 통일한국 치안통합의 기본원칙(자유민주주의 · 인권존중 · 법치주의)

한반도 통일의 시기와 방식은 예측하기 어렵지만, 통일한국은 민주주의와 인권존중, 법치주의라는 3대 기본원칙을 바탕으로 통일을 준비해야 할 것이다. 통일의 기본원칙과 같이, 통일한국의 치안 역시 자유민주주의를 수호하고, 인권을 존중하고, 법에 따라 경찰권이 작동하는 방향으로 진행되어야 할 것이다.

북한의 치안기관은 현재 북한의 전체주의적 특성에 따라, 정권과 체제 유지를 위한 기관으로서 정권을 수호하고, 주민과 사회를 통제하는 역할을 한다. 이러한 과정에서 북한주민들의 인권은 제한되거나 침해받는 경우가 빈번하다. 또한, 북한에서는 지도자의 결정과 명령이 법을 상회하여 이뤄짐에 따라, 북한경찰들은 법을 근거로 직무를 수행하기보다 상부기관에서 하달하는 명령과 조치에 따라 업무를 수행하고 있다.

---

27 위의 글, p.486; Moldenhauer, Harmut, *Die Vereinigung der Beliner Polizei*, 2001, p.20. 재인용.

반면, 한국의 치안기관인 경찰은 대한민국이 추구하는 자유민주주의에 따라 자유민주사회를 지키는 역할을 한다. 경찰관들은 직무를 수행하는 과정에서 합리적인 이유 없이 성별, 종교, 장애, 병력, 나이, 사회적 신분, 국적, 민족, 인종, 정치적 견해 등을 이유로 차별하지 않고, 신체적·정신적·경제적·문화적인 차이 등으로 특별한 보호가 필요한 사람의 인권을 보호하는 의무를 갖는다.[28] 또한 한국은 법치국가로서, 경찰관은 헌법과 법령에 의거하여 적법절차에 따라 직무를 수행하고 있다.

따라서 통일한국의 치안통합은 자유민주주의를 추구하며 경찰업무를 수행하는 한국경찰이 주도하는 방향으로 이뤄져야 할 것이다.[29] 중앙집권적 특성을 가진 북한경찰의 조직구조 변경, 업무 조정, 경찰관 사고와 관행의 변화를 통해 민주화하는 과정이 필요하다.

북한은 주민의 혁명정도에 따라 성분을 분류하였고, 북한경찰은 주민들의 성분에 따라 주민들의 입학, 취업, 입대, 이동, 주거 등을 제한하고 통제하는 역할을 하고 있다. 북한경찰들이 주민들의 성분에 따라 차별적 통제와 조치를 취하는 것은 매우 만연한 일이다. 통일 후에는 북한경찰들이 성분을 포함한 성별, 종교, 사회적 신분, 정치적 견해 등 합리적인 이유 없이 주민들을 차별하거나 인권을 제약하지 않도록 교육함으로써 잔존하는 차별, 부정부패 관행을 없애야 할 것이다. 경찰은 국가와 시민의 생명과 재산을 지키고, 치안 서비스를 제공한다는 한국경찰관의 방향을 추구해야 할 것이다.

북한주민의 불법행위는 정해진 법뿐 아니라, 당과 지도자의 정책과 지침에 따라 하달되는 '포고문'을 통해서도 처벌된다. 포고문은 당시 상황과 지역 특성 등에 따라 당시 범죄행위에 대한 형벌과 형량이 정해져 내려온다. 포고문상 불법행위는 법으로 규정되지 않은 행위일 수도 있고, 해당 행위가 법적 형량이 정해져 있을지라도 정해진 형량보다 더 높게 처벌되기도 한다. 이에 따라 북한주민과

---

28 경찰관 인권행동강령 제6조 (차별금지 및 약자, 소수자 보호).

29 이윤호 외, 앞의 글, pp. 329-331.

경찰들은 법보다는 지도자의 말씀과 지침, 그에 따른 포고문을 더 중요시 여기는 경향을 보이기도 한다.[30] 따라서, 통일 후에는 북한경찰들이 최우선적으로 헌법과 법령에 의하여 적법절차에 따라 공적하고 객관적으로 직무를 수행하도록 해야 할 것이다.

2. 통일한국 치안 수요

1) 통일한국 예상범죄와 예방

① 공동재산의 절도

통일 후에는 자본주의와 사회주의 경제체제에서 살던 주민들의 생활이 통합되고, 기본적인 경제체제의 방향이 대한민국이 지향하는 '수정자본주의'가 전제가될 것이다. 사회주의 국가에서 빈번히 발생하는 경제범죄 중 하나는 '국유재산의 절취'이다. 국영 농장과 기업소의 물품과 재산은 국가 소유이며, 소속된 농장원과 노동자들은 회사와 농장에서 사용하는 물품을 대여하거나 훔치거나 생산품과 식량을 훔치는 것으로 국유재산의 절취가 나타난다. 북한은 1990년대 식량난 이후에는 국가배급체계의 정상 작동이 어려워졌고, 주민들은 각자의 생계를 유지하기 위하여 각자의 생존 방법을 모색하면서 국유재산의 절도가 더 만연해졌다. 북한에서는 식량난 속에서 어지러운 질서를 바로잡고자 국유재산 절취에 대해 공개처형함으로써 강하게 처벌하였다.[31] 이는 배급제도가 정상 작동되지 않는 사회주의

---

30 2011년 북한이탈주민 80명을 대상으로 진행된 설문조사에서 "북한에서 사는동안 법이라고 생각했던 것은 무엇이냐"는 질문에서 지도자의 말씀이 90.5%로 가장 높았고, 그 다음은 포고문 86.5%, 헌법과 형법 등 국가 법이 79.7%, 유일사상 10대원칙 71.6%, 내각 결정문과 지시가 56.8%를 차지했다. 통일연구원, 『북한인권백서 2013』 (서울: 통일연구원, 2013), p. 62.

31 "2009년 1월 황해북도 사리원시에서 통신선을 절도하였다는 이유로 30대 남성 1명이 총살되었다." 2012-04-26 인터뷰 재인용, 통일연구원, 『북한인권백서 2015』 (서울: 통일연구원, 2015), p.53; "명천구 룡암구에 거주하는 림철산이라는 자가 기업소에서 관할하는 염소를 훔친 공범 4명과 함께 처형당했다." 2002-06-29 인터뷰 재인용, 통일연구원, 『북한인권백서 2004』 (서울: 통일연구원, 2004), p.79.

국가에서 국유재산의 절취가 죄의식 없이 빈번하게 이뤄지고 있어, 강력한 처벌을 통해 시범을 보이고자 한 것으로 분석된다. 통일한국의 기본적인 경제제도가 계획경제가 아닌 수정자본주의를 기초로 한다고 볼 때 만연하게 이뤄지는 절취는 더 이상 넘어갈 수 있는 문제가 아니며, '절도'와 '횡령'으로 법적 처벌의 대상이 된다. 북한에 비해 한국에는 많은 장소에 CCTV 등이 설치되어 있어 잦은 절도와 횡령의 법적 처벌은 피할 수 없을 것으로 보인다. 또한, 남한주민들에게는 북한주민들이 절도와 횡령을 아무렇지 않게 행하는 모습이, 북한주민들에게는 별거 아닌 일에 신고하고 처벌하는 분위기에 상호 불만과 갈등이 유발되고 남북한 주민이 서로에게 상호 간 부정적 이미지를 유착시킬 수 있을 것이다.[32]

따라서, 경제체제의 다름으로 발생하는 범죄에 대한 철저한 교육과 이해가 필요할 것이다. 계획경제하에서 회사와 농장의 물건과 상품은 누구에게도 속하지 않는 국가 소유로 보았지만, 자본주의하에서는 소유자가 정해져 있으며, 국가 소유의 물건이나 기물의 파손의 경우에도 법적이 책임을 피할 수 없음을 북한주민들에게 인지시켜야 할 것이다.

② 마약 문제

북한에서는 중요 정치범죄와 중대범죄 그리고 정권이 중요시하는 사회적 범죄행위들을 주민들 앞에서 공개적으로 재판하고 처형한다. 마약범죄 역시 공개 처형과 재판의 대상이 되고 있으며, 북한 형법과 행정처벌법에서도 마약범죄를 처벌하고 있다. 북한은 추가적으로 마약의 생산과 공급, 보관, 이용에 질서를 세우고자 2003년 8월 '마약관리법'을 채택하였고, 2021년 7월에는 '마약범죄방지법'을 채택하며 '마약범죄와의 투쟁'을 선포하였다. 북한은 아편의 불법 채취와 마약 불법 제조, 마약 밀수와 거래한 행위에 대해 사형까지 처벌하고 있으며, 이는 마약사용과 거래가 만연한 북한사회의 실상과 마약 범죄의 심각성을 반영한

---

32 통일독일에서는 서독주민과 동독주민 간의 이질감, 동독의 상대적 빈곤감, 서독으로부터의 소외감, 동독인들의 자본주의적 경쟁사회와 소비사회에 대한 적응 문제, 사회주의 이데올로기의 소멸로 인한 정신적 공허감과 문화적 주체성 상실 등 다양한 사회적 문제가 발생하였다. 최선우, "남북통일에 따른 치안예측과 경찰의 대응전략,"『통일정책연구』, 제11권 1호(2002), p. 186.

다. 북한은 평안북도 평성과 함경북도 함흥 소재 과학원에서 마약을 직접 생산하고 있으며, 과학원에서 일하는 주민이 마약을 빼내 와 장마당에 판매하고, 판매한 마약들이 유통되어 사용되고 있다. 북한이탈주민들이 국내에서도 마약을 사용하는 경우가 발생하고 있다.[33] 한국의 경우, 2023년 4월 서울 강남 일대 학원가에서 미성년자를 대상으로 마약 음료를 나누어 준 사건이 발생하는 등 마약 문제의 심각성이 대두됨에 따라 경찰청은 마약범죄 근절을 '국민체감 2호 약속'으로 정하는 등 주요 문제로 다루고 있다.[34] 한국에서는 디지털 플랫폼을 통한 마약에 대한 접근성 증가 등을 통해 젊은층의 마약범죄가 증가하고 있다. 통일 후에는 마약을 생산하고 사용하는 지역과 현재 마약이 디지털 플랫폼을 통해 구매되고 있는 지역이 합쳐진다고 보고, 더 치밀하고 엄격하게 마약범죄를 예방하고 차단하는 대책을 마련해야 할 것이다. 디지털 플랫폼 마약판매 및 사용 단속, 플랫폼 24시간 모니터링 및 폐쇄 등 철저한 대책과 엄격한 법집행이 요구된다.

2) 통일 후 취약범죄(지능범죄)의 예방

현재 한국에서 가장 많이 발생하는 범죄는 지능범죄이며, 지능범죄는 꾸준히 증가하는 추세이다. 통일한국에서는 북한주민들 역시 주요범죄의 대상이 됨에 따라, 지능범죄에 대한 철저한 교육과 대책이 필요할 것이다. 한국사회의 범죄 발생 건수 총 1,130,831건 중 지능범죄가 322,919건으로 가장 비율이 높으며, 지능범죄의 세부 유형중 특히 사기가 322,919건 중 260,330건으로 비율이 가

---

33 2022년 법무부가 발표한 바에 따르면 탈북민 재소자 166명이며, 마약 사용으로 인한 비율이 가장 높았다. 박용미, "'마약 유혹' 탈북민 재소자 느는데…"새출발 돕는 손길 절실"," 『국민일보』, 2024년 4월 18일, https://www.kmib.co.kr/article/view.asp?arcid=0020012318 (검색일: 2024년 5월 2일).

34 2023년 마약범죄는 2022년 대비 50% 증가하였다. 특히 다양한 범죄 유형 중 온라인을 통한 마약 구매 등 접근성 증가로 인한 젊은 층의 마약범죄 확산이 두드러졌다. 이에 경찰청은 2023년 국민체감 2호 약속으로 마약류 범죄 근절을 제시하였다. 그 성과로 2023년에는 전년도 대비 마약사범 검거인원 50%, 구속인원 71%로 증가하였다. 경찰대학 치안정책연구소, 『치안전망 2024』 (아산: 치안정책연구소, 2024), p. 10, p. 58.

장 높다. 악성사기의 종류로는 전기통신금융사기, 가상자산유사수신 사기 등, 보험사기특별법위반, 특경법 위반, 사이버 사기, 전세사기 등이 있다. 그중에서 가장 큰 비중을 차지하는 범죄는 사이버 사기 및 금융범죄이다. 북한사회에서는 사회통제를 위해 주민들의 주거와 이동이 제한되고, 휴대폰 사용 등 통신이 정권에 의해 제한 및 도청됨에 따라, 주민 대상 고도화된 지능범죄가 한국만큼 성행하고 있지는 않을 것으로 추정된다. 따라서, 통일 이후 북한주민들은 경제와 정치적 제도에 적응하면서도 새로운 범죄에 노출되게 된다. 현재 한국의 경찰은 사이버 사기와 금융범죄의 심각성을 인식하고, 범죄 척결을 위한 '사이버사기 금융범죄 집중단속'을 실시하고 있고, 인터폴 및 해외 수사기관과 정보기술 기업과 국제공조를 강화하고 있다.[35] 통일한국의 경찰 역시 해당 범죄에 취약한 북한주민들을 대상으로 한 사기 범죄 예방 교육 진행 등 사이버 금융사기 예방과 척결을 위한 중점적인 노력이 필요할 것이다.

---

35 2023년 7월부터는 전기통신금융사기 통합신고대응센터를 설치하여 시범운영을 실시하고 있으며, 전국 시도청에 중요 경제범죄 전담수사계를 신설하여 경찰서에서 접수되는 특경법과 자본시장법 등 전문 죄종을 이관받아 집중수사를 실사하는 등 사기범죄 대응 역량을 강화하고 있다. 위의 글, p. 84.

표 10-6 국내 범죄 유형별 발생건수 변화

(단위: 건)

유형	2014	2015	2016	2017	2018	2019	2020	2021	2022	2022.9	2023.9
계	1,778,966	1,861,657	1,849,450	1,662,341	1,580,751	1,611,906	1,587,866	1,429,826	1,482,433	1,087,936	1,130,831
강력범죄	25,277	25,334	25,765	27,274	26,787	26,476	24,332	22,476	24,954	18,479	18,809
절도범죄	266,222	245,853	203,037	183,757	176,809	186,957	179,517	166,409	182,270	129,828	136,354
폭력범죄	290,073	305,947	309,394	293,086	287,611	287,913	265,768	232,661	245,286	181,515	177,306
지능범죄	298,652	316,121	312,577	302,466	344,698	381,533	424,642	361,107	405,105	304,122	322,919
풍속범죄	25,070	24,491	26,165	22,501	20,162	21,153	22,632	23,360	27,113	19,957	19,101
특경범죄	72,908	86,329	65,025	53,356	53,994	51,400	47,826	40,708	48,615	35,490	41,821
마약범죄	4,825	6,411	7,329	7,501	6,513	8,038	9,186	8,088	10,331	8,154	12,134
보건범죄	14,657	14,602	14,662	12,561	11,033	12,570	14,595	16,936	17,749	14,921	7,290
환경범죄	2,536	2,955	4,349	4,879	4,791	3,877	3,568	3,656	3,477	2,608	4,397
교통범죄	573,493	596,665	600,401	501,162	408,371	377,354	348,725	308,634	241,029	177,487	175,792
노동범죄	1,308	1,145	2,457	2,862	1,883	975	356	406	714	585	1,826
안보범죄	84	121	81	98	69	169	216	206	219	167	167
선거범죄	1,874	760	1,018	640	1,897	611	829	274	2,969	2,501	703
병역범죄	21,549	18,726	16,651	15,327	14,271	12,712	3,845	1,823	4,638	2,186	6,038
기타범죄	180,437	216,197	260,539	234,871	221,862	240,168	241,829	243,082	267,964	189,936	206,174

출처: 경찰청(2023).

3. 통일한국 치안통합 방향

남북한 치안기관은 유지 목적과 역할이 매우 다르다. 한국은 자유민주주의 국가로, 북한은 1인 독재 1당 중심의 사회주의체제라는 차이에서 기인한다. 북한의 체제는 전체주의적 특성을 가진다. 프리드리히와 브레젠진스키는 전체주의 체제의 특징으로 지도자와 정권의 체제유지를 위해 주민들을 통제하는 물리적 기구인 '폭력적 경찰 통제시스템'이 존재한다는 점을 제시하였다.[36] 북한의 사회

---

36 전체주의 독재체제의 특징 6가지는 첫째, 정교한 공식 이데올로기, 둘째, 독재자 1인이 영도하

안전성은 지도자와 체제의 유지를 위한 물리적 통제 기관으로서 기능하는 반면, 한국의 경찰은 자유민주주의체제하에서 국민의 생명과 재산을 보호하기 위한 치안기관으로 기능한다. 또한 한국의 경찰이 범죄 예방 및 수사, 치안정보수집, 질서유지, 교통단속, 정보수집 등의 업무를 수행하는 반면, 북한의 사회안전성은 수령을 지켜내는 수령결사옹위를 중심으로, 체제유지를 위한 주민통제 업무를 하며, 불법행위 단속과 치안질서 유지뿐만 아니라 소방과 교정, 주민등록 등 광범위한 업무를 수행한다.

표 10-7 남북한 치안기관 기능 및 역할 비교

구분	한국	북한
명칭	경찰청	사회안전성
계급구조	11계급	군인계급과 동일 (15계급)
인사구조	중앙 선발 및 교육	군관급은 중앙에서 교육, 하사관급은 시군에서 선발하여 교육
최우선 목표	국민의 생명과 재산의 보호	수령결사옹위
역할	국민의 생명, 신체, 재산보호, 범죄 예방, 수사, 치안정보 수집, 교통 단속, 치안질서 유지 등	수령결사옹위, 주민감시 통제, 불법행위 단속, 치안질서 유지, 소방, 교정, 국가건설 동원, 주민등록 등
조직 형태	경찰청, 시·도 경찰청, 경찰서, 지구대·파출소	사회안전성, 시·도 사회안전국, 사회안전부, 안전서, 분주소

출처: 저자 작성.

1) 북한 치안의 교류 필요성

독일은 주민들의 이동과 문화 등 교류가 존재하였지만, 치안 부분의 교류는 존재하지 않았다. 통일 과도기 시기에는 동서독 베를린 경찰을 중심으로 경호 부

는 전체인구의 10% 정도로 구성된 하나의 대중 정당, 셋째, 당과 비밀경찰의 통제를 통한 테러체계, 넷째, 당과 정부의 매스미디어 독점, 다섯째, 무기의 독점, 여섯째, 중앙집권적 사회주의적 계획경제이다. C. J. Friedrich and Z. K. Brzezinski, *Totalitarian Dictatorship and Autocracy* (Cambridge: Havard University Press, 1965), p.22.

분에서 교류가 시작되었다. 한국의 경우, 현재 남북한 국가적 교류가 거의 없지만, 남북 간 인적, 물적 교류가 가능해진다면, 상호교류를 하는 과정에서 필요한 치안 상황을 협력하면서 통합의 기틀을 마련할 수 있을 것이다. 통일 준비단계부터 치안기관의 교류와 지원을 통해, 남과 북의 범죄자 신원파악에 협조하고, 중요 범죄정보를 공유한다면, 상호 국내 치안상황과 범죄 경향을 파악할 수 있을 것으로 기대한다. 독일의 경우 지역을 상호 매칭하는 MOU 방식으로 치안기관이 연결되었고, 상호 지원을 하였다. 남한의 지역과 북한지역을 매칭하여 주요 범죄 경향과 추세 등 거시적인 정보를 공유한다면, 통일 후 발생할 수 있는 범죄의 종류와 추세를 예상함으로써 해당 범죄를 예방 및 대비할 수 있을 것이다. 예를 들어, 서울-평양, 남포-인천과 같이 역할이나 특성이 유사한 지역을 연결하거나, 강원도 원산과 강릉과 같이 지리적 유사도가 높은 지역끼리 매칭한다면, 치안 제도와 사례에서 배울 점을 쉽게 체득할 수 있을 것으로 기대한다. 독일의 경우 통일 이후 MOU식 지역 매칭을 통해 치안기관들이 공유했지만, 통일한국은 사전 치안기관 교류를 진행한다면 통일 후 치안기관 간 협력과 통합이 수월하게 진행될 것이다. 단, 통일을 준비하면서도 대한민국 경찰은 언제나 우리 국가안전보장과 유지를 위한 방첩업무 역시 중점을 두고 지속적으로 수행해야 할 것이다. 남북 치안기관의 사전 협력을 통해 예상되는 통일 범죄를 대비하고 준비한다면, 더욱 안정적인 통일환경을 조성할 수 있을 것으로 기대한다.

2) 치안통합을 위한 법제의 필요성

통일한국의 치안은 자유민주주의와 인권존중 그리고 법치주의를 기본원칙으로 할 것이다. 기본원칙에 근거하여 치안통합의 방향을 설정하고, 추진 기반이 되는 '통일한국 경찰법(가칭)'의 설정이 필요하다. 독일의 경우, 통일 직후 동독의 인민 경찰법은 효력을 상실하였고, 즉시 서독의 법령이 동독에 영향을 미쳤다. 연방국가 독일의 경우 베를린 외의 다른 주에서는 직접 경찰법을 제정하고 있기 때문에, 통일 후 동독 5개의 신 연합주에서 '주'의 상황과 필요에 맞게 직접 '주

경찰법'을 제정할 때까지 지침이 되어줄 경찰 업무법을 제정하였다.

한국의 경우 자치경찰제를 도입하고 있지만, 2024년 현재를 기준으로 볼 때 국가경찰과 자치경찰 간의 분리가 완전히 이뤄지지 않은 상태이다. 이에 따라 통일한국 경찰법은 통일 직후 북한 경찰법의 효력을 상실시키고, 일차적으로 대한민국 경찰청(중앙경찰)에서 북한경찰의 활용문제, 민주경찰화, 남한경찰의 북한지역 파견, 남북한 경찰의 지역간 비율, 통일한국 치안통합을 위한 교육 등을 정하는 방향으로 고려되어야 할 것이다. 한국의 경우 연방제도와는 달리 국가적인 통합개념의 경찰이 더 강하고, 지역의 특수성에 맞게 경찰제도가 적용되고 있다. 현재 한국경찰의 운영은 독일과 같이 각 도가 독립적으로 경찰법 제정과 운영을 하기는 어렵지만, 남과 북이 합쳐지는 통일시기에는 국가경찰로서 전국을 균일하게 관리하기 어려워짐에 따라, 각 도의 지역 경찰 관리와 운영에 대한 책임이 더 커질 것으로 예상한다. 또한 기본적으로 지자체에서 경찰제도를 운영하더라도 범 전국적이고 국가적인 문제에 대한 공동대응을 할 수 있는 상호유기적이고 연계된 경찰제도의 정착이 필요할 것이다.

V 결론

통일은 남북한 모두에게 새로운 기회이다. 통일이라는 새로운 기회를 잘 활용한다면, 통일한국은 정치·경제적으로 성장하여 동북아, 나아가서는 세계의 강대국으로 자리매김할 수 있을 것이다. 통일을 발판 삼아 한국이 성장하기 위해서는 안정적인 치안환경이 중요하다. 한국과 북한은 서로 다른 체제하에서 70여 년을 살아왔기 때문에 통일로 인한 불안정한 분위기와 환경 조성은 피하기 어려울 것이다. 그러나 남북한 치안기관이 서로 다른 체제를 파악하고 준비한다면 불안정한 환경이 유지되는 기간을 단축하고 남북한 주민들의 통합에 기여할 수 있을 것이다.

독일은 동독의 중앙집권적 치안기관이 서독의 분권적인 '주' 중심적 치안기관으로 흡수 통합되었다. 통일 과도기 동서독 베를린의 치안 협력을 시작으로, 동독의 새로운 연방주가 '주 경찰법'을 제정할 때까지 적용할 수 있는 경찰업무법을 제정하였다. 동독의 경찰들은 심사를 받아 재고용되었고, 계속적인 교육을 통해 변화된 사회에 적응할 것을 지원받았다. 통독의 경찰통합 사례가 한국사회에 그대로 적용되기에는 경찰의 운영형태와 남북한 접경지대의 범위가 다르며, 통일의 방식과 시기를 예측할 수 없다는 점에서 불가능하다. 그러나 통일독일이 치안기관 간의 MOU 형태의 협력을 하였고, 과도기에 적용할 수 있는 법을 제정하여 추진하였다는 점, 동독과 서독 경찰관 대상으로 계속적인 교육을 하였다는 점은 통일한국의 니즈와 환경에 맞추어 적용가능할 것이다.

남북한은 각기 다른 범죄발생 양상을 보이고 있다. 사회주의 계획경제체제의 북한에서는 '국유재산의 절취'가 만연하다는 점과 IT 등 기술발전이 이뤄진 남한에서는 사이버 공간 등을 활용한 사기 '지능범죄'가 증가하고 있다는 점을 주목해야 한다. 남한주민 대상, 통일 인식, 인권, 통일한국 범죄예방 등 교육이 필요하며, 북한 주민들의 민주주의와 법치주의 인식, 자본주의 경제 인식의 함양과 범죄예방 교육 등 대책 마련이 필요할 것이다. 특히 북한에서는 마약이 생산되고 있고, 남한에서는 디지털 플랫폼을 이용한 마약 거래량이 높아지고 있어 마약 퇴치와 확산 예방을 위한 치안기관의 협력과 대응이 요구된다.

한반도 통일에는 득과 실이 존재한다. 이점이 오는 시기를 앞당기고 확장하기 위해서는 통일한국의 안정적인 치안환경 조성을 위한 정책 수립과 추진 의지가 매우 중요하다.

참고문헌

국내문헌

경찰대학 치안정책연구소. 『치안전망 2024』. 아산: 치안정책연구소, 2024.

김응수. "한반도 안정화 작전시 효율적인 치안질서." 『한국군사』, 제1권(2017): 147-179.

김종명. "남북한 통일대비 치안수요의 대처방안 연구." 『한국유럽행정학회보』, 제6권 제2호 (2009): 55-80.

박기륜. "한반도의 통일에 따른 예상치안문제와 대비방안." 『경호경비연구』, 제1권(1997): 99-122.

박용미. "'마약 유혹' 탈북민 재소자 느는데,,,"새출발 돕는 손길 절실"." 『국민일보』, 2024년 4월 18 일. https://www.kmib.co.kr/article/view.asp?arcid=0020012318 (검색일: 2024년 5월 2일).

박창석. "북한의 경찰작용법에 대한 일반적 고찰." 『한양법학』, 제23권 제4집(2012): 137-152.

배진. 『북한 사회안전성의 주민통제 연구』. 박사학위 논문, 고려대학교, 2024.

신현기 외. 『비교경찰제도론』. 서울: 법무사, 2021.

유동열. "북한 정보기구의 변천과 현황." 『국가정보연구』, 제11권 1호(2018): 153-187.

이관희. 『독일통일과 독일경찰조직의 정비』. 용인: 치안연구소, 1996.

이윤근. 『비교경찰제도론』. 서울: 법문사, 2001.

이윤호 외. "독일의 경찰통합 사례에 따른 남북한 경찰조직의 통합방안." 『한독사회과학논총』, 제 16권 제2호(2006): 307-344.

이종석. 『새로쓴 현대북한의 이해』. 서울: 역사비평사, 2000.

전현준. 『북한의 사회통제 기구 고찰: 인민보안성을 중심으로』. 서울: 통일연구원, 2003.

최선우. "남북통일에 따른 치안예측과 경찰의 대응전략." 『통일정책연구』, 제11권 1호(2002): 175-198.

최응렬 · 이규하. "북한 인민보안부의 사회통제에 대한 연구." 『사회과학연구』, 제19권 1호(2012): 187-218.

추영빈. 『북한지역 경찰조직설계에 관한 연구』. 박사학위 논문, 관동대학교, 2011.

통일연구원. 『북한인권백서 2004』. 서울: 통일연구원, 2004.

_____. 『북한인권백서 2013』. 서울: 통일연구원, 2013.

_____. 『북한인권백서 2015』. 서울: 통일연구원, 2015.

_____. 『북한인권백서 2016』. 서울: 통일연구원, 2016.

_____. 『북한인권백서 2023』. 서울: 통일연구원, 2023.

황의정. "북한의 주민 일상에 대한 법적 통제: 비사회주의적 행위와 범죄규정화를 중심으로," 『북
　　한연구학회보』, 제21권 제1호(2017): 115-149.

북한문헌

북한 인민보안법.

"인민보안기관창립 60돐 기념보고회 진행," 『로동신문』, 2005년 11월 19일자.

해외문헌

Friedrich, C. J. and Z. K. Brzezinski, *Totalitarian Dictatorship and Autocracy*. Cambridge: Ha-
　　vard University Press, 1965.

제11장

남북한의 교육제도와
통일미래의 교육통합

정다현 통일부 공공부문 통일교육 전문강사

제11장

남북한의 교육제도와 통일미래의 교육통합

I 서론

대한민국 대부분 시·도 교육청에는 '미래'라는 단어가 포함된 행정기구가 있다. 그러나 '미래'가 담긴 부서들의 역할은 저마다 상이하다. 미래기술이라 불리는 AI기반 융합 혁신교육과 에듀테크(Education + Technology) 활용에 집중하는 부서, IB(Internationale Baccalaureat) 프로그램 등 미래에 필요한 역량을 교육하는 방법의 도입에 집중하는 부서, 학교의 형태를 그린스마트 미래학교 혹은 미래형 통합운영학교로 전환하는 작업을 하는 부서 등이 있다. 이렇게 교육의 '미래'가 저마다 다른 이유는 무엇일까. 당연히 아직 도래(到來)하지 않아서 알 수 없기 때문이다. 알 수 없지만, 과거에 대한 성찰과 현재 상황에 대한 분석을 바탕으로 저마다 최선의 준비를 통해 '더 나은 미래'를 준비해 나가는 것이다.

이렇게 다양한 대한민국 교육의 '미래'에 필수적으로 고려해야 할 사회적 상황이 있다. 바로 분단현실과 통일 이후의 남북한 교육통합이다. 1990년 10월의 동서독 통일은 잘 예측되고 잘 준비되었던 통일이라 보기 어려웠다. 통일 직전인 1989년 9월 독일의 여론조사 중 "동서독 통일을 생전에 체험하게 되리라 확신하는지"에 대한 질문에 '그렇다'라는 답변은 23%에 그쳤으며, '아니다'(54%), '잘 모르겠다'(23%)가 77%에 달했다는 점이 이를 시사한다.[1] 독일과 같이 당장 1년 이후 급작스러운 통일이 이루어진다면, 과연 우리 교육제도는 '미래'를 잘 준비한 상태로 대처하고 있다고 할 수 있을까?

수많은 담론과 논의가 펼쳐질 통일과 그 이후 남북교육통합에 대하여 고민하는 일은 분명 쉽지 않은 일이다. 하지만 분단이 지속될수록 역설적으로 통합준비의 필요성은 더욱 커진다. 통일로 인해 발생하는 사회·경제적 비용은 최소화되고, 기회는 극대화될 것이라고 미래세대를 '설득'할 수 있어야만 통일의 필요성을 높일 수 있기 때문이다. '사회적 혼란'과 '경제적 비용'은 학교와 청소년들이 꼽은 '통일이 필요하지 않은 이유'이다.

민주평화통일자문회의가 2023년 7월 발표한 청소년 대상 통일여론조사에서 통일이 필요하다는 응답이 53.8%로 성인보다 19.9%p 낮게 나타났으며, 그 이유로는 '극심한 정치적 사회적 혼란 발생'(54.9%)과 '막대한 경제적 비용 발생'(32.9%)이 가장 높게 꼽혔다. 2024년 3월 통일부가 발표한 '2023년 학교 통일교육 실태조사'에서도 통일이 불필요한 이유로 '통일 이후 사회적 문제'(26.6%)와 '통일의 경제적 부담'(27.9%)으로 꼽혔으며 이는 전년 조사 대비 각각 0.7 및 5.2%p가 상승한 것으로 나타났다.

미래세대가 통일을 당위적인 문제로 판단하기보다 현실적인 문제로 인식하고 있다는 의미이며, 결국 미래세대는 '사회적 혼란'과 '경제적 부담' 문제가 해결되거나 해결방안과 그로 인한 이익을 이해할 수 있을 때 비로소 통일이 필요하다고 느낄 수 있다는 결론이다. 어려운 남북관계와 엄중한 동북아 질서 속에서 먼 미래라고 생각하기 쉬운 통일미래의 교육통합을 당장 오늘부터 준비해야 하는

---

1   1989년 11월 "독일은 반드시 통일되어야 한다는 끊임없는 주장이 정당성이 있다"고 보는지, 아니면 "통일을 단순히 세월에 떠맡겨 두어야 한다"고 보는지에 대한 질문에는, "재차 장려해야 한다"는 답변이 19%, "세월에 맡겨야 한다"는 답변이 72%로, 이는 1956년 9월부터 7차례 실시된 조사 중 가장 통일 주도 의지가 약한 답변이 나오기도 했다. 통일원, 『독일통일문제 관련 여론조사 사례: 1984-1992』(서울: 통일원, 1994), pp. 40-41.

이유이다.

한편, 통일미래에 펼쳐질 혼란을 최소화하고 갈등비용 지출을 최소화할 수 있는 출발점이자 갈등을 해소할 수 있는 수단 또한 '교육'이다. 여기에서 말하는 교육이란 통일의 필요성을 직접적으로 고취하는 '통일교육'만을 말하지 않는다. 미래세대가 겪을 통일 이후, 어떤 변화가 어디에서 왜 일어나 어떻게 통합될 것인지에 대한 구체적 통일상상력이 발휘된 '통일미래에 대한 교육'을 포함한다.

수많은 경우의 수가 펼쳐질 통일미래에 대해 스스로 미래의 조각을 하나씩 맞춰나갈 수 있는 교육이 이루어진다면, OECD의 The Future of Education and Skills 2030의 '학습나침반'이 지향하는 개인과 사회의 웰빙(Well-being)을 위한 변혁적 역량을 갖출 수 있다고 믿는다. 미래세대의 변혁적 역량은 '새로운 가치 창출하기', '갈등과 딜레마 조정하기', '책임감 갖기' 등으로 갖춰지며, 이는 통일 이후의 새로운 가치를 고민하고, 혼란스러운 통일미래에 대한 갈등과 딜레마를 책임감 있게 조정하며 이루어질 수 있다는 것이다.

본 장에서는 통일미래를 상상해 한반도의 교육통합과 이를 위해 고려할 문제와 해결방안을 고민해나가고자 한다. 이러한 통일은 대한민국 헌법 제4조와 같이 '자유민주적 기본질서에 입각한 평화적 통일'이 이루어진다는 점을 전제하고 그에 필요한 교육통합 분야들을 검토한다. 먼저, 남북한 교육분야의 현주소를 확인하며 차이점, 즉 통합 필요성이 있는 세부 분야를 도출한다. 다음으로 통일 이후 각 분야의 통합에 매진하였던 동서독 통합과정의 이슈들을 확인한다. 이들을 바탕으로 향후 통일한반도의 교육통합 방안을 구체적으로 고민한다.

본 장에서는 본격적으로 남북한 교육을 비교하여 체제별 교육의 현주소와 격차를 확인하고자 한다. 이를 위하여 남북한의 교육이념, 학제와 교육과정, 교원양성과 교육행정제도를 살펴보고, 필요한 경우 변천과정과 남북 간의 차이점을 분석한다.

1. 남북한의 교육이념과 목표

'교육이념'이라는 용어의 의미는 통상 국가의 교육이 지향해 나가야 할 방향으로 이해되어 교육목적 또는 교육목표와도 혼용되고 있다. 교육이념이란 특정한 활동이나 개인적 관심의 대상이 되는 교육이 아니라, 국가 전체 교육제도에 적용되는 개념이다. 이는 궁극적으로 국가의 교육이 언젠가는 달성해야 하는 목표, 현실적으로 진행되는 모든 수준의 활동이나 실천적 원리에 대한 교육적 판단의 기준이 되는 것, 현실적 교육의 이면에서 작용하는 의식구조를 뜻한 '이데올로기'와도 유사한 같은 용어로도 볼 수 있을 것이다.

모든 국가의 정치이념은 그 국가의 교육이념의 기본이 되지만, 이는 자유민주주의 국가에 비하여 사회주의 혹은 전체주의에서 보다 뚜렷하게 나타났음을 알 수 있다. 소련의 경우 교육이 철저히 마르크스-레닌주의 이념에 종속되었으며, 이에 따라 교육의 자율권은 배제되었다. 최고 통치 이념으로 '주체사상'을 표방하고, 이를 '유일사상체계확립 10대원칙'으로 구현하는 북한은 교육의 종속화가 더욱 심화하였을 것으로 보인다. 남북한의 교육이념을 비교하여 한반도 통일에 앞서 두 체제가 가지고 있는 격차를 확인하고자 한다.

1) 남한의 교육이념과 목표

대한민국의 교육이념은 관련 법령에서 확인할 수 있다. 첫째, 균등한 교육권이다. 대한민국 헌법 제31조에서는 교육에 관하여 규정한다. 제1항에서는 모든 국민이 균등하게 교육받을 권리를, 제2항에서는 모든 자녀에게 일정 수준 이상의 교육받을 권리를, 제3항에서는 제2항의 의무교육에 대한 무상교육 원칙을 규정한다. 기본적인 교육에 대하여 모든 국민이 자녀에게 일정 수준 이상의 교육시킬 권리를 명시하는 것이다. 둘째, 교육의 정치적 중립성이다. 헌법 제31조 제4항에서는 교육의 정치적 중립성을 규정하였으며, 이를 교육기본법 제6조에서는 "교육은 교육 본래의 목적에 따라 그 기능을 다하도록 운영되어야 하며, 정치적·파당적 또는 개인적 편견을 전파하기 위한 방편으로 이용되어서는 아니 된다"라고 명시한다. 교육을 정치적 이념의 전파 도구로 활용되어서는 안 된다는 것이다. 셋째, 홍익인간 이념과 민주국가의 발전과 인류공영의 이상 실현이다. 해방 이후 1945년 11월 꾸려진 '조선교육심의회'에서는 '홍익인간의 건국 이상에 기초하여 인격이 완전하고 애국정신이 투철한 민주국가의 공민을 양성함'을 교육이념으로 채택[2]하였고 이는 1949년 12월 제정된 교육법 제1조에 반영되었다. 그리고 교육법이 폐지되고 1998년 3월 제정된 교육기본법부터는 제2조에서 지속적으로 의미가 유지되고 있는 교육이념이다. 현재는 "교육은 홍익인간(弘益人間)의 이념 아래 모든 국민으로 하여금 인격을 도야(陶冶)하고 자주적 생활능력과 민주시민으로서 필요한 자질을 갖추게 함으로써 인간다운 삶을 영위하게 하고 민주국가의 발전과 인류공영(人類共榮)의 이상을 실현하는 데에 이바지하게 함을 목적으로 한다."라고 표현된다. 이러한 홍익인간 이념에는 민주주의와 민족주의 또한 포함되는 것으로 볼 수 있다.

---

2   김정원 외, 『남북한 학제 비교 및 통합 방안 연구』 (진천: 한국교육개발원, 2015), pp. 51-52.

2) 북한의 교육이념과 목표

북한의 교육이념은 헌법 등 관계법령, 그리고 사회주의 교육에 관한 테제에서 확인할 수 있다. 김일성 시대의 교육은 1977년의 '사회주의 교육에 관한 테제'에 따라 '공산주의적 새 인간형' 육성을 목표로 했다. 테제는 '사회주의 교육학 기본원리', '사회주의 교육내용', '사회주의 교육방법', '사회주의 교육제도', '교육기관 등의 임무와 역할', '교육사업의 지도와 강조' 등의 내용을 포괄하고 있다. '사회주의 교육학 기본원리'에서는 사람들을 자주성, 창조성을 지닌 공산주의 혁명인재로 키우기 위한 기본원리로서 '혁명화, 노동계급화, 공산주의화'를 명시하고 있다. '교육내용'에서는 정치사상교육이 가장 중요하다고 강조하며, '교육방법'으로 실천교육과 이론교육, 생산노동과 교육의 결합, 사회교육과 학교교육의 결합, 조직생활, 사회적 정치활동의 강화 등이 제시된다.

'교육제도'는 국가가 완전히 책임을 지는 교육제도임을 강조하면서, 학교의 사명과 임무를 비롯해 교원의 위치와 역할, 교육사업에 관한 당적 지도 및 국가적 보장, 사회적 지원 등에 대해 설명하고 있다. 따라서 북한에서는 교육이 체제의 유지에 적합한 국민 양성에 핵심 역할을 하며, 교육이념도 개인의 자아실현이나 성장을 위한 것이 아니라 북한 체제유지를 위한 교육이념이다. 주체사상과 혁명의 계속성을 신봉하는 실천적인 혁명가의 양성이 북한 교육의 목적이며 테제의 목적이기도 하다.

표 11-1 북한 헌법에서의 교육이념 주요변천 비교표

	1948.9. 제정 헌법	1972.12. 제정 헌법	2019.8. 개정 헌법
교육이념과 목표	-	제39조 국가는 사회주의교육학의 원리를 구현하여 후대들을 사회와 인민을 위하여 투쟁하는 견결한 혁명가로, 지덕체를 갖춘 공산주의적 새 인간으로 키운다.	제43조 국가는 사회주의교육학의 원리를 구현하여 후대들을 사회와 집단, 조국과 인민을 위하여 투쟁하는 참다운 애국자로, 지덕체를 갖춘 사회주의건설의 역군으로 키운다.
교육권	제18조 공민은 교육을 받을 권리를 가진다. 초등교육은 전반적으로 의무제다. 국가는 빈한한 공민의 자녀에 대하여 무료로 교육을 받도록 한다. 전문학교 및 대학의 대다수의 학생에 대하여 국비제를 실시한다.	제59조 공민은 교육을 받을 권리를 가진다. 이 권리는 선진적인 교육제도와 무료의무교육을 비롯한 국가의 인민적인 교육시책에 의하여 보장된다.	제73조 공민은 교육을 받을 권리를 가진다. 이 권리는 선진적인 교육제도와 국가의 인민적인 교육시책에 의하여 보장된다. 제47조 국가는 모든 학생들을 무료로 공부시키며 대학생들에게는 장학금을 준다. 제45조 국가는 1년 동안의 학교전 의무교육을 포함한 전반적 12년제의무교육을 현대과학기술발전 추세와 사회주의건설의 현실적 요구에 맞게 높은 수준에서 발전시킨다.
비고	인민공화국 헌법	사회주의 헌법	

출처: 법무부 통일법제데이터베이스.

김정일 시대는 2009년 개정된 사회주의 헌법에서 교육의 목표를 '주체형의 새 인간'으로 수정하고, 교육법(1999년 제정, 南 교육기본법 해당), 보통교육법(2011년 제정, 南 초·중등교육법 해당), 고등교육법(2011년 제정, 南 고등교육법 해당) 등 교육 관계 법령을 정비하였다. 김정은 시대가 본격 시작된 2012년, 북한은 최고인민회의에서 법령 '전반적 12년제 의무교육을 실시함에 대하여'를 발표하였으며, 이듬해 '전반적 12년제 의무교육 강령'이 완성된 후 단계별 시행을 거쳐, 2017년 '전반적 12년제 의무교육 전면시행'을 공표했다. 또한 2013년 어린이보육교양법,

2015년 교육법, 보통교육법, 고등교육법을 수정·보충하고, 교원법(2015년), 교육강령집행법(2016년), 원격교육법(2020년) 등을 제정하였다. 2019년에는 개정 사회주의 헌법을 통해 기존의 '견결한 혁명가', '지덕체를 갖춘 주체형의 새 인간'을 목표로 했던 것에서, '참다운 애국자', '지덕체를 갖춘 사회주의 건설의 역군'으로 교육목표를 변경하였다.[3]

북한의 교육에 관한 관심이 커짐에 따라, 북한의 '무상으로 교육받을 권리'는 '법령상으로' 점차 확대되는 방향으로 개정되어왔다. 북한은 1948년 9월 선포한 조선민주주의인민공화국 헌법 제18조에서 공민의 교육받을 권리와 초등교육의 의무교육, '빈한한 공민 자녀'에 대한 무료교육 등을 서술하였다. 모든 의무교육에 대한 무료 교육이 아닌, 빈한한(가난한) 학생의 교육만이 무료라는 것이다. 1972년 12월의 사회주의헌법이 제정되며 본격적으로 '무료의무교육'이 명시되었다. 사회주의 헌법 제정 이후 9번의 개정을 통해 현재(2019년 8월 개정 헌법 기준) 교육받을 권리(제73조), 모든 학생에 대한 무상교육(제47조), 12년제 의무교육(제45조)이 비교적 자세히 규정되었다.

2. 남북한의 학교제도 현황

일반적으로 학제(學制)는 학교 제도의 대강(大綱)으로 "학교단계의 설정과 그 명칭, 각 단계별 교육 연한 등 교육제도의 기본적인 사항을 지칭"한다. 즉, 학제는 '학교 단계(초등, 중등, 고등)'와 '각 학교 단계별 교육 연한(6년, 3년, 3년)' 등 학교제도의 형식적 측면인 '학교의 구조(structure of school)'를 일컫는 개념이다. 각종의 학교는 '계통성'을 가로축(종)으로 하고 '단계성'을 세로축(횡)으로 하는 학제 속에서 한 위치를 차지하게 된다. 따라서 형식 차원의 학제는 교육급과 기간, 학교 종류 등, 학교교육의 외형적 틀을 의미하고 내용 차원의 학제는 교육 프로그램 내용을 의미한다고 할 수 있다. 1945년 해방 이후 남북의 학제 개편과 의무

---

3   통일부, 『2023 북한이해』 (서울: 통일부, 2023), pp. 316-317.

교육제도 확대는 각기 다른 양상을 보여 왔다. 남한은 해방 직후 확정된 학제를 지금까지 유지하고 있으나, 북한은 여섯 차례에 걸쳐 학제 개편을 단행하였다.

1) 남한의 학제

대한민국의 학제는 크게 취학 전 교육, 초등교육, 중등교육, 고등교육을 위한 기관으로 나눌 수 있다. 첫째, 취학 전 교육은 '유아교육'과 '보육'으로 이원화되어 있고, 그에 따라 교육기관도 유치원과 보육시설(어린이집)로 나뉜다. '유치원'은 만 3세부터 취학 전까지의 유아교육을 담당하며 교육부가 이를 관장한다. 반면에 보육시설은 0세부터 취학 전까지의 영유아 보육을 담당하며 보건복지부가 이를 관장한다.[4] 본 장에서는 어린이집의 이러한 특수한 성격을 감안하여 만 3세 이상의 아동을 대상으로 하는 어린이집은 유아교육기관으로 간주하고자 한다. 먼저 유치원은 유아교육법 제7조에 따라 국립유치원, 공립유치원, 사립유치원으로 구분된다. '국립유치원'은 국가가 설립·운영하는 유치원을 말하며 '공립유치원'은 지방자치단체가 설립·경영하는 유치원을 말한다. 공립유치원에는 설립주체에 따라 시립유치원과 도립유치원으로 구분된다. '사립유치원'은 법인 또는 사인(私人)이 설립·경영하는 유치원이다.

어린이집은 영유아보육법 제10조에 따라 7가지로 구분된다. 국가나 지방자치단체가 설치·운영하는 어린이집인 '국공립어린이집', 사회복지사업법에 따른 사회복지법인이 설치·운영하는 '사회복지법인어린이집', 사회복지법인을 제외한 비영리법인이나 단체 등이 설치·운영하는 어린이집으로서 대통령령으로 정하는 '법인·단체 등 어린이집', 사업주가 사업장의 근로자를 위하여 설치·운영하는 '직장어린이집(국가나 지방자치단체의 장이 소속 공무원을 위하여 설치·운영하는 어린이집을 포함)', 개인이 가정이나 그에 준하는 곳에 설치·운영하는 '가정어린이

---

4 2023년 12월 두 교육기관 통합의 출발점인 정부조직법이 유아교육과 보육을 교육부에서 담당하는 방향으로 개정되었고, 2025년부터 본격 유-보 통합 시행을 준비하고 있으나 본 장에서는 2024년 현재 이원화된 체제를 설명한다.

집', 보호자들이 조합을 결성하여 설치·운영하는 '부모협동 어린이집', 그 외 다른 규정에 해당하지 않는 '민간어린이집' 등이다.

둘째, 초등교육은 초·중등교육법 제38조에 명시된 대로 '국민생활에 필요한 기초적인 초등교육'을 하는 것을 목적으로 하며, 초등학교를 통해 이루어진다. 초등교육기관의 종류는 설립주체에 따라 국립, 공립, 사립 초등학교로 나누어진다.[5] 2024년 현재 제도상으로만 존재할 뿐 실제 운영되고 있는 학교는 없다. 한편, 초등학교와 공민학교에는 포함되지 않지만 '각종학교'로 분류되는 학교들도 있는데, 초등교육과정을 운용하는 이른바 '대안학교'들이다.

---

5 초·중등교육법 제40조에는 기본학제에는 포함되지 않으나, 초등교육을 받지 못하고 취학연령을 초과한 사람을 대상으로 하는 교육기관인 '공민학교'가 있었으나, 당시 설치·운영 중인 공민학교가 없는 현실을 반영하여 2019년 12월 법 개정으로 삭제되었다. 본 장에서는 '공민학교'와 그 연장선에 있는 '고등공민학교' 및 '고등기술학교'에 관하여는 기술하지 않는다.

그림 11-1 남한의 학제

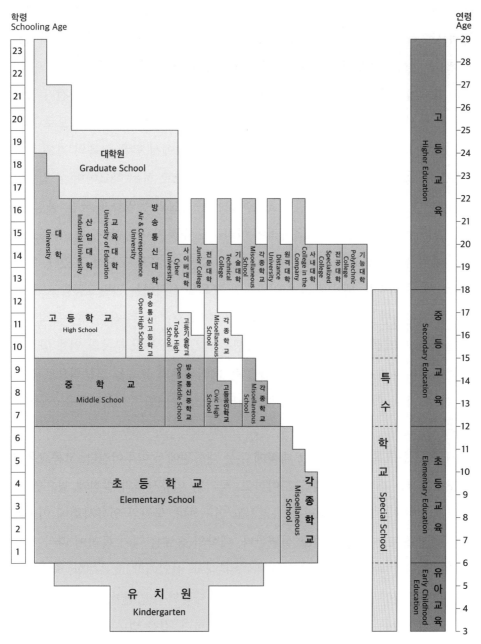

출처: 교육부·한국교육개발원(2023).

셋째, 중등교육은 중학교와 고등학교에서 이루어진다. 중학교는 초·중등교육법 제41조에 따라 초등학교에서 받은 교육의 기초 위에 중등교육을 하는 것을 목적으로 하는 학교이며, 같은 법 제42조에 따라 수업연한은 3년이다. 교육기본법 제8조에서는 의무교육을 6년의 초등교육과 3년의 중등교육으로 두며, 이 기간의 교육을 받을 권리는 모든 국민에게 있음을 규정한다. 이에 따라 전기 중등교육을 실시하는 학교인 중학교는 설립 주체에 따라 국립, 공립, 사립으로 나뉜다. 고등학교는 초·중등교육법 제41조에서 '중학교에서 받은 교육의 기초 위에 중등교육 및 기초적인 전문교육을 하는 것을 목적'으로 하는 학교이며, 수업연한은 3년이다. 후기중등교육 기관인 고등학교는 중학교와 동일하게 국립, 공립, 사립으로 나누어 볼 수 있고, 교육목적에 따라서도 구분이 가능하다. 초·중등교육법 시행령은 고등학교의 목적에 따라 고등학교를 4종류로 구분하고 있다. 특정 분야가 아닌 다양한 분야에 걸쳐 일반적인 교육을 실시하는 일반고등학교, 특수 분야의 전문적인 교육을 목적(초·중등교육법 시행령 90조)으로 하는 특수목적고등학교, 소질과 적성 및 능력이 유사한 학생을 대상으로 특정 분야의 인재 양성을 목적으로 하는 교육 또는 자연현장실습 등 체험위주의 교육을 전문적으로 실시하는 고등학교, 학교 또는 교육과정을 자율적으로 운영할 수 있는 자율고등학교이다.

넷째, 고등교육은 대학과 그 대학에 두는 대학원에서 이루어진다. 고등교육법 제28조에서는 대학을 "인격을 도야하고, 국가와 인류사회의 발전에 필요한 심오한 학술이론과 그 응용방법을 가르치고 연구하며, 국가와 인류사회에 이바지함을 목적"으로 하는 학교라고 설명한다. 대학의 종류는 각기 목적에 따라 전문 직업인을 양성하는 것을 목적으로 하는 전문대학, 산업대학, 교육대학, 방송대학 등 7종으로 분류된다. 같은 법 제31조에서는 대학의 수업연한, 즉 학사학위 과정의 수업연한은 4년 이상 6년 이하로 하도록 하며, 같은 법 시행령 제25조에서는 수업연한을 6년으로 하는 경우를 의과대학, 한의과대학, 치과대학, 수의과대학, 약학대학 등으로 규정하였다. 대학에 두는 대학원은 고등교육법 제29조의2

에서 일반대학원, 전문대학원, 특수대학원으로 구분한다. 일반대학원은 학문의 기초이론과 고도의 학술연구를 주된 교육목적으로 하는 대학원이며, 전문대학원은 전문 직업 분야의 인력양성에 필요한 실천적 이론의 적용과 연구개발을 주된 교육목적으로 하는 대학원, 그리고 특수대학원은 직업인 또는 일반 성인을 위한 계속교육을 주된 교육목적으로 하는 대학원으로 규정하고 있다.

2023년도 4월 기준, 유치원은 8,441개교, 초등학교는 6,175개교, 중학교는 3,265개교, 고등학교는 2,379개교, 대학은 424개교가 운영되고 있다. 고등학교는 일반고 1,666개교, 특성화고 487개교, 특목고 162개교, 자율고 64개교, 특수학교 등 기타 345개교로 구성된다. 대학은 일반대학 184개교, 산업대학 2개교, 교육대학 10개교, 전문대학 132개교, 방송통신대학 1개교, 사이버대학 19개교, 기술대학 1개교, 대학과정 2개교이며, 대학원은 대학부설대학원이 1,165개교, 대학원대학이 41개교가 설립되어 있다. 유치원과 초·중·고등학교의 전체 학생 수는 5,783,612명이고, 유치원 521,794명, 초등학교는 2,603,929명, 중학교는 1,326,831명, 고등학교는 1,278,269명, 특수학교 등 기타 52,789명이다. 대학 등 고등교육기관 재적 전체 학생 수는 3,042,848명으로, 일반대학에 1,855,374명, 교육대학에 14,857명, 전문대학에 509,169명, 기타 326,852명 그리고 대학원에 336,596명의 학생이 있다.

2) 북한의 학제

북한의 학제는 크게 학령 전 어린이 교육, 초등교육, 중등교육, 고등교육을 위한 기관[6]으로 나눌 수 있으며, 기본적으로 사립교육기관은 존재하지 않는다. 현재 시행되고 있는 학제는 '전반적 12년제 의무교육제도'이다. 북한은 2012년 제도 실시에 대한 법령을 발표하였고, 2013년 4월 최고인민회의 제12기 제7차 회

---

6   북한 보통교육법 제3조에서는 보통교육을 '자연과 사회에 대한 가장 일반적이며 기초적인 지식을 주는 일반교육'으로 정의하며, 학교 전 교육, 초등교육, 중등교육이 이에 속한다고 설명한다. 북한 고등교육법 제11조는 고등교육을 대학교육으로 한다고 명시하며, 제12조에서는 대학교육을 본과교육, 박사원교육, 과학연구원교육으로 분류한다.

의에서 개정된 헌법과 2013년 9월 최고인민회의 상임위원회 정령 제3355호로 개정된 교육법에 명기되었다. 북한은 "자라나는 새 세대들 모두에게 일할 나이에 이르기까지의 전 기간 교육을 주는 가장 높은 수준의 완전한 의무교육제"라고 선전한다.[7] 전반적 12년제 의무교육제도에 따른 학제는 다음과 같다.

첫째, 북한 헌법 제49조에는 '학령 전 어린이'를 탁아소(어린이집)와 유치원에서 양육한다고 명시한다. 어린이보육교양법에서는 보다 구체적으로 '어린이보육교양기관' 등을 정의한다. 제2조에서는 '어린이를 사회적으로 키우는 것은 사회주의교육학의 원리에 근거한 교육방법'으로 규정하며, 제39조에서 어린이보육교양기관의 종류로 탁아소, 유치원, 육아원, 애육원을 제시한다. 먼저 탁아소는 '유치원에 가기 전까지의 기간에 어린이들을 국가적으로, 사회적으로 키우는 보육 교양기관'으로, 유치원은 '학교에 가기 전까지의 어린이들에게 학교에 갈 준비교육을 주는 교육기관'으로, 육아원과 애육원은 '부모의 보살핌을 받을수 없는 어린이들을 국가가 맡아 키우는 보육교양 기관'으로 정의한다. 같은 법 제6장 전반에서는 어린이보육교양사업의 내각 지도와 지방정권기관의 의무 등을 규정하였다.

현재 북한 내 중 생후 1개월부터 만 3세까지의 아동을 보육하는 탁아소 관련 업무는 보건성 소관이며, 만 4세부터 5세까지의 아동을 교육하는 유치원 관련 업무는 교육성[8] 소관이다. 북한의 유치원은 낮은반과 높은반 2년 과정으로 이루어져 있으며, 높은 반 1년은 의무교육 과정에 포함되어 있다.

둘째, 북한 보통교육법 제3조에서는 보통교육을 '자연과 사회에 대한 가장 일반적이며 기초적인 지식을 주는 일반교육'으로 정의하며, 초등교육은 현재 소학

---

7   김원출, "조선민주주의인민공화국의 전반적의무교육제도와 그 법적담보," 『김일성종합대학』, 2018년 7월 30일, http://www.ryongnamsan.edu.kp/univ/ko/research/articles/ff49cc 40a8890e6a60f40ff3026d2730?cp=231 (검색일: 2024년 4월 30일).

8   북한의 교육담당부처는 정무원 교육위원회가 맡아오다가 1998년 9월 교육성으로 변경되었으며, 2010년 7월 교육위원회(보통교육성, 고등교육성)로 개편되었다가 2023년 11월 다시 교육성으로 회귀하였다.

교에서 5년 과정을 통해 이루어진다. 해방 후 북한의 초등교육기관은 인민학교라는 명칭을 사용하였으나 2002년부터는 소학교로 변경하였다. 또한 1946년에 제정된 학제에 의해 5년제로 운영되던 인민학교는 한국전쟁 이후 1953년부터 4년제로 운영되어 오다가 2012년에 제정된 '전반적 12년제 의무교육을 실시함에 대하여'라는 법령에 따라 북한의 학제가 개편되며 2014년부터 5년제 소학교로 개편되었다. 소학교 입학 자격은 만 6세가 된 아동이면 누구나 가진다. 1972년에서 1975년에 걸쳐 11년제 무상의무교육제를 북한 전역에서 순차적으로 실시하면서 김일성의 지시에 의해 당시 인민학교 입학 연령을 만 7세에서 만 6세로 한 살 낮추었다. 북한에서는 학령아동조사를 통해서 다음 해 소학교에 입학할 학생들을 미리 조사하여 인근 학교에 취학시키고 있다.[9] 북한의 소학교에서 학년 진급이나 졸업을 위한 자격에는 특별한 제한을 두고 있지는 않으며, 출석일수가 부족한 경우를 제외하고는 대부분의 학생들이 학년 승급과 졸업 자격을 부여받고 있다.

셋째, 북한의 중등교육기관은 전기 중등교육기관인 3년제 초급중학교와 후기 중등교육기관인 3년제 고급중학교가 있으며, 수재교육기관으로 6년제 제1중학교와 외국어학원이 있다. 2012년에 제정된 '전반적 12년제의무교육을 실시함에 대하여'라는 법령에 의해 북한의 학제가 개편되면서 6년제 중학교가 2013년부터 3년제 초급중학교와 3년제 고급중학교로 나누어져 운영되고 있지만, 제1중학교와 외국어학원은 6년제로 운영되고 있다. 초급중학교와 고급중학교는 특별한 선발 기준을 갖고 있지 않으며, 이전 단계 학교를 졸업한 학생들이 입학시험 없이 진학한다. 초급중학교와 고급중학교의 경우, 입시를 통해 제1중학교나 외

---

9 북한 교육법 제14조(학령어린이의 취학의무)에서는 지방정권기관과 교육기관이 해당 지역에서 교육받을 나이에 이른 어린이를 빠짐없이 장악하여 취학시켜야 한다고 명시하고 있으나, 보통교육법 제12조(학령어린이의 취학)에서는 "육체적 및 지적 장애를 받는 어린이는 장애상태를 고려하여 취학나이를 늦출수 있다"고 예외를 두었다. 또한 같은 법 제11조(중등일반의무교육을 받는 나이)에서는 "뛰여난 소질과 재능을 가졌을 경우에는 나이 또는 학년에 제한없이 교육을 앞당겨 받을수 있다"라고도 명시하였다. 국가정보원, 『북한법령집 下』(서울: 국가정보원, 2020), pp. 538-544, pp. 582-590.

국어학원 등에 진학 또는 편입한 학생들을 제외한 대부분의 학생들이 입학하는 학교로서 건강상의 이유 등으로 출석일수가 부족한 경우를 제외하고는 대부분의 학생들이 학년진급이나 졸업을 하고 있다.

넷째, 북한 고등교육법에 따르면 고등교육은 대학교육(제11조)으로 하고, 학업을 전문으로 하는 고등교육체계와 일하면서 배우는 고등교육체계로 구분(제8조)되며, 일하면서 배우는 고등교육체계는 이공장대학, 농장대학, 어장대학 등이 있다(제16조). 대학은 기술자, 전문가에 대한 국가적·사회적수요를 고려하여 종합대학, 부문별 또는 지역별 종합대학, 부문별대학, 직업기술대학으로 조직(제18조)된다. 고등교육은 만 16세 이상을 대상으로 실시(제9조)되며, 대학교육은 본과교육, 박사원교육, 과학연구원교육으로 구분(제12조)된다. 대학본과교육은 정치, 경제, 문화를 비롯한 해당 분야의 전문지식과 기술기능을 소유한 과학자, 기술자, 전문가를 키워내는 교육이며, 교육연한은 3~6년(제13조)이다. 박사원 교육은 대학본과교육보다 높은 단계의 고등교육으로, 교육연한은 2~4년(제14조)이다. 과학연구원교육은 박사원교육보다 높은 단계의 고등교육으로, 교육연한은 3~5년(제15조)이다.

그림 11-2 **북한의 학제**

연령(만)	학년 구분	교종 구분	교육 구분	
26	4	박사원(2~4년)	고등교육	
25	3			
24	2			
23	1			
22	6			
21	5			
20	4	*		
19	3	대 학		
18	2			
17	1			
16	3	고급중학교	중등교육	
15	2			
14	1			
13	3	초급중학교		
12	2			
11	1			
10	5	소학교	초등교육	보통교육 (12년제)
9	4			
8	3			
7	2			
6	1			
5	높은반	유치원	취학전 교육	
4	낮은반			

출처: 국립통일교육원(2023).

북한 고등교육법 제23조(학생모집)에는 "고등교육기관의 학생은 해당 교육을 받은 공민가운데서 실력과 품행이 우수한 대상들로 선발하여 모집"으로 규정되어 있다. 그러나 북한 대학 입학시험의 지원서에는 고급중학교 추천서와 김일성·김정일주의청년동맹의 추천서가 첨부되어야 하기에 북한에서 좋은 대학에 들어가기 위해서는 실력과 함께 좋은 계급성분을 지녀야만 한다. 고급중학교 졸업반 학생들은 대학에 입학하기 위하여 지역별로 예비시험에 응시하는데, 예비시험에서 우수한 성적을 받아야만 대학교에 입학시험을 칠 수 있는 자격인 지표를 받을 수 있다. 대학 응시 자격을 얻은 학생은 각 종합대학에서 실시하는 입학시험에 응시하여 합격하면 최종 입학자격을 얻게 된다. 북한은 전체 대학의 입학생 숫자를 고려하여 도별로 대학 응시자 지표를 정해주고, 각 지역에서는 고급중학교별로 대학입학 지표를 정해준다. 따라서 각 고급중학교에서는 예비시험 성적을 바탕으로 학교에 배정된 지표에 따라 학생들에게 대학 입학시험 자격을 배부한다. 대학생들이 졸업하기 위해서는 모든 교육과정을 이수한 후, 졸업시험에 합격하고 본인이 작성한 졸업논문이 통과되어야만 하는데, 졸업논문은 심사과정과 일반 공개과정을 거쳐서 통과된다. 중앙대학의 졸업생들은 국가 수준의 주요 분야나 각 지역의 주요 관련 분야에 배치받게 된다. 지방대학의 졸업생들은 그 지역의 간부로 관련 분야에 배치받게 된다.

통계청 북한통계에 따르면 2022년 기준 북한의 유치원은 5,300개교[10], 14,000개교 소학교는 4,800개교, 초급중학교 2,300개교 고급중학교 2,300개교, 대학교 490개교이다. 학생 수는 유치원(높은반) 33만 3천 명, 소학교 168만 1천 명, 초급중학교 101만 1천 명, 고급중학교 100만 6천 명, 대학은 47만 4천 명이 재학하고 있는 것으로 나타난다.

3. 남북한의 교육과정

교육과정(教育課程, curriculum)의 의미는 관점이나 맥락에 따라 다양하다. 가르치고 배워야 할 지식 또는 그 구성단위의 한 형태인 교과들의 체계로 해석되기도 하고, 학생들이 학교교육을 통해 습득하는 경험의 총체로 해석되기도 한다. 전통적으로 '교육과정'은 학교에서 가르치고자 계획한 교과목이나 학습 내용의 편제나 체계를 지칭하는 것으로 이해되었다. 오늘날 학교교육에서 교육과정은 학교에서 학생에게 제공하는 경험과 학생이 학습을 통해 경험하는 내용으로 총

---

10 통상적으로 북한의 탁아소와 유치원은 2~8만 개교로 추측되고 있으며, 통계청 북한통계에서는 2018년 유치원 높은반이 14,000개교라고 표기하고 있어, 2022년의 유치원 5,300개교라는 수치는 차후 구체적인 수치로 대체될 수 있을 것으로 보인다.

체라고 볼 수 있다.[11]

해방 이후 지금까지 남북한은 교육과정에서 다양한 변화를 거쳐왔다. 명확히 다른 남과 북의 교육이념과 목적으로 인하여 시간의 흐름에 따라 학교교육과정은 큰 차이가 발생했다. 남한은 지속적으로 '자율', '분권', '개별', '학습자'를 강조하는 방향으로 변화해 왔지만, 북한은 해방 직후 개편했던 학제를 이후 5차례나 변경하는 등, 중앙 지배 권력의 통제력이 강하게 작용하는 가운데 교육을 통한 사상 통제 의도를 교육과정에 강하게 반영하였다. 특히 '공산주의적 인간 양성'을 공식적으로 표방하는 가운데 사회주의의 보편적 의미를 지향하기보다는 김일성, 김정일, 현재 김정은까지 이어지는 수령에 대한 충성을 최고 윤리로 하는 '주체형 인간' 양성이 북한사회가 설정해 온 주요 교육목적이었다는 점이 남한과의 가장 큰 차이이다. 남북한 교육통합을 가늠하기 위해서는 각 학제별 교육과정을 충실히 살펴보아야 하나, 지면의 한계로 인하여 본 장에서는 일부 교육과정에 집중하여 살펴본다.

1) 남한의 교육과정

대한민국 초·중등교육법 제23조에서는 교육과정을 정부[12]가 "교육과정의 기준과 내용에 관한 기본적인사항"을 정하면, 교육감이 국가교육과정의 범위 내에서 "지역의 실정에 맞는 기준과 내용"을 정할 수 있도록 하였다. 학교는 "교육과정을 운영하여야" 한다. 반면, 대학은 고등교육법 제21조에 따라 "학칙으로 정하는 바에 따라 교육과정을 운영"한다. 따라서 아래부터는 대학의 교육과정이 아닌 초·중등교육의 교육과정을 중심으로 살펴본다.

---

11 교육부, 『2022 개정 교육과정 총론 해설』(세종: 교육부, 2022), p. 3.

12 최근까지 교육과정은 초·중등교육법 제23조에 따라 교육을 담당하는 부처(교육부 등)의 장관이 맡아왔다. 그러나 2021년 7월 국회에서 "사회적 합의를 통해 미래교육비전을 제시하고 중장기적이고 안정적인 교육정책을 추진"하기 위한 국가교육위원회 설치 및 운영에 관한 법률안을 제정한 뒤, 초중등교육법 제23조 또한 교육과정을 국가교육위원회가 기준과 내용에 관한 기본적인 사항을 정하는 것으로 개정되었다.

1954년 시작된 제1차 교육과정은 전쟁으로 파괴된 국가를 재건하기 위해 사회 개선의 의지를 강조하고, 미국식 생활중심의 교육사상을 반영하고, 반공·도의·실업교육을 강조하였다. 이후 제7차 교육과정(2007·2009·2015·2022 개정)까지 다양한 변화를 거쳐왔다.

제1차 교육과정에서의 국민학교(초등학교) 교육과정 시간 배당은 교육과정 편제에서 최초로 교과 외에 특별활동이 편성되어 전인 교육을 강조하였다. 2022 개정 교육과정이 추구하는 인간상은 자기주도적인 사람, 창의적인 사람, 교양있는 사람, 더불어 사는 사람이다.[13]

2022 개정 교육과정은 2024학년도에 초등 1~2학년을 시작으로, 2025학년도에는 초등 3~4학년과 중1, 고1, 2026학년도에는 초등 5~6학년과 중2, 고2, 2027학년도에는 모든 학년에 적용될 예정이다. 구체적으로 교육과정의 과목별 시간 배당 기준을 살펴보면, 초등학교의 경우 국어, 사회/도덕(초 3~6학년만 해당), 수학 순으로 교과 시간 배당 기준이 높았다.

---

13 교육과정이 추구하는 인간상은 다음과 같다. 가. 전인적 성장을 바탕으로 자아정체성을 확립하고 자신의 진로와 삶을 스스로 개척하는 자기주도적인 사람, 나. 폭넓은 기초 능력을 바탕으로 진취적 발상과 도전을 통해 새로운 가치를 창출하는 창의적인 사람, 다. 문화적 소양과 다원적 가치에 대한 이해를 바탕으로 인류 문화를 향유하고 발전시키는 교양 있는 사람, 라. 공동체 의식을 바탕으로 다양성을 이해하고 서로 존중하며 세계와 소통하는 민주시민으로서 배려와 나눔, 협력을 실천하는 더불어 사는 사람. 교육부, 앞의 책, p. 30.

표 11-2 **2022 개정 초등학교 교육과정 과목별 시간 배당 기준**

(단위: 시간)

구분		1~2학년	3~4학년	5~6학년
교과 (군)	국어	국어 482	408	408
	사회/도덕		272	272
	수학	수학 256	272	272
	과학/실과	바른 생활 144	204	340
	체육	슬기로운 생활 224	204	204
	미술(음악/미술)		272	272
	영어	즐거운 생활 400	136	204
	소계	1,506	1,768	1,972
창의적 체험활동		238	204	204
학년군별 총 수업 시간 수		1,744	1,972	2,176

출처: 교육부(2022).

* 교육부의 '2022 개정 교육과정 총론 해설'의 일부.

* 1시간 수업은 40분을 원칙으로 기후, 학습 성격 등을 고려해 탄력적 편성·운영이 가능.

* 실과의 수업시간은 5~6학년 과학/실과의 수업 시수에만 포함됨.

2) 북한의 교육과정

북한의 교육과정과 관련된 구체적인 자료를 확인하기는 어렵지만, 북한의 교육관련 자료들을 토대로 추정해볼 때 김일성 관련 사상교양 교과들이 공식 교육과정에 포함되기 시작한 것은 1960년대 후반이라 추정한다. 북한의 정치사상교육은 김일성 유일사상체계 구축과 맞물려 김일성 사상교양이 핵심이 되었다. 시간의 흐름에 따라 1990년대에는 김정일 관련 교과가, 2000년대에는 김정숙 관련 교과가 추가되었다 2013년 개정된 교육과정에는 김정은 관련 교과가 추가되면서 정치사상 교육의 비중이 더욱 커지고 있다. 북한의 교육과정이 추구하는 인간상은 2016년 6월 최고인민회의 상임위원회 정령 제1173호로 제정된 교육강령집행법에서 확인할 수 있다. 교육강령집행법 제3조(교육강령의 작성원칙)는 교육강령이 "사회주의교육학의 기본원리를 구현하여 학생들을 주체사상으로 튼튼히 무장하고 풍부한 지식과 높은 창조적능력, 고상한 도덕풍모와 건장한 체력을 다 방면적으로 발전된 인재들"을 키우는 것을 목표로 한다고 명시하였다.

보다 구체적으로 북한의 교육과정을 살펴보면, 정치사상 교과 도입의 영향으로 북한 학교교육과정에서 국어와 사회 등 인문 영역 교과의 비중이 감소하였으며 특히 초등교육 단계에서 정치사상 교과의 기능을 겸했던 국어과가 정치사상 교과의 별도 신설로 그 비중이 대폭 축소되었고 역사, 지리 등의 사회과목이 사라지면서 예체능 교과 비중이 커졌다. 국어와 사회 과목의 축소 경향은 중등에서도 마찬가지로 나타났었으며 한때 급격히 감소하였던 외국어 교과 비중이 1980년대부터 증가해 왔다.[14]

표 11-3   **북한 소학교 교과별 학년별 주당 수업시간 수**

구분	교과명	학년별 주당 수업시간 수				
		1학년	2학년	3학년	4학년	5학년
1	위대한 수령 김일성 대원수님 어린 시절	1	1	1	1	1
2	위대한 영도자 김정일 원수님 어린 시절	1	1	1	1	1
3	항일의 여성영웅 김정숙 어머님 어린 시절	1				
4	경애하는 김정은 원수님 어린 시절	1	1	1	1	1
5	사회주의 도덕	1	1	1	1	1
6	수학	4	5	5	5	5
7	국어	7	7	7	7	7
8	자연(과학)	1주	1주	2	2	2
9	음악무용(음악)	2	2	2	2	2
10	체육	2	2	2	2	2

---

14   김기석 · 조정아, 『북한의 교육과정 변천에 관한 연구』 (서울: 서울대학교 통일대비 교육과정연구위원회, 2003), pp. 117-124.

11	도화공작(미술)	2	2	2	2	2
12	영어				2	2
13	정보기술(컴퓨터)			1주	1주	

출처: 국립통일교육원(2023).
* '제1차 전반적 12년제 의무교육강령(소학교)' 내용 재구성.
* 북한 소·중학교의 수업시간은 45분이었지만 2014년부터 40분으로 단축된 것으로 보임.
* 북한의 교육과정은 주당 교수시간과 집중교수(주 단위로 표시)시간을 명시하고 있고, 위의 표에서 1주는 집
  중교수시간을 의미함.

북한의 초등 교육과정은 소학교 재학 5년 동안 지도자의 어린 시절, 국어, 수학, 자연, 영어, 정보기술 등 총 13개 과목을 교육하도록 편성되어 있다. 주당 수업 시간은 국어·수학·체육·음악무용·도화공작·자연의 순으로 많으며, 학제 개편 이전보다 영어, 수학, 음악무용, 도화공작 등의 시수가 증가하였다. '전반적 12년제 의무교육강령(2013)'에 따라 소학교에서는 '경애하는 김정은 원수님 어린 시절' 과목이 신설되어 전체적으로는 정치사상 교과 시간이 소폭 늘어났다.

국어, 영어, 수학, 체육은 우리나라와 교과명이 동일하지만, 우리의 과학, 실과, 음악, 미술은 북한에서는 각각 자연, 정보기술, 음악무용, 도화공작으로 부른다. 북한의 소학교에서는 사회 교과목이 존재하지 않고, 도덕은 '사회주의 도덕'으로 부르고 있다. 교과 비중은 우리에 비해 국어, 수학 등의 기초과목과 정치사상교육의 비중이 상대적으로 높으며, 정보기술(컴퓨터) 교과는 1주 집중교수 방식을 취하고 있다.

최근 2013년 개편된 북한 교육과정에서는, 초등과 전기중등교육에서 교과 간 통합교육을 지향하고 있다. 북한은 2022년 '제2차 전반적 12년제 의무교육강령'을 제시하고 교육과정안을 새롭게 재구성하고 있다고 밝혔으며, 완성된 강령을 토대로 교육 내용을 개편하는 교원 역량 강화 등 교육의 질을 향상시키기 위한 정책을 제안한 것으로 보인다.[15]

---

15 최은주, "북한의 2023년 상반기 정책 성과와 한계:당중앙위원회 제8기 8차 전원회의 확대회의 결과를 중심으로," 『ifs POST』, 2023년 7월 14일, https://ifs.or.kr/bbs/board.php?bo_

이에 따라 북한은 최근 학생이 과목을 직접 선택해 수업을 듣는 '선택과목제'를 도입하고자 시도하고 있다. 이미 2019년부터는 영재학교인 평양제1중학교 고급반(고등학교)에도 일부 분야 선택과목제를 도입했으며, 2024년부터는 전국 일반 고급중학교(고등학교)에 선택과목제를 시범 적용하려는 것으로 보인다. 북한은 선택과목제 시범 학교가 있는 각 시·군들이 과목 세분화에 맞춰 교원을 확충하고 교실이나 기자재, 실험·실습기구를 갖추려 노력하고 있다고 선전하고 있다.[16]

3) 남북한 교과 교육과정 비교: 과학 교과

앞서 살펴본 대로 남북한 교육과정의 지향점은 각각 '민주주의'와 '주체사상'으로, 명백한 차이를 가지고 있으며, 이는 분단이 지속되며 보다 강력한 교육과정으로 추진되어 왔다. 북한체제유지를 위하여 가장 중요한 '유일사상체계' 확립을 위하여, 김일성을 시작으로 김정일, 김정숙 그리고 최근 김정은에 대한 우상화 교과까지 신설해 교육하고 있다. 이러한 교과들은 통일과 교육통합이라는 상황에서는 필연적으로 폐지되어야 할 것이다. 그렇다면, 비교적 '객관적'으로 판단할 수 있는 교과에서 남북 간 교육과정이 얼마나 차이가 나는지 구체적으로 살펴볼 필요가 있다. 이를 위해 대표적으로 초등학교(소학교)의 '과학(자연)' 교과에 대하여 남북 비교를 해보고자 한다.[17]

---

table=News&wr_id=53494 (검색일: 2024년 5월 1일).

16   "선택과목제교육을 실시하기 위한 사업 추진," 『로동신문』, 2024년 2월 7일.

17   본 내용은 김정원 외(2015)가 대한민국의 2015 개정 교육과정 -과학, 북한의 제1차 12년제 의무교육강령(소학교)의 '자연' 부분에 기초로 비교분석한 내용을 정치하였다. 김정원 외, 앞의 책, pp. 158-171.

표 11-4 **남북한 초등(소)학교 과학(자연) 교육의 목적과 목표**

구분	남한 초등학교	북한 소학교
교수목적	자연 현상과 사물에 대하여 흥미와 호기심을 가지고 탐구하여 과학의 기본 개념을 이해하고, 과학적 사고력과 창의적 문제 해결력을 길러 일상생활의 문제를 해결할 줄 아는 과학적 소양을 기른다.	학생들이 자연을 사랑하는 마음과 과학지식에 대한 옳은 견해를 가지도록 하며 자기 주위의 사물현상에 대한 리치와 그것이 사람들의 생활, 생산실천과 밀접히 련관되어 있다는 것을 알도록 함으로써 초급중학교 자연과 교육을 원만히 받을 수 있도록 준비시키는 데 있다
교수목표	가. 자연 현상을 탐구하여 과학의 기본 개념을 이해한다. 나. 자연 현상을 과학적으로 탐구하는 능력을 기른다. 다. 자연 현상에 대한 흥미와 호기심을 갖고, 문제를 과학적으로 해결하려는 태도를 기른다. 라. 과학, 기술, 사회의 관계를 인식한다.	(1) 품성과 태도 　**김정일애국주의**를 가슴깊이 간직하고 자기 고장의 자연부원을 사랑하며 그것을 보호증식시키기 위한 사업에 자각적으로 참가하는 고상한 품성을 소유하도록 한다. 　자연현상의 본질을 탐구하기를 즐겨하는 품성과 태도를 가지도록 한다. 　자기 몸과 환경을 언제나 깨끗이 거두고 관리하는 품성을 키워주도록 한다. (2) 지식 　학생들의 주위에서 흔히 만나게 되는 자연현상에 대한 일반기초지식과 생활실천과 밀접히 련관된 자연지식들을 6가지의 주제로 나누어 주도록 한다. 　　　　　　　(… 후략 …)

출처: 김정원 외(2015).

　첫째, 과학(자연) 교과의 지향점이 다르다. 대한민국 공통교육과정의 '과학'은 초등학교 3학년부터 중학교 3학년까지 모든 학생이 학습하는 교과로 "과학의 개념을 이해하고 과학적 탐구 능력과 태도를 함양하여 개인과 사회 문제를 과학적이고 창의적으로 해결할 수 있는 과학적 소양을 기르기 위한 교과"로 규정되었다. 그에 비해 북한은 '머리말'에서 김일성의 기초과학 분야의 중요성을 강조한 어구(김일성선집 제64권, p. 32)를 표기하였으며, 과학 교과에서 지식경제시대에 풍부한 과학지식의 소유가 중요함을 강조하고 있고 학생들에게 자연현상에 대한 지식을 가르쳐주는 것이 그들의 인식능력과 창조적 응용력을 높인다고 하였다.

둘째, 과학(자연) 교과의 교수목적 및 목표가 다르다. 대한민국 공통교육과정의 '과학'은 초등학교 3학년부터 중학교 3학년까지 모든 학생들이 학습하는 교과로서 초등학교와 중학교의 과학목표를 매우 포괄적으로 제시하고 있다. 과학의 기본 개념 이해와 문제해결력을 포함하는 과학적 소양 함양을 과학 교육의 기본 목표로 규정하고 있다. 북한 소학교 자연 교과의 목표는 교수목적과 교수목표로 구분하여 제시되어 있는데 특히 교수 목표는 품성과 태도, 지식, 능력 순으로 매우 구체적으로 세분화하여 기술되어 있다. 소학교 자연교과 교수목적으로는 자연을 사랑하는 마음, 과학 지식에 대한 옳은 견해, 주위 환경과 생산 실천과의 관계, 초급중학교 자연과학 교육의 준비를 강조하고 있다. 특히 북한은 품성과 태도 영역에서 김정일 애국주의와 자연 자원을 사랑하고 보호하는 품성, 자연현상의 탐구를 즐겨하는 품성, 자신과 환경을 깨끗이 관리하는 품성 등을 강조하고 있다.

마지막으로 북한은 당 정책과 김정일 애국주의 무장을 강조한다. 북한은 학교급을 불문하고 교수에서 지켜야 할 원칙에 "당 정책으로 일관시킬 것"과 "김정일 애국주의 무장"을 명시하고 있다는 점 등이 북한 과학과 교육과정의 구성 체계 면에서 남한과 다른 주요 특징이라 할 수 있다. 결국 남북한의 교육과정은 지향점, 교수목적과 목표에서 방향의 큰 격차가 있으며, 비교적 객관적이게 보이는 과학(자연)의 경우에도 지도자에 대한 우상화가 가미되었음을 알 수 있다.

4. 남북한의 교육행정체계와 교원 양성제도

남북한의 교육통합을 위해서는 교육행정체계와 교원 양성제도의 현주소를 파악하는 것은 중요한 일이다. 현재를 알아야 미래를 그릴 수 있기 때문이다. 간략하게나마 남북한의 교육행정이 어떻게 이루어지고, 교원이 어떻게 양성되는지에 대하여 확인하여 남북한 교육통합의 방안을 위한 배경을 확인하고자 한다.

1) 남한의 교육행정체계와 교원 양성제도

대한민국의 교육행정체계는 중앙교육행정과 지방교육행정으로 구분할 수 있다. 먼저, 중앙교육행정은 교육에 대한 권한과 책임을 중심으로 한 통제, 지휘, 감독이나 행정적 결정권 등에 관한 중앙정부의 교육행정 조직체계를 말한다. 중앙교육행정은 2024년 현재 학교교육 등 교육사무 전반을 관장하는 교육부와 국가교육발전계획 및 국가교육과정을 수립하는 국가교육위원회로 구분된다.

중앙정부의 행정체계를 규정하는 정부조직법 제28조(교육부)는 교육부가 "인적자원개발정책, 영 · 유아 보육 · 교육(2024년 6월 시행), 학교교육 · 평생교육, 학술에 관한 사무"를 관장한다고 명시하고 있다. 한편, 2021년 7월 제정되어 2022년 7월부터 시행되고 있는 국가교육위원회 설치 및 운영에 관한 법률에 따라 "사회적 합의에 기반한 교육비전, 중장기 정책 방향 및 교육제도 개선 등에 관한 국가교육발전계획 수립, 교육정책에 대한 국민의견 수렴 · 조정 등에 관한 업무"를 수행하기 위하여 국가교육위원회를 설치(제2조)하여 운영하고 있다. 국가교육위원회는 각 계층을 대변하는 21명의 위원으로 구성(제3조)되며, 교육비전, 중장기 정책 방향, 학제 · 교원정책 · 대학입학정책 · 학급당 적정 학생 수 등 중장기 교육 제도 및 여건 개선 등에 관한 국가교육발전계획 수립, 국가교육과정의 기준과 내용의 고시 등에 관한 사항 등을 관장(제10조)한다.

대한민국은 1952년 4월 지방자치제가 실현되면서 같은 해 6월 교육자치제가 시행되었다. 교육자치제는 1961년 5 · 16 군사정변의 발발로 시행 10여 년만에 폐지되었다. 1991년 3월 지방자치시대를 맞이하여 광역 단위 교육자치제를 실시하여 현재까지 유지되고 있다. 교육자치제는 다양한 변천을 거쳐 2024년 현재 지방교육자치에 관한 법률 제18조에 따라 각 시 · 도의 '교육 · 학예에 관한 사무의 집행기관'으로 교육감을 두고 있다. 교육감은 국가행정사무 중 시 · 도에 위임하여 시행하는 사무로서 교육 · 학예에 관한 사무를 관장(제19조)하며, 지역 교육과정 및 교육정책의 수립과 운영 등 지역교육행정을 책임지고 있다. 시 · 도별 교육청에서는 사무를 분장하기 위하여 1개 이상의 시 · 군 · 자치구를 관할구역으로 하는 하급교육행정기관으로 지역별 교육지원청을 설치(제34조)하고 있다.

대한민국의 교원양성제도는 구조와 조직 면에서 크게 두 가지로 대별된다. 당초부터 교사가 되기를 희망하는 후보자들을 대상으로 교사교육 목적으로 설립된 대학에 입학시켜 교사로 양성하는 목적형 대학과 별도의 교원양성 목적 대학이 아닌 일반대학에서 교직과정을 두거나 학사학위 소지자를 뽑아 일정기간 전문교육을 실시한 후 임용하는 개방형 체제이다. 초등교원 양성기관은 1895년 설립된 한성사범학교로부터 다양한 변천을 거쳐왔다. 1961년 9월 교육에 관한 임시특별법 제정으로 2년제 교육대학이 법제화되었고, 1980년대 초 전국 11개 교육대학을 4년제로 개편하였다. 현재 11개의 교육대학과 제주 및 이화여자대학교 등 총 13개 기관에서 교원을 양성하고 있다. 중등교원 양성은 개방형을 취하고 있어 중등교원자격증을 취득하는 방법에는 여러 가지가 있다. 사범대학 또는 교원대학(한국교원대학교)이나 일반대학의 교육과를 졸업하거나, 아니면 일반대학(산업대학 포함)에 설치된 교직과정을 이수하여 졸업 시 무시험검정으로 자격증을 취득할 수 있다. 또한 교육대학원에서 중등학교 교원자격증 표시과목 관련 전공을 이수하고 석사학위를 취득하면 중등교원자격증을 취득할 수 있다. 교원양성대학의 교육과정을 이수하여 졸업하게 되면 교육대학 한국교원대학교, 이화여자대학교 초등교육과 졸업자 및 교육대학원의 초등교육과정을 전공한 자는 초등학교 2급 정교사 자격증을, 사범대학 졸업자 및 교직과목 이수자에게는 표시과목이 기재된 중등학교 2급 정교사 자격증이 수여된다. 각 시·도 교육청별로 공립 초중등교사 공개전형을 통하여 이루어지는 교사임용을 받은 후 3년이 경과하면 180시간 이상의 1급 정교사 자격연수 과정을 거쳐 연수성적이 60점 이상이면 1급 정교사 자격증을 취득하게 된다.[18]

---

18 이애시,『통일 대비 남북한 교원양성체제 비교 연구』(석사학위논문, 제주대학교, 2006), pp. 40-44.

2) 북한의 교육행정체계와 교원 양성제도

북한의 학교를 비롯한 모든 교육·문화기관은 노동당 및 국가기구의 지도와 감독을 받는다. 북한 교육의 중요 정책은 당중앙위원회 전원회의에서 토의·결정된다. 당중앙위원회 산하 교육 관련 부서인 과학교육부는 실제적인 교육정책 수립과 세부 집행계획 지침을 작성해 교육행정 기구에 내려보낸다. 중앙교육행정기구인 내각 산하의 교육위원회 보통교육국·고등교육성과 시·도 지방 교육행정 기구는 중앙당 과학교육부의 지도·감독을 받는 집행 기구이다. 북한의 각급 학교 역시 노동당에 소속된 학교 당 위원회의 관리·감독을 받는다. 북한의 교육행정체계는 당, 내각, 학교 등으로 구성되는 3원 구조에 기초한다. 당은 감독과 지시를 하고, 내각은 당의 지침에 따라 교육정책을 수립·구체화하며, 학교는 당과 내각의 교육정책을 실시한다.

행정실무를 담당하는 내각의 교육위원회 산하에는 보통교육국과 고등교육성이 있다. 보통교육국에서는 유치원과 소학교·중학교 및 교원대학을, 고등교육성에서는 일반대학과 사범대학, 공장대학을 각각 관장한다. 교육위원회는 교육지침을 각 도에 위치한 인민위원회 교육처로 하달하고, 인민위원회 교육처는 이를 다시 해당 시·군·구역에 위치한 인민위원회 교육과로 송부하여 각급 학교에 전달한다.

북한의 학교 행정조직 체계는 행정조직과 정치조직으로 구분된다. 행정조직은 교장과 부교장을 책임자로 하고 교무부와 경리부가 실제 행정을 담당한다. 반면 정치조직은 당 세포비서를 겸하고 있는 부교장을 중심으로 학교당위원회, 소년단위원회, 청년동맹위원회 등이 있다. 북한의 학교교육은 당 중심의 위계적 구조를 지니고 있어서, 교원과 학생들의 조직생활과 사상교양 사업을 담당하는 부교장에 비해 행정과 재정 업무 중심의 학교장의 권한이 상대적으로 제한적이다.[19]

---

19 통일부, 『2023 북한이해』, pp. 318-321.

그림 11-3 북한의 교육행정체계도

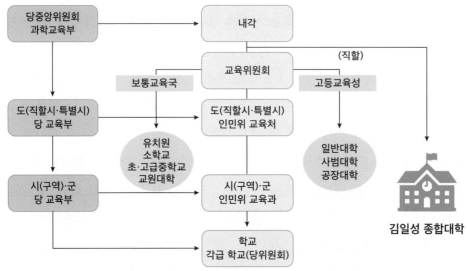

출처: 통일부(2023).

　북한 교육의 기본원칙과 방향을 규정한 강령인 사회주의 교육에 관한 테제는
교원을 "후대들을 혁명의 계승자로 공산주의자로 키우는 직업적인 혁명가"로 규
정하며 "교원들은 당과 혁명 앞에서 조국의 미래에 대하여 책임"을 부각하여 교
원의 중요성을 강조한다. 교원양성대학은 사범대학과 교원대학으로 구분되는데,
각 도·직할시(특별시)마다 1~2개씩 설치되어 있다. 사범대학은 4년제로 중학교
교원을, 교원대학은 3년제로 소학교 교원과 유치원 교양원을 양성하고 있다.

　2015년 최고인민회의 상임위원회 정령 제708호로 제정된 교원법은 교원의
자격과 양성에 관하여 규정한다. 교원법은 '교원자격심의'에 응시하여 교원자격
이 부여(제7조)된다고 규정하며 해당 심의의 응시대상으로 보통교육부문 교원은
교원대학 및 사범대학을 졸업하였거나, 타 대학을 졸업하고 사범교육을 받은
사람, 고등교육부문 교원은 박사원 또는 대학본과를 졸업하고 사범교육을 받은
사람이 가능(제8조)하다고 규정하였다. 같은 법 제3장은 교수교양사업에 관하
여 규정하는데, 교수사업은 교원의 본분(제20조)이며, 교원은 '교육강령'에 따라

교수준비(제21조)를 하고, 교육강령을 자의로 변경하여 교수하는 행위를 엄격히 규제(제24조)한다. 또한 교원들은 학생들을 "교양사업의 실속있게 하여 그들이 건전한 사상의식과 고상한 도덕품성"을 지니도록 교양할 의무(제24조)를 가진다.

보통교육에 종사하는 교원의 양성에 관해서는 보통교육법에서 보다 구체적으로 규정한다. 보통교육법 제45조에서는 교원이 속한 보통교육기관이 "청년동맹조직, 학부형들과의 긴밀한 련계밑에 학생들이 어려서부터 조직과 집단을 사랑하고 사회주의도덕과 법질서를 자각적으로 지키도록 교양"할 의무를 명시하기도 한다. 이렇듯 북한 교원들은 우선 정치사상 교양의 측면에서 상당한 비중을 두고 학생을 지도한다.

Ⅲ 동서독 통일과 교육통합

제2차 세계대전 이후 독일과 한반도는 각각 분단을 겪었다. 한반도의 통일은 여전히 먼일처럼 느껴지지만, 독일은 이미 34년 전 통일을 이루었고 이제 통합의 완성도를 높여가고 있다. 많은 역사학자는 선진강국 독일의 성장동력을 교육, 과학, 기술의 발전에서 찾고 있다. 교육을 통해 우수한 인재를 길러내고, 그 인재들이 과학과 기술을 발전시켜 경제발전과 국가발전의 동력이 되었다는 것이다. 이러한 독일의 교육에도 위기는 있었다. 1990년 갑작스러운 동서독 통일로 자유민주주의 교육과 사회주의 교육을 통합하는 역사적 과업에 봉착했다. 위기를 기회로 승화해 내었던 독일은 2024년 세계 3위의 GDP를 갖춘 경제대국이자 다양한 인재가 국제사회에서 중요한 역할을 하는 인재강국으로 부상할 수 있었다.[20]

동서독 통일은 '흡수통일'이라 알려졌지만, 동독인들이 주체적으로 서독식 독

---

20 통일부, 『독일통일 총서 17: 교육통합 분야 관련 정책문서』 (서울: 통일부, 2016), pp. 10-11.

일연방공화국에 가입(편입)하기로 했다는 점에서 '가입(편입)통일'이라고도 규정할 수 있다. 그리고 '가입통일'은 갈등의 씨앗이 되기도 하였다. 서독에 대한 동독인들의 기대와 환상에 비해 통일 이후 변화의 정도가 기대에 미치지 못했을 때 즉각적인 실망감을 경험하였으며, 이는 더 나아가 환멸로 연결되기도 하였다.[21] 통합 방식에 따라 통일에 대한 욕구가 사회에 대한 불신과 혼란을 초래할 수 있다는 것이다. 통일독일은 이러한 상황에서 대체로 성공적인 교육통합을 통해 상당 수준의 내적 통합을 이루어내고 있다. 이를 위해 기존 동서독의 교육과, 베를린 장벽 붕괴된 1989년 11월 이후 1990년 10월 공식 통일까지 진행되었던 교육통합 논의, 그리고 독일 교육통합의 결과를 이번 장에서 확인해보고자 한다.

1. 통일 전 동서독 교육

1) 통일 전 동독 교육

구동독 교육법 제1장 제1조 제1항에는 사회주의 교육의 목적을 "전체 국민을 다면적이고 조화롭게 교육하여 사회주의 인격을 갖추"는 것으로 규정한다. 같은 조 제2항에서는 "사회주의 교육제도는 시민들이 사회주의 사회를 건설하고, 기술적인 혁명을 이루고, 사회주의적 민주주의가 발전하는 데 기여하도록 하는 역량"을 갖출 것을 명시한다. 사회주의 인격을 갖추고, 사회주의 국가를 건설하는 데 기여하는 것이 동독교육의 목적인 것이다.[22] 이러한 교육의 목적을 달성하기 위한 교육정책은 제2차 세계대전 이후 동독이 건설되고 1989년 붕괴될 때까지 일관성 있게 추진되었다.

구동독의 학제는 단선형 학교제도를 가지고 있었다. 유치원 교육을 이수한 전체 학생은 10년제 종합기술학교(Polytechnische Oberschule: POS)에 진학하였다. 10년제인 POS는 초급단계(1~3학년), 중급단계(4~6학년), 상급단계(7~10학년)

---

21 김상무, "독일 통일교육이 한국 통일교육에 주는 시사점," 『서울교육』, 제60권 제4호(2018).

22 김창환, 앞의 글, p. 18.

로 나뉜다. POS 이후에는 2년 과정으로 구성된 직업학교에서 직업양성교육(Be-rufsausbildung)을 이수한 학생 일부와 POS를 졸업한 학생 일부는 3~4년 과정으로 이루어진 전문학교에 진학하여 추가로 직업교육을 받았다. POS 재학생의 10% 정도는 대학 진학자격 취득 과정인 인문계 고등학교(Erweiterte Oberschule: EOS)에 진학하였다.

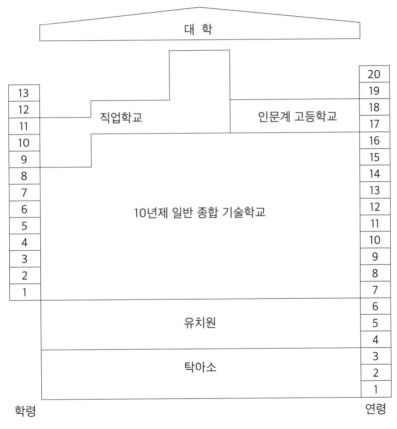

그림 11-4 **구동독의 학제**

출처: 통일부(2016).

　　구동독 교육의 목적인 '사회주의 인간 양성'을 학교교육에서 보다 구체적으로 달성하기 위하여 동독은 '국가시민' 교과와 '다기능수업' 등 사회주의 이념과 관련된 교과를 정규교과로 채택하였다. 국가시민 교과 수업은 학생들이 마르크스-

레닌주의 세계관을 익히고 사회주의 혁명 과업을 완성해 가는 데 적극적으로 참여하도록 이끄는 과제를 갖고 있었다. 국가시민 교과는 정치이념교육으로서 학생을 사회주의 시민으로 키우고, 학생이 생각하고 느끼고 행동하는 데 있어서 공산주의 이상, 사회주의적 애국주의, 프롤레타리아 국제주의 정신을 일깨워 사회주의 모국과 공산당에 충성할 수 있도록 하였다. POS의 교육과정을 살펴보면, 국가시민 교과는 7학년부터 9학년까지 주당 1시간 강의가 진행되었으며, 10학년부터는 주당 2시간으로 확대되었다.[23]

구동독의 중앙교육행정기관에는 인민교육부(Ministerium für Volksbildung)가 있었고, 지방교육행정기관으로는 도 교육위원회(Bezirksschulrat)와 군(郡) 교육위원회(Kreisschulrat)가 있었다. 교육지원체제 역시 통일 후 구동독지역 내의 학교 건물, 교실, 도서관, 학사관계 사무행정 등 개별 학교들로부터 주 정부의 교육부에 이르기까지 현대 교육의 수준에 맞추어 전면적으로 재정비해야 했다. 대다수의 초·중등학교와 대학교의 건물은 보수가 거의 되어 있지 않았거나 기초적인 수준도 갖춰지지 않은 상황이었다. 한 실태조사에 따르면 구동독의 대학, 사범대학 등의 건물 중 단지 31%만이 '잘 관리되고 있고', 30% 정도가 60년 이상 된 건물이며, 14% 정도는 90년 이상 된 건물이었다.[24]

교원은 이론 교육과정을 마친 학생들이 제1차 국가시험을 치르고, 시보 교사[25]의 신분으로 현장실습을 진행한 다음, 다시 주 정부 주관의 제2차 국가시험을 통해 정식 교원으로 임용되었다. 초등교원의 경우 3년의 이론교육과 2년의 현장실습을 통한 양성에는 총 5년 소요되었고, 중등교원의 경우 4년 이상의 교육과 2년의 현장실습으로 총 6년에 걸쳐 양성하였다. 특히 중등교원의 경우 5~6년 안에 양성과정을 마치는 경우는 거의 없을 정도로 잘 훈련된 교육과정을 추구하였다.

---

23 김진숙 외, 『통일 대비 남북한 통합 교육과정 연구(Ⅰ)』 (서울: 한국교육과정평가원, 2015), p. 95.

24 통일부, 앞의 글, p. 77.

25 통상 교원 보수의 절반을 받는 준공무원 신분의 교원으로, 주당 13시간의 수업, 세미나 참석, 수업참관 등 교육이론과 과목별 교수방법에 대한 연수 등으로 이론과 실제를 병행하였다.

2) 통일 전 서독 교육

사회민주주의 모델 국가인 독일의 사회 시스템에서는 크게 두 가지가 강조되고 있다. 하나는 사회통합(균형과 조화)의 가치이다. 개인과 사회, 자유와 평등, 경쟁력 제고와 복지 확충의 조화와 균형을 통해 사회적 응집력을 높이는 노력을 기울이고 있다. 다른 하나는 사회적 시장경제(soziale Marktwirtschaft) 시스템이다. 자본주의 시장경제와는 달리 시장경제를 중심으로 하면서도 분배의 정의를 도모하는 시스템이라고 할 수 있다. 국가와 시장의 역할 분담과 균형, 자본주의와 사회주의의 절충을 강조한다.

구서독의 헤센주 교육법에 명시된 학교교육가치를 살펴보면 크게 네 가지로 정리할 수 있다. 첫째, 헌법적 가치이다. 서독의 헌법에는 자유와 평등의 가치, 그리고 교육권이 포함되어 있다. 자유민주주의적 가치를 우선적으로 존중하되, 평등한 기회 실현을 동시에 강조하고 있다. 둘째, 전통적 가치이다. 독일의 전통적 가치의 기저를 이루고 있는 기독교 정신과 인본주의적 전통을 보존하는 것을 강조하고 있다. 셋째, 본질적 가치이다. 학생의 소질, 적성, 능력을 키워 전인으로 성장시키고, 진로·직업교육에 충실하려는 교육의 본질적 가치가 담겨 있다. 넷째, 사회적 가치이다. 정치교육, 사회성교육(존중, 관용, 정의, 연대), 성평등교육, 다문화교육, 국제이해교육, 다양성 인정 및 차별 금지(소수자, 이민자 포함), 자연환경 보존에 대한 책임 등을 강조하며 성숙한 시민으로 성장시키는 교육을 중시하고 있다.[26]

---

26 통일부, 『독일통일 총서 17: 교육통합 분야 관련 정책문서』, p. 14.

그림 11-5 **구서독의 학제**

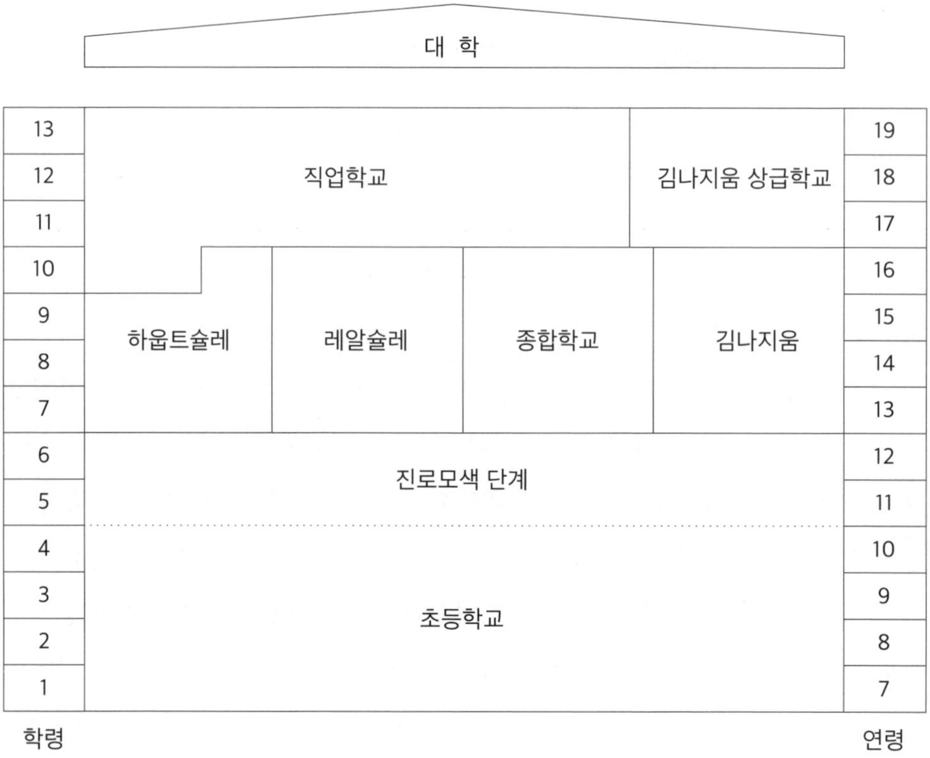

학령						연령
		대 학				
13		직업학교		김나지움 상급학교		19
12						18
11						17
10						16
9	하웁트슐레	레알슐레	종합학교	김나지움		15
8						14
7						13
6	진로모색 단계					12
5						11
4	초등학교					10
3						9
2						8
1						7

출처: 통일부(2016).

통일 전 서독의 학제는 '단선형 학제'였던 동독과 달리 '복선형 학제'였다. 연방제 국가인 서독은 주별 교육기간의 차이는 있으나, 유치원을 졸업한 학생들은 초급단계(Primastufe)인 초등학교에 진학하여 주로 4년제 과정을 거친다. 이후 교육과정인 중등 1단계(Sekundarstufe I)의 전기 중등학교에서부터 복선형 학제가 시작되는데, 초등학교를 졸업한 학생들은 5~6년제의 하웁트슐레(Hauptschule), 6년제의 레알슐레(Realschule), 6년제의 김나지움(Gymnasium) 등으로 진학할 수 있다. 하웁트슐레는 초급직업 인력을 양성하기 위해 실제 생활 및 직무와 관련된 내용 중심의 실용 교육을 하였고 레알슐레에서는 중급 전문인력을 양성하기 위한 직업교육을 실시하였다. 인문계 학교인 김나지움은 대학 진학을 위한 교육을 실시하였는데, 일부 주에서는 중등 1단계의 다양한 학교를 병행하여 운영하는 '종합학교(Gesamtschule)'를 설치하기도 하였다.

중등 2단계는 1~3년제의 직업학교와 3년제의 김나지움 상급반으로 구성된다. 고등교육기관에 해당되는 대학에는 일반적으로 김나지움 상급반 졸업생들이 입학하게 되고, 직업교육을 받은 학생들은 계속해서 전문대학에서 공부할 수 있거나 일정한 요건을 갖추면 일반대학에 진학할 수도 있었다.

구서독의 교육과정은 현재 독일의 교육과정과 거의 유사하다. 독일어, 수학, 과학(물리, 화학, 생물), 지리, 역사, 음악, 미술, 체육 등 일반 교과로 구성되어 있다. 다만 김나지움의 경우는 외국어의 수업시수 비중이 높아서 영어, 라틴어, 그리스어가 필수이다. 또한 '사회교과 계열'은 '사회'와 '법/경제'로 구분되어 7학년 때부터 주당 1시간 정도씩 배정되었다. 구동독에서 외국어로 러시아어를 중점적으로 수업하면서 '사회교과 계열'에 '국가시민' 교과를 가르친 것과 대비된다.

구서독의 중앙교육행정기관은 연방 교육과학부(Bunndesministerium für Bildung und Wissenschaft)와 주 문화교육부(Kultusministerium)가 있었고, 지방교육행정기관으로는 광역교육청(Landesschulamt)과 지역교육청(Kreisschulamt)이 있었다. 독일에서는 교사가 되려면 교육학 외에 두 과목을 전공해야 하며 3년간의 학사 과정과 2년간의 마스터 과정을 마친 후 18개월 동안 '교사실습 과정(Referandariat)'을 거쳐야 한다.

지금까지 살펴본 구동서독의 교육을 비교하면 〈표 11-5〉와 같다.

표 11-5 통일 전 동서독 교육 비교

지역	동독	서독
교육의 이념	공산주의	자유민주주의 기독교 정신
교육의 목적	공산주의 인간 육성 사회주의적 가치 전달 집단이 개인에 우선	학생의 소질과 능력 개발 민주시민으로서의 육성 사회적 가치교육(자유, 평등, 정의, 평화 등) 개인이 국가에 우선
교육자치	중앙집권적 교육제도 공산당이 교육에 대한 전권 행사	주정부의 교육주권 인정 각 주정부가 지역 특성에 맞게 교육
학교제도	단선형 학제, 사립학교 無	복선형 학제
고등교육	사회주의 인간 완성	대학의 전문성과 자율성
교육의 내용	이념교육 군사교육 집단교육	교과(전공) 교육 교과(전공) 외 활동 종교교육
교육의 방법	지식 전수 이념 교화	지식 전수 토론

출처: 통일부(2016).

2. 동서독 통일과정에서의 교육통합

1) 통일 전 동독의 교육개혁

1989년 10월 7일 동독 정권 수립일(공화국의 날, Tag der Republik)을 맞아 대대적인 기념행사에서 동독 서기장 에리히 호네커(Erich Honecker)는 '성공적인 사회주의 통치'를 주장하였다. 그러나 극심한 경제난과 사회주의통일당(SED)의 선거조작 등으로 이미 동독주민들은 개혁을 요구하는 시위가 이어지고 있는 상황이었으며, 기념행사 이틀 뒤 7만 명가량의 시위대가 공산정권의 종식을 요구하기도 하였다. 결국 호네커를 10월 18일 서기장과 국가 원수에서 퇴진까지 시킨 '개혁 요구'에는 교육체제 또한 주요한 논의 대상이었다. 이미 같은 해 6월의 동독 제9차 교육학회에서는 교육학제에 대한 다양한 비판이 제기되었었다. 해당학회에서는 수업 선택권 부족, 교수방법론에 교사 자율성 결여, 교사와 학생 간의 대화 기회 부족, 학교의 마르크스-레닌주의 단체인 자유독일청년당(FDJ) 문제 등을 고찰하며 자성을 촉구하는 분위기가 이어졌다.[27] 호네커의 퇴진 다음 달, 그의 아내이자 1963년부터 동독 교육부 장관직을 수행해온 마르고트 호네커(Margot Honecker)까지 공식 사퇴하며 동독의 교육제도 개혁논의는 본격적으로 이루어진다.

마르고트 호네커의 후임 장관으로 권터 푹스(Guenther Fuchs) 교육부 차관이 취임한 뒤, 11월 5일 '군사' 교과, 6일 '국가시민' 교과의 폐지를 발표한다. 11월 9일 베를린 장벽(Antifaschistischer Schutzwall)이 무너진 다음날 종료된 동독 공산당의 제10차 당대회 폐막식에서는 '동독 개혁을 위한 액션 프로그램(Aktionsprogramm)'이 발표되었으며, 여기에는 주 5일제 수업 도입 등 교육개혁에 관한 내용도 포함되어 있었다.[28]

이러한 상황 속에서 1989년 하반기 수많은 재야단체 및 시민단체가 결성되어 개혁논의를 이어갔다. 1989년 11월 13일 동독 수상에 취임한 한스 모드로우(Hans Modrow)는 취임 직후 동독 정치의 근본적인 쇄신을 하였고, 사회주의 혁신을 위해서는 '교육개혁이 필수적으로 요청'된다고 발표하였다. 그리고 국민의 다양한 의견을 수렴하여 새로운 교육법을 제정하겠다고 약속하였다. 이어 12월 1일 단행된 동독 헌법개정으로 당과 국가가 분리되었으며, 학교의 이데올로기 교육이 폐지되고 교사의 교육활동 자유가 보장되었다.

또한 집권세력, 민주세력, 여성 및 사회단체, 종교계 등이 참여하는 '원탁회의(Runde Tische)'가 결성되어 12월 7일부터 1990년 3월 12일까지 16회 회의를 진행했던 '원탁회의'는 1990년 3월 5일 교육개혁안을 발표하였다. 주요 내용은 첫째, 유아교육(보육) 분야에서 사회주의 이데올로기 교육개혁, 둘째, 일반 학교

---

27 박성춘 외, 『독일 사례를 중심으로 한 통일 대비 남북한 교육 분야 통합 방안 연구』 (세종: 교육부, 2015) pp. 68-69.

28 통일부, 『독일통일 총서 17: 교육통합 분야 관련 정책문서』, p. 26.

교육 분야에서 교사와 학부모와 학생의 참여를 높이는 교육법 개정과 탈이념화 및 종교수업 허용 등, 셋째, 교사의 교육적 자유 보장이 필요하다고 주장하였다.

3월 18일 동독의 첫 자유총선거는 교육개혁의 전환점이 되었다. 선거 결과 서독의 집권당 기독교민주당(CDU)과 연대한 정당그룹이 47.79%를 획득하여 승리하였다. 1990년 4월 9일 신임 로타 드 메지에르(R. d. Maiziere) 동독 수상은 하루 속히 독일통일을 이루는 것을 최우선 과제로 천명하고, 서독의 제도를 신속히 도입하는 정책을 추진하였다. 또한 동독의 교육제도를 비판하고 관료주의적인 국가통제 제거, 교육제도의 다양화, 학부모의 교육권을 보장하고, 각 주의 교육 주권을 인정하는 등 새로운 교육제도 도입을 선언하였다. 동독 붕괴의 흐름이 동서독 통일로 급격히 선회하며 각종 교육개혁 조치들이 추진되었는데, 과도기에 한시적으로 적용되는 '긴급조치' 또는 통일 전에 한시적으로 적용되는 '이행조치' 등의 임시적 조치가 상당수였다.

2) 동서독 통일 협상에서의 교육

1990년 1월 12일 서독 교육부장관 위르겐 묄레만(Juergen Moellemann)과 동독 교육부장관 한스-하인츠 에몬스(Hans-Heinz Emons)가 최초로 만나 동서독 교육정책 아젠다를 협의하기 위한 실무작업반(deutsch-deutsche Arbeits gruppe)을 조직하기로 합의하였다. 서독의 주 문화교육부 장관회의(Kulturministerkon- ferenz, KMK)는 1990년 2월 동독과 교육 분야에서 적극 협력할 것을 주장하였다. 이후 독일통일 후 실질적으로 제기될 동독 학력인정 문제, 동독에서 취득한 자격인정 문제 등에 대한 대응방안을 마련하여 제시하였다. 1990년 3월 18일에 실시된 동독 총선거 이후 동독 수상이 '조속한 통일'을 최우선 국정과제로 삼자, 서독은 더욱 적극적으로 움직였다.

5월 16일 서독 교육부장관 묄레만(Moellemann)과 동독 교육부장관 한스-요아킴 마이어(Hans-Joachim Meyer)가 만나 동서독 교육제도의 통합을 준비하는 '동서독 공동교육위원회(deutshe-deutsche Bildungskommission)'의 설치를 발표하였다. 동서독 공동교육위원회에 서독은 연방정부와 주 정부 대표가 절반씩 참여하였고, 동독은 주 단위의 행정지역단체가 설립된 뒤, 지역의 교육대표위원이 참여하였다. 위원회는 일반교육, 직업교육, 대학교육, 평생교육 등 4개 소위원회를 구성하였으며 9월까지 진행되었다. 공동교육위원회의 활동을 통해 동서독 통일과정에서 교육 부문에 있어 서의 기본적인 틀이 마련될 수 있었다. 이 기구는 동독 교육부가 계획하고 있는 교육 관련 개혁에 대한 정보를 전달해 주고 동서독의 전문가들이 교육정책의 계획과 관련된 논의를 진행하는 장이 되었을 뿐만 아니라 나아가 동독 교육제도 개혁을 위해 필요로 하는 지원에 대해 논의할 수 있는 장이 되었다.

동서독의 교육통합은 근본적으로는 서독의 교육시스템을 바탕으로 한 제도를 동독지역에 적용시키는 과정이었으나, 일방적인 서독의 동독 식민화라고 보기도 어려웠다. 제1차 공동교육위원회에서 동서독 대표들은 서독에서 실행되던 '교육연방주의'를 기본원칙으로 하는 것에 합의하였고, 따라서 구동독지역에서도 연방주의에 따라 '스스로 새로운 제도를 구축'할 수 있는 자유영역이 보장되었기 때문이다. 이는 통일조약 제37조(교육)에 따라 동독의 모든 학위, 시험성적 및 자격증이 서독과 동등하게 인정받았으며, 같은 조약 제38조(학술 및 연구)에서 동독 대부분 공립교육기관의 거취가 통일 이후인 1991년 말까지 평가하여 신연방주에서 결정하도록 하는 내용이 명시되기도 하였다.[29] 이들 조약에 따라 구동독의 신연방주들은 1991년부터 1993년 사이 각 주별로 교육법과 학교법을 제정하며 보존 가치가 있는 동독의 교육제도는 새로운 틀로 옮기게 되었다. 독일통일과정에서 발생한 주요 정치 현안과 교육 현안을 정리하면 〈표 11-6〉과 같다.

---

29 통일부, 『독일통일 총서 17: 교육통합 분야 관련 정책문서』, pp. 216-223.

표 11-6 **독일통일과정에서 주요 정치 및 교육 현안**

시점	정치 현안	주요 교육 현안	비고
1989. 10.18	동독 공산당 서기장 에리히 호네커 사퇴, 에곤 크렌츠 신임 공산당 서기장 취임		
10.20	동독 교육부 장관 마르고트 호네커 사퇴		
11.05		'군사 교과' 폐지 결정	긴급조치
11.06		'국가시민 교과' 폐지 결정	긴급조치
11.09	<베를린 장벽 붕괴>		
11.10		교육개혁을 위한 액션 프로그램 발표	
11.13	한스 모드로우 신임 동독 수상 취임		
11.17		한스 모드로우 수상의 교육개혁 선언	
11.28	서독 콜 수상 동독 지원 <10대 프로그램> 제안		
12.01	동독 헌법 개정		
1990. 01.12		동서독 교육부장관, 교육협력을 위한 <실무작업반> 구성 합의	
02.21		1990년 2학기부터 '국가시민 교과'를 '사회 교과'로 대체 결정	긴급조치
03.05		<원탁회의>의 교육개혁안 제시	
03.18	동독 첫 자유 총선거, 서독 집권당 연대 정당그룹의 승리		
05.01		동서독 교육부장관, <동서독 공동교육위원회> 설치 합의	
05.10		동독 출신 학생의 서독대학 진학 허용	이행조치
05.16		서독 교과서의 동독 공급 계약 체결	이행조치
05.18	<동서독 화폐, 경제, 사회 통합조약> 체결		
05.30		<교육청 설립에 관한 규정> 등 공포	이행조치
08.31	<통일조약> 체결		

출처: 통일부(2016) 재작성.

* 긴급조치(1989.10.18.~1990.3.17): 베를린 장벽 붕괴 전후, 동독주민들의 개혁 요구에 부응하여 새로운 동독정부가 긴급히 취한 조치.

* 이행조치(1990.3.18~1990.10.3): 동서독 통일을 준비하기 위한 차원에서 취한 조치(서독식의 교육제도 도입이 주 내용).

3. 통일독일의 교육통합 결과

함부르크협약과 주문교장관회의 결정 준수, 2단계 교사양성제도 도입, 동독의 졸업장과 교사 자격증의 등가성 인정, 12년제 아비투어 유지 등의 공동합의문을 내놓게 된다. 이 합의는 기본적으로 서독식 학교제도의 기본구조에 접근하면서, 동독의 전통과 자격증도 인정받는 등 동서독의 타협적 성격이 강했다.

통일 후 구동독의 교육행정시스템에는 본격적인 개혁이 단행되었다. 먼저, 교육행정체제에서 막대한 역할을 담당하였던 당 조직이 해체되었다. 그리고 국가 중심의 교육행정체제가 지방 중심의 교육행정시스템으로 개편되었다. 새로운 광역교육청 및 기초교육청이 신연방주에 설치되었다. 구동독의 주 교육위원회가 잠정적으로 교육청의 기능을 수행하였다. 교육감과 교육장은 교육부 장관과 지방자치단체장의 협의 아래 결정되었다. 교육부는 잠정적으로(주별로 자치적으로 교육부와 교육청을 구성하기 전까지) 최고의 감독기관으로 존립하였다.

교사의 경우 정치적으로 구체제와 밀접하게 관련되어 있지 않은 경우에는 학교에 남아서 3년 간 테스트 기간을 갖고 난 후에 교육공무원으로 임명되는 것을 원칙으로 하였다. 이런 과정에서 교사들이 구동독에서 취득한 자격증에 대한 인정문제 뿐만 아니라 교사 개인의 과거경력과 관련된 문제가 발생하였다. 동독의 체제하에서 교사는 사회주의통합당의 당원이었을뿐만 아니라 당의 이념을 학생들에게 주입시키는 역할을 담당했던 사람들이었다. 이 문제를 해결하는 방식은 신연방주 주정부의 성향에 따라 상이하였다.

서독에서 영입된 정치인 쿠어트 비덴코프가 주 총리직을 맡은 작센주의 경우 정치적 문제가 있는 교사들을 비교적 엄격하게 처리하였다. 1991년 12월 31일까지 과거경력이 문제가 될 수 있는 모든 교사들을 교직에서 해고하기로 하였다. 이에 따라 5만 2,000명 중 7,000명에 달하는 교사들이 해고되었다. '정치적으로 문제가 될 만한 활동을 과거에 했던 교사들이란' 과거 구청 및 지역 교육위원, 장학사, 인사과장, 블록정당의 상임위원 그리고 자유독일청년당(FDJ) 및 독일사회주의통일당(SED)-인민회의 원내 교섭 단체의 최고위원회 회원들이었다.

1991년 9월 말까지 작센주 고등교육청에서 약 3,000명의 교육자를 '슈타지 교사'로 분류하고, 이들에게 '권고사직'을 통보하였다. 사직 통보서를 받은 사람은 누구나 청문회를 요청할 권리가 있었고, 그는 고등교육청의 청문회에서 자신이 공직을 수행하면서 인권을 침해하는 행동을 하지 않았다는 것을 증명해야 했다. 진술의 신빙성이 의심된다면 그 즉시 해고 절차가 진행되었다. 해고 통보를 받은 사람들이 거의 모두 이의를 제기하였고, 자신들도 엄밀히 말하면 제도의 희생양이라고 주장하였다.[30]

표 11-7 독일통일 이후 해임된 동독 교원의 수

구동독지역(신연방주)	전체 교원 수(명)	해임된 교원 수(명)
브란덴부르크	30,600	5,247
베를린	30,000	800
멕클렌부르크-포어폼메른	29,923	8,400
작센	52,000	10,000
작센-안할트	36,000	10,230
튜링겐	40,000	2,000
합계	218,523	36,677

출처: 강구섭(2012).

Ⅳ 한반도통일미래의 교육통합

지금까지 살펴본 통일독일의 교육통합과 한반도통일미래의 교육통합은 분명 여러 측면에서 다르게 흘러갈 것이다. 독일은 역사적 격변으로 인해 통일의 급물

---

30 강구섭, "독일통일 후 동서독 교육통합 사례 연구: 학제, 교육과정, 교사 재임용 사례를 중심으로," 『비교교육연구』, 제22권 제1호(2012), p. 53.

살을 겪었다. 당시 서독 총리였던 헬무트 콜이 1988년 12월 연방의회 보고에서 '가까운 시일 내 통일은 불가능하다'라는 취지로 했던 발언에서 알 수 있듯 사회적으로 독일 또한 통일과 그 이후의 통합 준비는 무르익지 않았었다. 그러나 한반도에는 '지금'이라는 시간이 있다. 비록 동서독의 경제 격차에 비해 남북한의 경제 격차가 수십 배에 이를 뿐만 아니라, 북한은 핵무력 완성을 주장하고 특히 최근 김정은은 남북관계를 통일의 대상이 아닌 적대관계로 선언하며 완전히 단절된 모양새라고 하더라도 '아직 통일과 통합을 준비할 시간'이 있는 것이다. 급격하고 혼란스러운 통일이었으나 성공적이라고 평가받는 독일의 교육통합보다 더 나은 한반도 통일미래의 교육통합을 준비할 시간과 자각(自覺)이 있기에, 그럴 가능성 또한 있다고 말할 수 있다. '가까운 시일 내 통일이 가능하다'를 넘어, '잘 준비된 남북 교육통합을 통해 교육을 바로잡아 진정한 미래교육이 가능하다'고 상상할 수 있다. 이번 장에서는 통일 전 교육통합 준비를 위해 필요한 사항들과, 통일에 관해 남북한 협의과정에서 필요한 사항들에 관하여 정리하고자 한다.

1. 통일 전 교육통합 준비

한반도 통일이 이루어지기 전 성공적인 교육통합을 위하여 남북한의 교육현실과 독일의 경험을 토대로 몇 가지 시사점을 도출할 수 있다. 첫째, 교육통합의 방향성이 명료하게 설정되어야 한다. 통일독일의 교육통합은 방향의 적절성 여부를 떠나, 서독식으로 통합한다는 방향성이 분명하였고, 이에 따라 통일 이후 큰 혼란을 최소화할 수 있었다. 방향성이 명료하지 않았다면 교육통합에 많은 기간이 소요되고, 혼란도 더 컸을 것이다. 한반도 통일과정에서도 북한의 남한 편입통합, 남북연합의 남북한 절충식 통합, 남한의 연방제 전환 및 북한의 연방합류 등 제3의 체제 등의 통일 모델을 분명히 설정하고 모델별 통합방안을 구상해야 한다.

① (남한 편입모델) 북한의 급변사태 발생으로 남한에 편입이 이루어진다면 남한의 교육체제를 북한에 어디서부터 어떻게 시행할 것인지, ② (남북연합 모델) 모

종의 계기로 남북한의 통일논의가 이루어져 화해협력 단계를 거쳐, 남북연합 단계에서는 남북각료회의와 남북평의회에서 교육통합안을 어떻게 제시하고 협상할 것인지, ③ (연방통합 모델) 사회적 분위기가 무르익어 대한민국의 개헌을 통해 지방자치제가 연방제로 발전한 상황에서, 북한 또한 여러 연방으로 나뉘어 각 주별 교육정책으로 새로 수립할 필요성이 있을 때는 어떤 교육체제를 기본 틀로 생각할 것인지 상상력을 펼쳐 상황별 통합방향과 방안을 명확히 할 필요가 있다는 말이다. 상황별 교육이념, 학제, 교육과정, 교육행정체계, 교원양성 방식에 관하여 이미 사회적 합의가 모인 통합방향이 준비되어 있어야 한다.

둘째, 명확한 방향을 가진 남북교육통합은 가능한 단계별로 추진될 필요가 있다. 독일통일과정에서 긴급하게 대처하는 방안에서부터 최종적으로 통합교육법이 남북한에 적용될 때까지 단계별 독일에서 취한 긴급조치, 이행조치, 잠정조치 등은 주요 참고사항이 된다. 북한지역 혹은 남북한지역의 학제와 교육과정에 대하여 ① 통일이 이루어지기 전 남북한 내부에서 정비하고 준비할 사항, ② 통일협상 과정에서 우선적으로 시행되어야 할 임시 조치들, ③ 통일 이후 종합적으로 정비 및 갱신되어야 할 제도와 법령을 단계별 과제로 관리할 필요가 있다.

셋째, 시간이 많이 소요되는 분야에 대한 별도의 준비가 필요하다. 이는 특히 교육과정 개발과 교과서 제작이 대표적으로 해당한다. 남북한 교육현황을 고려한 교육과정 통합방안을 사전에 세밀하게 준비해야 한다. 총론 수준과 더불어 교과별로 통합교육 과정을 구성하는 방안을 고민해야 한다. 이러한 작업이 선행되어야만 독일보다 교육과정 통합기간을 줄일 수 있을 것이다.

준비된 통합교육과정에 따른 교과서 준비 작업도 중요한 과업이다. 특히 북한의 이념편향 교과의 범위와 규모를 분석하고, 통일 상황에 즉시 활용할 대체교안을 마련해야 한다. 일부 교과에서 사회주의 이념을 교육한 동독의 교육과정에 비해 북한은 훨씬 더 광범위한 우상화와 주체사상 교육이 이루어지고 있는 상황이다. 북한의 교과들에 대한 면밀한 분석으로 북한에 적용이 가능한 대안교과서 제작이 필요하다. 독일통일과정에서 이념교과의 폐지가 선제적으로 이루어졌지만, 그에 대한 대안을 마련할 시간이 충분하다고 볼 수 없었다. 사전에 해당 교과들의 범위를 결정하고 통일미래 교과서를 마련할 필요가 있다.

넷째, 북한이탈주민 청소년의 대한민국 교육 부적응 사유에 대한 심도 있는 연구가 필요하다. '먼저 온 통일'로 불리는 북한이탈주민의 대한민국 교육에서의 부적응 사유를 확인하고, 교육통합 시 이를 보완할 수 있는 방안을 마련해야 한다. 탈북청소년들은 입국 초기 외래어와 한자어를 많이 사용하는 한국 언어문화 적응에 어려움을 겪는다.[31] 또한 남한 이주 전의 학습 결손으로 인해 교과서에 제시되는 고유명사는 물론 학습, 사고 도구어에 대한 지식이 부족을 겪는다.

북한의 정보 폐쇄성으로 인한 기본적인 배경지식의 차이도 감안할 필요가 있다. 예를 들어 세종대왕이 한글을 창제했다는 사실을 남한에 와서 처음 알게 되었다고 상당수 탈북학생들이 진술했다. 또한 남한 학생들이 취학 전 이미 독서나 생활을 통해 자연스럽게 알게 된 내용들을 탈북학생들은 모르는 경우도 많다. 이에 따라 탈북학생들은 남한 학생에 비해 학습의 부담이 커지게 된다.[32] 보다 상세한 분석을 통해 통일한반도 교육통합의 모델을 정교화시켜야 한다.

다섯째, 통일한반도에 대한 이해에 도움을 줄 수 있는 교재를 개발해야 한다. 남한과 통일한반도 전반의 상황에 대하여 배경지식을 학습하고, 남북한 언어 격차를 좁히기 위한 교과 및 교과서 개발을 착수해야 한다. 통일부에서 매년 발행하는 『북한이해』는 북한사회 전반에 대하여 비교적 이해하기 쉽게 잘 정리된 자료를 통해 학습할 수 있다. 그러나 북한지역의 청소년들과 학부모들이 남북한 교육통합의 부작용을 최소화하기 위하여, 『(가칭) 통일한반도 이해』, 『통일한반도 언어격차 좁히기』 등의 교재를 개발할 필요가 있는 것이다.

---

31 백인옥, "탈북청소년의 학교 부적응 양상과 해결방안 연구: 대전·공주지역을 중심으로," 『통일교육연구』, 제17권 제1호(2020), p. 66.

32 권순희 외, 『탈북학생 지도용 국어과 교육과정 표준안 개발: 초등』 (서울: 한국교육개발원, 2012), p. 55.

2. 통일과정에서의 교육통합

1) 학제 및 교육과정의 통합논의

대한민국의 교육제도는 현재 '초등학교 6년-중학교 3년-고등학교 3년-대학교 4년' 제도를 기본 골격으로 하고 있다. 반면 북한의 경우 '소학교 5년-중학교 3년-고급중학교 3년-대학교 4년' 제도를 운영하고 있다. 이러한 학제의 차이는 남북통일 이후 교육제도의 통합이 중요한 이슈로 부상할 수 있다. 대한민국의 교육제도가 국제적 추세에 부합하기에 이를 기준으로 통합할 필요성이 강하지만, 북한의 구체적인 학제 변경안에 대한 고민도 필요하다. 학제의 부족 부분을 보충할 수 있는 과도적 보충교육 실시방안까지 고민할 필요가 있다.

한편, 사립학교가 존재하지 않던 동독지역에는 통일 이후 각종 사립학교가 설립되었다. 구동독에게는 교육이 국가만의 사무였기에 사립학교가 존재하지 않았으나, 통일 이후 사립학교법이 제정되고 서독식의 사립학교가 설립되었다. 현재 북한 또한 사립학교가 없는 상황에서 사립학교 제도의 도입과 설립 범위에 대하여 사전에 검토하여, 사립학교 설립 방안을 마련하는 것이 필요할 것이다. 통일 이후 교육통합의 주체는 국가와 민간 모두가 함께하는 거버넌스이기 때문이다.

통일한반도의 교육과정은 첫째, 남북한 공통의 교육방향으로서 '민주시민육성'과 '홍익인간'의 이념을 보편적 가치로서 중시해야 할 것이다. 둘째, 한민족의 정체성 확립과 공동체 의식 함양을 교육목표로 추구하는 것이 필요하다. 셋째, 교과 편제 및 비중 설정을 위한 방안으로서 초중등 교육과정의 기본 교과 내용 선정 및 구성의 측면에서 균형감 있고 통합적인 교육과정을 수립하는 것이 필요하다.

이들을 추진하기 위하여 남북 공동의 교육과정 개발 등에 관한 협의기구를 구성하고 상호 간 합의된 교육과정을 도출해내어야 할 것이다. 이러한 협의기구로 '전국시도교육감협의회'를 고려해볼 수 있다. 협의회는 지방교육자치에 관한 법률 제42조에 따라 설립된 교육감 협의체로, 통일독일의 교육통합의 주요 논의처였던'주 문화교육부 장관협의체(Kultusministerium)'를 모델로 한다. 이를 통해

17개 시 · 도 교육청은 북한 14개 시 · 도 교육행정기관과 자매결연을 맺고 북한 지역의 '교육자치' 도입과 적합한 교육과정 마련을 위하여 인적 · 행정적 교류 활성화에 노력해야한다.

2) 입시제도의 재구조화

독일이 비교적 명확한 방향으로의 통일이 이루어졌음에도, 동서독 주민 간의 심리적 갈등은 홍역을 치렀다. 이러한 독일의 사회갈등지수는 OECD 국가 중 중간에 해당한다. 2021년 8월 한국경제인협회(당시 전국경제인연합회)가 발표한 '국가갈등지수 OECD 글로벌 비교' 조사결과에 따르면 독일이 30개국 중 18위인 반면, 대한민국은 종합 3위를 기록하고 있다.[33] 통일을 이룩하고 사회통합을 진행 중인 독일보다 아직 통일이 되지 않은, 즉 수많은 갈등요인이 도래하지 않은 대한민국의 갈등지수가 더 크다는 것이다. 대한민국의 갈등지수를 보다 자세히 살펴보면, 정치 분야에서는 4위를, 경제 분야에서는 3위를, 사회 분야에서 2위를 차지하여 종합 3위를 기록하였다. 이는 정치갈등, 빈부갈등도 심각하지만 세대갈등, 남녀갈등, 종교갈등 등 사회갈등이 훨씬 심각하다는 것으로 해석할 수 있다.

갈등공화국 대한민국 사회갈등의 정점은 누가 뭐라고 해도 '교육'이다. 2024년 현재 대한민국 사회를 뒤흔들고 있는 의정(醫政)갈등, 교육활동 및 교권 침해로 인한 갈등 등 모두 교육과 관련된 갈등이다. 독일통일과정에서는 동독에 서독의 교육체제가 사실상 그대로 이식되고, 서독의 교육제도 전반에는 큰 변화가 없었다. 그러나 한반도 통일에서는 갑작스레 닥친 독일통일과 달리, 갈등요인을 최소화할 수 있는 방안이 없는지 치열하게 고민해야 한다. 예를 들어, 독일과 같이

---

33 해당 조사의 기준년도는 2016년으로, OECD 가입국 35개국 중 자료가 없는 칠레, 아이슬란드, 룩셈부르크, 슬로베니아, 터키를 제외한 30개국을 기준으로 조사한 결과이다. 조사에서 말하는 '갈등지수'는 국가갈등의 정도를 나타내는 지수, 순위가 높을수록 갈등의 정도가 크다는 것을 의미한다. 전국경제인연합회, "국가 갈등지수 OECD 글로벌 비교", *Global Insight*, Vol. 53 (2021), pp. 1~4.

통일 상황에서 북한지역의 대부분 학위와 자격증을 인정해주면 어떤 일이 발생할까? 북한지역의 고급중학교 3학년 학생들은 대학입시 시험을 어떻게 치르고, 그들도 통일한반도에 있는 모든 대학에 지원할 수 있을까?

이러한 상황에서 20년 전인 1994년에 정식 도입된 대한민국의 대학수학능력시험(수능) 제도를 그대로 적용하는 것이 과연 최선인지 고민해야 할 필요성이 있다. 남한의 수능에 해당하는 북한의 '예비시험'과 '대학별 시험'에는 오지선다형 객관식 문제가 없다. 뿐만 아니라, 다섯 개 보기 중 답을 고르는 지금의 오지선다형 객관식 수능이 미래에 필요한 능력을 측정할 수 없다는 지적이 계속 나오고 있다. '챗GPT' 등 인공지능(AI) 활용이 급격하게 늘어나면서 '답을 찾는 능력'보다는 '질문하는 능력'이 중요해졌기 때문이다. 따라서 '질문에 대한 이해', '사고력', '논증력'을 검증하기 위한 시험에 대한 고민이 필요하다. 남북분단 이전인 조선시대의 과거시험 방식이 단서가 될 수 있다. 아래는 조선시대 왕들이 출제하였던 과거시험 문제 중 일부이다.

○ 세종대왕이 출제한 문제
- *노비 또한 하늘이 내린 백성인데 그처럼 대대로 천한 일을 해서 되겠는가?*
- *어느 집안은 노비가 많은 경우 수천, 수백 명인데 한계를 둘 수 없는가?*

○ 중종이 출제한 문제
- *술의 폐해는 오래되었다. 우리 조선의 여러 훌륭한 임금님들께서도 대대로 술을 경계하셨다. 그런데도 오늘날 사람들의 술 마시기 폐단이 더욱 심해져, 술에 빠져 일을 하지 않는 사람도 있고, 술에 중독되어 품위를 망치는 사람도 있다. 흉년 때 금주령을 내려도 민간에서 끊임없이 술을 빚어 곡식이 다 없어질 지경인데, 이를 해결하려면 어떻게 해야 하는가?*

표 11-8 **주요국가의 논술형 대입시험 현황**

국가	시험	과목	유형	평가 요소
독일	아비투어	독일 문학, 역사, 사회과학, 철학 등	논술형	텍스트 이해력, 분석력, 표현력
프랑스	바칼로레아	전 교과 (국어, 철학 필수)	논술·서술형	개념 이해력, 자료 분석력, 사고력, 논증력
영국	대학입학자격시험 (GCE) A Level	역사, 물리 등 38개 과목	논술·서술형	개념 이해력, 자료 해석력, 자료 기반 문제 상황 적응력

출처: 동아일보(2023) 재작성.

이들은 마치 프랑스 등에서 시행하고 있는 대입제도의 논술·서술형 문제와 유사하다. 현재 대구광역시교육청, 경기도교육청, 부산광역시교육청 등이 교육 현장 도입을 추진하고 있는 국제 바칼로레아(International Baccalaureate, IB) 프로그램과도 맞닿아있다. 그러나 이들은 결국 대입제도가 논술·서술형이 아닌 상황에서 전체 학생을 대상으로 유의미한 결과를 도출하기 어려운 상황이었다. 통일 이후 교육통합의 과정에서 오히려 이를 교육제도 혁신의 기회로 삼아 북한 학생도 거부감이 덜하고, '문제해결능력'을 검증가능한 대입제도로의 변화를 고려해볼 필요도 있을 것이다.

3) 교육행정통합과 퇴직 교원 활용

통일과정에서 북한지역에 교육 관계 법령은 교육기본법, 초중등교육법을 준용하되, 북한지역에 교육자치의 도입 방안을 검토해볼 필요가 있다. 초대 교육감은 초대 도지사와 같이 이북5도 등에 관한 특별조치법 제5조를 준용하여 행정안전부의 제청으로 국무총리를 거쳐 대통령이 임명하도록 할 수 있다. 이북5도 등에 관한 특별조치법 제4조 제1항 가목에서 규정하는 바와 같이 해당 기구에서 해당 지역의 교육 상황에 대한 정보의 수집과 분석을 하고 있기 때문이다. 더 나아가 이북5도 등에 관한 특별조치법에서는 통일 이후의 교육통합을 준비하기 위하여 교육자치기구에 대한 보다 구체적인 준비를 법으로 규정할 필요가 있다.

또한 독일에 비해 지도자 우상화 교과가 많고, 대부분 교과에 이념교육이 가미된 북한 교육의 현황을 냉철하게 보았을 때, 독일보다 많은 교원의 해고가 필요할 것으로 보인다. 이는 북한지역 교원의 재교육만으로는 성공적인 교육통합이 어려울 것이라는 의미이다. 북한 상황에 대한 이해도 및 교육 전문성이 있는 대한민국 교원들을 파견하거나, 퇴직교원을 현지 재채용하는 방식에 대한 고민도 필요하다.

특히 현직 공무원의 경우, 파견 신청을 한 공무원 및 교육공무원에게 국가공무원법 제40조의 2(우수 공무원 등의 특별승진) 등에 따른 특별승진 및 승진시험을 치를 기회가 부여되는 방안을 유인요소로 고려할 필요가 있다. 또한 퇴직교원의 경우, 지방공무원 임용령에 따라 정년에 구애받지 않는 일반임기제를 활용한다면 재채용을 통한 운영이 가능하다. 학교장의 경우 4급, 교감은 5급 상당, 행정실장은 5~6급 상당으로 해당 학교 혹은 교육청 단위로 채용하여 활용할 수 있을 것이다.

V 결론

통일이 미래지향적인 사건이라고 본다면, 미래지향적 관점에서 교육통합을 논의하는 것이 중요하다. 남북한 교육통합은 단순히 A와 B가 반반씩 합쳐지는 물리적인 결합이 아니다. 그렇다고 A에 B가 완전히 복속되기보다는, 더 나은 C가 되기 위한 화학적 결합을 모색해야 한다. 남북 교육의 문제점을 극복하고, 미래지향적 방향을 지향하는 통합이 되어야 의미와 가치를 찾을 수 있는 것이다.

앞서 살펴본 바와 같이 남북한의 교육 현주소는 대단히 큰 격차가 있었다. 북한의 교육이념과 목표, 학제, 교육과정, 교육행정조직과 교원양성 과정까지 동독에 비해 더 이념화되어 있었고, 더욱 체제와 밀착되어 있다는 점을 확인할 수 있었다. 동서독 통일에 비해 남북은 더 긴 분단기간, 더 많은 경제적 격차, 더 많은 상호갈등의 골이 존재하는 상황이다. 막대한 사회적 갈등비용이 발생하고 예산과 노력이 들었던 독일통일에 비해 남북통일이 훨씬 더 어렵고 두려운 일로 생각될 수 있다.

그러나 희망은 있다. 독일통일은 이미 와버린 과거의 사건이고, 남북통일은 아직 일어나지 않은, 즉 준비할 수 있는 미래이기 때문이다. 독일통일에 비해 거의 유일하게 비교우위에 있는 '시간'을 대한민국에서는 소중하게 활용해야 할 것이다. 통일미래를 준비하는 시간은 아래의 질문들을 각자 던져보고, 더 많은 질문과 더 나은 답을 찾아 나가는 시간이 되어야 할 것이다.

남북한의 교육과정은 어떤 접점을 가지고 통합할 수 있는지, 이를 위해 대안교과서 마련은 구체적으로 어떻게 할 것인지, 동독보다 더 이념화되어 있는 교원들은 어떤 범위에서 재교육하고 어떤 범위에서 청산할 것인지, 만약 청산의 범위가 넓어 교원 수급이 어려워진다면 북한지역의 신규 교원을 채용할 것인지, 북한지역에 대한민국의 교원들을 파견시켜야 한다면 그 기준과 신분은 어떻게 활용할 것인지, 남북 학생들이 겪을 정체성 혼란은 어떤 교육으로 상쇄하고 격차를 줄여나갈 것인지, 어떤 분야보다 예민한 '대입'에 관하여 남북한의 대입제도는 어떻게 바뀌어야 하는지 등의 문제를 생각해 보아야 한다.

질문 하나하나가 통일한반도를 뒤흔들만한 '뜨거운 감자'로 작용할 확률이 굉장히 높다. 사실상 서독의 교육제도의 동독이식이라는 명확한 방향으로 인하여 굉장히 신속히 통일이 이루어진 독일도, 각 新연방들에서 새로운 교육제도가 법률적·사회적으로 안착하기까지는 상당한 시간이 걸렸다. 시간이 지연될수록 사회적 혼란은 증가하고, 이는 한쪽에게는 피로감을, 한쪽에게는 향수와 분노를 자아낼 확률이 높다. 미리 준비하는 통일만이 이를 최소화하고, 새로운 도약의 모멘텀(momentum)이 될 수 있다.

종종 MZ세대(M-Z Generation)의 가장 중요한 특성 중 하나로 '정당하고 공정한 보상'을 지향한다는 점이 분석되기도 한다. 소중한 나의 시간과 노력을 들여야 하는 분명한 이유를 안다는 전제 위에, 투입이 있었을 때 그에 맞는 결과가 나오기를 기대하는 지극히 합리적인 사고방식의 귀결로 해석할 수 있다. 이러한 관점에서 '통일미래 남북 통합방안에 대한 고민'은 상황이 발생했을 때 가장 투자 대비 성과가 훌륭한 분야라고 말하고 싶다.

특히 '교육'의 핵심 수요자인 미래세대가, 북한의 교육 실태를 확인하고 대한민국의 교육의 새로운 가치를 고려하고, 갈등과 딜레마가 예상되는 통일한반도의 교육통합 방안을 고민해나가는 과정은, 그것만으로도 살아있는 교육이자, 변혁적 역량을 갖춰나가는 훌륭한 훈련이라 생각한다. 자율적인 고민과 균형잡힌 시각으로 미래를 고민하고 만들어 나가는 일은 바로 오늘, 지금부터 이루어나갈 수 있다는 점을 꼭 기억하길 바라며 다양한 주제에 대해 '통일상상력'을 발휘한 멋진 토론으로 이어지길 기대한다.

국내문헌

강구섭. "독일통일 후 동서독 교육통합 사례 연구: 학제, 교육과정, 교사 재임용 사례를 중심으로." 『비교교육연구』, 제22권 제1호(2012): 45-69.

교육부. 『2022 개정 교육과정 총론 해설』. 세종: 교육부, 2022.

교육부 · 한국교육개발원. 『2023 교육통계분석자료집: 유 · 초 · 중등교육통계편』. 진천: 한국교육개발원, 2023.

국가정보원 편. 『북한법령집 下』. 서울: 국가정보원, 2020.

국립통일교육원. 『2023 북한이해』. 서울: 국립통일교육원, 2023.

권순희 외. 『탈북학생 지도용 국어과 교육과정 표준안 개발: 초등』. 서울: 한국교육개발원, 2012.

김기석 · 조정아. 『북한의 교육과정 변천에 관한 연구』. 서울: 서울대학교 통일대비 교육과정연구위원회, 2003.

김상무. "독일 통일교육이 한국 통일교육에 주는 시사점." 『서울교육』, 제60권 제4호(2018): 112-118.

김수곤 외. 『통일이후의 사회와 생활』. 서울: 미래인력연구센터, 1996.

김정원 외. 『남북한 학제 비교 및 통합 방안 연구』. 진천: 한국교육개발원, 2015.

김진숙 외. 『통일 대비 남북한 통합 교육과정 연구(Ⅰ)』. 서울: 한국교육과정평가원, 2015.

박성춘 외. 『독일 사례를 중심으로 한 통일 대비 남북한 교육 분야 통합 방안 연구』. 세종: 교육부, 2015.

백인옥. "탈북청소년의 학교 부적응 양상과 해결방안 연구: 대전 · 공주지역을 중심으로," 『통일교육연구』, 제17권 제1호(2020): 53-80.

이애시. 『통일 대비 남북한 교원양성체제 비교 연구』, 석사학위논문, 제주대학교, 2006.

전국경제인연합회, "국가 갈등지수 OECD 글로벌 비교", *Global Insight*, Vol. 53(2021): 1-4.

조유라. "'논술형 수능' 논의 시작…"사고력 측정 취지 좋지만 공정성 우려"[인사이드＆인사이트]." 『동아일보』, 2023년 3월 14일. https://www.donga.com/news/Opinion/article/all/20230314/118314795/1 (검색일: 2024년 5월 3일).

최은주. "북한의 2023년 상반기 정책 성과와 한계:당중앙위원회 제8기 8차 전원회의 확대회의 결과를 중심으로." 『ifs POST』, 2023년 7월 14일. https://ifs.or.kr/bbs/board.php?bo_table=News&wr_id=53494 (검색일: 2024년 5월 1일).

통일부. 『독일통일 총서 17: 교육통합 분야 관련 정책문서』. 서울: 통일부, 2016.

_____. 『2023 북한이해』. 서울: 통일부, 2023.

통일원. 『독일통일문제 관련 여론조사 사례: 1984-1992』. 서울: 통일원, 1994.

『통일법제데이터베이스』 https://www.unilaw.go.kr/mainIndex.do

북한문헌

김원출. "조선민주주의인민공화국의 전반적의무교육제도와 그 법적담보." 『김일성종합대학』,
　　　　2018년 7월 30일. http://www.ryongnamsan.edu.kp/univ/ko/research/articles/ff49cc40a-
　　　　8890e6a60f40ff3026d2730?cp=231 (검색일: 2024년 4월 30일).

_____. "선택과목제교육을 실시하기 위한 사업 추진." 『로동신문』, 2024년 2월 7일.

통일 이후 남북한 경제통합

황주희 통일연구원 부연구위원

제12장

통일 이후 남북한 경제통합

I 서론

    통계청에 따르면, 2023년 기준으로 MZ세대의 국내 인구현황은 38%이다. MZ세대는 밀레니얼세대와 Z세대의 합성어인데, 1985년~1996년생을 통상 밀레니얼세대, 1997년~2010년대 초반생을 Z세대라고 구분한다.[1] 최근에는 Z세대와 알파세대(2011년부터 2025년 사이 태어난 세대)를 합친 잘파세대(Zalpha Generation)라는 용어도 등장했다. 잘파세대는 MZ세대보다 연령대가 더 낮고 트렌디한 특징이 있다. 2023년 기준, 이 잘파세대는 인구의 25%를 차지하고 있다. 기업 차원에서는 벌써부터 미래의 핵심 소비층으로 잘파세대 공략에 주의를 기울이고 있다.[2] 결국 향후 10년 내, 통일의 담론을 선도 하는 것도 MZ세대, 알파세대로 우리 통일교육의 주요한 대상이다.

---

1   김범수 외, 『2023 통일의식조사』 (시흥: 서울대학교 통일평화연구원, 2023), p. 181.

2   반진욱 외, "핵심 소비 주체로 떠오른 잘파세대[커버]," 『매일경제』, 2023년 7월 14일, https://www.mk.co.kr/economy/view.php?sc=50000001&year=2023&no=537013 (검색일: 2024년 4월 25일).

통일을 논하는 데 있어서 청년세대의 인식이 중요한 이유도 바로 이 때문이다. 2023년 서울대에서 실시한 통일의식 조사에 따르면, MZ세대(1985~2004년생)의 30.6%가 '통일이 매우 필요하다' 혹은 '필요하다'라고 응답하였다. 이는 2007년 이후 서울대에서 매년 통일 인식 조사를 실시한 이래로 제일 낮은 수치이다. '통일이 30년 이상 걸릴 것'이라고 응답한 MZ세대의 비중과 '불가능하다'라고 응답한 비중의 합은 68.7%로 역대 최고치이다. 한편, 통일에 긍정적으로 응답한 MZ세대의 절반은 통일이 국가적인 이익에 도움이 될 것이라고 답하였다. 이는 통일의 당위성에 대한 청년세대의 인식은 민족성보다는 실리적인 이유에 있다는 것을 의미한다.[3] 결국 통일을 준비하는 데 있어서 실리적인 요인, 특히 경제적 측면을 고찰하는 것은 청년세대의 통일 인식 고취와 더불어 통일의지 함양, 통일 이후의 경제적 변화를 대비하는데 주요하다. 산사태와 같은 급진적 통일이든, 30년 이상이 걸리는 점진적 통일이든 통일은 우리 경제에 커다란 변화를 불러올 것은 자명하다. 남북 통일미래 경제를 상상해 본다는 것, 이것이 청년세대 통일 인식 제고의 시작일 것이다.

통일이 되면 무엇이 변할까? 단언컨대, 경제가 가장 변화가 큰 분야가 아닐까? 이러한 변화를 대비해서 우리가 할 수 있는 일은 무엇일까? 이상의 물음에 답하자면 우선 남북의 경제, 산업, 경제주체(기업)에 대한 전반적인 이해가 요구된다. 개별국가의 역사적 특수성과 경제적 여건, 사회적 여건 등을 종합적으로 고려하여 구체적인 사유화 방식을 적용하는 것이 가장 합리적인 대응이기 때문이다. 더불어 독일통일 이후의 경제 사례 등이 현실적인 통일 비전을 그리는 데 필요할 것이다. 본 장에서는 우리의 통일에 대한 실리적 상상에 도움이 될 수 있는 정보를 제공하고자 한다.

---

3   서울대학교 통일평화연구원, 『2023 통일의식조사』 (시흥: 서울대학교 통일평화연구원), 2023, p. 2; 김범수 외, 앞의 책, pp. 180-195.

Ⅱ 북한의 산업과 기업

1. 북한의 경제체제와 경제정책

북한은 자체적으로 1958년에 농업, 수공업, 자본주의적 상공업의 사회주의적 개조가 완성되었다고 평가하고 있다. 북한의 경제는 사회주의 소유제도에 기초한 계획경제체제이다. 사회주의 소유제도는 토지, 원료, 공장(생산용 건물), 기계(생산용 도구), 교통, 통신 등 생산에 필요한 모든 수단이 국가적으로 또는 집단으로 소유되는 제도를 의미한다. 북한의 헌법(2019)은 생산수단은 국가와 사회협동단체가 소유한다(제20조)고 명시하고 있으며 국가의 소유 자체가 전체 인민의 소유(제21조)라고 규정한다. 북한의 이러한 계획경제는 1990년대 동유럽의 몰락, 북한 내부의 자연재해 등을 통해서 심각한 경제위기를 겪은 이후로 과거와 같이 엄격한 중앙집중적 계획경제 시스템을 유지하지 못하고 있다. 제도적으로는 아직 사회주의 소유제도와 계획경제를 유지하고 있으나, 실질적으로는 북한 내부에 시장화 현상이 확대되어 계획과 시장이 병존하는 구조를 가진다.

북한의 시기별 주요 경제정책을 살펴보자. 김일성 집권 이후 초기 북한의 주요 경제정책은 '토지개혁'(1946), '중요산업 국유화'(1946) 등 '자립적 민족경제 건설 노선'을 추구하였다. 이후 한국전쟁(1950-1953)으로 인해 황폐해진 경제를 복구하기 위한 '전후 인민경제 복구건설' 실시에 집중하였고 중공업의 우선 발전과 경공업과 농업을 동시에 발전시키는 '중공업 우선 발전 노선'을 추진하였다. 1962년에는 국방건설도 경제건설에 대등하게 발전시킨다는 취지의 '경제·국방 건설 병진노선'을 선택하였다.[4]

김정일 시기 대표되는 경제정책 기조는 '선군경제건설노선'이다. 이 노선은 국방공업을 먼저 발전시키고 경공업과 농업을 동시에 발전시키는 것이다. 이를 통해 경제건설에서도 군사 중시, 군사 선행의 원칙이 적용되어 자원의 배분이 군

---

4 리기성·김철, 『조선민주주의인민공화국 경제개괄』(평양: 조선출판물수출입사, 2017), p. 33.

수공업에 우선적으로 적용되었다.[5]

　김정은은 2013년 핵무력 강화와 경제건설을 동시에 추진하는 '경제·핵무력 건설 병진노선'을 제시하였으나, 2018년 조선로동당 중앙위원회 제7기 제3차 전원회의를 통해서 '새로운 전략적 노선'을 발표하였다. 이 회의에서 북한은 "핵무기의 병기화 완결"을 선언하고 '혁명발전의 새로운 높은 단계의 요구에 맞게 사회주의 경제건설에 총력을 집중할 것'을 강조하였다. 더불어 2021년 당의 실천 담론으로 '자력갱생'에 기초한 경제건설 목표와 '사회주의 완전 승리' 방향을 제시하고 당규약에서 '핵무력 건설의 병진노선'을 '공화국 무력과 자립적 국방공업, 국가방위력의 강화 방향'으로 대체하였다.

　김정은 시기 북한은 조선로동당 대회를 통해서 경제발전계획을 발표하고 있는데, 2016년 조선로동당 제7차 대회를 통해 '경제발전 5개년 전략(2016-2021)', 2021년 조선로동당 제8차 대회를 통해 '경제발전 5개년 계획(2021-2025)'을 제시하였다.

표 12-1 　**북한의 경제발전계획**

		제7차 당대회	제8차 당대회
경제발전계획		- 국가경제발전 5개년 전략 (2016~2020)	- 국가경제발전 5개년 계획 (2021~2025)
대내 경제	중점 산업	- 전력, 석탄, 금속, 철도운수, 기계 - 농업, 경공업	- 금속, 화학 - 농업, 경공업
	경제 관리	- 내각중심제, 내각책임제 - 우리식 경제관리방법 - 사회주의기업책임관리제	- 내각중심제, 내각책임제 - 국영 상업망 발전 - 우리 실정에 부합, 최량화·최적화를 위한 경제관리방법
	특징	- 과학기술의 성장 견인 강조	- 재정, 금융, 가격 공간의 활용 강조
대외경제		- 가공품 수출, 기술·봉사무역 확대 - 합영·합작과 경제개발구 개발 관광사업 활성화	- 관광사업(금강산 관광지구 개발)

출처: 홍제환 외, "조선로동당 제8차 대회 분석(2): 경제 및 사회분야," *Online Series*, CO 21-02 (2021), p. 4.

5　위의 글, p. 40.

2024년에는 지방공업 발전을 목적으로 한 별도의 정책을 마련하여 '지방발전 20×10'이라는 정책을 발표하였다. 이 정책은 매해 20개의 군과 시에서 지방공업 공장 건설을 추진하고 10년 내 완결하는 것으로, 10년 동안 북한 전역의 시·군을 발전시켜서 지방의 낙후성을 개선하는 것을 목적으로 한다. 북한은 지방공업 공장 중 특히 식료공장, 기초식품공장, 소비품 등 생활에 필요한 제품을 생산하는 공장을 건설하는 데 우선순위를 두고 있으며 지방공업 공장의 건설조건은 ① 계획성, 집중성, 전망성이 확고한 군에 우선적 건설, ② 해당 시·군의 경제적 잠재력, 전문성, 지역적 크기, 인구수에 맞는 공장 규모와 생산지표 설정, ③ 공장 운영에 필요한 기술자, 기능공 등의 선제적 양성, ④ 건설역량 편성 및 사업체계 수립, ⑤ 연구협의 심화 등이다. 이 같은 기준을 통해서 선정된 2024년 지방발전정책 대상 20개 단위는 ① 성천군, ② 구성시, ③ 숙천군, ④ 은파군, ⑤ 경성군, ⑥ 어랑군, ⑦ 온천군, ⑧ 구장군, ⑨ 운산군, ⑩ 연탄군, ⑪ 은천군, ⑫ 재령군, ⑬ 동신군, ⑭ 우시군, ⑮ 고산군, ⑯ 이천군, ⑰ 함주군, ⑱ 금야군, ⑲ 김형직군, ⑳ 장풍군이다. 한편 북한은 지방발전 정책을 추진하기 위해서 당중앙위원회 조직지도부에 '지방공업건설지도과'를 신설하고 '지방발전20×10비상설중앙추진위원회'와 이 정책을 추진하기 위해 조선인민군에 제124연대를 새로 조직하고 정책을 집행하는 과정에서 발생하는 경제 실무적 문제를 대처하기 위해 당중앙위원회 정치국에 분과별 연구 및 협의회를 설치하였다. 더불어 공장 운영과정에서 문제가 생기는 것을 방지하기 위해서 설계 단위, 시공 단위, 운영 단위의 3자 합의 체계를 수립했다.[6]

---

6 "경애하는 김정은동지께서 조선민주주의인민공화국 최고인민회의 제14기 제10차회의에서 강령적인 시정연설을 하시였다," 『로동신문』, 2024년 1월 16일; "〈사설〉 경애하는 김정은동지의 시정연설에 제시된 강령적과업을 철저히 관철하여 전면적국가발전을 강력히 추진하자," 『로동신문』, 2024년 1월 17일; "《당의 손길아래 펼쳐질 지방발전의 휘황한 래일이 보입니다》," 『로동신문』, 2024년 1월 20일; "《지방발전 20×10 정책》의 실현은 확정적이다," 『로동신문』, 2024년 1월 22일; "조선로동당 중앙위원회 제8기 제19차 정치국 확대회의에 관한 보도," 『로동신문』, 2024년 1월 25일; "우리식 사회주의의 전면적발전사에 특기할 지방공업혁명의 장엄한 포성이 울리였다 성천군 지방공업공장건설착공식 성대히 진행 경애하는 김정은동지께서 착공식에 참석하시여 력사적인 연설을 하시였다," 『로동신문』, 2024년 2월 29일.

2. 북한의 거시경제

북한은 공식적으로 경제 관련 통계를 발표하지 않는다. 따라서 우리나라는 매년 북한의 국민총소득 추정치를 발표하고 있다. 북한의 국민총소득은 1990년대 경제난 이후 2000년대 일부 회복하였으나 아직까지 회복세는 미미한 수준에 그치고 있다. 2021년 기준 국민총소득은 북한이 남한의 1/58 수준이다.

그림 12-1 **북한 국민총소득 추이**

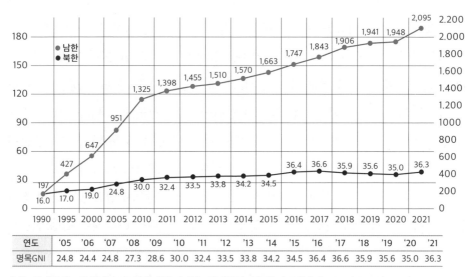

연도	'05	'06	'07	'08	'09	'10	'11	'12	'13	'14	'15	'16	'17	'18	'19	'20	'21
명목GNI	24.8	24.4	24.8	27.3	28.6	30.0	32.4	33.5	33.8	34.2	34.5	36.4	36.6	35.9	35.6	35.0	36.3

출처: 국립통일교육원, 『2023 북한이해』 (서울: 국립통일교육원 연구개발과, 2023), p. 188.

표 12-2 **북한의 주요 경제지표 추이**

구분	연도\단위	1990	1995	2000	2005	2010	2015	2016	2017	2018	2019
인구	천명	20,221	21,715	22,702	23,561	24,187	24,779	24,897	25,014	25,132	25,250
명목GNI	십억원	16,407	17,170	18,978	24,792	30,049	34,512	36,373	36,631	35,895	35,562
1인당GNI	만원	81	79	84	105	124	139	146	146	143	141
실질GDP	십억원	38,815	30,823	29,405	33,297	33,111	34,137	35,457	34,223	32,803	32,919
경제성장률	%	△4.3	△4.4	0.4	3.8	△0.5	△1.1	3.9	△3.5	△4.1	0.4

출처: 한국은행.

북한의 경제는 1990년대 사회주의 경제권 붕괴, 1994년 김일성 사망, 연속된 자연재해 등으로 침체상황이 지속되었다. 1990년부터 1998년까지 마이너스 성장률을 기록하였으며 1999년 이후에는 미미하지만, 평균적으로 플러스 성장세를 보여주고 있다. 특히 김정은 집권 초기인 2011~2014년까지 시장 활용, 대외무역 등으로 연평균 1%의 경제성장률, 2016년에는 연평균 3.9%의 경제성장률을 기록하였다. 그러나 2016년 이후 북한의 핵실험, 미사일 발사 등으로 인한 국제사회의 대북 제재가 강화되면서 북한의 경제성장률이 마이너스로 하락하기 시작하였고 2019년에는 농림, 어업, 건설업 등의 성장으로 연평균 0.4% 소폭 상승하였다.

그림 12-2 **북한의 경제성장률 추이**

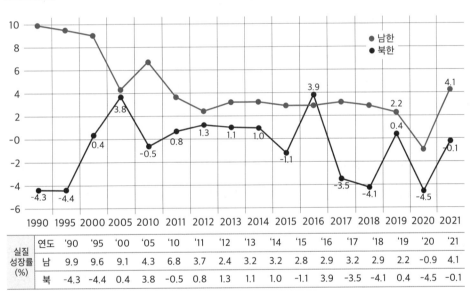

실질 성장률 (%)	연도	'90	'95	'00	'05	'10	'11	'12	'13	'14	'15	'16	'17	'18	'19	'20	'21
	남	9.9	9.6	9.1	4.3	6.8	3.7	2.4	3.2	3.2	2.8	2.9	3.2	2.9	2.2	-0.9	4.1
	북	-4.3	-4.4	0.4	3.8	-0.5	0.8	1.3	1.1	1.0	-1.1	3.9	-3.5	-4.1	0.4	-4.5	-0.1

출처: 국립통일교육원, 『2023 북한이해』, p. 189.

3. 북한의 산업

자연 경제적 조건을 파악하는 것은 그 지역의 산업과 경제를 이해하는 데 도움이 된다. 북한은 동·서·남 삼면이 바다로 둘러싸여 있는 태평양의 연해로, 지형적으로 해안선이 길고 산과 강하천이 많다. 아시아 대륙과 태평양이 접하는 지역으로 대륙성 기후와 해양성 기후가 모두 잘 나타나는 특징이 있어서 식물자원이 다종·다양하고 수산자원이 풍부하다. 북한은 특히 지하자원이 풍부하게 매장되어 있는 것으로 유명하다. 북한에는 300여 종의 광물이 매장되어 있는 것으로 알려져 있으며 그중 산업적으로 유용할 수 있는 광물은 200여 종이 되는 것으로 파악되고 있다. 토지의 경우 산림토지가 가장 넓은 면적을 차지하고 있으며 그다음으로 농업토지가 생산성이 높다. 전력의 경우 수력자원이 특히 풍부하고 압록강, 두만강, 대동강 등에 수력자원이 집중되어 있다. 2016년 기준, 6,600여 개의 중소하천이 북한 전역에 분포된 것으로 확인된다. 더불어 조수력 자원, 풍력자원을 활용하기 용이한 자연 지리적 조건을 가지고 있다.[7]

이러한 배경을 토대로 북한은 1980년대까지 수력, 석탄, 철광석 등의 자원과 노동력을 활용하여 중화학공업 중심의 공업화 전략을 통해 광업과 제조업 등 2차 산업이 발달한 산업구조를 형성하였다. 1990년대 소련 및 동구 사회주의체제가 붕괴됨에 따라서 그간 사회주의권과 북한이 진행하였던 특혜무역이 중단되었다. 소련에 의존도가 높았던 북한 경제는 위기에 직면하게 되었으며 특히 석탄, 철광석, 전력 등 원료와 에너지 부문 가동률이 저하되면서 2차 산업의 비중이 1990년 40.8%에서 2000년에 25.4%까지 축소되었다. 2000년대에는 기존의 생산설비에 대한 개보수와 기술 개선을 통해서 산업구조를 복원하는 데 주력하였으나 제조업과 광공업을 제외하고는 성과가 제한적이었던 것으로 평가되고 있다. 김정은 집권 이후 북한은 기계와 화학 등 기초공업 부문의 토대 강화를 강조하고 있으며 경공업, 건설업, 서비스업 생산 확대에 중점을 두고 있다.[8]

---

7 리기성·김철, 앞의 책, pp. 3-10.

8 김경원 외, 『2020 북한의 산업Ⅰ』(서울: KDB산업은행, 2020), pp. ⅳ-ⅴ.

그림 12-3 **1990년 이후 북한 산업구조 변화추이**

(명목 GDP 기준, 단위: %)

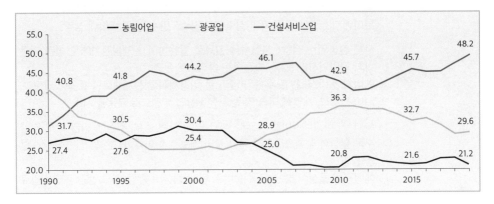

출처: 김경원 외, 『2020 북한의 산업 I』(서울: KDB산업은행, 2020), p. 7.

북한의 주요 산업은 크게 중공업, 경공업, 디지털, 채취산업, 서비스업으로 분류할 수 있다. 북한산업의 부문별 실태는 다음의 표와 같다.

표 12-3 **북한산업의 부문별 실태**

산업	분류	내용
중 공 업	철강공업	- 풍부한 철광석 자원을 활용하여 기간산업으로 발전, 2010년대 이후 산소열법, 무연탄가스화법 등 자체적인 신기술 개발 진행 - 제철에 필수적인 코크스 수입량 부족, 저효율 제강방식 채택, 압연강재 부문 설비능력 부족 등으로 생산 확대에 한계가 있으며 범용제품 이외의 고급강·특수강 품질 미흡
	비철금속 공업	- 풍부하게 매장된 비철금속 자원을 기반으로 기존 설비 개건·현대화, 자체 제작 신규설비 도입을 통해 생산능력 증가 추세 - 노후화된 생산설비, 낙후된 기술 등으로 생산물 품질 저하, 제련용 전력 부족 등으로 생산 정상화 어려움
	기계공업	- 중공업 기반인 기계공업 집중 육성, 2000년대 본격 개시된 생산설비 CNC(컴퓨터 수치제어)화는 2010년대 이후에도 설비 국산화 정책 등과 연계하여 지속 추진 - 정책적 지원에도 불구하고 생산설비 노후화, 낮은 기술수준 및 군수·만수 간 불균형 등 산업 구조적 문제 보유

	전기전자 공업	- 전력부족 해소, 전자기술 자급화를 위한 정책적 육성노력의 일환으로 발전기 등 전기기기 생산량 확대 및 반도체 등 전자기기 기술개발 노력 - 낙후된 설비 및 기술도입 부진으로 생산능력·기술력 제고 곤란, 특히 군수 분야에 대한 전자공업 자원 집중으로 군수·만수 간 격차 확대 심각
	화학공업	- 자체 산출되는 석탄·석회석을 원료로 활용하고 일제강점기에 건설된 기존 화학 공업기지를 보수·확장하는 방식으로 운영 - 에너지 소비 및 원료 수송 부담이 큰 비경제적 생산체계로써 효율성 낮으며, 설비 노후화, 계열화 미흡 및 전·후방 산업 부진으로 가동률 저조
	건재공업	- 석회석·마그네사이트·모래·석탄 등 원자재 풍부, 김정은 집권 이후 건설 부문 활성화 정책으로 지속적인 설비 개보수가 이루어지는 등 전반적 생산활 동 활발 - 에너지 효율성이 낮은 구식 설비로 인해 생산비 증가, 주요 생산공장이 원료 산지 인근에 분산 배치되어 수송비 부담 증대
	조선공업	- 해운업 낙후로 최대 건조 규모가 3만 톤 수준인 중소형 조선소가 대부분, 건 조되는 선박도 군용 함정 위주로 민수용 선박은 소수의 화물선 및 중형 어선 에 불과 - 설비 낙후로 대형 선박 건조 곤란, 열악한 기술 수준으로 엔진·통신장비·고 급강판 등 주요 부품·원자재는 수입 의존
	자동차공업	- 화물자동차는 구소련의 군수용 모델 생산, 승용차·승합차는 중국 등에서 부 품을 수입, 녹다운(Knock - Down) 방식으로 조립생산 - 2010년대 이후 중국기업과 합영으로 평양에 자동차 조립공장을 신설하였으 나, 대북 경제제재로 부품·설비 수입 어려움에 따라 가동률 저하
경 공 업	섬유공업	- 주민 소비품 공급 증대정책에 따른 레이온 생산설비 투자 확대, 고속 공기분 사식 직기 도입 및 생산공정 정보화 추진으로 인조섬유·직물 등 생산 효율 성 증가 - 중국을 통한 의류 임가공으로 생산량이 증가하였으나, 대북 경제제재로 인한 임가공 수출 중단으로 설비투자 등이 정체된 상황
	신발공업	- 해외 저가형 신발 모방 생산 수준이었으나, 원산구두공장, 류원신발공장 등 주요 공장 중심으로 생산공정 자동화 추진 - 생고무 등 수입 원자재 부족으로 생산량 증가에 한계, 초물(草物) 신발 등 대체 원료에 관심
	제지공업	- 갈대 등 비목재 원료에 의한 펄프·종이 생산 중, 2014년 이후 다기능 초지기 개발 등 자체 기술에 의한 종이 제품생산 노력 - 제지공장이 지종별로 전문화되어 있지 못하고, 원료조성부터 완제품 생산까 지 전 공정 자급자족으로 생산성이 낮음

	식료품공업	- 평양 중심의 현대식 공장 신설로 생산제품 다양화, 지방공장의 표준 생산공정 도입으로 위생 증진 및 제품 품질 향상 노력 - 시장을 통한 판로 확보, 중국산 수입품과의 품질경쟁 등 단기간에 생산능력이 증대되었으나, 자체 산출 원료의 단순가공 수준으로, 고도화된 가공기술 및 설비는 부족한 실정
디지털	IT	- 과학기술 중시정책과 상대적으로 양호한 IT 인프라의 영향으로 신기술·신상품 개발 활발 - 대외교류가 차단된 폐쇄적 IT 환경, 대북 경제제재로 인한 첨단설비·기술도입 곤란 및 정치·군사 우선정책 등 기술발전의 한계
	소프트웨어	- 기술개발을 통한 경제발전 전략의 일환으로 소프트웨어 산업을 적극 육성한 결과 생산·교육 정보화 관련 소프트웨어 수요 급증, 스마트폰 앱(app) 등 소프트웨어 활용도 확대 - 정보화기기 보급 지연, 인터넷 접속 차단, 인트라넷 위주 운영으로 창의성 발휘 곤란 등 개발능력 고도화에 한계
재취산업	광업·석탄공업	- 풍부한 지하자원 매장량을 바탕으로 수출 가능한 광종 중심으로 생산량이 증가하였으나, 대북 경제제재에 따른 광물 수출 제한 조치로 생산설비 도입 및 신규 광산 개발 중단 - 채탄 및 운송장비 노후화·전력공급 부족·자연재해 등으로 생산성 향상에 한계
	농축산업	- 농업은 식량 자급을 목표로 대형 관개수로 건설, 농기계 이용률 제고, 농업경영 자율화를 통한 생산량 증대를 도모 중이나, 기술 부족 및 자연재해 발생으로 안정적인 수확량 확보 곤란 - 축산업은 세포지구 등 대규모 축산기지 건설 및 가축 사육 확대를 통해 축산물 증산 노력 중이나, 곡물 사료 부족에 따라 염소, 토끼 등 초식 가축 위주로 사육
	수산업	- 외화 획득 목적으로 중국기업 투자를 유치, 어획량 증가에 노력하였으나, 어선 및 연료용 유류 부족으로 소규모 연근해 어업 수준에서 정체 - 김정은 집권 이후 대규모 양식장 신설에도 불구, 담수어 위주의 특정 어종에 편중된 생산구조 및 종묘 부족 등 생산량 증대에 한계
	임업	- 높은 연료목 의존에 따른 산림훼손 지속, 단기 조림 위주의 복구, 사후 육림관리 미흡 등 산림 황폐화가 심각한 수준 - '산림복원 10개년계획(2014~23년)'에 따른 양묘장 보수·신설 등 산림복구 정책 추진 중이나 묘목공급 부족, 경제난으로 산림조성 어려움
	금융업	- 지역 상업은행 설립으로 이원적 은행제도가 도입되었으나, 실질적 역할은 미미 - 2015년 전자결제카드 발급 개시, 2020년 모바일을 이용한 전자결제시스템 도입 등 화폐유통 안정을 위해 노력중이나, 제도권 금융부문 낙후로 사금융 확산 지속

서비스업	관광업	- 김정은 집권 이후 외화획득 산업으로 중점 개발 중, 원산 · 갈마해안관광지구, 삼지연지구, 양덕온천 관광지구 등 대규모 관광시설 건설 - 코로나 이후 중국, 러시아 관광객 대상 외국인 관광 유치 노력
	유통업	- 대도시를 중심으로 상점, 백화점, 시장, 편의점, 전자상점 등 소매유통점 다양화 추세 - 2000년대 초반 물자교류 시장을 설립하고 2010년대부터 기업소에 자율적 자재 조달 권한을 부여하였으나, 소비재에 비해 생산재 유통은 제한적
	운송업	- 화물운송의 90%를 철도가 분담, 철로 등 시설 노후화로 효율성 저하 - 무궤도전차 및 지방도시버스 노선 개설, 대형 차량 도입, 택시 증가 등 여객운송이 확대되었으나, 여전히 도시 · 농촌 대중교통 시설 부족
	건설업	- 김정은 집권 이후 스키장 · 물놀이장 등 현대적 위락시설 건설, 평양 시내 고층아파트 주택지구 건설, 순안공항 · 원산 공항 신청사 건설 등 대규모 건설사업 진행 - 자재나 장비 부족, 관료주의적 타성에 따른 건설 규정 미준수, 속도전 · 천리마 운동 등 구호성 대중동원 위주 건설행태 만연

출처: 김경원 외, 『2020 북한의 산업 Ⅰ』, pp. ix-xⅲ.

4. 북한의 기업과 경영

1) 북한의 기업소 현황

2023년 12월을 기준으로 북한의 기업은 총 3,557개가 있는 것으로 파악되고 있으며 이 중 제조업종에 총 2,903개의 기업이 집중되어 있다. 제조업은 다시 경공업 1,611개의 기업, 중화학공업에 1,292의 기업으로 세분화된다. 비제조업으로는 광업 관련 기업이 395개, 에너지 관련 기업이 230개 있는 것으로 파악된다.

표 12-4		북한의 산업별 기업분포(2023년 12월 기준)		
대대분류	대분류	중분류	기업수(개)	비율(%)
제조업	경공업	가구, 목재, 종이 및 잡제품	358	10.06
		섬유의류	499	14.03
		음식료품 및 담배	754	21.1
		소계	1,611	45.29
	중화학공업	1차금속	57	1.6
		건재	267	7.51
		기계	304	8.55
		수송기계	75	2.11
		전기전자	109	3.06
		화학	480	13.49
		소계	1,292	36.32
	소계		2,903	81.61
비제조업	광업	비금속광물광산	107	3.01
		비철금속광산	73	2.05
		철광	23	0.65
		탄광	192	5.4
		소계	395	11.1
	에너지	기타 발전업 및 송배전업	5	0.14
		수력발전	215	6.04
		화력발전	10	0.28
		소계	230	6.47
	소계		625	17.57
미상	미상	소계	29	0.82
	소계		29	0.82
	총합계		3,557	100

출처: KIET 북한산업·기업 DB (검색: 2024년 4월 19일).

북한의 지역을 기준으로 기업의 분포를 살펴보면 평양(564), 평안남도(455), 함경남도(427) 순으로 평양을 중심으로 기업이 분포하고 있는 것으로 확인된다.

그림 12-4 **북한의 지역별 기업분포**

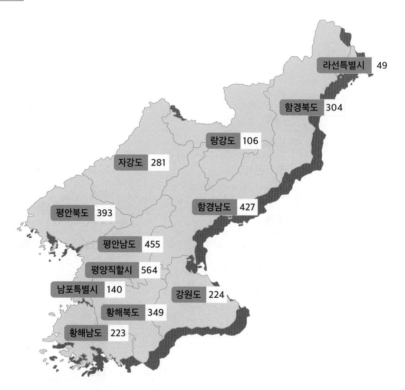

출처: KIET 북한산업·기업 DB (검색: 2024년 4월 19일).

2) 북한의 기업경영

기업은 북한의 대표적인 생산수단 중 하나이다. 북한의 중요 공장·기업은 국가의 소유로, 중소공장·기업의 경우 사회협동단체 소유로 분류된다. 북한은 기업을 기업소라고 지칭한다. 전통적으로 북한의 기업은, 북한당국의 중앙집권적 계획에 의해 관리되었다. 그러나 1990년대 중반 북한이 심각한 경제난을 겪으면서 모든 기업을 계획적으로 관리할 수 없는 한계에 부딪혔다. 이에 따라 북한은 주요한 경제지표를 제외하고 공장과 기업이 자체적으로 계획을 세우고 생산하는 것을 허용하고 있다.

　이러한 변화를 가장 잘 보여주는 정책이 2014년 등장한 '사회주의기업책임관리제'라는 제도이다. 이 제도는 기업의 실질적 경영 범위를 확대한 것으로 북한의 「기업소법」(2020)은 북한의 기업경영 질서와 기업에 허용된 경영권에 대한 구체적인 내용을 명시하고 있다.

<u>표 12-5</u> **북한의 「기업소법」(2020) 경영권**

No	경영권	내용
1	계획권 (제31조)	- 객관적 조건과 가능성, 잠재력을 고려한 현실적인 계획 수립 - 수요가 높은 제품생산을 계획적으로 확대 - 수요기관, 기업소, 단체와 주문계약 체결 및 관련 계획수립 및 실행
2	생산조직 및 생산공정관리 (제32조)	- 생산조직을 합리적으로 구성 - 생산공정관리 조직 - 수요 · 공급 원칙에 따라 협동/전문화/결합화/대규모 생산조직 등 여러 가지 생산조직 형태를 구성
3	관리기구 · 로력(노동) 조절권 (제33조)	- 노력(노동) 자원을 합리적 · 효과적으로 이용 - 기술경제적 지표 갱신 - 종업원 기술기능 수준 제고, 국가 규정에 따른 기술기능급수 사정 - 표준관리기구와 비생산 노력 배치기준에 기초, 자체의 실정에 맞게 관리 부서들을 통합 · 정리, 관리기구정원수 설정 - 일꾼들의 직능, 책임, 한계 지정 - 기업소 간 고용 관계 발생 시 등록 질서 준수
4	제품개발권 (제34조)	- 국제 규격, 표준에 맞는 생산 확대 - 새로운 기술 및 제품개발 추진 및 관련 전문기술개발단위 조직운영 - 필요한 설비, 자재, 자금을 수요에 맞게 보장
5	품질관리권 (제35조)	- 선질후량(先質後量)의 원칙에 따른 품질제고전략 수립 및 집행 - 생산품에 대한 보증기간 설정, 품질관리체계인증 · 개별적 제품에 대한 품질인증 사업 진행, 국가규격 준수 - 생산 제품의 형태, 색깔을 자체적으로 제정, 적용
6	인재관리권 (제36조)	- 인재의 교육 지원 - 공장대학, 공장고등기술전문학교, 통신 및 야간교육망 등 교육체계 수립 - 기술자 · 전문가 · 기능공 등 체계적 양성

7	무역과 합영 · 합작권 (제37조)	- 가능한 범위에서 대외경제활동 수행 - 생산에 필요한 원료, 자재, 설비를 자체적으로 해결 - 생산기술 공정의 현대화 실현 - 수출품 생산을 위한 단위 조직 및 국제적으로 경쟁력 있는 제품생산
8	재정관리권 (제38조)	- 경영자금을 주도적으로 마련 · 이용 - 자체적으로 마련한 자금(번 자금), 생산물을 경제계산체계에 반영 - 기업의 재정관리세칙 마련 및 집행과 관련한 엄격한 규율 수립 생산계획수행 정형, 재정관리 정형, 일생산 및 개정총화 진행 및 공시 - 부족한 경영활동 자금은 은행 대부, 주민유휴화페(주민들이 축적하고 있는 화폐) 자금 이용
9	가격제정권 · 판매권 (제39조)	- 가격제정권, 판매권으로 생산/물류/유통을 자체적으로 진행 - 기업소 지표로 생산한 생산품을 - 질이 낮아 반송되는 제품은 기업소가 책임

Ⅲ 독일통일과정과 경제 이슈

1. 독일통일과 동독의 사유화 정책[9]

독일은 40여 년의 민족분단을 극복하고 1990년, 동독이 서독으로 흡수통일 되었다. 경제적 측면에서 당시 서독은 자본주의에 입각한 사회적 시장경제 제도 를 유지하고 있었다. 서독은 발달된 생산력을 바탕으로 국민생활 수준을 향상시 키고 사회보장제도를 통해 동독의 계획경제체제에 대한 체제우위를 확보하고 있 었다. 독일은 당시 서독 정부의 통일방안인 기본법 제23조에 의해서 통일을 신 속하게 진행할 수 있었으나 통일 이후 동독에서의 기업도산, 실업자 증가, 인플 레이션, 서독의 담세부담증대, 주택난 등에 대한 이슈를 대비하는데 충분한 시간 을 확보하지는 못했다. 따라서 독일은 통일 이후 경제적인 부분에서 여러 문제를

---

9 사유화 정책과 관련해서는 김국식 외, 『분단극복의 경험과 한반도 통일 1』(서울: 한울, 1994), pp. 201-210을 참고하여 재구성.

직면하게 되었다. 특히 동독의 경제침체가 가장 큰 이슈로 대두되었다.[10]

독일통일은 서독의 제도로 통합되었기 때문에, 경제통합에서 가장 핵심적인 이슈는 동독의 계획경제체제를 서독의 시장경제 구조로 전환하는 것이었다. 이 때 국유재산의 사유화, 특히 동독의 국영기업을 사유화는 사유재산제도와 결부되어 시장경제체제의 기조 확립에 있어서 가장 선행되어야 할 조치였다.[11]

동독지역의 사유화 정책의 기본방침은 신탁청(Treuhandanstalt)을 통한 ① 신속한 사유화, ② 직접매각, ③ 재산권 반환으로 요약된다. 당시 동독지역의 사유화는 국가소유 재산을 대상으로 이루어진다는 점에서 광범위하고, 통일의 특수상황에서 급격하게 사유화가 추진되어야 했으며 시장경제적 여건이 마련되지 않은 상황에서 민영화를 추진했다는 특징이 있다.

신탁청은 동서독의 통합직전에 모드로우(Modrow) 정부의 동독의회가 제정한 사유기업의 설립 및 영업과 기업참여에 관한 법률(1990.03)에 의해 설립된 기관으로 드 메지에르(de Maiziere) 과도정부의 인민소유재산의 사유화 및 재편성에 관한 법률(신탁법, 1990.06)에 따라 신탁청은 국유재산의 관리와 처분, 구동독의 콤비나트(Kombinat), 인민공유기업(VEB)의 사유화 작업을 담당하였다. 신탁청의 설립 목적은 ① 사유화를 통한 광범위하고 신속한 국가의 기업활동 축소, ② 기업의 경쟁력 제고 및 고용기회 창출, ③ 경제적 목적을 위한 토지와 대지의 제공, ④ 인민소유재산의 현황과 수익성 파악 등이다.[12]

독일정부는 신속한 국영기업 민영화를 목표로 동독기업의 경영 정상화를 통한 구조 개편보다는 국영기업의 민영화, 폐업의 방식을 선호하였다. 따라서 회생 가능성이 있는 기업의 경우 매각 비용이 적어도 적정수준의 투자와 고용이 약속되면 민영화를 결정하였고 회생 가능성이 없다고 판단된 기업은 휴업, 폐업 조치를 했다.

---

10 김국식 외, 『분단극복의 경험과 한반도 통일 2』 (서울: 한울, 1994), pp. 248-249, p. 254.

11 김국식 외, 『분단극복의 경험과 한반도 통일 1』, p. 178.

12 조민, 『통일이후 북한지역 국유재산 사유화방안 연구』 (서울: 민족통일연구원, 1997), pp. 13-16.

표 12-6 구동독 국영기업에 대한 경영평가	
체산성이 확보된 기업	1.9%
손익분기점에 있는 기업	7.0%
기업운영 방향은 올바르나 정상화가 요구되는 기업	40.6%
소생 가능하나 기업 운영 방향은 재고해야 할 기업	24.4%
소생 가능성이 불확실한 기업	8.7%
소생 불가능한 기업, 휴·폐업 기업	17.4%

출처: 김국식 외, 『분단극복의 경험과 한반도 통일 1』(서울: 한울, 1994), p. 203.

동독지역의 사유화 정책의 두 번째 기본방침은 직접매각이다. 기업의 매각
방법은 종업원지주제(근로자에게 우대조건으로 기업 주식을 매각하는 방법), 국민을 대
상으로 민영화 증서를 무료로 배분하는 방법, 대기업의 기업자산을 매각하는 공
공 매각 방식 등 다양하나 서독은 동독지역의 사유화 정책으로 직접매각을 채택
하였다. 종업원지주제의 경우 동서독 주민들과의 형평성 문제가 고려되었고 무
료 민영화의 경우 노동조합과 같이 특정 계층의 이익을 대변할 수 있는 사회조직
이 동독에 부재했기 때문이다. 직접매각의 경우 공개매각과 비공개매각으로 분
류된다. 당시 동독 기업의 경우, 대기업은 비공개매각으로 진행되었고 식당, 약
국, 소매업 등과 같은 소규모의 자영업은 경매와 입찰을 통해 공개 매각되었다.
대기업의 사유화는 경영 정상화와 고용유지 여부를 해결하기 위해서 이를 매각
조건에 고려할 수 있도록 비공개매각이 선호되었다. 소규모 국유재산은 다수의
응찰자가 존재하고 복잡한 법적 절차가 생략되어 매각과정에서 별다른 어려움이
없이 진행되었다.

동독지역의 사유화 정책의 세 번째 기본방침은 재산권 반환이다. 동서독은
미해결 재산권 문제를 해결하기 위해서 1990년 6월 '미해결 재산 문제에 관한
공동성명'을 발표하고 재산권 처리는 원소유주에게 반환하도록 조치하였다. 이
같은 결정의 배경에는 구동독의 재산권 구조의 특수성이 반영되었다. 당시 전체
농지의 92.5%가 공동소유로 등록되어 있었지만, 전체 농지의 약 67%(420만ha)

는 농업생산조합에 출자된 형식을 취하고 있는 개인소유 농지였기 때문에 과거의 사유재산권이 완전히 박탈되지 않은 상황이었다. 더불어 대부분의 농지에 상속권이 인정되어 전체 농지의 50~60%는 개인 소유권을 확인하기에 용이했다. 주택의 경우도 48% 정도는 개인소유였었다. 따라서 사회주의체제에서 강제 몰수되어 국유화된 재산의 반환이 일정부분 가능했었다. 다만 구소련 점령에 따라 강제 몰수된 재산권에 한해서는 대외 마찰을 최소화하고 국가 차원의 보상을 제공하는 선에서 구소련과 구서독의 합의에 따라 원소유주 반환 원칙이 적용되지 않았다.

통일 이후 동독 특수로 인해 서독은 경제적 호황을 가진 반면, 동독의 경우는 국민총생산의 1/3이 감소하였고 대외무역에서도 어려움을 겪었다. 이에 서독은 동독의 산업구조를 개선하고 투자 촉진을 위한 제도를 마련하여 시행하였다. 대표적인 조치가 '투자장애제거법'으로 서독은 동독의 소유권 문제를 해결하기 위해 노력하였다. 이 법은 동독의 기업이 서독이나 서방과의 합작 투자가 가능하도록 제도를 개선하고 투자를 통한 최신기술 도입, 기업경영 개선 등 동독의 기업 경쟁력을 제고하도록 재정을 지원하였다.

2. 통일독일 사유화 정책상의 이슈[13]

서독은 통일독일을 위한 여러 경제정책을 시행하였으나 모든 제도가 긍정적인 결과를 가져온 것은 아니었다. 급격한 흡수통일로 서독은 직접매각 방식을 채택하였으나 이는 동독에 대한 투자 저해, 대량실업을 유발하였다. 특히 서독에 비해 경쟁력이 없던 동독의 많은 기업이 도산하였고 이는 필연적으로 대량실업으로 이어지게 된 것이다. 통일독일은 신탁청에 의해서 사유화 정책을 추진하였는데, 신탁청은 동독의 기업도산과 대량실업을 시장경제에 맡기면서 자연적으로 동독의 기업은 파산상태에 직면하게 되는 정책적 오류가 발생하게 되었다. 이는

---

13 사유화 정책과 관련해서는 김국식 외, 『분단극복의 경험과 한반도 통일 1』, pp. 236-262를 참고하여 재구성.

결국 사회복지비 증대로 이어지고 기업의 부채가 누적되었으며 더 나아가 통일 비용 조달 문제와 경기침체의 주요 원인이 되었다.[14]

사유화 정책의 이슈를 정리하면 첫째, 신탁청 조직 운영의 비효율성, 둘째, 대량실업, 셋째, 동독지역의 투자 저해, 넷째, 신탁청 부채누적, 다섯째, 독점의 강화로 정리할 수 있다. 앞서 설명했듯이 동독의 사유화는 신탁청에서 담당하여 추진하였다. 이 신탁청은 1990년 3월 구동독 정부에 의해서 설립된 기구로 1990년 6월 공포된 신탁법에 의거하여 신탁주식회사를 하부조직으로 설립하고 산하 기업체를 관리하였다. 따라서 구동독 기업의 경영주체는 사유화되기까지 신탁주식회사가 되었으며 신탁청은 신탁주식회사의 지분을 모두 소유하면서 지주회사의 역할을 담당하였다. 이 신탁청은 구동독 국유재산 전체를 관리하고 매각하는 업무를 담당하였기 때문에 조직이 거대하였고 이에 따라 경직된 관료적 속성으로 신축성이 결여되었다. 특히 신탁청의 주요 직책을 1990년대 말까지 구동독 전직 관리가 맡고 있었다. 따라서 시장경제의 작동원리에 탄력적으로 대응하지 못하였고 신탁청을 과거 동독정권과 같이 권위주의적으로 운영하여 산하 기업을 효율적으로 관리할 수 없었다. 기능적으로는 민영화에 대한 구상에 집중되어 기업의 경영정상화 정책에 대한 기본구상이 부재하였다. 이에 따라 신탁청은 산하 기업의 경영에 대한 책임없이 관리만 하는 기능을 수행하게 되었고 업무가 비공개로 진행됨에 따라 운영상의 자의성, 부정부패 등의 문제를 수반하였다.

통일독일의 사유화 정책의 이슈 두 번째는 대량실업의 문제이다. 신탁청의 기업정상화 방안은 감량경영을 위한 인원감축, 경쟁력이 없는 상품의 생산정지, 생산라인 축소, 기업의 후생복지 비용감축, 기술개발비 축소 등과 같이 생산비 축소를 통한 적자 감소를 목적으로 하였다. 이는 기업경영의 문제점을 일시적으로 해결하기는 하지만 근본적인 문제를 해결하는 방안이 아니었기 때문에 기업 경영 정상화에는 크게 기여하지 못했다. 따라서 중장기적으로 기업의 시장 경쟁력은 약화되고 기업의 경영은 점차 악화되는 결과를 초래하였다. 결국 기업 사유

---

14 김국식 외, 『분단극복의 경험과 한반도 통일 1』, pp. 179–180.

화가 지연되고 휴업하거나 폐업하는 기업이 증가하면서 대량실업을 초래하였다. 당시 세계적인 전략 컨설팅 회사인 매켄지(Mckinsey & Company)는 "신탁청은 산하 기업의 경영 정상화 기준을 국민경제적 시각에서 마련하고 경영 정상화 정책을 시행해야 한다"고 권고하였다.

동독의 사유화 정책의 이슈로 동독지역의 투자 저해 현상이 발생하였다. 구동독의 국영기업을 인수하는 데 있어서 서독지역의 기업, 외국기업은 은행, 보험, 호텔, 무역 등과 관련된 기업의 인수를 선호하였으며 그 외의 산업에 대해서는 미온적인 태도를 고수하였다. 이 같은 현상의 배경에는 동독지역에 재산권 문제가 존재한다. 1990년 당시 접수된 재산반환신청은 약 247만 건이었으나 1992년 3월까지 단지 4.42%(26만 건)만이 처리되었다. 부동산 법적 소유관계의 불명확성은 투자자들에게 리스크로 작용하여 동독기업의 인수가 활발하게 추진되지 못하였다. 이외에도 동독의 임금 수준이 서독과 비슷하였으나 노동생산성이 낮았으며 동독기업의 행정체계 미비, 동독기업 인수 시 시행하게 될 기업의 총체적인 경영 정상화 조치 등이 투자 리스크로 작용하였다.

넷째, 신탁청의 부채누적이 사유화 정책의 이슈로 대두되었다. 신탁청의 재정은 산하 기업의 매각대금이 주된 수입 원천이었다. 신탁청은 매각대금을 근거로 신용대출을 받았으나 실질적으로 매각대금에서 기업부채, 사회복지비, 환경정화비용 등을 제외하고 나면 남는 비용이 거의 없었다. 신탁청은 기업의 현상 유지차원에서 산하 기업을 지원하였는데, 이는 생산적 투자가 아닌 현상 유지를 위한소모성 경비지출로 신탁청의 부채는 지속적으로 누적되었다.

마지막으로 시장의 경쟁 질서를 고려하지 않은 동독의 사유화 추진은 독점이강화되는 이슈를 야기하였다. 구동독의 대기업 사유화에 있어서 현실적으로 자본이 풍부한 서독지역 기업만이 참여할 수 있게 되면서 시장의 독과점 구조가 강화되었다. 예를 들어서 서독의 특정 기업이 동독의 전기, 가스 등과 관련된 에너지 사업을 포괄적으로 인수하여 독점적 지위를 확보하였다. 실제로 구동독의 세계적인 항공사가 서독의 항공사로 합병되면서 서독의 항공사 독과점 구조가 강화되는 결과를 초래하였다.

이 같은 독일통일의 경험은 향후 한반도 통일 이후 발생할 수 있는 경제적 문제에 대한 주요한 시사점을 제시한다. 한반도 통일 이후의 경제적 혼란을 대비하기 위해서 사유재산권 확립 방법, 국유재산 처리 방법, 정책상의 오류 및 정책 대안 등 통일의 경제적 부작용을 최소화하는 대안 마련이 필요하다.

Ⅳ 남북통일과 미래 비전

1. 체제전환과정에서 발생하는 사유화 유형

사유화(Privatization)는 크게 사회주의국가들의 체제전환과정에서 제기되는 사유화와 자본주의 국가에서 자원배분의 효율과 생산효율증가를 위해 추진되는 민영화로 구분된다. 체제전환과정에서 진행되는 사유화는 토지, 주택, 기업, 국유재산 등 국가 경제 모든 부문에서 전면적이고 급속도로 진행되는 특징이 있다. 반면 민영화는 국가 및 공공 단체에서 관리하던 기업이나 공기업이나 정부소유의 부동산을 대상으로 진행되는 점에서 상대적으로 국소적이고 몇 년에 걸쳐서 서서히 이루어진다. 체제전환의 사유화가 특히 어려운 점은 시장경제를 수용할 수 있는 법적, 제도적 조건이 마련되지 않은 환경 속에서 진행되어야 하기 때문이다.[15]

체제전환의 사유화 방식은 크게 ① 원소유주로 반환(restitution), ② 실사용자 무상분배, ③ 매각(public sales or negotiation), ④ 국민소유권 분배(voucher, citizen shares systems)로 유형화된다.[16]

---

15 조민, 『통일이후 북한지역 국유재산 사유화방안 연구』, pp. 6-8.

16 법무부, 『동구제국 체제개혁 개관: 법적·사법개혁과 체제불법청산』 (서울: 법무부, 1996).

① 원소유주로 반환(restitution)은 사회주의 계획경제의 기반을 구축하면서 추진한 국유화 이전의, 원래의 소유주에게 반환하는 방식을 말한다. 이론적으로는 절차가 가장 간단한 사유화 방안이지만 원소유권을 증명할 수 있는 명확한 근거 제시가 필요하다. 북한의 경우 1946년 '무상몰수 무상분배' 원칙에 따른 토지개혁을 실시하고 주요 산업의 국유화, 지하자원, 산림, 수역의 국유화를 진행하였다. 1954년에는 협동조합을 추진하고 1958년에 농업의 집단화, 개인 상공업의 협동조합화를 완수하였다고 발표하였다. 따라서 70여년 전의 원래 소유주를 찾아가는 과정은 결코 순탄치 않을 것이다.

② 실사용자 무상분배는 실제 사용하고 있는 실사용자나 점유자에게 그 특권을 인정하는 사유화 방안이다. 이 경우는 소토지, 살림집 등의 재산에 적용 가능하며 집단농장, 협동농장에도 활용 가능하다. 예를 들어 집단농장이나 협동농장의 농지 등을 기존의 사용자나 농장 종사자들에게 일정한 원칙에 따라 분배하는 방식이다. 무상분배는 적용범위가 클 경우 여러 가지 문제점이 제기될 수 있으나, 제한된 범위에서는 효율적인 방법으로 평가받는다.

③ 매각(public sales or negotiation)은 제3자에게 팔아버리는 방식으로 일반적으로 적용되는 민영화 추진 방안이다. 체제전환 국가의 경우에는 보통 공개·비공개 매각, 공개·비공개 협상을 통해 매각된다. 공개·비공개 매각은 토지, 건물, 소규모 자영업 등에 활용되고 재정수입 확보에 그 목적이 있다. 공개·비공개 협상은 재정수입보다는 매각 이후의 경영합리화, 고용보장에 방점이 있다. 기업매각의 경우 대부분 고용감축을 동반하기 때문에 기업인수 후의 투자계획, 인력고용 문제 등이 함께 고려되어야 한다.

④ 국민소유권 분배(voucher, citizen shares systems)는 바우처 방식이 대표적이다. 국민소유권 분배는 국유재산을 일반 대중에게 분배하는 것으로 대중적 사유화과정에서 일반적으로 채택되는 방식이다. 이 방식은 사회주의 국가에서 국유재산은 원칙적으로 모든 국민들의 소유이기 때문에, 체제전환과정에서 국유재산을 사유화한다면, 모든 국민들에게 공평하게 분배되어야 한다는 논리이다. 바

우처 방식은 국가재산권에 대한 지분매입 권리증서(바우처)를 국민들에게 배분하여 국가재산의 지분매입에 응모할 수 있는 권리를 나누어주는 제도를 말한다. 이 방식은 무상분배 원칙에 따라 여러 개의 기업을 동시다발적으로 사유화할 수 있는 방안으로 빠른 속도로 사유재산권을 확립하는 데 장점이 있다.

2. 사회주의 국가의 민영화 사례[17]

북한을 제외한 사회주의국가들은 기업의 비효율성에 따른 국가경제 침체를 극복하기 위해서 기업개혁을 단행하였다. 다양한 사회주의 국가의 체제전환과정과 기업개혁을 살펴보는 것은 남북통일 이후 나타나는 경제이슈에 대한 여러 가지 시사점을 제공한다.

그림 12-5 **사회주의 국가와 체제전환**

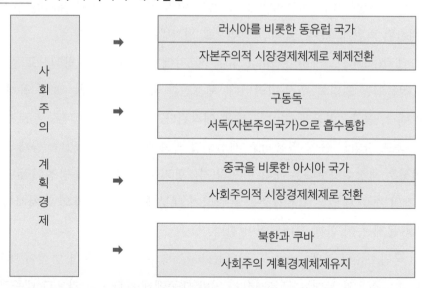

출처: 조규진, 『사회주의기업의 분석』 (서울: 두남, 2010), p. 211.

---

17   조규진, 『사회주의기업의 분석』 (서울: 두남, 2010), pp. 212-214.

1) 러시아

러시아는 사회주의 계획경제에서 자본주의 시장경제로 전환하였다. 따라서 국유기업의 사유화가 진행되었고 국가계획지표 대신 제품가격이 시장가격으로 대체되었다. 당시 러시아의 사유화는 2단계로 나뉘어서 진행되었다. 우선 1만 루블에 상당하는 바우처(voucher)라는 증서를 발급하여 전 국민에게 동등하게 1매씩 무상 분배하였다. 러시아인이 바우처를 주식으로 바꾸게 되면 누구나 해당 기업의 주주가 될 수 있었다. 기업의 종업원에게는 특혜를 부여하여 사유화 대상인 기업의 주식을 일정부분 종업원에게 무상으로 분배하기도 하였다. 2단계에서는 1단계에서 사유화되지 않은 기업을 대상으로 민간인 또는 민간단체가 시장가격으로 매매할 수 있도록 조치하였다.

이를 통해서 러시아 기업의 직원들은 체제전환 후에도 본인이 근무하던 기업에서 직원의 신분으로 계속 근무하게 되었다. 간혹 직원이 근무 중인 기업의 주주가 되는 경우도 존재하였다. 한편, 기업을 매각하여 사유화된 기업은 회사 직원과 소유자가 분리된다.

러시아는 종업원집단이 소유하는 주식회사로 기업을 사유화하였으나 기업 내외사정이 체제전환 이전의 요소를 상당 부분 많이 가지고 있었기 때문에 제한적 의사결정을 할 수밖에 없었다. 종업원의 퇴직금 문제 또한 해결하기 어려운 사정으로 기업의 폐업 조치나 대량의 실직 사태가 발생하지 않았다. 사유화 후기에 설립된 기업은 자율적 의사결정 체계를 가진다.

2) 중국

중국은 사회주의적 시장경제로 체제를 전환하였다. 중국의 전환한 경제체제 하에서는 국가기금 제도와 국가계획지표가 없어지고 제품의 가격은 시장을 통해서 결정되었다. 특히 중국은 주식제를 도입하여 국가가 기업의 주식을 100% 소유하는 것이 아니라, 51% 이상만 소유하여 회사의 지배구조를 장악하였다. 주식회사의 지분을 51% 이상 보유한다는 것은 경영의 권한을 갖는다는 것을 의미한다. 따라서 중국 당국이 주식회사의 지분을 51% 이상 소유한다는 것을 전제로 민간이나 민간단체의 '회사 사용권' 취득 및 매매는 자유롭게 가능하다. 따라서 중국의 기업은 '당위원회 - 종업원대표자회 - 경영자' 서열로 구성된 3원적 기업 지배구조를 가진다. 당위원회는 경영자 관리와 전 종업원에 대한 이념교육을 통한 공산당의 방침을 기업에 관철시키고 기업의 전략적 결정에 참여한다. 종업원대표자회는 종업원에 대한 임금 결정권, 복지혜택에 대한 결정권, 전문경영자에 대한 임면권·감독권을 가진다. 경영자는 당위원회와 종업원대표자회의 허가하에 기업의 경영을 담당한다.

3. 통일 이후 북한의 기업 사유화 방안

1) 남북 신탁청(가) 설립

독일의 경우 동독의 기업 사유화를 추진하기 위해서 신탁청을 설립하여 운영하였다. 남북의 경우에도 이 같은 기능을 전담으로 하는 기구의 설립이 추진될 필요가 있다. 동독의 경우 기업의 체질 개선, 생산적 투자를 통한 기업경영 정상화에 소홀하여 신탁청의 부채 누적, 대량실업 등과 같은 부작용을 초래했다. 따라서 남북통일 이후 수립될 신탁청에서는 이러한 사안을 미리 대비해야 할 필요가 있다.

우선 남북 신탁청 조직 운영을 효율적으로 관리해야 한다. 이를 위해서는 남북 신탁청의 사업 목적에 맞게 청의 부서를 조직할 필요가 있다. 예를 들어서 과거 통일독일의 신탁청은 국유재산 관리와 매각의 업무만을 수행했기 때문에 기업의 경영 정상화에 대한 구상이 부족했다. 따라서 남북 신탁청에는 국유재산 관리 부서, 매각 담당 부서, 기업경영 정상화 부서, 재산권 부서 등 기본 목적에 맞게 신탁청을 구성할 필요가 있다. 남북 신탁청 내부 운영과 관련해서, 주요 직책에 남북 인사를 균형 있게 배치하여 북한의 산업과 기업에 대한 이해, 자본주의 기업의 이해를 염두에 둔 정책을 효율적으로 추진할 수 있도록 대비해야 할 것이다.

더불어 북한기업을 사유화함에 있어서 기업의 경영 정상화 기준을 남북의 국민경제적 시각에서 마련하고 경영 정상화 정책을 추진해야 한다. 이때 남한의 전략 컨설팅 회사를 적극적으로 활용할 필요가 있다. 이로써 동독의 사유화 정책의 부작용으로서 나타난 투자 저해 현상, 재산권 미처리 문제, 기업의 인수합병에서 독과점의 폐해 등을 미연에 방지하고 예방해야 할 것이다. 동시에 남북 신탁청의 재정 운영에 있어서 주된 수입과 부채 관리를 공개적으로 진행하여 투명하게 관리할 필요가 있다.

2) 산업별 북한 국영기업 구조조정

독일의 사례를 반면교사 삼아, 즉각적 민영화보다는 기업의 체질 개선 등 북한 경제의 구조조정이 함께 진행될 필요가 있다. 북한기업의 구조조정 방안은 중화학공업, 금속산업, 경공업, 광물산업 등 산업별로 차별적인 전략을 수립하고 추진할 필요가 있다. 첫째, 중화학공업의 경우 남한의 민간기업에 생산라인을 입찰하는 방안, 단지형태의 생산시설들을 묶어 공기업 형태로 관리하는 방안, 혹은 민간 혼합형태 등을 고려해 볼 수 있다. 둘째, 1차 금속산업의 경우 남한의 민간기업 투자, 공기업 형태의 투자 등을 통해 운영하는 방안을 논의해 볼 수 있다. 셋째, 시장성이 높은 경공업 분야의 경우 경제적 타당성을 고려하여 접근할 필요가 있다. 유사한 생산라인을 민간기업으로 전환하는 방안, 남한이나 해외기업의 투자를 통한 합병, 정부의 매입 후 민간기업에 입찰하는 방식 등이 검토될 수 있다. 넷째, 공공성이 높은 광물 산업의 경우 공기업의 투자를 통한 북한 생산라인을 통폐합하는 방안, 혹은 북한의 광물자원공사를 별로도 신설하는 방안 등 다양한 방안을 고려할 수 있다.[18]

---

18 박석희 외, "한반도 통일 이후 북한 국영기업의 개혁전략," 『한국 사회와 행정연구』, 제28권 제4호(2018), pp. 227-230.

표 12-7 산업별 북한 국영기업의 구조조정 방안

개혁방안		장점	단점
구분	세부방식		
공기업 전환 (SOC분야)	통합관리형	- 유사 기업의 통폐합 용이 - 경제적 타당성 제고 가능	- 기존 노동자들의 실직 등 우려 - 한국 공기업의 운영적자 악화
	기관신설형	- 북한 지역만을 관할구역으로 하는 관리주체 설립 용이	- 한국 경제와의 화학적 융합 제약
	단지관리형 (산업단지)	- 경제적인 타당성이 낮은 생산라인에 대한 지역적 관리 용이 - 경제적 타당성 제고 가능	- 경제적 타당성 확보의 제약 우려 - 민간투자 확보 노력 필요
민영화 (일반산업 분야)	자율민영화형	- 현행 운영방식을 유지 - 고용안정성의 단기적 확보 - 경제적 타당성이 없는 생산라인(공장)의 시장 도태 가능	- 개방경제 하에서 북한의 생산라인(공장)이 얼마나 경제성을 확보할 수 있을지 미지수
	정부주도 민영화형	- 정부의 종합적인 판단 하에서 민영화 대상, 범위와 시기를 조정 가능	- 경제적 생산성이 낮은 노동집약적 경공업 분야에서 민영화 제약 - 통일 후 민영화 이전까지 막대한 국영기업 관리 예산 소요 예상
	시장주도 민영화형	- 정부의 최소한의 규제 하에서 한국 시장 및 일부 국제시장 주도로 신속한 민영화 추진	- 북한 근로자들의 고용승계 등 고용안정성 확보가 관건 - 자본력을 가진 대기업이 북한 시장경제를 잠식할 가능성 높음

출처: 박석희 외, "한반도 통일 이후 북한 국영기업의 개혁전략," 『한국 사회와 행정연구』, 제28권 제4호 (2018), p. 230.

V 결론

남북한의 통일은 경제적으로 이질적인 두 체제에 대한 통합이기 때문에 생산 수단에 대한 소유문제와 경제활동의 조정하는 주체가 시장인지, 국가계획인지가 매우 주요한 이슈가 된다. 더불어 생산수단의 사유화는 시장경제를 전제로 한다. 따라서 현재 시장을 활용하고 있는 북한의 경제정책에 대한 동향, 북한기업의 확대된 경영권과 그 자율성의 범위, 북한의 사유화 정도 등 변화하는 북한의 경제정책과 제도에 주시하는 것은 향후 통일한국을 대비했을 때 매우 주요하다.

동시에 독일통일 사례를 주의 깊게 추적 관찰하는 것이 필요하다. 독일의 경우 서독의 흡수통일로 이루어지면서 동독 사회주의 계획경제의 체제전환 사례, 특히 기업의 사유화 방법, 통일과정에서 생기는 경제 이슈 등 남북통일에 대한 다양한 시사점을 제공한다. 향후 남북통일에 대한 방향은 논의가 더 필요하겠지만, 사회주의 계획경제가 가지는 경제적 비효율성이 어느 정도 확인되고 있다. 북한에서도 이 같은 비효율성을 극복하는 방안으로 전통적인 사회주의 계획경제를 변형하고 시장적 요소를 활용하는 현상이 관찰된다. 따라서 북한의 경제 변화 방향을 염두에 두고 남북통일 이후의 경제 이슈를 상상했을 때, 독일의 경험은 현실적인 대안을 제공한다. 특히 독일은 급격한 통일 이후 예상치 못한 경제 이슈를 마주하고 관련 문제점을 극복해 나가는 역사를 실천적으로 보여주고 있으므로 독일의 사례를 파악하는 것은 더욱 중요하다고 할 수 있다.

남북통일은 아직까지 가보지 못한 길이기 때문에 우리의 상상력이 현실이 될 가능성이 크다. 이를 위해서 사실에 기반한 상상력이 요구된다. 개별국가의 역사적 특수성과 경제적 여건, 사회적 여건 등을 종합적으로 고려하여 구체적인 사유화 방식이 결정될 것이기 때문이다. 따라서 남북한의 산업, 경제구조, 기업구조 등에 대한 이해와 독일통일을 비롯한 체제전환 사례에 대한 고찰이 선행되어야 한다. 남북한, 통일에 대한 이해를 기반으로 한반도의 통일을 구상하고 디자인할 때, 실현 가능한 방안이 도출될 것이다. 한반도의 통일을 향한 청년세대의 지혜를 모으고, 청년세대가 그리는 통일을 추진하기 위한 적극적인 노력을 기울여 나가야 할 것이다.

국내문헌

국립통일교육원.『2023 북한이해』. 서울: 국립통일교육원 연구개발과, 2023.

김경원 외.『2020 북한의 산업 I 』. 서울: KDB산업은행, 2020.

김국식 외.『분단극복의 경험과 한반도 통일 1』. 서울: 한울, 1994.

_____.『분단극복의 경험과 한반도 통일 2』. 서울: 한울, 1994.

김범수 외.『2023 통일의식조사』. 시흥: 서울대학교 통일평화연구원, 2023.

박석희 외. "한반도 통일 이후 북한 국영기업의 개혁 전략."『한국사회와 행정연구』, 제28권 제4호 (2018): 201-235.

반진욱 외. "핵심 소비 주체로 떠오른 잘파세대[커버]."『매일경제』, 2023년 7월 14일. https://www.mk.co.kr/economy/view.php?sc=50000001&year=2023&no=537013 (검색일: 2024년 4월 25일).

법무부,『동구제국 체제개혁 개관: 법적·사법개혁과 체제불법청산』. 서울: 법무부, 1996.

서울대학교 통일평화연구원.『2023 통일의식조사』. 시흥: 서울대학교 통일평화연구원, 2023.

조규진.『사회주의기업의 분석』. 서울: 두남, 2010.

조민.『통일이후 북한지역 국유재산 사유화방안 연구』. 서울: 민족통일연구원, 1997.

홍제환 외. "조선로동당 제8차 대회 분석(2): 경제 및 사회분야." *Online Series*, CO 21-02 (2021): 1-9.

『KIET 북한산업·기업 DB』http://nkindustry.kiet.re.kr/index.do

북한문헌

"《당의 손길아래 펼쳐질 지방발전의 휘황한 래일이 보입니다》."『로동신문』, 2024년 1월 20일.

"《지방발전 20×10 정책》의 실현은 확정적이다."『로동신문』, 2024년 1월 22일.

"<사설> 경애하는 김정은동지의 시정연설에 제시된 강령적과업을 철저히 관철하여 전면적국가 발전을 강력히 추진하자."『로동신문』, 2024년 1월 17일.

"경애하는 김정은동지께서 조선민주주의인민공화국 최고인민회의 제14기 제10차회의에서 강령 적인 시정연설을 하시였다."『로동신문』, 2024년 1월 16일.

"우리식 사회주의의 전면적발전사에 특기할 지방공업혁명의 장엄한 포성이 울리였다 성천군 지 방공업공장건설착공식 성대히 진행 경애하는 김정은동지께서 착공식에 참석하시여 력사적인 연설을 하시였다." 『로동신문』, 2024년 2월 29일.

"조선로동당 중앙위원회 제8기 제19차 정치국 확대회의에 관한 보도." 『로동신문』, 2024년 1월 25일.

리기성 · 김철. 『조선민주주의인민공화국 경제개괄』 평양: 조선출판물수출입사, 2017.

제13장

한반도 해양경제통합의 길: 동서독 사례에서 찾는 통일의 해법

채수란 한국해양수산개발원 전문연구원

제13장

한반도 해양경제통합의 길:
동서독 사례에서 찾는 통일의 해법

I 서론

한반도는 삼면이 바다로 둘러싸여 있으며, 지리적으로 해양세력과 대륙세력이 감싸는 지정학적 요충지로, 한반도 수역은 경제적 측면뿐 아니라 안보적 측면에서도 전략적 위치상 매우 중요하다. 그러나 분단 상황으로 인해 남북한의 해양자원, 경제적 잠재력이 제대로 활용되지 못하고 있다. 해양경제통합은 남북한 모두에게 경제적 번영을 가져올 수 있으며, 경제적 상호 의존성을 통해 정치적 긴장을 완화하고 평화로운 통합을 촉진할 수 있다. 따라서 우리는 해양경제의 통합에 대해 중요성을 인지함과 동시에 북한의 해양경제 현황에 대해서도 이해할 필요가 있다.

이에 본 장에서는 한반도 해양경제통합의 필요성과 중요성을 강조하고, 이를 통해 경제적 번영과 평화를 달성하기 위한 구체적인 방안을 제시하는 것을 목적으로 한다. 해양경제통합은 남북한 간의 경제적 격차를 해소하고, 균형발전을 이루는 데 기여할 수 있다. 또한, 통합된 해양경제는 글로벌 시장에서의 경쟁력을 강화할 수 있으며, 동북아시아 경제의 중심지로 성장하는 데 단초 역할을 할 수 있다.

연구 방법으로는 문헌 연구와 사례 분석이며, 특히 동서독 통합 사례를 심층적으로 분석하여 한반도 해양경제통합에 적용할 수 있는 교훈을 도출하였다.

본 장의 구성은 다음과 같다. 서론에서 논의한 한반도 해양경제통합의 중요성과 필요성을 바탕으로 II.에서는 기본적인 해양경제의 개념과 범위 및 북한 해양경제의 현황을 대략적으로 파악하고자 한다. III.에서는 동서독 해양수산업통합의 사례와 그 시사점을 제시하며, IV.에서는 통일한국의 해양경제 비전과 실천방안을 제시한다.

해양경제통합은 단순한 경제적 이익을 넘어 정치적 안정과 평화, 그리고 지속 가능한 발전을 이루기 위한 필수 과제이다. 한반도 해양경제통합을 위한 구체적인 실천 방안을 모색함으로써 한반도가 동북아 해양경제 허브로 성장할 수 있는 토대를 마련하기를 바란다.

II 북한의 해양경제 현황[1]

1. 해양경제의 정의와 한국의 해양수산업

국제기구는 각 기관이 추구하는 가치에 따라 해양경제(Ocean Economy)의 개념과 범위를 다르게 정의한다. OECD(경제협력개발기구), WWF(세계자연기금), EU(유럽연합), UNEP(유엔환경계획)는 해양경제 규모에 관한 보고서를 발간하고 있으며, 특히 OECD와 WWF는 자체 연구를 바탕으로 해양경제의 규모와 가치를 측정한다. 예를 들어, OECD의 "The Ocean Economy in 2030" (2016)과 WWF의 "Reviving the Ocean Economy" (2015)에서 각각 해양경제의 규모를 제시하고 있다[2]. 해양은 공공재적 특성을 가지고 있어 경제 규모를 정확히 추정

---

1   본 글은 채수란, "북한 해양경제의 현황 및 발전과제," 『한국동북아논총』, 제29권 제1호(2024)
    발간 내용 일부를 차용하여 재구성하였다.

2   "The Ocean Economy in 2030," *OECD*, April 27, 2016, accessed February 10,

하기 어렵지만, OECD와 WWF가 나름의 데이터와 방법론으로 해양경제 규모를 산정하는 이유는 해양정책 및 해양개발 전략을 수립하고 해당 영역을 활용하기 위해 필요한 기초자료를 제공하기 위함이다.

한국은 2018년부터 통계청이 승인한 해양수산업 분류체계를 바탕으로 통계 조사를 진행하고 있으며, 해양경제보다는 해양수산업이라는 표현을 주로 사용한다. 「해양수산발전 기본법」 제3조 제3호에서는 해양수산업을 "해양 및 해양수산 자원의 관리·보전·개발·이용에 관련된 산업"으로 정의하며, 세부적으로 구분하고 있다. 한국은 특히 소금산업을 해양수산업의 별도 항목으로 구분하여 정의하는 특징을 가지고 있다.

2018년 통계청이 승인한 해양수산업 특수분류체계에 따르면, 해양수산업은 9개의 대분류 산업, 29개의 중분류, 68개의 소분류, 143개의 세분류로 분류된다. 한국은행과 한국해양수산개발원 같은 연구기관은 이 특수분류체계를 기준으로 매년 한국 해양경제의 규모를 산정하고 있다. 정확하고 객관적인 데이터를 분석해야 효율적인 해양정책과 최적화된 해양개발 전략을 수립할 수 있다.[3]

2024, https://www.oecd.org/environment/the-ocean-economy-in-2030-9789264251724-en.htm ; "Reviving the Ocean Economy," *WWF*, 2015, accessed March 12, 2024, https://wwf.panda.org/discover/our_focus/oceans_practice/reviving_the_ocean_economy/

3   김요섭, "글로벌 해양경제 가치평가 동향," *Ocean Insight*, 2019년 2월호(2019), p. 2.

표 13-1 해양수산발전 기본법 상 해양수산업 정의

구분	해양수산업 정의
가	수산자원의 채취 · 포획 · 양식 · 가공 · 유통과 관련된 산업
나	해운업, 항만건설 · 운영업 등 해양물류 및 해상교통과 관련된 산업
다	해저 또는 해수(해양심층수를 포함한다)로부터 해양광물을 탐사 · 채집 · 추출 · 제련(製鍊) · 생산하거나 이를 위한 시설 · 장비의 개발 · 운영과 관련된 산업
라	해양에너지의 개발 · 이용과 관련된 산업
마	해양시설물 및 해양공간을 건설 · 설치 · 조성하거나 이를 위한 시설 · 장비의 개발 · 운영과 관련된 산업
바	해양환경 및 해양생태계의 보전 · 복원과 관련된 산업
사	어촌 · 해양관광, 해양레저스포츠 등 해양관광 · 레저와 관련된 산업
아	해수를 직접 또는 정제 · 가공하여 이용하거나 소금을 제조하는 것과 관련된 산업
자	그밖에 해양 및 해양수산자원과 관련된 산업으로서 대통령령으로 정하는 산업

출처: "해양수산발전 기본법," 『국가법령정보센터』, https://www.law.go.kr/법령/해양수산발전기본법 (검색일: 2024년 2월 10일).

표 13-2 한국의 해양수산업 특수분류 체계(대분류산업)

해양수산업 대분류 산업명								
해양자원 개발 및 건설	해운 · 항만업	선박 및 해양 플랜트 건조수리	수산물 생산	수산물 가공	수산물 유통	해양수산 레저 · 관광	해양수산 기자재 제조	해양수산 관련 서비스

출처: "해양수산업 특수분류 개정결과보고," 『통계청』, http://kssc.kostat.go.kr/ksscNew_web/kssc/common/selectIntroduce.do?gubun=2&bbsId=sea_ug (검색일: 2024년 2월 10일).

해양경제는 공공성, 복합성, 고위험성, 높은 기술성 등의 특징을 가진다.[4] 해양경제의 공공성은 해양자원의 소유권이 특정인에게 귀속되지 않고, 바다 자체가 구획을 정할 수 없는 공공재적 성질을 갖는다는 의미이다. 해양경제의 복합

---

4 대외경제정책연구원, "중국 해양경제의 발전 현황과 문제점," 『KIEP 북경사무소 브리핑』, 제16권 제18호(2013), pp. 3-4.

성은 다양한 해수층에 각기 다른 자원이 존재하여 다층적인 방법으로 개발·이용해야 한다는 것을 뜻한다. 즉 바다는 동일한 해역이라 할지라도 해수면에서는 해상운행을, 해수면 이하에서는 양식업을, 해저에서는 광업을 실행하는 등 다층적이고 다원적인 해양경제 활동이 진행된다. 고위험성은 바다에서의 경제활동이 높은 사고율과 재해율을 가지는 것을 의미하며, 높은 기술성은 해양자원을 개발·이용하기 위해서는 해양물리학, 화학, 생물학, 지질학 등의 기초해양과학과 기계공학, 전자공학, 토목공학, 조선공학 등의 응용과학과 기술이 필요하다는 것을 의미한다.[5] 따라서 과학기술 혁신을 통한 응용과학기술력이 필요하므로 해양산업이 발전하면 다른 산업 발전으로의 연쇄효과가 커지게 된다.

2. 북한의 해양경제 현황

1) 해운·항만·조선업

북한의 해운·항만업에 대한 직접적인 통계나 국제기구 자료는 부족하므로, 가용한 자료를 모아 간접적으로 추론하였다. 북한의 해운·항만산업은 경제적 개념보다는 군사적 개념이 강해 다른 산업에 비해 자료 접근이 더 제한적이다. 이번 절에서는 Lloyd's List Intelligence(Informa Group)의 선박 이동 데이터를 활용하였다.[6] 북한 항만에 기항한 13,866척 선박의 이전 기항지와 다음 기항지를 10년 단위로 살펴보았다. 과거 북한의 해상운송은 북한의 대외관계와 무역 활동을 볼 수 있는 좋은 자료이다. 〈그림 13-1〉은 북한 선박이 기항한 주요 국가와의 교통량을 숫자로 표시한 것이다. 숫자가 클수록 선박이 많이 운항한 것을 의미한다.

---

5   이승훈, "해양산업," 『울산역사문화대전』, http://ulsan.grandculture.net/Contents?local=ulsan&dataType=01&contents_id=GC80001443 (검색일: 2024년 2월 10일).

6   현재 Lloyd는 전 세계 선박데이터 80%를 보유하고 있으며 나머지 20%는 그리스의 보험회사가 수행하고 있다. 그러나 북한에 기항한 모든 선박이 그리스 보험회사에 가입되어 있지 않아 나머지 20% 정보를 보완하기는 불가능에 가깝다. 그럼에도 로이드는 과거 매일매일의 세계 운송 데이터 독점권을 보유하고 있어 북한의 해상발전을 연구할 수 있는 신뢰도 있는 정보 출처라고 할 수 있다.

1977~1987년 북한은 주로 사회주의국가들과 장거리 무역을 했던 것을 알 수 있으며, 동유럽은 물론 아프리카, 카리브해 국가들인 쿠바, 멕시코, 니카라과까지 연결된다. 관계성이 높지는 않으나 이 시기 북한은 미국, 캐나다와도 장거리 운송을 했었다. 1988~1998년은 사회주의가 붕괴하면서 전체적인 교역량이 적어진 가운데 가깝게는 일본에서 동남아 국가인 싱가포르, 대만은 물론 리비아, 두바이 정도가 북한과 주로 장거리 교역을 했다. 1999~2009년에는 유럽 등지와의 교역이 점차 없어지며 러시아, 한국, 필리핀, 홍콩, 베트남, 일본과의 교역이 표시되어 있다. 특징적인 것은 남미국가들 브라질, 에콰도르의 교역은 짙은 색으로 표현되었다. 마지막 시기인 2010~2021년은 북한과 중국과의 압도적인 해상교역이 눈에 띈다. 동남아 몇몇 국가, 아르헨티나, 칠레와의 교역이 남아있다. 이처럼 북한의 장거리 해상운송은 1970~80년대가 가장 활발해 해운·항만업이 활성화되었던 시기는 현재로부터 40~50년 전이다. 소련을 위시한 공산주의 진영이 붕괴한 이래 북한에 대한 원조(사회주의국가 간 물물교류방식)는 중단되었고, 시간이 지날수록 북한은 핵 개발로 인해 점점 국제사회로부터 고립되었으며, 오늘날 남북 간 교류·지원도 없어 2010년대 이후는 북중 간의 해상교역 정도만이 남아있었다.

그림 13-1 시기별 북한의 해상세력권 변화

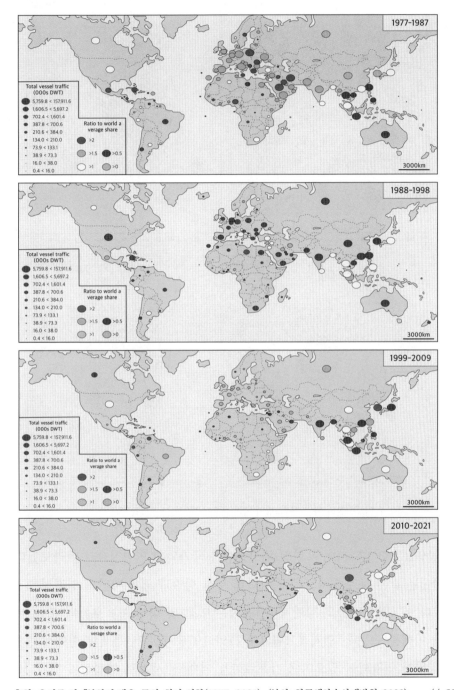

출처: 윤인주 외, 『북한의 해운, 무역, 항만 역학(1977~2021)』 (부산: 한국해양수산개발원, 2022), pp. 44-55.

그림 13-2 **시기별 북한 항만의 연결성**

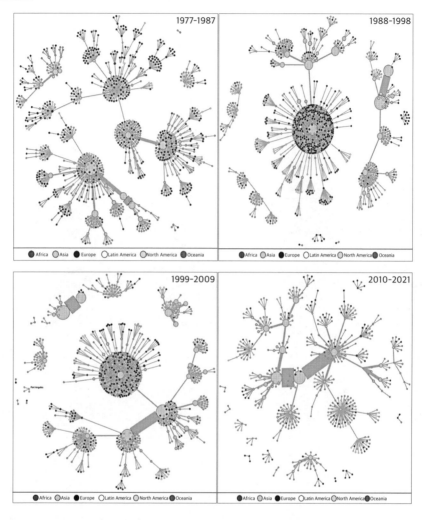

출처: 윤인주 외, 『북한의 해운, 무역, 항만 역학(1977~2021)』, pp. 44-55.

　앞의 〈그림 13-1〉이 북한의 해상운송을 국가와의 연결성으로 바라보았다면, 이번에는 같은 자료를 다르게 시각화해 북한 항만과 세계 항만의 연결성을 살펴보았다. 〈그림 13-2〉의 항만 간 연결성은 여객 및 화물운송 흐름의 조금 더 명확한 이해를 돕는다. 먼저 〈그림 13-2〉의 1977~1987년은 남포항에서 홍콩항이 강하게 연결되어 있으며 싱가포르항을 거쳐 전 세계로 연결성이 뻗어나가며 가장 다양했던 항만 연결성을 보여준다. 청진·원산에서 니가타·요코하마까지

의 연결도 두텁다. 1988~1998년까지는 남포항에서 싱가포르항과의 연결성만
이 강하게 남아있어 항만 연결성이 단조로워진다. 이 시기 원산에서 니가타·원
산·요코하마까지 일본과의 연결성은 남아있어 납치 문제 이전 비교적 매끄러웠
던 북일 간 해상운송 관계를 말해준다. 1999~2009년까지는 니가타에서 원산항
의 두터운 연결성은 만경봉호 정기여객선 운항을 설명해주고 있으며, 남포항에
서 인천항의 연결성은 남북 교류(모래, 식량, 수산물)를 의미한다. 이 시기 남포항에
서 싱가포르항과의 연결성은 크게 줄어들었다. 2010~2021년 시기는 남아있는
항만 연결성이 거의 없다고 해도 과언이 아니다. 인천과 남포항의 연결성은 남북
간 간헐적인 교류를 의미하고 남포항과 대련(大连)항과의 연결성이 강해졌다. 결
국 북한의 해상세력권 변화와 항만 연결성을 통해 바라본 북한의 해운·항만산업
은 1970~80년대를 절정기로 하여 점차 쇠퇴의 길을 걷고 있음을 알 수 있다.

국제정세에 적절한 대응을 하지 못한 북한경제는 쇠락의 길을 겪으며 해
운·항만업도 발전하지 못했다. 국정원이 통계청에 제공하는 자료에 따르면 북
한의 항만하역능력과 선박보유톤수 자료도 이러한 현실을 반영한다. 북한의 8대
무역항, 30여 개 지방항이 처리하는 항만하역능력은 연간 44백만 톤으로 한국
과 비교해 1/30(3.4%) 수준으로 〈그림 13-3〉과 같이 시간이 지나도 제자리걸음
을 하고 있다. 항만을 활성화하기 위해서는 인프라 구축에 막대한 재원이 투자되
어야 하는데 북한의 항만 중 나선항이 중국·러시아의 투자로 인해 시설 면에서
가장 현대화되어 있다고 볼 수 있으며 남포항은 중국과의 교역이 있어 가장 활성
화되어 있다고 볼 수 있다. 그리고 구글 어스에 포착된 2018~2022년 사이 항만
의 변화된 모습은 남포항 석유화학부두에 탱크를 추가 건설해 유류 저장용량을
확대한 것으로 미루어 남포항은 중국과 석유·석탄을 해상운송하고 있는 것을
알 수 있다. 또 북한 조선해사기구에 등록된 북한 선박을 선적항별로 분류했을
때 남포에 주소지를 둔 선박이 전체의 65%(86척)를 차지해 가장 많다. 즉 현재로
서는 북한 해운·항만업의 중심지는 남포항인 것으로 결론지을 수 있다.[7]

---

7   윤인주 외, 『북한의 해양도시 I : 남포, 나선, 원산』 (부산: KMI, 2023), pp. 107-115.

그림 13-3 **항만하역능력**

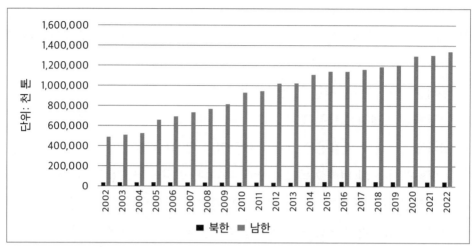

출처: "북한통계," 『북한통계포털』, 2023, https://kosis.kr/bukhan/ (검색일: 2024년 2월 10일).

북한의 조선업도 해운·항만업과 비슷하다. 특히 북한 선박의 노후화 문제는 심각한 것으로 전해지며, 최근 북한은 중고 중국 선박을 수입해 이러한 문제를 해결하고 있다.[8] 국제해사기구(IMO)와 북한의 조선해사기구에 제시하는 정보에 따르면 남포, 나진, 원산 소재 선박의 선령이 40~50년으로 오래된 것을 확인할 수 있다.[9] 이는 북한 선박의 항행이 안전할 수 없다는 것을 의미한다. 북한의 내항용 선박 수는 정확히 알려진 바가 없고, 국제 항행 선박은 안전 검사를 받은 선박이 2006~2016년까지 210~270여 척이었던 것이 대북제재 이후 40여 척으로 줄었다.[10] 외국항구에서 모든 선박이 안전 검사를 받은 것은 아니므로 이러한 자료가 전수조사 결과는 아니지만 경향성 정도로 파악할 수 있다. 북한은 보도를 통해 자력갱생으로 2017년 령남배수리공장(남포) 5,000톤급 무역짐배 〈자력〉 호

---

8   함지하, "북한, 올해 중국 중고 선박 32척 구매," *VOA*, 2023년 12월 16일, https://www. voakorea.com/a/7400097.html (검색일: 2024년 2월 10일).

9   윤인주 외, 『북한의 해양도시 I : 남포, 나선, 원산』, p. 112, p. 171, p. 243.

10   함지하, "북한 선박 운항 역대 최저 수준…안전검사 횟수 크게 감소," *VOA*, 2019년 11월 5일, https://www.voakorea.com/a/5152341.html (검색일: 2024년 2월 10일).

를, 2021년 같은 공장에서 12,000톤급 무역선 〈장수산〉 호를 건조했다고[11] 밝혀 일부 시설의 근대화가 이루어졌을 것으로 추정되나, 전문가들은 북한의 조선산업이 매우 낙후된 것으로 평가한다.[12]

그림 13-4 **선박보유톤수**

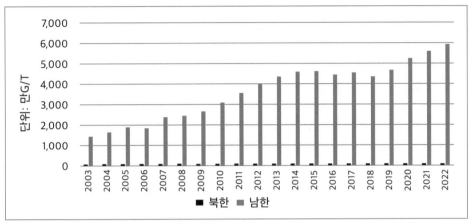

출처: "북한통계," 『북한통계포털』, 2023, https://kosis.kr/bukhan/ (검색일: 2024년 2월 10일).

2) 수산업

북한의 수산물은 외화획득과 주민의 단백질 공급원 두 가지 의미에서 중요한 산업으로 자리를 잡고 있어 수산물 증산을 위해 세 명의 지도자가 모두 전력을 기울였다. 김일성 시대 한때 180만 톤까지 기록을 세웠던 수산물 생산량(포획27%: 양식73%)은 점점 줄어 2022년 기준, 58만 톤 정도이다. 이는 한국의 10~30% 수준으로,[13] 생산량 면에서 다른 해양산업에 비해 선방하고 있다. 김정

---

11 "무역짐배 《자력》호 출항식 진행," 『로동신문』, 2017년 4월 18일; "1만 2,000t급 짐배 《장수산》호 출항식," 『로동신문』, 2021년 12월 24일.

12 김경원 외, 『북한의 산업』, (서울: KDB산업은행, 2020), p. 10.

13 "북한_수산업," 『북한통계포털』, https://nkinfo.unikorea.go.kr/nkp/pge/view.do; jsessionid=YebG_jEMsBbn6vpQRDjurAgauo_y94cVPJyAajf4.ins12 (검색일: 2024년 2월 10일).

은 위원장 시대인 2017년 북한의 수산물 생산량은 100만 톤을 웃돌았으나 대북 제재, 기후변화, 연료 부족 등의 여러 원인이 복합적으로 작용하면서 점차 생산량이 줄어드는 추세이다. 그리고 FAO 보고서에 따르면 북한의 연간 해조류 생산량은 세계 5위로 다시마 생산량(60만 톤 정도)이 뛰어나다.[14] 이는 중국 기술의 영향을 받은 것으로 북한의 양식기술은 수준이 낮지 않을 것으로 판단된다.[15] 최근 북한은 수산자원 보호 증식을 위해 내수면 양어와 바다 양식 중심으로 수산업의 변화를 꾸준히 시도한 결과 수산양식 생산량이 늘어나는 추세이다.

그밖에 김정은의 지시로 정책이 현실화하여 수산물 가공품이 발전하기 시작했다. 가령 김가루, 김졸임, 튀긴 김, 국거리 김, 명란젓, 창난젓, 낙지젓, 물고기 튀김(부각), 참미역을 국밥형태로 맛볼 수 있는 가공품, 다시마 과자, 통조림 등 60여 가지의 수산물 가공품이 선보여지며, 수산식품 다양화가 현실화하였다.[16] 수산물 유통업에 관한 정책은 자세히 다루어지고 있지는 않으나 북한 시장의 소비자 가격 조사에 따르면 코로나 팬데믹 극복 이후 수산물 가격이 크게 요동치지 않고 있어 수산물 수급에는 큰 문제가 없는 것으로 추정된다.[17]

종합하면, 북한은 해양경제 발전을 위한 기초시설 건설이 정체되어 있으며, 과학기술 역량도 부족해 저차원적인 해양산업 구조를 가지고 있는 것으로 판단된다. 특히, 북한의 해양산업에서는 수산업의 비중이 높은 것으로 나타났다.

---

14 "The State of World Fisheries and Aquaculture," *FAO*, 2022, accessed February 10, 2024, https://www.fao.org/documents/card/en/c/cc0461en

15 채수란, 『FAO의 북한·알제리·미얀마 수산양식 개발협력 사례조사: 북한에 주는 함의를 중심으로』 (부산: KMI, 2022).

16 "전국수산물가공제품전시회-2023 개막," 『조선중앙통신』, 2023년 11월 9일.

17 한국해양수산개발원, "북한통계," 『KMI 북한 해양수산리뷰』, 2023년 4호(2023), pp. 60-63. 『KMI 북한 해양수산리뷰』에서 조사하는 평양, 신의주, 원산, 청진 시장의 수산물 가격은 품목별로 코로나 팬데믹 이후 가격변동이 크지 않다.

그림 13-5 **어업 및 양식업 생산량**

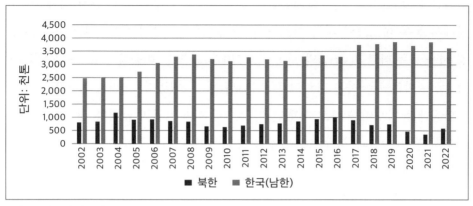

출처: "북한통계," 『북한통계포털』, 2023, https://kosis.kr/bukhan/ (검색일: 2024년 2월 10일).

Ⅲ 동서독 해양수산업통합의 사례와 시사점

1. 시장경제체제로의 전환

해양경제는 경제영역이므로 먼저 큰 틀에서 독일의 경제통합과정에서 나타났던 경제 현상과 문제의 원인을 알아본 후, 범위를 좁혀 대표적으로 해양산업에서 나타났던 문제점들을 차례로 살펴보았다. 2차 세계대전 이후 강제적으로 분리되었던 동독과 서독은 1990년 5월 18일 동서독이 『통화·경제·사회통합』 조약을 체결하고, 1990년 10월 3일 독일은 온전한 통합을 이루었다. 체제를 달리했던 동독과 서독은 급진적 통합방식을 통해 동독이 서독의 시장경제에 빠르게 편입하게 되었다. 그러나 분단의 세월 30년 동안 양측은 경제적 격차가 크게 벌어져 통합 직후 독일 경제는 그야말로 붕괴 직전의 경제위기를 겪었다. 동독의 계획경제체제가 급작스럽게 서독의 시장경제체제로 전환하는데 크나큰 혼란이 빚어진 것이다.

국경 개방 이후 여러 현상과 문제점이 나타났다. 먼저, 동독인들은 자유롭고 부유하게 살고 싶은 꿈을 품고 매일 약 2,000명이 서독으로 이주하기 시작했다.[18] 1990년 7월 1일, 화폐통합이 전격적으로 이루어졌다. 당시 국제금융시장에서 동독 마르크와 서독 마르크의 공식 환율은 4:1이었으나, 통일독일은 일정 비율 동독 마르크(Mark)와 서독 마르크(DM)의 교환 비율을 1:1로 책정하였다. 즉, 동독 마르크는 서독 마르크로 1:1 교환될 수 있었다. 그러나 동독인들의 경제활동에 동기부여를 주고자 했던 이 정책은 동독기업의 급격한 생산비 증가로 이어져 생산 중단과 시장수요 감소를 초래하여, 동독기업들은 도산하고 실업자 수는 폭증했다.[19]

동독의 낮은 생산성으로 인해 동독제품은 서독제품에 비해 시장가치가 낮아 외면받았다. 대부분의 동독기업은 낡은 기계설비, 낙후된 기술, 기술혁신에 대한 인센티브 부족, 왜곡된 가격 구조로 인해 질 낮은 제품을 생산하였고, 이는 구조조정이 불가피한 상황을 만들었다. 1990년 한 해 동안 동독지역의 국민총생산은 20% 감소하였고[20], 1991년 말 동독지역의 산업생산은 1989년 수준의 1/3로 하락했다.[21]

동독의 낮은 노동 생산성으로 인해 대량 해고가 이어졌으며, 1991년 동독인 실업률(완전 실업 + 파트타임 노동자)은 40%에 달했다. 통합 후 동독에서 생존가능한 기업은 8.2%에 불과했다.[22] 서독인들에 비해 동독인들의 낮은 노동 생산성은 동독인들이 일자리를 찾는 것을 어렵게 만들었고, 이는 서독인과 동독인의 소득격차로 이어졌다. 코메콘(동유럽경제 상호원조회의 COMECON: Council for Mutual Economic Assistance)과만 교역했던 동독 경제는 세계 시장에서 사실상 고립된

18 김재경, "독일의 통일과정과 통일후 경제·사회 문제," 『한독사회과학논총』, 제1권(1991), p. 39.

19 윤덕룡, "구 동서독 화폐 통합에 대한 평가와 시사점," 『통일경제』, 제30권(1997), p. 124.

20 김재경, 앞의 책, p. 36.

21 Manfred Ziemek, "통일독일이후의 사회경제적 문제들," 『한독사회과학논총』, 제2권(1992), p. 46.

22 Andrew K. Rose, George A. Akerlof, Helga Hessenius, and Janet L. Yellen, "East Germany in from the cold: the economic aftermath of currency union," *Brookings Papers on Economic Activity*, Vol. 1 (1991), p. 2

상태였고, 1970-1980년대 동독의 많은 보조금 지급으로 인해 기업들은 경쟁력을 잃게 되었다.

2. 동서독의 해양경제통합

1) 수산업[23]

해양경제 부문 중 동독의 수산업도 경제통합으로 인한 구조조정 과정에서 큰 어려움을 겪었다. 통합 이전 동독의 수산업은 전형적인 사회주의 국가의 계획경제 특징을 그대로 지녔으며, 낮은 기술로 저품질 제품이 대량 생산되었다. 조정에 민감하게 반응할 수 있는 소규모 단위의 생산시스템이 부재하고, 보수적인 경제정책으로 인해 혁신의 도입이 반영되지 못하여 비효율적인 순환이 반복되었다. 낮은 기술을 기반으로 한 인프라와 서비스 개발도 장려되지 않아 현대화 요구에 신속하게 대응하지 못했다. 이로 인해 수산물 식품 무역에서 동독제품의 경쟁력은 매우 부족하였다. 게다가 장비가 오래되어 제품의 오염 수준이 심각했으며, EU에서 채택한 위생과 공중보건 표준과 큰 차이가 나는 것도 문제가 되었다. 이로 인해 동독지역에서 생산한 수산물은 부적합한 제품으로 취급되었다.

동독의 수산물은 주로 청어와 고등어를 가공했으며, 훈제와 절임 같은 수산가공품이 주요 시장에서 높은 점유율을 차지했다. 신선 식품으로는 광어와 대구가 주로 생산되었으며, 고등어와 오징어는 수출되기도 했다. 양식의 경우 잉어 생산량은 13,000톤, 송어는 7,000톤으로 총 25,000톤 정도였다. 동독의 총 어업생산량은 1961~1970년 동안 연간 13만 톤에서 32.2만 톤으로 성장했으나, 1970~1975년에는 낮은 성장률을 보였다. 1976년 27.9만 톤을 기록했던 생산량은 1989년 17.4만 톤으로 감소하였다.

동독의 수산물 수출은 주로 가공과 냉동제품으로, 1988~1990년 동안 약 45,000톤의 수산물이 주로 CMEA(Council for Mutual Economic Assistance: 소련

---

23 Carmelo Cannarella, "Fisheries in the East German Länder: some aspects of the integration process," *Ocean & Coastal Management,* Vol. 34, No. 2 (1997), pp. 95-115.

을 중심으로 한 동유럽 공산권의 경제협력기구)와 일본, 나이지리아로 수출되었다. 또한, 영국과 아일랜드로부터 청어와 고등어를 수입하기도 하였다. 동독의 국내 소비는 부진하였으며, 당시 EU는 1인당 연평균 28kg의 수산물을 소비하였으나, 동독은 비효율적인 유통망으로 인해 1인당 연간 소비량이 14.9kg에 불과했다. 동독에는 생산소매점이 거의 없었고, 신선 식품을 보관할 냉동고와 운송수단도 부족했다. 통일 당시 독일에는 28척(63,200톤급, 75,800마력)의 심해용 어선과 200여 척의 중간 어선, 600여 척의 연안용 소형보트를 보유하고 있었다.

통합 이후 동독의 수산업 분야는 구조조정이 불가피했다. 동독 어선은 기술장비의 현대화가 필요했으며, 대구와 고등어 생산에서 소비자들이 더 선호하는 상품으로 어업 활동을 전환해야 했다. 가격 면에서도 인위적인 조정이 아닌, 수요와 공급의 법칙에 따른 가격조정이 불가피했다.

1990년, 통일독일의 해양어업 및 양식업에 대한 구조조정, 현대화 및 개발 프로그램이 EU에 제출되었고, 곧바로 구조조정이 단행되었다. 구조조정의 주요 내용은 민영화 도입, 과도한 목표 생산량 조정, 과거 정부로부터 혜택과 보조금을 받았던 구조조정 업체를 중심으로 한 노후 어선 철수였다. 이 예산만 해도 5,500만 DM에 달했다. 1992년에만 개방형 보트 450척과 커터형 어선 160척이 줄어들었고, 960만 DM 중 80%가 커터형 어선 철수에, 20%는 심해용 어선 철거에 사용되었다.

양식업 부문에서도 경제의 다른 부문과 마찬가지로 동독정부는 소비 보조금을 통해 높은 가격에 수산물을 사들여 소비자에게 낮은 가격에 판매해 왔으며, 그 차액은 국가가 지불해왔다. 결국 동독의 수산물 과잉 생산으로 인해 1991년 양식 생산량을 현저하게 줄이게 되었다. 1991년 전체 양식 생산량 중 동부지역의 생산량이 눈에 띄게 줄었다. 양식 총생산량 46,800톤 중 31,500톤은 서독의 생산량이었다. 시장 상황에 맞는 위생적인 제품을 생산하기 위해 동독의 잉어양식 생산량을 줄여야만 했다. 통일독일의 어업생산량은 총 6% 감소했으며, 대부분의 감소는 동독지역에 집중되었다. 이에 따라 동독지역의 실업률은 심각한 수준을 기록했고, 소득수준도 낮았다. 따라서 통일독일은 노동력 수준을 높이기 위해 직업 훈련 프로그램을 시행했다.

2) 조선업

통합 이전 동독의 조선업은 정치권의 영향을 크게 받았다. 발트해 연안에 조선소가 설립 및 확장된 것도 이러한 배경 때문이다. 독일의 전통적인 해양경제 중심지였던 항구, 해산물 무역, 해운, 조선업은 대부분 서독의 북해(Northern Sea) 연안에 위치해 있었다. 동독의 발트해 연안 로스토크 항구는 동독이 형성될 때까지 해양 중심지가 되지 못했으나, 1950~60년대 공산당인 사회주의통일당 중앙위원회의 정치적 결정으로 대규모 대서양 횡단 항구가 신설되고 상선, 어선 선단이 창설되었다. 발트해 연안에 조선소가 건립·확장된 이유는 코메콘 국가들로부터 조선업에 대한 우선순위를 부여받았기 때문이다. 이로 인해 동독의 조선업은 빠르게 성장하였다.

발트해 연안 로스토크 지역에는 두 개의 큰 조선소(Rostock's Neptune yards, Warnemünde's Warnow yards)가 있었다. 1984년부터 1989년까지 평균 60%의 완성 선박이 시세보다 30% 낮은 가격으로 소련에 판매되었다.[24] 동독 자체 해운선을 위해 건조된 선박은 13%에 불과했으며, 나머지 25%는 서방의 해운회사에 판매되었다. 서구의 조선소가 다양한 선종의 개별 요구사항을 충족시키며 현대화 속도가 빨랐던 것과 달리, 동독의 조선업은 큰 기술적 변경 없이 대규모 선박을 생산할 수 있었다. 이는 소련으로부터 선박에 대한 대량 주문이 끊임없이 들어왔기 때문이다. 서구 사회에서는 다양한 개별 요구사항을 반영하여 선박을 건조해 수출하였으나, 동독은 기술적 정교함 없이 대량으로 선박을 건조해 소련에 판매하였다. 수요와 공급의 법칙이 코뮌국가 사이에서는 적용되지 않았던 것이다.

1970년, 동독은 여러 조선소를 합병하여 콤바인조합(Kombinat Schiffbau)을 설립하고 국유화하였다. 동독에서 가장 큰 조선소는 콤비나트 쉬프바우 로스톡

---

24 "East Germany: On the Ways," *TIME*, January 13, 1967, accessed June 3, 2024, https://time.com/archive/6889960/east-germany-on-the-ways/

(Kombinat Schiffbau Rostock)으로, 약 54,000명의 종업원이 근무하였다. 이 기업은 만성적인 부품 부족 문제를 겪었고, 부품을 제때 구하지 못해 자체적으로 생산하여 공백을 막아야만 했다. 그럼에도 동독은 소련과 103척의 선박 공급 주문에 합의하여 1993년까지 일감이 꽉 차 있었기 때문에 조선업은 다른 산업에 비해 양호한 수준으로 평가되었다.[25]

통합 이후 동독의 조선업 구조조정은 1990년 6월, 콤바인조합(Kombinat Schiffbau)이 해체되면서 시작되었다. 54,000명의 직원과 24개 조선기업은 지주회사인 도이체 마쉬넨-운트 쉬프바움 아게(Deutsche Maschinen- und Schiffbaum AG; DMS)로 전환되어 자력으로 구조조정을 시도하였다. 그러나 1990년대 초 기득권을 보호하려던 시도는 실패하였고, 1991년 가을 이후 새로운 시장을 모색하며 민영화 수순을 밟게 되었다.

표 13-3 **DMS AG의 고용인원 동향**

	1989.12	1990.7	1991.7	1991.9	1991.12	1992.7
조선소	33,350	31,544	23,689	22,833	15,506	13,513
엔지니어링기업	19,197	18,595	6,614	6,455	3,968	3,005
서비스회사	1,492	1,515	826	826	550	330
총	53,976	51,654	31,129	31,129	30,080	16,848

출처: DMS를 인용한 강종희 외(2006)를 재인용.

화폐통합 이후 조선업 분야에서도 표와 같이 대량해고와 공장폐쇄로 이어졌다. 특히 로스토크(Rostock)지역은 대형조선소가 두 개 위치해 있어 조선업이라는 단일산업에 의존도가 높았다. 그 때문에 지역의 경기 위축은 도미노 효과를 가져와 지역경제에 큰 영향을 미쳤다. 1960~70년대 수천 명의 노동자가 농촌 및 남부지역에서 발트해 연안의 로스토크지역으로 이주하였다가 통합을 이유로 완전히 상황이 바뀌게 되었다.

---
25 통일부, 『독일통일 총서 11: 신탁관리청 분야 관련 정책문서』 (서울: 통일부, 2015), p. 88.

3) 항만 및 물류 인프라

표 13-4 **통일 전 동독과 서독의 교통시설**

항목	단위	동독(A)	서독(B)	대비(B/A)
도로연장	1,000km	124.9	499.0	4.00
철도연장	1,000km	14.0	27.0	1.97
내륙수로	km	2,513	4,940	1.97
선박	대	1,228	3,469	2.82
화물선	대	1,228	2,990	2.43
여객선	대	-	479	
비행기	대	40	627	25.68

출처: Verkehr in Zahlen, 1993을 인용한 강종희 외(2006)를 재인용.

서독은 '아우토반'이라 불리는 세계 유일의 속도제한 없는 고속도로 인프라가 잘 갖추어져 있었으며, 동독에 비해 도로, 철도, 수로, 선박, 화물선, 여객선 등 모든 교통망이 우수하였다. 수송 분담률을 살펴보면, 〈표 13-5〉와 같이 서독과 동독은 통일 전부터 도로 의존도가 높았다. 화물수송에 있어 동독은 철도 분담률이 서독보다 상대적으로 높았고, 서독은 항공 분담률이 더 높았다. 동독의 철도 분담률이 높았던 이유는 에너지 효율성이 높은 철도 중심의 교통체계를 구성했기 때문이다. 동독 정부는 정책적으로 철도 여객 운임을 국고지원으로 매우 저렴하게 책정하였고, 화물 운송법에 강제조항을 마련해 화물운송을 철도로 유인하였다. 또한 동독의 제국철도(DR: Deutsche Reichbahn)는 교통성 산하 국영기업으로, 국영기업 중 가장 규모가 커 일반 콤비나트보다 10배 이상 큰 규모를 자랑했으며, 직원 수만 25만여 명에 달했다. 그러나 동독의 철도망은 다른 교통망과 마찬가지로 낙후된 상태로, 유지·보수·관리가 제때 이루어지지 않아 제 속도를 내지 못하였다. 예를 들어, 라이프치히-드레스덴 간 철도의 구간속도는 120km였으나, 통합 이후 조사 결과 평균 시속 60km를 겨우 유지하는 상황이었다.[26]

---

26 강종희 외, 『통일시대 대비 남북한 해양수산 협력방안』 (부산: 한국해양수산개발원, 2006), pp.

표 13-5 **통일 전후 독일의 수송분담률 변화**

항목		통일 전(1989)		통일 후(1990)	
		동독(%)	서독(%)	동독(%)	서독(%)
여객	철도	14.57	17.40	14.33	16.50
	도로	85.21	81.74	85.64	82.60
	내륙해운	0.17	-	-	-
	항공	0.05	0.86	0.03	0.90
화물	철도	37.09	6.31	36.33	6.36
	도로	59.19	63.75	56.26	55.31
	내륙해운	2.19	4.71	2.79	9.17
	항공	0	22.38	0.01	27.61
	해운	1.53	2.85	4.61	1.55

출처: Verkehr in Zahlen, 1991을 인용한 강종희 외(2006)를 재인용.

통일 이후 1990년 5월 3일, 동서독 교통장관은 긴급조치 프로그램에 합의하고 1990년 1월 9일 공동으로 [교통망위원회]를 출범시켜 동서독의 단절된 교통망을 연결하고 복구하기로 하였다. 이후 1992년 [통일독일교통프로젝트]와 [독일연방 교통투자계획]을 수립하여 4,397억 유로(약 52조 원)의 재정을 투입해 1991~2012년 사이에 구동독지역의 9개 철도 프로젝트, 7개 도로 프로젝트, 1개의 내륙 수로 프로젝트를 건설(53.5%) 및 보강(46.5%)하기로 하였다. 52조 원의 재정 중 52.6%는 철도 부문에, 40.4%는 도로 부문에, 7%는 운하 부문에 투자되었다. 도로 및 철도 인프라 구축 중 일부 프로젝트는 1994, 1995년에 완료되었으나, 프로젝트에 따라 2016, 2017년에야 완공되었고, 운하 공사는 2020년에야 마무리되었다.

독일은 급진적인 흡수통일을 이루었기 때문에 통일에 대한 철저한 대비가 부족했고, 동독의 부족한 인프라 확충을 위해 52조 원이라는 막대한 비용을 투자해 물류 인프라를 개선하였다. 그러나 큰 비용을 투자한 것에 비해 시행착오와 재정낭비가 발생했다. 예를 들어, 운하 건설 프로젝트의 경우 수로 확장 시

367-401.

1,830만 톤의 화물이 수로를 이용할 것으로 예측되었으나, 실제로는 270만 톤의 화물만 운송되었다.[27] 따라서 한반도는 독일의 사례를 반면교사 삼아 철저한 사전 조사와 대비를 통해 국가 예산이 낭비되지 않도록 주의해야 할 필요가 있다.

표 13-6 **통일독일 인프라 프로젝트**

구분	노선명	비용(백만유로)	길이(km)	확장/신설
철도	① 뤼백/하게노프란드-로스토크-스트랄준트	861	250	시설개선
	② 함부르크-뷔헨-베를린	2,681	270	확장
	③ 윌첸-잘츠베델-슈텐달	318	113	확장/신설
	④ 하노버-슈텐달-베를린	2,678	264	확장
	⑤ 헬름슈테트-막데부르크-베를린	1,245	163	시설개선
	⑥ 아이헨베르크-할레	271	170	확장
	⑦ 베브라-에어푸르트	913	104	확장/신설
	⑧ 뉘렌베르크-에르푸르트-할레-베를린	9,914	481	확장/신설
	⑨ 라이프치히-드레스텐	1,451	117	확장/신설
도로	① 뤼벡-스테딘	1,895	323	신설
	② 하노버-베를린-베를리너링	2,370	331	확장
	③ 베를린-뉘른베르크	2,770	372	확장
	④ 괴팅겐-할레	1,835	209	신설
	⑤ 할레-막데부르크	655	102	신설
	⑥ 카셀-아이제나흐-괴를리츠	5,175	457	확장/신설
	⑦ 에어푸르크-쉬바인푸르트-리히텐펠스	2,680	233	신설
운하	① 하노버-베를린	2,037	280	시설개선

출처: 연방교통부/DIW 1992을 인용한 최상희 외(2015)를 재인용.

---

27 최상희 외, 『통일대비 동서독 복합 물류시스템 통합 사례 연구』(부산: 한국해양수산개발원, 2015), p. 43.

이처럼 통일 직후, 서독은 동독의 낙후된 교통인프라를 개선하기 위해 천문학적인 비용을 들여 대규모 투자를 진행한 결과 주요 도로와 철도를 재건하고 동서독의 이동이 원활해졌다. 이는 사람과 물자의 자유로운 이동을 촉진하였고 동독의 도시가 재개발되는 등 동독의 경제활동이 활성화되는 결과를 이끌었다. 비록 오늘날 동독지역의 1인당 GDP는 서독의 69%(베를린 포함시 75%) 정도로 수렴되어 정체되지만,[28] 동독의 산업·무역 능력이 증대된 데는 교통망 개선·확장이 큰 역할을 하였다. 교통망 확충은 더 나아가 전력 및 가스와 같은 에너지, 통신망 확충으로 이어져 오늘의 통합된 독일경제가 이룩될 수 있었다. 독일의 선례는 한반도 경제통합 시 북한지역의 교통·물류 인프라 확충이 반드시 진행되어야 하며, 다른 분야보다 선행되어야 함을 의미한다. 따라서 통합 직후 북한지역이 대규모 토목공사 현장이 될 것은 자명한 일이다. 그러나 독일의 통합과정은 '빅뱅' 방식의 급속한 통합을 진행하여 생산성 하락, 실업 확대, 구동독지역의 노동 임금 상승 등 경제적 혼란이 심각했으며, 통합과정에서 물류 인프라 분야에 천문학적인 비용이 투자되었다. 현재 남북한은 동서독 통합 당시보다 더 현격한 소득 격차를 지니고 있어, 독일의 사례를 그대로 모델로 삼는 것은 바람직하지 않다.

Ⅳ 통일한국의 해양경제 비전

앞서 독일 해양경제통합 사례를 통해 얻은 시사점을 바탕으로 통일 한반도의 해양경제 목표와 비전을 제시할 수 있다. 한반도 해양경제통합의 목표는 '동북아 경제 허브로의 성장'을 추구하는 것이다. 이 목표는 세 가지 세부 전략으로 구현될 수 있다.

첫째, 경제적 균형발전 측면이다. 한국의 선진 기술과 자본을 북한에 이전하

---

28 권은민 외, 『가까운 미래 평양』 (부산: 도서출판 은누리, 2023), p. 238.

여 경제적 불균형을 해소하고 상호보완적인 경제 관계를 형성해야 한다. 또한, 항만, 수산업, 조선업 등 주요 해양경제 분야에서 북한의 지역경제를 활성화하여 통합된 경제구조 속에서 한반도의 지속 가능한 성장을 촉진해야 한다. 둘째, 국제 경쟁력 강화이다. 통합된 남북한의 해양경제의 국제 경쟁력을 제고하여 동북아 전체에서 한반도가 해양경제의 거점 역할을 할 수 있도록 해야 한다. 한국의 선진 해양기술과 북한의 인적자원을 결합하여 기술혁신과 효율성을 극대화함으로써 생산성을 높이고 국제 시장에서 경쟁력을 강화해야 한다. 셋째, 지속 가능한 발전 측면이다. 통합된 한반도는 바다를 지키면서 이용·보존·관리하기 위해 유엔의 지속가능발전목표(SDGs)에 맞추어 친환경적이고 지속 가능한 해양경제 시스템을 구축해야 한다. 단기적인 해양경제의 성장이 아닌, 장기적인 차원에서 해양경제의 성장을 꾀해야 한다. 해양환경 보호와 경제적 성장을 조화롭게 실현하기 위해 에코 프렌들리 정책을 시행하고, 재생에너지와 해양 바이오산업 등 친환경산업을 정부 차원에서 육성해야 한다.

분야별로 구체화하면, 수산업에서는 남북한 수산업의 통합을 통해 어업자원 관리의 효율성을 극대화하고, 어업자원의 남획을 방지하며 지속 가능한 어업을 실현해야 한다. 이를 통해 어업인의 생계를 안정화하고 어족 자원을 보호할 수 있다. 조선업에서는 통합된 조선업을 통해 글로벌 시장에서 기술적 우위를 확보하고, 글로벌 리더로 자리매김해야 한다. 마지막으로, 물류 분야에서는 남북한의 항만을 통합하여 효율적인 물류 네트워크를 구축하고 국제 무역을 촉진함으로써 경제성장을 견인하는 전략이 필요하다.

그림 13-6 한반도 해양경제의 목표와 비전

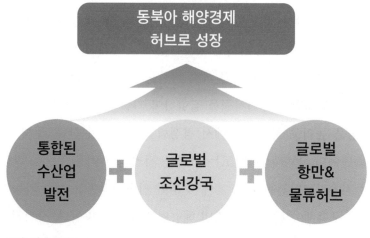

출처: 저자 작성.

　통합된 한반도 해양경제가 동북아 해양경제 허브로 성장하기 위해서는 독일과 달리 급진적 방식이 아닌 단계적, 점진적인 방식으로 실천 방안을 마련하는 것이 타당하다. 남북한 간 현격한 GDP(국내총생산) 차이로 인해 통합 초기 독일과 같은 막대한 재정 투입은 불가능에 가깝다. 따라서 단기(통합 1~5년), 중기(통합 5~10년), 장기(통합 10~20년)로 나눠 수산업, 조선업, 항만 및 물류업 분야의 통합방안을 안정적이고 지속 가능한 통합방안을 마련하였다. 또한, 경제적, 기술적, 정치적, 환경적 측면에서 국제 지원이 필요하므로 국제협력을 통한 통합방안을 전제로 해야 한다. 한반도 통합과정에서 국제사회와 협력하게 되면, 경제적 지원 및 투자유치, 기술이전 및 노하우 공유, 무역확대, 정치적 안정과 평화유지, 국제사회와의 통합에 이점을 가지고 글로벌 경제시스템에 성공적으로 통합될 수 있을 것으로 기대된다.

　먼저 통합 1~5년 시기, 북한이 거대한 토목공사 현장이 되는 것은 불가피한 수순이다. 인프라 시설의 현대화가 선행되어야만 다음 단계로의 발전이 진행될 수 있기 때문이다. 이 시기는 남북한이 상호 신뢰를 구축하고 기본적인 협력체계를 바탕으로 경제적 불안 최소화에 심혈을 기울여야 할 것으로 보인다. 수산업 분야에서는 먼저 인프라 개선과 현대화를 바탕으로 한국의 어업기술(수산물 2차 가공기술 등)을 북한에 이전하여 생산성(위생 포함)을 향상시키고, 남북한 어민 교육 및 훈련 프로그램을 운영하여야 한다. 과도기적 조치로 남북한 공동 어업구역을 설정하여 해양생태계를 보호하고, 남획과 지속 가능한 어업을 실현할 수 있어야 할 것이다. 조선업 분야도 먼저 북한의 조선소 현대화 및 설비개선이 선행된 다음 공동조선업 연구 및 개발 프로젝트를 추진하고 남북한 조선업 연구소 간의 협력을 강화해야 한다. 더 나아가 한국의 선진 조선기술과 노하우를 북한에 이전하는 것이 필요하다. 항만·물류업의 경우는 인프라 확충이 시급하다. 항만시설이 갖추어지고 이것이 철도시설과 연계되어야 복합물류네트워크가 형성될 수 있다. 초기단계인 시기에는 남북 해상항로가 복원되거나 신규항로가 개설되어야 하며, 나진항과 남포항의 시설 현대화가 필요하다. 또 물류 효율성을 높이기 위해 시스템의 통합이 필요하다. 한편, 통합 초기에는 국제기구와의 역할이 특히 매우 중요한데 국제사회와 협력을 통해 기술과 자금지원이 확보되어 북한의 SOC건설에 막대한 자금을 투자할 수 있기 때문이다. 또 중국, 일본, 러시아 등 주변국과 해양협력을 강화해 다자간 협정을 통한 해양자원관리와 개발에도 힘써야 한다.

통합 중기인 5~10년 시기, 수산업은 남북한 통합 어업정책과 규제를 마련하고 지속 가능한 어업을 위한 공동 자원관리와 보호정책을 시행해야 한다. 여기에 남북한 수산업 클러스터 조성을 통해 수산업 발전을 꾀할 수 있을 것이다. 수산업 클러스터 단지 조성에는 공동 수산 가공시설과 유통망 구축이 포함된다. 통합 중기는 경제적 불안이 어느 정도 해소되고 난 후이므로, 조선업은 기술혁신을 위한 공동 연구소를 설립하여 조선업 전문인력 양성과 이를 위한 교육프로그램 운영되어야 한다. 항만·물류업은 북한의 주요 항만이 건설되고 이를 남한의 항만과 연계하며, 북한에서도 물류 허브항만을 개발해 물류산업을 활성화하고 국제물류기업을 유치해야 한다. 또 항만이 철도 및 도로와 연계되는 이 시기에 진정한 복합 물류네트워크가 조금씩 실현될 수 있을 것으로 기대한다.

통합 말기인 10~20년 시기, 수산업은 남북한 통합 수산업을 통해 경쟁력을 강화하여 글로벌시장 진출을 기대할 수 있을 것이다. 첨단 어업기술이 도입되어 생산성과 효율성이 극대화될 수 있으며 친환경 어업기술이 개발되어 적용될 수 있다. 조선업도 글로벌 조선업으로 도약할 수 있는 시기로, 남북한 통합 조선업을 통해 글로벌 시장에서 리더십을 확보하고 첨단 조선기술 개발과 혁신을 통해 경쟁력을 강화할 수 있다. 또 친환경 조선업 기술이 적용되어 지속 가능한 조선업 발전을 위한 정책과 규제도 마련되어야 할 것이다. 항만·물류업은 기본적인 인프라가 구축된 시기이므로 친환경 해양경제를 모토로 스마트 항만·물류시스템을 구축하여 동북아 물류허브로 본격 성장할 수 있을 것이다. 남북한 항만·물류 인프라를 통해 글로벌 물류 네트워크가 강화되고 국제무역에 활성화되어 경제발전에도 본격적으로 이바지할 수 있다. 한발 더 나아가 친환경 물류시스템을 구축하여 지속 가능한 발전을 확보하고 글로벌 해양정책과 규제준수를 통해 국제협력을 강화한다. 이 시기에도 국제협력은 중요하여 통합된 한국은 국제 해양경제 포럼 및 협력기구에 적극 참여하고 국제무역협정을 통해 한반도 해양경제를 활성화하여 GDP의 약 5%까지 해양경제의 포션을 늘린다. 또 국제 해양법규를 준수하여 무역의 안정성을 확보할 수 있도록 국제사회와 합력해야 할 것이다.

V 결론

본 장은 한반도 해양경제통합의 필요성과 중요성을 바탕으로 동서독 통합 사례를 통해 한반도 해양경제의 통합방안을 제시하였다. 그 결과, 한반도 해양경제의 통합방식은 단기, 중기, 장기적으로 접근하여 체계적으로 진행할 때 남북한 모두에게 경제적 번영과 지속 가능한 발전을 가져올 수 있음을 확인하였다. 이를 위한 실천 방안으로는 첫째, 단기적으로 남북한 간의 신뢰 구축과 인프라 개선이 선행되어야 한다. 그 이유는 독일통일과정에서 인프라통합이 중요한 역할을 했 듯이, 한반도 해양경제통합에서도 항만, 물류, 교통망 통합이 핵심이 될 것이기 때문이다. 그 밖의 초기 단계에서는 남북한 어업 협력과 북한의 항만 현대화, 기 술이전과 교육을 통해 기본적인 협력체계를 마련할 수 있다. 이러한 기초 작업을 통해 혼란을 최소화하는 가운데 남북한 간의 협력을 강화하고, 통합의 첫걸음을 내디딜 수 있을 것이다. 둘째, 중기적으로는 실질적인 경제 협력을 통해 남북한 해양경제의 통합을 추진해야 한다. 통합 어업정책 수립과 조선업 기술혁신, 통합 물류 네트워크 구축 등을 통해 실질적인 협력이 이루어질 수 있다. 특히, 남북한 공동 조선업 개발과 해양관광 및 해양레저 산업의 활성화는 남북한 경제의 경쟁 력을 높이는 데 큰 기여를 할 것이다. 셋째, 장기적으로는 한반도 해양경제는 글 로벌시장에서의 경쟁력 확보와 지속 가능한 발전을 목표로 해야 한다. 이를 위해 스마트 항만 및 물류 시스템 도입, 친환경 해양경제 구축, 해양 바이오산업 및 해 양자원 개발, 해양 교육 및 연구 강화, 국제 협력 및 네트워크 강화를 통해 한반 도는 동북아 해양경제 허브로 성장할 수 있을 것이다. 이러한 장기적 목표는 남 북한이 통합된 이후에도 지속 가능한 발전을 이룰 수 있는 기반이 될 것이다.

한편, 국제 협력은 한반도 해양경제의 통합과정에서 중요한 역할을 한다. 국 제기구와의 협력을 통해 기술과 재정적 지원을 받을 수 있으며, 주변국과의 협력 을 통해 해양자원 관리와 개발을 효율적으로 추진할 수 있다. 국제 해양 법규 준 수와 다자간 협력 강화를 통해 국제사회의 신뢰를 얻고, 글로벌 해양경제 네트워 크의 중심지로 자리매김할 수 있을 것이다.

본 장은 한반도 해양경제통합의 필요성과 중요성을 강조하며, 이를 위한 실 천 방안을 제시하였다. 통합된 한반도의 해양경제는 경제적 번영과 평화로운 통 합을 이루는 데 중요한 역할을 할 것이며, 이는 글로벌 경제에도 긍정적인 영향 을 미칠 것이다. 지속 가능한 발전과 평화로운 협력의 비전을 실현하기 위해서는 정부, 기업, 국제사회의 지속적인 노력과 협력이 필요하다. 한반도 해양경제통합 의 성공은 남북한 모두에게 밝은 미래를 약속하며, 동북아시아의 평화와 번영을 이루는 데 기여할 것이다.

결론적으로, 한반도 해양경제통합은 단순한 경제적 통합을 넘어, 정치적 안정과 평화를 이루는 중요한 과정이다. 동서독 통합 사례에서 얻은 교훈을 바탕으로, 단계적이고 체계적인 접근을 통해 한반도는 통합의 길을 성공적으로 걸어갈 수 있을 것이다. 이를 통해 한반도는 동북아 해양경제 허브로서의 역할을 강화하고, 세계 경제의 새로운 중심지로 도약할 것이다. 한반도의 통합과 발전을 위한 모든 노력이 결실을 맺기 기대하며, 평화롭고 번영하는 미래를 향한 한반도의 여정이 성공적으로 이루어지길 꿈꾼다.

참고문헌

국내문헌

강종희 외. 『통일시대 대비 남북한 해양수산 협력방안』. 부산: 한국해양수산개발원, 2006.

권은민 외. 『가까운 미래 평양』. 부산: 도서출판 은누리, 2023.

김경원 외. 『북한의 산업』. 서울: KDB산업은행, 2020.

김요섭. "글로벌 해양경제 가치평가 동향." *Ocean Insight*, 2019년 2월호(2019): 2-3.

김재경. "독일의 통일과정과 통일후 경제·사회 문제." 『한독사회과학논총』, Vol. 1(1991): 3-49.

대외경제정책연구원. "중국 해양경제의 발전 현황과 문제점." 『KIEP 북경사무소 브리핑』, 제16권 제18호(2013): 1-16.

윤덕룡. "구 동서독 화폐 통합에 대한 평가와 시사점." 『통일경제』, 제30권(1997): 122-137.

윤인주 외. 『북한의 해운, 무역, 항만 역학(1977~2021)』. 부산: 한국해양수산개발원, 2022.

윤인주 외. 『북한의 해양도시 I : 남포, 나선, 원산』. 부산: 한국해양수산개발원, 2023.

이승훈. "해양산업." 『울산역사문화대전』. http://ulsan.grandculture.net/Contents?local=ulsan&-dataType=01&contents_id=GC80001443 (검색일: 2024년 2월 10일).

채수란. "북한 해양경제의 현황 및 발전과제." 『한국동북아논총』, 제29권 제1호(2024): 31-51.

_____. 『FAO의 북한·알제리·미얀마 수산양식 개발협력 사례조사: 북한에 주는 함의를 중심으로』. 부산: KMI, 2022.

최상희 외. 『통일대비 동서독 복합 물류시스템 통합 사례 연구』. 부산: 한국해양수산개발원, 2015.

통일부. 『독일통일 총서 11: 신탁관리청 분야 관련 정책문서』. 서울: 통일부, 2015.

한국해양수산개발원, "북한통계," 『북한해양수산리뷰』, 2023년 4호(2023): 1-63.

함지하. "북한, 올해 중국 중고 선박 32척 구매." *VOA*, 2023년 12월 16일. https://www.voakorea.com/a/7400097.html (검색일: 2024년 2월 10일).

_____. "북한 선박 운항 역대 최저 수준...안전검사 횟수 크게 감소." *VOA*, 2019년 11월 5일. https://www.voakorea.com/a/5152341.html (검색일: 2024년 2월 10일).

Manfred Ziemek. "통일독일이후의 사회경제적 문제들." 『한독사회과학논총』, Vol. 2(1992): 43-50.

"북한통계." 『북한통계포털』, 2023. https://kosis.kr/bukhan/ (검색일: 2024년 2월 10일).

"북한_수산업." 『북한통계포털』. https://nkinfo.unikorea.go.kr/nkp/pge/view.do;jsession-id=YebG_jEMsBbn6vpQRDjurAgauo_y94cVPJyAajf4.ins12 (검색일: 2024년 2월 10일).

"해양수산발전 기본법."『국가법령정보센터』. https://www.law.go.kr/법령/해양수산발전기본법 (검색일: 2024년 2월 10일).

"해양수산업 특수분류 개정결과보고."『통계청』. http://kssc.kostat.go.kr/ksscNew_web/kssc/common/selectIntroduce.do?gubun=2&bbsId=sea_ug (검색일: 2024년 2월 10일).

북한문헌

"무역짐배《자력》호 출항식 진행."『로동신문』, 2017년 4월 18일.

"1만 2,000t급 짐배《장수산》호 출항식."『로동신문』, 2021년 12월 24일.

"전국수산물가공제품전시회-2023 개막."『조선중앙통신』, 2023년 11월 9일.

해외문헌

Cannarella, Carmelo. "Fisheries in the East German Länder: some aspects of the integration process." *Ocean & Coastal Management,* Vol. 34, No. 2 (1997): 95-115.

Rose, Andrew K., George A. Akerlof, Helga Hessenius and Janet L. Yellen. "East Germany in from the cold: the economic aftermath of currency union." *Brookings Papers on Economic Activity,* Vol. 1 (1991): 1-105.

"The Ocean Economy in 2030." *OECD,* April 27, 2016. Accessed February 10, 2024. https://www.oecd.org/environment/the-ocean-economy-in-2030-9789264251724-en.htm

"Reviving the Ocean Economy," *WWF,* 2015. Accessed March 12, 2024. https://wwf.panda.org/discover/our_focus/oceans_practice/reviving_the_ocean_economy/

"East Germany: On the Ways." *TIME,* January 13, 1967. Accessed June 3, 2024. https://time.com/archive/6889960/east-germany-on-the-ways/

"The State of World Fisheries and Aquaculture," *FAO,* 2022, accessed February 10, 2024, https://www.fao.org/documents/card/en/c/cc0461en

ICT 강국으로의 통일

백연주 남북경제연구원 연구위원

ICT 강국으로의 통일

I 서론

최근 우리 일상에서 가장 많이 들어본 정보통신기술(ICT) 용어가 '제4차 산업혁명', '인공지능(AI)', '블록체인' 등이 아닐까 싶다. 인간의 삶이 거대한 빅데이터로 환원되고 그것을 인공지능이 분석해 맞춤형 예측 서비스를 제공하는 새로운 정보화시대로 접어들고 있다. 이러한 변화는 전 세계에 일고 있다.

그렇다면 북한은 어떠한가? 북한 역시 '새 세기 산업혁명'이라는 명칭하에 4차 산업혁명의 흐름에 동참하려고 시도 중이다. 특히 코로나-19 대유행 직후 누구도 예외 없이 변화를 일상에서 체감한다는 점에서 빠르고, 변화에 적응하는 것이 더 이상 선택의 문제가 아니라는 점에서 날카롭다. 피할 수 없는 변화 물결은 어려움을 초래하지만 준비된 자에게는 새로운 기회의 땅이 될 수 있다.

북한 역시 새로운 국가경제발전 5개년 계획 수립(2021~2025)으로 과학기술이 사회주의 건설의 중핵 과제, 최선의 방략으로 규정하고 있고 과학기술적 문제해결과 핵심적·선진적 첨단기술 개발의 촉진, 특히 ICT 산업 육성을 강조하고 있다.

그림 14-1 북한의 경제개발을 위한 과학기술의 중요성 강조 선전화

출처: 조선중앙통신.

　북한은 과학기술과 ICT를 통해 생산 정상화와 개건 현대화, 원료·자재의 국산화 등 자립경제의 토대와 잠재력을 보완하고자 하며 산업 전반의 설비와 생산공정의 현대화, 정보화를 추진할 것을 강조하고 있다.

　따라서 남북한 모두 4차 산업혁명과 비대면·디지털 경제로의 전환에 있어 ICT를 활용한 사회문제 해결과 경제성장 방식을 추구함에 따라 협력을 통한 공동 발전의 가능성이 높은 분야이며 한반도 단위 경제권 기준시, 실질 GDP 성장률이 2030년까지 9.5%, 118조원에 이를 것으로 전망하고 있다.

그림 14-2 남북한 ICT 경제 협력에 따른 경제적 기대효과

출처: "ICT 남북 교류협력에 따른 경제효과 및 추진전략 연구," 현대경제연구원, 2019.

남북한 상호 보완성을 갖춘 ICT 분야의 협력은 실질적 대규모 성과 창출 가능성이 높아 교류협력 초기 단계부터 적극적인 추진이 필요하며 이를 통해 장기적인 성장동력으로 육성해야 한다.

Ⅱ   북한의 과학기술 및 정보화 중시와 ICT 현황

1. 김정은 시대의 과학기술 및 정보화 강조

김정은은 김정일의 유훈을 받들어 경제발전을 견인하는 수단으로 과학기술 중시 정책을 계승하였다. 김정일 정권에서 21세기를 '정보산업시대'로 규정하였듯이 김정은 정권 역시 "새 세기, 21세기는 지식경제시대, 정보산업시대이다."라고 김정일 정권과 같은 시대 인식을 계승하고 있는 것이다.[1]

김정은은 2010년 9월 당대표자회의에서 공식으로 후계자로 추대되기 전부터 김정일의 현지지도에 동행하면서 후계수업을 받았다. 후계수업에는 정보화 부문도 포함되었다. 현재 북한 공식 매체나 문헌을 통해 확인된 바에 의하면 김정은은 2008년 12월 김정일의 자강도 현지지도 때 '전자업무연구소'를 방문했다는 사실이 후에 밝혀졌다.[2] 2008년 12월 자강도의 전자업무연구소에 대한 김정일과 김정은의 동행 현지지도는 이후 김정은 정권에서 추진된 정보화 정책을 이해하는 연결고리의 하나이다.

김정은 정권에서 정보화가 본격적으로 추진되는 신호탄이자 정보화의 위상과 목표, 그리고 방향성이 구체적으로 제시된 것은 집권 직후인 2012년 신년 공

---

1   변학문, "김정은 정권 '새 세기 산업혁명' 노선의 형성 과정," 『한국과학사학회지』, 제38권 제3호 (2016), p. 500.

2   조선로동당출판사, 『선군혁명령도를 이어가시며 1』 (평양: 조선로동당출판사, 2012).

동사설이라고 할 수 있다. 공동사설은 김정일 시대에 정치사상강국과 군사강국이 실현되었기 때문에 김정은 정권에서는 경제강국을 건설함으로써 사회주의강국 건설 위업을 완성할 것이라는 거대 국가발전 비전을 제시하였다. 그리고 경제강국 건설의 새로운 전략으로써 '새 세기 산업혁명'과 함께 '지식경제형강국'건설 목표를 공표하였다.[3] 나아가 신년 공동사설은 생산에서 CNC(컴퓨터수치제어) 수준 제고와 더불어 ICT기술, 나노기술, 생물공학 등 핵심 기초기술과 과학기술의 인재 양성을 골자로 하는 과학기술발전의 세부 과제들을 제시했다.

> "우리는 최신식 CNC공작기계생산에서 비약적 발전을 이룩한 련하의 개척정신, 련하의 창조 기풍으로 전반적 기술 장비 수준을 새로운 높은 단계에 올려세워야 한다. 인민경제 모든 부문, 모든 단위에서 자체의 새 기술, 새 제품개발능력을 결정적으로 높이며 우리 경제의 면모를 기술집약형으로 전변시키기 위한 사업을 전망성 있게 밀고 나가야 한다. 과학연구기관들에서는 정보기술, 나노기술, 생물공학과 같은 핵심 기초기술과 중요부문 기술공학발전에 더 큰 힘을 넣으며 세계를 디디고 올라설 수 있는 연구성과들을 더 많이 내놓아야 한다."[4]

---

3   "위대한 김정일동지의 유훈을 받들어 2012년을 강성 부흥의 전성기가 펼쳐지는 자랑찬 승리의 해로 빛내이자," 『로동신문』, 2012년 1월 1일.

4   위의 글.

그림 14-3 **북한의 과학기술 강국-사회주의 강국 구상**

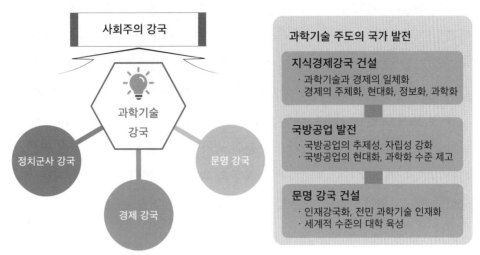

출처: 김서경, 『북한 실생활에서의 ICT 활용현황 분석 및 협력방안 연구』 (수원: 한국정보통신산업 연구원, 2023), p. 13.

김정은 정권에서 정보화 발전을 이끈 요인 중 하나는 국가투자의 증대이다. 〈표 14-1〉은 2012년부터 2021년 동안 북한당국이 발표한 국가 예산 지출계획 중에서 과학기술 부문의 예산지출 증가율을 나타낸 것이다. 과학기술 부문의 예산지출에는 정보화 관련 예산지출도 포함되어 있다. 2014년부터 2016년까지 3년 시기를 제외하면 나머지 연도들에서는 과학기술 부문의 예산지출 증가율은 전체 예산지출 증가율에 비해 높았다. 이는 김정은 정권에서 과학기술발전을 위해 상당히 주력했음을 보여준다.

표 14-1 **북한 예산 지출계획 중 과학기술 부문 증가율**

연도	2012	2013	2014	2015	2016	2017	2018	2019	2020	2021	2022	2023
전체예산	10.1%	5.9%	6.5%	5.5%	5.6%	5.4%	5.1%	5.3%	6.0%	1.1%	1.1%	1.1%
과학기술	10.9%	6.7%	3.6%	5%	5.2%	8.5%	7.3%	8.7%	9.5%	1.6%	0.7%	0.7%

출처: 백연주, 『ICT를 활용한 북한의 정보화 연구: 북한 공식 문헌 분석을 중심으로』 (박사학위논문, 고려대학교, 2024), p. 44; 장한나, "북한의 국가 예산 관련 통계자료," 『KDI 북한경제리뷰』, 2021년 4월호 (2021), pp. 43-44.

2016년 제7차 당대회에서 채택된 사업결정서를 통해 과학기술발전에 대한 김정은 정권의 의지를 확인할 수 있다. 결정서에서 김정은 과학기술강국 건설을 목표를 제시하면서 실천과제에 대해 상세히 언급하였다. 김정은 과학기술력이 국가의 가장 중요한 전략적 자원이며 동시에 사회발전의 강력한 추동력이라고 강조했다. 그리고 우선적으로 집중 발전시켜야 할 핵심기초기술 중에서 ICT기술을 첫 번째로 언급하였다. 이와 같은 정책결정의 실천 의지는 〈표 14-1〉에서 나타나듯이 2017년부터 과학기술 부문의 국가예산 지출 증가율이 눈에 띄게 증가한 것으로 확인할 수 있다. 그러나 북한의 과학기술 부문 국가예산 지출 증가율이 높아지고 ICT기술에 대한 김정은의 관심이 공개적으로 표명되었다고 해서 당장에 북한의 정보화 발전 속도가 빨라졌다고 할 수 없다.

김정은 정권 때 전국적 국가정보망이 구축됨으로써 정보 접근성이 크게 개선되었다. 2016년 1월에 과학기술전당이 준공된 이후 과학기술전당을 거점으로 전국적 범위에서의 과학기술 정보네트워크가 구축되고 기업소, 공장, 협동농장 등에 과학기술보급실이 설치되고 지방에는 '미래원'이라고 불리는 전자도서관이 만들어졌으며 과학기술보급실과 미래원이 과학기술전당과 연결되면서 노동자, 일반 주민의 정보 접근성이 개선되었다.

> "과학기술보급의 중심기지인 과학기술전당을 중심으로 전국적인 보급망을 형성하여 새로운 과학기술자료들이 중앙에서부터 말단에 이르기까지 물이 흐르듯이 보급되도록 하는 것이다."[5]

김정은 정권에서 정보화 발전을 이끄는 주요 동력 중 하나는 인재양성 정책이다. 북한은 2021년 7월 지속가능발전목표(SDGs)의 이행 현황과 관련해 최초로 유엔총회에 제출한 VNR보고서에서 '모두를 지식형 로동자로 준비한다'는 국가발전목표를 제시하였다.[6] 이 목표를 실현하기 위한 실천 방안으로서 '전민과학

---

5   "전민과학기술인재화실현에 적극 기여,"『로동신문』, 2018년 2월 9일.

6   Government of DPRK, "Democratic People's Republic of Korea Voluntary National

기술인재화'가 추진되고 있다.

'전민과학기술인재화'는 "사회의 모든 성원들을 대학 졸업 정도의 지식을 소유한 지식형 근로자로 과학기술발전의 담당자로 준비시키기 위한 사업"[7] 이다. 이것은 일종의 대중적 기술혁신을 통한 사회개조사업으로서, 구체적인 실천 방법은 과학기술전당과 광명망으로 연결된 과학기술보급실을 전국의 공장, 기업소, 협동농장 등 모든 생산단위들에 설치해 과학기술의 보급 속도를 높이고 정보화시대에 필요한 인재를 단기간에 광범위하게 육성하는 것이다.

김정은 정권에서는 경제의 현대화와 정보화를 수행할 수 있는 인적자원의 재생산 방식에서 일대 전환을 꾀하였다. 학교교육에서 정보기술교육이 강화되고 전민과학기술인재화를 통해 정보산업시대 또는 지식경제시대에 필요한 지식을 갖추도록 근로자들을 양성 또는 재교육하는 정책이 추진되었다. 특히 단기간 광범위한 분야에서 새로운 인재를 양성하고 재교육을 진행하기 위해 원격교육 방식이 적극적으로 도입되었다.

2012년 4월에 개최된 조선노동당 제4차 대표자회와 최고인민회의 제12기 제5차 회의에서 김정은은 당 제1비서와 국방위원회 제1위원장으로 추대됨으로써 최고 영도자로서의 공식 지위를 얻었다. 그리고 같은 해 9월에 개최된 최고인민회의 제12기 제6차 회의에서 법령 '전반적 12년제 의무교육을 실시함에 대하여'가 채택되었다.

12년제 학제 개편 외에도 이 법령에서 눈여겨봐야 할 대목은 컴퓨터 교육이 대폭 강화되었다는 점이다. 2012년 9월 26일자 로동신문에는 "전반적 12년 의무교육은 지식경제시대 교육발전의 현실적 요구와 세계적 추이에 맞게 교육의 질을 높여 새 세대들을 중등일반지식과 현대적인 기초기술지식, 창조적 능력을 소유한 혁명인재로 키우는 가장 정당하고 우월한 교육"이라며 새로 채택된 12년

Review on the Implementation of the 2030 Agenda," (2021), p. 8.

7   손영석, "우리 국가경제의 발전동력,"『경제연구』, 2020년 제4호(2020), p. 13.

제 의무교육의 의의를 설명했다.[8]

이후 중등교육 단계에서 과학기술 부문에 특화된 기술고급중학교가 전국 단위에 일제히 신설되면서 지방경제의 정보화를 수행할 인재를 양성하는 체계가 갖춰졌다. 지방 단위 인재양성체계가 구축되면서 그간 중앙 단위에 집중되었던 정보화 수준이 이제 지방 단위의 정보화 수준을 높일 수 있는 인적자원을 확보할 수 있게 되었다.[9]

2016년에 개최된 제7차 당대회와 2021년에 개최된 제8차 당대회는 김정은 정권의 정보화 정책에 대한 종합적 이해와 함께 장기적 발전계획을 전망하는 데 중요한 회의이다. 〈표 14-2〉는 제7차 당대회와 제8차 당대회에서 제기된 과학기술 부문 및 정보화 관련 주요 내용을 정리한 것이다. 전반적으로 제7차 당대회에 비해 제8차 당대회에서 과학기술 및 정보화 발전계획 수준이 크게 축소되었음을 알 수 있다.

표 14-2 　제7차 당대회와 제8차 당대회의 과학기술 및 정보화 관련 주요 내용

구분	제7차 당대회	제8차 당대회
주요 내용	• 과학기술력은 국가의 가장 중요한 전략적 지원이며 사회발전의 강력한 추동력 • 첨단돌파전, 정보기술, 나노기술, 생물공학 등 핵심기초기술과 새 재료기술, 새 에네르기기술, 우주기술, 핵기술에 집중 • 실용위성 제작 및 발사 • 기계, 금속, 열, 재료 등 중요부문 기술공학 발전과 성과를 경제부문에 적극 도입 • 과학기술이 경제강국건설에서 기관차 역할	• 과학기술발전은 사회주의건설에서 중핵적 과제, 최선의 방략 • 과학기술은 사회주의건설을 견인하는 기관차, 국가경제의 주요 발전 전동력 • 국가경제발전 5개년계획 수행에서 제기된 과학기술문제 해결, 핵심적이고 선진적인 첨단기술 개발 촉진 • 5개년계획 달성을 위한 중점과제, 연구과제들로 목표 확정, 역량집중

---

8 "조선민주주의인민공화국 최고인민회의 법령 전반적 12년제 의무교육을 실시함에 대하여,"『로동신문』, 2012년 9월 26일.

9 2016년 5월에 개최된 제7차 당대회에서 채택된 결정에서 제기된 지역 단위 과학기술인재 양성 과제를 실현하는 일환으로 볼 수 있다.

• 에너지, 철강재, 화학제품(경공업의 국산화, 현대화), 식량문제(농업의 과학화, 공업화)의 과학기술적 해결 • 과학기술과 경제의 일체화, 경제의 현대화, 정보화에서 과학기술 주도 • 전민과학기술인재화 실현 • 과학기술부문 연구인력 3배 확대 • 과학기술전당을 중심으로 전국적인 보급망 형성 • 과학연구개발체계 정비 강화 • 과학기술에 대한 국가 투자 증대 • 전사회적으로 과학기술중시기풍 확립 • 과학자 · 기술자들은 지식경제시대의 선도자, 사업조건과 생활조건 보장할 것 • 인민경제의 현대화 · 정보화 추진하여 지식경제로 전환 • 경제의 현대화 · 정보 실현의 전략적 목표는 생산의 자동화 · 무인화 · 지능화	• 5개년계획기간 과학기술수준 한 단계 발전/과학자 · 기술자들과 생산자들 간의 창조적 협조 강화 • 과학기술발전을 위한 당적 · 국가적 · 행정적 지도와 관리체계 확립, 과학연구 성과 상호 공유 • 전민과학기술인재화 사업 지속 • 체신부문에서 통신하부구조의 기술 갱신, 이동통신기술 발전시켜 다음세대 통신으로 이행

출처: "조선로동당 제7차대회 결정서- 5월 8일 조선로동당 중앙위원회 사업총화에 대하여," 『로동신문』, 2016년 5월 9일; "우리 식 사회주의건설을 새 승리에로 인도하는 위대한 투쟁강령 조선로동당 제8차대회에서 하신 경애하는 김정은동지의 보고에 대하여," 『로동신문』, 2021년 1월 9일; "조선로동당 제8차대회에서 한 결론," 『로동신문』, 2021년 1월 13일 내용 정리.

제8차 당대회의 결론에서 김정은이 "우리의 내부적 힘을 전면적으로 정리정돈하고 재편하며 그에 토대하여 모든 난관을 정면 돌파하면서 새로운 전진의 길을 열어나가야 한다는 것"이 당의 의지라고 말하며 과학기술 부문에서 "경제발전의 새로운 5개년계획을 달성하기 위한 중점과제, 연구과제들을 과녁으로 정하고 여기에 력량을 집중하여야"한다고 주문한 것은 북한 과학기술 부문이 처한 현실을 여실히 보여준다.[10] 이러한 상황에서 정보화 부문 특히 ICT 발전 과제(통신인프라 기술 개선과 차세대통신으로의 이행)가 구체적으로 적시된 것은 그만큼 ICT 부문의 현실적 수요와 요구가 높다는 것을 방증한다.

정보화 발전계획을 중심으로 살펴보면 제7차 당대회에서는 경제의 정보화, 과학기술전당을 중심으로 전국 단위의 과학기술 정보네트워크 구축, 그리고 인

---

10 "조선로동당 제8차대회에서 한 결론," 『로동신문』, 2021년 1월 13일.

재양성 측면에서 전민과학기술인재화 실현이 주요 과제들로 제시되었다. 이상의 정보화 과제들은 제7차 당대회 이후 비교적 적극적으로 추진되었다. 기관, 기업소, 공장, 협동농장 등에 과학기술보급실이 설치되어 과학기술전당을 거점으로 전국 단위의 과학기술 정보네트워크 체계가 구축된 것으로 보인다.[11]

또한 원격교육이 활성화되면서 전민과학기술인재화의 속도가 빨라졌으며 코로나19로 비상방역체계로 전환된 2020년 4월에는 「원격교육법」이 채택됨으로써 제도적 기반이 확립되었다.[12]

그밖에도 2020년 12월에 이동통신법이 채택되고 2021년 1월에 개최된 조선노동당 제8차 대회에서 차세대이동통신으로서의 조속한 이행이 체신부문의 주요 과제로 제기된 것도 북한 내에서 ICT 부문의 수요가 빠르게 증대되고 있다는 것을 방증한다. 하지만 ICT에 대한 수요 급증과 기술환경의 급속한 변화에 비하면 관련 제도의 변화 속도는 지체되는 경향이 있다.

2024년에도 이런 방침이 변함없이 적용됐다. 특히 '과학기술선행' 원칙이 강조됐다. 과학기술선행은 말 그대로 과학기술이 무엇보다 앞서 중요하다는 의미다.

---

11 북한 선전매체 『내나라』(2021.6.10.)에 실린 "정보봉사의 범위를 넓혀"의 보도에 따르면 당시 기준 1만여 기관, 공장, 기업소, 협동단체들이 과학기술전당을 중심으로 전국적인 과학기술보급망 체계에 가입했다고 보도했다.

12 조정아 · 이춘근 · 엄현숙, 『지식경제시대』 북한의 대학과 고등교육』 (서울: 통일연구원, 2020), p. 156.

그림 14-4 **2023년 12월 말 열린 북한 당 중앙위원회 제8기 9차 전원회의 모습**

출처: 조선중앙통신.

북한은 조선로동당 중앙위원회 제8기 제9차 전원회의 확대회의를 2023년 12월 26일부터 30일까지 진행했다.[13] 과거 북한은 신년사를 통해 당해년도 중점 추진 사항을 밝혔지만, 2020년부터 신년사 대신 전원회의 결과를 통해 국정 방침을 밝혀오고 있다.

북한은 노동당 전원회의를 통해 경제·산업 분야를 포함한 2023년 분야별 사업평가를 진행하고, 2024년 사업추진 계획을 발표하였다. 2023년을 "어려운 고비에 직면한 한해"라고 시인하고, 경제발전 5개년 계획(2021~2025년)의 지속 여부를 고민해야 했던 상황이라고 설명하였다. 강도 높은 방역조치, 대북제재 지속, 심각한 식량난 등으로 계획사업 추진에 제약이 있었으나 계획 변경 없이 사업을 지속하기로 결정하였다고 밝혔다.

2024년은 경제발전 5개년 계획 목표 달성을 확정지어야 할 중요한 해로, "성과가 미진한 분야나 걸림돌이 되는 문제점을 해결"하는데 주력해야 한다고 강조하였으며 고난과 시련을 이겨낸 지난 3년간의 경험과 자신감을 바탕으로 구체적

---

13 "조선노동당 중앙위원회 제8기 제9차 전원회의 확대회의에 관한 보도," 『로동신문』, 2023년 12월 31일.

인 성과가 필요하다고 부연하였다.

표 14-3 **2024년 주요 분야별 사업추진 계획**

분야	주요 내용
기계공업	• 룡성기계연합기업소, 대안중기계연합기업소, 락원기계종합기업소 등 주요 기계공장 현대화
건설	• 농촌주택건설 적극 추진
국토환경보호 · 도시경영	• 기관 및 기업이 재해에 대처하기 위한 단계별 사업 실행
농촌경리 · 농업	• 농촌경리의 기계화, 관개체계 정비, 간석지건설 추진 • 농촌 적극 지원, 양정규율 강화, 밀 가공공장 현대화, 밀 가공 기술 개선
경공업	• 소비품 및 기초식품의 품질 향상을 위한 경공업공장 등 현대화 • 잠업, 상업, 서비스업 등 개선 • 학생들의 필수용품(교복, 가방, 신발 등) 품질 개선
수산업	• 원양어업 활성화를 통한 수산물생산 증대
과학기술	• 첨단과학기술발전계획 설정, 과학 연구역량 집중
교육	• 교육 내용 및 방식 개선을 통한 교육 수준 제고

출처: "조선노동당 중앙위원회 제8기 제9차 전원회의 확대회의에 관한 보도," 『로동신문』, 2023년 12월 31일.

특히 첨단과학기술발전계획을 목적지향성 있게 설정하고, 과학기술발전의 통일적 지휘관리를 강조하며 과학기술 중시가 과학농사와 같이 '실제적인 생활력'으로 행사될 수 있도록 과학연구 역량을 집중하여 집행해 나가는 체계를 세울 것을 강조하였다. 특히 우주과학기술발전을 위해 국가적 차원에서 전폭적인 대책들이 강구되었다고 보고되었다. 연구역량 강조는 교육 부분에서 전공 연관 과목에서 연구형 교수 방법과 연구형 학습방법을 수용하여 교육 내용과 방법을 구체화 · 다양화 · 실용화하여 선진국 수준에서 교육 변혁을 이루어야 한다는 것과 연계되었다.

그림 14-5 **북한의 ICT 관련 핵심 조직 구성도**

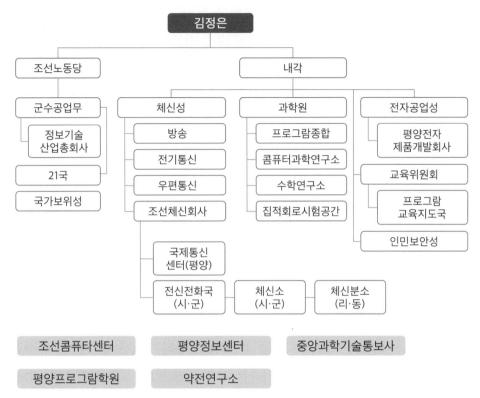

출처: "북한의 IT 관련 담당기구,"『북한정보포털』, https://nkinfo.unikorea.go.kr/nkp/pge/view.do;jses-
sionid=pbiJjuLEC9CGft_-tcrMKcXffDC8mLLeMLLfi14D.ins12?menuId=EC220 (검색일: 2024년
6월 10일).

2. 북한의 ICT 관련 주요 현황

1) ICT 산업이 첨단기술산업 발전의 핵심

북한은 정보산업, 나노산업, 생물산업, 우주산업 등 첨단기술산업을 발전시켜
야 한다고 한다. 특히 정보산업, 즉 IT 분야를 가장 중요하게 여기고 있다. 김일
성종합대학의 논문에도 첨단기술산업의 발전을 위해서는 핵심 산업인 정보산업
이 발전해야 하며, 그중에서도 소프트웨어(SW) 산업이 기본이라고 밝혔다.[14]

14 "첨단기술산업화 실현에서 나서는 중요한 문제,"『김일성종합대학학보 경제학』, 제68권 제2호

북한당국은 '지식경제시대의 요구에 맞게 사회주의 물질 기술적 토대를 첨단 과학기술에 기초해 변혁하는 것이 중요한 문제'라고 주장했다. 첨단기술산업을 빨리 발전시켜야 지식경제시대의 요구에 맞게 강력한 국가 경제력을 마련하고 경제강국의 물질 기술적 토대를 튼튼히 다질 수 있다는 것이다. 그리고 '오늘날 첨단기술산업 분야에서 세계적으로 치열한 경쟁이 벌어지고 있는 상황에서 첨단 기술산업을 발전시키지 않고서는 발전된 나라들에 의한 경제적 지배와 약탈을 면할 수 없으며 나라의 자주권도 지켜낼 수 없다'고도 했다.

북한은 2016년 5월 노동당 제7차 당 대회부터 정보기술, 나노기술, 생물공학을 비롯한 핵심기초기술과 새 재료기술, 새 에너지기술, 우주기술, 핵기술 등을 '중심적이고 견인력이 강한 과학기술 분야'로 꼽았다. 그래서 이 중심적이고 견인력이 강한 첨단과학기술 분야를 주 타격 방향으로 정하고 힘을 집중하는 것이 중요하다고 역설했다.

북한당국은 프로그램산업 발전에 힘을 집중하는 것이 중요하다고 했다. 그 이유로 나노산업, 생물산업을 비롯한 첨단기술산업의 발전은 방대한 양의 자료 수집과 축적, 분석을 전제로 하고 있다는 점을 들고 있다. 또한 프로그램산업을 확대, 발전시켜야 정보산업의 여러 부문들을 창설 확대할 수 있으며, 경제 모든 부문을 정보화해나갈 수 있다는 것이다. 정보의 수집, 처리, 서비스 활동과 IT 수단을 생산하는 정보산업이 첨단기술산업 발전에서 중심적이고 중추적 역할을 하게 하기 위해 프로그램산업에 투자를 집중해 프로그램산업을 우선적으로 발전시키고자 하는 것이다.

북한당국은 프로그램산업이 다른 산업에 비해 적은 투자로 커다란 이익을 얻을 수 있는 산업이라는 점도 언급했다. 이와 함께 프로그램산업에 대한 투자에서 기본은 망(네트워크)보안기술과 사용 편리성을 갖춘 운영체계를 개발하고 모든 부문, 단위에서 북한의 자체 운영체계(OS)를 이용하는 것이라고 했다.

북한은 과학기술 중에서도 지식경제시대에 경제와 사회 전반의 발전을 주도

(2022).

하는 것은 ICT가 핵심적 역할을 하는 것으로 강조하고 국가경제발전을 위해서는 ICT를 통한 정보화 확산으로 산업·경제 전반의 효율성과 생산성 제고가 기본으로 주요 사업을 계획·추진해야 한다고 제시하였다. 북한은 조직적 한계 극복을 통한 정보화의 효율적 추진기반을 마련하고자 체신성, 전자공업성, 국가정보화국을 통합해 '정보산업성'을 2021년에 설립하였다.

그림 14-6 **북한의 ICT 조직의 통합체: 정보산업성**

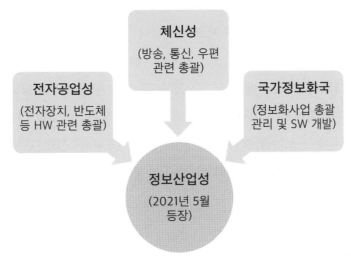

출처: 북한연구학회, 『북한ICT동향조사보고서(2021)』, pp. 8-11 참조하여 재구성.

국가과학기술위원회는 2009년 국가과학원에서 독립한 뒤부터 그간 국가과학원이 주최하던 북한 최대의 ICT 전시회인 〈전국프로그람경연 및 전시회〉를 개최하였다.

이 전시회는 1990년 시작된 연례행사로서, 북한이 1990년대 들어 ICT를 적극적으로 발전시키기 위한 목적에서 만들었다. 이 전시회에서는 정보통신 설비와 전자요소들도 출품되었지만 이름 그대로 프로그램과 소프트웨어 중심의 행사이다. 그러다가 2016년 명칭이 〈전국정보기술성과전시회〉로 바뀌면서 그 이전에 비해 하드웨어 부문이 확대되었다.[15] 2018년까지 열린 뒤 2019년에 〈전국정보화성과전람회〉로 통합 흡수되었다.

〈전국정보화성과전람회-2019〉의 주제는 김정은이 직접 작명에 참여했다는 "수자경제와 정보화열풍"이었다. 북한에서 정보화와 관련하여 수자경제(디지털경제) 용어가 2019년에 등장하였다. 북한은 수자경제라는 용어를 내세워 최신 ICT 기술을 활용한 사회 전 부문의 수자화(디지털화), 정보화 추진에 방점을 찍었다. 이 전람회에서 북한의 기업 및 연구기관들은 다양한 인공지능 제품과 연구성과를 공개하였다. 또 인공지능 관련 경연대회도 열렸고 이와 함께 IoT, 가상현실(VR) 등 최신 ICT 기술도 주요 주제로 다뤄졌다.[16]

그러나 2020년에는 코로나19 상황으로 〈전국정보화성과전람회〉가 열리지 못했고 2021년과 2022년에는 국가망을 통해 가상 방식으로 진행되었다. 전국정보화성과전람회에서는 매년 10대 최우수 정보기술기업, 10대 정보화 모범단위, 10대 최우수 정보기술 제품을 선정한다. 〈표 14-4〉는 2021년부터 2023년까지 개최된 〈전국정보화성과전람회〉 주요 내용을 정리한 것이다.

---

15 "제21차 전국프로그람경연 및 전시회 개막," 『로동신문』, 2010년 10월 29일.

16 북한ICT연구회, 『북한 ICT 동향 조사 2021』 (서울: 한국과학기술정보연구원, 2022), pp. 16-17 참조.

표 14-4 **전국정보화성과전람회 개최 현황 비교**

구분	2021년	2022년	2023년
주제	자력갱생과 정보화열풍	사회주의의 전면적발전과 정보화열풍	5개년계획완수의 결정적 담보와 정보화 열풍
참가 규모	260여 개 기관, 1,200여 건	400여 개 기관, 1,400여 건	370여 개 기관, 1,200여 건
경연 주제	IT 관련 정보 공유, 인공지능 강조	컴퓨터 바이러스 백신 프로그램	컴퓨터 바이러스 백신 프로그램, 인공지능 프로그램, 프로그램 작성
시상 현황	• 10대 정보화 모범단위: 묘향산의료기구공장, 금성제1중학교, 증산군산림경영소, 중앙수출입품검사검역소, 려명소학교 등 • 10대 최우수 정보기술깅업: 김일성종합대학, 김책공업종합대학, 북새전자기술사, 아침콤퓨터합영회사 등 • 10대 최우수정보기술제품: 신문열람용 전자현시판, 종합병원정보시스템, 국가자료통신망 사이트 <바다>, 출입국자 검역 전자등록시스템 등	• 10대 정보화모범단위: 중평온실농장, 대홍단군감자가공공장, 신의주화장품공장 등 • 10대 최우수정보기술기업: 삼흥경제정보기술사, 아침콤퓨터합영회사 등 • 10대 최우수정보기술제품: 경제의 정보화와 인민생활 향상에서 실질적 성과 내고 있는 제품들에 증서, 컵, 메달 수여	• 10대 정보화모범단위: 상원세멘트련합기업소, 염주군 내중농장 등 • 10대 최우수정보기술기업: 김일성종합대학 정보과학부 인공지능기술연구소, 김책공업종합대학 정보기술연구소 등 • 10대 최우수정보기술제품: 가장 우수한 정보기술제품들에 증서와 컵, 메달 수여 • 가치 있는 성과와 제품을 내놓은 참가자들에게 국가정보화성과등록증 수여
기타	북한 사상 처음으로 가상 방식으로 개최	참가단위들에 대한 질책	클라우드 컴퓨팅으로 기능 개선

출처: 백연주, 『ICT를 활용한 북한의 정보화 연구: 북한 공식 문헌 분석을 중심으로』, p. 81.

2) 북한의 ICT 관련 주요 현황

① 유선통신 부문

북한의 유선통신은 PSTN(Public switched telephone network)방식으로 서비스를 제공하고, 높은 설치비와 유지비, 긴 설치 기간, 이동통신 서비스 확산과 IP전화 상용화 등으로 보급이 지체되고 있다.

ITU(International Telecommunication Union, 국제전기통신연합) 통계에 따르면 북한의 유선전화 가입자 수는 2020년 기준 118만 명, 보급률은 인구 100명당 4.56명으로 2007년 이후 거의 변화가 없는 것으로 조사되고 있다.

그림 14-7 **북한의 유선전화 가입자 추이**

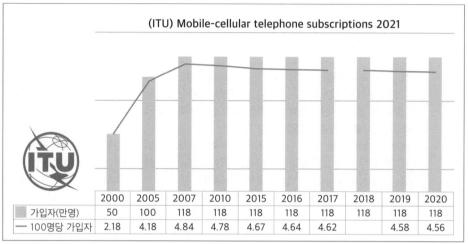

	2000	2005	2007	2010	2015	2016	2017	2018	2019	2020
가입자(만명)	50	100	118	118	118	118	118	118	118	118
100명당 가입자	2.18	4.18	4.84	4.78	4.67	4.64	4.62		4.58	4.56

출처: "Dem. People's Rep. of Korea Mobile-cellular subscriptions," *ITU*, accessed June 10, 2024, https://datahub.itu.int/data/?e=PRK&i=178&v=chart.

또한 UNICEF DPR Korea MICS(2018) 가구별 조사에 따르면 전국적으로 45.2%가 유선전화기를 보유하고 있으나 도시는 61.9%인 반면, 지방은 18.1%에 불과해 지역 간 격차가 큰 것으로 나타났다.

② **이동통신 부문**

북한의 이동통신은 2002년 2G 서비스를 시작하였으나 2004년 용천역 폭발 사건을 계기로 일시 중단되었다가 2008년 고려링크를 통해 3G 서비스를 개시하였다. 최근에는 이동통신 사업자를 확대해 경쟁체제를 형성하고 가입자를 확대하고 있으며 이동통신 가입자 수는 통계기관마다 차이가 있지만 지속적으로 증가[17]하는 추세이다.

---

17 38North&Stimson Center(2022)에 따르면 북한의 이동통신 가입자 수는 북한의 통제와 제

표 14-5 **북한 이동통신 사업자 현황**

구분	고려링크	강성네트	별
사업자	제1이동통신사업자	제2이동통신사업자	제3이동통신사업자
선정 시기	2008년	2011년	2015년
통신방식	3~3.5세대(최근 북한 동향을 보면 5, 6세대 이동통신 연구도 진행하는 것으로 알려짐[18·19])		
대상	내국인, 외국인	내국인, 외국인	내국인
형태	이집트 오라스콤 텔레콤과 조선체신회사와 합작	조선노동당 자체 설립	태국 록슬리 퍼시픽과 조선체신회사가 합작

출처: "북한의 ICT 관련 주요 동향," 『남북협회 뉴스레터』, http://webzine.sonosa.or.kr/201910/2#column-01 (검색일: 2024년 6월 5일).

그림 14-8 **고려링크, 강성네트 유심(Usim) 모습**

출처: Daily NK.

재에도 불구하고 3G 서비스가 시작된 2008년 이래 14년 간 안정적으로 성장하였으며 현자 650~700만 명으로 추정, 평가하고 있다. Martyn Williams and Natalia Slavney, "Twenty Years of Mobile Communications in North Korea," *38 NORTH,* November 15, 2022, accessed May 1, 2024, https://www.38north.org/2022/11/twenty-years-of-mobile-communications-in-north-korea/

18 변학문, "김정은 정권 '새 세기 산업혁명' 노선의 형성 과정," 『한국과학사학회지』, 제38권 제3호 (2016), p. 500.

19 북한은 제8차 당대회(2021.1.)를 통해 다음세대 이동통신으로의 빠른 전환을 언급, 강조하며 국가전략목표 '정면돌파전'에 5세대 이동통신 도입을 위한 활동을 포함시켰다.

또한 UNICEF DPR Korea MICS(2018) 가구별 조사에 따르면 전국적으로 69%가 이동전화를 보유하고 있으며 특히 평양의 경우 90.6%의 높은 보유율을 나타내고 있는 반면 지방은 50.6%로 지역 간 격차를 크지만 이동전화의 대중화가 이뤄지고 있는 것으로 나타났다.

그림 14-9 북한의 이동전화 가입자 추이(ITU, BuddeComm, We are social)

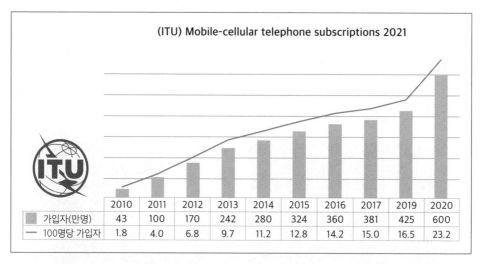

(ITU) Mobile-cellular telephone subscriptions 2021

	2010	2011	2012	2013	2014	2015	2016	2017	2019	2020
가입자(만명)	43	100	170	242	280	324	360	381	425	600
100명당 가입자	1.8	4.0	6.8	9.7	11.2	12.8	14.2	15.0	16.5	23.2

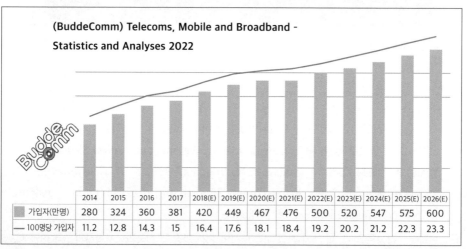

(BuddeComm) Telecoms, Mobile and Broadband - Statistics and Analyses 2022

	2014	2015	2016	2017	2018(E)	2019(E)	2020(E)	2021(E)	2022(E)	2023(E)	2024(E)	2025(E)	2026(E)
가입자(만명)	280	324	360	381	420	449	467	476	500	520	547	575	600
100명당 가입자	11.2	12.8	14.3	15	16.4	17.6	18.1	18.4	19.2	20.2	21.2	22.3	23.3

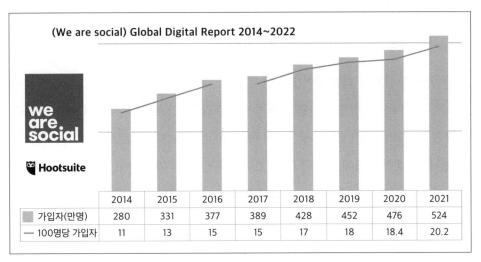

(We are social) Global Digital Report 2014~2022							
	2014	2015	2016	2017	2018	2019	2020	2021
가입자(만명)	280	331	377	389	428	452	476	524
100명당 가입자	11	13	15	15	17	18	18.4	20.2

출처: "Dem. People's Rep. of Korea Mobile-cellular subscriptions," *ITU*, accessed June 10, 2024, https://datahub.itu.int/data/?e=PRK&i=178&v=chart; "Gobal Digital Report," *wearesocial*, accessed June 10, 2024, https://wearesocial.com/id/blog/?query=post&filter-in-sight-type=report&filter-topic=global-digital-report; "North Korea Telecoms Market Re-port-Telecoms." *BuddeComm,* accessed June 10, 2024a https://www.budde.com.au/Re-search/North-Korea-Telecoms-Mobile-and-Broadband-Statistics-and-Analyses.

이동통신 시장이 확대됨에 따라 기지국을 전국적으로 확충하고 단말기 기술 개발과 생산라인을 구축해 〈푸른하늘〉, 〈삼태성〉 등 스마트폰을 생산·보급하며 독자적인 이동통신 추진 역량을 강화하고 있다.

③ 인터넷 부문

북한의 인터넷은 내부 인트라넷망인 '광명망'을 의미하며 외부와의 인터넷 연결은 엄격히 제한되고 있다. 그러나 최근 선진기술 도입을 위해 북한 내 연구소, 교육 부문, 무역 부문 등을 중심으로 일부 허용되고 있다.

외부 인터넷 접속은 중국의 차이나텔레콤과 러시아의 TTK의 백본망(Back-bone network, 기간망)을 활용하는 것으로 알려져 있다. 또 We are Socil(2018) 통계에 따르면 북한의 인터넷 사용자는 2만여 명 정도로 북한 전체인구의 0.06%에 불과하다.

내부적으로는 통신 인프라 확대 및 설비의 현대화 사업을 추진하고 있으며 이를 기반으로 과학기술 정보 보급과 원격교육, IPTV, 인터넷 쇼핑 등의 서비스 제공을 위한 홈페이지를 운영하고 있지만 가구별 접속 인구는 1.6%에 불과해 활용 대상은 매우 제한적일 것으로 분석된다.

④ 정보통신기기 하드웨어(H/W) 부문

북한은 '채신설비의 국산화', '자강제일주의'를 강조하며 차세대 통신망기술, 네크워크 설비, 통신기기 부품 등 자체 개발 비중을 지속적으로 확대 중이다. 북한 경제난, 대북제재에도 불구하고 스마트폰을 계속 개발하고 있으며 다른 경제활동에도 문제가 없다는 점을 대외에 과시하려는 의도로 보인다. 그러나 북한이 제품을 개발했지만 북한 시장에 판매할 만큼 대량 양산 시스템까지 구축하지 못했을 가능성이 높을 것으로 평가하고 있다.

표 14-6 북한의 이동통신 단말기 주요 현황

구분		제품명(기종 수/제조사)		출시 시기	주요 특징
2세대 운영기간 동안 노키아의 외산 제품을 주로 사용					
피처폰	바형 (막대형)	T95, F106, F160	화웨이, ZTE 주류, 모토롤라, 노키아 등 일부 ※ ZTE의 단말기를 OEM으로 평양 브랜드로 사용(2011~)	2009~ 2011	
	폴더 (접이식)	T1, T2, T3			
	슬라이드 (밀기식)	후아이, F600			
터치폰 (타치형 손전화기)		류성(3종/ 5월11일공장), T107, E850 터치		2010~ 2011	류성: ZTE의 E850, F955 모델의 부품 수입을 조립
스마트폰 (지능형 손전화기)		아리랑(8종/ 5월11일공장, 아리랑정보기술교류사)		2013~ 2019	안면인식, 음성 인식, 지문인식, 배터리 교체 가능, wifi 기능 탑재 등
		평양(15종/ 체콤기술합영회사)		2015~ 2019	지문인식, 2423모델 (삼성 갤럭시 S4와 유사), 무선출전 가능 등
		진달래(5종/만경대기술정보사)		2017~ 2023	안드로이드 7.0, AI카메라 등
		푸른하늘(2종/만경대기술정보사)		2017~ 2019	안드로이드 7.0, 듀얼 카메라 탑재
		길동무(광야무역회사)		2019	속필입력기능
		철령(보통강새기술개발소)		2020	물방울 노치디자인
		묘향		2023	안드로이드10 탑재
		소나무(2종/북새전자기술사)		2023	각 6.85, 6인치 대형화면
		마두산(3종/마두산경제련합회)		2022~ 2023	안드로이드 10·11 탑재, 옆면 지문 기능
		삼태성		2023	삼성전자 스마트폰과 유사한 디자인

출처: 김서경, 『북한 실생활에서의 ICT 활용현황 분석 및 협력방안 연구』, pp. 80-86 참조해 작성.

그림 14-10 북한의 스마트폰 모습

출처: 조선의 오늘, 조선중앙tv, 북한 해외무역(Foreign Trade of DPRK) 2022년 2월호.
　　왼쪽부터 〈진달래〉, 〈마두산〉, 〈삼태성〉.

　태블릿PC는 2010년부터 개발을 시작해 2012년부터 〈삼지연〉, 〈아리랑〉 등을 출시하고 기능이 개선된 태블릿PC를 지속적으로 개발·생산하고 있지만, 부품 수입 후 조립하는 수준으로 평가된다.

표 14-7 북한의 주요 태블릿PC 현황

구분	아침	아리랑	삼지연	룡흥	울림	묘향
제조	아침-판다합작회사	평양정보센터 (5월11일공장)	조선콤퓨터센터	룡악산정보기술교류소	평양기술총회사	평제회사
크기	7인치	7인치, 10인치	7인치	7인치	7인치	9인치
CPU	A33쿼드코어	1.5GHz	1.2GHz	1.2GHz 쿼드코어	1.5GHz 듀얼코어	1GHz 듀얼코어
메모리	8GB	16GB	8GB, 16GB	8GB	4GB, 8GB, 16GB	8GB, 16GB
출시일	2012	2012	2012	2013	2014	2015

출처: 김서경, 『북한 실생활에서의 ICT 활용현황 분석 및 협력방안 연구』, pp. 89-92 참조해 작성.

태블릿PC를 교육에 적극 활용함으로써 북한의 현실적 제약을 극복하고자 하는 모습도 보이고 있다. 최근 지능형 다매체 교육기를 개발하였으며 지능개발, 우리교실, 예능교실, 아동가요 등 교육 범주에 맞게 교육 진행이 가능하다.[20]

컴퓨터 생산은 2002년 중국의 판다전자집단유한공사와 함께 아침판다컴퓨터합영회사를 설립하고 컴퓨터와 노트북을 생산하고 있으나 중국에서 부품을 수입해 단순 조립하는 수준으로 저사양의 교육용·사무용으로 활용하고 있다.

북한은 컴퓨터 부족을 해소하기 위해 중국에서 중고 컴퓨터를 수입하거나 일본 등 주변국으로부터 중고 컴퓨터를 밀수해 연구기관 등에 납품 및 활용하는 것으로 알려져 있다.

⑤ 소프트웨어(S/W) 부문

북한은 소프트웨어(S/W) 개발 중심의 ICT 산업을 체계적으로 육성·강화하고 있으며, 특히 생산성 향상을 위한 S/W 시스템 개발에 주력하고 S/W 공정관리와 품질 개선을 추진하고 있다.

---

20 김서경, 『북한 실생활에서의 ICT 활용현황 분석 및 협력방안 연구』(수원: 한국정보통신산업연구원, 2023), p. 92.

<u>표 14-8</u> **북한이 개발한 주요 소프트웨어 현황**

명칭	개발기관	주요 내용
붉은별	조선콤퓨터센터, 김책공업대학, 국가과학원 등 공동개발	운영체제
룡남산	김일성종합대학	문자인식
성	김일성종합대학	경제대사전
신동	김책공업종합대학	번역
은령	조선콤퓨터센터	음악편집
인식	평양정보센터	문자인식
산악	평양정보기술국	3D CAD
은바둑	은별컴퓨터연구소	바둑
길동무	-	평양시 길 안내 네비게이션
봄향기	-	영상처리

출처: 이종주, "북한 SW 인력과 교육 현황,"『SPRI 소프트웨어정책연구소』, 2019년 3월 22일, https://spri.
　　kr/posts/view/22602?code=data_all&study_type=industry_trend (검색일: 2024년 6월 17일), 참
　　고하여 재구성.

　　전문기관에서 연간 1만 명씩 S/W 전문인력을 양성하고 2023년 기준 약 17
만 명의 인력을 확보한 것으로 추정되며 내장형 OS, 화상식별, 음성처리, 망 관
리 및 보안, 위성정보처리, 생산·경영관리, 게임 등 다양한 분야에서 우리식 S/
W개발을 강조하고 있다.

　　또한 최근 4차 산업혁명 시대의 기술발전과 산업변화의 대응을 언급하며 인
공지능, 빅데이터, 블록체인, 가상, 증강현실, 생체인식, 보안 기술 등에 대한 기
술개발 중요성을 강조하고 있다.

3) 남북한 ICT 현황 비교 분석

표 14-9　남북한 하드웨어 및 통신서비스 역량 비교

구분	남한	북한
하드웨어	• 전 세계에서 발전된 서비스 이용 • 밀집된 인구는 통신서비스 발달에 유리 • 자유로운 통신 보장 • 국가 내 대부분 지역에서 10Gbps 이상/ 100Gbps 속도의 광통신망을 통한 통신, 인터넷 서비스 이용 가능 • 대부분의 통신서비스에 사용되는 장비 제작	• 유선통신 서비스 전반적 낙후, 통신에 대해 통제 • 중앙집권적 통신망으로 지방 간 통신이 불가, 모든 통신은 평양을 거쳐 통제되는 성상형시스템/ 자동교환기 부족 • 국내 전화기로 국제전화 불가 • 주요 도시 간 2.5Gbps 광통신망 설치(국제 원조로 설치) • 자체적인 기술력 부족으로 장비는 해외 의존
유선통신망 (인터넷 포함)	• 전 세계에서 발전된 서비스 이용 • 밀집된 인구는 통신서비스 발달에 유리 • 자유로운 통신 보장 • 국가 내 대부분 지역에서 10Gbps 이상/ 100Gbps 속도의 광통신망을 통한 통신, 인터넷 서비스 이용 가능 • 대부분의 통신서비스에 사용되는 장비 제작	• 유선통신 서비스 전반적 낙후, 통신에 대해 통제 • 중앙집권적 통신망으로 지방 간 통신이 불가, 모든 통신은 평양을 거쳐 통제되는 성상형시스템/ 자동교환기 부족 • 국내 전화기로 국제전화 불가 • 주요 도시 간 2.5Gbps 광통신망 설치(국제 원조로 설치) • 자체적인 기술력 부족으로 장비는 해외 의존
무선통신망	• 유선통신과 마찬가지로 전 세계에서 앞선 기술 • 5세대 서비스 사용(6세대 서스비 사업 준비중) • 1인당 1대 이상의 휴대전화 보급	• 초기 이동통신망 구축을 위해 외국기업 의존(이집트 오라스콤) • 단순 운영, 유지보수 정도 가능 • 3~3.5세대 서비스 사용(4, 5세대에 대한 연구는 지속) • 전 국토 약 15%에서만 이용 가능
TV, 라디오 방송	• 방송국 설립은 허가제 또는 규제가 많은 산업이지만 자유롭게 다양한 콘텐츠 제작 및 상업적 활용 가능(최근 OTT 산업 활발)	• 북한 정권의 정책, 체제 유지를 위한 선전 수단으로 활용, 방송국은 국가에 의한 통제
인터넷 사용	• 국민의 자유로운 인터넷 사용 보장 • IP 1억 개 이상	• 인터넷 접속 가능 계층이 제한적이고, 주민은 인트라넷인 내부망 통해 자료 검색 및 활용 • 정책적 군사적 목적 활용 중시 • 인트라넷을 통해 기토적 수준의 전자상거래 가능

출처: 삼정KPMG 대북비즈니스지원센터, 『북한 비즈니스 진출 전략』 (서울: 두앤북, 2018), pp. 139-141를 참고하여 저자 작성.

1. 과학기술 관점에서 독일통일 통합 사례 분석의 필요성

통일 이후 독일정부의 다양한 지원 사업에도 불구하고, 동독 경제의 느린 성장으로 현재까지 천문학적 통일 비용이 지출되고 있다. 독일정부는 동독지역 경제 활성화를 위해 다양한 사업을 지원하고 있으나, 2010년대 기준 동독지역 경제는 서독지역 경제 수준의 70%에 불과하다.

동질화 관점에서 동서독 과학기술통합의 성과는 서독에 대한 동독 산업의 경쟁력 및 미래 잠재력을 간접적으로 살펴볼 수 있어 통일비용 관점에서 의미가 있다. 동독지역의 느린 경제발전은 낮은 사업경쟁력에 기인하며 낮은 산업경쟁력은 과학기술 역량과 관계가 높다. 또한 동독의 산업 발전 잠재력으로서 과학기술 역량은 매우 중요하다. 이를 고려할 때, 동질화 관점에서 통일부터 현재까지 통일독일 정부의 동서독 과학기술통합 노력에 대한 성과 고찰은 통일비용 관점에서 큰 의미가 있다.

동서독 과학기술통합의 사례 분석 및 통일 이후 현재까지의 평가는 남북통일을 대비한 과학기술 분야의 통합 전략 수립에 시사점을 제공해 줄 수 있다.

그림 14-11 **1990년대 초 구동독과 남북한 통일 시 북한과의 유사 상황**

분야	조건
정부	사회주의→자본주의
산업	산업 경쟁력 붕괴
인력	연구인력 손실
자금	투자 자금 부족
기술 수준	낮은 기술 수준 지향
인프라	낡은 인프라
외부충격	높은 기술국과 통합

출처: 김종선 · 조예진, 『통일 독일 사례 고찰과 남북한 과학기술 통합 정책방향』 (서울: 과학기술정책연구원, 2013), p. 5.

2. 통일 이후 재구조화 및 통합과정

통일 이후 동독 과학기술 시스템은 서독 모델 이식을 목적으로 대규모 변화가 있었다. 동독의 과학기술체제 통합은 통일독일 정책에 따라 재구조화 및 통합과 새로운 시스템의 통합과정으로 구분될 수 있다. 재구조화 및 통합은 구동독 과학기술체제의 붕괴 및 재구조화를 통한 통합과정으로 통일 이후부터 1997년까지이다.[21]

첫째, 동독 과학원은 대규모 해체, 규모 축소, 합병 등이 일어났으며 연구 영역 부적응, 연구 구조조정 등으로 연구역량 손실이 발생하였다. 동독지역 대학교들은 급진적 구조조정보다는 교육 및 연구개발 역량 강화를 위한 다양한 프로그램을 통해 쇄신을 단행하였으며 개인 및 공동연구 지원, 설비 지원 등 다양한 연구개발 지원 프로그램들이 지원되었다.

둘째, 급진적 재구조화 및 통합은 동독 과학기술 역량에 많은 손실을 입혔다. 실제 구동독 과학기술 인력 중 우수한 인력들은 통일 이후 동독을 떠나 보다 많

---

21 1997년 이후는 표면적 통합은 마무리되었으며, 내적으로 통합되는 시기를 이야기한다.

은 기회가 있는 서독이나 유럽지역으로 이동하였다. 또한 동독지역 과학기술 분야의 패배의식이 확대되면서 손실된 역량에 대한 보충도 어려움이 있었다.

이에 따라 통일독일 정부는 동독지역의 과학기술 혁신역량 강화를 위해 다양한 지원 사업들을 수행하였다.

<u>표 14-10</u> **재구조화 및 통합 시기(1990~1998년) 동독지역 주요 지원 사업**

사업명	기간	주요 내용
동독지역의 중소기업 연구개발 인력지원	1992~1997년	• 생산기업을 지원하고 기업의 연구개발 능력을 생산 및 공정의 혁신에 활용 • 1996년까지 3,100개 기업에서 4억 2천만 DM 지원
동독 연구개발 인력 성장촉진	1990~1995년	• 중소기업 R&D 인력부문의 확충작업을 지원하기 위한 사업 • 1,590개 업체 4,630명에 이르는 연구개발 종사원들에게 9천만 DM 지원됨
동독 계약 연구 및 개발	1990~1996년	• R&D 분야에서 기업의 주문 제공 및 획득 작업 지원 • 이 두 사업을 통해 약 4,700개 계획에 대해 총 3억 8천만 DM의 지원이 이뤄졌으며 이러한 지원책에 힘입어 8억 6천만 DM의 수주가 이뤄짐
혁신지원프로그램	1991~1998년	• 기술 분야 연구개발 프로젝트를 통해 기업 효율과 경쟁력 강화 • 1996년 말까지 1,100개 기업에 3억 3,200만 DM이 지원

출처: 김종선·조예진, 『통일 독일 사례 고찰과 남북한 과학기술 통합 정책방향』, p. 10.

새로운 시스템 통합 시기(1998년 이후)에는 동독지역의 연구개발 역량 강화를 목표로 다양한 정책들이 지원되었다. 지역 혁신역량 강화를 위한 주요 사업들로는 지역혁신사업, 혁신역량센터사업, 혁신포럼, 혁신역량 사업들이 있었다.

그림 14-12 **통일독일의 동독지역 연구개발 지원 사업**

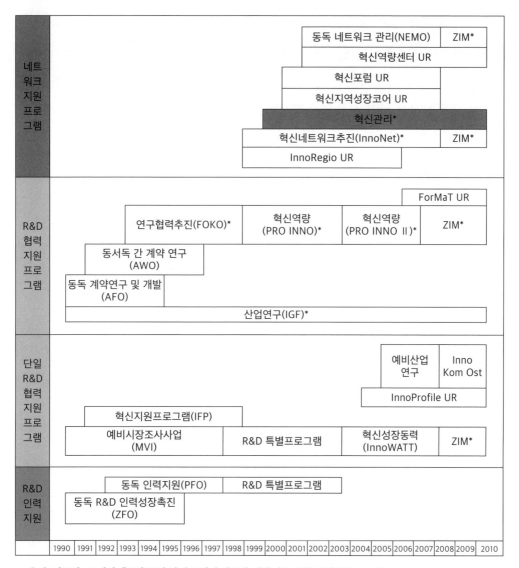

출처: 김종선·조예진, 『통일 독일 사례 고찰과 남북한 과학기술 통합 정책방향』, p. 12.

3. 동서독의 정보통신 교류 현황

정보통신의 발전 및 교류는 체제 간 동질성 회복의 중요한 전제 중 하나이고 통상적으로 정보통신의 발전은 지역·체제 간 경제·사회적 상호 작용을 통해 집단 간 동질성을 강화시킨다. 이는 지리적으로 두 체제 간의 지역적 동질성을 강화시켜 경제적 지역 시장을 연결시키고, 두 지역을 점차 단일 생산·소비 생활권화한다. 또한 정보통신의 발전의 이질적인 체제의 사회문화·심리적 동질감을 형성시켜 하나의 동질화된 사회형성에 중요한 역할을 담당한다.

우편, 전화 등 정보통신기기의 보급과 동서독 간의 정보통신 합의에 따라 동독주민들이 서독을 비롯한 서방 정보에 더욱 가까이 접근할 수 있게 되었다. 1970년 이후 동서독 간 통신과 방송에 관한 정부 간 합의가 지속적으로 추진되었다.

표 14-11 **동서독 간의 정보통신 합의**

합의 일자	주요 내용
1970.4.29.	• 기존 우편·통신 교류 보장 • 전신·텔렉스 회선 개통
1976.3.30.	• 동서독 간 우편·통신 교류의 특수관계 유지 인정(국내 관계)
1977.10.19.	• 전화회선 증설 및 자동화 • 우편일괄금 8,500만 DM으로 증액(1977~1982)
1983.11.15.	• 전화회선 증설, 우편배달 기간 단축 • 우편일괄금 2억 DM으로 증액(1983~1990)
1985.3.15.	• 서독~베를린 간 디지털식 지향성 방송망 구축 • 서독~베를린 간 광섬유 통신망 구축
1987.5.6.	• 동서독 상호 간의 TV 프로그램 교환

출처: 황동언, "21세기 정보 혁명과 체제 통합," 『현대경제연구원 지식경제 report』, (1999), p. 3.

동서독 정부 간 합의에 따라 동서독 간 전화회선은 1970년부터 개선되었고 동서독 연결 전화회선수는 1965년 34회선에서 1975년 719회선, 1988년

1,529회선으로 증가하였다. 또한 1989년 가을경에는 서독 텔레비전 방송이 동독지역의 70%를 커버하였다. 1970년대 초부터 공동안테나를 설치해 위성 수신까지 가능하게 되어 1985년에 동독 전 가구의 40%, 1990년에 전 가구의 2/3 이상이 위성방송을 시청할 수 있게 되었다.

이와 같이 동서독 정보통신 교류 활성화의 배경에는 첫째, 서유럽과의 지리적 인접성으로 인한 교류, 둘째, 동독의 상당히 높은 경제력 수준(당시 사회주의권 국가 기준), 셋째, 서독의 지원 등이 있다.

전화를 비롯해 텔레비전, 인공위성, 컴퓨터 등 IT의 발전으로 동서독 주민들은 서로의 생활 문화에 대한 이해가 높아지게 되고, 이에 따라 사회문화적 동질성이 높아졌다. 동독주민들은 IT 수단을 통한 서독정보 유입으로 자신들의 정치·경제 체제를 서독과 비교하게 되면서 이에 대한 이해도가 증가하였고 이를 통해 상호 이해 및 신뢰도를 높일 수 있었다.

4. 평가 및 시사점

동질화 관점에서 통일독일의 과학기술통합 노력은 성공적이지 못했다. 동서독 간 과학기술 혁신역량 차이는 매우 크게 나고 있으며, 그 격차가 극복되지 못하고 있는 실정이다. 연구개발 투자 부분은 1990년대보다 조금 감소한 상태에서 현상 유지 수준을 지키고 있어 상대적으로 악화된 것으로 평가될 수 있다. 연구개발 인력 부분은 대학 외 연구개발 부분을 제외하고 감소하였으며 과학기술 혁신의 산출 부분에서도 상대적으로 악화된 것으로 나타났다.

결론적으로 과학기술 분야에서 통일독일의 지원 사업들은 동독 초기 조건의 여러움 극복을 통한 동서독 간 동질화에 성공하지 못하고 있다. 통일 초기 동독지역의 과학기술 혁신역량 복구에 지속적으로 어려움을 주고 있는 것으로 보인다. 다만, 주요 기업들의 경제발전이 이뤄지고 있는 드레스덴, 라이프찌히, 예나지역은 대부분 통일 당시 우수인력을 보유하고 있거나 육성할 수 있는 기반을 가진 지역들이며, 현재 다른 지역에 비해 높은 과학기술 혁신역량을 보유하고 있다.

동서독 통일 사례는 우리에게 다양한 시사점을 제시하고 있다. 첫째, 통일 충격을 극복하기 위해서는 동독지역의 우수인력 이탈방지가 중요하다. 서로 다른 체제의 통합은 반드시 통일 충격을 동반하며, 정책의 중요 포인트는 통일 충격을 얼마나 빨리 극복할 수 있는 가이다. 동서독 통일은 충격을 극복할 수 있는 우수인력의 대량 손실로 인해 문제점들을 극복하지 못하고, 장기과제로 진행되고 있는 실정이다. 통일 초기 우수인력 이탈은 현재까지 동독지역의 과학기술 혁신역량 약화 및 산업발전의 어려움으로 작용하고 있다.

둘째, 시스템 전환을 고려한 장기적이고 합리적 접근 필요하다. 초기 동독 연구개발 인력에 대한 평가는 매우 급하게 진행되었고, 준비가 부족한 가운데 이루어져 큰 인력 손실을 낳았다. 시스템 전환에 중장기적 시간이 필요하다는 점을 고려할 때, 인력에 대한 평가 및 구조조정도 장기적 관점에서 접근할 필요성이 높다.

셋째, 발전적 과학기술 통합문화 조성 필요하다. 동서독 과학기술체제의 통합 과정에서 생성된 동독지역의 패배주의는 과학기술 인력 육성의 어려움으로 나타나, 오랜 기간 동안 동독지역 경제발전을 어렵게 하고 있다. 이를 고려할 때, 통일은 상호 간에 신뢰를 바탕으로 발전적 방향에서 과학기술통합문화를 조성할 필요성이 높다.

넷째, 선택과 집중을 통한 지역발전 전략 필요하다. 통일독일 정부는 선택과 집중을 통한 동독지역의 발전 전략을 사용하지 않고, 모든 지역이 활용할 수 있는 연구개발 환경 조성에 중점을 두었다. 이러한 정책은 궁극적으로 동독지역의 효과적 발전에 어려움을 겪게 한 것으로 보인다.

다섯째, 적정기술 활용을 통한 기술혁신 역량 육성 필요하다. 비록 기술력이 낮으나 구동독 지역에서 작동하는 적정기술은 향후 기업가 정신 함양을 통한 기술혁신 문화 형성에 큰 도움을 줄 수 있다. 이를 고려할 때, 적정기술의 시장 보호 및 창업 유도는 대규모 인력 구조조정의 충격을 줄이고, 향후 창업을 통한 경제발전에 크게 이바지할 수 있다.

그러나 향후 IT 수단을 통한 ICT의 급속한 발전과 세계적 확산은 남북한 사회·경제 교류에 긍정적 영향을 미칠 수 있다. 북한도 ICT를 활용한 정보화를 강화하는 모습을 보이고 있고, 북한 정보통신의 국제 규범화, 국제사회로의 진입 등의 변화가 지속된다면 남북한 간의 정보통신 교류를 위한 법제도 합의를 할 수 있다. 또한 남한의 ICT 기술력이 북한의 IT 지원 및 발전을 이끌 수 있다.

북한은 당국에 의해 일부 특권층만이 정보를 보유하고 있는데, IT 발전은 대내외적인 정보 교류에 의해 정보의 공유를 확산시킨다. IT 발전은 의사소통을 복합적이고 양방향적 관계로 발전시킬 수 있고, 정보 매체를 통한 대중의 상호작용에 의해 사회는 하나의 네트워크망을 형성하게 된다. 실례로 장마당과 북한 내 이동통신 보급 확산 등이 될 수 있다.

현재 김정은 정권은 '반동사상문화배격법'을 비롯해 북한 주민이 외부정보를 접하는 것에 극도로 민감한 반응이다. IT 발전은 체제 위협이자 북한 경제발전이라는 양날의 검이기 때문이다. 따라서 우리는 이를 활용해 남북한 간 정보통신 교류를 더욱 확신시켜 IT를 통한 북한주민의 남한 정보 접근, 사회문화적 차원에서 남북한 동질성 회복과 신뢰도를 높여야 한다.

Ⅳ 현실은 한계, 미래는 기회

1. 기술과 자본 및 시장의 부정적인 평가

ICT 산업은 매우 역동적이며 모험적인 분야이다. ICT가 전 세계 시장을 휩쓰는 데 걸리는 시간은 아주 짧다. 그러나 현재로서는 북한의 사업환경은 열악하고 잠재적 소비자들도 많지 않다. 폐쇄적인 통제사회이고 체제유지를 위한 핵개발로 국제사회로부터 경제제재를 받고 있다. 예를 들어 이집트 통신회사인 오라스콤의 선례 때문에 해외투자가 일어나지 않는 상황에서 북한 스스로 ICT 산업과

정보화 수준을 발전시키기에는 현실적인 한계들이 존재한다.

첫째, 자본과 기술력의 부족이다. 반도체나 디스플레이의 경우 라인 하나를 설치하는 데만 20~30억 달러 이상 소요되는데, 현재와 같은 북한의 GDP 수준으로는 감당하기 역부족이다. 또한 AI를 포함한 최첨단 ICT 기술과 부품의 경우 바세나르협정[22] 때문에 도입이 어려운 상태이다.

둘째, 북한의 작은 시장 규모도 ICT 산업과 정보화의 발전을 제약한다. 통계청 자료에 따르면 2022년 기준 북한의 인구는 약 2,600만 명, 1인당 GDP는 590달러, 1인당 총소득은 1,200달러에 불과하다. 고부가가치 산업인 ICT의 제품에 대한 수요가 절대적으로 부족할 수밖에 없는 상황이다. 규모의 경제가 중요한 ICT 산업은 미국이나 중국처럼 내수가 충분하지 않으면 한국이나 일본처럼 대량 생산을 통한 전 세계에 수출하는 길을 택해야 하는데 북한은 그 길마저 막혀 있다.

셋째, 북한의 핵 경제 병진 정책과 이에 대한 국제사회의 불신과 제재가 있다. 외국 자본유치와 기술이전을 받을 수 없는 데다가 대북투자로부터 발생하는 이익금 회수의 불확실성이 외국 자본의 북한 진출에 부정적으로 작용하고 있다. 내부적으로는 통신에 대한 감청 등 심한 통제도 재생적인 ICT 산업과 정보화 발전을 가로막고 있다.

2. 미래는 기회

앞서 살펴본 것처럼 북한의 ICT 산업의 발전을 저해하는 요인이 많다. 하지만 그러한 요인들이 적절히 제거된다면 급속히 발전할 수 있는 여지가 있다는 것도 사실이다. 먼저 북한에는 고등교육을 받은 양질의 인적자원이 풍부하다. 북한

---

22 다자간전력물자통제규정인 바세나르협정(The Wassenaar Arrangement)은 냉전시대 대(對)공산권 수출통제위원회를 대신하여 설립된 국제 규정으로 첨단 전략물자나 기술이 분쟁지역과 테러지원국으로 유입되는 것을 막기 위해 재래식무기와 이중 용도 품목 및 기술의 수출 통제에 관해 규정한 협약이다.

은 남한처럼 교육열이 높아 소학교(초등학교)부터 컴퓨터 과목이 있으며 대도시에 국한되어 있지만 컴퓨터 활용 능력이 우수하다.

다음으로 대한민국에 비해 인건비가 낮고 발달된 소프트웨어 산업 역시 ICT 산업발전에 도움이 될 것이다. 단적인 예로 국제적 명성을 얻을 정도의 해킹능력과 해킹경진대회 수상 등 보안시장에서 충분한 잠재력을 인정받을 수 있다. 소프트웨어 분야에서 해외협업을 성공적으로 진행한 경험도 보유하고 있다.

마지막으로 북한의 지리적 이점과 IT 인프라 역시 고무적인 요소이다. 국제사회의 인도적 지원으로 대도시에 광통신망이 설치되어 있고 이동통신 서비스 역시 활발히 제공되고 있다. 중국, 일본 등 대규모 소비시장과 제조시장이 인접하고 있다는 점도 발전 가능성을 기대하게 한다.

ICT는 다른 산업은 물론 실생활에 미치는 파급효과가 커서 분단으로 벌어진 남북한의 경제·사회적 격차를 해소할 수 있는 가장 효율적인 기술이다. 특히 4차 산업혁명 도래로 우리 사회는 이미 비교할 수 없는 속도로 빨리 변화하고 있다. 특히 ICT 관련 인프라는 해당 산업 발전을 넘어 남북한의 경계를 허물고 사회전반의 핵심 인프라와 다른 영역과의 융합 등 국가발전 역량 강화의 중추적 역할을 수행할 수 있다.

대한민국은 이미 세계에서 인정받는 ICT 강국으로 지난 20여 년간 정보통신 분야가 국가 주력 산업으로 경제발전에 기여해 왔으며, 올해 세계 최초로 상용화한 5G 네트워크 기술을 비롯한 유무선 통신 분야에서 높은 경쟁력을 지니고 있다. 북한 역시 소프트웨어 분야의 인력양성에 큰 관심을 가지고 또한 과학기술혁명을 통한 경제발전을 원하고 있는 만큼 ICT 분야의 교류협력은 필연적이라고 할 수 있다.

대한민국에서는 혁신성장의 확산 및 가속화를 위해 전 산업과의 융복합이 가능한 혁신 인프라 분야인 D·N·A[Data, Network(5G), AI]를 통한 경제 활성화 추진이 한창이다. 특히 5G 네트워크 분야의 인프라 확보 및 S/W와 첨단 장비를 활용하여 자율주행, 미디어, 보안, 에너지 등의 연관 산업으로의 광범위한 파급

효과를 유발하는 것을 주요 전략으로 삼고 있다.[23]

남북한 통합 분야로 확장해서 살펴보면 정보통신 인프라 구축을 통한 사회 분야별 연계활용 필요성은 크게 두 가지로 정리해볼 수 있다. 첫째는 경제발전을 위한 각 분야별 사회 인프라의 효율과 기능을 비약적으로 향상시키기 위해서 정보통신 인프라 기반이 필수적이라는 사실이다.

둘째는 북한이 최근 과학기술 육성과 정보기술 산업의 발전을 통해 현재의 경제난을 빠른 속도로 극복해 보이겠다는 단번도약(單番跳躍) 정책 기조를 천명하고 있고, 이를 실현하기 위해서는 정보통신 인프라 구축이 반드시 뒷받침되어야 한다는 점이다.

아직까지 북한 내 현황에 대해서 정확히 파악된 바는 없지만, 첨단산업의 성장을 위한 정보통신 기술 및 인프라 수준은 그리 높지 않다고 보아야 할 것이다. 그럼에도 불구하고 북한경제 여건의 개선을 위해 소프트웨어, 무선통신 등 일부 IT 서비스와 제조업 분야는 북한의 경제성장을 보완·촉진하는데 일정 부분 기여할 수 있을 것이다.

첫째, 제조 분야 스마트제조 분야는 국내에서도 중소기업의 활성화를 위해 다양한 지원 및 시범사업을 추진하고 있는 분야다. 과거 개성공단을 통한 섬유 가공 등 교류협력 경험이 축적되어 있는 분야로 향후 재추진될 가능성이 높다. 예를 들어 경공업 및 제조 분야 남북 합작기업 설립 시, 북측에서 건물이나 공장 부지, 인력 등을 제공하고, 남측 기업이 제조·공정 및 원격 관리를 통한 자동화 시스템 구축하는 등 설비와 기술이전을 책임지는 방식으로 가능할 것이다.

둘째, 에너지 분야인 '스마트 그리드(Smart Grid)'는 기존 전력망에 정보통신 기술을 접목하여 에너지 효율이 최적화되는 첨단전력기술이다. 북한의 발전 분야는 수력발전의 의존성이 크고 각종 설비의 노후로 인해 전력 송·배전 중의 손실이 큰 것으로 알려져 있다. 향후 제조·경공업·건설 등 경제개발을 위해서는 전력수급 문제가 반드시 해결되어야 하며 통신 및 제어기술을 통한 스마트 그리

---

23 "혁신성장 확산·가속화를 위한 2020 전략투자 방향," 관계부처 합동(2019.8.21.)

드가 하나의 대안이 될 수 있다. 뿐만 아니라 태양열이나 풍력 등의 신·재생발전을 통해 국소적인 전력 공급 및 저장 가능한 '마이크로 그리드(Micro Grid)' 시스템은 개인이 전력을 생산하여 저장·사용하거나 거래할 수 있어 북한 내 전력 낙후지역에 활용할 수 있을 것이다.

셋째, 이동통신·도로·철도 분야는 대규모 개발사업이 추진으로 인해 막대한 재원이 소요되므로, 대한민국이 북한 인프라 개발사업에 적극적으로 참여할 경우 이들 재원을 어떻게 마련해야 할 것인지 고민이 필요하다. 한국건설산업연구원의 최근 연구에 따르면 주요 인프라 건설사업비로 도로 43조 원, 철도 41조 원 등 총 306조 원의 건설사업비가 필요하다고 한다.[24]

북한의 이동통신 현황은 앞서 살펴본 바와 같이 약 650만 명 정도로 추산하고 있다. 평양 등 일부 지역에서 3G 서비스가 사용되고 있으나 통화품질은 좋지 않고 특히, 인터넷 접근이 불가능해 이용자를 통한 파급효과 및 경제발전의 연계성 측면에서 분명한 제약이 있다. 다만 전국적인 통신망 인프라 구축보다는 주요 산업·무역·관광단지를 중심으로 우선 사용을 추진하여 점진적으로 넓혀가는 방식을 고려해볼 수 있다.

북한 내 도로의 현대화 사업에는 국내 및 해외에서 추진 중인 지능형 교통시스템(Intelligent Traffic System)을 적용하는 방안을 생각해볼 수 있다. 대한민국은 지난 10년간 동남아·중남미 등 ITS 분야의 해외 진출 및 구축을 통해 많은 기술력을 축적하였다. 향후 도로교통 분야에서의 단순 개·보수를 넘어 정보통신기술을 집약한 지능형 교통시스템(ITS)을 구축함으로써 주변 산업단지, 관광지 등 주요 도시와의 연계개발을 고려해 볼 수 있다.

철도 분야에서의 원활한 운행을 위해서는 철도 통신, 신호, 보안 시스템이 필수적으로 수반되어야 한다. 특히 북한은 물류 운송 및 여객수단으로 철도 의존율이 높고 향후 중국 및 러시아 등 북방으로의 교통연계를 고려한다면 고속열차 운

---

24 박용석, "[건설이슈포커스] 북한의 주요 건설수요와 '한반도개발기금' 조성방안 연구," (한국건설산업연구원 보고자료, 2019. 3.).

행에 필요한 설비와 시스템이 필요하다. 따라서 열차운행 및 철도운영에 필요한 정보를 안정적으로 전송할 수 있게 전 구간 광케이블 포설 및 전송설비 설치를 할 수 있다.

ICT 산업은 다른 산업보다 지식집약적이고 고부가가치를 창출하는 산업으로 교육열이 높고 손재주가 좋은 남북한에 적합하다. 현재에도 ICT 산업은 남한의 주력 산업으로 경제발전을 주도하고 있는데 북한과의 경제적 교류가 활성화된 이후 더욱 발전시켜나가야 할 산업이다.

이를 위해 단기, 중기, 장기로 전략을 세워 북한과 협조하에 기업들이 안정적으로 경제활동을 할 수 있도록 각종 리스크 해소를 위해 적극적이고도 세심한 노력을 경주해야 한다.

V 결론

ICT를 포함한 과학기술은 이념과 정치적 갈등으로부터 비교적 자유로운 분야로 사회·경제 등 모든 분야에 걸쳐 영향력을 미칠 수 있어 상호 발전을 위한 실질적이고 자발적인 교류협력 과정을 통해 통일한국을 건설하는데 매우 중요한 역할을 할 것이다.

남북한 모두 과학기술 및 ICT를 활용한 국민 삶의 질 제고, 사회문제(재난재해, 환경오염, 고령화 등) 해결과 국가경쟁력 강화 및 확보 등 과학기술 기반의 국가정책을 계획·추진하고 있어 협력 시 성과 제고가 가능하다.

나아가 ICT 관련 교류협력을 통해 북한의 경제성장[25]을 지원하고 남북한 간

---

25 국내 과학기술 R&D 투자가 경제성장률 7.2%에서 1.8%를 기여한 것으로 나타났다. 이우성·박미영·김보현, 『기초·원천연구 투자의 성과 및 경제적 효과분석』(세종: 과학기술정책연구원, 2014).

경제 수준 격차를 최소화함으로써 한반도 신(新)경제지도 구현과 통일 비용[26] 절감효과 기대도 가능하다. 이를 통해 상호 필요성과 의존성을 높이고 신뢰를 할 수 있는 협력 분야로 발돋움함으로써 남북관계 개선의 모멘텀을 마련하고 협력 분야 확대와 한반도 평화체제 구축에 기여할 수 있다.

---

26 영국 자산운용사 유리존 SLJ는 10년간 남북한 통일과정에 들 경제적 비용이 2천 167조 원에 이를 것으로 추산하였다.

참고문헌

국내문헌

김서경. 『북한 실생활에서의 ICT 활용현황 분석 및 협력방안 연구』. 수원: 한국정보통신산업연구원, 2023.

김종선 · 조예진. 『통일 독일 사례 고찰과 남북한 과학기술 통합 정책방향』. 서울: 과학기술정책연구원, 2013.

박용석. "[건설이슈포커스] 북한의 주요 건설수요와 '한반도개발기금' 조성방안 연구." 한국건설산업연구원 보고자료, 2019년 3월.

변학문. "김정은 정권 '새 세기 산업혁명' 노선의 형성 과정." 『한국과학사학회지』, 제38권 3호 (2016): 485-508.

북한ICT연구회. 『북한 ICT 동향 조사 2021』. 서울: 한국과학기술정보연구원, 2022.

백연주. 『ICT를 활용한 북한의 정보화 연구: 북한 공식 문헌 분석을 중심으로』. 박사학위 논문, 고려대학교, 2024.

삼정KPMG 대북비즈니스지원센터. 『북한 비즈니스 진출 전략』. 서울: 두앤북, 2018.

이우성 · 박미영 · 김보현. 『기초 · 원천연구 투자의 성과 및 경제적 효과분석』. 세종: 과학기술정책연구원, 2014.

이종주. "북한 SW 인력과 교육 현황." 『SPRI 소프트웨어정책연구소』, 2019년 3월 22일. https://spri.kr/posts/view/22602?code=data_all&study_type=industry_trend (검색일: 2024년 6월 17일).

장한나. "북한의 국가 예산 관련 통계자료." 『KDI 북한경제리뷰』, 2021년 4월호(2021): 1-46.

조정아 · 이춘근 · 엄현숙. 『'지식경제시대' 북한의 대학과 고등교육』. 서울: 통일연구원, 2020.

황동언. "21세기 정보 혁명과 체제 통합." 『현대경제연구원 지식경제 report』, (1999): 1-4.

"북한의 ICT 관련 주요 동향." 『남북협회 뉴스레터』, http://webzine.sonosa.or.kr/201910/2#column-01 (검색일: 2024년 6월 5일).

"북한의 IT 관련 담당기구." 『북한정보포털』, https://nkinfo.unikorea.go.kr/nkp/pge/view.do;jsessionid=pbiJjuLEC9CGft_-tcrMKcXffDC8mLLeMLLfi14D.ins12?menuId=EC220 (검색일: 2024년 6월 10일).

"혁신성장 확산 · 가속화를 위한 2020 전략투자 방향." 관계부처 합동, 2019년 8월 21일.

Daily NK.

북한문헌

손영석. "우리 국가경제의 발전동력." 『경제연구』, 2020년 제4호(2020).

조선로동당출판사. 『선군혁명령도를 이어가시며 1』. 평양: 조선로동당출판사, 2012.

"우리 식 사회주의건설을 새 승리에로 인도하는 위대한 투쟁강령 조선로동당 제8차대회에서 하신 경애하는 김정은동지의 보고에 대하여." 『로동신문』, 2021년 1월 9일.

"전민과학기술인재화실현에 적극 기여." 『로동신문』, 2018년 2월 9일.

"제21차 전국프로그람경연 및 전시회 개막." 『로동신문』, 2010년 10월 29일자.

"조선민주주의인민공화국 최고인민회의 법령 전반적 12년제 의무교육을 실시함에 대하여." 『로동신문』, 2012년 9월 26일.

"조선로동당 제7차대회 결정서- 5월 8일 조선로동당 중앙위원회 사업총화에 대하여." 『로동신문』, 2016년 5월 9일.

"조선로동당 제8차대회에서 한 결론." 『로동신문』, 2021년 1월 13일.

"조선로동당 중앙위원회 제8기 제9차 전원회의 확대회의에 관한 보도." 『로동신문』, 2023년 12월 31일.

"첨단기술산업화 실현에서 나서는 중요한 문제", 『김일성종합대학학보 경제학』, 2022년 제68권 제2호.

해외문헌

Government of DPRK. "Democratic People's Republic of Korea Voluntary National Review on the Implementation of the 2030 Agenda." (2021): 1-58.

Williams, Martyn and Natalia Slavney. "Twenty Years of Mobile Communications in North Korea." *38 NORTH,* November 15, 2022. Accessed May 1, 2024. https://www.38north.org/2022/11/twenty-years-of-mobile-communications-in-north-korea/

"Dem. People's Rep. of Korea Mobile-cellular subscriptions." *ITU.* Accessed June 10, 2024. https://datahub.itu.int/data/?e=PRK&i=178&v=chart

"Gobal Digital Report." *wearesocial.* Accessed June 10, 2024. https://wearesocial.com/id/blog/?query=post&filter-insight-type=report&filter-topic=global-digital-report

"North Korea Telecoms Market Report-Telecoms." *BuddeComm.* Accessed June 10, 2024. https://www.budde.com.au/Research/North-Korea-Telecoms-Mobile-and-Broad-band-Statistics-and-Analyses

한반도 경제통합의 시작, 남북한 표준통합

조정연 고려대학교 통일융합연구원 연구위원

제15장

한반도 경제통합의 시작, 남북한 표준통합[*]

I 서론

OECD는 1999년 경제전망 보고서를 통해 전 세계 무역량의 80%가 국제표준의 영향 아래 유통되고 있다고 발표하였다. 영국표준협회는 2015년 표준의 GDP 성장률 기여도는 약 28.4%에 달한다는 연구 결과를 내놓았다. 미국표준협회는 2022년 표준과 기술 규제가 세계무역의 93%에 영향력을 미치고 있다는 보고서를 발표하였다. 한 국가의 표준 역량 기준이 되는 국가표준의 국제표준 부합화가 중요한 이유를 대변하는 연구 결과이다. 글로벌 경제 속에서 국가표준의 국제표준 부합화는 시장 개방, 업무 효율 상승, 소비자 신뢰 제고, 비용 절감 효과를 통해 생산성을 높임으로써 국가 경제발전에 영향을 미친다.

대한민국은 세계 7위 표준 강국이다. 2004년 31.4%에 불과하던 KS(Korea Industrial Standards)의 국제표준 부합화율은 2015년 81.2%로 상승하였고 2024년 6월 말 기준 99.4%에 이른다. 2010년 국제전기기술위원회(IEC, International

---

* 본 장은 남성욱·조정연, 『김정은 시대 북한의 표준·규격화(KPS) 정책과 남북한 통합방안』(서울: 박영사, 2024)의 내용을 일부 보완한 것임을 밝힌다.

Electronical Commission) IT산업 분야 국제표준 제안 1위, 2021년 세계 3대 국제표준화기구(ISO·IEC·ITU) 제안 표준특허 누적 건수 1위에 올랐다. 2022년 기준 누적 신규 국제표준 제안 건수는 1,234종에 이른다. 현재 한국은 ISO(국제표준화기구, International Organization for Standardization) 회장국으로 조성환 회장이 전 세계 171개 회원국을 대표해 ISO의 전략적 방향과 정책을 이끌고 있다.

북한은 1950년 국제단위계(SI, The International System of Units)를 도입하고 1963년 남한과 같은 해 ISO와 IEC에 가입해 국제표준 활동을 시작하였으나 KPS(조선민주주의인민공화국 국가규격, Korea People's Standards) 국제표준 부합화율은 2004년 6.8%, 2015년 8.6%에 불과하다. 경제활동의 폐쇄주의 및 사회주의 계획경제 정책 기조에 집착하면서 사회주의 국가 간에 제한된 무역이나 교류에 그치면서 국제사회의 보편적인 산업 규범을 수용하는 데 소극적이었던 결과다.

독일연방건설교통부 발표에 따르면 1991년부터 2003년까지 독일의 통일비용 추계는 2조 4,550유로에 달하며 이 가운데 약 10%가 표준 통일비용으로 소요되었다. 분단 시기 표준협력을 추진하였던 동서독의 표준 통일비용의 규모로 미루어 볼 때 분단 80여 년 동안 표준협력이 없다시피 한 남북한의 표준 통일비용은 전체 통일비용의 8~17%가 될 것으로 예상된다. 남북한의 표준협력이 시급한 이유이다. 남북한의 표준 격차 방치와 KS-KPS 이질화 지속은 통일 전 단계에서는 남북한 경제 협력의 접근과 효율성을 저해하고 통일과정에서는 표준 통일비용을 증가시키며 통일 이후에는 표준통합 기간을 지연시키는 부정적인 요인으로 작용할 수 있기 때문이다.

본 장에서는 한반도 통일과정에서 북한의 사회간접자본 인프라 구축을 위해 필수 불가결한 요건이며 통일 이후 남북한 경제통합의 시금석이 될 남북한의 표준통합 방안을 총 5개에 걸쳐 도출한다. Ⅰ.에서는 남북한 표준 통일, 표준·규격화 통합의 필요성을 설명한다. Ⅱ.에서는 남북한의 표준화 정책과 KS-KPS의 운용 체계를 비교 분석함으로써 남북한 표준 이질화 현황을 고찰해 본다. Ⅲ.에서는 분단 시대 동서독 표준협력, 통일독일 표준통합 사례와 유럽연합의 표준통합 사례가 남북한 표준통합에 시사하는 점을 분석해 본다. Ⅳ.에서는 통일 전 효율적인 남북한 표준 교류협력 방안과 통일 이후 남북한 표준통합 방안을 제시한다. Ⅴ.에서는 통일의 초석이 될 남북한 표준 교류협력을 지금 바로 재개해야 하는 이유를 밝히고 궁극적으로 이뤄내야 할 남북한 표준통합 프로세스를 제시한다.

표준은 국가 경제성장의 핵심 기반이며 사회통합의 동력으로서 사회·경제적 효율을 촉진하며 국가 산업 전 분야에 적용되어 국민의 삶을 규정한다. 보이지 않는 사회통합의 역할을 하는 것이다. 국가표준의 국제표준 부합화는 국가 간 상호 인정을 촉진하고 무역 활성화와 경제성장을 이끈다. 통일 전부터 남북한 표준협력을 통해 북한의 국제표준 수준을 높여야만 통일 시기 표준 통일비용을 줄이며 통일 후 경제통합의 효율을 높이고 사회통합의 기간을 단축할 수 있을 것이다. 통일에 있어 표준통합의 비중과 가치를 생각하면 남한의 북한 국제표준 역량 강화 지원은 소모가 아닌 투자이며 협력을 통한 상호 발전으로 통일을 앞당기는 일이다. 남북 간 표준이 조금씩 이질화되어 고착 단계에 이른 것처럼 통합에도 전략 수립에서부터 세부 계획 추진, 변수의 대응까지 오랜 시간이 소요될 수 있다. 지금 바로 남북한이 표준 교류 협력을 시작해야 하는 이유이다.

1. 남한의 표준화 정책과 KS 운용 체계

1) 남한의 표준 개념

대한민국의 국가표준은 KS(Korean Industrial Standard)이다. 남한의 표준 개념은 국제표준화기구 규정 ISO/IEC Guide 2(표준화 및 관련 활동에 대한 일반용어 및 정의, 1991)를 따른다. ISO/IEC Guide 2는 표준을 "합의에 의해 제정되고 인정된 기관에 의해 승인된 문서로서, 일반적이고 반복적인 사용을 위해 최적의 질서 확립을 목적으로 하는 활동 또는 그 결과에 대한 규칙, 지침 또는 특성을 제공한다"라고 규정한다.

2) 남한의 표준화 조직과 정책

대한민국헌법 제127조 제2항은 "국가는 국가표준제도를 확립한다"라고 명시한다. 이를 위해 정부는 국가표준의 개발과 활용을 촉진하고, 기반을 조성하기 위한 각종 시책을 수립하고 법제상, 재정상, 행정상의 조치를 하고 있다.[1] 국가표준기본법[2]과 산업표준화법[3] 등을 운용하고 있으며 '국가표준기본법'에 근거하여

---

1   국가표준기본법 제4조(국가 등의 책무) 제1항. [시행 2018. 12. 13.] [법률 제15643호, 2018. 6. 12., 일부개정]

2   「국가표준기본법」은 국가표준제도의 확립을 위한 기본적인 사항을 규정함으로써 과학기술 혁신과 산업 구조 고도화 및 정보화 사회의 촉진을 도모하여 국가 경쟁력을 강화하고 국민복지 향상에 이바지함을 목적으로 1998년 제정된 법률이다. 5장 31조와 부칙으로 되어 있다. 출처: 법제처 국가법령정보센터, https://www.law.go.kr/ (검색일: 2024년 5월 1일).

3   남한의 국가표준제도는 1961년 「산업표준화법」 제정에 따라 시행되었다. 이 법률은 적정하고 합리적인 산업표준을 제정·보급하고 품질경영을 지원하여 광공업품 및 산업활동 관련 서비스의 품질·생산효율·생산기술을 향상시키고 거래를 단순화·공정화(公正化)하며 소비를 합리화함으로써 산업 경쟁력을 향상시키고 국가경제를 발전시키는 것을 목적으로 한다. 7장 44조와 부칙으로 되어있다.

국가표준심의회와 실무위원회를 통해 국가표준 정책을 수립·조정한다. 국가표준심의회는 국가표준 정책의 종합적인 조정을 주관하는 조직이다. 적합성 평가체제 구축을 위한 사업, 측정표준, 참조표준, 성문표준에 관련된 제도 및 규정의 심의와 조정, 국가표준의 통일화 사업, 국가표준의 국제표준 부합화 사업과 국제표준기구와의 협력을 관장한다. 국가표준심의회의 의장은 산업통장자원부 장관이며 각 부처의 차관급을 위원으로 한다. 실무위원회의 위원장은 국가기술표준원장이며 각 부처 국장급 및 민간위원이 위원회에 참가한다. 즉 남한의 국가표준화 주무 부처는 산업통장자원부이며 국가기술표준원은 산업통상자원부 소속의 국가표준 대표 기관이다.

그림 15-1 **남한의 표준화 조직**

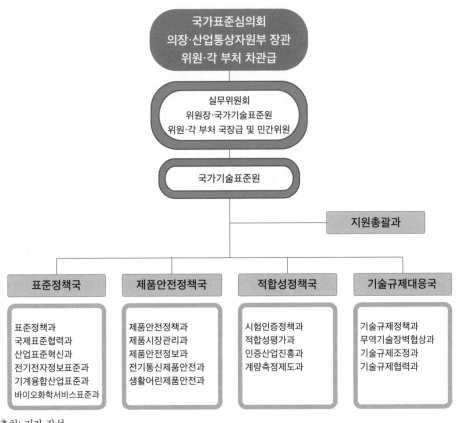

출처: 저자 작성.

1961년 제정된 산업표준화법에 따라 정부는 동년 상공자원부 산하 외국(外局)으로 표준개발기구인 표준국을 설치하였다. 1962년에는 공업진흥청 산하에 표준 심의기구인 공업표준심의회를 구성하였으며, 표준의 효율적인 보급과 교육 홍보를 위한 민간기구인 한국표준규격협회를 창립하였다. 한국표준규격협회는 1993년 명칭이 한국표준협회로 변경되었으며 1998년 KS 인증 ISO 연수 국가인증기관으로 지정되었고 1999년 산업표준연구원과 통합되었다. 한국표준협회는 표준 연구개발, 국내외 표준 발간과 보급을 통해 국내 기업의 국제 경쟁력 향상을 위한 활동을 하고 있다. 회원사들의 산업표준화와 품질경영에 관한 조사·연구·개발·진단·지도 및 교육을 수행하고 있으며 산업표준화 및 품질경영을 촉진하는 KS·ISO 인증·평가, 단체표준 및 국제표준 활동을 지원한다.[4]

1961년 공업표준화법이 제정되면서 도입된 남한의 국가산업표준화는 1960년대 표준화 기반 구축기, 1970년대 국가표준의 양적 팽창기, 1980~1990년대 국가표준의 질적 조정기, 2000년대 국제표준에의 대응기, 2010년대 국제표준에의 본격 참여기를 거치는 동안 국가 주도 시행 방식에서 자발적인 민간 참여 형태로 변화하였다.[5] 정부는 2021년 국가표준 60주년을 맞아 '국가표준 그린·디지털 대전환'이라는 비전을 선포하였다. 이때 국가표준 미래 비전 5대 추진전략 △ 탄소중립 표준화로 NDC 기반 조성 △ 표준의 디지털 전환으로 국가표준 혁신 △ SW·데이터·AI 표준화로 시스템 상호운용성 확보 △ 생활·안전 서비스 표준화로 삶의 질 제고 △ 국제표준화 주도로 글로벌 룰 메이커 도약이 제시되었다.

1992년 이후 경제발전에서 전기·전자의 비중이 확대되고 2000년 이후 정보통신산업이 급격하게 부상하며 남한은 국제표준 확장기를 맞았다. 정부는 국가표준기본법 제7조에 따라 2001년부터 5년 단위로 제1차 국가표준체

---

4   산업표준화법 제34조(협회의 업무)를 근거로 내용을 재구성하였다.

5   정병기·김찬우, "산업표준 보유 및 표준화 활동 추이로 본 한국 산업표준 정책의 특징과 변화," 『한국과 국제정치』, 제29권 제3호(2013), pp. 155-188.

계 기반 조성, 제2차 국제표준 부합화, 제3차 우리 기술의 국제표준화 활동 본격화, 제4차 국가표준체계 고도화에 이르는 국가표준기본계획을 이행하였다. 2021~2025년 기간에는 혁신 주도형 표준화 체계를 확립하고 세계시장 선점, 기업혁신 지원, 국민의 행복한 삶을 위한 표준화를 중점 과제로 제5차 국가표준기본계획을 추진하고 있다.[6]

3) KS 현황과 운용 체계

남한은 1961년 제정된 산업표준화법에 따라 1962년 3,000종의 국가표준 (KS, Korean Industrial Standards)을 시작하여 2023년 12월 말 기준 21,805종을 운용하고 있다. 이는 같은 시기 25,415종의 표준을 운영 중인 ISO에 크게 뒤지지 않는다. 국제표준 활동에서도 2022년 기준 누적 신규 국제표준 제안 건수 1,234종, ISO 회원 평가 8위, ISO와 IEC 의장, 간사 등 임원 250명이 활동하는 등 표준 선진국에 진입해 있다. KS의 국제표준 부합화율은 2004년 31.4%에 그쳤던 것이 2015년에는 81.2%로 성장하였고 2024년에는 99.4%에 이르렀다.[7] 2010년 미국 시애틀에서 개최된 제74차 국제전기기술위원회[8]에서 IT 산업 분야 국제표준 제안 1위 국가에 올랐다.[9] 2021년에는 세계 3대 국제표준화기구

---

6   국가기술표준원, 『2021 국가표준백서』 (음성: 국가기술표준원, 2022), p. 42.

7   출처: e-나라 표준인증, 연도별 국가표준(KS) 현황, https://standard.go.kr/KSCI/international/ searchInternationalStandardList.do# (검색일: 2024년 5월 10일).

8   국제전기기술위원회(IEC, International Electronical Commission)는 전기전자 분야 표준화 제반 현안과 관련 사항에 관한 국제 협력 촉진을 목적으로 1906년 설립된 국제위원회이다. 현재 IEC에는 정회원 62개국, 준회원 27개국 등 총 89개 회원국이 활동하고 있으며 85개의 개도국 프로그램 회원국을 포함하면 회원국 수는 총 174개가 된다. 출처: www.iec.ch.

9   2010년 10월 4일~17일 미국 시애틀에서 개최된 제74차 국제전기기술위원회는 "대한민국이 지난 1년간 국제표준 제안 건수 24건으로 세계 제1위"임을 공식 발표하였다. 국제전기기술위원회 총회에서는 사무총장이 국가별 국제표준 제안 수를 발표하는데 이 순위는 세계 전기전자표준 분야의 세계시장 점유 순위를 판단하고 리더 국가임을 결정하는 핵심 지표이다. 국가기술표준원, 앞의 글; "IT 산업 분야 표준, 세계 1위 쾌거 작년 세계 제2위 이어 10년 만에 정상 탈환," 『산업일보』,

(ISO · IEC · ITU)에 제안한 표준특허(SEP, Standard Essential Patent) 누적 건수 부문에서 3,344건(23.5%)의 기록으로 세계 1위를 기록하였다.[10] 국가표준과 국제표준의 일치화를 통해 기업 수출 증대, 국가 경쟁력 향상, 글로벌 시장 창출에 기여하고자 노력한 결과이다.

그림 15-2 **연도별 KS 현황**

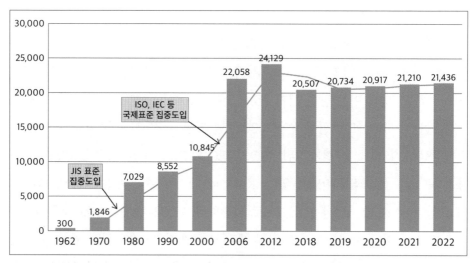

출처: 국가기술표준원, 『2022 국가표준백서』, p. 37.

남한은 1963년 국제표준화기구(ISO)[11] 가입 이후 20년 이상 7회에 걸쳐 이사국으로 진출하였으며 2022년에는 기술관리이사회 이사국으로 재선출 되었다. 2024년 1월부터는 조성환 현대모비스 고문이 한국인 최초로 ISO 회장으로 취

2010년 10월 24일, https://www.kidd.co.kr/news/134237 (검색일: 2022년 5월 9일).

10 "한국, 표준특허 세계 1위, 미국도 제쳤다," 『파이낸셜뉴스』, 2021년 5월 9일, https://www.fnnews.com/news/202105091749363615 (검색일: 2024년 5월 10일).

11 국제표준화기구(ISO, International Organization for Standardization)는 전기전자 이외에 기술, 물품 및 용역에 관한 모든 분야에서 국제적으로 통용되는 표준과 적합성 평가 기준을 작성하고 학문적 · 기술적 · 경제적 분야에서의 협력을 증진하여 세계표준화와 관련된 활동을 발전, 촉진시키기 위하여 1947년 설립되었다. ISO는 2021년 12월 기준 정회원 124개국, 준회원 39개국, 구독회원 4개국으로 총 167개 회원국이 참여하고 있다. 국가기술표준원, 앞의 글, p. 58.

임해 임기 2년 동안 171개 회원국을 대표해 ISO의 전략 방향과 정책을 이끌고 있다.

표 15-1 **남한의 표준 관련 주요 국제기구 가입 현황(2020년 12월 기준)**

국제기구별	설립연도	설립목적	가입연도
ISO (국제표준화기구)	1947.2.	• 지적, 과학, 기술, 경제 등 일반 분야 국제 표준 제정·보급 • 상품 및 서비스의 국제적 교환	1963.6.
IEC (국제전기기술위원회)	1906.6.	• 전기전자 분야 국제표준의 제정·보급	1963.5.
IECQ (국제전자부품 품질인증제도)	1976.5.	• IEC 전자부품·품질인증제도(IECQ)의 운영 및 관리	1979.1.
IECEE (국제전기기기 인증제도)	1985.9	• 전기전자제품의 상호인정을 통한 국제 무역 촉진	1987.12.
IECEx (국제방폭전기기기 인증제도)	1997.10	• 폭발위험 상황에서 사용되는 전기기기의 적합한 안전수준 유지 및 상호인정 등	1997.12.
IECRE (국제신재생에너지 인증제도)	2013.6.	• 태양광발전, 풍력·해양에너지 등 신재생 에너지 분야의 제품, 장비 설치, 유지 및 보수 등 품질보 증 전 과정에 대한 시스템 인증	2014.10.
PASC (태평양지역표준회의)	1973.2.	• EU의 국제표준화 활동 대응 목적 • 태평양 국가들의 상호이익 증진	1973.2.

출처: 국가기술표준원, 『2022 국가표준백서』, p. 56.

KS는 기본 부문(A)부터 정보 부문(X)까지 21개 부문으로 구성되어 있다. 제품의 형상·치수·품질 등을 규정한 제품표준, 시험·분석·검사 및 측정 방법, 작업표준 등을 규정한 방법표준, 용어·기술·단위·수열 등을 규정한 전달표준으로 분류한다.[12]

---

12 한국표준협회, "특허권을 포함하는 표준의 KS국가표준 제정 절차,"『한국표준협회』, https://ks.ksa.or.kr/ksa_kr/956/subview.do (검색일: 2024년 5월 23일).

표 15-2 **KS 대분류 목록**

분류 기호	부문	분류 기호	부문
A	기본	L	요업
B	기계	M	화학
C	전기	P	의료
D	금속	Q	품질경영
E	광산	R	수송기계
F	건설	S	서비스
G	일용품	T	물류
H	식료품	V	조선
I	환경	W	항공우주
J	생물	X	정보
K	섬유		

출처: e나라표준인증 홈페이지, 연도별국가표준(KS) 현황(standard.go.kr).

2. 북한의 표준화 정책과 KPS 현황

1) 북한의 표준 개념

북한의 국가표준은 KPS(Korea People's Standards)이며 국가규격(국규)이라 명명한다. 북한 당국은 「조선말대사전」을 통해 표준을 "여러 사물을 비겨보는 기준 또는 그 것으로 되는 사물, 표본이나 규범적인 것으로 되는 것"으로 정의하고 있다. 규격은 「조선대백과사전 3」에 "제품의 형, 치수(호수), 기본 특성, 기술적 요구, 시험법, 포장, 보관, 수송 조건과 학술 용어, 기호(자호), 단위, 기준, 표기법 등을 전국적 범위 및 지역적 및 기업소 범위에서 통일시킨 규정이다. 규격은 모든 공민이 의무적으로 지켜야 할 법적 기술 문건이다"라고 규정한 정의를 따른다. 정보가 개방된 KS와 달리 KPS는 당국의 승인 없이 반출할 수 없으며 강력한 법적 제재력을 갖고 있다.

2) 북한의 표준화 조직과 정책

북한의 「규격법」 제1조는 "조선민주주의인민공화국 규격법은 규격의 제정과 적용에서 제도와 질서를 엄격히 세워 인민들의 생활상 편리를 보장하며 경제와 문화, 과학기술을 발전시키는 데 이바지한다"라고 명시한다. 북한의 표준·규격화는 규격법 외에도 품질감독법, 계량법, 기업소법, 수출입상품검사법 등의 영향을 받는다.

북한에서는 품질감독위원회가 규격화 사업, 계량계측사업, 검사검역 사업을 비롯한 품질관리사업을 총괄한다.[13] 품질감독위원회는 1949년 8월 국가품질감독국으로 표준·규격화 업무를 시작했다. 2011년 4월 15일에는 최고인민회의 상임위원회 정령에 의해 국가품질감독위원회로 승격되었다. 이는 남한의 처·청 급에 해당하는 기관을 기능단위 6개 경제부처 중 하나로 승격한 것에 해당한다. 당시 북한의 규격화 정책의 중요성이 높아졌음을 보여준다. 이후 부처의 명칭은 2020년 6월에 품질감독국으로 변경되었다가 2021년 11월 이후 로동신문, 민주조선 등 주요 언론에서 품질감독위원회로 명명되고 있다.[14] 품질감독위원회는 규격화에 관련된 정부 사업 전반을 수행하는데 구체적으로는 국가규격 제정에 관련한 연구와 심의, 규격제정 방법의 연구, 규격 용어 및 부호의 연구, 품질 및 관리 방법의 연구, 상품의 분류, 규격화의 경제 효력 연구, 규격의 등록 및 감독사업, 규격서의 발간과 보급, 품질감독 요원 양성, 우수상품 등록 및 관리·감독 사업 등의 업무를 수행한다. 품질감독위원회는 행정기능에 더해 남한의 표준 관련 민간 조직의 기능도 수행하고 있다.[15] 품질감독위원회 산하에는 국가규격제

---

13 "위대한 수령 김일성동지께서 국가품질감독체계를 세워주신 70돐 기념보고회 진행," 『로동신 문』, 2019년 8월 19일, 2면.

14 2022년 8월 29일 개최된 제3회 남북한 표준·품질 협력 연구 세미나에서 한국과학기술정보연 구원 최현규 책임 연구원이 북한 주요 기관의 전화번호부와 각종 매체의 보도를 분석하여 최근 조 직을 재구성하여 발표하였다.

15 최현규, "북한의 표준 및 산업 규격 현황: 정보통신을 중심으로," 『지식정보인프라』, 통권 17호 (2005), p. 91.

정연구소와 중앙계량과학연구소가 있다. 국가규격제정연구소는 국가규격의 심의·제정, 규격정보 서비스, 표준 관련 국제 교류 등을 수행하는 규격화 사업의 핵심 조직이다.[16]

그림 15-3 **북한의 규격화 조직 체계**

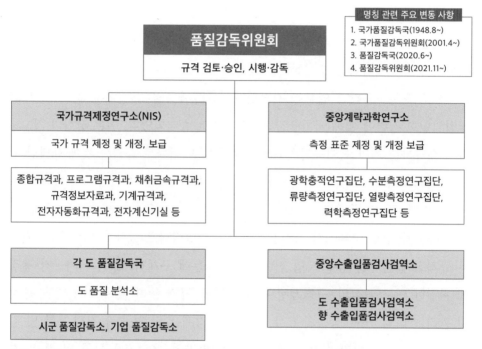

명칭 관련 주요 변동 사항
1. 국가품질감독국(1948.8~)
2. 국가품질감독위원회(2001.4~)
3. 품질감독국(2020.6~)
4. 품질감독위원회(2021.11~)

품질감독위원회
규격 검토·승인, 시행·감독

국가규격제정연구소(NIS)
국가 규격 제정 및 개정, 보급

종합규격과, 프로그램규격과, 채취금속규격과, 규격정보자료과, 기계규격과, 전자자동화규격과, 전자계신기실 등

중앙계량과학연구소
측정 표준 제정 및 개정 보급

광학충적연구집단, 수분측정연구집단, 류량측정연구집단, 열량측정연구집단, 력학측정연구집단 등

각 도 품질감독국
도 품질 분석소

시군 품질감독소, 기업 품질감독소

중앙수출입품검사검역소

도 수출입품검사검역소
향 수출입품검사검역소

출처: 남성욱·조정연, 『김정은 시대 북한의 표준규격화(KPS) 정책과 남북한 통합방안』, p. 65.

북한은 일제강점기에 시행한 '척(尺)·관(貫)제'와 '야드(yard)·폰드(pond)제'를 폐지하고 '미터(m)·그람(g)제'를 시행하였다. 1950년 국제단위계(SI, The International System of Units, 이하 SI)[17]를 도입하였다. 이어 군(郡) 단위 규격화 사업을 국

---

16 북한과학기술네트워크, "북한의 국가규격(KPS)과 국가품질감독국," NK TECH 뉴스레터 103호 (2007), 4월 25일.

17 1875년 5월 국제적으로 미터협약이 체결되면서 국제 공통으로 사용하는 단위제도 즉, 미터법이 완성되었다. 미터법은 오늘날의 국제단위계(SI)로 발전하였으며 각 단위(기호, 명칭)는 시간(s, 초), 길이(m, 미터), 광도(cd, 칸델라), 질량(kg, 킬로그램), 전류(A, 암페어), 온도(K, 켈빈), 물질

가에서 통일적으로 관리하기로 내각에서 결정하였다. 북한은 한국전쟁 기간에도 군수품과 인민 소비품 생산을 위해 규격화 사업을 추진하였다. 비상설 국가규격 제정위원회를 구성하여 수백여 건의 잠정 규격을 전시 조건에 맞게 새로 제정하였다. 북한의 전후복구사업의 성공에는 먼저 시행한 규격화 사업이 주효하였다.

1954년 3월 김일성은 '건설의 속도와 질을 높이기 위하여 설계를 표준화·규격화하고 부재 생산을 공업화하며 시공을 기계화할 데 대한 과업'을 제시하였다. 이는 '전후 인민경제 복구와 건설 3단계 방안' 발표에 이어 전후복구 3개년 계획 시행에 즈음한 것으로 당시 김일성이 국가재건사업의 기본적인 요소로서 규격화 선행의 중요성을 깊이 인식하고 있었다고 판단할 근거가 된다. 북한은 구소련 등 동유럽 사회주의권에서 설비와 규격화된 자재와 기술을 들여오면서 국가 재건 인프라를 비롯한 산업 전반에 이들 국가의 자재, 설비, 기술에 의존하게 되었다. 상당한 경제 원조를 받은 중국으로부터도 적지 않은 영향을 받았다. 이런 이유로 전후복구과정에서 공업 설비 및 자재의 규격과 기술의 표준은 북한의 독자적인 설정보다는 동유럽과 중국의 제도를 묵시적으로 도입하게 되었다.[18] 김일성 집권기 국가정책으로서의 규격화 사업이 출범함으로써 경제 발전전략 원형이 완성되고 농업의 규격화로 사회주의 경제체계가 확립되었다.

북한은 1990년대 김일성 집권 후반 및 김정일 집권(1994~2011) 시기에 경제 건설의 소프트웨어라고 할 수 있는 계량법,[19] 규격법, 품질감독법,[20] 수출입상품

의 양(mol, 몰)이다. 출처: 한국표준과학연구원, 『단위를 알면 세상이 보인다』 (대전: 한국표준과학연구원, 2009), pp. 38-40.

18 남성욱, "북한의 표준·규격화 체계와 남북한 통합방안," 『입법과 정책』, 제7권 제2호(2015), pp. 33-58.

19 북한의 계량법은 1993년 2월 3일 최고인민회의 상설회의 결정 제29호로 채택, 1998년, 2009년, 2010년 수정보충 되었다. 제1장 제1조에 계량법의 사명을 "계량 단위를 통일시키고 그 믿음성을 보장하며 계량을 정확히 하며 인민경제를 발전시키고 국가와 인민의 리익을 보호하는 데 이바지"하는 것으로 명시하고 있다.

20 북한의 품질감독법은 1997년 7월 2일 최고인민회의 상설회의 결정 제88호로 채택, 1999년, 2002년, 2003년, 2006년, 2011년, 2015년, 2019년 2회, 2020년에 걸쳐 총 9회 수정·보충

검사법, 상표법, 공업도안법 및 제품생산허가법 등 관련 법령을 집중적으로 제정하였다. 김일성의 표준 정책 기조를 이어받은 김정일은 경제관리와 관련한 국가의 법규범과 규정, 세칙, 사업지도서와 같은 것을 옳게 제정하고 그에 엄격히 의거해 경제활동을 조절통제 하여야 한다고 교시하였다.[21]

규격정보 서비스 체계를 구축한 것도 이 시기로 1998년 북한은 국제표준에 의한 상품 유통 정보화를 위하여 북한코드관리기관(EAN DPR Korea)을 설립하였다. 전자문서교환(EDI, Electronic Data Interchange) 등의 국제표준을 제정·관리하는 국제코드관리기관(EAN International)에 90번째 정식 회원국이 된 북한은 공식 국가코드 867을 부여받았다.[22] 이 시기 과학기술 중시 사상[23]을 정보산업과 연결하여 '모든 부문을 정보화'하려는[24] 기초 작업으로 규격 부분의 자료들을 집대성한 규격정보 자료 검색 체계가 완성되었다.[25] 북한은 규격 부문 데이터베이스를 탑재한 홈페이지 〈래일〉을 개설함으로써 규격정보서비스 체계를 정식으로 갖추게 되었다. 이로써 국가망을 통한 규격 문헌의 배포와 규격 심의, 초안 작성 등의 규격화 사업 진행이 가능해졌다.

김정일 정권은 표준화 사업의 확대를 경제적 실리를 보장하는 수단으로 여기고 대규모 인원과 예산을 투입하여 자국 규격의 국제화 작업을 수행하였다. 당국은 식료품, 의약품, 화장품을 비롯한 경공업 제품들의 질을 세계적인 수준으로

되었으며 품질감독법 제1장 제1조에서 품질감독법의 사명을 "품질감독사업에서 규률과 질서를 엄격히 세워 제품의 질을 높이고 인민경제 발전과 인민 생활을 높이는데 이바지" 하는 것으로 명시하고 있다.

21 김정일, 『김정일선집 11』 (평양: 조선로동당중앙위원회 조선로동당출판사, 1997), pp. 371-372.

22 "북한 상품 국가코드 '867' 부여받아," 『전자신문』, 1999년 5월 5일, https://www.etnews.com/199905050017 (검색일: 2024년 5월 22일).

23 김용환, 『북한 과학기술의 이해』 (서울: 통일부 국립통일교육원, 2006), p. 23.

24 김정일, 『김정일 선집 5』 (평양: 조선로동당출판사, 2012), p. 114; 강예성, "국가규격과 국제규격의 일치성평가에 대하여," 『계량 및 규격화』, 제2호(2012), p. 34에서 재인용.

25 "규격계량 부문의 더 큰 과학 연구 성과로 인민 생활 향상에 적극 이바지하자," 『계량 및 규격화』, (2011), pp. 2-3.

끌어올리며 농축산물과 수산물 생산 및 가공 단위들의 현대화 수준에 맞게 품질 감독사업을 개선해 나갈 것을 강조하였다. 2000년 남북 정상회담을 계기로 북한은 국제표준화 무대에 다시 모습을 드러냈다.[26] 북한은 2001년 아시아·태평양 측정표준 협력기구(APMP, Asia-Pacific Metrology Programme)에 정회원 자격으로 가입하였다. 2002년에는 1994년부터 분담금을 내지 못해 회원 자격이 상실된 IEC에 준회원 자격으로 재가입하였다. 같은 해 북한은 또 준회원 자격으로 COOMET에 가입하였으며[27] 국제법정계량기구(OIML, Organisation Internationale de Métrologie Légale)에도 대표단을 파견하였다.[28] 이 시기 북한은 양자 간 표준협력을 추진하기도 했는데 2000년에는 러시아와 독일, 2003년 중국, 베트남 등과 '품질·규격화 협조 협정'을 체결하는 등 선진 기술 도입과 협력사업에 주력하였다. 2002년 1월 평양에서 품질관리 부문의 발전을 위해 러시아 국가 규격화 및 계량위원회와 양자 간 규격화 문제를 협의하였다. 동년 4월 다시 평양에서 독일 물리공학연구소와 북한 중앙품질 및 계량과학연구소 간 '양해각서'를 체결하였다.

김정은 집권기 북한의 규격화를 관통하는 정책 기조는 선질후량(先質後量)을 내세운 '품질 제고 사업'이다. "규격화 사업은 곧 질 제고 사업"이라고 규정한 김정은 정권은 '천년 책임 만년 보증'이라는 슬로건을 내걸고 제7기 제5차 전원회의를 통해 모든 부문, 모든 단위에서 '선질후량'의 원칙에서 제품의 질을 높이기 위한 강령적인 과업을 제시하였다. 김정은은 취임 이듬해인 2013년 1월 1일 신년사를 통해 경제 강국 건설이 사회주의 강성국가 건설 위업 수행의 가장 중요한 과업임을 밝히고[29] "규격화 사업은 제품의 질을 종합적으로 규정하고 담보하는

---

26 이진랑·정병기, "북한의 국제표준화 활동 및 전략: 계량 및 규격화를 중심으로," 『국가정책연구』, 제28권 제3호(2014), pp. 181-207.

27 앞에서 기술한 바와 같이 북한은 2021년 11월 COOMET 총회에서 제명되었다.

28 박현우·정혜순·원동규 외, 『2006년 남북 산업표준 통합 기반구축사업 산업기술 기반 조성에 관한 보고서』 (세종: 산업통상자원부, 2006).

29 "김정은원수님께서 하신 신년사," 『조선신보』, 2013년 1월 1일.

중요한 사업"[30]이라고 규정하였다. 이는 자원을 재활용하여 생산량을 증대하고 생필품이 인민 수요에 모자람이 없도록 하되 세계적인 경쟁력을 가진 국제규격 수준의 제품을 생산하여 무역 역량을 갖춰야 한다는 북한의 실정과 시대적인 요구로 볼 수 있다. 북한은 산업 현장의 과학화·현대화·CNC화·무인화 생산 체계 확립을 표준 정책의 중점 요소로 추진하고 있다.

3) KPS 현황과 운용 체계

북한은 2015년 기준 16,285종의 국가규격(KPS)을 운용 중인 것으로 확인된다. 김정은 집권기 북한은 사회주의기업책임관리제 시행으로 기업소 규격화 사업을 강화하고 있다. 국제표준 활동이 부진한 가운데에도 국제품질인증 제도를 시행하여 품질 개선 사업을 강화하고 있다. 그러나 국내 연구진이 분석한 북한의 ICT 분야 KPS의 국제표준 부합화 연구 결과는 당국이 실제 사업 성과를 제대로 거두지 못하고 있다는 사실을 말해준다. 2015년 재발행된 국가규격 목록 기준 북한 ICT 분야 KPS 1,228종 가운데 국제표준과 완전히 일치하거나 부분적으로 일치하는 비율은 32.3%이다. 이마저 교체되거나 폐지된 국제표준을 제외하면 유효한 국제표준 부합률은 10.8%로 떨어진다. 북한에서 가장 높은 표준 수준을 갖춘 분야가 ICT KPS라는 것을 고려하면 이는 북한의 국제표준 수준이 얼마나 열악한 것인지를 보여주는 예라 하겠다.

---

30 박혜정, "종합적규격화는 높은 단계의 규격화방법," 『계량 및 규격화』, 제1호(2022), p. 26.

표 15-3 | 북한의 주요 국제표준 활동 현황(2021년 12월 기준)

시기	성문 표준 분야	측정 표준 분야	양자 간 표준협력
1947년		• 국제단위계 (SI) 사용	
1963년	• ISO 회원 가입 • IEC 회원 가입		
1995년	• [KPS 9897-94국제규격과 국가규격의 일치정도 표시법] 제정		
1999년	• 국제유통정보표준화기구 (EAN) 회원 가입		
2001년		• APMP에 정회원 가입	
2002년 - 2006년	• IEC 재가입 • 국규 1-10:2002 [국가규격화사업-10:규격에 국제규격을 일치시키는 방법] 제정	• COOMET 준회원 가입 • 국제법정계량위원회에 대표단 파견	• 러시아, 독일, 중국, 베트남, 라오스와 양자 간 표준협력 추진
2008년	•「상품식별부호법」 제정		
2021년		• COOMET 회원 자격 박탈	
2024년	• IEC 회원 명단에서 누락		

출처: 저자 작성.

KPS는 ISO 방식으로 ㄱ, ㄴ, ㄷ 순서를 적용해 광업, 유용광물(ㄱ)부터 전자, 통신 및 정보처리 기술(ㅉ)까지 18개 산업 분야를 대분류로 나눈 후 중분류, 소분류, 세부 규격 순으로 분류한다.

표 15-4 **북한의 KPS 16,285종 보유 현황**

분류 기호	부문	보유 규격 수	보유 규격 순위
ㄱ	광업, 유용광물	778	7
ㄴ	원유제품	217	16
ㄷ	금속 및 금속제품	958	6
ㄹ	기계, 설비 및 공구	2,004	2
ㅁ	운수 수단 및 용기	350	13
ㅂ	동력 및 전기설비	761	8
ㅅ	건설 및 건재	276	14
ㅈ	요업 재료 및 제품	192	17
ㅊ	통나무, 나무, 나무제품, 종이	189	18
ㅋ	화학, 고무 및 돌솜제품	1,608	3
ㅌ	방직 및 가죽 재료와 그 제품	453	10
ㅍ	식료품 및 기호품	1,106	5
ㅎ	측정 계기 및 기구	453	11
ㄲ	보건 및 위생	4,607	1
ㄸ	농업, 산림업 및 축산업, 바다짐승	496	9
ㅃ	과학기술용어, 기호 및 수치	241	15
ㅆ	문화용품 및 관리	370	12
ㅉ	전자, 통신 및 정보기술	1,228	4
계		16,285	-

출처: KSA, "남북한 주요 표준간 현황 비교분석을 위한 조사 연구," p. 12.

규격 번호는 제정 순으로 일련번호를 부여한다. A, B, C 순으로 16개 부문의 대분류로 구분한 후 중분류, 세부 규격 순으로 분류하고 규격 번호는 부문별로 일련번호를 부여하는 남한의 JIS 방식과는 다소 차이가 있다. KPS는 세부 규격이 규격 번호순이 아니라 그 항목이 속한 분류 기호 하에서 단순히 나열되는 형태이

므로 세부 규격의 수가 많아져도 구성에 영향을 미치지 않는다. KPS의 이와 같은
표기법은 특정 세부 항목 찾기에 용이하다.

그림 15-4 **북한의 규격화 조직 체계**

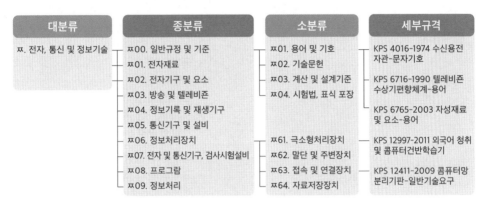

출처: 김서경, "ICT 분야 남북 국가표준 비교," p. 23.

KPS는 규격번호, 승인 연도, 분류 표기 순으로 구분하여 표기한다. 예를 들어
ㄱ. 광업. 유용광물 ㄱ0. 광업에 대한 일반규정 및 기준 ㄱ00. 용어 및 기호 국규
10832:2001 탄광용어-선탄 [ISO 1213-1:1993, IDT]로 표기한다. KS와 KPS
의 주요 차이점을 정리하면 〈표 15-5〉와 같다.

표 15-5 **KS와 KPS의 주요 차이점**

구분	KS	KPS
공개 여부	• 대외 공개	• 출판물로 타국 송부 시중앙규격지 도 기관과 해당 기관의 승인 필요
강제 여부	• 임의	• 강제
위반시 법적 조치	-	• 정상에 따라 행정적 · 형사적 책임 부과
표준 · 규격의 종류	-	• 국가규격 • 부문규격 • 도(직할시)규격 • 시(구역) · 군규격 • 기업소 규격
표준 · 규격 제정기관	• 국가기술표준원	• 국가규격: 중앙규격지도기관 • 그 밖의 규격: 해당 기관, 기업소 단체가 제정
표준 · 규격 심의기관	• 국가표준심의회	• 국가규격: 비상설 규격화위원회 • 그 밖의 규격: 해당 기관, 기업소, 단체의 규격합평회
개정	• 필요시	• 유효기간 적용
표준 · 규격 분류	• JIS 방식으로 • 21개 대분류 • 164개 중분류 • 세부 분류 없음	• ISO 방식으로 • 18개 대분류 • 171개 중분류 • 1,328개 소분류
표준 · 규격 현황	• 21,805종(2023년 국가기술표준원 통계 기준)	• 16,285종(2015년 국가규격 목록 기준)

출처: 저자 작성.

동서독 표준협력 및 통합 사례와 시사점

1. 분단 시대 동서독 표준협력과 통일독일 표준통합

1) 분단 시대 동서독 표준협력

독일은 동서독으로 분단되었으나 독일표준협회(DIN, Deusches Institut für Normung, 이하 DIN)는 베를린 장벽 설치 전까지 독일 전역에서 활동하였다. 1951년 DIN은 독일을 대표하는 유일한 표준화기구의 자격으로 ISO의 구성원이 되었다. DIN 회원의 3분의 1이 거주하였던 동독에서는 1954년 표준청(AfS, Amt fur Standardisierung)을 설립하였으며 해당 기관장 혹은 대리인은 항상 DIN 부의장으로 선출되었다.[31]

1961년 베를린 장벽이 설치되며 동독이 베를린 동부의 일메나우(Ilmenau)와 예나(Jena)에 있는 DIN 지소를 폐쇄하였다. 이후 동서독은 독자적인 표준 시스템을 구축하기 시작하였다. 동독의 경우 1954년부터 1973년까지 표준청이 표준 업무를 담당하였다. 1973년 동독의 독일계량청(DAMG, Deutsches Amt fur Maßund Gewicht)이 상품 검사와 표준화 기능을 흡수하여 표준과 측량 및 상품 검사 조직인 동독표준청(ASMW, Amt fur Standardisierung Meßwesen und Waren-prufung)으로 통합 설립되었다.

선진국에서 국가와 표준화기구 간의 관계는 법률로 규제되거나 계약 또는 계약과 유사한 협정의 방식으로 규율된다. 1984년 동독에서 제정된 '표준화에 관한 법률(StandardisierungsVO)' 제12조에 의하면 동독의 규격인 '기술제품 및 인도조건(Technische Gute und Lieferbedingungen)'은 동독 전체 국민경제에 관하여 법적 구속력을 지닌다. 소련 및 COMECON(Council for Mutual Economic Assis-

---

31 박정관, "독일 표준통합 사례 및 우리의 대응 전략," 『남북 표준 심포지엄』, (2005), p. 10.

tance, 공산권 경제 상호원조 협의회)[32] 국가들과 같이 표준 및 표준화기구와의 관계가 법령으로 규정되었다. 반면 서독은 유연한 계약 방식을 선택하여 1975년 6월 5일 DIN의 표준협정을 체결하며 정부와 민간의 성공적이고 유기적인 표준협력 사례를 만들었다.

1969년 서독의 빌리 브란트(Willy Brandt) 총리가 취임하고 '신동방 정책(neue Ostpolitik)'을 추진함에 따라 다양한 교류협력이 이루어졌다. 1972년 동서독 간 기본 조약(Grundvertrag)이 체결되고, 1973년 동서독의 UN 동시 가입이 이루어지며, 경제적으로도 무역 거래가 재개되었다. 동서독 간 경제교류는 이윤의 극대화라는 경제적 성격보다 긴장 완화와 유대 강화라는 정치적 성격을 강하게 띠며 사실상의 동독에 대한 서독의 적극적인 지원이 이루어졌다.[33]

1988년에는 DIN과 ASMW가 표준 관련 문서 교환에 합의한 프라하 협정(Prager Protokoll)이 체결되었다. 이는 당시 프라하에서 열린 ISO 총회 참석을 계기로 이루어진 합의로서 1989년 1월 DIN 및 '기술제품 및 인도조건(TGL)'의 상호 사용에 대한 합의로 이어졌다. 1989년에는 DIN과 소련 국가표준화위원회(GOST, Gosudarstvennyj Standart)가 맺은 표준협력 협정이 이루어지며 동서독 표준 교류 활동의 결정적인 근거가 되었다.

2) 통일독일 표준통합

1989년 11월 9일 베를린 장벽 붕괴 이후 11월 28일 서독의 헬무트 콜(Helmut Kohl) 총리가 연방의회에서 10개항의 통일방안(Zehn Punke Programme)을 제의하였다. 1990년 2월에는 동독의 한스 모드로(Hans Modrow) 총리가 4

---

32 COMECON은 1949년 설립된 소련을 중심으로 한 동유럽 공산권의 경제협력기구이다. 불가리아, 헝가리, 폴란드, 루마니아, 체코, 소련의 6개 국가 경제통합 조직이 COMECON의 시초로 1950년 동독, 1962년 몽골이 회원국이 되었으며 준회원국으로 북한과 중국 등이 참여하였다. 1960년대 이후 유럽경제공동체(EEC)의 발전에 대항하기 위해 경제 협력에서 경제통합으로 그 형태를 바꾸었다가 1991년 해체되었다.

33 박정관, 앞의 글, p. 25.

단계 통일방안을 제시하며 동서독은 통일과 통합을 위해 노력하게 되었다.[34] 이미 1990년 2월에 경제 및 통화 공동체를 달성하기 위한 대화가 진행되었으며, 1990년 3월 동독 인민의회 선거 이후 공식화되었다. 이어 7월의 화폐·경제·사회통합 조약의 체결로 가시화되었다. 갑작스레 이루어진 통일로 인하여 사회 여러 분야의 통합과 관련한 충분한 논의가 이루어지기 어려웠다. 베를린 장벽 붕괴 전 동서독 간 체결한 '표준화와 인증 분야 공동 협력 협정'이 정치적 통일 전 단계인 경제·화폐 통합 후 이루어진 표준 통일의 토대로 활용되었다.

화폐·경제·사회통합 조약 체결 후 불과 사흘 만인 7월 4일에 동서독 간 표준 통일 달성을 위한 협정(Vereinbarung über die Schaffung einer Normenunion)이 체결된 것이 바로 그 결실이다. 이 협정을 통해 동서독이 1961년 표준 분리 이전으로 돌아가 하나의 표준을 갖게 되었다. 협정 체결과 같은 날인 7월 4일에 동독 정부가 표준화 관련 법률을 새로 제정해 ASMW의 활동을 정지시킬 수 있었던 것도 이러한 사전 작업의 결과였다. 이에 따라 동독의 표준인 TGL은 1991년 1월부터 대부분 효력을 상실하고 DIN으로 교체되었으며 ASMW 직원 중 절반(전체 약 4,000명 중 2,000명)이 DIN과 기타 관련 기관으로 고용 승계되었다.[35]

일련의 과정을 거쳐 독일은 공공의 이익을 고려하면서 민간에 의해 표준화가 진행되어 체계적이고 현장의 의견을 반영한 독특한 표준화기구를 가지게 되었다. 독일표준협회는 독일의 표준화로 인한 전반적인 경제적 이익을 연간 170억 유로로 추산하고 있으며, 2021년 5월 기준 자체 수입 62%, 사업 프로젝트 자금 18.5%, 회비 9.9%, 공공사업 자금 9.6%의 수익구조로 운영되고 있다.[36]

---

34 박정관, 위의 글, p.28.

35 정병기·이희진, 앞의 글, pp. 229-230.

36 DIN, https://www.din.de/en/about-standards/a-brief-introduction-to -standards (검색일: 2024년 5월 15일).

2. 유럽연합의 표준통합 프로젝트

유럽연합이 단행한 유로(Euro)로의 통화 단일화는 인류 역사에 획을 긋는 표준통합 프로젝트였다. 유로는 1999년 1월 1일 회계상 목적으로 도입되어 전자 지불 형태로 사용되었다. 그러다가 2002년 1월 1일부터 현금이 유통되기 시작하면서 유로 시대가 시작되었다. 유로는 유럽연합의 27개 회원국 가운데 19개 국가에서 약 3억 4,000만 인구가 사용하고 있다.[37] 유로를 사용하는 나라들을 묶어 유로존(Eurozone)이라고 부른다. 서로 다른 화폐를 사용하던 국가 간에 통화의 '표준'을 이룬 것이다. 유럽은 1960년대부터 역내 통합을 위한 표준화 정책을 도입해 시행하고 있었는데 이러한 정책적 경험이 통화 통합에 긍정적인 영향으로 작용하였다.[38]

유럽연합은 단일 시장을 이루기 위하여 역내 무역 장벽을 해소하고 국가 간 상이한 기술 규정 및 표준들을 조화시킬 필요가 있었다. 상품과 서비스의 자유로운 이동을 위해서 다양한 장치들이 필요하였고, 이를 위해 시기마다 적절한 정책들이 추진되었다.[39] 유럽연합 최고 행정기관인 유럽집행위원회는 표준의 단일시장 촉진, 산업경쟁력 강화, 환경보호, 혁신 촉진이라는 효율성을 강조하며 다양한 표준 전략과 정책을 추진하고 있다.

산업 정책 및 혁신을 지원하는 유럽위원회의 대표적인 유럽표준화 활동을 보면 첫째, 유럽 표준화에 대한 우선순위를 파악하는 연간 업무계획을 수립한다. 둘째, 환경 설계, 스마트 그리드, 에너지 효율성, 나노 기술, 보안 및 전기 자동차를 비롯한 분야에서 혁신 제품 및 서비스에 관한 유럽표준(EN, European Norm 이하 EN)을 빠른 시일 내 혁신하고 채택할 것을 요구한다. 셋째, ESO의 표준 개

---

37 European Central Bank, https://www.ecb.europa.eu/ecb/history/html/index. en.html (검색일: 2024년 5월 15일).

38 이희진, 『표준으로 바라본 세상』 (파주: 한울아카데미, 2020), p. 107.

39 정병기, "유럽 통합 과정에서 나타난 유럽 표준화 정책의 성격과 의미: 세계화 대응과 공동 규제성," 『EU학 연구』 (세종: 한국EU학회, 2013), pp. 29-56.

발 속도를 단축하고 업무수행 방식 혁신에 역점을 두고 목표를 달성하며 성과 기준을 충족하는 유럽표준화기구에 자금을 지원한다. 넷째, 유럽표준화 절차가 공정하고 합리적이며 균형 잡힌 과학적 증거를 바탕으로 추진될 수 있게 필요한 모든 조처를 한다. 마지막으로 유럽연합은 ESO, 회원국, 그리고 기타 표준화 기구가 표준화에 대한 인식과 교육을 개선할 수 있도록 지원한다.[40]

유럽연합은 2011년 '2020년까지 유럽경제의 지속 가능한 여건을 강화하고 촉진하기 위한 개선안'으로 '2020 유럽표준 전략 비전(A strategic vision for European standards)'을 발표하였다.[41] 유럽의회, 이사회와 유럽경제사회위원회가 합의한 유럽표준화의 전략적 비전은 2020년까지 유럽 경제의 지속 가능하고 강화된 성장으로의 도약을 위해 유럽 경제성장을 위한 표준화를 이루기 위한 것이었다. 2020 유럽표준 전략 비전은 다섯 가지 전략 목표를 제시하였다. 첫째, ICT 분야의 서비스와 애플리케이션 호환성 확보를 위한 표준의 신속한 보급이다. 둘째, EN은 기업의 경쟁력을 높일 수 있는 강력한 도구이므로 빠르고 짧아진 제품 개발 주기와 표준 부합을 목표로 삼았다. 셋째, 유럽표준화기구가 개발한 EN은 유럽의 여러 정책과 규제를 지지하는 도구로서의 역할에 부응하겠다는 것이었다. 넷째, EN은 유럽 사회의 모든 구성원이 참여할 수 있도록 포괄적으로 표준화사업을 추진한다는 것, 마지막 목표는 유럽표준이 국제 시장에서 유럽기업의 국제적 경쟁력을 높이는 데 역할을 할 수 있는 실질적인 지원체계를 갖추겠다는 것이었다.

---

40 한국정보통신기술협회, 『ICT 표준화 추진체계 분석서 국가별 표준화 전략 편』 (서울: 한국정보통신기술협회, 2016), p. 90.

41 EU, "A strategic vision for European standards: Moving forward to enhance and accelerate the sustainable growth of the European economy by 2020," (2011).

3. 독일과 유럽연합 사례의 남북한 표준통합 시사점

1) 독일 표준통합 사례 남북한 적용 시사점

1989년 11월 독일의 베를린 장벽이 무너지기 약 한 달 전 이루어졌던 DIN 과 ASMW 사이에 정보 교환과 상호 간의 인증을 인정하기 위하여 체결된 '표준화와 인증 분야 공동협력 협정(Kooperationsvertrag)'은 남북한 표준통합을 위한 교류협력에 큰 시사점을 준다. 급진적인 서독의 동독 흡수통일 이후 혼란보다는 신속한 표준통합 논의로 통일독일의 단일 표준을 만들어 나갈 수 있었기 때문이다. 따라서 동서독 분단과 독일통일 시기 표준 교류협력에의 시사점을 남북 관계에 대입해 보면 크게 세 가지로 대안을 정리해 볼 수 있다.

첫째, 통일비용의 절감이다. 통일 이후 혼란스러운 정국에서 표준통합 관련 사전 논의 등 공감대 형성 여부가 남북한 통합에 큰 영향을 미친다. 특히 통일비용이라는 가시적인 수치로 환산해 보면 필요성은 극대화된다. 독일의 경우 사전에 다양한 경제 협력에도 불구하고 산업표준의 불일치에 따른 통합 비용이 15년간 180조 원에 달하는 천문학적인 수준으로 집계되었다. 통일 시기와 누계 기간에 따라 여러 연구 기관이 다양하게 추산하는 통일비용은 적게는 160조 원에서 많게는 1,237조 원에 이르며, 그중 비표준화로 인한 비용은 8~17%로 추정된다. 바꿔 말해 남북한 간 통일 이전 표준 통일을 위한 사전 준비가 이루어질 경우 최소 13조 원에서 210조 원의 통일비용을 절감할 수 있는 것이다.[42]

둘째, 단순한 표준의 통합이 아닌, 통일과정과 통일 이후 산업과 경제 전반에 걸친 이질화의 간격을 좁혀 사회통합의 기간을 단축할 수 있다. 동서독 통일과정에서 서독은 동독에 대하여 많은 정보를 가지고 있다고 과신하였다. 그러나 그들의 정보 및 연구가 부정확하거나 미흡한 현실로 인하여 충격에 빠졌다. 동독이 사회주의 국가 중 가장 부유한 국가이기에 경제적 격차에 관한 낙관론이 있었으나, 동독 산업 인프라의 낙후성으로 인하여 수많은 시행착오를 겪었다. 특히 독

---

42 황만한·류길홍·장화운·윤성권, 『남북 산업표준 비교분석 및 통일방안 연구』(서울: 한국표준협회, 2001).

일통일 원년인 1990년과 1991년에만 약 300조 원의 표준통합 비용을 부담해야 했고,[43] 이는 동서독의 표준통합 사전 준비가 충분하지 않았다는 것을 뜻한다. 남북통일을 대비하기 위해 남북한 표준통합에 관한 철저한 사전 준비가 절실함에 대한 역설이다.

셋째, 북한의 산업 발전이 미진한 단계에 있다는 점이 오히려 표준을 기반으로 하는 SOC 등 산업 인프라를 표준화하여 향후 막대한 통일비용을 절감할 기회가 된다. 비교하기 어려운 남북한의 표준 수준 격차는 통일을 대비한 남북한 표준협력으로 통일 이후 표준통합 프로세스 준비를 시작해야 하는 이유를 말해준다.

2) 유럽연합 표준통합 남북한 적용 시사점

유럽연합의 표준통합 사례는 독일 사례 이상으로 남북한 표준통합에의 시사점을 준다. 구체적으로 유럽연합의 '분업과 조정'이라는 메커니즘을 남북한 표준통합 프로젝트에 적용해 볼 수 있다. ISO를 중심으로 한 국제적 거버넌스를 설립하여 단계적인 사업을 추진해 나가는 구상이 가능하다. 중요한 점은 국제적 거버넌스 설립에 남북한의 정세와 정치적인 문제는 배제하고 경제적인 측면만 고려하여 교류협력이 추진되어야 할 것이다.

먼저 교류협력 단계에서 시행되어야 할 것을 세 가지로 정리해 볼 수 있다. 첫째, 남북한 품질 협력의 우선적인 추진이 필요하다. 개발도상국의 기업이 수출단계에서 가장 먼저 겪는 문제는 품질이다. 수입국에서 요구하는 표준의 틀 아래서 여러 규격을 맞추고 일정한 품질관리를 하는 것이 품질관리 역량이다. 이러한 품질관리 역량이 있어야 세계시장에서 경쟁할 수 있다.[44] 둘째, 남북한의 표준

---

43 류길홍, "독일 표준통합사례의 시사점과 향후 남북 표준 통합 방향," 『북한과학기술연구』, 제3집 (2005), pp. 171-184.

44 이희진, "남북 경협을 위한 표준·품질 협력 방안" (남북 표준·품질 경제협력 방안 토론회, 2019년 1월 29일, 국회의원회관).

에 대한 공동 연구 진행이다. 문헌 연구 결과 현재 북한의 국제표준에 대한 필요
성 인식은 높은 것으로 분석된다. 북한의 국제표준 역량 강화를 위한 전 단계로
상호 간의 표준 연구가 필요하다. 셋째, 북한의 국제표준 활동 지원이다. 현재 북
한은 예산 부족과 대북 제재로 국제표준 활동을 거의 하지 못하는 상황이다. 세
계 3대 국제표준화기구는 개발도상국의 국제표준 활동을 지원하고 있다. 개발도
상국에 대한 막연한 봉사활동이라기보다는 '투자'에 가까운 행위이다. 북한에 대
한 국제표준 활동 지원 또한 투자의 측면에서 볼 수 있다. 남한의 북한 국제표준
역량 강화 지원 및 멘토링은 정치적 영향을 받지 않은 국제 거버넌스를 설립하면
북한이 국제표준화기구 등 국제사회의 지원을 받을 수 있는 프로젝트를 생성하
며 현실에 다가서게 될 것이다.

Ⅳ 남북한 표준통합 방안

1. 통일 준비단계에서의 남북한 표준협력

1) 남북한 표준통합 추진 거버넌스 조직

사회 규범, 법령과 표준은 유사하면서 때로 중첩되는 거버넌스(governance)
규범의 세 유형이다. 특히 표준은 가장 광범위한 대상을 다룸으로써 다른 두 규
범을 포괄한다.[45] 사회 규범, 법령과 표준은 유사하면서 때로 중첩되는 거버넌스
규범의 세 유형이다. 특히 표준은 가장 광범위한 대상을 다룸으로써 다른 두 규
범을 포괄한다. 거버넌스 개념은 국정 관리 유형이나 공동체적 자율 관리 체계
혹은 조정 양식의 원형이나 자기 조직적 네트워크 등 연구자에 따라 다양하게 이

---

45 김석준, "거버넌스의 개념과 이론의 전개," 『뉴거버넌스 연구』 (서울: 대영문화사, 2000), pp.
31-60.

해된다.[46] 규범의 측면에서 국내외를 막론하고 일차적 통합의 대상은 경제와 일반 사회문화 분야다. 상품과 화폐로 움직이는 경제는 표준과 같은 단일 규범을 가장 절실하게 요구하기 때문이다. 사회문화 영역도 그와 연동되는 통합 대상이다. 경제 및 사회문화 분야 통합으로 인해 발생하는 각종 불평등이 사회적 소수자의 보호를 필요로 하기 때문이다. 이처럼 인간의 삶과 직결되는 부문의 합의를 거쳐 문화와 가치의 영역으로 통합 규범의 필요성은 확대되어 간다. 이때 여러 문화 공동체의 다양성을 훼손하지 않고 상호 동의와 합의를 추구해 나갈 때 사회 통합 규범으로서 표준은 더욱 커다란 시너지 효과를 발휘하게 된다.[47]

동서독은 통일 이전에도 철도 표준을 존속시키고 TV 수상기 표준을 통합함으로써 경제 및 문화 교류를 활성화하였다. 이러한 분단 시대 동서독의 표준 정책은 사회통합 기능의 대표적 사례로 손꼽힌다. 표준의 사회통합 기능을 일찍 인식한 유럽연합도 제도와 관행이 다른 회원국들을 하나로 통합하기 위해 유럽 표준협의회(CEN)를 적극적으로 활용하였다. 유럽연합은 신접근 전략(New Approach)을 통해 보건·안전·환경 등과 관련된 기술 기준들을 유럽표준에 부합시켜 경제 및 사회활동을 통합하는 데 크게 기여했다는 평가를 받고 있다.

독일과 유럽연합의 표준통합 사례는 협력적 거버넌스 유형에 속한다고 할 수 있다. 협력적 거버넌스란 국가 발전이나 통합을 위한 경제적 및 사회적 자원의 관리방식 중의 하나로써, 특히 협력이 필수적인 이슈나 문제에 대해서 자원과 제도적 장치를 통하여 해결해 가는 방식을 의미한다. 따라서 효율적인 협력적 거버넌스를 구축한다면 남북한 표준 체계 비교와 통일비용을 줄이고 국민의 참여를 높이는 데 유효하다. 협력적 거버넌스 모형은 협력 관계 형성을 바탕으로 하므로 근본적으로 중장기적인 모형에 속한다. 이는 남북 관계의 개선과 함께 통일 후의 표준 및 표준화의 상이함으로 발생할 수 있는 혼란을 미연에 방지할 수 있는 대

---

46 위의 글, pp. 31-60.

47 위의 글, p. 169.

안이 될 수 있다.[48]

한반도 통일에서 표준화 통일은 단순히 경제적 효과를 넘는 상징적인 의미를 포함한다. 표준통합은 경제적 통합비용의 절감과 함께 동일한 가치와 기준 하에서 남북한 국민이 생활함으로써 물리적이고 심리적 괴리를 통합하는 데 효과적인 역할을 수행할 수 있다. 더욱이 통일 국가를 겨냥한 표준화 작업에 새롭게 형성되는 이해관계자들이 함께 참여하고 이들의 이해관계를 민주적이며 효율적으로 조정해 가는 표준화 거버넌스의 방식으로 작동시킬 수 있다면, 표준통합은 한반도 통일과 통합의 핵심 영역이 될 것이다. 표준의 통일은 국가 통일 이전에 협력과정이 필요하며[49] 그런 의미에서 표준협력은 궁극적으로 통일 후 경제 및 사회문화 통합에 지향점을 두어야 할 것이다.

서론에서 언급한 바와 같이 궁극적인 남북한 표준통합의 가장 이상적인 방법은 동독의 표준이 서독의 표준에 통합된 것처럼 북한의 규격화 체계를 남한의 표준 운용 체계로 흡수통일하는 방안이다. 현재 국제표준 부합화율 99.4% 수준의 남한 표준 역량은 북한 규격화 운용 방식의 남한 표준화 시스템으로의 흡수가 남북한 표준통합의 가장 바람직한 방안이라는 점을 시사한다. 북한 규격화의 남한 표준화 흡수를 방법으로 남북한 표준통합을 이루어내려면 거버넌스 조직은 한국표준협회(KSA)를 중심으로 정부, 산업계·학계·연구계의 표준화 전문가 그룹을 구성원으로 남한에서 독자적으로 조직하는 것이 합리적이다.

남북한 표준의 통합은 관련 이해관계자가 참여하는 단계적 접근이 필요하다. 1단계에서는 남한 단독 거버넌스를 조직하고, 2단계에서 한국기술표준원과 한국표준협회를 중심으로 전문가 그룹이 협업해 남북한 표준화 통합 전략을 수립한다. 3단계에서 북한에 교류협력 제안과 협의를 거쳐, 4단계에서 과제별 남북한 추진 협의기구를 구성하며 5단계에서 분야별 표준 통일 과제를 남북한이 공동 추진하는 교류협력의 로드맵을 고려해 볼 수 있다.

---

48 위의 글, pp. 149-179.

49 정병기, "남북의 표준 및 표준화의 차이와 표준협력 과정 및 표준통합의 방향과 전망," 『한국정치연구』, 제25집 제1호(2016), pp. 1-22.

2) KS와 KPS 정보 공유

공식적인 통계에 따르면 남한의 표준 위상은 통일을 대비한 중장기적인 남북한 표준통합 로드맵을 수립할 수 있는 수준에 올라가 있다. KS와 KPS의 정책 및 자료와 정보의 공유가 이루어진다면 남북한 표준통합 중장기 계획 수립은 가속화되고 효율적인 방안 도출에 도움이 클 것이다. 남북한 표준 정보 공유는 상호 간에 표준 일치의 중요성을 인식하고 호혜·평등의 원칙에 따라 교류협력을 추진하겠다는 의미를 갖는다.

남북한 표준 정보 공유의 한 방법으로 품질 협력을 통한 접근 방법을 활용해 볼 수 있다. 이것은 규격화 정보 개방에 대한 북한 정부의 불안감을 줄여줄 수 있는 유연한 접근 방법이 될 것이다. 북한은 저개발 수준의 후진국이다. 후진국이나 개발도상국이 기업에 수출하고자 할 때 가장 먼저 부딪히는 문제는 품질이다. 수출하려면 수입국에서 요구하는 여러 가지 규격을 맞추어야 하는데 이 규격들은 대부분 표준 또는 기술 규정의 형태를 취하고 있다.

수출 기업들은 수입국에서 환경, 안전, 보건, 위생 등의 이유로 요구하는 각종 규정을 충족시키기 위해 많은 시간과 노력, 비용을 들인다. 특히 개발도상국 기업은 규격을 맞추고 품질관리 관점에서 일관성을 유지하는 데 어려움을 겪기 때문에 어렵게 개척한 수출에 애로를 겪는다. 따라서 기업들은 요구하는 표준을 정확하게 인식하고 그 표준에 맞춘 제품을 만들어야 한다. 그것이 품질이고 그 역량이 품질관리 역량이다. 표준을 준수하는 역량, 즉 품질관리 역량은 개발도상국 산업 발전의 토대이며, 이러한 역량을 지니고 있어야 글로벌 시장에서 경쟁할 수 있다.[50]

북한도 마찬가지이다. 북한이 경제발전을 이루고자 한다면 어떤 형태로든 제품과 기술이 국제표준에 부합하여야 한다. 개성공단과 같은 남북 협력을 통한 형태이든, 중국의 산업경제 체계에 더욱 깊이 편입되는 형태로든 글로벌 가치 및

---

50 이희상·문승연, "개발도상국에 대한 기술표준 역량 강화의 UN 지속 가능 개발 목표 기여에 대한 연구: 한국의 기술표준 부문 ODA를 중심으로," 『국제개발협력연구』, 제10권 3호(2018).

기술표준 사슬에 참여해야 한다. 표준은 북한 생산 단위에 품질을 높일 수 있는 학습과 혁신의 기회를 제공할 것이다.[51]

3) 표준통합 환경 구축을 위한 남북한 공동 연구

남북한 표준통합 환경 구축을 위해서는 공유된 표준·규격화 정보를 기반으로 표준협력 및 통합 전략이 필요하다. 연구는 우선적으로 남북한 표준 및 이질적 산업[52] 용어 비교 연구부터 이루어져야 한다. 통일 전 경제 협력 및 산업 교류 차원에서 KS와 KPS를 상호 비교하는 노력이 필요하다. 이 과정에서 향후 남북한 교류협력에서 소통의 혼란을 방지하고 불통에 대응할 방안도 도출될 것이다. 더불어 산업 용어의 차이에서 발생할 수 있는 문제점을 최소화하고 남북한 표준통합에 대비한 기초 자료로 활용하도록 한다. 이를 위하여 부문별 산업표준 규격과 용어를 비교하며 특히, 산업표준의 기반 요소에 해당하는 설계 및 도시 기호, 표준 색상표, 바코드 체계, 포장 단위 등에 대한 연구를 진행하여야 한다.[53]

남북한 표준 관련 법제의 비교와 분석도 필요하다. 남북 간 관련 법규와 표준 자료를 공유하고 법체계와 구조, 내용, 운영 측면에서 차이점을 비교·분석할 필요가 있다. 이를 통해 법제의 통합방안 마련을 위한 연구가 이루어져야 한다. 그러나 이에 앞서 우선되어야 할 과제는 남북협력기금법의 개정 방안을 연구하는 것이다. 호혜·평등 원칙에 기초하여 정치적 영향을 받지 않는 안정적인 남북한 표준협력 체계를 마련하려면 무엇보다 남북협력기금법의 개정을 통해 교류협력

---

51 이희진, 『표준으로 바라본 세상』 (파주: 한울아카데미, 2020), pp. 116-119.

52 산업의 범위는 표준국어대사전에 정의된 "인간의 생활을 경제적으로 풍요롭게 하기 위하여 재화나 서비스를 생산하는 사업인 농업, 목축업, 임업, 광업 및 공업을 비롯한 유형의 생산 이외에 상업, 금융업, 운수업 및 서비스업 따위와 같이 생산에 직접 결부되지 않으나 국민 경제에 불가결한 사업도 포함한다"는 의미로 사용하며 중요하게 ICT 분야도 포함하여 썼다.

53 윤덕균, "통일을 대비한 남북한 산업표준 통일화 과제," 『산업경영시스템학회지』, 제23권 제57집(2000), pp. 103-112.

과 연구에 필요한 재원은 기금을 마련할 수 있도록 제도화해야 한다.[54]

남북한 표준통합을 위해 중요하게 연구되어야 할 분야가 ICT 분야이다. 일반 대중이 사용하는 컴퓨터, 스마트폰, 방송 등 통신 서비스 기기가 빠르게 발전하고 북한에도 휴대전화의 보급률이 급격히 상승하고 관련 산업이 발달하고 있기 때문이다. 궁극적으로는 통일한국 시대에 다양한 계층을 포용하여 원만한 소통과 사회통합을 단기간에 성취하기 위해서는 북한의 인민 생활과 밀접한 기기의 활용 및 수요를 발굴하고 이를 토대로 ICT 기기를 활용하기 위한 통신(네트워크 등 인프라) 표준, 디바이스 표준, 융합기술 표준, 서비스 모델 등 표준 통일을 위한 전략 및 협력 방안 마련이 필요하다.[55]

2. 통일 추진과정의 남북한 표준통합 방안

1) 북한의 국제표준 활동 지원

남북한 표준통합은 궁극적으로 북한 KPS의 국제표준 부합화율을 남한 수준으로 끌어올릴 수 있는 표준화 시스템의 공동 운영을 말한다. 이를 위해 선차적으로 필요한 것이 북한의 국제표준 환경의 개선이다.

남북한이 공히 정회원으로 가입된 국제표준화기구의 개발도상국표준화위원회(ISO DEVCO)를 통해 북한의 국제표준 활동을 지원할 수 있다. DEVCO를 통한 북한의 국제표준 활동 지원은 국제표준화기구를 통한 '개발도상국으로서의 북한 표준 발전 지원'과 남북한 표준협력이라는 점에서 대의명분을 갖게 된다. UN의 지속가능발전목표(SDGs) 중의 하나인 국제사회의 지원, 역량 강화와 파트너십, 제도적 문제 등은 비교적 정치적인 영향력으로부터 벗어나 협력할 수 있다.

구체적인 방법으로는 ISO의 '결합과 점검(Twining & Monitoring)' 프로그램 시

---

54 남성욱, "북한의 표준·규격화 체계와 남북한 통합방안,"『입법과 정책』, 제7권 제2호(2015), pp. 33-58.

55 김서경, "ICT 분야의 남북 국가표준 비교" (제22회 북한 ICT 연구회 세미나, 2011년 10월 20일, SK텔레콤 세미나실).

스템에서 표준화 멘토링에 참여하는 것을 들 수 있다. 'Twining & Monitoring' 제도는 개도국과 선진국이 공동으로 TC · SC 의장 · 간사 등을 수임하여 개도국에 국제표준화 역량 강화에 기여하는 프로그램이다. 남한의 CAG 활동 노하우와 차기 ISO 회장국 지위는 개발도상국표준화위원회(DEVOCO)를 통한 남한의 북한 표준 · 품질 지원은 성과를 기대할 수 있는 표준협력 방안이다.

북한이 남한의 직접적인 표준통합 관련 각종 지원을 부담스러워한다면 개발도상국표준화위원회(DEVCO)의 북한 후원을 측면 지원하는 방법도 가능하다. DEVCO는 개발도상국의 국가 품질 인프라와 관련된 문제를 파악하고 해당 국가의 표준화 욕구 조사를 통하여 표준 기술지원 및 훈련을 통해 회원국의 표준화 역량 제고에 역할을 한다. 기술지원과 교육은 경제개발, 표준개발, 적합성 평가 및 ICT 지원에서 표준의 역할을 포함한 다양한 주제에 초점을 맞추고 있다. 개발도상국을 위한 ISO 실행 계획에 대해 ISO 이사회에 권고하고 그 이행 과정을 감시한다. 또한, 표준화 및 관련 활동의 모든 측면에 대한 논의와 선진국과 개발도상국 간의 경험 교환을 위한 포럼을 개최하기도 한다.

2) 북한 국제표준 전문가 양성 교육 지원

북한의 국제표준 전문가 양성에서도 남한의 표준 당국이 ISO, ITU 등 국제표준화기구의 역량 구축 지원 사업에 참여할 수 있도록 유도하여 해당 시스템을 통해 북한을 측면 지원하는 것이 표준협력의 토대 구축에 유리한 접근 방법이 될 수 있다.

ISO는 개발도상국 회원국들의 역량 구축 지원 사업을 하고 있다. 개발도상국을 위한 ISO 실행 계획(ISO Action Plan for developing countries)은 개발도상국 구성원을 지원하기 위한 기술지원 및 훈련을 위한 전반적인 프레임워크(framework)로 2005년 설계되었다. 회원국이 당면한 사회적, 경제적, 환경적 과제 해결을 위해 ISO 표준 사용을 원만히 추진할 수 있게 추진하기 위하여 구축한 프레임워크는 큰 틀에서는 UN의 지속 가능한 개발 목표와 '더 쉽고, 안전하고, 더

나은 삶을 만들라'는 ISO의 비전 아래에서 실행되고 있다.[56]

이 프레임워크는 특히 최빈국과 개도국의 표준화 요구에 초점을 맞추고 있어 북한의 참여가 유리하다. ISO가 회원국의 프로젝트 활동을 설계하고 구현, 관리하며 결과 모니터링을 지원한다. '변화 이론'에 기반한 접근 방식으로 결과에 집중하는 이 시스템은 해당 회원국이 지역 및 국제 수준 표준화 지식과 기술을 습득하여 실제 자국의 산업에 적용할 수 있도록 설계되었다. 따라서 북한의 경제적 여건과 규격화 현황에 따른 표준화 요구와 당면한 문제를 해결하는 기회가 될 수 있다. 또한, 반복적인 모니터링을 통한 표준화 환경 개선을 지원하므로 북한이 국제표준화 환경을 구축하고 양질의 표준화 교육을 통해 자체적으로 국제표준화 전문 인력을 양성할 기회이기도 하다.

이 시스템은 디지털 학습, 장거리 코칭, 자문 서비스 등 원격 지원을 하므로 참여 방법이 비교적 용이하다. 무엇보다 북한도 최근 원격 화상 회의, 온라인 교육이 활성화되는 추세이므로 참여 방식에 대한 반감은 낮을 것으로 판단된다. 실행 계획은 ISO의 Capacity Building 유닛에 의해 구현되는데 이 유닛은 현재 진행 중인 프로젝트와 성공 사례 등을 웹사이트를 통해 제공한다.[57] 해당 사이트는 회원국 이해관계자의 참여 방법에 대한 정보를 제공하고 있어 북한의 국제표준화 전문가 양성 교육에 활용할 수 있을 것으로 보인다. 국제표준 역량 구축 사업의 실제 수혜자는 회원국이 서비스를 제공하는 이해관계 즉 정부와 규제기관, 기업 등 민간 부분, 학술 및 연구 기관, 소비자 기관 등이 광범위하게 포함된다. ISO 방침에 따라 이해관계자로서 남한 정부와 표준화 기관도 포함한다.

ICT 분야의 국제표준 도입 지원을 위해서는 ITU의 개발도상국 표준 격차 해소(BSG, Bridging the Standardization Gap) 프로그램을 활용할 수 있다. 정보사회가 급속히 진행되면서 선진국과 개발도상국 사이의 ICT 수준 격차 현상을 표

---

56 ISO, *ISO ACTION PLAN 2021-2025* (Geneva: ISO, 2021), pp. 6-15.

57 ISO, https://www.iso.org/search.html?q=ISO%20Action%20Plan%20for%20 developing%20countries (검색일: 2024년 5월 29일).

현하는 용어로 '디지털 격차'가 있다. 여기에는 여러 가지 요소가 들어가 있으나 ITU-T와 연결된 요소 중 하나가 '표준화 격차'이다. 디지털 격차를 근본적으로 해소하기 위해서는 개발도상국의 기술에 대한 이해와 관련 시스템의 개발 및 운영 등에 필요한 지식과 경험이 선진국 수준으로 향상되어야만 한다.

이를 위한 과정의 하나로 표준에 대한 격차의 해소가 있다. 표준 격차 해소는 두 가지 관점으로 나누어 볼 수 있는데 그중 하나는 표준에 대한 이해와 인식의 격차 해소이다. 이를 위해서는 개발된 표준에 대하여 교육이나 워크숍, 세미나 등을 통해 그 이해를 향상시키는 방법이 제시되어 현재까지 ITU-D와 ITU-T 간의 협력하에 진행되고 있다. 다른 하나는 표준화과정에 대한 격차가 그것이다. 이는 표준개발과정에 개발도상국의 관계자들이 참여 정도가 부족하여 해당 기술의 표준개발과정에서부터 격차가 발생하는 것이다. 이를 위하여 ITU-T에서는 ITU-D와 협력하여 개발도상국 전문가들의 참가 격려를 위한 Fellowship 프로그램을 운영하고 있다.[58]

ITU의 Fellowship 프로그램 등 국제표준화기구를 통한 ICT 분야 국제표준화 교육을 통해 남북한의 수준 격차가 줄어들게 되면 현행되는 한국정보통신기술협회(TTA, Telecommunications Technology Association)의 '신진 표준 전문가 양성' - '국제표준화 전문가 활동 지원' - '명장급 전문가 선정·지원' 등 단계별 맞춤 지원 프로그램 등을 북한 실정에 맞춰 지원·운영하는 방안도 고려해 볼 수 있다.

3) 남북한 상호 인증 체계 통일 기반 구축

남북한 표준통합 프로세스에서 꼭 필요한 절차가 남북 간 상품거래 시 각종 법령·인증에서 요구하는 시험 및 검사 성적서에 대한 상호 인정이다. 남북한 교역을 활성화하고 나아가 남북 산업규격을 점진적으로 동질화할 수 있는 방편으로 현재 북한을 외국으로 인식하고 행해지고 있는 형식 승인을 면제할 방안이 필

---

58 이재섭, "Bridging Standardization Gap과 ITU-T 활동," *ICT Standard Weekly*, 2014년 24 호(2014), p. 2.

요하다. 남북 간 물품의 자유 거래를 위한 남북 상호 제품 인증 체계 구축을 뜻한다. 북한 생산 제품의 KS 인증, 남한 생산 제품의 KPS 인증 획득을 위한 상호 인증 체계 구축과 향후 남북 연합 품질인증제도 기반을 구축하는 방법을 고려하는 것이다. 궁극적으로는 KS 인증과 KPS 인증을 단일 인증 제도로 통합하여 단일화한다.

이를 위한 구체적인 사업으로서 먼저 북한에 대한 ISO 인증을 지원해 주어야 한다. 다음으로 상호 교역 품목에 대한 자동 형식 승인 체제를 구축하고 나아가 북한 내 품질인증 제품에 대하여 자동으로 KS 인증을 받을 수 있도록 할 수 있다. 북한 기업소 및 공장의 ISO 시리즈 인증을 위한 매뉴얼을 작성하고 자료를 제공하여 ISO 인증을 받은 북한 기업소 및 공장의 수를 확대함으로써 향후 남북한 경제 협력에서 발생할 수 있는 무역 장벽에 대한 적극적인 대응과 품질관리에 대한 문제점을 사전에 방지할 수 있다.[59]

V 결론

분단 시기 이어진 동서독의 표준협력은 통일과정에서 전체 통일비용의 10%를 차지하는 막대한 표준 통일비용을 줄이는 데 크게 이바지하였다. 통일 전 철도 표준을 존속하고 TV 수상기 표준을 통합하는 등 경제, 문화 교류를 이어갔던 분단 시대 동서독의 표준화 정책은 통일 후 독일의 사회통합에 크게 기여하였다. 이는 단순한 표준통합이 아닌 통일 전후 국가 산업과 경제 전반에 걸친 이질화 간격을 좁히고 통합의 시간을 앞당겨 국정 안정을 이끈 초석이었다. 독일의 표준통합 사례가 통일 전 남북한 표준협력의 필요성을 제시한다면 EU의 표준 활동은 통일한국이 추진해야 할 표준통합 프로세스의 모범 사례라 할 수 있다.

---

59 윤덕균, "남북한 산업 표준화 협력 방안,"『통일경제』, 통권 70호(2000), pp. 50-66.

통일 전 남북한 표준협력 사업의 추진 목적은 통일비용을 줄이는 데만 있지 않다. 남북 간의 표준통합은 통일 후 사회통합에 필요한 시간을 단축하여 단기간에 사회를 안정시키는 데도 필요하다. 무엇보다 통합의 실마리가 될 표준협력은 체제와 문화, 사상의 이질화가 심화된 남북한 사회의 구성원들이 통일에 대한 체념과 불안감을 극복하는 데에도 기여할 수 있다.

남북한 표준통합은 공통된 표준 적용으로 모든 산업 기반 시설, SOC 등이 통일된 유일한 표준화 시스템에 의해 작동하며 사용자인 사회 구성원 전체가 이를 수용하는 것을 의미한다. 남북 간 표준화 체계가 조금씩 이질화가 된 것처럼 통합에도 전략 수립에서부터 세부 계획 추진, 변수의 대응까지 오랜 시간이 소요될 수 있다. 지금 바로 남북한이 표준·규격화 교류협력을 시작해야 하는 이유이다.

한국표준협회를 중심으로 정부, 산업계, 학계 및 연구계의 표준화 전문가 그룹을 구성원으로 거버넌스를 조직하고 남북한 표준통합 전략을 수립해야 한다. 통일 여건 조성을 위해 정부와 민간기업, 국제기구가 협력하여 남북한 표준 체계 비교를 위한 별도의 조직을 구성하고 법적·제도적 방안을 마련해야 한다. 통합 추진 사업에 필요한 충분한 재원 마련도 중요하다. 통일 교육 확대 실시도 필요하다. 통일에 대한 국민적 공감대를 확산하는 것은 남북한 표준통합 추진 사업의 중요한 동력이 될 수 있기 때문이다.

남북한의 표준통합은 남북 간 품질 협력과 기술교육 지원 형태의 상호 교류에서부터 시작하는 것이 바람직하다. 북한이 대외 무역 영역에서 직면해 있을 수입국 요구 수준의 품질관리 역량을 갖출 수 있도록 표준 기술 교육 지원을 하는 것이다. ISO의 DEVCO를 통한 북한의 국제표준 역량 지원은 국제표준화기구를 통한 개도국 북한의 표준 발전 지원과 상호 협력이라는 대의명분을 동시에 갖게 된다. 이로써 국내에서는 국민 공감대를 형성하고 국제적으로는 대북 제재 등 정치적인 영향력으로부터 비교적 자유롭게 교류할 수 있을 것이다. ITU의 BSG 프로그램을 통해서는 북한이 가장 활발한 규격화 활동 영역인 ICT 분야의 국제표준을 도입하고 부합률을 높이도록 지원할 수 있다. ITU의 Fellowship 프로그램 등 국제표준화기구를 통한 ICT 분야 국제표준화 교육을 통해 남북한의 ICT 표준화 수준 격차가 줄어들게 되면 현행되는 정보통신협회(TTA)의 단계별 맞춤 지원 프로그램을 북한 실정에 맞춰 지원할 수도 있다. 또한, 국가기술표준원의 개도국 표준체계 보급 지원 사업을 통해 북한의 표준화 현황을 연구·분석하여 효율성 높은 사업의 지원과 남북 간 협력을 추진할 수 있다.

2024년 6월 19일 평양에서 만난 김정은 조선노동당 총비서와 블라디미르 블라디미로비치 푸틴 대통령은 "포괄적인 전략적 동반자관계에 관한 조약"을 맺었다. 이 조약의 제13조는 북한과 러시아 간 표준협력에 관한 것으로 양국이 규격과 실험기록부, 합격 품질증명서의 상호 인정, 규격의 직접적인 적용, 측정의 통일성 보장을 위한 분야에서 얻은 경험과 최신성과의 교류, 전문가 양성, 실험 결과 인정 분야에서의 협력을 명시하였다.[60] 북한과 러시아는 2000년 '북러 품질 규격화 협조 협정'을 체결한 바 있다. 2002년에는 북한과 러시아 당국 간 '국가 규격화 및 계량위원회 품질관리 부문 발전을 위한 규격화 문제 협의'가 있었다. 북한은 한반도 통일의 주체인 남한이 아닌 러시아와의 표준협력을 선택했다. 지금 바로 국제표준화기구와 연대해 남북한 표준협력 프로세스를 수립하고 남북 표준협력이 북한의 경제성장, 사회 안정화에 미칠 긍정적인 결과를 제시해야 하는 절실한 이유이다. 남북한의 표준협력과 통합에 통일의 미래가 있다.

---

60 "조선민주주의인민공화국과 로씨야련방사이의 포괄적인 전략적동반자관계에 관한 조약," 『로동신문』, 2024년 6월 20일.

참고문헌

국내문헌

국가기술표준원. 『2021 국가표준백서』. 음성: 국가기술표준원, 2022.

──────. 『2022 국가표준백서』. 음성: 국가기술표준원, 2023.

김석준. "거버넌스의 개념과 이론의 전개." 『뉴거버넌스 연구』. 서울: 대영문화사, 2000.

김용환. 『북한 과학기술의 이해』. 서울: 통일부 국립통일교육원, 2006.

한국표준과학연구원. 『단위를 알면 세상이 보인다』. 대전: 한국표준과학연구원, 2009.

박정관. 『독일 표준통합 사례 및 우리의 대응 전략』. 2005.

박현우 · 정혜순 · 원동규. 『2006년 남북 산업표준 통합 기반구축사업 산업기술 기반 조성에 관한 보고서』. 2006.

남성욱. "북한의 표준 · 규격화 체계와 남북한 통합방안." 『입법과 정책』, 제7권 제2호(2015): 33-58.

남성욱 · 조정연. 『김정은 시대 북한의 표준규격화(KPS) 정책과 남북한 통합방안』. 서울: 박영사, 2024.

류길홍. "독일 표준통합사례의 시사점과 향후 남북 표준통합 방향." 『북한과학기술연구』, 제3집 (2005): 171-184.

윤덕균. "통일을 대비한 남북한 산업표준 통일화 과제." 『산업경영시스템학회지』, 제23권 제57집 (2000): 103-112.

──────. "남북한 산업 표준화 협력 방안." 『통일경제』, 통권70호(2000): 50-66.

이희상 · 문승연. "개발도상국에 대한 기술표준 역량 강화의 UN 지속 가능 개발 목표 기여에 대한 연구: 한국의 기술표준 부문 ODA를 중심으로." 『국제개발협력연구』, 제10권 3호(2018): 21-53.

이희진. 『표준으로 바라본 세상』. 파주: 한울엠플러스, 2020.

──────. "남북 경협을 위한 표준 · 품질 협력 방안." 『남북 표준 · 품질 경제협력 방안 토론회』. 서울, 국회의원회관, 2019년 1월 29일.

정병기. "유럽 통합 과정에서 나타난 유럽 표준화 정책의 성격과 의미: 세계화 대응과 공동 규제 성." 『EU학 연구』, 제18권 제2호(2013): 29-56.

──────. "남북의 표준 및 표준화의 차이와 표준협력 과정 및 표준통합의 방향과 전망." 『한국정치 연구』, 제25집 제1호(2016): 1-22.

정병기 · 김찬우. "산업표준 보유 및 표준화 활동 추이로 본 한국 산업표준 정책의 특징과 변화."
『한국과 국제정치』, 제29권 제3호(2013): 155-188.

정병기 · 이진랑. "북한의 국제표준화 활동 및 전략: 계량 및 규격화를 중심으로." 『국가정책연구』,
제28권 제3호(2014): 181-207.

정병기 · 이희진. "동서독의 표준화 체계와 표준통일 과정: 남북한 표준협력에 대한 함의." 『한국정
치연구』, 제22집 제1호(2013): 215-236.

최현규. "북한의 표준 및 산업 규격 현황: 정보통신을 중심으로." 『지식정보인프라』, 통권 17호
(2005): 90-92.

북한과학기술네트워크. "북한의 국가규격(KPS)과 국가품질감독국." 『NK TECH 뉴스레터』, 103호
(2007).

이재섭. "Bridging Standardization Gap과 ITU-T 활동." *ICT Standard Weekly*, 2004년 24호
(2014): 2.

한국정보통신기술협회. 『ICT 표준화 추진체계 분석서: 국가별 표준화전략 편』. 성남: 한국정보통
신기술협회, 2016.

황만한 · 류길홍 · 장화운 · 윤성권. 『남북 산업표준 비교분석 및 통일방안 연구』. 서울: 한국표준협
회, 2001.

북한문헌

강예성. "국가규격과 국제규격의 일치성평가에 대하여." 『계량 및 규격화』, 제2호(2012): 35.

계량 및 규격화. 2011. "규격계량 부문의 더 큰 과학연구 성과로 인민 생활 향상에 적극 이바지하자".

김정일. 『김정일선집 5』. 평양: 조선로동당출판사, 2012.

_____. 『김정일선집 11』. 평양: 조선로동당출판사, 2011.

박혜정. "종합적규격화는 높은 단계의 규격화방법." 『계량 및 규격화』, 제1호(2022): 26.

"김정은 원수님께서 하신 신년사," 『조선신보』, 2013년 1월 1일.

"위대한 수령 김일성동지께서 국가품질감독체계를 세워주신 70돐 기념보고회 진행," 『로동신문』,
2021년 2월 2일.

"조선민주주의인민공화국과 로씨야련방사이의 포괄적인 전략적동반자관계에 관한 조약," 『로동
신문』, 2024년 6월 20일.

해외문헌

EU. "A strategic vision for European standards: Moving forward to enhance and accelerate the sustainable growth of the European economy by 2020." (2011).

ISO. *ISO Action Plan 2021-2025*. Geneva: ISO, 2021.

통일 이후 인구구조 변화와
저출생 문제 그리고 통일미래 비전

김엘렌 이화여자대학교 통일학연구원 연구위원

통일 이후 인구구조 변화와
저출산 문제 그리고 통일미래 비전

I 서론

최근 남한과 북한 모두 저출산·고령화 문제로 인하여 인구 감소 위기에 직면해 있다. 통계청 『2022년 출생통계』[1]에 따르면 2022년 남한 합계출산율은 0.78명으로 역대 최저 기록을 갱신하며 인구 감소를 넘어 소멸에 대한 국가적 위기감을 고조시키고 있다. 남한과 마찬가지로 북한도 저출산·고령화 문제를 주요 사회문제로 인식하고 있다. 2023년 김정은 위원장은 "출생률 감소를 막고 어린이 보육 교양을 잘하는 문제도 모두 어머니들과 힘을 합쳐 해결해야 할 우리 모두의 집안의 일"이라며 저출산 문제 해결을 호소하기도 하였다.[2] 2021년 6월 개최된 사회주의여성동맹 7차대회에서는 "아들딸들을 많이 낳아 키우는 것은 나라의 흥망, 민족의 전도와 관련되는 중대사"라고 언급하며 "아이를 많이 낳아 키우

---

1   해당 자료에서 합계출산율은 통계청의 연령별 출산율(ASFR)을 총합하여 산출하였다.

2   남북의 창, "[클로즈업 북한] 북한도 '저출산' 위기…결혼·출산 장려", 『KBS』, 2024년 3월 30일, https://news.kbs.co.kr/news/pc/view/view.do?ncd=7927223 (검색일: 2024년 4월 1일).

는 여성들을 적극 도와주고 우대하는 기풍을 확립"해야 한다고 강조하였다.[3] 또한, 북한 「로동신문」에 백두산 영웅 청년돌격대 대원 부부가 결혼하여 돌격대 지휘관들이 결혼한 부부의 결혼식은 물론 살림살이까지 모두 지원했다는 내용을 보도하며 사내 결혼을 부추기는 분위기를 조성하였다.[4] 이렇듯 북한 대중매체에서도 저출산, 육아 정책에 대한 보도가 빈번해지고 있으며 북한 내각에서는 육아법을 제정하기도 하였다. 김정은도 여러 차례 담화를 통해 이 문제에 대해 언급하는 등 저출산 문제에 대한 인식을 보여주었다. 아직까지 북한의 출산율이 대한민국보다 높긴 하지만 전반적으로 남북한이 처한 상황은 별반 다르지 않다고 볼 수 있다.

남북한 합계출산율이 함께 추계된 UN DESA의 '2022년 세계인구전망 보고서(World Population Prospects)'에서 수치는 북한이 1.79명, 한국이 0.883명을 기록하였다.[5] UN DESA 보고서에서는 남한의 합계출산율이 2022년에서 2023년 다소 상승하는 수치를 기록하였지만, 최근 10년간 기록을 비교해본다면 합계출산율은 계속 감소하는 추세이다. 2023년 한국의 합계출산율 수치(약 0.88명)에 비하면 북한의 합계출산율 수치(약 1.79명)는 약 2배 정도 높은 기록이다. 그러나 UN DESA 보고서 내 최근 10년간 북한의 합계출산율 기록을 비교해본다면 북한 역시 합계출산율이 감소하는 추세이다. 아래 자료를 통해서 남북한이 모두 저출산을 경험하고 있으며 남북한 모두에게 인구 소멸위기에 직면한 사회문제라는 것을 확인할 수 있다.

---

3   권영전, "김정은, 여맹대회에 서한…"여성 사랑하고 돕는 기풍 세워야"(종합)," 『연합뉴스』, 2021년 6월 22일, https://www.yna.co.kr/view/AKR20210622010752504 (검색일: 2024년 4월 1일).

4   남북의 창, 앞의 인터넷 자료.

5   UN 「World Population Prospects 2022」 보고서 내에 2022년 12월을 기준으로 한 중위가정 지표값이다.

표 16-1 최근 10년간 남북한 합계출산율

(단위: 명)

	2014	2015	2016	2017	2018	2019	2020	2021	2022	2023
북한	1.885	1.884	1.870	1.857	1.845	1.840	1.818	1.809	1.793	1.790
남한	1.204	1.203	1.147	1.051	0.970	0.914	0.887	0.880	0.874	0.883

출처: UN DESA, World Population Prospects(2022).

유엔 인구기금(UNFPA, UN Fund for Population Activities)이 발표한 2023 세계인구현황 보고서에 따르면 2023년도 전 세계인구는 약 80억 명으로 집계되었다. 세계 80억 인구 중 대한민국 인구는 5천 178만 명으로 세계 29위, 북한은 약 2천 616만 명으로 56위를 차지하였다. 현재 남북한이 통합했다고 가정했을 때 남북한 통합 인구는 세계 20위~21위 정도로 예상할 수 있다. 급격한 인구 감소를 경험하고 있는 남한은 미래에 남북이 통합한다고 해도 북한과 달리 드라마틱한 인구 증가가 이뤄지지는 않는다는 것이다. 그렇지만 작은 한반도에서 대한민국의 50%에 해당하는 인구를 가지고 있는 나라와의 통합이라는 것은 사실상 경제적인 수치뿐만 아니라 그 이상의 가치를 상정하고 있음을 간과해서는 안될 것이다.

한국사회에서 30년 이상 지속되고 있는 저출산 현상이 장기적으로 초래하는 인구변동을 분석하는 연구들이 쏟아져 나오고 있다. 인구학의 안정적 인구모형에 기반을 둔 연구는 주로 장기간 지속되고 있는 저출산 현상, 연령구조 변화와 더불어 미래의 인구 감소, 고령화 증가가 경제학적으로 어떠한 파급효과까지 양산하는지에 대한 연구까지 포함하고 있다. 이와 관련하여 공통적으로 나오는 결과로는 첫째, 한국사회의 출산율이 대체 수준까지 상승세로 가더라도 인구가 감소하는 인구 모멘텀 단계를 피할 수는 없다는 것이다. 둘째, 이러한 모멘텀 현상은 고령화 증가 폭과 맥을 같이 한다는 점에서 미래에는 인구 감소와 인구 고령화 문제는 현실로 나타날 것이라는 점이다. 셋째, 이러한 현상은 고령화 증가와 생산가능인구 감소로 어느 시점에서는 은퇴 연령이 재취업을 해야 하는 개연성까지 내포하고 하고 있다. 이러한 지점은 거시적인 흐름 속에서 어떻게 나타날 것인지에 관하여 보다 자세히 살펴볼 필요가 있다.

종합적으로, 30년 이상 장기적으로 지속되고 있는 저출산 현상은 인구 고령화와 인구 감소가 동시에 중첩적으로 이루어짐으로써 한국사회의 경제가 직접적으로 마주하게 되는 현실적인 문제는 이제까지 한국사회가 기초한 인구성장 패러다임으로부터 근본적인 방향에 관한 전환이 이루어져야 한다는 점을 상기시켜주고 있다. 그렇다면 우리는 전향적 방향전환 일환의 하나로 어떤 가능성을 준비하고 있어야 할까? 2024년 2월 2일 출입국·이민관리청(이민청)의 골격이 완성된 정부안으로 국회에 제출되어 후속 조치가 주목되는 시점이다. 해외에서 이민 인력도 적극적으로 수용하는 방안을 검토하며 인구 위기는 결국 국가 소멸로 이어질 것이라는 엄중한 경고도 등장하는 지금 피할 수 없다면 미리 대비해야 할 사안이다. 남북한 인구통합시 예상되는 시사점과 미래를 대응하는 방안에 대해 전략적으로 준비해 과정이 필요하다는 것은 이견이 있을 수 없다.

남북한 인구현황을 분석하는 것은 남북한 인구 규모를 파악하고 인구구조의 변화를 전망해볼 수 있기에 이후 통합된 한반도 내 인구정책을 수립하는 데 유의미한 기초자료로 활용될 수 있다.

한국 통계청이 발표한 합계출산율과 UN이 발표한 합계출산율이 달랐던 것처럼 인구센서스는 국가, 속령 단위의 인구 순위, 인구특성 등과 같은 인구조사가 수반되는 특성상 조사 시점마다 차이가 날 수밖에 없는 특징을 가지고 있다. 따라서 각국의 조사가 동일 시점에 이뤄지지 않는 속성을 이해하고 있어야 한다. 주로 활용할 자료는 북한에서 발표한 인구총조사 자료, UN DESA(사회경제국)가 작성한 '2022년 세계인구전망 보고서(World Population Prospects 2022)'와 우리나라 통계청에서 발표한 북한 관련 통계 등을 이용하였다.

남한과 UN DESA의 북한 인구통계는 이용된 자료와 수치를 추계할 때 도입된 가정이 서로 다르다. 남한 통계청에서는 북한의 1993년 및 2008년 인구센서스를 이용하여 1993~2008년 기간의 인구를 추정하고, 2008~2050년 기간의 인구를 추계하여 발표하고 있다.[6] 한국 통계청은 출생에 대한 4개 고위, 중위, 저위, 불변 시나리오와 사망에 대한 중위, 저위, 불변 시나리오, 최근 3년간 순탈북민 규모를 유지할 경우 국제이동 시나리오를 가정한 총 12개 시나리오를 대상으로 인구를 추계하고 있다.[7] UN DESA의 '2022년 세계인구전망 보고서'는 세계인구의 날을 계기로 발표된 것으로 200여 개 국가를 통계 대상으로 삼는다. UN DESA에서는 출산율, 사망률, 인구이동에 대한 8가지 시나리오로 인구를 추계하고 있으며 북한의 인구추계도 동일한 기준으로 발표하고 있다.[8] UN DESA의 1993년 이전 북한 인구 자료는 북한이 자체 작성한 공민등록통계와 1993년 센서스 자료를 수정하여 이용하였고, 1993년 이후 북한 인구 자료는 북한이 발표한 인구센서스 자료를 이용하여 추계하고 있다.[9]

Ⅱ 남북한의 인구현황과 분석

인구총조사는 인구 규모, 분포 및 구조와 주택 특성 등을 파악하여 각종 정책 입안 기초자료로 이용할 수 있는 자료이다. 남한에서는 대한민국 정부 수립 이후 1948년에는 정책수립을 위한 인구통계가 시급하게 필요하여 1950년에 실시 예정이었던 조사를 1년 앞당겨 1949년 남한에서만 제1회 인구총조사를 실시하였다.[10] 남한의 인구총조사는 소실된 1949년 임시총조사와 1966년 총조사를 제

---

6   최지영, "북한 인구구조의 변화추이와 시사점,"『북한연구학회보』, 제20권 2호(2016), p. 3.

7   통계청, "1993~2055 북한 인구추계,"『통계청 보도자료』, 2010년 11월 21일, pp. 1–52.

8   위의 글.

9   최지영, 앞의 글, p. 4.

10 이용희, "인구주택총조사,"『국가기록원』, https://url.kr/bx9vno (검색일: 2024년 4월 16일).

외하면 1955년부터 매 5년마다 실시되었다.[11] 이와 다르게 북한은 1980년대 최초로 인구 자료를 공개하였으며 1993년이 되어서야 최초 인구총조사를 실시하였다.

1. 북한의 인구조사와 특성

분단 이후 북한 내 전체 인구 규모와 성별, 연령별 인구 구성을 집계한 인구 총조사는 1993년과 2008년에 두 차례 진행되었다. 2014년에는 인구총조사 중간연도 조사의 성격으로 '2014년 사회경제인구 및 건강조사'를 실시하기도 하였다. 이외에도 북한당국은 국제기구와 협력하여 1998년 영양조사(Nutrition Survey of the Democratic People's Republic of Korea), 2002년 재생산 건강조사(Reproduction Health Survey), 2004년 영양평가 보고서(Nutrition Assessment Report of Survey Results), 2006년 아동과 여성 건강 실태 분석(Analysis of the Situation of Children and Women in the Democratic People's Republic of Korea) 등에서 관련 인구조사를 시행하기도 하였다.[12]

1) 1993년 인구총조사와 2008년 인구총조사

1993년 북한에서 실시한 인구총조사는 북한당국이 UNFPA(United Nations Population Fund) 지원을 받아 실시한 북한 내 최초의 인구총조사이다. 1993년 인구총조사의 대상은 북한 국적을 가지고 있는 모든 거주민이다. 보고서에는 조사대상자가 모든 거주민이기에 기숙사 또는 노인수용시설과 같은 집단생활 시설 단위에 거주한 사람까지도 포함하였다고 밝히고 있다. 그러나 1993년 인구총조사 자료는 15세에서 30세 남성 인구가 집단적으로 누락되었다는 점이 발견되어 정확성에 의문이 제기되었다. 집단적 남성 인구 누락은 이전 북한당국이 발표한

---

11 박경숙, "북한의 인구," 『통계청 해설자료』 (서울: 통계청, 2015), p. 2.

12 위의 글, p. 4.

자료에서도 나타나고 있는데 북한당국은 누락 원인을 제대로 설명하고 있지 않아 군대 인구 규모를 밝히지 않기 위한 고의적 삭제와 자료 누락이었다고 의심되었다.[13]

북한당국과 국제기구가 협력하여 두 번째 인구총조사를 실시하였다. 2008년 인구총조사는 1990년대 식량난과 경제난을 겪으면서 인구동태가 어떻게 변하였는가를 파악하기 위해 실시되었다고 알려져 있다.[14] 1993년 실시하였던 인구총조사와 다르게 2008년 인구총조사는 국제기구의 통계기술 지원이 있었으며 2007년 평양시를 포함한 10개 도에서 5만 가구를 대상으로 사전 조사를 실시하였다.[15] 덧붙여 1993년과 다르게 조사대상과 분류기준이 명확하게 제시되었으며 집계에서 전산화에 이르기까지 정확성을 제고하는 여러 방법을 활용하였다고 발표하였다.[16] 2008년 인구총조사는 2008년 10월 1일 0시가 시점이며 북한 내 거주하는 사람을 집계하였다. 10월 1일부터 15일간 방문 조사로 자료를 수집하였고 주민등록 거주지를 기초로 한 상주인구를 집계하였다.[17] 북한 내 거주하는 사람은 국적을 취득한 외국인을 포함하여 모든 가구와 시설단위, 그 단위에 거주하는 사람까지 대상으로 하였다. 시설단위 거주 사람으로 기숙사 내 거주인구와 같은 시설에 거주하는 사람으로 시설은 기숙사, 요양소, 군대, 수용소 등을 포함하였다.

2) 북한 내 인구 변동 특성과 한계점

북한 내 인구 특징은 북한의 공식적인 사회주의 경제 흐름과 상관관계가 높

---

13 Eberstadt and Banister, "The Population of North Korea," *Institute of East Asian Studies* (USA: University of California, 1992), pp. 86-92

14 박경숙, 위의 글, p. 3; DPRK, *2008 Population Census National Report* (Pyongyang: Central Bureau of Statistics, 2009), pp. 1-8.

15 박경숙, 위의 글, p. 3.

16 위의 글; DPRK, 앞의 글, pp. 1-8.

17 박경숙, 위의 글, pp. 3-4.

다. 1953년 이후 북한 내 인구는 1970년 초반까지 높은 출산율과 사망률 개선에 따른 높은 인구성장률을 보인다.[18] 1970년대 중반부터 1990년대 초반까지 북한 내 인구는 출산율이 감소하면서 인구성장률이 둔화한다. 식량난과 경제난을 겪었던 1990년대 중후반부터 2008년까지 북한 내 인구는 출산, 사망, 이동이 불규칙한 수치를 보인다. 북한당국은 1946년 토지개혁 실시, 산업 국유화 법령발표 등 사회주의경제 토대를 마련하였다. 1953년 휴전 협정 이후 북한당국은 떨어진 공업총생산과 농업총생산을 올리기 위해 '전후복구 3개년 계획'을 수립하였다. 전후복구를 비교적 성공리에 끝낸 북한당국은 1957년부터 최초의 장기 경제계획인 5개년 계획을 세워 사회주의 공업화를 목표로 내걸었다.[19] 북한당국은 3개년 계획과 5개년 계획이 연평균 공업성장률이 30~40%에 달하는 성과를 얻었다고 주장하였다.[20] 북한당국이 사회주의 공업화를 추진하던 시기에서 1970년대 초반까지 북한 내 인구는 연평균 3% 성장률을 보였다.[21] 해당 시기에 북한의 생산수준과 복지체제가 확장된 것으로 보이며 사망인구가 감소한 이유를 생산력과 생활 수준 향상의 영향으로 보기도 한다.[22] 해당 시기에 북한당국이 북한체제 우월성을 강조하기 위해서 사망률 개선을 과장하였다는 연구도 있지만, 실제 사망률이 개선되었다는 것까지는 부정하기 어렵다는 분석이 있다.[23] 북한당국은 1971년부터 6개년 계획을 수립하여 서방에서 대규모 차관 등을 통해 대량의 기계 및 생산설비를 도입하였다. 1974년 오일 쇼크의 여파로 북한의 수출은

---

18 위의 글, p. 5.

19 양문수, "북한의 경제발전전략 70년의 회고와 향후 전망", 『통일정책연구』, 제24권 2호(2015), p. 35; 국토통일원, 『북한경제통계집(1946~1985년)』 (서울: 국토통일원, 1986); 통일원, 『북한경제통계집』 (서울: 통일원, 1996); 한국개발연구원, 『북한경제지표집』 (서울: 한국개발연구원, 1996) 재인용.

20 양문수, 앞의 글. p. 35.

21 박경숙, 앞의 글, p. 5.

22 위의 글.

23 위의 글.

타격을 받아 서방에서 도입한 차관 등을 제때 상환할 수 없게 되었다.[24] 1985년 북한은 이자마저 상환하지 못하게 되며 설정하였던 경제계획 달성이 힘들게 되었다.[25] 1970년대 중반부터 1990년대 초반까지 북한 내 인구는 1.5%에서 2%의 인구성장률을 보였는데 해당 시기에 북한은 출산율이 하락하며 완만한 인구성장률이 나타났다.[26] 1990년대 중후반부터 북한은 '고난의 행군'이라고 부르는 식량난과 경제난을 겪었다. 한국은행 추정에 따르면 1990년부터 1998년까지 북한 경제는 실질성장률 기준 9년 연속 마이너스 성장을 기록하며 GDP가 30.0% 감소하였다.[27] 해당 시기 경제위기를 겪으며 북한 내 배급제, 계획경제체계는 거의 작동하지 않았다고 예상된다. 배급에 의존하였던 주민들은 사망하였으며 생존을 위해 탈북하기도 하였다. 1993년에서 2008년 사이 북한 내 인구 손실은 1993년도 인구동태율을 가정하였을 때 예상되는 2008년 인구에 비해 90만 명 정도의 추가적 손실 수준으로 이는 사망률 증가, 출산율 감소, 탈북으로 인한 이주 증가 등 복합적인 이유이다.[28]

북한의 인구통계의 문제점 가운데 하나는 군대 등 집단시설에 거주하는 인구가 통계에 누락되거나 제대로 분류되지 않는다는 점이다.[29] 에버스타트와 베니스터(Eberstadt & Banister)는 공민등록통계의 경우 징집 연령대의 성비가 왜곡되어 있음을 지적하였는데, 이는 북한이 집단시설에 거주하는 인구에게 공민증을 발급하지 않기 때문에 발생한다.[30] UN 인구센서스에서도 이러한 문제가 발견되는데 UN 인구센서스의 경우 1993년 자료는 지역별, 연령별, 성별 인구에는 포함되지 않으나 총인구 규모에만 포함된 미분류(unallocated) 인구가 69만 명으

---

24 양문수, 앞의 글, p. 41.

25 위의 글.

26 박경숙, 앞의 글, p. 7.

27 양문수, 앞의 글, pp. 41-42.

28 박경숙, 앞의 글, p. 9.

29 최지영, 앞의 글, p. 5.

30 위의 글.

로 보고되었고, 2008년 자료를 토대로 '군부대에 거주하는 인구'를 별도로 계산할 경우 그 규모는 70만 명 정도로 계산되었다.[31] 1993년 인구센서스에서는 집단시설 가구의 거주자인 미분류 인구의 연령별 인구구조에 대한 정보 없이 총 규모로만 계산하였다. 2008년 인구센서스의 경우 연령별 총인구에서 일반 가구와 집단시설 가구를 모두 포함하여 성별, 연령별 구조를 제시하며 지역별 총인구에서는 일반 가구를 대상으로 성별, 연령별 구조를 나타내고 있다.[32] 2008년 자료로 '군부대에 거주하는 인구'를 70만 명으로 계산한 결과를 북한 군대 규모로 이해할 경우 공민등록통계를 토대로 계산 1980년대 말 125만 명과 큰 차이가 나타난다.[33] 뿐만 아니라 1993년과 2008년 인구센서스의 경우에도 징집 연령대의 남녀 성비가 북한 군대의 복무 연한(10년) 등 현실과 괴리되는 것으로 나타났다.[34] 따라서 2008년 인구센서스 자료에서 25~34세에 해당하는 북한의 군대 인구를 실제보다 적게 보고했을 가능성이 있다고 보고, 이를 보정하여 북한의 군대 인구 규모를 116만 명 정도로 추정하고 있다.[35]

2. 남북한 인구 자료 비교분석

1) 남북한 인구구조 비교

통계청 북한통계에 공개된 2016년부터 2022년 남북한 인구 수치는 〈표 16-2〉와 같다. 해당 표에 사용된 북한 인구추계 자료는 2008년 인구총조사와 2014년 사회경제인구 및 건강조사자료를 기초로 통계청이 추계한 것이다. 2022년 기준으로 남한 인구는 5,167만 명을 기록하였으며 북한 인구는 2,569만 명을 기록하였다. 앞선 수치에서 북한의 총인구는 남한 총인구에 약 절반 수

---

31 위의 글, pp. 5-6.

32 김두섭 외, 『북한 인구와 인구센서스』 (서울: 통계청, 2011), p. 2

33 최지영, 앞의 글, p. 6.

34 위의 글.

35 위의 글; 이석, 앞의 책, pp. 76-77.

준임을 파악할 수 있다.

표 16-2 **2016~2022년 남북한 인구추계**

(단위: 천 명)

	2016	2017	2018	2019	2020	2021	2022
북한	25,063	25,194	25,314	25,418	25,513	25,607	25,697
남한	51,218	51,362	51,770	51,765	51,836	51,770	51,673
합	76,281	76,556	77,084	77,183	77,349	77,377	77,370

출처: 통계청, 북한통계(2024); 통계청, 장래인구추계(2023); 통계청, 북한인구추계(2023).

(1) 연령계층별 인구

연령계층별 인구는 크게 3가지 계층으로 구분된다. 가장 먼저 0세에서 14세까지를 유소년인구로 본다. 그다음으로 15세에서 64세까지를 생산가능인구로 구분한다. 마지막으로 65세 이상 인구는 고령인구로 본다. 이 3가지 연령계층 중에 생산가능인구는 경제성장 및 미래 성장 잠재력이 될 수 있다는 점에서 매우 중요한 지표이다. 통계청에서 조사한 북한의 연령계층별 인구는 북한의 2008년 인구총조사와 2014년 사회경제인구 및 건강조사결과를 이용하여 2008~2014년 센서스 사이 북한 인구와 2014~2070년 장래 북한 인구를 추계한 결과이다.

남북한 연령계층별 인구수 추계에서 2020년 북한의 생산연령인구는 17,968 천 명이며 남한의 생산연령인구는 37,379 천 명이다. 2020년 수치는 각각 연령계층 중 생산가능인구 구성비로 북한이 70.4%, 남한이 72.1% 비중을 차지하였다.

표 16-3 2008년~2022년 남북한 연령계층별 인구수

(단위: 천 명)

		2008	2010	2020	2030	2040	2050	2060	2070
0~ 14세	북한	5,611	5,432	4,976	4,545	3,993	3,560	3,176	2,802
	남한	8,479	7,979	6,306	4,160	3,879	3,751	2,933	2,393
15~ 64세	북한	16,287	16,625	17,968	18,003	16,865	16,196	14,743	13,288
	남한	35,587	36,209	37,379	34,166	29,029	24,448	20,687	17,111
65세 이상	북한	2,034	2,187	2,568	3,680	5,405	5,740	6,190	6,382
	남한	4,989	5,366	8,152	12,980	17,151	18,908	18,682	17,677

출처: 통계청, 북한통계(2024); 통계청, 장래인구추계(2023) 재정리.

북한의 연령계층별 구성비에서 생산가능인구 비중은 2008년에서 2020년까지 약 2% 증가하였으나, 2020년에서 2070년까지는 계속 하락하는 추세이다. 남한의 연령계층별 구성비 내 생산가능인구도 북한의 흐름과 유사하게 변화한다. 남한의 생산가능인구 구성비는 2008년에서 2010년까지 약 0.6% 소폭 증가하였으나 그 이후 2010년부터 2070년까지 전체 인구 중 생산가능인구 비중이 점차 감소하여 2070년에는 46.1%를 기록하였다.

표 16-4 2008~2022년 남북한 연령계층별 구성비

(단위: %)

		2008	2010	2020	2030	2040	2050	2060	2070
0~ 14세	북한	23.4	22.4	19.5	17.3	15.2	14.0	13.2	12.5
	남한	17.3	16.1	12.2	8.1	7.7	8	6.9	6.4
15~ 64세	북한	68.1	68.6	70.4	68.6	64.2	63.5	61.2	59.1
	남한	72.5	73.1	72.1	66.6	58	51.9	48.9	46.1
65세 이상	북한	8.5	9.0	10.1	14.0	20.6	22.5	25.7	28.4
	남한	10.2	10.8	15.7	25.3	34.3	40.1	44.2	47.5

출처: 통계청, 북한통계(2024); 통계청, 장래인구추계(2023) 재정리.

남북한 생산가능인구 구성비를 확인할 수 있는 〈표 16-4〉를 보면 2008년부터 2020년까지 북한보다 남한의 생산가능인구 비중이 컸다. 그러나 2020년 이후로 남한의 생산가능인구 비중은 점차 줄어들어 북한의 생산가능인구 비중보다 작아졌다. 남한과 북한의 생산가능인구 비중 차이는 시간이 흐를수록 차이가 더 벌어져 2020년에는 북한의 생산가능인구 비중이 남한의 경우보다 약 13% 더 높게 나타났다. 남한 생산가능인구의 급격한 감소는 저출산의 영향으로, 14세 이하 인구에서 생산연령으로 유입되는 인구가 감소한 원인으로 파악된다.

(2) 합계출산율

합계출산율은 가임 여성 1명이 평생 낳을 것으로 예상되는 평균 출생아 수를 의미한다. 2021년 남한의 합계출산율은 0.88명이다. UN DESA 보고서 기준으로 남한의 합계출산율은 1984년부터 인구 대체율인 2.1명에 미치지 못하고 지속적인 하락세에 놓여있다.[36] 북한의 인구대체율은 2.1명으로 남한과 동일한 수치이다.

표 16-5   **남북한 합계출산율 전망**

(단위: 명)

	2008	2010	2020	2030	2040	2050	2060	2070
북한	1.977	1.809	1.818	1.751	1.712	1.686	1.677	1.665
남한	1.177	1.217	0.887	0.974	1.086	1.172	1.249	1.313

출처: UN DESA, World Population Prospects(2022).

위 〈표 16-5〉에서 나타났듯이 북한의 합계출산율은 남한의 합계출산율보다 높게 추계되고 있다. 2008년 남북한 합계출산율은 북한이 약 0.8명 높은 수치였으며 2010년 남북한 합계출산율이 약 1.6명으로 크게 차이난다. 이후 남북한 합

---

36 현대경제연구원, "남북한 인구구조 분석 - UN의 '2022년 세계인구전망 보고서'를 중심으로-,"
    『현안과 과제』, 23-10호(2023). p. 7.

계출산율 격차가 2020년 약 0.3명으로 줄어든다고 추계된다. 남북한 합계출산율 격차가 줄어든 것은 남한의 출산율이 증가할 것이라는 전망으로 보여진다.

(3) 15~49세 여성 인구

여성 인구 중 15세에서 49세의 여성은 가임기로 파악되어 15~49세 여성 인구 수와 비율은 합계출산율과 연관되기 때문에 따로 통계를 산출한다. UN DESA 전망에 따르면 남북한 15~49세 여성의 인구는 남북한 모두 여성 인구비율이 줄어든다. 북한의 전체 여성 인구 중 가임기 여성 비중은 2008년 52.3% 이후 지속적으로 감소하기 시작해 2070년에는 39.6%로 약 16.1% 감소하였다. 남한의 경우 북한과 비교하였을 때 전체 인구 중 여성의 수가 급격하게 감소하여 남한 가임기 여성 인구비율이 2008년 54.6%에서 2070년 25.8%로 약 28.8% 정도 축소하였다.

표 16-6 **남북한 15~49세 여성 인구 전망**

(단위: 천 명, %)

		2008	2010	2020	2030	2040	2050	2060	2070
북한	수	6,544	6,590	6,349	6,026	5,853	5,398	5,044	4,744
	비율	52.3	52.2	48.5	45.1	44.0	41.4	40.1	39.6
남한	수	13,318	13,167	12,001	10,345	8,581	6,700	5,680	4,768
	비율	54.6	53.4	46.3	40.3	34.2	28.3	26.8	25.8

출처: UN DESA, World Population Prospects(2022); 통계청, 장래인구추계(2023).

Ⅲ 동서독 통합 전후에 따른 인구변화

　　1945년 2차 세계대전이 종결되고 1949년 각각의 정부가 수립되며 독일은 분단되었다. 동독이 1961년 베를린 장벽을 쌓고 국경지대를 완벽하게 차단하기 전까지 동독주민들은 서독으로 탈출할 수 있었다. 베를린 장벽이 설치된 이후에도 목숨을 걸고 서독으로 탈출하는 이들이 있었다. 1972년 동서독 간 기본조약 체결 이후부터 동독정부는 동서독 간 국경에 전자감응 자동 발사기 등을 설치하여 동독주민의 이동을 봉쇄하였다. 또한, 1982년에는 국경법을 제정하여 탈출하는 자에 대한 총기 사용을 법제화하였다.[37] 그럼에도 불구하고 동독주민은 동독에서 서독으로 탈출하거나 비교적 여행이 용이하였던 제3국 동구권 국가 소재 서독 공관을 경유하여 탈출하기도 하였다.[38] 1989년 8월 헝가리는 오스트리아와 국경 제한을 완화하였고 같은 해 9월에는 헝가리에 머물고 있던 6만여 명의 동독인들에게 합법적으로 오스트리아를 통해 서독으로 갈 수 있도록 국경을 개방하였다.[39] 그리고 결국 1989년 11월 베를린 장벽이 붕괴되었고 1990년 10월 3일 독일통일이 공포되었다. 베를린 장벽이 붕괴된 1989년 11월 이후부터 동독주민은 서독으로 자유롭게 이동할 수 있었는데 1989년 11월부터 12월까지 약 1개월간 서독으로 탈출하거나 이주한 동독주민의 수는 약 34만 명에 이르렀다.[40] 최종적으로 독일 분단 이후 1990년 6월 30일까지 동독에서 서독으로 이주한 주민은 약 460만~496만 명 정도로 집계된다.[41]

37　김영윤 · 양현모,『독일, 통일에서 통합으로 -문답으로 알아보는 독일 통일-』(서울: 통일부, 2009), p. 34.

38　위의 글.

39　주헝가리대사관, "헝가리-오스트리아 국경 개방 20주년",『주헝가리 대한민국 대사관』, 2009년 9월 10일, https://url.kr/do6vz9 (검색일: 2004년 4월 17일).

40　김영윤 · 양현모, 앞의 글, p. 34.

41　위의 글.

통합 전후 동서독의 인구변화를 연구하는 것은 미래 한반도 통합시 생겨날 수 있는 인구 문제에 대한 미래를 전망해볼 수 있다는 데 의의가 있다. 법적으로 동서독이 통일한 1990년을 기점으로 1990년 이전과 1990년 이후로 구분하여 주요 동서독 인구지표를 살펴보았다. 수집한 동서독 인구 자료는 독일 연방 통계청(Federal Statistical Office of Germany), 세계인구 데이터베이스(Human Mortality Database), 국내외 학술자료 등을 활용하여 재구성하였다. 주로 수집한 연구 자료는 1956년부터 2020년까지 독일 인구 데이터이다. 1990년 통일 이후 자료에서 '서독지역', '동독지역'이라고 표기한 지역은 구서독지역, 구동독지역을 의미한다.[42]

1. 통합 이전 동서독 인구지표

1990년 독일이 통합되기 전인 1989년 동독과 서독은 총생산, 인구 등 사회경제적인 배경에서 차이를 보인다. 1989년 서독의 국내총생산(GDP)은 동독의 6.3배, 서독의 1인당 국내총생산(GDP)도 동독의 1.7배 높은 수준이었다.[43] 이에 따라 독일 통합 전에는 서독이 동독보다 높은 수준의 경제적 배경을 가졌음을 알 수 있다.

---

42 Rembrandt Scholz, Dmitri Jdanov, Eva Kibele, Pavel Grigoriev, Sebastian Klüsener, "ABOUT MORTALITY DATA FOR GERMANY," *HMD*, May 10, 2022, accessed April 10, https://www.mortality.org/File/GetDocument/hmd.v6/DEUTNP/Public/InputDB/DEUTNPcom.pdf
*구서독지역: Baden-Württemberg, Bayern, Bremen, Hamburg, Hessen, Niedersachsen, Nordrhein-Westfalen, Rheinland-Pfalz, Saarland, and Schleswig-Holstein, as well as West Berlin.
*구동독지역: Mecklenburg-Vorpommern, Brandenburg, Sachsen-Anhalt, Sachsen, Thüringen, and East Berlin. This division was maintained in the HMD until 2015. Since 2016, West Berlin is included in East Germany and consequently excluded from the territory of West Germany.

43 조경숙, "통일 독일의 사례를 통해 본 남북한 주요 건강지표의 현황과 전망," 『보건사회연구』, 제36권 제2호(2006), p. 38.

표 16-7 **통일 전 동서독 사회경제적 배경(1989)**

구분	서독(A)	동독(B)	A/B
국토 면적(㎢)	249	108	2.3
GDP(억 DM)	22,194	3,533	6.3
1인당 GDP(DM)	35,827	21,539	1.7

출처: Grimmer I., Bührer C., Dudenhausen J. W., Stroux A., Reiher H., Halle H., Obladen M. (2002); 조경숙(2006) 재인용.

1) 통합 이전 동서독 연령계층별 인구

동서독 연령계층별 인구는 〈표 16-8〉에서 볼 수 있듯이 연령계층을 0~14세, 15~64세, 65세 이상으로 구분하였다. 앞처럼 3가지로 구분한 이유는 한국에서 유소년 인구를 0~14세, 생산연령인구를 15~64세, 고령인구를 65세 이상이라고 정의하기 때문에 추후 한국과 독일 자료 비교를 용이하게 하기 위한 목적이다. 총 3가지 연령계층 중 경제생활을 주로 하는 15~64세 인구가 잠재 노동력을 가늠해볼 수 있다는 부분에서 중요한 지표이다.

표 16-8 **1956~1989년 서독 및 동독 연령계층별 인구**

(단위: 천 명, %)

		1956	1960	1965	1970	1975	1980	1985	1989
0 ~ 14세	서독	11,236 (21%)	11,660 (21%)	13,170 (22%)	14,199 (23%)	13,483 (22%)	11,363 (18%)	9,341 (15%)	9,108 (15%)
	동독	3,718 (21%)	3,589 (21%)	4,044 (24%)	4,000 (23%)	3,696 (22%)	3,304 (20%)	3,209 (19%)	3,236 (19%)
15 ~ 64세	서독	36,845 (69%)	37,634 (68%)	38,497 (66%)	39,055 (64%)	39,641 (64%)	40,512 (66%)	42,727 (70%)	43,044 (70%)
	동독	11,894 (67%)	11,349 (66%)	10,491 (62%)	10,428 (61%)	10,449 (62%)	10,734 (64%)	11,184 (67%)	11,222 (67%)

		5,451 (10%)	5,990 (11%)	6,929 (12%)	7,940 (13%)	8,860 (14%)	9,559 (16%)	8,970 (15%)	9,495 (15%)
65세 이상	서독	5,451 (10%)	5,990 (11%)	6,929 (12%)	7,940 (13%)	8,860 (14%)	9,559 (16%)	8,970 (15%)	9,495 (15%)
	동독	2,213 (12%)	2,339 (14%)	2,463 (14%)	2,642 (15%)	2,743 (16%)	2,701 (16%)	2,266 (14%)	2,207 (13%)

출처: Germany population(2022) 재구성.

통합 이전 서독의 0~14세 인구수는 1956년부터 1970년까지 약 200만 명 증가하였고 인구수 증가처럼 해당 연령층의 비중 또한 증가하였다. 1970년을 중심으로 1989년까지 서독의 0~14세 인구수와 전체 인구 대비 비중 모두 계속 감소하는 경향을 보인다. 유소년 인구가 증가와 감소 두 가지 방향성을 보인 것과 다르게 서독의 15~64세 연령 인구수는 지속해서 증가한다. 서독의 생산가능 인구 수는 1956~1989년까지 계속 증가해왔으나 해당 연령의 전체 인구 대비 비중은 1956~1975년까지 감소하다가 1975~1989년 다시 증가하는 모습이다. 마지막으로 65세 이상 서독의 인구는 1980~1985년을 제외하고는 인구수가 증가하는 추세이다.

통합 이전 동독의 0~14세 인구수는 1970~1975년, 1985~1989년처럼 소폭 상승할 때도 있지만 해당 시기를 제외하고는 모두 감소하는 추세이다. 동독의 15~64세 인구는 1970년을 기점으로 감소와 증가라는 방향이 나누어진다. 1956~1970년까지 해당 계층의 인구수와 전체 인구 중 비중이 계속 감소하였다. 그러나 1970년 이후 1989년까지 15~64세 인구는 증가하는 수치를 기록하고 있다. 1970년을 기점으로 독일의 생산연령인구 추세가 구분되는 이유는 1972년 기본조약 체결 이후 동독주민의 이동이 어려워졌던 것과 연관 지을 수 있다고 추측된다. 동독의 65세 이상 인구도 15~64세 인구와 마찬가지로 기본조약 체결 영향을 받은 것으로 보인다. 그 이유는 해당 연령층에서도 1956~1975년까지 인구 및 전체 인구 대비 비중이 증가하다가 1975~1989년까지는 지속해서 감소하는 모양새이기 때문이다.

2) 통합 이전 동서독 15~49세 여성 인구

통계에서 가임연령 15~49세 여성 인구지표를 파악하는 것은 해당 인구지표로 미래 출산 가능성을 예측할 수 있다는 이유에서다. 〈표 16-9〉에서는 1956~1989년 서독과 동독의 가임연령 여성 인구수를 정리하였다. 서독은 1956~1965년까지 15~49세 여성 인구수가 약 100만 명가량 감소하였으며 전체 인구 대비 비중도 3% 감소하였다. 1965~1985년까지 서독의 15~49세 여성 인구수는 점진적으로 약 200만 명 증가하여 1985년에는 최고 인구를 기록하였다.

동독에서 15~49세 여성 인구수는 서독과 마찬가지로 1956~1965년까지 감소하다가 1965~1985년까지 증가하는 추세이다. 해당 기간 전체 인구에서 15~49세 여성 인구 비중은 1956~1965년까지 26%에서 22%까지 감소하였다가 1970년 소폭 비중이 커진 23%, 1980년부터 1989년까지 25%를 기록하였다. 1970년을 기점으로 15~49세 동독 여성 인구수가 적어졌다가 다시 증가하는 경향성은 서독과 동독 모두 동일하게 나타나는 모습이다.

표 16-9 **1956~1989년 서독 및 동독 15~49세 여성 인구**

(단위: 천 명, %)

	1956	1960	1965	1970	1975	1980	1985	1989
서독	14,341 (27%)	14,104 (26%)	13,737 (23%)	14,430 (24%)	14,587 (24%)	15,045 (24%)	15,641 (26%)	15,462 (25%)
동독	4,615 (26%)	4,199 (24%)	3,714 (22%)	3,954 (23%)	4,003 (24%)	4,145 (25%)	4,193 (25%)	4,083 (25%)

출처: Germany population(2022) 재구성.

2. 통합 이후 동서독 인구지표

1989년 베를린 장벽 붕괴 이후 3년 동안 약 100만 명 이상의 동독주민이 동독에서 서독으로 이주하였다.[44] 〈그림 16-1〉에서는 동서독 지역 사이 인구 이동

---

44 정형곤, "독일 통일 30년: 경제통합의 성과와 과제," 『오늘의 세계경제』, 제20권 23호(2020),

이 어떤 규모였는지를 보여준다. 통일 직후인 〈그림 16-1〉 1998~1990년 항목에서는 동독에서 서독으로 약 48만 명이 이동하였으며, 동독에서 서독으로 이동하는 수가 반대인 경우보다 압도적이다. 1992년에 이동하는 수는 약 20만 명으로 감소하였다. 1997년~2001년에 동독지역에서 서독지역으로 오는 이동이 늘어났다가 점차 감소하여 2010~2013년에는 동서독 지역 간 이동하는 인구 규모가 균형을 이루고 있다. 2017년에는 처음으로 베를린을 제외한 동독지역으로 이동이 서독지역으로 이주보다 많은 역전 현상이 일어나기도 하였다.[45]

동독지역 주민이 서독으로 이동하는 주요 요인은 낙후된 동독지역의 정치, 경제사회 환경 등이다.[46] 1990년 2월의 여론조사에 의하면 응답자의 63%가 동독지역의 정치개혁이 늦다고 대답했고, 젊은 계층일수록 고향의 삶에 대해 부정적 인식을 지니고 있었다.[47] 경제적으로는 서독보다 상대적으로 낮은 임금, 직업교육 부족, 서비스산업의 인프라 부족, 좋은 학교에 대한 수요 등이 주된 이유였다.[48] 주로 동독의 64세 이하 청년층이 서독으로 이주하였으며 특히 전문직 여성들이 많이 서독으로 이주하였다.[49] 이에 따라 동독의 출산율은 하락하였고 고령화율은 상승하게 되었다.

---

p. 10.

45 이상준, "통일 30년, 독일의 교훈," 『미래의 한반도』, 제467호(2020), p. 62.

46 양운철, "독일통일 30년: 구동독지역의 경제 발전과 통일한국에의 시사점," 『세종정책연구 2020-07』(경기: 세종연구소, 2021), p. 30.

47 위의 글.

48 위의 글, pp. 30-31; 정재각 · 허준영, "독일통일 이후 동서독 이주와 정책적 시사점," 『독일통일 총서 25: 이주 분야 관련 정책문서』(서울: 통일부, 2018), pp. 69~71, pp. 74~78.

49 양운철, 앞의 글, p. 31.

그림 16-1 **통일 이후 동서독지역 간 인구 이동 규모**

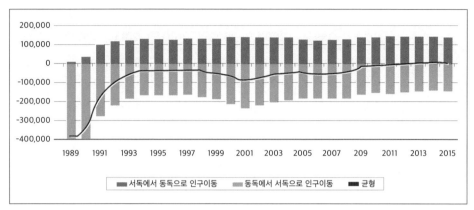

출처: 이상준, 동서독지역 인구이동 규모 재인용(2020).

1) 통합 이후 동서독 연령계층별 인구

〈표 16-10〉은 독일이 통합한 1990년 이후부터 2021년까지 서독지역과 동독지역 연령에 따른 인구수를 보여준다. 가장 먼저 서독지역에서 0~14세 인구는 1990~2000년 100만 명 정도 증가한 뒤 감소하지만 전체 인구 대비에서는 큰 차이를 확인하기 어렵다. 1990~2021년까지 서독지역 0~14세 인구수 자체로는 약 10만 명 정도 차이를 보이며 전체 인구에서 비중 최고와 최저 비율 차이도 2%로 큰 등락이 없어 보인다. 서독지역 15~64세 인구도 0~14세 인구 추세와 비슷하게 1990~1995년 약 100만 명 증가하지만 2000~2021년은 전반적으로 점차 감소한다.

마지막으로 서독지역 65세 이상 인구수는 1990~2021년까지 약 460만 명 정도 지속해서 수가 증가한다. 다른 연령층이 1990~2021년 비중이 감소한 것과 다르게 65세 인구는 계속 증가하고 있어 서독지역 인구가 고령화되고 있음을 확인할 수 있다.

표 16-10 **1990~2021년 서독 및 동독 연령계층별 인구**

(단위: 천 명, %)

		1990	1995	2000	2005	2010	2015	2020	2021
0~ 14세	서독	9,407 (15%)	10,562 (16%)	10,736 (16%)	10,287 (15%)	9,410 (14%)	8,992 (13%)	9,244 (14%)	9,320 (14%)
	동독	3,195 (19%)	2,627 (17%)	2,041 (14%)	1,558 (11%)	1,570 (11%)	1,693 (12%)	2,146 (13%)	2,157 (13%)
15~ 64세	서독	43,561 (70%)	44,796 (68%)	44,713 (68%)	44,241 (66%)	43,614 (66%)	44,532 (66%)	43,600 (65%)	43,406 (65%)
	동독	11,035 (67%)	10,576 (68%)	10,572 (70%)	10,044 (69%)	9,167 (66%)	8,889 (64%)	10,084 (62%)	9,999 (62%)
65세 이상	서독	9,588 (15%)	10,224 (16%)	10,771 (16%)	12,275 (18%)	13,390 (20%)	13,825 (21%)	14,121 (21%)	14,264 (21%)
	동독	2,184 (13%)	2,248 (15%)	2,454 (16%)	2,901 (20%)	3,255 (23%)	3,255 (24%)	3,967 (24%)	4,007 (25%)

출처: Germany population(2022) 재구성.

 동독지역에서 0~14세 인구는 1990~2005년까지 지속해서 감소하다가 이후 2005~2021년까지 점차 증가하였다. 서독지역과 동독지역을 비교하였을 때 1990년 동독지역 0~14세 인구 비중은 전체에서 19%를 차지하였고 서독은 15%를 차지하였다. 그러나 2000년 0~14세 인구 비중이 동독보다 서독이 더 높아지게 되었고 2021년 서독은 14%, 동독은 13%를 기록하며 2000년 이후부터 역전된 비중을 보여준다. 서독지역과 동독지역 모두 0~14세 인구 비중이 감소하였지만 서독지역보다 동독지역이 더 빠르게 인구 비중이 줄어들고 있음을 확인할 수 있다. 동독지역 15~64세 인구수는 1990~2021년까지 약 100만 명 감소하여 변화폭이 미미해 보인다. 그러나 1990~2000년까지 서독지역 15~64세 인구가 증가하였고 같은 시기 동독지역의 15~64세 인구가 감소하며 동서독 간 인구 증감이 맞물리게 된다. 이런 인구변화는 동독지역 생산가능인구가 해당 시기 서독지역으로 이동했다는 지표 중 하나로도 해석할 수 있다. 마지막으로 동독지역 65세 이상 인구도 서독과 마찬가지로 증가하고 있다. 동독지역에서는 65

세 이상 인구가 약 180만 명 정도 증가하여 같은 시기 65세 이상 서독지역이 약 460만 명 증가한 것에 비해 적은 수치로 느껴진다. 하지만 동독지역 전체 인구 대비 65세 이상 인구 비중은 1990~2021년까지 서독지역은 6% 증가, 동독지역은 약 12% 증가하여 서독지역보다 동독지역에서 더욱 급속하게 고령화가 진행되고 있다고 파악할 수 있다.

2) 통합 이후 동서독 15~49세 여성 인구

1990년 통합 이후 서독에서 동독으로 이동하는 인구보다 동독에서 서독으로 이동하는 경우가 더 많았다. 더욱이 서독으로 이동했던 사람은 청년층 여성의 비중이 컸는데 아래 〈표 16-11〉에서 동서독지역 내 15~49세 여성 인구수와 비중을 알아볼 수 있다.

표 16-11 **1990~2021년 서독 및 동독 15~49세 여성 인구**

(단위: 천 명, %)

	1990	1995	2000	2005	2010	2015	2020	2021
서독	15,525 (25%)	15,751 (24%)	15,846 (24%)	15,862 (24%)	15,394 (23%)	14,813 (22%)	13,825 (21%)	13,702 (20%)
동독	3,941 (24%)	3,595 (23%)	3,663 (24%)	3,423 (24%)	2,994 (21%)	2,650 (19%)	3,039 (19%)	3,018 (19%)

출처: Germany population(2022) 재구성.

가임연령인 15~49세 서독지역 여성 인구수는 1990~2000년 약 32만 명 증가하였고 같은 시기 동독지역 15~49세 여성 인구수는 약 34만 명이 감소하였다. 1990년 기준 동독지역 인구는 1,641만 명이었다는 것을 고려하였을 때 동독지역에서 감소한 15~64세 여성 인구는 당시 동독지역 인구 2%를 차지하는 비중으로 서독지역보다 가임연령 여성 인구 감소 문제를 강하게 경험했으리라 파악된다. 동독지역 여성 인구 감소 현상은 1990년 이후 동독지역에서 25~30

세 남성 100명당 여성이 80명이라는 성별 비율에서도 찾을 수 있다.[50] 그만큼 청년층 동독 여성들이 서독으로 이동하였다고 빗대어 알 수 있다. 이러한 동독지역 15~49세 여성 감소 변화는 동독지역 합계출산율이 점차 감소할 것이라 예측할 수 있다.

3. 동서독 인구변화 전망

〈그림 16-2〉 시대별 인구구조에서 2015년, 2022년, 2070년 독일 인구구조가 어떻게 변화하는지 살펴볼 수 있다. 우선, 1950년대 인구구조를 파악하려면 이전 사건을 알아야 한다. 독일 인구는 1932년 세계 경제위기를 시작으로 제2차 세계대전까지 지속적으로 감소하였다. 제2차 세계대전이 종결되자 1950년대 말부터 1960년대 사이 독일 출산율은 증가하였고 당시 태어난 이들이 독일의 베이비붐세대이다.[51] 따라서 아래 〈그림 16-2〉에서 1950년대 독일 인구구조를 보면 여성 인구가 남성 인구보다 많은 수를 차지한다는 것과 2030세대의 인구 비중이 적다는 것을 파악할 수 있다. 이는 독일 남성 인구가 제2차 세계대전에 참전하였고 사망하였다는 점에 기인한 수치이다.[52] 통일 이후 독일의 인구는 2002년 약 8,250만 명을 기록한 이후 감소세를 보이다가 2010년대 이후 다시 증가하는 모습을 보인다.[53] 1950년대 말에서 1960년대에 태어난 베이비붐세대는 2020년 이후 고령 나이가 되었고 지속적인 평균수명 연장으로 고령자 인구에 속하게 되었다.[54]

---

50 김순배, "동독지역 "젊은 여자 모자라"," 『한겨레』, 2007년 6월 1일, https://www.hani.co.kr/arti/PRINT/213387.html (검색일: 2024년 4월 18일).

51 "Altersstruktur der Bevölkerung", *Demografieportal,* accessed April 16, 2024, https://www.demografie-portal.de/DE/Fakten/bevoelkerung-altersstruktur.html?nn=676784

52 위의 인터넷 자료.

53 김현정, "독일의 포용적 이민 정책과 인구구조 변화," 『민족연구』, 제78호(2021), p. 43.

54 위의 글.

그림 16-2 **1950~2070년 독일 인구의 연령구조 및 전망**

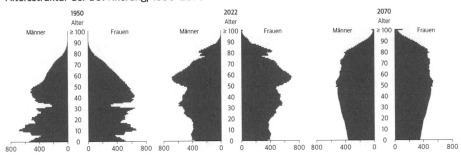

Altersstruktur der Bevölkerung, 1950-2070

2070: 15. koordinierte Bevölkerungsvorausberechnung, Variante 2 (moderate Entwicklung)
Datenquelle: Statistisches Bundesamt
Darstellung: Bundesinstitut für Bevölkerungsforschung (2023); Bildlizenz: CC BY-ND 4.0

출처: *DEMOGRAFIE PORTAL*, www.demografie-portal.de.

　　2022년 기준 독일 인구는 총 8,440만 명이며 전년도에 비해 1.3%(약 112만 명) 증가한 수치이다. 독일 연방통계청은 독일 인구 증가가 우크라이나 난민 영향을 받은 것이라 분석하였다.[55] 독일 통계청에서 실시한 15차 인구 통계 추계 결과 순 이민이 지난 10년 수준으로 유지된다면 2027년에는 약 9,000만 명이 될 것이라고 발표하였다. 더욱이 독일 통계청에서 실시한 15차 인구 통계 추계 결과 고령화를 지적하였다. 해당 추계 결과에서 2020년대와 2030년대 중반까지 고령인구가 약 300만 명 증가할 것이라 고령인구는 최소 2,000만 명까지 달할 것이라고 예상하고 있다. 80세 이상 인구는 2030년 중반까지는 580~670만으로 비교적 안정적으로 유지될 것이나 2040년대로 들어서면 해당 인구가 증가해 고령인구 부양 수요가 높아질 것으로 전망하고 있다.

---

55 "Germany's population grew by 1.3% in 2022," *DESTATIS Statistishes Bundesamt*, June 20, 2023, accessed April 17, 2024, https://www.destatis.de/EN/Press/2023/06/PE23_235_12411.html

미래의 남북한 인구구조 전망과 통일미래 비전

1. 남북한 인구구조 전망

인구 위기는 사회 전 분야에 걸쳐서 여러 어려움을 가져오겠지만 특히 경제학적 측면에서 기업은 인구 위기 피해를 최전방에서 감당해야 할 당사자가 될 가능성이 매우 크다. 통계청은 출산율과 사망률을 고려한 장래인구 추계를 통해 인구 공급 규모를 전망하고 있다.

표 16-12 **2010~2070년 남북한 장래인구 추계**

(단위: 천 명)

	2010년	2015년	2020년	2025년	2030년	2035년	2040년
북한	24,245	24,931	25,513	25,943	26,230	26,340	26,265
남한	49,554	51,015	51,836	51,685	51,306	50,825	50,059
합	73,799	75,946	77,349	77,628	77,536	77,165	76,324
	2045년	2050년	2055년	2060년	2065년	2070년	
북한	25,995	25,497	24,825	24,110	23,334	22,474	-
남한	48,835	47,107	44,868	42,302	39,685	37,182	
합	74,830	72,604	69,693	66,412	63,019	59,656	

출처: 통계청, 북한통계(2024); 통계청, 장래인구추계(2023); 통계청, 북한인구추계(2023).

2024년 3월 12일 한반도미래인구연구원 주최로 열린 세미나에서 임동근 연구위원은 '기업은 인구위기에 왜 대응해야 하는가'라는 주제발표에서 "우리나라의 인구 피라미드가 붕괴되면서 핵심노동인구 비중이 OECD 국가 중 최하위권으로 추락하고 있다"며 "나이 든 인력 고용은 결국 기업의 몫"이라고 발표하였다.[56]

---

56 임동근, "기업은 인구위기에 왜 대응해야 하는가?" (한반도미래인구연구원 제1차 인구 2.1 세미

해당 자료에 따르면 우리나라 총인구 규모는 2021년부터 점차 감소하기 시작해서 2050년까지 약 4,300만 명[57] 수준을 기록할 것으로 전망하였다. 다시 말해 2050년이 되면 총인구 1,000만 명이 사라진다는 의미이며 경제성장을 물려받을 다음세대가 없을 뿐만 아니라 경제성장을 할 수도 없게 되는 사면초가 상황에 놓이게 되는 것이다. 이러한 상황이 변곡점을 맞이하지 않고 도래가 된다면 우리나라 경제의 근간이 되는 기업 경영은 직접적으로 타격을 받게 된다. 최근 법무부에서 이민청에 관한 내용이 구체화되고 있듯이 외국 이민 인력을 쓰는 것에 대한 대안도 논의가 되고 있다. 그러나 현재 당면한 인적자원 자체의 감소는 고급인력에서 한계를 분명히 노정하고 있다. 이러한 한계를 극복하기 위해서는 우리나라 내부에서 이 문제를 풀어나가야 할 필요성이 제기된다.

그림 16-3 **장래인구추계치**

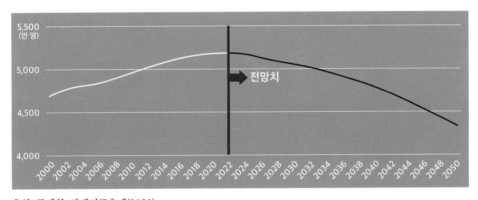

출처: 통계청, 장래인구추계(2023).

2023년 현재 약 3700만 명 수준인 생산가능인구는 2050년까지 2,300만 명으로[58] 공급이 1400만 명 감소할 것으로 통계청은 전망하고 있다. 특히, 15세에

나, 서울, 포스코센터, 2024년 3월 12일), p. 8.

57 통계청 북한통계(2024) 수치의 47,107,000명과는 차이가 난다.

58 〈표 16-3〉 2050년 생산가능인구 24,448명 중위 추계이고 〈그림 16-4〉에 생산가능인구 2,300만 명 추계는 저위로 작성되어 차이가 있다.

서 64세까지의 생산가능인구는 더 빨리 감소하게 되면 지방 인구 감소 속도는 더 빠르게 진행되고 있다. 고용정보원이 매년 발표하는 인력 수급 전망 자료의 인력 수요 추이와 비교를 하면 실제로 우리나라 산업 성장에 필요한 인력인데도 불구하고 부족한 인력은 약 천만 명 정도가 부족할 것이라는 전망이다.

한국 경제는 지속적으로 성장하면서 많은 노동력을 필요하겠지만 성장을 뒷받침하는 산업인력의 공급이 우려되는 수준으로 감소하고 있다는 지점을 우리는 간과해서는 안 된다. 인구의 양이 문제가 아니라 인구의 구조가 문제라는 이야기이다. 저출산과 인구 고령화는 노동 인구를 빠르게 감소시켜 우리나라 성장 동력을 결국 사라지게 할 위협 요인이 된다. 대한민국 인구 피라미드 모양은 피라미드라고 지칭할 수 없을 만큼 종 모양으로 변한 지가 오래되었다.

그림 16-4 **장래인구추계(저위)**

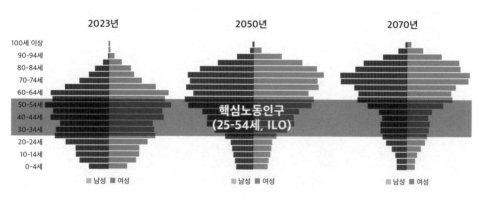

출처: 통계청, 장래인구추계(2023); 한반도미래인구연구원(2024) 재인용.

그나마 현재 25세에서 54세까지의 핵심 노동 인구의 두께가 아직까지는 우려할 수준은 아니기 때문에 지금의 경제사회 시스템이 큰 무리 없이 작동이 되고 있는 상황이지만 2050년이 지나면 상황은 달라지게 된다. 인구 피라미드는 완전히 붕괴하여 완전한 역피라미드 형태로 전환된다는 점이다. 다시 말해 생산가능인구 100명이 부양해야 할 나머지 인구의 비율인 부양비는 현재 41.4명이지만 2051년에는 92.7명으로 2배가 증가하고 2070년에는 120명까지 빠르게 증가할 것으로 전망된다는 점이다. 현재 25명인 수준인 노인 부양비가 2070년에는 103명으로 빠르게 증가할 것으로 전망되고 있다. 이러한 전망은 핵심 노동 인구가 생산하는 우리나라의 모든 부가가치가 신규 투자로 이어지지 못함으로써 경제성장은 둔화되는 것을 지나 결국 멈추게 될 가능성이 크고 이러한 결과는 노인을 부양해야 하는 산업 분야만 남아 있을 수 있다는 암울한 미래에 대한 준비가 필요하다는 당위성을 제공해주고 있다.

그림 16-5 **OECD 국가별 총부양비 비교, 2022년과 2072년**

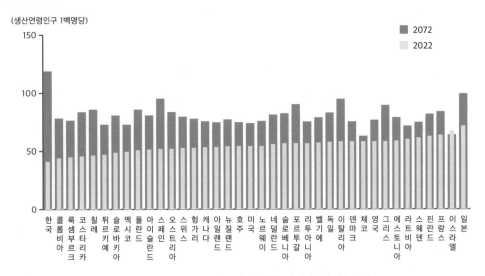

출처: UN DESA, World Population Prospects(2022); 통계청, 장래인구추계(2023).

현재 대한민국은 OECD 국가 중에서는 일하는 인구가 아직은 젊은 편에 속한다고 단언할 수 없다. OECD 38개 국가의 노동 인력이 노령화되어 가고 경제성장이 둔화되는 것이 현실이기 때문이다. 특히, 현재 우리가 당면한 문제는 전체 인구 중 25세에서 54세까지의 핵심 노동 인구의 감소 속도가 다른 나라와 비교했을 때 매우 빠르게 진행되고 있다는 지점이다. 우리나라 핵심 노동 인구 비중은 2023년에 44.5%로 OECD 38개국 중에 2위이다. 그러나 핵심 노동 인구 비중은 계속 감소해서 2047년 이후가 되면 OECD 38개국 중 꼴찌를 기록할 것으로 전망되고 있다. 반면 생산가능인구에서 50세에서 64세가 차지하는 비중은 2020년 35%에서 2070년에 50% 가까이 증가할 것으로 전망되고 있다. 지속되는 저출산 문제가 최종적으로 고령화를 가속하고 있다는 것인데 결국에는 우리나라에서 혁신을 이룬다는 것이 매우 힘든 일이 되지 않을까 우려되는 부분이다. 과거 우리나라의 높은 경제성장률은 노동과 자본의 양적 투입과 질적 향상 모두에 의해서 뒷받침되어왔다. 특히 총 노동 생산성을 구성하는 투입 요소 평균 생산성이나 기술 혁신의 경우 교육과 같은 노동의 질적 향상에 절대적인 영향을 받아왔기 때문에 우리나라 경제성장의 인적자원의 역할이 절대적이었음을 부인하기 어렵다. 이러한 상황이 지속될 경우 경제성장률은 1%대 미만으로 주저앉을 것으로 전망되고 있고, 이에 따라 경제성장을 구성하는 총요소 생산성과 자본 투입의 효과도 매우 낮게 유지될 것이라는 전망이 우세하다. 특히 우리나라 경제성장의 기저를 담당했던 노동 투입의 경우 저출산 고령화로 인해 매년 경제성장률 자체를 떨어뜨리는 하방 위험으로 전환되는 상황에 직면하게 된다면 이러한 저출산 고령화로 인한 인구 감소의 손실은 어디서부터 나타날 것인가? 직접적인 피해는 전 부분에서 나타나겠지만 가장 먼저 직격탄을 맞을 것으로 예상되는 지점은 경제의 근간을 담당하고 있는 기업일 수 있다. 현재 47세 정도인 취업자의 평균연령은 2050년에 가면 53.7세가 된다. OECD 평균과 비교를 하면 그야말로 순식간에 취업자 연령이 급증하게 되는 것이다.

그림 16-6 **한국 VS OECD 취업자 평균연령 전망치**

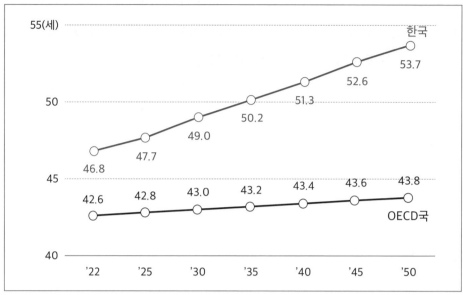

출처: SGI, "부문별 취업자의 연령분포 및 고령화 현황과 시사점," (대한상공회의소 보도자료, 2023년 7월 21일),
　　 p. 2.

　　총인구가 줄면 경제 시장의 파이가 줄어드는 것 또한 문제이다. 인구 감소라
는 정해진 미래에 먹거리 측면에서 전략적으로 정부나 기업이 대응해 볼 수는 있
겠으나 성공적으로 대응하기가 쉽지 않을 것이다. 이보다는 저출산 대응에 정부
나 기업이 적극적으로 참여함으로써 건강한 인구구조를 만들 수 있도록 지원하
는 것이 장기적 관점에서는 오히려 가성비가 높은 투자일 수 있다. 그렇다면 정
부나 기업은 이러한 인구 위기에 어떻게 대응해야 할까? 그동안 우리 이제 저출
산 대책이라는 것이 거의 혼인 가정의 육아 지원에 초점이 거의 다 맞춰져 있으
나 현실은 결혼 자체가 급격히 줄어들고 있다. 2023년 혼인 건수가 10년 전보다
40%가 줄었다고 하는데, 특히 한국은 이제 출생의 대부분이 혼인을 통해 이루
어지는 상황이기 때문에 결혼을 장려하는 근본적인 저출산 대책, 저출산 대책에
도 또 정부나 기업이 적극적으로 관심을 가져야 한다. 이제 비혼 출산에 대한 논
의가 나오고 있는 상황이지만 한국은 비혼 출산율이 지금 3%가 채 되지 않는다.
비혼 출산의 경우 OECD 평균치가 42% 정도이다. 유럽에서 최고 출산율을 자랑하는 프랑스 같은 경우에는 비혼 출산율이 62%를 차지하고 있다. 합계 출산율이 1.6명을 넘는 국가 중에서 비혼 출산율이 30% 미만인 나라는 없다는 점은 우리에게 시사점을 준다. 이러한 문제는 사회문화적인 측면이 강하기 때문에 정책적으로 접근하게 될 경우 사회적인 합의가 필요하다.

다른 한편으로 한동훈 전 법무부 장관이 이민정책 전담 조직을 위해 장관 시절 신설을 추진한 '출입국·이민관리청'(이민청)의 골격이 2024년 2월 2일 완성된 정부안으로 국회에 제출되었다. 이민정책 전문가들은 저출산과 인구절벽 문제가 심각한 만큼 이민정책을 총괄할 컨트롤타워가 하루빨리 만들어져야 한다고 제언하고 있다. 이 모든 것들이 저출산으로 인한 생산인구가 줄어들고 있는 현상을 반영한 움직임 등의 일환이다. 그렇다면 독일통일 이후에도 이민과 난민을 적극적으로 수용했던 독일의 동서독 통일의 과정에서 인구 통합의 결과는 어떠했을까?

표 16-13 **남북한 인구통합시와 통일독일의 생산가능인구 증감률 및 고령인구 비중 비교**

	1991~2000	2031~2040
통일독일의 생산가능인구 증감률	0.1	-
통합된 남북한의 생산가능인구 증감률		
• UN 추계치 기준	-	-1.2
• 한국은행 추계치 기준	-	-1.6
통일독일의 고령인구비중	15.6	-
통합된 남북한의 고령인구비중		
• UN 추계치 기준	-	24.9
• 한국은행 추계치 기준	-	27.6

출처: UN World Population Prospects(2022); 한국은행(2023).

〈표 16-13〉은 한국은행에서 UN World Population Prospects(2022)를 참고하여 만든 남북한 인구통합시와 통일독일의 생산가능인구 증감률 및 고령인구 비중을 비교한 표이다. 주지하다시피 통일독일의 생산가능인구는 1991~2000년

시기에 0.1% 증가를 나타낸데 비해 남북한 통합시점을 2030년이라고 가정했을 때 생산가능인구는 2031~2040년 UN 추계치 -1.2%, 한국은행 추계치 -1.6%를 나타내고 있다. 또한, 통일독일의 경우 고령인구 비중이 1991~2000년 사이 15.6%를 나타낸 데 비해 남북한 인구통합 시 2031~2040년 UN 추계치 24.9%, 한국은행 추계치 27.6% 증가치를 나타내고 있다. 다시 말해 고령층이 통일독일 시보다 10% 정도 많아 인구구조 개선에 미치는 효과가 크지 않을 뿐만 아니라 출산율이 저하되는 시점이라 생산가능인구가 줄어들어 1인당 부양비가 증가하고 경제성장률이 낮아지게 되어 우리가 기대하는 인구 보너스를 기대하기 어려울 수 있다. 우리는 남북한 통합이나 통일을 이야기할 때 민족을 이야기하고 경제적 이익을 꺼내왔지만 2024년 분단 70년이 훌쩍 지난 남북은 다른 인종 다른 체제를 가진 두 국가가 되어 버렸는지도 모른다. 남북한의 통일이나 통합의 의미로 다가서기보다 국제관계가 20세기 초로 회귀하는 듯한 모습을 보이는 한반도의 모습은 여전히 위기 속에 있다고 해도 과언이 아니다. 이러한 측면에서 한반도 위기를 기회로 만들 수 있는 방안을 고민해 봐야 한다. 그런 의미에서 유엔의 지속가능발전목표(SDGs)에서 주요하게 생각하고 있는 5P 전략을 한반도 상황에 접목을 시킬 수 있는 비전이 필요하다.

2. 통일미래 비전

분단이 70년 넘게 장기화되면서 일부 국민들 사이에서는 분단 상황을 주어진 현실로 받아들이며 통일을 부담으로 여기는 경향이 나타나고 있다. 특히, 오늘날 젊은 세대로 갈수록 통일이 더 이상 민족적, 당위적 의무로 받아들여지지 않고 있다. 따라서 통일을 해야 하는 보다 현실적인 이유를 다양한 측면에서 제시해 주는 것이 필요하다.[59]

2022년 우크라이나 전쟁, 2023년 이스라엘-팔레스타인 전쟁, 트럼프가 대통령으로 재임했던 America First를 외치던 시기, 2024년 김정은이 중러를 좌

---

59 통일부 통일교육원, 『평화 · 통일교육: 방향과 관점』 (서울: 통일부 통일교육원, 2018), p. 6.

우에 두고 미국의 대선을 기대하며 2국가론을 주장하는 것을 보면 마치 타임머신을 타고 20세기 초로 회귀한 것 같다. 여전히 한반도의 운명도 그때와 데자뷔를 이룬다. 그러나 그때와 명확하게 달라진 지점이 있다. 그때의 우리가 한반도 운명의 주도권을 확보할 수 없는 처지였다면 2024년의 대한민국은 그때의 비극적인 상황으로부터는 벗어나 있다는 점이다. 20세기 세계대전의 교훈은 '인류의 보편적 가치'의 중요성의 부각이다. 20세기 초와 달리 지금의 대한민국은 인류보편적 세계평화, 인권, 문화다양성에 대해 폭넓게 생각하고 주도할 수 있는 국가가 되어 있다. 2015년 제70차 UN총회에서 지속가능발전의 이념을 실현하기 위해서 17개의 인류 공동의 목표가 192개 회원국 만장일치로 채택되었고 이 총회에서 '2030 지속가능발전 의제'라고 불리는 지속가능발전목표(SDGs)를 2030년까지 달성하기로 결의하였다. 지속가능발전은 '미래세대가 그들의 필요를 충족할 수 있는 능력을 저해하지 않으면서 현재 세대의 필요를 충족하는 발전'[60]을 의미한다. 이 용어는 1987년 세계환경개발위원회(WCED)가 발표한 보고서인 '우리 공동의 미래'(Our Common Future)에서 정의하면서 본격적으로 사용되기 시작했다. 유엔 지속가능발전목표(SDGs)는 17개 목표를 연계하며 지지하는 다섯 가지 핵심 가치를 기둥으로 삼고 있다. 다섯 가지 핵심 가치는 다음과 같다.

---

60 Development that meets the needs of the present without compromising the ability
  of generations to meet their own needs.

그림 16-7 한반도 위기를 기회로 만들 수 있는 지속 가능한 통일미래 5P 전략

출처: 유엔 지속가능발전목표(SDGs), 저자 재구성.

첫째, 사람(people)이다. 모든 사람이 존엄과 평등 속에서 빈곤과 기아가 종식된 상태에서 건강한 환경에서 자기 잠재력을 실현할 수 있도록 보장하는 것이다. SDGs 1~5번까지인 빈곤 종식, 기아 종식, 보건과 복지, 양질의 교육, 양성평등에 관한 내용이 이에 해당한다. 둘째, 지구환경(planet)이다. 지구의 자원을 지속이 가능한 방식을 관리하며 지구를 황폐화시키지 않도록 보호하는 것이다. SDGs 6번, 12, 13, 14, 15번인 물과 위생, 지속 가능한 소비·생산, 기후변화, 해양생태계, 육상생태계가 여기 해당한다. 이중 SDGs 6번, 물과 위생은 사람-지구 사이를 연결하는 중요한 이슈이다. 셋째, 번영(prosperity)이다. 모든 인간이 풍요롭고 보람 있는 삶을 향유할 수 있고 자연과의 조화 속에 경제, 사회, 기술의 진보를 이루는 것이다. SDGs 7, 8, 9, 10, 11번인 에너지, 일자리와 경제성장, 혁신과 인프라, 불평등 완화, 지속 가능한 도시가 이 내용에 포함된다. 넷째, 평화(peace)이다. 평화롭고 공정하며 포용적인 사회를 만드는 것이다. 평화 없는 지속 가능한 발전은 있을 수 없고 지속 가능한 발전이 없는 평화는 있을 수 없다. SDGs 16번인 평화와 정의·제도가 여기에 해당한다. 다섯째, 협력(partnership)이다. 글로벌 연대 정신에 기초해 빈곤층과 취약층의 요구에 초점을 두고 모든

이해관계자와 사람이 참여하는 파트너십을 통해 모든 수단을 동원하는 것이다. SDG 17번인 지구촌 협력에 해당한다.

그렇다면 통일미래의 비전과 SDGs의 연관성은 어디에서 찾을 수 있을까? 그 것은 더 이상 인류 보편적 가치를 놓친 채 한반도의 분단과 한반도의 통일을 이 야기할 수 없다는 것이다. 첫째, 국제관계에서 한반도가 지정학적, 지경학적으로 가지고 있는 영향력이다. 둘째, 러시아-우크라이나 전쟁, 이스라엘-아프가니스 탄 전쟁 등을 더 이상 종교나 영토 전쟁만으로 볼 수 없다. 전쟁 발발 즉시 여러 가지 이슈를 동반하며 각 국가마다 차이는 있지만 전 세계적으로 영향을 미치기 때문이다. 정리하면 한반도의 통일을 통한 안정은 지정학적, 지경학적으로 큰 의 미를 가지고 있는 동아시아 국제관계의 큰 파장을 일으킬 수 있는 영향력을 가지 고 있다는 의미이다. 거시적인 측면에서 통일 한반도가 국제관계에 미치는 영향 력은 세계의 평화의 질서의 구심점이 될 수 있다는 점에서 가치 무한적인 측면이 존재한다. 이러한 상황에서 국가경쟁력에 직접적인 영향을 미칠 수밖에 없는 한 반도 인구감소문제는 중대한 위기사안이 될 수밖에 없다. 인구감소는 한반도 안 보에도 지대한 영향을 끼치는 변수인 셈이다. 따라서 남북의 저출산에 대한 문제 인식과 남북통합시 발생되는 인구구조의 문제점에 대한 극복 방안에 관한 연구 에 대해서도 큰 관심을 가져야 할 것이다.

V 결론

주지하다시피 남북한 모두 각자 다른 이유로 저출산 시대로 접어들었다. 북 한의 저출산 문제[61]는 남한의 저출산 문제는 결이 다르다. 다시 말해, 저출산 문

---

61 1990년대 중후반부터 북한은'고난의 행군'이라고 부르는 식량난과 경제난을 겪었다. 한국은행 추 정에 따르면 1990년부터 1998년까지 북한 경제는 실질성장률 기준 9년 연속 마이너스 성장을

제의 원인과 해결 방법이 다르다는 의미이다. 남한의 저출산 문제는 북한의 그것보다 복잡한 양상을 가지고 있다. 저출산 문제와 인구 통합 문제는 동서독의 인구문제보다 복잡한 양상을 가지는 것도 사실이다. 그러나 우선적으로 독일의 통일 후 인구문제가 주는 시사점을 교훈 삼을 필요가 있다. 통독 후 동독의 인구가 줄어들었던 것처럼 통일 후 우선 북한의 인구가 줄어드는 도심공동화 현상을 막아야 한다. 서로의 자원을 이용하여 한반도에서 뿐만 아니라 동아시아 내에서 경제적 상생의 허브가 될 수 있는 인프라 구축모델에 관한 구체적인 컨소시엄을 통해 대비하여야 한다.

<예시>
1. 한반도 통일시 발생할 수 있는 북한주민이 남한으로의 이주를 직접적으로 통제할 것이 아니라, 북한지역 및 주민들이 겪을 실업 등과 같은 경제적 불확실성을 제거하는 계획 방안.
2. 북한주민들이 지속적으로 고용될 수 있도록 기업의 경쟁력을 제고 문제와 한반도 통일시 체제전환 및 통합정책과 자본주의 시장경제제도가 북한지역에서 단기간 내 구현되고 북한주민들이 시장경제 시스템에 신속하게 적응할 수 있는 경제 교육 인프라 조기 구축 방안
3. 한반도 통일 시 이동성이 좋은 젊은 연령층 이주에 대한 대책과 계획수립, 제도화 방안
4. 통일 이후 북한지역의 인구감소와 고령화로 인한 북한지역 공동화 가능성이 예상됨. 이러한 현상이 노동시장을 통한 경제 전반에 부정적인 영향을 덜 미치게 하고 장기적 성장 동력으로 노동력 유지를 위한 인구정책 혹은 노동정책 계획 방안.
5. 장기적 남북 인구구조 변화 프로젝트 구현 계획 방안.
6. 단계별 실질적인 이민 인력 프로젝트 구현 계획 방안.

기록하며 GDP가 30.0% 감소하였다. 해당 시기 경제위기를 겪으며 북한 내 배급제, 계획경제체계는 거의 작동하지 않았다고 예상된다. 배급에 의존하였던 주민들은 사망하였으며 생존을 위해 탈북하기도 하였다. 1993년에서 2008년 사이 북한 내 인구 손실은 1993년도 인구동태율을 가정하였을 때 예상되는 2008년 인구에 비해 90만 명 정도의 추가적 손실 수준으로 이는 사망률 증가, 출산율 감소, 탈북으로 인한 이주 증가 등 복합적인 이유이다.

주지하다시피 한 나라가 지속 가능한 사회발전을 위해서는 일정 수준 이상의 인구가 유지되어야 한다. 인구가 유지된다는 의미는 인구구조의 내용도 포함된다. 초고령화 사회에 진입한 시대에 생산인구의 감소를 가져오는 저출산 요인을 해결하지 않는 인구 증가는 오히려 경제성장률을 악화시킬 뿐만 아니라 젊은 세대들에게 부담을 넘어 고통을 안겨 줄 수 있기 때문이다. 그동안 결혼 기피와 초저출산 등 대한민국 사회와 가족 위기를 야기한 요인이 무엇인지에 대해 꾸준히 연구와 진단을 해왔고 부족한 대로 여러 진단을 통해 다양한 정책을 시도해 왔으며 여전히 다양한 시도를 하고 있는 중이지만 결과는 유의미하지 못하다. 인구감소를 넘어 인구 소멸의 길로 들어서 국가의 존립이 위태로워지는 미래가 도래하고 있는 지금 정부와 기업 등이 여러 가지 정책을 실시하는 것도 중요하고 사회구성원들이 가지고 있는 가치관에 관한 포용성과 다양성에 관한 존중도 유의미하다는 점은 말할 나위도 없다. 저출산을 야기하는 원인은 여러 가지가 있겠으나 대표적으로 거론되는 문제는 경제적인 부분과 문화적인 부분이 복합적으로 작용하고 있다는 점이다. 이 문제는 매우 포괄적이며 복잡한 문제를 상정하고 있는데 주거, 생활, 경력 단절, 돌봄, 양육 인프라를 포함하여 사회적, 문화적으로 여성에게 가해지는 시선 등이 있다. 이러한 것들은 과거보다 상상할 수 없이 개선된 모습을 보이고 있는 대한민국인데도 불구하고 저출산 문제 실타래에 얽혀 한 올도 풀 수 없는 상황에 도래해 있다. 북한은 유교적 관습이 그대로 남아 있는 나라로 여성에게 매우 관습적, 현실적으로도 차별이 일상화되어 있는 나라이다. 게다가 저개발 국가의 특징 중 하나인 다출산율을 북한은 가지고 있지 않다. 따라서 인구통합 시 발생되는 시너지 효과도 기대하기 힘들다. 미래의 남북이 인구통합을 맞닥뜨렸을 때 맞이하는 현실이 우리가 대응할 수 있는지에 관한 연구가 필요한 시점이 아닐까 싶다. 더군다나 내부에서 다양성에 대한 존중과 합의가 제대로 되지 않은 상태에서 섣불리 남북한 통합을 이야기하며 인구통합을 논하는 것에 대해 신중할 필요가 있다. 우리는 인구를 기반으로 경제성장을 해온 대표적인 나라 중 하나이다. 따라서 미래의 남북한 인구통합으로 인해 어떠한 인구구조 변화를 가져올지를 예측하는 것은 매우 중요한 일이 아닐 수 없다. 무조건 인구가 늘어나는 것이 중요한 것이 아니라 어떠한 연령층이 증가하는지가 중요하기 때문이다. 그러나 불행하게도 남북한 인구구조 변화를 예측한 연구들을 종합해 보았을 때 북한도 우리처럼 생산인구는 감소하고 고령층은 증가하는 인구구조를 보인다는 점이다. 결국, 이러한 구조적 인구변화의 문제를 해결하지 않는 한 남북한 통합은 어쩌면 무거운 짐이 될 수 있음을 상기해야 한다. 통합의 미래가 인구구조적 문제로 인하여 마이너스 경제성장률을 비롯하여 국가 미래의 위기가 현실이 될 때 이 문제를 남북이 상생의 가치로 풀어나갈 수 있는 해법을 찾는 것이 우리에게 주어진 미래의 과제일 것이다.

참고문헌

국내문헌

국토통일원. 『북한경제통계집(1946~1985년)』. 서울: 국토통일원, 1986.

권영전. "김정은, 여맹대회에 서한…"여성 사랑하고 돕는 기풍 세워야"(종합)." 『연합뉴스』, 2021년 6월 22일. https://www.yna.co.kr/view/AKR20210622010752504 (검색일: 2024년 4월 1일).

김순배. "동독지역 "젊은 여자 모자라"." 『한겨레』, 2007년 6월 1일. https://www.hani.co.kr/arti/PRINT/213387.html (검색일: 2024년 4월 18일).

김영윤 · 양현모. 『독일, 통일에서 통합으로 -문답으로 알아보는 독일 통일-』. 서울: 통일부, 2009.

김현정. "독일의 포용적 이민 정책과 인구구조 변화." 『민족연구』, 제78호(2021): 35-60.

남북의 창. "[클로즈업 북한] 북한도 '저출산' 위기…결혼 · 출산 장려." 『KBS』, 2024년 3월 30일. https://news.kbs.co.kr/news/pc/view/view.do?ncd=7927223 (검색일: 2024년 4월 1일).

박경숙. "북한의 인구." 『통계청 해설자료』. 대전: 통계청, 2015.

양운철. "독일통일 30년: 구동독 지역의 경제 발전과 통일한국에의 시사점." 『세종정책연구 2020-07』. 경기: 세종연구소, 2021.

이상준. "통일 30년, 독일의 교훈." 『미래의 한반도』, 제467호(2020): 60-67.

이용희. "인구주택총조사." 『국가기록원』, https://url.kr/bx9vno (검색일: 2024년 4월 16일).

이주영 · 김선중. "북한이탈주민 조사를 통해 본 북한 출산율 하락 추세와 남북한 인구통합에 대한 시사점." 『BOK 경제연구 제2023-29호』. 서울: 한국은행 경제연구원, 2023.

임동근. "기업은 인구위기에 왜 대응해야 하는가?" 『한반도미래인구연구원 제1차 인구 2.1 세미나』. 서울, 포스코센터, 2024년 3월 12일.

정재각 · 허준영. "독일통일 이후 동서독 이주와 정책적 시사점." 『독일통일총서 25: 이주 분야 관련 정책문서』. 서울: 통일부, 2018.

정형곤. "독일 통일 30년: 경제통합의 성과와 과제." 『오늘의 세계경제』, 제20권 23호(2020): 1-17.

조경숙. "통일 독일의 사례를 통해 본 남북한 주요 건강지표의 현황과 전망." 『보건사회연구』, 제36권 제2호(2016): 33-56.

주헝가리대사관. "헝가리-오스트리아 국경 개방 20주년." 『주헝가리 대한민국 대사관』, 2009년 9월 10일. https://url.kr/do6vz9 (검색일: 2004년 4월 17일).

최지영. "북한 인구구조의 변화추이와 시사점." 『북한연구학회보』, 제20권 2호(2016): 1-30.

통계청. "1993~2055 북한 인구추계." 『통계청 보도자료』, 2010년 11월 21일.

_____. "장래인구추계: 2022~2072년." 『통계청 보도자료』, 2023년 12월 13일.

_____. "북한통계,"2024년, https://kosis.kr/bukhan (검색일: 2024년 4월 10일).

_____. "북한인구추계," 2023년 8월 31일, https://lrl.kr/xl7t (검색일: 2024년 4월 10일).

통일부 통일교육원. 『평화 · 통일교육: 방향과 관점』, 서울: 통일부 통일교육원, 2018.

현대경제연구원. "남북한 인구구조 분석 - UN의 '2022년 세계인구전망 보고서'를 중심으로-." 『현 안과 과제』, 23-10호(2023): 1-18.

SGI. "부문별 취업자의 연령분포 및 고령화 현황과 시사점." 『대한상공회의소 보도자료』, 2023년 7월 21일.

북한문헌

DPRK. *2008 Population Census National Report*. Pyongyang: Central Bureau of Statistics, 2009.

해외문헌

Eberstadt and Banister. "The Population of North Korea." *Institute of East Asian Studies*. USA: University of California, 1992.

I, Grimmer., Bührer C., Dudenhausen J. W., Stroux A., Reiher H., Halle H. and Obladen M. (2002). Preconceptional factors associated with very low birth weight delivery in East and West Berlin: a case control study. *BMC Public health*, 2, p.10.

"Germany's population grew by 1.3% in 2022," *DESTATIS Statistishes Bundesamt*, June 20, 2023, accessed April 17, 2024, https://www.destatis.de/EN/Press/2023/06/PE23_235_12411.html

Scholz, Rembrandt., Dmitri Jdanov, Eva Kibele, Pavel Grigoriev and Sebastian Klüsener, "ABOUT MORTALITY DATA FOR GERMANY"(2022) https://www.mortality.org/File/Get-Document/hmd.v6/DEUTNP/Public/InputDB/DEUTNPcom.pdf

HMD. https://www.mortality.org/Country/Country?cntr=DEUTNP

UN DESA. https://population.un.org/wpp/

World Bank. https://www.worldbank.org/en/home

DEMOGRAFIE PORTAL. https://www.demografie-portal.de

찾아보기

저자약력

▶ 남성욱

고려대학교 통일융합연구원 원장

고려대학교 행정전문대학원 · 통일외교학부 교수

통일부 통일미래기획위원회 정치군사분과위원회 위원장

前) 민주평화통일자문회의 사무처장

前) 국가안보전략연구원 원장

미주리주립대학교(University of Missouri-Columbia) 응용경제학 박사

▶ 임재천

고려대학교 세종캠퍼스 통일외교안보전공 교수

하와이대학교(University of Hawaiʻi) 정치학 박사

▶ 김신곤

고려대학교 대학원 통일보건의학협동과정 교수

고려대학교 의과대학 내분비내과 교수

남북보건의료교육재단 상임이사

前) 통일보건의료학회 이사장

고려대학교 의학 박사

▶ 정유석

통일연구원 부연구위원

민주평화통일자문회의 상임위원

고려대학교 통일융합연구원 책임연구위원

통일부 통일미래기획위원회 위원

통일부 자체평가위원

서울특별시 평화통일기반조성위원회 위원

남북교류협력지원협회 통일교류정책자문단 자문위원

대한민국 시도지사협의회 통일미래특별위원회 자문위원

前) IBK기업은행 경제연구소 북한경제연구팀 연구위원

前) 한국수출입은행 북한동북아연구센터 책임연구원

고려대학교 북한학 박사

▶ 정원희

강원대학교 통일강원연구원 선임연구원

강원대학교 정치외교학과 강사

고려대학교 통일외교안보전공 강사

고려대학교 공공정책연구소 객원연구위원

통일부 통일교육위원

고려대학교 북한학 박사

▶ 김혜원

고려대학교 통일융합연구원 연구위원

서울특별시 평화통일기반조성위원회 위원

통일부 통일교육위원

고려대학교 정책학 박사

▶ 박용한

한국국방연구원 선임연구원

연세대학교 객원교수

한국세계지역학회 연구이사

前) 중앙일보 기자

고려대학교 북한학 박사

▶ 주연종

총신대학교 통일개발대학원 겸임교수

고려대학교 북한학 박사

▶ 이현주

사단법인 서울평양연구원 원장

고려대학교 일반대학원 북한학과 강사

고려대학교 행정대학원 정책학과 강사

고려대학교 북한학 박사

▶ 박새암

국민대학교 겸임교수

민주평화통일자문회의 상임위원

前) MBC 기자

고려대학교 북한학 박사

▶ 배진

前) 남북경제연구원 선임연구원

前) 고려대학교 아세아문제연구소 북한연구센터 연구원

고려대학교 정책학 박사

▶ 정다현

통일부 공공부문 통일교육 전문강사

통일부 통일교육위원

서울중앙지방검찰청 검찰시민위원

前) 양주시의회 정책지원팀장

前) 국회사무처 비서관

고려대학교 정책학 박사

▶ 황주희

통일연구원 부연구위원

민주평화통일자문회의 상임위원

고려대학교 공공정책연구소 객원연구위원

통일부 통일교육위원

前) 한국과학기술정보연구원 국가과학기술데이터본부 전략팀 연구원

前) 삼정KPMG 대북비즈니스지원센터 차장/책임연구원

고려대학교 북한학 박사

▶ 채수란

한국해양수산개발원 경제전략연구본부 북방극지전략연구실 전문연구원

고려대 아세아문제연구소 북한연구센터 위촉연구원

고려대학교 북한학 박사

▶ 백연주

남북경제연구원 연구위원

前) 고려대 아세아문제연구원 북한연구센터 연구원

前) MBC 통일전망대 연구원

고려대학교 북한학 박사

▶ 조정연

고려대학교 통일융합연구원 연구위원

서울특별시 평화통일기반조성위원회 위원

통일부 통일교육위원

고려대학교 정책학 박사

▶ 김엘렌

사단법인 한국가족문화원 부원장

이화여자대학교 통일학연구원 연구위원

서울특별시 평화통일기반조성위원회 위원

前) 국가인권위원회 북한인권전문위원회 전문위원

이화여자대학교 북한학 박사

통일미래학 개론

초판발행	2024년 8월 20일
지은이	남성욱 외
펴낸이	안종만·안상준
편 집	양수정
기획/마케팅	김한유
표지디자인	권아린
제 작	고철민·김원표
펴낸곳	(주)**박영사**
	서울특별시 금천구 가산디지털2로 53, 210호(가산동, 한라시그마밸리)
	등록 1959. 3. 11. 제300-1959-1호(倫)
전 화	02)733-6771
f a x	02)736-4818
e-mail	pys@pybook.co.kr
homepage	www.pybook.co.kr
ISBN	979-11-303-2104-2 93340

* 파본은 구입하신 곳에서 교환해 드립니다. 본서의 무단복제행위를 금합니다.

정 가	37,000원